W0216303

NEW YORK KOCHBUCH

NEW YORK KOCHBUCH

Molly O'Neill

Fotografien Howard Earl Simmons

KÖNEMANN

Für
Stanley W. Dry

Originalausgabe 1992: Workman Publishing Company, Inc.
708 Broadway, New York, NY 1003

Text © 1992 Molly O'Neill
New photographs © 1992 Workman Publishing Company, Inc.

Idee: Paul Hanson
Gestaltung: Paul Hanson und Lisa Hollander
Umschlag und Fotografien: Howard Earl Simmons
Bildredaktion: Sheilah Scully Daly
Die Abbildungen auf den Seiten 114 und 121 stammen von Lou Carbone.

All rights reserved. No portion of this book may be reproduced – mechanically, electronically, or by any other means, including photocopying – without written permission of the publisher.

Originaltitel: New York Cookbook

© 2000 der deutschen Ausgabe:
Könemann Verlagsgesellschaft mbH
Bonner Str. 126, D-50968 Köln

Übersetzung aus dem Amerikanischen
(für Agents – Producers – Editors):
Karin Balzer, Isabel Schmidt, Maria Wolf, München
Redaktion und Satz der deutschen Ausgabe: Agents – Producers – Editors, Overath

Projektkoordination: Ulrich Ritter
Herstellung: Ursula Schümer

Druck und Bindung:
Dürer Nyomda
Printed in Hungary
ISBN 3-8290-3672-8

10 9 8 7 6 5 4 3 2

INHALT

Links: Der Schneekegel – bei den New Yorkern eine beliebte Erfrischung. Oben: Manganaro's in der Ninth Avenue (siehe Seite 115)

Oben: Gilbert Godoy von der Cammareri-Bäckerei in Brooklyn (siehe Seite 86). Rechts: Faicco's in Greenwich Village (siehe Seite 282)

Rechts: Franks, Knyschys und Chili Dogs – ein schneller Imbiß in New York

Oben: Delikatessenläden mit interessanten Serviceleistungen gibt es reichlich überall in New York. Rechts: Pickles bei Guss

hundert bis heute. Vieles über Hot Dogs, Kaugummi und Käsekuchen.

Spaghetti, Linguine, Penne, Orzo – trockene und frische Nudeln und die dazu passenden Saucen. Dazu Teigiges und Körniges aus aller Welt: Piroggen, Wantans, Polenta, Grütze, Tabboulé und Risotto.

Das Rote Meer
Mrs. Romana Raffetto aus der Houston Street
New Yorker Nudeln: eine Auswahl
Rekordernte in Bensonhurst

In Little Italy findet man die beste frische Pasta.

Arthur Avenue bei Nacht
Salvatore Medici (»Mr. Wab«) aus East Harlem
Spaghetti-Carbonara-Tag
Frische Nudeln
Teigtaschen-Duelle

Steaks, Keulen, Kasserollen, Koteletts, Eintöpfe und Gehacktes. Unglaubliche Barbecues und leckere Hamburger. Orientalisches wie Schisch Kebab, Lammkeule und Couscous und eine Spezialität aus Südafrika.

Oben: Beim San Gennaro-Fest (siehe Seite 313). Oben rechts: Auf Seite 86 lesen Sie, wo es das beste Brot der Stadt gibt.

Oben: Bei kulinarischen Spaziergängen entdeckt man in jedem Stadtteil tolle Geschäfte.

Das beste Barbecue von New York
Robert Pearsons »Stick to Your Ribs«
The King of Jerk
Man spricht Deli
Auf der Suche nach dem New York Steak
Wo gibt es Rindfleisch?

Straßenfeste und kulinarische Festivals: Wann und wo finden sie statt? Feiern Sie mit!

Hähnchen in allen nur denkbaren Variationen. Rezepte russischer und kambodschanischer Herkunft. Fünf Arten, einen Truthahn zu füllen.

Oben: Auf dem Union Square Greenmarket (siehe Seite 127). Rechts: Carmela Lancieri von Patsy's (siehe Seite 100)

Oben: Leckereien von der Ninth Avenue (siehe Seite 112)

Oben: Früh morgens auf dem Fulton Fish Market (siehe Seite 367). Oben rechts: Chinatown (siehe Seite 112)

EIN BLICK INS HERZ DER STADT

Ich kam vor acht Jahren nach New York City – angezogen von der Energie, dem Mythos, dem Zauber, der zumindest in Filmen über dieser Stadt liegt. Als ich aus Ohio nach New York kam, war ich zuerst ziemlich eingeschüchtert, versuchte aber, es mir nicht anmerken zu lassen. Ich tat so, als gehöre mir die Welt, und fiel damit gar nicht auf, da ein solches Verhalten von dem eines echten New Yorkers kaum zu unterscheiden ist. Zumindest glaubte ich das.

»Nur ein Bailey bitte«, lautete meine Bestellung bei Dubrow's an meinem ersten Morgen in New York. Ich war fest entschlossen, niemanden merken zu lassen, daß ich stundenlang den Stadtführer studiert hatte, bevor ich dieses »für den Garment District typische Lokal« auswählte. Und daß ich nicht den leisesten Schimmer davon hatte, was ich da eigentlich bestellte. In meiner Nervosität hatte ich darum gebeten, mir einen »Bürgen« bzw. die Comicfigur »Beetle Bailey« zu servieren.

Großartige Appetizer in der Lower East Side (S. 3)

Der Ober quittierte meine Bestellung mit einem ruhigen, durchdringenden Blick. Ich starrte zurück. Aus Gründen, die mir verborgen blieben, ließ er kein herablassendes »Ein BAILEY, Miss?« hören, sondern lächelte, nickte und brachte ein getoastetes flaches Brötchen mit Zwiebeln. Mit einer Drehung aus dem Handgelenk ließ er den Teller über den Resopaltisch rutschen, so daß dieser direkt vor mir landete.

»BI-A-LY«. Er betonte jede Silbe. »Dazu keine Butter, sondern Schmear – das ist Doppelrahm-Frischkäse.«

»Danke«, antwortete ich. Ich hätte wissen sollen, daß dies eine für New York typische Begebenheit war, in der Freundlichkeit und Toleranz die eingefleischte Bärbeißigkeit übertünchen. Ich hinterließ ein fürstliches Trinkgeld.

»Es war unglaublich«, erzählte ich meinem Mann. »Der Kerl schleudert sein Bailey auf mich zu wie einen Hockeypuck.«

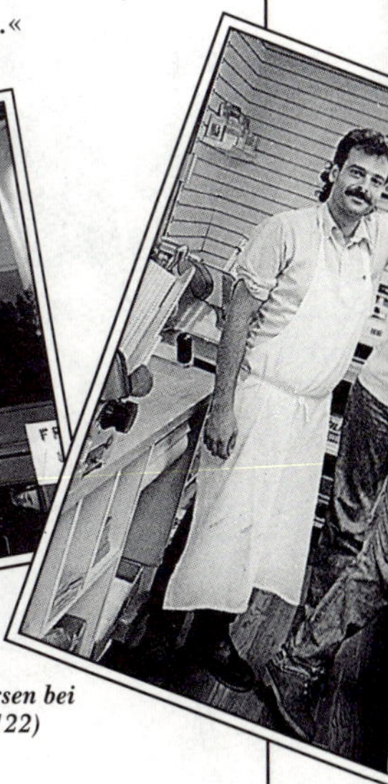

Oben: Der Favorit für Hausmacher-Knyschy
Rechts: Mark Jacobowitz und Greg Pedersen bei Fredricksen & Johannesen (S. 122)

»Bailey?« fragte mein Mann.

»Bailey, Bi-a-ly, egal«, fuhr ich ihn an. »Du bist so schlimm wie der Ober.«

Das Schicksal hatte uns eine typische »Einsteigerwohnung« beschert: ein behagliches Plätzchen in einem ehemaligen Heim der Fürsorge. Es sollte weitere fünf Jahre dauern, bis wir endlich begriffen, was in Kleinanzeigen gemeint ist, wenn von einer »bezaubernden« New Yorker Wohnung die Rede ist.

Im zweiten Stock befand sich ein Studentenheim, im dritten wohnten Häftlinge auf Bewährung, und im ganzen Gebäude wurden von verschiedenen Ämtern Familien untergebracht – abgesehen von den acht Paaren, die wie wir ihre Miete selbst zahlten und dem Vermieter geglaubt hatten, als er behauptete, die Wohnungen würden in günstige Eigentumswohnungen umgewandelt. Die restlichen Mieter waren neu zugewanderte Senegalesen.

Die Italiener schufen in New York ein Obst- und Gemüsemonopol, die Deutschen wurden Bäcker, die Iren Cops – und in dieser Tradition des Nischenmarketings spezialisierten sich Senegalesen, die in den frühen 80er Jahren hier eintrafen, auf Regenschirme. Sie tauchten an jeder Ecke auf, sobald es zu regnen begann, und boten Taschenschirme feil.

Wir konnten an Regentagen nicht den Aufzug nehmen, weil er dann den Regenschirmverkäufern als Lastenaufzug diente. Aber das merkten wir kaum, da der Aufzug sowieso immer defekt war. Der Chef der Regenschirmverkäufer wohnte mit Frau und Kind auf demselben Flur wie wir. Er managte fast einhundert Verkäufer in Manhattan, versorgte sie mit Schirmen und jeden Abend mit Essen, das seine Frau zubereitete. Die Verkäufer brachten ihre eigenen Schälchen und Löffel mit und aßen zusammengekauert im Flur.

Im allgemeinen war ich stets gerade unterwegs in ein Restaurant. Stanley, mein Mann, arbeitete bei der Zeitschrift *Food & Wine*, ich selbst war Restaurantkritikerin beim *New York Newsday*. Wir schliefen zwar in unserer Wohnung, unser Leben jedoch verbrachten wir in Restaurants. Zunächst mochte ich das. Der Wohlstand der 80er Jahre hatte zu einer explosionsartigen Vermehrung der Restaurants in der Stadt geführt. Es war kaum möglich, damit Schritt zu halten, und phantastisch, die Talente, vor denen es hier nur so wimmelte, einzustufen und zu bewerten. Stanley und ich, die wir schon fast zehn Jahre in Restaurants gekocht hatten, bevor wir anfingen, über Essen zu schreiben, waren verwirrt von der prunkvollen Art und der dekadenten Pingeligkeit, mit der in den achtziger Jahren das Essen in den Schickeria-Restaurants serviert wurde. Aber wir waren auch geblendet.

Ein Berg Wassermelonen auf einem der koreanischen Gemüsemärkte.

Oben: Pete's Spice and Everything Nice (S. 3). Rechts: Beim Party Center gibt es einfach alles.

»Gehen wir nach Astoria« (oder nach Chinatown, Flushing, in die Atlantic Avenue oder zur Lower East Side), sagte Stanley jedes Wochenende. »Ich bekomm' hier die Krise, wenn ich nicht bald was Richtiges esse.«

Auf der anderen Seite fürchtete ich einzugehen, wenn ich mich in einem Umfeld bewegte, das dem unserer Wohnung auch nur annähernd ähnelte. Die Straßen von Chinatown rochen wie der Müll, der sich bei uns im Flur türmte, und das Geplapper an der Atlantic

Avenue klang wie die Unterhaltungen vor unserer Tür. »Le Cirque«, flehte ich dann. »Shun Lee, die Oyster Bar…«

Wie alle anderen Paare, die versuchen, das Unüberbrückbare zu überbrücken, schlossen wir einen Kompromiß. Einen Freßtempel für mich, eine Spelunke für ihn. Selbst nach unserer Trennung waren wir uns einig, damit stets glückliche Vereinbarungen getroffen zu haben.

Die Restaurants der Haute-Cuisine spiegeln das Streben der Stadt, ihre kollektive Vision dessen wider, was sie zu sein wünscht und wie sie gesehen werden möchte. Billige Lokale spiegeln das wider, was die Stadt einst war, reflektieren das, was in bezug auf sie selbst und den Geschmack ihrer Schutzherren keine Zweifel zuläßt. Erstere sind Anmaßung, letztere ungeschönte Tatsachen. Die Realität liegt irgendwo dazwischen.

Zu Beginn machte ich mich jeden Tag mit dem Stadtführer auf die Suche nach dieser Realität – unter Umständen bereit, so zu tun, als ob ich schon alles wüßte. Aber innerhalb eines Monats stellte ich fest, daß es der Übung bedurfte, die Stadt schätzen zu lernen. Als sich 1987 Peter Workman, Suzanne Rafer und Paul Hanson mit der Idee eines Kochbuchs an mich wandten, das die verschiedenen New Yorker Volksgruppen berücksichtigt, hatte ich das nötige Selbstvertrauen. Nachdem ich nun fünf Jahre an diesem Buch gearbeitet und alle Rezepte und Erinnerungen gesammelt habe, habe ich einiges gelernt – über mein Herz und über das Herz der Stadt.

Wie jeder andere Ort, an dem ich gelebt habe, ist auch New York in der Küche am verwundbarsten. Doch der New Yorker betreibt das Kochen mit dem gleichen Eifer, den er in allen anderen Bereichen des täglichen Lebens an den Tag legt. Mit dem F-Train, einem Vorortzug, fahren, an der Börse arbeiten, in der Madison Avenue shoppen, Matzebällchen (siehe Seite 53–54) kochen – all dies bedarf eines gewissen Perfektionismus, einer kämpferischen, unermüdlichen Kennerschaft, die man überall in New York findet.

Um Rezepte zu finden, annoncierte ich zunächst in Zeitungen und Newsletters von Clubs, Schulen und berufsständischen Organisationen und bat New Yorker, mir das Lieblingsrezept ihrer Familie zu schicken. Bald schon schickten auch Freunde von Freunden Rezepte – insgesamt einige tausend. Die meisten waren handgeschrieben und viele eine Art Auflauf aus Dosen-Pilzsuppe und Nudeln. Aber anders als die simple Abwandlung eines Rezeptes aus Columbus, Ohio, (»Nehmen Sie eine Pilzsuppe aus der Dose – Campbell's, wenn Sie die bekommen können …«), verlangen New Yorker Rezepte nach einer Pilzsuppe, die es *nur* beim exklusiven Maison Glass gibt, oder einer besonderen Nudelsorte, die man nur *einmal* pro Woche in einem bestimmten ungarischen Feinkostgeschäft bekommt.

Der Teil in mir, der in Paris Kochen gelernt hatte, zuckte schon bei der Erwähnung

Oben: Italienisches Brot in SoHo. Rechts: Probieren Sie Ruth Maton's Caviar Hors d'oeuvre (S. 32)!

von Dosen-Pilzsuppe zusammen. *Quelle horreur*! Aber der Teil, der begann, sich in New York zu verlieben, entwickelte einen Instinkt. Ich wußte etwa, daß unter den mit Dosenprodukten zubereiteten Rezepten – die sich alle mehr danach anhörten, als stammten sie von Möchtegerngourmets als aus einer für den guten Geschmack richtungsweisenden Weltstadt – der Rockefeller-Thunfisch des ehemaligen Feuerwehrchefs Bill Thomas nicht nur köstlich schmeckt, sondern auch nach New York paßt.

Oben: Der heimische Markt liefert frischen Fisch. Rechts: Westindische Backwaren in Brooklyn

Der gleiche Instinkt sagte mir: Nur ein New Yorker würde es wagen, Ochsenbrust in Ginger Ale zu garen (übrigens mit brilliantem Ergebnis), oder auf die Idee kommen, sein persönliches Thermometer mit sich herumzutragen, um die Temperatur von Dim Sums zu überprüfen, bevor er in einem chinesischen Restaurant eines auswählt. Oder als Vorstandsvorsitzender aus einem Meeting herauszuspazieren, um zwölf verschiedene Blackout-Cake-Versionen zu verkosten.

Die New Yorker beschäftigen sich so intensiv mit ihrem Essen wie mit ihren Parkplätzen. Ich kenne einen Mann, der einen kleinen klappbaren Campingstuhl in seiner Aktentasche mit sich herumträgt, so daß er, sollte er unterwegs auf einen Parkplatz in der Nähe seines Hauses stoßen, sich hinsetzen und per Handy seine Frau benachrichtigen kann, die dann das Auto aus der Garage (wo eine Tagesmiete fällig würde) auf den kostenlosen Parkplatz fährt. Was ist schon ein Dim-Sum-Thermometer gegen jemanden, der bereit ist, ständig einen Klappstuhl mit sich herumzuschleppen?!

Ich hatte bereits etwa ein Jahr an dem Projekt gearbeitet, als ich begriff, wie selbstlos der typische New Yorker ist. John Sineno, der ehemalige Feuerwehrmann und Autor des Firehouse Cookbook, hatte für mich ein Abendessen bei der Harlemer Feuerwehr vereinbart. Als ich in der Küche stand und die Feuerwehrleute beim Kochen beobachtete, war ich beeindruckt, mit welcher Intensität sie hackten und wie liebevoll sie rührten. Doch bevor wir uns setzten, ging der Alarm los. Ich folgte ihnen und sah, daß sie einen ähnlich liebevollen Gesichtsausdruck hatten, als sie Türen aufbrachen, Wände hinaufkletterten und Kinder aus einem brennenden Gebäude trugen. Das Abendessen verzögerte sich zwar, schmeckte aber ausgezeichnet.

Der gemeinsame Seufzer der Erleichterung, die Feierlichkeit und Großzügigkeit, die ich im Harlemer Spritzenhaus erlebt hatte, nahmen bereits die familiäre Essensatmosphäre vorweg, die ich in ganz New York wiederfand, in Viersterneküchen und bei den Regenschirmhändlern vor meiner Wohnungstür. Vielleicht steigert das harte Stadtleben die Lust aufs Essen? Oder vielleicht ist das Essen in New York ganz einfach besser als anderswo?

Auf jeden Fall ist Essen eine gemeinsame Sprache.

»Hungrig?« fragte die Frau des Regenschirmhändlers jedesmal, wenn wir uns auf dem Gang begegneten. »Ganz besonderer afrikanischer Eintopf«, fügte sie in melodischem Französisch hinzu.

»Ich teste Rezepte für ein Kochbuch«, stammelte ich in gebrochenem Französisch und bot ihr Piroggen, Matzebällchen oder eine vietnamesische Suppe an.

Inzwischen wußte ich, daß unsere Beziehung für New York typisch war. Lou Singer, ein Fremdenführer und New Yorker Historiker, hatte mich davon überzeugt, daß die verschiedenen Kulturen hier Sitten und Gebräuche ausgetauscht hatten, so einfach, wie man sich vom Nachbarn etwas Mehl holt. Ich war es, die ihr ihre erste Packung Müllbeutel gab. (»Wozu?!« fragte sie, während sie am Fenster des 10. Stocks stand, in der Hand einen Topf mit Hühnerknochen.) Sie hatte erklärt, daß man mit einem Huhn fünfzig Menschen satt bekommt. »Wozu soviel Wasser, Gemüse und Gewürze?« hatte ich gefragt.

Sie lachte Tränen über meine Dummheit, und wir beide fingen an zu kichern, als wir uns daran erinnerten, wie einst ein Beamter des Gesundheitsamts das Haus überwachte und herauszufinden suchte, wer die Hühnerbeine einfach lose auf den Gehsteig warf.

Wer nach New York kommt – egal in welchem Alter –, bekommt einen neuen Grad von Reife. Man lernt neue Regeln, neue gesellschaftliche Werte, neue Rituale, neue Lebensweisen. Und man lernt etwas über sich selbst. Was mich hierhin zog, war die große Kultur, die verwirrende urbane Vision der Stadt, ihre Hoffnungen. Was mich jedoch hier hält, ist das unverzagte Herz der Stadt, sind die kleinen Enklaven und Grüppchen, die standhaft menschlich bleiben, trotz der Größe und der Hektik.

Immer wieder stolperte ich in diese »kleinstädtischen Gemeinden«: Sonntagsdinner bei den Abessinischen Baptisten und Nachmittagskaffee in der schwedischen Seemannskirche; die Gruppe, die für Wohltätigkeitsdiners kocht, und die, die in der Suppenküche arbeitet; die »Nacht der Kochenden Väter« in der Schule der UNO; die Dinner beim Forschungsclub; die Mitglieder des Eisbärenclubs, die vor Coney Island im Meer baden und die Kälte ertragen, indem sie von der Zitronenhühnersuppe träumen, die sie danach schlürfen. Der Zusammenhalt dieser Gemeinschaften ist so eng wie der von Bürgern einer Kleinstadt. Sie sind die psychische Infrastruktur der Stadt, und was sie oft teilen, ist eine gemeinsame Mahlzeit.

Ich entdeckte, daß sich New York eigentlich aus lauter kleinen Gemeinden zusammensetzt und man eigentlich nur nach dem Familienrezept fragen muß, wenn man den Schlüssel dazu sucht. »Ich arbeite an einem Buch über die New Yorker Küche«, war der Satz, um Bekanntschaften zu machen. Er verschaffte mir Einladungen zu schicken Essen in der Fifth Avenue, zu Banketten in den Katakomben unter

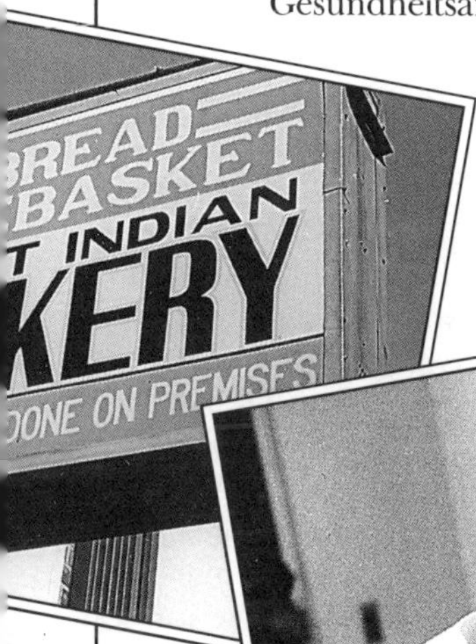

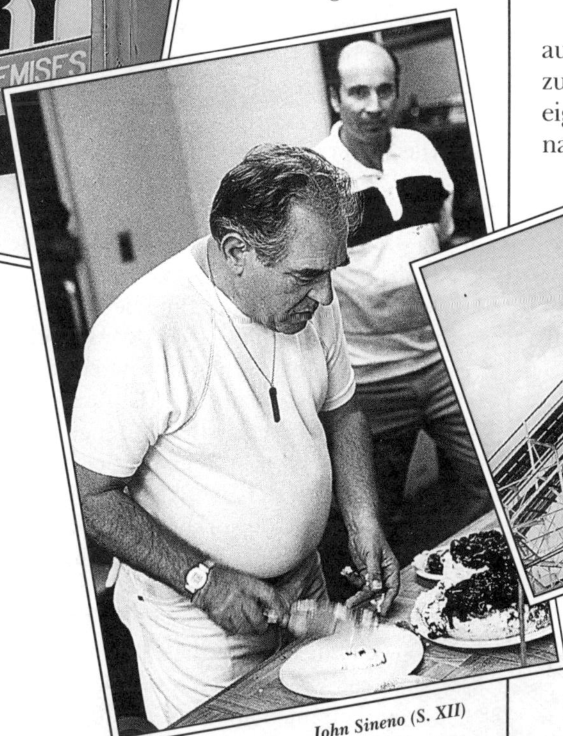

John Sineno (S. XII)

Die Achterbahn auf Coney Island

Ungewöhnliche Fleischsorten (Ninth Avenue)

der Canal Street, Familienessen und abendlichen Wohlfahrtsbällen. Ich wurde in Restaurant- und Großmutterküchen eingeladen, aufgefordert, mich an den Herd der Reichen und Berühmten zu stellen oder direkt neben den Familienkoch, der bereits zwei Schichten als Kaufhausdetektiv am Times Square hinter sich hatte und es nicht erwarten konnte, nach Hause zu kommen, um für Frau und Kinder zu kochen. Notizen dieser Abende füllen ganze 232 Notizbücher.

Während ich die Rezepte sammelte, halfen mir vier Assistenten, jedes Rezept zu testen und zu beurteilen. Da die meisten Rezepte von der Mutter an die Tochter oder von Freund zu Freund weitergereicht werden, bemühten wir uns, die Originalquelle zu finden – sei es ein älterer Verwandter, ein Gemeindekochbuch oder *The Joy of Cooking*. Wir entwickelten einen allgemeinen, verständlichen Stil und schrieben alle Rezepte entsprechend um. Wir versuchten, kulinarischen Revisionismus zu vermeiden – wird Pilzsuppe aus der Dose verlangt, verwenden wir sie auch –, aber manchmal ersetzten wir exotische Zutaten durch allgemein erhältliche. Einige Rezepte wurden vereinfacht.

Alle Rezepte – und das sind fast 1000 – wurden getestet, und ohne die Hilfe von Michael Krondl, Mary-Lynn Mondich, Jane Littell und Anna Moore würde ich wohl noch immer zwischen handgeschriebenen Rezepten herumirren. Aber wir testeten die Rezepte nicht nur, sondern verfolgten auch Spuren wie »Angela Palladino macht die besten Bouletten, aber ich habe sie seit Jahren nicht gesehen …«. Und wir versuchten, das Geheimnis einiger altbewährter New Yorker Speisen zu knacken. Orwasher's wollte z. B. sein Pumpernickel-Rezept nur ungern herausgeben, aber immerhin war er bereit, unsere Versionen zu probieren und bei der, die dem Original am nächsten kam, beifällig zu nicken. Ähnlich verfahren wir beim Prosciutto-Brot, dessen Duft schon seit über hundert Jahren durch die Spring Street zieht, und bei einer Reihe anderer Gerichte, an deren Geschmack die Leute gern zurückdenken, aber an deren Rezepte sie sich nicht erinnern können.

Die Widerspenstigen dagegen forderten uns auf zuzusehen. Wir verbrachten ganze Tage in chinesischen Restaurants, ganze Wochen mit der Jagd nach dem Heiligen Gral der New Yorker Holzofenpizza zwischen Coney Island und Harlem. Wir spielten Lehrling beim selbsternannten »Bagel-König«, »Jerk-König« oder »Falafel-König«. Wir schauten erst zu, dann kochten ein Assistent und ich die Rezepte nach und luden eine Jury zur Benotung ein.

Wir verbrachten Monate bei der New York Historical Society, der Brooklyn Historical Society und in der New Yorker Stadtbücherei, wo wir Aufzeichnungen aus dem siebzehnten bis zwanzigsten Jahrhundert studierten – in dem Versuch, Speisen zu finden, die für das jeweilige Zeitalter charakteristisch sind. Ich als Ausländerin verließ mich auf die Großzügigkeit von Menschen, die genauso leiden-

Festessen bei der Harlem Week (S. 310)

Links: Das Rezept für Bob Roger's Spicy Garbanzo Pudding siehe S. 154

Unten: Das Aal-Temaki von Herrn Kuraoka siehe S. 13

schaftlich gerne essen, wie sie New York lieben – vor allem Michael und Ariane Batterberry, Ed Koch, Lydie Marshall, Richard Lord, Eileen Yin-Fei Lo, Karen Hess, John Sineno, Chira Colletti, Arthur Schwartz und Richard Shephard sowie meine Kollegen beim New York Newsday und jetzt bei der New York Times und natürlich die Leute von Workman. Ohne Stanley Dry hätte ich vielleicht nie den Herd der Gaststättenküche verlassen und mich im Schreiben versucht; ohne seine Unterstützung und sein unfehlbares Urteil hätte ich wohl nach dem ersten Stadtviertel bereits aufgegeben.

Und auch ohne diejenigen, von denen die Rezepte und Geschichten stammen, würde es dieses Kochbuch nicht geben. Oft hört man andere Schriftsteller sagen, irgend jemand habe ihnen beim Schreiben die Hand geführt. Dieses Buch wurde von den Leuten geschrieben, die New York »am Kochen halten«.

Ich denke, daß das Umblättern einer Seite dieses Kochbuchs dasselbe Gefühl hervorrufen sollte, als biege man in New York um eine Ecke. Man kann vom zwanzigsten Jahrhundert in die Zeit der Revolution zurückkehren, wenn man in Lower Manhattan einen halben Häuserblock weitergeht, und ein paar Schritte weiter kommt man von Hähnchen Kiew zu »Jerked Chicken« mit Salsa. In der City sind die unterschiedlichsten Kulturen und Zeiten untrennbar miteinander verwoben. Ich tat mein Bestes, ihrem Pfad zu folgen. Aber zum Schluß stellte ich fest, daß es sich bei allen irgendwie um New Yorker Geschichten handelte – am Ende hatte ich meine eigene New Yorker Geschichte beisammen.

Als ich nach Hell's Kitchen umzog, war das Deli-Restaurant Dubrow's schon geschlossen worden. Durch sein Verschwinden fühlte ich mich als Alteingesessene, und als seine Stühle in einem kleinen Lokal in der Nachbarschaft auftauchten, fühlte ich mich sogar so alteingesessen, daß ich beschloß, nicht mehr so zu tun, als wisse ich alles. Kurz darauf lief ich der Frau des Regenschirmhändlers über den Weg. Sie war noch immer in ihre traditionell-senegalesischen Kleider gehüllt, hatte jetzt aber neben ihrem Sohn auch noch Zwillinge und ein kleines Mädchen bei sich, und als ich ein herzliches, wenn auch holpriges »Bonjour!« losließ, antwortete sie in einwandfreiem Englisch.

Pandelaki Andonopulo auf dem Käsemarkt der Ninth Avenue (S. 112)

»Guten Tag«, sagte sie. »Wir haben uns schon gefragt, was Sie wohl machen. Ihre Artikel machen uns viel Freude.«

»Sie lesen die Times?« fragte ich in dem gleichen idiotischen Tonfall, mit dem ich einst ein »Bailey« bestellt hatte. Fünf Jahre lang hatte diese ehemalige Nachbarin leise bei mir an die Tür geklopft und mich gebeten, ihr Hinweise zum Erwärmen von Babynahrung, für das Ausfüllen von Regierungs-Formularen und für die Verwendung von Weichspüler zu übersetzen. War tatsächlich so viel Zeit vergangen, daß sie fließend Englisch gelernt haben konnte?!

»Die Kinder sprechen Englisch, Französisch und Arabisch. Sie lernen so rasch, daß ich mich entschloß, auch mehr zu lernen.« Und sie erzählte, daß ihr Mann jetzt nicht mehr mit Regenschirmen, sondern mit afrikanischer Kunst sein Geld verdiene.

»Er muß nun alle Zeitungen lesen, damit er die Nachrichten aus Museen und Galerien erfährt«, meinte sie. Wir sprachen über die Masken, die er dem Museum of Modern Art verkauft hatte, und wie er ein Objekt für das Metropolitan Museum gefunden hatte. Die Kinder, sagte sie, liebten ihre Privatschule, und sie seien in eine größere Wohnung gezogen.

Wir unterhielten uns wie Freunde aus der Kindheit. Was wir in gewisser Weise ja auch waren. Wie ich schon sagte, wenn man nach New York City zieht, beginnt ein neues Leben. Wir werden zum Bestandteil im Leben derer, die auch gerade angekommen sind, und sie bringen wiederum Teile ihres Lebens in unseres.

Ich erkundigte mich bei ihr nach afrikanischen Restaurants. Sie fragte mich, wo sie und ihr Mann ihr zehnjähriges Jubiläum in der Stadt feiern sollten.

»Im Le Cirque oder im Lutèce?« wollte sie wissen. »Die anderen französischen Restaurants, die wir versucht haben, sind enttäuschend gewöhnlich, meinen Sie nicht auch?«

Molly O'Neill

September 1992

New York
Cookbook

Nibbles, Noshes and Appetizing

Häppchen, Snacks UND APPETIZER

Fremdenführer Lou Singer gilt als »das beste wandelnde Geschichtsbuch New York Citys«. Aber an einem normalen Geschäftstag, wenn er im polnischen Café Teresa's an der Lower Eastside sitzt, sieht er eher aus wie ein Taxifahrer als wie ein Gelehrter. Er trägt ein kariertes Flanellhemd, eine zerknautschte Tweedjacke und eine blaue Schottenmütze. Er beißt in eine Blintse – eine Art Pfannkuchen – von der Größe eines Kohlebriketts.

Man nennt ihn auch »Mann mit der feinen Zunge«. Für Highschool-Abgänger kommt dieser Spitzname einem Doktortitel in New Yorker Kulturgeschichte gleich. Singer studiert die City seit über 60 Jahren häuserblockweise – und Essen ist, wie er meint, der Faden, der diesen verrückten Flickenteppich zusammenhält.

Abe Lebewohl, Inhaber des Second Avenue Kosher Delis, mit einem prächtigen Partyteller (links); Lou Singer (oben) betrachtet gerade seinen nächsten Snack.

»In den letzten 300 Jahren wanderten 35 Millionen Menschen in die USA ein. Sie kamen in diese Stadt und lebten eng beisammen. Wo sonst findet man irische und italienische Katholiken und osteuropäische Juden in einem Mietshaus? Sie sprechen nicht dieselbe Sprache, haben nicht dieselbe Kultur, aber sie essen gemeinsam zu Abend, teilen eine Tasse Mehl, Kaffee, eine Pirogge, eine Knyschy.«

TROTZ KULTURELLER UNTERSCHIEDE ISST MAN GEMEINSAM

Manhattans Lower Eastside ist lebende Geschichte. Die Geschichte des Viertels ist – wie die der Stadt – voller Ungemach. Kriege, Revolutionen, Verfolgungen und Hungersnöte im Ausland trieben Menschen verschiedener Herkunft in die Neue Welt, und jede Gemeinschaft ersetzte die vorherige: »Irgendwann im 17. Jahrhundert blickten die Indianer von Bay Ridge, Brooklyn, auf den Fluß hinunter, sahen Verrazanos Segel und sagten: ›Da fahren unsere Nachbarn.‹ Die Indianer flohen vor den Holländern, diese vor den Engländern und diese vor den Iren, die in den dreißiger Jahren des 18. Jahrhunderts ankamen. Die Iren ergriffen 1848 vor den Deutschen die Flucht, diese wiederum 1850 vor den Norditalienern. Diese zogen 1870 weiter, als eine Flüchtlingswelle aus Österreich-Ungarn in der Region landete. 1882 kamen zahlreiche Juden aus Osteuropa.« Er zählt die ethnischen Kräfte auf, die der Stadt in immer atemberaubenderer Geschwindigkeit ihre Form gaben.

In keinem Viertel ist der Einfluß dieses Fortschritts so spürbar wie an der Lower Eastside. Mit jeder Einwanderungswelle wurde das Viertel kommerzieller, aber die osteuropäischen Juden waren es, die seinen Lebensmittelgeschäften und Lunchtheken eine Kaffeehaus-Atmosphäre gaben. »Restaurants wurden zu gesellschaftlichen Zentren«, erklärt Singer. »Leute gingen zum Plaudern dorthin, um Informationen über Verwandte und Arbeitsplätze einzuholen. Auf einer Quadratmeile konnte man sich um die ganze Welt herum essen, ohne sich zu setzen«, behauptet er.

Seine Einführung hält Mister Singer aber im Sitzen, also fängt er gerne bei Teresa's auf der First Avenue zwischen 6th und 7th Street an. Wenn er eine der Ikonen seiner Stadt beschreibt, spricht er mit der Leidenschaft eines Historikers, der über ein Detail des Koloniallebens referiert. »Die Blintse«, sagt er, »muß dünn und fettarm sein, sollte aber unglaublich viel Kalorien und Cholesterin enthalten. Die Polen selbst rühmen sich ihres Beitrags zur Zellulitis.«

Ein Fensterplatz bei Teresa's

Singer rät seinen Schülern, bei den Rundgängen nie an Diät zu denken; er garantiert, daß eine solide Assimilation des Viertels eine Gewichtszunahme von höchstens vier Pfund bewirkt.

ANLAUFSTELLEN FÜR KLEINE LECKEREIEN

TERESA'S COFFEE SHOP & RESTAURANT: 103 First Avenue, zwischen 6th und 7th Street. Tel. (212) 2280604

RUSSO & SONS DAIRY PRODUCTS: 344 East 11th Street, nahe First Avenue.
Tel. (212) 2547452

VENIERO'S: 342 East 11th Street, zwischen First und Second Avenue.
Tel. (212) 6744415 oder 6747264

PETE'S SPICE AND EVERYTHING NICE: 174 First Avenue, zwischen 10th und 11th Street.
Tel. (212) 2548773

ECONOMY CANDY: 108 Rivington Street, zwischen Essex und Ludlow Street.
Tel. (212) 2541513

BLACK FOREST PASTRY SHOP: 344 East 11th Street, Ecke First Avenue. Tel. (212) 2548181

UKRAINIAN EAST VILLAGE RESTAURANT: 140 Second Avenue, zwischen 8th und 9th Street.
Tel. (212) 5295024

SECOND AVENUE KOSHER DELICATESSEN AND RESTAURANT: 156 Second Avenue, Ecke 10th Street.
Tel. (212) 6770607

SCHAPIRO'S WINERY: 126 Rivington Street, zwischen Essex und Norfolk Street.
Informationen unter Tel. (212) 6744404

STREITS MATZOH FACTORY AND RETAIL STORE: 150 Rivington Street, zwischen Essex und Norfolk Street.
Tel. (212) 4757000

BEN'S CHEESE SHOP: 181 East Houston Street, zwischen Orchard und Allen Street.
Tel. (212) 2548290

RUSS & DAUGHTERS: 179 East Houston Street, zwischen Orchard und Allen Street.
Tel. (212) 4754880

GUSS PICKLES (eigentlich: ESSEX STREET PICKLE CORPORATION): 35 Essex Street.
Tel. (212) 2544477

Lou Singer bietet viele Touren durch New York City an. Buchungen unter Tel. (718) 8759084.

In Pete's Spice gibt es die dicksten Trockenfrüchte, aromatischsten Gewürze und ein großes Sortiment getrockneter Bohnen, Getreide und Mehl.

Er verteidigt, daß soviel gegessen wird – »Es ist ein sehr gesundes, 6 Stunden langes Mittagessen.« – und tut sein Bestes, um die Gangfolge zu variieren.

Nach den Blintses sammelt er seine Gruppe, z. B. bei Russo & Sons Dairy Products, wo Familie Russo fünfmal am Tag köstlichen Mozzarella herstellt. Der Käse wird geräuchert, mariniert und frisch verkauft. Die frischen Käsebälle namens Bocconcini (»Leckerbissen«) ziehen Kunden aus der ganzen Stadt an. »Es ist der Käse, von dem Großmutter behauptete, er sei der beste, also kommt eine Generation nach der anderen, um ihn zu kaufen«, erklärt Mister Singer.

Diese Art von Treue betrifft nicht nur Mozzarella. Eine Generation nach der anderen kommt auch zu Veniero's, der nebenan Kuchen und italienische Biscotti herstellt. Auf der anderen Straßenseite kauft man in Pete's Spice and Everything Nice Shop exotische Gewürze, Nüsse, Trockenfrüchte und Tee. Man fährt mehrere Blocks nach Süden zu Economy Candy, um Süßwaren, Feigen und die Halwa zu kaufen, auf die schon Großmutter geschworen hat.

Economy Candy, das Paradies für Schleckermäuler

Während seine Gruppe den Fußstapfen der Generationen folgt, erklärt Mister Singer, diese Läden hätten im 19. Jahrhundert als Verkaufsstände auf Rädern begonnen. Als das Kopfsteinpflaster 1937 von Beton und Asphalt verdrängt wurde, verlegte man die fliegenden Händler auf den öffentlichen Markt der First Avenue zwischen 9th und 10th Street. Inwischen ist aus diesem Markt ein Off-Broadway-Theater geworden – für Singer ein gutes Beispiel für das Schicksal Manhattans.

Im Black Forest Pastry Shop bekommt man eine in Schokolade getauchte Banane, ein Stück Sachertorte oder Apfelpizza – ein Imbiß, den man im Gehen zu sich nimmt, wie es in New York geradezu üblich ist. »Diese Praxis wurde 1677 von zwei französischen Mönchen beschrieben, die hier zu Besuch waren«, meint Mister Singer. Er macht eine Pause, einen Kuchen in der Hand, einen Krümel am Kinn und zitiert: »So intensiv gehen sie ihren Geschäften nach, daß sie ungleich anderen Völkern nicht einmal zum Essen innehalten. An den zahlreichen Ständen mit Muscheln, Mais, Austern und Süßkartoffeln wählen sie sich etwas aus und verzehren es im Gehen.«

DER SNACK: PROTOTYP DES FAST-FOODS

Der Snack ist für Singer Ursprung der Fast-Food-Industrie. Er ist davon überzeugt, daß keine andere Stadt der USA so viel zur amerikanischen Kultur beigetragen hat wie New York. »Woher, glauben Sie, kennen die Amerikaner Bagels und Räucherfisch, Fleischklößchen, Pizza, Hot Dogs, Sirloin-Steaks, Clam Chowder?« fragt er.

Im Ukrainian East Village Restaurant zeigt Mister Singer seiner Gruppe

Piroggen, die gefüllten ukrainischen Teigtaschen. Im Second Avenue Kosher Delicatessen and Restaurant gibt es Schälchen mit Pilz-Gersten-Suppe. Zwei Scheiben Roggenbrot werden mit

Das Angebot von Ben's Cheese Shop

Corned Beef oder Pastrami belegt, und gehackte Hähnchenleber wird so respektvoll wie Gänseleberpastete behandelt.

In Schapiro's Winery gären 30 verschiedene Meß- und Obstweine in Kellern, die sich unter einem ganzen Häuserblock erstrecken. In Streits Matzoh Factory beobachtet die Gruppe, wie man ungesäuertes Brot herstellt. In Ben's Cheese Shop durchsucht Mister Singer Hunderte von Käsesorten, um den Käse seiner Kindheit zu finden: Farmer Cheese, der mit Kümmel oder Lauch, Walnüssen und Rosinen, Zitrone, Ananas oder Blaubeeren gebacken wird. »Das ist Käsekuchen, aber ohne die Kalorien«, sagt er. Zu diesem Zeitpunkt haben sowieso schon alle aufgehört, sie zu zählen.

Bei Russ & Daughters, einem blitzsauberen Laden, der seit 1914 Räucherfisch verkauft, sinniert Singer über den Verdienst von Räucherlachs aus Alaska und Skandinavien. Bei Guss Pickles späht er in die auf dem Gehsteig stehenden 190-Liter-Fässer und inhaliert das Aroma von Dill, Knoblauch, Pfeffer und Meerrettich, das sich über den Fässern mit eingelegten Gewürzgurken, grünen Tomaten, Paprika und Sauerkraut entfaltet – und gibt einen medizinischen Rat: »Wenn Sie ein Nebenhöhlenproblem haben, ist das der richtige Ort für Sie.«

UNSTILLBARE LUST AUF DIE STADT

Manchmal, wenn sein Blick und seine Gedanken die Blocks rauf und runter wandern, füllt er die Lücken mit witzigen Bemerkungen. Singer wurde in der Madison Street 227 im 6. Stock auf einem Küchentisch geboren. So sagte seine Mutter immer: »Das köstlichste, was je auf meinem Tisch lag, warst Du, Louie.«

Schließlich zog seine Familie nach Brooklyn. Lou begann, Zeitungen auszufahren, und dabei stieß er auf Vinegar Hill, den Ort in Fort Greene, wo nach dem amerikanischen Freiheitskrieg 12 000 amerikanische Soldaten begraben wurden. Er fand die Kirche mit der größten Sammlung von Tiffany-Fenstern weltweit, entdeckte den Ort, an dem die erste Abtreibungsklinik des Landes stand, und katalogisierte allein in Brooklyn 40 verschiedene ethnische Gemeinschaften.

Er kundschaftete die Häuser von Teddy Roosevelt, Aaron Burr und Alexander Hamilton aus – sowie den Ort, an dem sich Arthur Miller und Marilyn Monroe einst ein Stelldichein gaben.

Aber dem Sirenenruf der Lower Eastside konnte er nicht widerstehen und ging wieder auf Tour. In den letzten 10 Jahren hat Mr. Singer 25 000 Menschen begleitet, 400 000 Meilen im Sightseeingbus zurückgelegt und mindestens genauso viele Kalorien zu sich genommen.

Auf dem Gehsteig findet man schwarzgekleidete Chassidim, Einkaufswagen schiebende Chinesen, junge Künstler und Frauen in indischen Gewändern, die alle im Gehen essen. Junge Männer in Sweatshirt, Jeans und 200-Dollar-Turnschuhen wandern durch die Menge und bieten Dope an, einige Mercedes parken in zweiter Reihe, während ihre Fahrer zwischen Pickles und eingelegtem Hecht hin und her eilen.

»Das ist kurzgefaßt die ethnische Mischung und der Beweis dafür, daß eine Kultur erst nach drei Generationen einen Mainstream entwickelt und über die Stadt hinauswächst«, erklärt Singer.

Gefäße mit köstlichen Pickles

»Sie nehmen die Stadt mit, im allgemeinen in Form von Speisen, und irgendeine Art Essen zieht sie auch wieder hierher zurück.«

Lupe's

EMPANADILLAS

Die kubanischen Fleischpasteten von Lupe Marti Saldago sind eine verfeinerte Version des Originals. Wie Pasteten können Empanadillas mit Guave, Rinderhackfleisch, Käse, Thunfisch oder Hühnchen gefüllt werden und ergeben eine köstliche Vorspeise. Mit dieser herzhaften Hackfleischfüllung können sie aber auch als volle Mahlzeit gelten.

Lupe in ihrer vollen Bodega

EMPANADAS
380 g Mehl
2 EL Zucker
1 TL Salz
125 ml Pflanzenöl
2 große Eier, verquirlt
90 ml trockener Weißwein

FÜLLUNG
60 ml Pflanzenöl
1 mittelgroße Zwiebel, gehackt
1 grüne Paprikaschote, gehackt
1 Knoblauchzehe, kleingeschnitten
220 g Rinderhackfleisch
220 g Schweinehackfleisch
100 g Kochschinken, sehr feingehackt
90 g grüne Oliven, gehackt, oder 90 g Kapern, abgetropft
1 TL Salz
1 Msp. frisch gemahlener schwarzer Pfeffer
125 ml Tomatensauce
60 ml trockener Weißwein

Pflanzenöl, zum Fritieren

1. Für den Teig Mehl, Zucker und Salz in eine große Schüssel sieben. Öl zugeben und durchmischen. Eier und Wein zugeben und umrühren. Zu einem glatten Teig verkneten. Mit Frischhaltefolie abdecken und mindestens 1 Stunde kalt stellen.

2. Für die Füllung Öl auf mittlerer Stufe in einer Pfanne erhitzen. Zwiebel, Paprika und Knoblauch zugeben und unter gelegentlichem Rühren in etwa 5 Minuten weich dünsten. Das ganze Fleisch zugeben, etwa 5 Minuten anbräunen und dabei mit einem Löffel zerteilen. Oliven, Salz, Pfeffer, Tomatensauce und Wein zugeben. Temperatur reduzieren und teilweise zugedeckt 20 Minuten köcheln lassen. Vom Herd nehmen und abkühlen lassen.

3. Den Teig auf einem leicht bemehlten Brett mit den Händen zu einer langen Wurst ausrollen. Diese in 24 gleichmäßige Stücke schneiden. Jedes Stück zu einem 15 cm breiten und 3 mm dicken Kreis ausrollen. Etwa 2 Eßlöffel der Füllung auf den Teig geben, diesen zu einem Halbmond zusammenklappen und die Ränder mit einer Gabel zusammendrücken.

4. Eine tiefe Pfanne auf mittlerer Stufe erhitzen und 2,5 cm Öl hineingeben. Erhitzen, bis ein Stückchen Teig im Öl zu zischen anfängt. Immer einige Epanadillas, aber nicht zu viele, in die Pfanne geben und 5 Minuten auf jeder Seite goldbraun braten. Mit einem Schaumlöffel herausnehmen und auf Küchenpapier abtropfen lassen.

Ergibt 24 Stück, also 5 bis 6 Portionen

Jamaican Beef Patties

FLEISCHPASTETEN

Fleischpasteten gelten auf der Insel Jamaika als »Arme-Leute-Essen«, aber in New York sehnen sich westindische Emigranten nach ihnen, und die ganze Stadt hat an den feurigscharfen »*Beef patties*« Geschmack gefunden. Sie sind das perfekte Hors d'oeuvre (legen Sie viele Servietten bereit!) oder, mit einem kleinen Salat, eine teuflisch gute Vorspeise.

FÜLLUNG

1 große Zwiebel, kleingeschnitten
1 Frühlingszwiebel, geputzt und kleingeschnitten
1 Chilischote (wenn möglich Scotch Bonnet), entkernt und gehackt
450 g mageres Rinderhackfleisch
60 ml Pflanzenöl
1/2 TL getrockneter Thymian
1 EL Currypulver
Salz und frisch gemahlener schwarzer Pfeffer (nach Geschmack)
80 g Semmelbösel

Allan Vernon serviert würzige jamaikanische Spezialitäten.

TEIG

1 Pfund Mehl
1 EL Currypulver
1 TL Salz
250 g Margarine, Butter oder festes Pflanzenfett
8–12 EL Eiswasser

1. Für die Füllung Zwiebel, Frühlingszwiebel, Chili und Hackfleisch in einer mittelgroßen Schüssel mischen.

2. Das Öl in einer großen Pfanne auf mittlerer Stufe erhitzen. Die Fleischmischung zugeben, das Fleisch mit einem Löffel zerkleinern und etwa 5 Minuten rundum anbräunen. Thymian, Curry, Salz, Pfeffer und 125 ml Wasser zugeben. Zudecken und 30 Minuten garen.

3. Die Pfanne vom Herd nehmen und abkühlen lassen. Semmelbrösel zugeben und gut untermischen; beiseite stellen.

4. Für den Teig Mehl, Curry und Salz in einer mittelgroßen Schüssel mischen. Mit einem Knethaken oder zwei Gabeln das Fett untermischen, bis sich erbsengroße Brösel gebildet haben. Nach und nach das Eiswasser zugießen und untermischen, bis der Teig abbindet. Diesen zu einer Kugel formen und mit Frischhaltefolie abdecken. 1 Stunde kalt stellen.

5. Den Teig auf einem leicht bemehlten Brett 0,5 cm dick ausrollen. Den oberen Rand eines 6,5 cm breiten Glases bemehlen und 24 Kreise ausstechen. Diese 3 mm dick ausrollen, so daß sie einen Durchmesser von je etwa 15 cm haben.

6. Ofen auf 200 °C vorheizen. Backblech einfetten.

7. Etwa 2 Eßlöffel der Füllung auf die obere Hälfte jedes Kreises löffeln, dann halbmondförmig zusammenklappen. Die Ränder mit einer Gabel zusammendrücken. Die Patties auf dem Backblech 30 Minuten goldbraun backen. Warm oder zimmerwarm servieren.

Ergibt 24 Stück, also 6 Portionen

Moshe's
FALAFEL

1980 begann Moshe Mizarahi an der Kreuzung 46th Street/6th Avenue Kostproben seiner Falafel gratis zu verteilen. Innerhalb weniger Wochen wurden seine fritierten Kichererbsenbällchen mit kleingeschnittenem grünen Salat, Tomaten, scharfer und Sesamsauce in Pitabrot zur Legende. Leicht abgewandelt eignen sich diese herrlichen Snacks bestens als Hors d'oeuvre.

450 g getrocknete Kichererbsen, über Nacht in kaltem Wasser eingeweicht, dann abgegossen und gewaschen
3 Knoblauchzehen, zerdrückt
1 große Zwiebel, feingehackt
4 TL frische Petersilie, feingehackt
1 TL Koriander, gemahlen
1 TL Kreuzkümmel, gemahlen
1 TL Salz
1 TL Natron, aufgelöst in 250 ml Wasser
Pflanzenöl, zum Fritieren
7 Pitabrote, oben abgeschnitten
Sesamsauce (siehe Seite 11)
scharfe Sauce (siehe Seite 11)
1 Kopfsalat, grobgeschnitten
2 Tomaten, grobgehackt
7 kleine, süß eingelegte Gurken, in Scheiben geschnitten

1. Die Kichererbsen in der Küchenmaschine oder mit dem Pürierstab fein zerkleinern. Knoblauch, Zwiebel, Petersilie, Koriander, Kreuzkümmel, Salz und Natronmischung zugeben. Glattrühren.

2. In einem großen, breiten Topf 7,5 cm Öl erhitzen, doch ohne daß sich Rauch entwickelt. Mit einem 4 cm breiten Eiskugelstecher aus der Falafelmischung golfballgroße Kugeln formen und mit einem flachen Messer oder Spachtel glattstreichen. Die Falafel vorsichtig ins Öl geben. Weitere Falafel formen und ins Öl geben, aber den Topf nicht überfüllen. Die Falafel in etwa 3 Minuten goldbraun werden lassen. Wenden und weitere 3 Minuten fritieren, bis sie ganz braun sind. Mit einem Schaumlöffel aus dem Topf nehmen und auf Küchenpapier oder Papiertüten abtropfen lassen. Warmhalten, bis alle Falafel fritiert sind.

3. Für ein Falafel-Sandwich vier davon in ein Pitabrot legen. Mit 2 Eßlöffeln Sesamsauce und 1 Teelöffel scharfer Sauce (nach Geschmack mehr oder weniger) beträufeln. Etwas Salat und Tomaten zugeben, dann noch etwas von beiden Saucen und obenauf eine Gurke. Mit den restlichen Falafel genauso verfahren.

Für ein Hors d'oeuvre 2 Teile Sesamsauce und 1 Teil scharfe Sauce zu einem Dip mischen. Diesen in der Mitte einer mit Salat ausgelegten Platte anrichten. Die Falafel auf Zahnstocher spießen und um den Dip herum anrichten.

Ergibt 7 Falafel-Sandwiches oder 35 einzelne Hors d'oeuvres

Moshe Mizarahi mit einem Jumbo-Falafel-Sandwich

SESAMSAUCE

250 g Tahin-Paste
1 Knoblauchzehe, zerdrückt
Saft von 1 Zitrone
125 ml kaltes Wasser
1/4 TL Salz
1 Prise frisch gemahlener schwarzer Pfeffer

Alle Zutaten in einer Schüssel mischen und glattrühren. Bis zum Servieren kalt stellen.

Ergibt 380 ml

SCHARFE SAUCE

380 ml Tomatensauce
1/2 TL rote Chiliflocken
1/4 TL Salz
1 Prise frisch gemahlener schwarzer Pfeffer

Alle Zutaten in einen Topf geben und bei schwacher Hitze unter gelegentlichem Rühren 30 Minuten erhitzen. So weit reduzieren, bis die Sauce dickflüssig am Löffel hängenbleibt. Auf Zimmertemperatur abkühlen lassen.

Ergibt 380 ml

Gedünstete Schweinehack-WANTANS

Millie Chans Großvater kam Ende des 19. Jahrhunderts in die Vereinigten Staaten, um in Arizona für die Southern Pacific Railroad zu arbeiten. Ihre Eltern ließen sich in San Antonio (Texas) nieder, einem eher ungewöhnlichen Ort für chinesische Kochkunst. Chan, die im »China Institute« in Manhattan Kochunterricht gibt, wurde jedoch von den strengen Traditionen der heimischen Küche geprägt. »Chinesen tragen das Erbe ihres Essens mit sich, egal wohin sie gehen«, erklärt sie.

Füllung
450 g Schweinehackfleisch
220 g frische Shrimps, geschält, geputzt und feingehackt
4 getrocknete Shiitakepilze, 20 Min. in Wasser eingeweicht, Stiele entfernt, Kappen feingehackt
45 g Bambussprossen, feingehackt
2 EL Frühlingszwiebeln, feingehackt (nur der weiße Teil)
1 EL frischer Ingwer, gehackt
1/2 TL Zucker
1 TL Salz
1 1/2 EL helle Sojasauce
1 EL Maisstärke
60 möglichst frische Wantan-Hüllen, mit einem leicht feuchten Tuch abgedeckt, damit sie nicht austrocknen (gefrorene Ware bei Zimmertemperatur nicht abgedeckt auftauen)
Hunan-Chilisauce, als Dip (siehe Hinweis)

Millie Chan's Töpfe sind stets griffbereit.

1. Alle Zutaten für die Füllung in einer großen Schüssel gut durchmischen.

2. Eine Wantan-Hülle flach hinlegen. Die Ränder mit einem Teigpinsel leicht mit kaltem Wasser benetzen. 1 Eßlöffel der Füllung in die Mitte des Teigs geben. Die Ränder nach oben um die Füllung herumlegen, so daß das Wantan einer verpackten Praline ähnelt. In der Mitte vorsichtig zusammendrücken, um sicherzustellen, daß der Teig gut an der Füllung haftet. Den Boden des Wantans auf eine flache Oberfläche drücken, damit es aufrecht steht. Den oberen Teigrand mit kaltem Wasser besprenkeln, da er beim Dämpfen leicht austrocknet. Beiseite stellen und weitere Wantans formen.

3. In einen Dämpfer oder großen Topf 5 cm Wasser gießen. Den Einsatz oder ein Sieb einölen und in den Topf stellen. Die Wantans mit etwa 1,5 cm Abstand auf das Sieb setzen. Das Wasser aufkochen lassen, dann zudecken und die Wantans 15 Minuten dämpfen. Mit Hunan-Chilisauce servieren.

Ergibt 60 Stück

Hinweis: Hunan-Chilisauce ist in vielen Supermärkten und asiatischen Lebensmittelgeschäften erhältlich.

Shrimp and Bean Croquettes

KRABBEN-BOHNEN-KROKETTEN

Little Brazil in der 46th Street zwischen Seventh und Madison Avenue ist für New York City eine Besonderheit: ein ethnisches Viertel, in das Brasilianer eher gehen, als dort zu wohnen.

Im 2. Weltkrieg befand sich das brasilianische Handelsbüro in der Nähe, und Friseure, Feinkostläden, Restaurants, Imbißstuben sowie Buchläden unter brasilianischer Leitung schossen wie Pilze aus dem Boden. Einige davon gibt es noch heute, und die »Latin American Produce Company« ist nach wie vor das gesellschaftliche Zentrum. Hier bieten Lidia Pires und ihr Ehemann, Tony Reisen, Übersetzungen und allgemeinen kulturellen Rat – gemeinsam mit Empanadas de camarão (Krabbenpasteten), Pastéis de carne (Fleischpasteten) und nicht zuletzt Acarajés, den hier beschriebenen teuflisch guten Kroketten.

New Yorks Little Brazil

KROKETTEN
650 g getrocknete Augenbohnen
30 g getrocknete Shrimps (siehe Hinweis)
1 große weiße Zwiebel, gehackt
1 TL Salz
1 TL frisch gemahlener schwarzer Pfeffer
1/2 TL scharfe Sauce, z. B. Tabasco
Pflanzenöl, zum Fritieren

SAUCE
Saft von 4 Limetten
20 g getrocknete Shrimps
1 Jalapeño-Chilischote, entkernt und grobgehackt
1 Zwiebel, grobgehackt
2 EL Pflanzenöl
2 Frühlingszwiebeln, Enden gekürzt und gehackt

1. Für die Kroketten die Augenbohnen über Nacht in Wasser einweichen. Abgießen und in viel frischem Wasser etwa 1 Stunde weich kochen. Abtropfen und abkühlen lassen. In ein sauberes Geschirrtuch legen und reiben, bis sich die Außenhaut löst.

2. Bohnen und Shrimps in der Küchenmaschine oder mit dem Messer kleinhacken (nicht pürieren!). Die Zwiebel zugeben und gut durchmischen. Mit Salz und Pfeffer abschmecken und nach Geschmack scharfe Sauce zugeben.

3. 2,5 cm Pflanzenöl in eine große Pfanne gießen. Das Öl erhitzen, bis es zischt, aber noch keinen Rauch entwickelt (185 °C auf einem Fritierthermometer). Mit einem Eßlöffel etwa 4 cm lange Stücke aus dem Teig ausstechen. Auf jeder Seite goldbraun fritieren, insgesamt etwa 5 Minuten. Auf Küchenpapier gut abtropfen lassen.

4. Für die Sauce Limettensaft, Shrimps, Chili und Zwiebel mit Pürierstab oder Küchenmaschine zerkleinern. Das Öl in einer kleinen beschichteten Pfanne erhitzen. Dann das Püree zugeben und 5 Minuten bei mittlerer Stufe garen. Vom Herd nehmen, Frühlingszwiebeln untermischen. Als Dip zu den Kroketten servieren.

Ergibt 24 Kroketten

Hinweis: Getrocknete Shrimps sind in asiatischen Lebensmittelgeschäften erhältlich.

Eel Handrolls

AAL-TEMAKIS

Den besten Fisch in New York bekommt man in den Sushibars. Der nahrhafte Aal wird mit Sake und Sojasauce eingepinselt, gedünstet, auf Reis gelegt und mit ganz feinen Gurkenstreifchen bestreut. So ergibt er ein sättigendes Mittagessen oder einen appetitanregenden ersten Gang. Da alle Vorbereitungen im voraus erledigt werden können, eignen sich die Aal-Temakis von Mr. Kuraoka, dem Chef des »Restaurant Nippon« in Manhattan, bestens für große Partys.

REISESSIG-ZUCKER-MISCHUNG
5 EL Reisessig
2 EL Zucker
1 EL Salz

200 g Kurzkornreis, gewaschen
125 g Zucker
60 ml Sake
60 ml Sojasauce
5 Stück Aal (ca. 2,5–5 cm), mit Haut, längs halbiert und entgrätet
5 Blätter Nori-Algen (jedes etwa 20 x 18 cm), diagonal halbiert
2 Gurken, geschält, erst längs, dann quer halbiert, entkernt und in feine Streifchen geschnitten
40 g Sesamkerne

1. Für die Reisessig-Zucker-Mischung Essig, Zucker und Salz in einer kleinen Schüssel oder Flasche mischen. Gut durchrühren oder schütteln und beiseite stellen.

2. Den Reis mit 0,5 l Wasser in einen Topf geben. Aufkochen lassen, dann zugedeckt 15–20 Minuten köcheln lassen, bis der Reis gar ist. Die Essig-Zucker-Mischung unter den Reis mischen und zum Abkühlen beiseite stellen.

3. In einer tiefen Pfanne 750 ml Wasser, Zucker, Sake und Sojasauce aufkochen und dann leicht weiterköcheln lassen, bis die Mischung um die Hälfte reduziert ist. Beiseite stellen.

4. Den Grill vorheizen.

5. Den Aal mit der Haut nach unten in eine Grillschale legen, mit der Sake-Soja-Mischung bestreichen und in etwa 5 Minuten gar grillen.

6. 1 Blatt Nori auf ein Sudaré legen (siehe Hinweis). Etwa 4 Eßlöffel Sushireis auf dem Nori-Blatt verteilen. In die Mitte ein Stück Aal und 2 Eßlöffel Gurkenstreifchen geben. Mit etwas Sesam bestreuen. Die Mischung sorgfältig in die Form einer Eistüte aufrollen. Die restliche Sake-Sojasauce zum Dippen dazustellen.

Ergibt 10 Temakis

Hinweis: Ein Sudaré ist eine Bambusmatte, die einer Bambusjalousie ähnelt und untergelegt wird, um das Rollen der Sushis zu erleichtern. Ersatzweise können Sie wie bei einer Biskuitrolle ein feuchtes Tuch verwenden.

Sweet potato fritters

FRITIERTE SÜSSKARTOFFELN

Jessica Harris, die Autorin von *Sky Juice & Flying Fish*, serviert diese westafrikanischen Häppchen bei Cocktailpartys und rät den Gastgebern, »doppelt soviel davon zu machen, wie Sie glauben, daß ihre Gäste essen werden.«

6 mittelgroße Süßkartoffeln, ungeschält
1 1/2 TL Salz
1 TL frisch gemahlener schwarzer Pfeffer
125 g Mehl
2 Eier
Pflanzenöl, zum Fritieren
6 Frühlingszwiebeln, Enden gekürzt und gehackt

1. Die Süßkartoffeln mit 1 Teelöffel Salz in einen Topf geben und mit kaltem Wasser bedekken. Aufkochen lassen und in etwa 25 Minuten gar kochen. Abgießen und abkühlen lassen.

2. Das restliche Salz mit Pfeffer und Mehl in einer kleinen Schüssel beiseite stellen. Die Eier mit 2 Eßlöffel Wasser verquirlen. Die Süßkartoffeln in gut 1 cm dicke Scheiben schneiden.

3. Das Öl in einer schweren Pfanne auf 180 °C erhitzen. Die Kartoffelscheiben im Ei wenden, dann in der Mehlmischung und portionsweise 5 Minuten auf jeder Seite goldbraun fritieren. Auf Küchenpapier abtropfen lassen.

4. Mit kleingeschnittenen Frühlingszwiebeln garniert heiß servieren.

Ergibt 6 Portionen

Statt Süßkartoffeln kann man auch Yamswurzeln verwenden.

Caribbean Codfish Puffs

STOCKFISCHBÄLLE

Man kann sie als Hors d'oeuvre oder als belegtes Sandwich essen.

300 g Stockfisch, entgrätet und gehäutet
2 EL frische Petersilie, gehackt
2 EL Frühlingszwiebeln, gehackt
2 EL weiße Zwiebeln, gehackt
1 EL Natron
1 großes Ei
1 1/4 TL frisch gemahlener schwarzer Pfeffer
1 1/4 TL Knoblauchpulver
1/2 TL Cayennepfeffer oder 1 TL scharfe Sauce, z. B. Tabasco (nach Belieben)
60 ml Kondensmilch
125 g Mehl
Pflanzenöl, zum Fritieren
scharfe Mayonnaise (siehe Hinweis) oder Sauce tartare, zum Servieren

1. Den Fisch in kaltem Wasser 2 Stunden einweichen. Abgießen und gut waschen. 5 Minuten in kochendem Wasser blanchieren, dann abgießen und abkühlen lassen.

2. Den Fisch in einer Schüssel mit einer Gabel fein zerkleinern. Petersilie, Frühlingszwiebel, Zwiebel und Natron untermischen. Das Ei in einer separaten Schüssel schaumig schlagen, dann mit Pfeffer, Knoblauch und Cayennepfeffer zur Fischmischung geben. Kondensmilch und 190 ml Wasser unterrühren. Das Mehl über die Mischung streuen und gut unterrühren. Nach Wunsch mehr Cayennepfeffer oder scharfe Sauce zugeben.

3. Eine Pfanne auf mittlerer Stufe erhitzen und zur Hälfte mit Pflanzenöl füllen. Das Öl erhitzen, bis etwas Mehl darin zu brodeln anfängt und sich braun färbt. Die Mischung mit einem Eßlöffel zu Bällchen (etwas kleiner als Golfbälle) formen. Dann auf jeder Seite 5 Minuten goldbraun fritieren. Auf Küchenpapier abtropfen lassen. Mit den restlichen Bällchen genauso verfahren. Die Bällchen können vor dem Servieren bis zu 2 Stunden bei 120 °C im Ofen warmgehalten werden.

4. Auf Zahnstocher gesteckt allein oder mit scharfer Mayonnaise oder Sauce tartare servieren.

Ergibt etwa 24 Stück

Hinweis: Um die Mayonnaise scharf zu würzen, tröpfchenweise scharfe Sauce zugeben.

DER GESCHMACK DER TROPEN

Dies ist die Geschichte von Mutter, Tochter und den Stockfischbällchen.

Die Mutter ist eine waschechte Emigrantin aus Trinidad, die arbeitete, um ihre Kinder zu ernähren, und davon träumte, daß ihre Tochter einmal Anwältin werden sollte. Und die Tochter? Sie konnte nicht lange genug stillsitzen, um Jura zu studieren. Statt dessen wurde sie Polizistin, mit leuchtend roten Fingernägeln und einem Kopf voll senegalesischer Eigenheiten.

Und die Stockfischbällchen sind das, was die Beziehung zwischen Mutter und Tochter zusammenhält. Die Tochter verkaufte sie, wenn sie frei hatte, in einem winzigen Laden namens Karen's Taste of the Tropics in der West 46th Street in Manhattan.

Da die Mutter, Urscilla O'Connor, stolz auf ihr gepflegtes Upperclass-Englisch ist, ist es verwunderlich, daß sie die »Accras«, die formlosen Stockfischbällchen, so mag, denn in Trinidad gelten sie als Arme-Leute-Essen. Da ihre Tochter Karen sich »niemals auch nur im geringsten fürs Kochen interessiert hat«, ist es erstaunlich, daß irgendein kulinarisches Unternehmen ihr Interesse wecken konnte.

Karen wurde 1988 vom Restaurantfieber gepackt, als sie an der West 46th Street zwischen der Eighth und Ninth Avenue Patrouille ging, und innerhalb eines Jahres hatte sie in einem 20 m^2 großen Laden des Blocks graues Linoleum ausgelegt und die Wände in den letzten Farben eines tropischen Sonnenuntergangs gestrichen.

An einer Wand befestigte sie Fotografien afrikanischer Kunst und Reisebilder. An eine andere klebte sie ein handgeschriebenes Menü mit Stockfischbällchen, Fleischpasteten, Kakaobrot und Stockfischsandwiches, Hühnchen oder Rindfleisch mit Curry und Reis, Ochsenschwanz, Black Cake, Möhrenkuchen und süßen Brotmuffins.

Karen lieferte dem steten Strom von Fahrradkurieren, Geschäftsleuten, Nachbarn und Schauspielern, die zum Lunch kamen, ihre Gedanken über die Situation in Südafrika und die Lokalpolitik sowie Einblick in Liebes- und Berufsprobleme.

Im Grunde ist Karen zur Oprah Winfrey der West 46th Street geworden. Ihre Mutter lebte bescheidener und streßfreier hinter der Theke weiter und kümmerte sich wie früher um die Kombination der indischen, afrikanischen, chinesischen und britischen Küchentraditionen, mit denen sie groß geworden war. Mal buk sie indisches Fladenbrot, mal Erbsen mit Reis. Ein Pfeil markierte die Tagesgerichte auf der Speisekarte.

Als Urscilla O'Connor nach einem Rezept gefragt wurde, antwortete sie mit dem gleichen nachdenklichen Lachen, mit dem sie auf die Frage nach den Kochkünsten ihrer Tochter geantwortet hatte: »Karen? Kochen? Ha, ha, ha.«

»Ich sage ihr, daß sie nicht kochen kann, ich dagegen schon«, erklärt Mrs. O'Connor sanft. »Ich habe den richtigen Rhythmus.«

Zeitweise kollidierten Rhythmus und Marketing bei Karen's Taste of the Tropics. In Trinidad werden Stockfischbällchen zwar zu Frühstück und Lunch, zum Abendessen oder als Imbiß zwischendurch gegessen, aber die Amerikaner »vertragen so viel Schärfe nicht«. Mrs. O'Connor zog in Betracht, weniger zu pfeffern, »aber ich kann es nicht, es wäre ansonsten kein Accras, wissen Sie.«

Karen warb Kunden, indem sie die scharfen Bällchen auf süßem, weichem Kakaobrot servierte: »Das mildert die Schärfe.«

Was sie aber tat, war, den Namen zu ändern. »Niemand weiß, was ein Accra ist«, sagte sie. »Sie Stockfischbällchen zu nennen, war meine Idee.«

Boris' Kishka

KISCHKE

Boris Pearlman ist von Beruf Physiker, zu Hause aber ein außergewöhnlicher Koch. Als er noch klein war, lehrte ihn seine Mutter, daß Portionen vor allem groß sein mußten: »Ich hatte keine Ahnung, daß ich chronisches Sodbrennen hatte – bis ich in die Armee kam, und es verschwand.« Dennoch vermißt er die guten alten Zeiten und kocht für seine Familie eine Abwandlung der Kischke seiner Mutter, eine traditionelle mit Matzenmehl gefüllte Wurst.

300 g Weizenmehl
150 g Rinderfett (Nierenfett), feingehackt
100 g Matzenmehl
3 mittelgroße Zwiebeln (1 gehackt und 2 in Scheiben geschnitten)
2 TL Salz
1 Prise frisch gemahlener schwarzer Pfeffer
250 ml Rinder- oder Hühnerbrühe, erwärmt
120 cm Rinderdarm (beim Metzger rechtzeitig bestellen)
75 ml ausgebratenes Hühnerfett

1. Mehl, Rinderfett, Matzenmehl, gehackte Zwiebel, Salz und Pfeffer in einer Schüssel mischen. Die Brühe in die klumpige Mischung einrühren.

2. Den Darm innen und außen gut mit kaltem Wasser durchspülen. An einer Tülle befestigen. Das freie Ende zusammenknoten. Lose füllen und in regelmäßigen Abschnitten verdrehen, so daß 10 cm lange Würste entstehen. Das offene Ende verknoten und jede Wurst zweimal leicht anstechen, damit der Druck entweichen kann.

3. In einem Topf Salzwasser auf hoher Stufe aufkochen lassen. Temperatur reduzieren und die Kischke 1 Stunde ziehen lassen. Vom Herd nehmen und abgießen. Nach Wunsch kann man die Würste voneinander trennen.

4. Den Ofen auf 180 °C vorheizen.

5. In einer ofenfesten Form Hühnerfett und Zwiebelscheiben mischen. Die Kischke darauf legen. 1½ Stunden im Ofen backen, dabei häufig mit dem Fett bepinseln. Die Kischke in 2½ – 4 cm große Stücke schneiden.

Ergibt 5 Portionen

Chicken Wings Andalouse

HÜHNERFLÜGEL

Jacques Williams möchte Buffalo Style Chicken Wings nicht nach dem alten Muster servieren: als Stehimbiß auf gehäuften Tellern. Er verfeinerte das ursprüngliche Rezept und reicht es jetzt auf Porzellan.

2 EL Pflanzenöl
1 kg Hühnerflügel, unterer Teil abgeschnitten und leicht bemehlt
1 rote Paprikaschote
60 ml trockener Weißwein
1 EL Weißweinessig
8 EL (110 g) Butter, in eßlöffelgroße Stücke zerschnitten
etwa 1 EL Tabasco oder ½ TL Cayennepfeffer (oder nach Geschmack)
Salz (nach Geschmack)

1. Das Öl in einer großen Pfanne erhitzen. Die Hühnerflügel darin unter häufigem Wenden 15–20 Minuten braten, bis sie gar und gebräunt sind. Auf Küchenpapier abtropfen lassen.

2. Inzwischen die Paprika unter dem Grill oder in der Flamme eines Gasbrenners rösten. Häufig wenden, bis die Haut Blasen bildet und sich schwarz färbt. Die Paprika in einer verschlossenen Papiertüte 15–20 Minuten ausdampfen lassen. Die Haut abkratzen, die Paprika halbieren und entkernen, dann pürieren.

3. Wein und Essig in einem kleinen beschichteten Topf auf hoher Stufe 2 Minuten um die Hälfte reduzieren. Dann die Butter bei mittlerer bis niedriger Stufe eßlöffelweise in die Weinmischung rühren, so daß sie abbindet. Paprikapüree unterrühren und tropfenweise mit Tabasco bzw. mit Salz abschmecken.

4. Die warmen Chicken Wings auf einer Platte anrichten. Mit Sauce übergießen. Sofort servieren.

Ergibt 8 Portionen

Jacques Williams bereitet seine erstklassigen Chicken Wings zu.

Dhanit's Chicken Saté

HÜHNER-SATÉ

Als Dhanit Choladda, der Küchenchef vom Manhattaner Restaurant »Claire«, im Alter von 17 Jahren Ostthailand verließ, konnte er bereits kochen. »Bei mir zu Hause kochte immer Großmutter«, sagte er, und über sein saftiges Chickencurry berichtet er: »Jeder bereitet Saté auf seine Weise zu. Das hier ist die Art, wie ich es am liebsten mag.«

MARINADE UND HÜHNCHEN
500 ml Kokosmilch (Dosenware)
3 Knoblauchzehen, gehackt
2 EL Currypulver
1 EL Zucker (nach Wahl)
2 Pfund Hühnerbrüste, enthäutet und entbeint, flach geklopft und in 2,5 cm große Würfel geschnitten

SAUCE
875 ml Kokosmilch (Dosenware)
300 g Erdnußbutter
60 ml Apfelessig
2 EL thailändische Fischsauce (siehe Hinweis)
1 1/2 EL rote Curry-Paste (siehe Hinweis)
1 EL Zucker
1 TL Zimt, gemahlen
1 TL Currypulver

1. Die Zutaten der Marinade in einer Glas- oder Plastikschüssel mischen. Das Fleisch darin wenden. Dann abdecken und über Nacht kalt stellen.

2. Alle Zutaten in einen beschichteten Topf geben und auf mittlerer Stufe glattrühren. Etwa 15 Minuten garen, bis die Mischung um ein Drittel reduziert ist. Dann bei schwacher Hitze zudecken und die Sauce warmhalten.

3. Den Grill vorheizen. 10 Bambusspieße in Wasser einweichen.

4. Auf jeden Bambus- oder dünnen Metallspieß 6–8 Fleischstücke stecken. Auf ein Backblech unter dem Grill so viele Spieße legen, wie bequem Platz haben, und 3 Minuten von jeder Seite grillen. Mit dem restlichen Fleisch genauso verfahren.

Saté mit einem Lächeln von Dhanit Choladda

5. Die Hühnerspieße auf einer Platte anrichten. Sauce darüber geben oder als Dip reichen.

Ergibt 5 Portionen

Hinweis: Thailändische Fischsauce und rote Curry-Paste erhält man in asiatischen Feinkostgeschäften.

EIN GUTES ESSEN MIT WENIGEN ZUTATEN

Großzügige Menschen haben bei der Bewirtung anderer einen immer wiederkehrenden Traum: »Man öffnet den Kühlschrank, und darin befindet sich ein ganzes Delikateßgeschäft« – so die Autorin und Filmregisseurin Nora Ephron aus Manhattan.

In dem Traum warten ganze Hälften Räucherfisch, bergeweise Kaviar und verschiedenste Käseecken auf den unangemeldeten Cocktailgast, die ungeplante Dinnerparty, das in letzter Minute geplante Buffet zu später Stunde. Auch Brot, Cracker, Trockenwürste, Nüsse und edle Delikatessen aus der Dose sind griffbereit.

In Wahrheit ähneln viele Speisekammern eher einem Resteverkauf als dem Schlaraffenland fertiger Speisen und exotischer Lebensmittel, die es in New York gibt. Die besten Gastgeber verlassen sich in der Regel auf einen gewissen Vorrat, den sie sofort servieren können. Einige haben nur ein einziges Produkt im Schrank oder billigen Preßkaviar im Kühlschrank – also einen Vorrat, der auch an Feiertagen immer zur Verfügung steht.

Mrs. Ephron gibt sich mit einem einzigen Glas Taramas, dem griechischen Kaviaraufstrich, zufrieden. Er gibt ihr den inneren Frieden bei unerwarteten Besuchern.

Um diesen zenähnlichen Zustand zu erreichen, benötigt Peggy Pierrepont, eine Immobilienmaklerin aus West Village, vier Dinge: einen Vorrat an Duftkerzen, ein Glas eingelegter marokkanischer Oliven, einige hartgekochte Wachteleier und Champagner.

»Wachteleier, Oliven und Champagner bei Kerzenlicht. Eleganter geht es doch gar nicht«, meint sie.

Michael Aaron, der Vorstand der Wein- und Spirituosengesellschaft Sherry-Lehmann, und seine Frau Christine geben sich auch mit weniger zufrieden. »Wenn ich guten Champagner habe«, erklärt Mrs. Aaron, »brauche ich ein paar Käsestangen im Gefrierschrank. Die muß ich nur ein paar Minuten in den Ofen stecken, damit sie knusprig warm sind.«

Die Galeristin Holly Solomon bewirtet regelmäßig bis zu 300 Künstler und Sammler und hat den minimalistischen Vorratsschrank perfektioniert. »Popcorn«, sagt sie. »Solange ich bergeweise Popcornmais habe, bin ich bereit, Gäste zu empfangen.«

Andere schwören auf Sardinen, Tintenfisch, Sardellenfilets, gegrillte Paprika, Artischocken- und Palmherzen aus der Dose für die Bewirtung unerwarteter Gäste – alles in italienischen Feinkostgeschäften erhältlich und auf Crackern ein köstlicher Imbiß.

Grüne Oliven können in Olivenöl, mit zerdrücktem Knoblauch und Chilischoten Monate im Kühlschrank aufbewahrt werden; in Öl eingelegte schwarze Oliven müssen nur in qualitativ hochwertigem Öl und mit Zitronenschale im Kühlschrank gelagert werden. Gealterte Käse sind besser als frische, und viele können als würziger Cocktailsnack bis zu einem Monat in Olivenöl eingelegt werden. Aus Gründen wie diesen kann Robert Ruff, Produzent bei ABC News, nicht ohne Olivenöl leben, wie er sagt: »Es ist mein Sicherheitsnetz.«

Annie Flanders, die frühere Herausgeberin des Magazins *Details*, empfängt oft Gäste zu später Stunde in ihrer Wohnung in West

Village. Sie sagt, daß vakuumverpackter Räucherfisch und Pasteten, die sie in Feinkostgeschäften kauft und im Kühlschrank aufbewahrt, ihr das Selbstvertrauen einer modernen Gertrude Stein verleihen.

Die Drehbuchautorin Leslie Newman hat chinesische Schweinefleischbällchen neben chinesischen Würsten und Wurstwaren für Überraschungsgäste in ihrem Gefrierschrank parat. Die Fleischbällchen sind in 10 Minuten warm und schmecken so frisch wie am Morgen ihrer Zubereitung.

Viele Arten von Wurst kann man für unerwartete Gäste aufbewahren. Mrs. Newman setzt auf die würzige marokkanische Merguez. W. Prestcott vom *Food & Wine Magazine* serviert polnische Würste mit scharfem Senf am Spieß. Er lagert auch Mandeln und Cashewkerne in seinem Gefrierschrank. Die Nüsse bestreut er mit Curry oder einer pfeffrigen Gewürzmischung, erwärmt sie auf einem Backblech und erhält so ungewöhnliche Häppchen.

Ungewöhnliche Essigsorten, chinesische Fischsauce in der Dose, schwarze Bohnensauce und scharfes Chiliöl möchte Mr. Prestcott jederzeit zur Hand haben, um Huhn, Fisch oder Shrimps am Spieß zu verfeinern. »Lachs oder Forelle aus der Dose«, erläutert er, »können, wenn sie eine gute Qualität haben, mit Sahne gemischt zu Instantmousse verarbeitet werden. Tiefgekühlte Tortellini können gekocht und in Olivenöl getaucht, anschließend in Parmesan gerollt und auf Spießchen serviert werden.«

Andere schwören auf einen Vorrat an gefrorenem Spinat oder Blätterteig-Fleischpasteten. Tiefgekühlte Blätterteigpasteten muß man nur mit etwas zerlassener Butter bepinseln und vor dem Servieren einige Minuten in den Ofen stecken. Die Kochbuchautorin Lee Bailey bewahrt für eine andere Pastetenimprovisation Brotscheiben und ein wenig gemahlenen Parmesan im Tiefkühlfach auf: »Wickeln Sie das Brot aus, bestreuen Sie es mit Parmesan, grillen sie es und lassen Sie die Gäste kommen.«

Nicht alle Gastgeber haben sich damit abgefunden, daß ihr Traum von einer wohlgefüllten Speisekammer so wenig mit der Realität der Notlösungen übereinstimmt. Pat Buckley, eine ehrwürdige Lady und Rangälteste des Wohltätigkeitskreises von New York City, ist nur dann zufrieden, wenn sie nicht nur die Dinge vorrätig hat, die sie mag, sondern auch eine Reihe von Dingen, die sie nicht mag.

Der Designer Bill Blass, der für seine freundliche Bewirtung bekannt ist, fühlt sich dann wohl, wenn in seinem Kühlschrank Grillhähnchen und Rindfleisch, zahlreiche Gemüse und Gewürze sowie verschiedene Brote lagern.

»Ich wollte schon immer so sein wie er«, räumt Mrs. Ephron ein. Sie vertraut auf ihre Taramas, denkt aber noch immer wehmütig daran, wie viele Nahrungsmittel erhältlich, aber nicht in ihren Kühlschrank gelangt sind. Mr. Blass dagegen hat ganz andere Sorgen: »Ich brauche jemanden, der das ganze Zeug kocht.«

Shoshanas

AUBERGINENCREME

Sie paßt perfekt zu Hummus (siehe Seite 21) und kann als Dip zu Pitabrot und Gemüse serviert werden.

1 große Aubergine
4 EL Tahin-Paste
2 Knoblauchzehen, gehackt
3 EL frische Petersilie, gehackt
Saft von 1 Zitrone

1. Den Ofen auf 190 °C vorheizen.

2. Die Aubergine rundum mit der Gabel anstechen, in Alufolie wickeln. Anschließend 1 Stunde backen.

3. Die Aubergine aus dem Ofen nehmen. Abkühlen lassen, schälen und das Fleisch in einer Schüssel zerdrücken. Die übrigen Zutaten gut untermischen. In einem verschlossenen Behälter hält sich die Creme gekühlt bis zu einer Woche.

Ergibt ca. 500 g

Salsa

RLX

Rodeanne Landeaux, die Eigentümerin des Landeaux X Studios und Couturière, macht diese Sauce in so großen Mengen, daß sie stets welche zur Hand hat. Dieses Rezept ergibt eine äußerst scharfe Sauce. Für eine mildere Version weniger Jalapeño-Chilischoten verwenden.

1 Knoblauchzwiebel, gehackt
70 g frische Korianderblätter, gehackt
800 g Tomaten (Dosenware), zerdrückt
6 frische Tomaten, gehackt
2 Zwiebeln, gehackt
80 ml Saft von eingelegten Jalapeño-Chilischoten
8 eingelegte Jalapeño-Chilischoten, entkernt, geputzt und gehackt

Knoblauch, Koriander, Dosen- und frische Tomaten, Zwiebeln und Jalapeñosaft mischen. Chilischoten unterrühren. Zu Chips, Hähnchen, Schweine- oder Rindfleisch oder Fisch servieren.

Ergibt 2 Liter

Die Couturière Rodeanne Landeaux inmitten von Blättern

Andre Balogs

KÖRÖZÖTT

Jede ungarische Hausfrau hat ihr eigenes Rezept für Körözött«, sagt Andre Balog, der Manager des Gewürzladens »Paprikas Weiss«. »Viele geben etwas Bier und Anchovipaste dazu.« Die Ungarn machen den würzigen Käse im voraus, damit sie ihn für Gäste zur Hand haben. Körözött hält sich gekühlt bis zu einem Monat.

250 g Doppelrahm-Frischkäse, zimmerwarm
110 g Bryndza (ungarischer Schafskäse), zimmerwarm
110 g Butter, zimmerwarm
½ Zwiebel, feingehackt
1½ TL ungarisches Paprikapulver, edelsüß
1 TL Kümmelsamen (nach Belieben)

In einer Schüssel Frischkäse, Bryndza und Butter glattrühren. Zwiebel, Paprika und Kümmel unterrühren. Auf Crackern oder Roggenbrot servieren.

Ergibt etwa 500 g

Hinweis: Bryndza, ein ungarischer Schafskäse, ist in Spezialgeschäften erhältlich. Er kann aber auch problemlos durch einheimischen Schafskäse oder Blauschimmelkäse ersetzt werden.

Georgias

TZATZIKI (GURKEN-JOGHURT-DIP)

Georgia Lyras, die in New York aufwuchs und am New York City Technical College ihren Abschluß machte, serviert diesen würzigen Joghurtdip zu Gemüse oder als Sauce zu Grillfleisch oder Souvlaki.

500 g Naturjoghurt
1 große Gurke, geschält, entkernt und gehackt
2 Knoblauchzehen, feingehackt
2 EL Olivenöl
1 EL Weißweinessig
Salz und frisch gemahlener weißer Pfeffer (nach Geschmack)
Gemüse oder Pitabrot, zum Servieren

1. Ein Sieb doppelt mit feuchtem Musselintuch oder einem Kaffeefilter auslegen und auf eine Schüssel stellen. Den Joghurt zugeben. Mit Wachspapier zugedeckt über Nacht kalt stellen, damit der Joghurt abtropfen kann.

2. Den abgetropften Joghurt in eine Schüssel geben. Gurke, Knoblauch, Öl und Essig untermischen. Mit Salz und Pfeffer abschmecken. 1 Stunde oder länger kalt stellen. Zu Gemüse oder Pitabrot servieren.

Ergibt etwa 500 g

Jane Gols

HUMMUS

Jane Gol hat dieses Rezept ihrer Schwiegermutter, die aus einer Stadt an der russisch-afghanischen Grenze stammt, vereinfacht. Auf den Hummus gibt sie etwas Olivenöl und garniert ihn mit Pitabrotstücken.

450 g Kichererbsen (Dosenware) oder 200 g getrocknete Kichererbsen, 4 Stunden eingeweicht und enthäutet (siehe Hinweis)
3 EL Tahin-Paste
1 Knoblauchzehe, gehackt
Saft von 2 Zitronen
Salz (nach Geschmack)
Olivenöl

Alle Zutaten außer dem Öl in einer Küchenmaschine zerkleinern. 125 ml Wasser zugeben. Zu dickem Püree verarbeiten. In einer Schüssel mit einem dünnen Olivenöl-Film bedecken, damit sich keine Kruste bildet. Kalt stellen.

Ergibt etwa 500 g

Hinweis: Die Kichererbsen zum Enthäuten in einem Küchentuch reiben, bis sich die Haut löst.

BAGELS, LACHS UND SUPPEN

Es gibt so viele Schätzungen über die jährlich in New York City verkaufte Menge an Räucherlachs wie Sorten des geräucherten, gepökelten in den Schaufenstern der Delikateßgeschäfte der Stadt ausliegenden Fischs selbst. Buzz Billick, Mitinhaber der »Marshal Smoked Fish Company«, betrachtet die Stadt nur unter dem Blickwinkel der verkauften Tonnen Räucherfisch: Vermutlich sind es etwa 10 000 Tonnen im Jahr – wahrscheinlich mehr als irgendwo sonst auf der Welt.

»Der traditionelle Lachsesser kann durch Edelmarken oder das Argument, der Fisch stamme aus anderen Teilen der Welt, nicht getäuscht werden«, meint Mr. Billick, dessen Räucherlachsfirma die älteste und größte der USA ist. »Sollen die Möchtegerngourmets irischen, schottischen, norwegischen, russischen und baltischen Lachs essen! Der beste Räucherlachs kommt noch immer aus Brooklyn, wo er schon seit Urzeiten ›Nova‹ heißt und vermutlich auch nie zum ›Saumon fumé‹ avancieren wird.«

In Brooklyn gibt es sechs größere Räuchereien. Mr. Billick, durch und durch traditioneller Lachsesser, behauptet, New York sei von jeher eine »Lachs- und Novastadt« gewesen.

Räucherlachs (amerikanisch »Lox«) wird gepökelt und leicht geräuchert. Er ist sehr salzig und eine der wichtigsten Nahrungsquellen älterer Osteuropäer. Sein salziger Geschmack wird traditionell durch »Schmear«, einen Brotaufstrich aus Frischkäse, gemildert. »Novalachs«, ein leicht gesalzener Atlantiklachs, ist teurer als »Lox«. Letzterer paßt besonders zu Bagels (Brötchenringen) und Frischkäse. Er schmeckt ausgezeichnet auf Pumpernickel oder Roggenbrot mit Butter oder auf Blinis mit kleingeschnittenen roten Zwiebeln, hartgekochtem Ei und Kapern oder mit Senfsauce auf Chicoreeblättern.

Atlantischer und pazifischer Lachs werden heutzutage mild geräuchert. Den pazifischen »Western-Style«-Lachs findet man am häufigsten. Er wird mit Salz und braunem Zucker eingerieben, drei Tage gepökelt und bei 27 °C über einem Hartholzfeuer geräuchert. Western-Nova ist meist glatt und schmeckt leicht nach Rauch und Salz.

Der meistgezüchtete Atlantiklachs wird vor dem Räuchern vier Tage in braunem Zucker und Salz und dann drei Tage in eine Salzlake eingelegt. Dadurch wird er laut Mr. Billick »sehr körnig und ist leicht in Scheiben zu schneiden.« Der Fisch ist fester, rauchiger und salziger als Western-Style-Nova und im allgemeinen auch teurer. Atlantischer, mild geräucherter Lachs wird auch häufig »Gaspé« genannt.

Wer auf Tradition achtet, kauft Räucher-

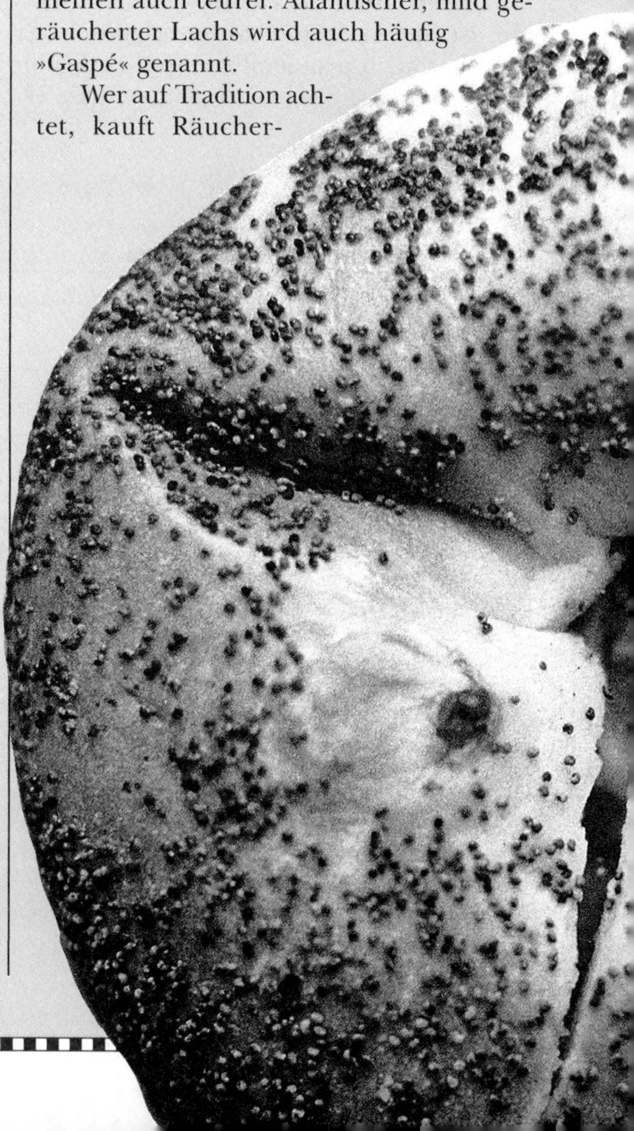

lachs sowieso nicht nach Namen. Man sucht nach hellem Fleisch, das so viel natürliches Öl enthält, daß es glänzt. »Wenn Lachs so aussieht, sagen wir Händler, ›er lebt‹«, erklärt Mr. Billick. Einzelhändler geben zu, daß vakuumverpackter oder eingefrorener, importierter Lachs neben dem frischgeräucherten aus Brooklyn fade und langweilig wirkt. »Wenn er eingefroren wird, ist er nie mehr derselbe«, meint Murray Klein vom New Yorker Delikatessengeschäft »Zabar's«. »Abgesehen vom Glanz muß Räucherlachs butterweich sein.«

Und dann ist da der Geschmack. »Fragen Sie nicht nach dem Namen«, erklärt Mr. Klein, »fragen Sie nach dem Geschmack.« Es gibt nur einen Weg, wie der Kunde es umgehen kann, sich durch viele verschiedene Lachse durchzuprobieren. »Fragen Sie nach dem besten Lachs, der geführt wird«, meint Mark Russ, der Mitinhaber von Russ & Daughters. Im Laden steht er unter einem Schild, das ein Grunddogma der traditionellen New Yorker Lebensart der guten alten Zeit darstellt: »Lox *et veritas*« steht darauf geschrieben.

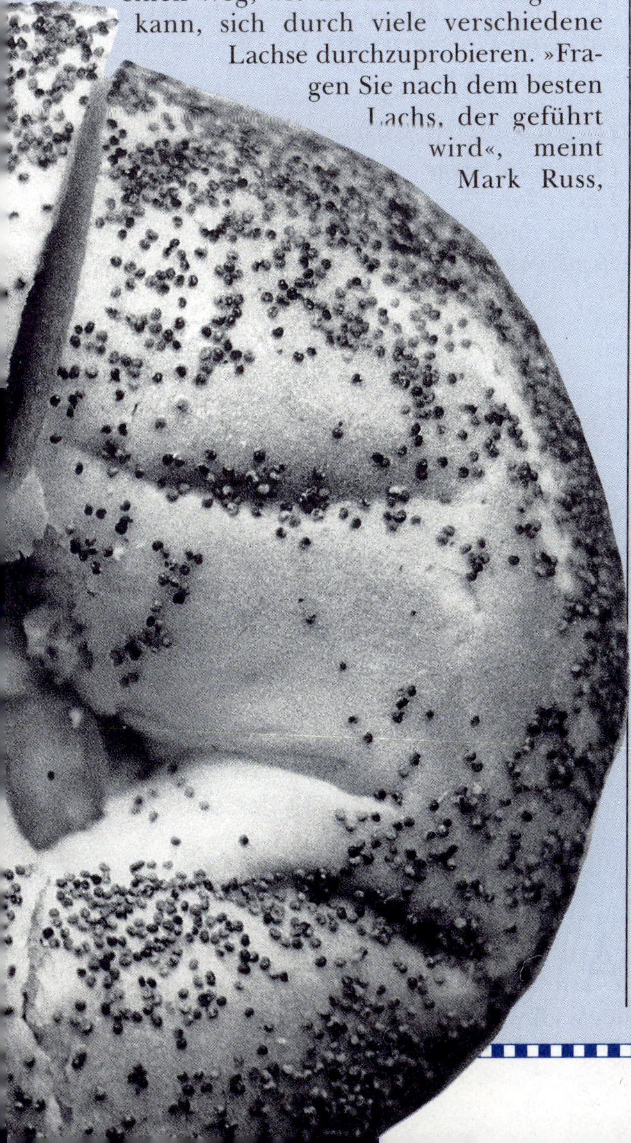

WO MAN GUTEN NOVA BEKOMMT

Marshal's, die älteste und größte Lachsräucherei der USA, macht Führungen durch den Betrieb. Unter der Nummer (718) 384-7621 kann man telefonisch Termine vereinbaren. Marshal's verkauft den Lachs außerdem fast so günstig wie der Großhandel. Betrieb und Laden befinden sich im Greenpoint-Viertel Brooklyns, 23 Anthony Street.

Außerdem findet man Räucherlachs in folgenden Geschäften:

BALDUCCI'S: 424 Avenue of the Americas (Ecke 9th Street). Tel. (800) 822-1444

BARNEY GREENGRASS: 541 Amsterdam Avenue (zwischen 86th und 87th Street); Tel. (212) 724-4707

DEAN & DELUCA: 560 Broadway. Tel. (212) 431-8230 und (800) 221-7714

GRACE'S MARKETPLACE: 1237 Third Avenue (Ecke 71th Street). Tel. (212) 737-0600

MACY'S AT HERALD SQUARE: Tel. (800) 446-2297

Russ & Daughters: 179 East Houston Street (Ecke Orchard Street). Tel. (212) 475-4880

Zabar's: 2245 Broadway (Ecke 80th Street). Tel. (212) 787-2002 und (212) 496-1234

Bei Zabar's hinterm Tresen

Grandma Doras
LEBERPASTETE

Die Manhattaner Psychologin Gail Paige-Bowman erbte dieses Rezept von ihrer Großmutter Dora. Sein Geheimnis ist, daß die Leber gekocht und jede Zutat von Hand kleingehackt wird. »Am besten serviert man sie auf Roggenbrot mit Kümmel, aber mit Pumpernickel oder Crackern schmeckt sie genauso gut«, erklärt Gail.

450 g Hühnerleber, geputzt und gewaschen
1 weiße Zwiebel, gehackt
6 hartgekochte Eier, geschält und gehackt
etwa 2 EL ausgebratenes Hühnerfett oder zerlassene Butter
1 Prise Paprikapulver
Salz und frisch gemahlener schwarzer Pfeffer (nach Geschmack)

1. Die Leber in kochendes Wasser legen, zudecken und 5 Minuten garen. Abgießen und gut abtropfen lassen. 40 Minuten kalt stellen.

2. Die Leber mit einem scharfen Messer zu glatter Paste verarbeiten. Die Hälfte von Leber, Zwiebel und Eiern mischen. Dann den Rest von Leber, Zwiebel und Eiern gut untermischen. Ausreichend Hühnerfett zugeben, daß die Masse feucht ist und zusammenhält. Nach Geschmack mit Paprika, Salz und Pfeffer würzen.

Ergibt etwa 800 g

Zabar's
FRÜHLINGS-FRISCHKÄSE

Das Bagel, ein Brötchenring, gehört zu den Dingen, die der New Yorker zum Frühstück am liebsten ißt. Mit dem Frühlingsfrischkäse des Delikateßladens Zabar's bekommt es den nötigen Pfiff. Zugedeckt hält sich der Frischkäse gut im Kühlschrank; er ist leicht zu machen und kann als Dip, als Aufstrich auf Croutons oder Crackern oder auf Ofenkartoffeln serviert werden.

450 g Doppelrahm-Frischkäse, zimmerwarm
125 g saure Sahne
1 Prise Salz
1 Prise Knoblauchpulver
50 g Frühlingszwiebeln, gehackt

Frischkäse, saure Sahne, Salz und Knoblauchpulver glattrühren. Die Frühlingszwiebeln unterrühren. Auf Crackern oder getoasteten Bagels servieren.

Ergibt etwa 650 g

Eingelegte
OLIVEN

Als vor einigen Jahren die Mittelmeerküche in Mode kam, landeten bergeweise eingelegte Oliven in den Kühlschränken New Yorks. Sie halten sich monatelang, sind großartige

Snacks und passen wunderbar zu Nudelsaucen. Entkernt und zerdrückt machen sie gegrillten Fisch oder Hühnchen interessanter. Aber eingelegte Oliven wurden nicht in den 90er Jahren erfunden: 1932, als Helen Worden *The Real New York* schrieb, befand sich die größte griechische Siedlung nicht in Astoria, Queens, sondern in »Little Athens«, dem Häuserblock zwischen Manhattans 40th Street und der Eighth Avenue.

Dort fand Mrs. Worden in Mr. Coupopoulus' Geschäft »Griechische Vorspeisen, Delikatessen, die auf Cocktailpartys viel hermachen, darunter köstliche reife, mit einer Knoblauchzehe, aromatischen Gewürzen und kleinen Streifen Zitronenrinde eingelegte Oliven.« Hier ist sein Rezept.

1 unbehandelte Zitrone
450 g schwarze Oliven, in Öl eingelegt
2 Knoblauchzehen, zerdrückt
2 TL getrocknete rote Chiliflocken
2 EL Olivenöl

Gewürzte schwarze Oliven in Massen – wetten, daß es nicht bei einer bleibt?

Die äußere Zitronenschale mit einem Messer dünn abziehen. Sehr fein hacken. Die Schale mit Oliven, Knoblauch, Chiliflocken und Olivenöl mischen. Mindestens einen Tag in einem Glasgefäß stehenlassen. Kühl servieren. Die Oliven halten sich einen Monat.

Ergibt 10–15 Portionen

Eileens

SÜSSE WALNÜSSE

In China werden Honigwalnüsse zu kalten Platten oder als Snacks zum Cocktail gereicht«, erklärt Eileen Yin-Fei Lo, Autorin und Kochlehrerin am »China Institute« in New York City. »Viele Leute essen sie gerne zum Nachmittagstee.«

350 g Walnußhälften, frisch geschält
2 EL Zucker
750 ml – 1 l Erdnußöl

1. Gut 1 Liter Wasser in einem Wok oder Topf auf hoher Stufe aufkochen lassen. Die Walnüsse zugeben und 5 Minuten kochen. Abgießen. Die Nüsse mit kaltem Wasser abspülen, erneut abgießen, dann wieder in den Wok geben.

2. 1 Liter frisches Wasser zugeben und aufkochen lassen. 5 Minuten kochen lassen. Erneut abgießen. Die Nüsse zum Abtropfen beiseite stellen.

3. Den Wok ausspülen und 80 ml kaltes Wasser hineingeben. Auf mittlerer Stufe aufkochen lassen. Den Zucker zugeben und unter ständigem Rühren eine Minute kochen lassen. Nüsse zugeben und unter Rühren kochen, bis sie mit Zucker beschichtet sind und die restliche Flüssigkeit verdampft ist.

4. Die Nüsse herausnehmen und auf gut eingefettetes Backpapier legen. Den Wok anschließend mit sehr heißem Wasser ausspülen, um den Zucker zu entfernen. Sorgfältig abtrocknen.

5. Zwischen 750 ml und 1 Liter Erdnußöl im Wok auf hoher Stufe so stark erhitzen, daß man etwas weißen Rauch aufsteigen sieht. Die Nüsse vorsichtig zugeben und 2–3 Minuten goldbraun braten.

Ergibt etwa 500 g

SCHICKE DRINKS IM STADTVIERTEL UND DARÜBER HINAUS

Von jeher schätzen New Yorker edle Cocktails. Der Schriftsteller H. L. Mencken, der für den *New Yorker* schrieb, nannte den Martini einmal »die einzige amerikanische Erfindung, die so perfekt ist wie ein Sonett.« Vielleicht wurde dieser Cocktail von einem Barmann des Occidental Hotels in San Francisco erfunden oder einfach von der Martini Vermouth Company in bare Münze umgesetzt. Aber in New York wurde das vereiste Martiniglas zum Synonym für hohen Anspruch.

Vielleicht war es eine poetische Laune, die Barmänner dazu brachte, sowohl Manhattan als auch die Bronx in Form von Cocktails zu verewigen. Der Bronx ist weniger bekannt und sicher weniger beliebt als der Manhattan, und so spiegeln beide die entsprechenden Stadtbezirke wider. Der Bronx geht auf den Barmann Johnnie Solon zurück, der im Waldorf Hotel gemixt hat.

RAINBOW ROOM'S »BRONX«

Dieses Rezept stammt aus dem Manhattaner Rainbow Room, von dessen Aussichtsplattform im Rockefeller Center man an klaren Tagen die Bronx sehen kann.

40 ml Gin
2 Spritzer süßer Wermut
2 Spritzer trockener Wermut
60 ml Orangensaft
1 flambierte Orangenschalenspirale (siehe Hinweis), zum Garnieren

Gin, süßen und trockenen Wermut und Orangensaft mit Eis im Shaker gut mixen. In große Cocktailgläser seihen und mit der Orangenschalenspirale garnieren.

Ergibt 1 Drink

Hinweis: Für die flambierte Orangenschalenspirale ein Stück Orangenschale über einem brennenden Streichholz leicht verdrehen. Das sich aus der Schale absondernde Öl flammt kurz auf.

RAINBOW ROOM'S »MANHATTAN«

Der Manhattan-Cocktail geht auf die Zeit vor der Jahrhundertwende zurück. Es heißt, der Drink sei von einem Barmann des Manhattanclubs erfunden und eher nach dem Lokal als dem Stadtteil benannt. Die Rezepte variieren ein wenig, aber meist wird er mit Bourbon oder Blended Whiskey und süßem Wermut gemixt. Für den trokkenen Manhattan nimmt man trockenen Wermut, für den »Perfect Manhattan« halbtrockenen.

Auch dieses Rezept stammt aus dem Rainbow Room.

40 ml Blended Whiskey
15 ml süßer Wermut
1 Spritzer Angostura
1 Maraschinokirsche

Whiskey, Wermut und Angostura mit Eis in einem Mixglas mischen. In ein Martiniglas seihen und mit der Kirsche garnieren.

Ergibt 1 Drink

Grandma Kates

GEFÜLLTE PAPRIKA

Margot Greenbaum Mustich erinnert sich: »Als mein Mann und ich anfingen auszugehen, erstaunte mich, daß er als Italoamerikaner der zweiten Generation nicht gern in italienische Restaurants ging. Nachdem ich die Küche seiner Mutter und Großmutter gekostet hatte, verstand ich ihn.« Und obwohl Margot die Gerichte kochen wollte, fürchtete sie, daß sie »niemals in der Lage wäre, ein Essen zu kochen, das dem Familienstandard entspräche.« Nachdem sie einige Zeit mit ihrer »Schwiegergroßmutter« Catherine Di Stasio gelebt hatte, kochte sie dieses Gericht jedoch mit Bravour.

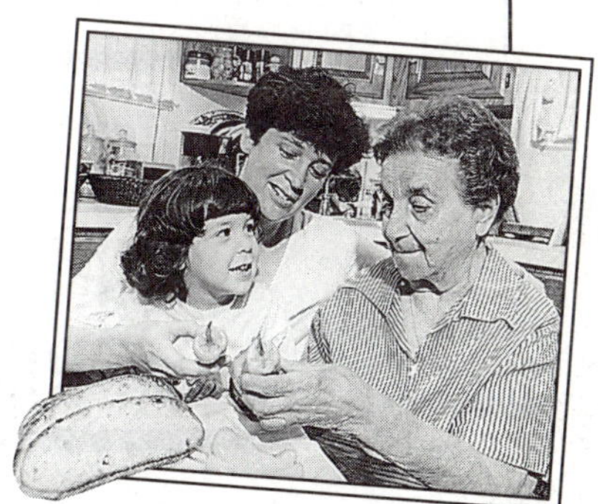

12 grüne oder rote Paprikaschoten
6–8 Scheiben (etwa 250 g) Ciabatta ohne Kruste
6 Anchovis-Filets
3 Knoblauchzehen, geschält
3 EL Parmesan, frisch gerieben
3 EL glatte Petersilie (etwa 12 Zweige)
125 ml extra natives Olivenöl plus 2 EL extra

1. Den Ofen auf 190 °C vorheizen. Ein Backblech mit Alufolie auslegen.

2. Den oberen Teil der Paprika abschneiden und anderweitig verwenden. Die Paprika innen putzen und sorgfältig waschen; Kerne entfernen. Beiseite stellen.

3. Das Brot in kleinere Stücke teilen und mit Anchovis, Knoblauch, Parmesan und Pe-

Links: Das Rainbow Room (mit freundlicher Genehmigung des Restaurants Rainbow Room)
Oben: Grandma Kate mit Enkelin Margot und Urenkelin Emma

tersilie in die Küchenmaschine geben. Bei laufendem Motor langsam 125 ml Olivenöl zugießen. Ausschalten und die Mischung prüfen; das Brot sollte grobe Krumen gebildet haben und recht feucht sein. 1–2 Eßlöffel Wasser zugeben, falls es nicht feucht genug ist.

4. Die Paprika lose bis knapp unter den Rand der offenen Seite mit der Brotmischung füllen. Die gefüllten Paprika auf das Backblech legen. Eventuell überschüssige Füllung um die Paprika herumlegen (kann zur Garnierung der Servierplatte verwendet werden).

5. Die Paprika mit den verbleibenden 2 Eßlöffeln Olivenöl beträufeln. 35–45 Minuten backen, bis die sie schön braun sind und zusammenzufallen beginnen. Dabei zweimal mit austretendem Saft bepinseln. Notfalls mehr Wasser hinzugeben, damit das Backblech feucht bleibt.

Ergibt 4–6 Portionen

Gail Vogels

GEGRILLTE PAPRIKA

Das Mannequin Gail Vogel hat für Gäste immer einen Vorrat dieser Paprika parat. Gut zugedeckt halten sie sich bis zu einem Monat. Sie schmecken köstlich mit Mozzarella, Brot oder Crackern.

10–12 Paprikaschoten (verschiedenfarbig)
3–4 Knoblauchzehen, gehackt
Olivenöl

1. Den Grill vorheizen. Das Grillblech auf oberster Schiene in den Ofen schieben.

2. Die Paprika in einer Schicht auf ein Backblech oder eine flache Pfanne legen. 10 Minuten grillen, bis sie sich auf allen Seiten schwarz gefärbt haben, dabei mit einer Zange wenden. Zum Abkühlen in einem Papierbeutel verschließen.

3. Die abgekühlten Paprika einzeln aus der Tüte nehmen. Halbieren, Kerne und Haut mit Küchenpapier entfernen (nicht unter kaltem Wasser waschen). Jede Paprika in 2,5 cm breite Streifen schneiden.

4. Mit dem Knoblauch in ein Einmachglas legen, bis es fast voll ist. Olivenöl über die Mischung gießen, bis es den oberen Glasrand erreicht. Zudecken und 24 Stunden kalt stellen.

Ergibt etwa 750 g

Mrs. Simpsons

TOASTHÄPPCHEN MIT SPECK

Dieses Hors d'oeuvre war das Lieblingsgericht der Duchess of Windsor und ist bis heute wesentlicher Bestandteil der Cocktailkreise an der Upper East Side.

220 g Speck
125 ml Mayonnaise
50 g Frühlingszwiebeln, gehackt
25 gebutterte Toastscheiben ohne Rinde, rund oder dreieckig geschnitten

1. Den Ofen auf 180 °C vorheizen.

2. Den Speck in einer Pfanne knusprig braten. Abgießen, abkühlen lassen und in kleine Stücke zerteilen.

3. Den Speck in einer kleinen Schüssel mit Mayonnaise und Frühlingszwiebeln mischen. 1 Eßlöffel der Mischung auf jedes Toaststück legen. Auf dem Backblech im Ofen 5–7 Minuten erwärmen.

Ergibt 25 Häppchen

QUICHE-VARIANTEN

Die Quiche ist nach wie vor ein köstlicher erster Gang und eine praktische Vorspeise. Wie in New York üblich, gibt es von der Quiche viele verschiedene Varianten. Die folgenden Beispiele stammen aus der Madison Avenue, Italien, den West Indies, Japan und der Provence.

Jarlsberg-SCHNITTEN

Janeen Sarlin serviert dieses Gericht mit grünem Salat zum Lunch. Am besten schmekken die Schnitten heiß aus dem Ofen.

1 EL Butter
60 g Champignons, gehackt
4 Eier, leicht verquirlt
680 g Jarlsbergkäse, in schmale Streifen geschnitten
3 EL Schnittlauch, kleingeschnitten
1/2 TL frisch gemahlener weißer Pfeffer
1/4 – 1/2 TL Muskatnuß, frisch gerieben
1 TL frischer Estragon, gehackt, oder 1/2 TL getrockneter Estragon

1. Den Ofen auf 180 °C vorheizen. Für dikke Schnitten eine 20 x 20 cm, für dünne eine 32 x 22 cm große Kuchenform einfetten und bemehlen.

2. Die Butter in einer Bratpfanne auf mittlerer Stufe zerlassen. Die Pilze etwa 3 Minuten darin dünsten, bis die ganze Flüssigkeit verdunstet ist. Zum Abkühlen beiseite stellen.

3. Eier, Käse und Schnittlauch in einer großen Schüssel verquirlen. Die abgekühlten Pilze unterrühren. Pfeffer, Muskat und Estragon unterrühren. Abschmecken.

4. Die Mischung gleichmäßig in der vorbereiteten Form verstreichen. Etwa 25 Minuten backen, bis an einem in die Mitte gestochenen Messer nichts haftenbleibt. In der Form auf einem Blech 5–7 Minuten abkühlen lassen. Dann erst in Stücke schneiden und servieren.

Ergibt etwa 24 Schnitten

Zwiebel-Oliven-QUICHE

Als französische Liniendampfer noch nahe der 45th Street an der West Side anlegten, verließen viele Matrosen ihre Schiffe und eröffneten kleine Restaurants, die man teilweise auch heute noch findet. Die hier angebotene Quiche ist sehr beliebt; zwar weiß niemand mehr, wer sie erfunden hat, aber köstlich ist sie allemal.

Bereit zur Verarbeitung

TEIG
250 g Mehl
220 g Butter, in Scheiben geschnitten
1/2 TL Salz
1 Eigelb
3 EL Eiswasser

FÜLLUNG
2 EL Butter
1,3 kg weiße Zwiebeln, dünn geschnitten
Salz und frisch gemahlener schwarzer Pfeffer (nach Geschmack)
12 Anchovis-Filets
120 g in Öl eingelegte schwarze Oliven, entkernt und halbiert

1. Für den Teig Mehl und Butter mit den Fingerspitzen verkneten, bis die Mischung eine körnige Konsistenz hat. Das Salz zugeben. Eigelb und Eiswasser verquirlen. In die Mehlmischung eine Mulde drücken. Das Eigelb zugeben und mit einer Gabel untermischen. Wenn nötig, noch Mehl zugeben. Aus dem Teig eine Kugel formen und in Frischhaltefolie eingepackt 1 Stunde kalt stellen.

2. Für die Füllung die Butter in einer Pfanne bei starker Hitze zerlassen. Temperatur reduzieren, die Zwiebeln zugeben und unter Rühren so lange garen, bis sie weich und goldgelb sind (etwa 10 Minuten). Mit Salz und Pfeffer abschmecken. Vom Herd nehmen.

3. Den Ofen auf 190 °C vorheizen.

4. Den Teig auf einer leicht bemehlten Fläche etwa 0,5 cm dick und 30 cm breit ausrollen. Falls er klebt, noch Mehl zugeben. Den Teig in eine Quicheform (22 cm Durchmesser drücken. Mit einer Gabel auf dem Boden und an den Seiten regelmäßig einstechen. Die Ränder festdrücken und abschneiden.

5. Die Anchovis sternförmig von der Mitte aus auf den Teig legen. Die Hälfte der Oliven, dann die Hälfte der Zwiebeln, dann die restlichen Oliven und zum Schluß die restlichen Zwiebeln darüber streuen. Die Quiche 40–50 Minuten goldbraun backen, so daß die Zwiebeln braun karamelisiert sind.

Ergibt 8 Portionen

Andrea Girards SPINATQUICHE

Diese Quiche ist eine phantastische Vorspeise und kann im voraus zubereitet werden. Die New Yorker Publizistin Andrea Girard stellt sie gerne aufs Buffet, da man sie gut schneiden kann und da sie bei Gästen gut ankommt.

450 g Spinat, gewaschen, getrocknet und gehackt
50 g Semmelbrösel
70 g Parmesan, frisch gerieben
5 EL Butter, zimmerwarm
450 g Ricotta
3 EL saure Sahne
2 große Eier
1 EL getrocknetes Basilikum
1 1/2 TL Salz (nach Geschmack)
1/2 TL frisch gemahlener schwarzer Pfeffer (nach Geschmack)

Andrea Girard mit einer Spinatquiche – frisch aus dem Ofen

STONE-FENCE

Diedrich Knickerbocker (alias Washington Irving) erzählt in seiner *History of New York* von 1809, daß die Holländer »beanspruchten, wenig bekannte Getränke wie den Cock-tail, den Stone-fence und den Sherry-cobbler erfunden zu haben«. Der erste Stone Fence muß mit Apfelmost und Apfelschnaps hergestellt worden sein. Das hier vorgestellte Rezept orientiert sich am *American Heritage Cookbook* und der *Illustrated History of American Eating and Drinking*.

60 ml Bourbon
2–3 Eiswürfel
Cidre doux

Den Bourbon in ein hohes Cocktailglas gießen, Eiswürfel zugeben und mit süßem Cidre auffüllen.

Ergibt 1 Drink

1. Den Ofen auf 180 °C vorheizen.

2. Den Spinat 2 Minuten zugedeckt in einem Topf dämpfen, bis er zart ist, aber nicht auseinanderfällt. Herausnehmen und zum Abkühlen beiseite stellen.

3. Inzwischen in einer Schüssel Semmelbrösel, 25 g Parmesan und die Butter mischen. Gleichmäßig in eine Quicheform (22 cm Durchmesser) drücken. Beiseite stellen.

4. Ricotta, saure Sahne, Eier, Basilikum, Salz, Pfeffer und den restlichen Parmesan in einer Schüssel glattrühren. Den Spinat unterheben.

5. Die Füllung auf den Teig geben. Zusätzlich pfeffern. 45 Minuten backen, bis an einem in die Mitte der Quiche gestochenen Messer nichts mehr hängenbleibt. Auf Zimmertemperatur abkühlen lassen und servieren.

Ergibt 6 Portionen

Spinat-Cheddar- QUICHE

Viele Gastgeber mögen herzhafte Quiches, da sie im voraus gebacken und zimmerwarm serviert oder aufgewärmt werden können. Diese Quiche ist bunt und sehr leicht zu machen. Sie kombiniert zudem die unterschiedlichsten Aromen.

300 g Cheddar, gerieben
1 Quicheteig, vorgebacken
600 g frischer Spinat, gewaschen, getrocknet und gehackt
6 große Eier, verquirlt
60 g Champignons, gehackt
65 g Zwiebeln, gehackt
250 ml Milch
60 ml Pflanzenöl
1 EL rote Paprikaschote, gewürfelt, oder Pimiento
1/4 TL Salz
1/4 TL frisch gemahlener schwarzer Pfeffer

1. Den Ofen auf 190 °C vorheizen.

2. 30 g Cheddar auf den Teigboden streuen. Weitere 30 g bis zum Schluß beiseite stellen.

3. Alle übrigen Zutaten in einer Schüssel mischen. Die Füllung auf den Teig geben und mit dem beiseite gestellten Käse bestreuen. 45 Minuten backen, bis an einem in die Mitte der Quiche gestochenen Messer nichts mehr hängenbleibt. Heiß oder zimmerwarm servieren.

Ergibt 6–8 Portionen

Japanischer PFANNKUCHEN

Dieser leichte Pfannkuchen ergibt einen wunderbaren ersten Gang an einem heißen Tag oder vor einem deftigen Essen. Man kann statt Rindfleisch auch gekochtes Schweinefleisch, Shrimps, Tintenfisch oder Oktopus nehmen. Am besten serviert man die Speise direkt in der Pfanne.

2 EL Bonito-Flocken (siehe Hinweis)
2 EL Tonkatsu-Sauce (eine Sauce auf Soja- und Obstbasis; siehe Hinweis)
2 EL Ketchup
2 EL Mayonnaise (nach Belieben)
170 ml Hühnerbrühe (Rezept S. 47) oder Wasser
1 Ei, verquirlt
2 EL gekochte Yamswurzel, zerdrückt
80 g Mehl
1 EL Pflanzenöl
20 g Kohl, geraspelt
30 g Möhren, in feine Streifchen geschnitten
1 Frühlingszwiebel, geputzt und gehackt
20 g Sojabohnensprossen
2 Shiitakepilze, gehackt
60 g gekochtes Rindfleisch, gehackt
Aonori (Algen), zerkleinert, zum Garnieren (siehe Hinweis)

1. Bonitoflocken, Tonkatsu-Sauce, Ketchup und Mayonnaise in einer Schüssel verrühren. Die Sauce beiseite stellen.

2. In einer Schüssel Hühnerbrühe, Ei und Yamswurzel verquirlen. Das Mehl gut untermischen. Das Öl in einer mittelgroßen Pfanne auf mittlerer Stufe erhitzen. Wenn es heiß genug ist, aber noch kein Rauch aufsteigt, $^2/_3$ des Teigs zugießen und wie einen Pfannkuchen verteilen. Kohl, Möhren, Frühlingszwiebel, Sojabohnensprossen, Pilze und zum Schluß das Fleisch darüber streuen. Den restlichen Teig darüber geben. Den Pfannkuchen 4 Minuten braten, bis er unten goldbraun ist. Vorsichtig wenden und auch auf der anderen Seite 4 Minuten anbräunen. Herausnehmen, die Ränder abschneiden, Sauce und Aonori darüber geben. Sofort servieren.

Ergibt 2 Portionen

Hinweis: Bonitoflocken, Tonkatsu-Sauce und Aonori findet man in japanischen oder asiatischen Feinkostgeschäften.

Kaviar MIT EI

Ruth Mantons, deren Firma Markennamen von Modedesignern für andere Produkte vergibt, weiß nicht mehr, wo sie dieses Rezept aufgeschnappt hat. Man ißt es zu einfachen, aus Wasser und Mehl gefertigten Keksen.

6 hartgekochte Eier, Eiweiße und Eigelbe getrennt, Eigelbe zerdrückt, Eiweiße gewürfelt
4 EL (60 g) Butter, zimmerwarm
60 ml Mayonnaise
3 EL frischer Schnittlauch, gehackt
4 EL Frühlingszwiebeln, gehackt
Salz und frisch gemahlener schwarzer Pfeffer (nach Geschmack)
125 g saure Sahne
100 g Seehasenrogen, abgegossen

1. Eigelb, Butter, Mayonnaise, Schnittlauch und Frühlingszwiebeln in einer Schüssel glattrühren. Das Eiweiß vorsichtig untermischen. Mit Salz und Pfeffer abschmecken.

2. Die Mischung in eine Königskuchenform (20 cm Seitenlänge) geben; mit einer auf die Oberfläche gedrückten Frischhaltefolie zudecken. Kalt stellen, bis sie kalt und fest ist.

3. Zum Servieren den Laib auf eine Platte legen. Saure Sahne darauf geben und den Kaviar darüber löffeln (ohne ihn zu zerdrücken).

Ergibt 8 Portionen

Kaviar auf CHICOREE

Katherine Melchior Ray

Katherine Melchior Ray, New Yorker Korrespondentin des japanischen Fernsehens, serviert Freunden dieses einfache, aber elegante Hors d'oeuvre.

125 g saure Sahne
2 EL Doppelrahm-Frischkäse, zimmerwarm
3 Chicoree, Blätter abgelöst, gewaschen und trockengetupft
150 g Kaviar

1. Saure Sahne und Frischkäse zu einer glatten Creme verrühren.

2. Auf jedes Chicoreeblatt je $^1/_2$ Teelöffel der Käsemischung geben, darauf $^1/_2$ Teelöffel Kaviar.

3. Die gefüllten Blätter kreisförmig anrichten. Vor dem Servieren evtl. 45 Minuten zugedeckt kalt stellen.

Ergibt 20 gefüllte Blätter

Marikas

BLINI

Diese leichten Buchweizenpfannkuchen werden in Rußland bei Hochzeiten, Beerdigungen und an Feiertagen gegessen. In New Yorks Brighton Beach serviert man in den russischen Nachtclubs Bliniplatten mit zerlassener Butter, frischem Bauernkäse oder saurer Sahne, Kaviar und Räucherfisch. Sie eignen sich wunderbar als Hors d'oeuvre oder als erster Gang.

250 g Buchweizenmehl
125 g Weizenmehl
2 Päckchen Trockenhefe
125 ml lauwarmes Wasser (40–45 °C)
80 g Zucker
5 große Eier, verquirlt
100 g Butter, zerlassen und abgekühlt
1 l Milch
1/2 TL Salz
Pflanzenöl, zum Braten

1. Buchweizen- und Weizenmehl in eine Schüssel sieben. Beiseite stellen.

2. Die Hefe in einer mittelgroßen Schüssel im lauwarmen Wasser auflösen. Die Hälfte des Zuckers und 1/3 des Mehls zugeben. Mit einem Tuch bedeckt 30–60 Minuten gehenlassen, bis der Teig das doppelte Volumen erreicht hat.

3. In einer großen Schüssel Eier, zerlassene Butter, 500 ml Milch mit 375 ml Wasser, restlichem Zucker und Salz mischen. Die Hefemischung unterrühren und so viel von der restlichen Mehlmischung, daß der Teig die Konsistenz von saurer Sahne hat. Die Schüssel mit einem Tuch zudecken. 30 Minuten gehenlassen.

4. Die restliche Milch in einem Topf aufkochen lassen. Vom Herd nehmen, über den Teig gießen und vorsichtig unterrühren.

5. Den Boden einer Pfanne mit 28 cm Durchmesser knapp mit Öl bedecken. Auf mittlerer Stufe erhitzen. Wenn die Pfanne heiß ist, einen Eßlöffel Teig darin zu einem 8 cm breiten Küchlein verstreichen. Wenn nach etwa 10 Sekunden die sich bildenden Blasen aufbrechen, wenden und weitere 15 Sekunden braten. Mit dem restlichen Teig ebenso verfahren. Die Blini bei niedriger Temperatur im Ofen warmhalten.

6. Mit saurer Sahne, zerlassener Butter, Bauernkäse, Honig, Marmelade, Zucker, rotem oder schwarzem Kaviar, Lachs oder Hering servieren.

Ergibt 50 Blini

Martha Burrs

GERÄUCHERTE WEISSFISCHPASTETE

Martha Burr hat ein Familienrezept aktualisiert und diese Pastete vorgestellt. Sie macht sie immer, wenn sie frischen Fisch bekommt, und serviert sie am liebsten zimmerwarm mit einem Drink.

350 g geräucherter Weißfisch, entgrätet, enthäutet und ganz feingeschnitten (ergibt etwa 220 g geschnittenen Fisch)
230 g Doppelrahm-Frischkäse, zimmerwarm
2 EL Butter, zimmerwarm
1 EL Zwiebel, gerieben
2–3 EL geriebener Meerrettich
1 Prise scharfes ungarisches Paprikapulver
1/4 TL Dillsamen
frische Dillzweige, zum Garnieren (nach Belieben)

1. Fisch, Frischkäse und Butter mit einer Gabel cremig schlagen. Die Zwiebel unterrühren. Mit Meerrettich abschmecken. Die Pastete in eine flache Schüssel geben. Mit Paprikapulver und Dillsamen bestreuen. Zudecken und 1 Stunde kalt stellen.

2. Die Pastete zimmerwarm oder eisgekühlt servieren. Mit frischen Dillzweigen garnieren. Cracker oder dunkles Brot damit bestreichen.

Ergibt 6 große Portionen

Kaviar-Sahne-
OFENKARTOFFELN

In den achtziger Jahren war dieses Gericht auf jeder Speisekarte ein Muß. Diese Ofenkartoffeln sind ein leicht gemachtes Hors d'oeuvre, und es ist fast unmöglich, nur eine davon zu essen.

12 sehr kleine oder junge Kartoffeln
2 EL weiche Butter
250 g Crème fraîche oder saure Sahne
30 g Kaviar
etwas frischer Schnittlauch, gehackt

1. Den Ofen auf 180 °C vorheizen.

2. Die Kartoffeln gut abschrubben und abtrocknen. Die Schale satt mit Butter bestreichen. Auf ein Backblech legen.

3. Etwa 40 Minuten backen, bis sie weich sind.

4. Aus dem Ofen nehmen. Jede einzelne in ein Tuch wickeln und sanft drücken, bis sie aufspringt. In jede einen Löffel Crème fraîche und einen Klecks Kaviar geben, mit Schnittlauch bestreuen und sofort servieren.

Ergibt 6 Portionen (bei nicht so gut erzogenen Gästen aber viel weniger)

DIE CAVIARTERIA UND IHRE PRODUKTE

Seit 1955 importieren und verkaufen Louis Sobel und seine Familie Kaviar, von dem sie die besten iranischen und russischen Sorten in ihren kleinen Laden holen. Zabar's und Macy's senken zur Ferienzeit die Preise, aber die Caviarteria, die bis oben hin mit Kaviaraccessoires, wie z. B. Hornlöffeln und Kaviarschalen aus Sterlingsilber mit Kristalleinsatz, gefüllt ist, bietet immer günstige Preise. Mr. Sobel behauptet, Beluga-Malossol sei sein größter Renner, und »Kamchatka-Kaviar« – die zerdrückten Eier aus den Tiefen eines 200-Pfund-Fasses Belugakaviar – biete das beste Preis-Leistungs-Verhältnis.

Traditionell ist Kaviar verarbeiteter, gesalzener Stör-Rogen. Historisch gesehen sind Rußland und der Iran die Hauptquellen dieser Delikatesse; hier werden Beluga-, Osetra- und Sevrugakaviar produziert. Jeder Typ trägt den Namen der kaspischen Störart, die den Rogen liefert. Heute ist Rußland die Hauptquelle allen importierten Kaviars, doch darüber hinaus gibt noch eine ganze Menge anderer Kaviarsorten, deren Preise enorm variieren. Hier sind die Haupttypen:

Belugakaviar ist der Name, der unausweichlich mit Status und Luxus verbunden ist. Es handelt sich um dunkel- bis hellgraue Störeier. Dies ist die teuerste Sorte mit den größten Eiern und sehr feinem Geschmack.

Osetrakaviar ist die Bezeichnung für kleinere Störeier, die mit einer typischen goldbraunen Fettschicht bedeckt sind. Schmeckt nicht so mild wie Beluga, aber manche ziehen ihn wegen seines kräftigeren Aromas vor.

Sevrugakaviar besteht aus den kleinsten, dunkelgrauen bis schwarzen Störeiern. Schmeckt von den drei Sorten am kräftigsten und ist in der Regel der billigste Störkaviar.

Preßkaviar wird aus zerdrückten Störeiern hergestellt, die man zu einer dicken, marmeladeähnlichen Konsistenz zusammenpreßt. Kann Beluga-, Osetra- und Sevrugaeier enthalten und wird von einigen Liebhabern wegen seines intensiven Aromas geschätzt.

Amerikanischer Störkaviar schmeckt ganz anders und hat eine andere Textur. Manchmal hat er einen köstlichen nussigen Geschmack; kann aber auch extrem salzig und bitter schmecken. Die schwarzen Eier sind meist klein und nicht so knackig wie die russischen Störeier.

Lachskaviar wird entweder importiert oder stammt aus amerikanischen Gewässern. Er ist mittelgroß bis groß, von leicht rötlicher bis orangener Farbe. Die Eier haben meist eine etwas klebrige Konsistenz, den charakteristisch knackigen Biß und einen intensiven Geschmack.

Weißfischkaviar ist hellgelb bis schwarz und stammt von verschiedenen Fischarten. Der blaßgelbe oder »goldene« Kaviar ist der teuerste. Die Eier sind sehr klein, enthalten wenig Öl und schmecken mild.

Seehasenrogen, die billigste und am weitesten verbreitete Kaviarsorte, wird vorwiegend aus Island importiert. Seine außerordentlich salzigen Eier sind klein, schwarz oder rot gefärbt. In der Regel ist er im Glas, manchmal aber auch frisch erhältlich.

Malossol ist ein Begriff, den man oft auf amerikanischen Etiketten sieht. Es bedeutet »wenig Salz«, aber dies ist keine Qualitätsgarantie und auch kein Hinweis auf einen besonderen Kaviartyp.

Die **Caviarteria** zwischen der Park und Madison Avenue in der 29th East 60th Street bietet auch einen Versandservice an. Die Telefonnummer in New York ist (212) 7597410.

NEW YORKS ARTESISCHE BRUNNEN

Wenn man Mineralwasser-Kennern Glauben schenkt, befinden wir uns derzeit im Jahre 28 n. P.

Zwei Jahrzente sind vergangen, seit Plastikflaschen mit Schraubverschlüssen anfingen, die blauen oder grünen Glassiphons mit handbetätigten Ventilen zu ersetzen, die für echtes Selters das sind, was der springende Korken für echten Champagner ist. In den Jahren v. P. (vor dem Plastik) lief der Verkauf gut. Nach Plastik (n. P.) explodierten in den USA die Verkaufszahlen von Mineralwasser. Inzwischen gibt es teure Importe und Mineralwasser mit Orangen-, Zitronen-, Limetten- und Himbeergeschmack.

Aber das ist nicht mehr das gleiche – zumindest nicht für die Kenner, die in ihrer Kindheit auf dem Tisch stets eine Siphonflasche vorfanden.

»Bevor es Plastikflaschen gab, konnte man sich darauf verlassen, daß das Tafelwasser frisch war – daß es also richtig sprudelte«, sagt Sam Steinberg, der letzte Präsident der Good Health Seltzer Association, einer in den dreißiger Jahren gegründeten New Yorker Handelsgruppe, die in den Vorplastikjahren auf 501 Mitglieder angewachsen war. »Jetzt ist nur noch einer übrig«, sagt Mr. Steinberg, der inzwischen im Ruhestand ist. Das ist George Howell, der Eigentümer von Havana Dry Beverages in der Bronx. Mr. Howell – auch »Sweet George« genannt – begann im Alter von 17 Jahren für Havana Dry zu arbeiten und leitet das Geschäft 42 Jahre später noch immer wie einen Familienbetrieb, der etwa 400 Kunden mit frischem Tafelwasser beliefert.

Seine Karriere war mehr eine Berufung. »Es ließ mich einfach nicht los«, erklärt er. Am Anfang seines Produkts steht der artesische Brunnen der Stadt: Leitungswasser. Es wird gefiltert, dann mit Kohlensäure versetzt, in Glasflaschen gefüllt und mit einem Siphon und einem Ventil versehen, die die Kunden nicht entfernen können. »Da man sie nicht öffnen kann, verliert das Wasser nie seine Kohlensäure.«

Wie Mineralwasser aus ländlichen Quellen hat das lokale Elixier eine ehrwürdige Vergangenheit. Sein Name rührt von dem deutschen Dorf Niederselters her, wo man im 16. Jahrhundert begann, mit Kohlensäure versetzte Getränke zu produzieren. In New York wurde es »nach der Revolution durch einen Franzosen« eingeführt, erzählt Mr. Steinberg. Aber erst 1809 patentierte Joseph Hawkins die Maschine, um Wasser mit Kohlensäure zu versetzen, und die Glasflaschen wurden Teil jedes gut gedeckten Tisches.

»Jeder Häuserblock hatte einen Milchmann, einen Wäschemann und einen Seltersmann«, erinnert sich Mr. Steinberg. Aber Ende der sechziger Jahre setzte sich importiertes Wasser auf dem Markt durch – warum, weiß man nicht genau. »Es ist nichts anderes als Selters, das aus der Erde kommt, nur teuer«, erläutert Mr. Steinberg.

Wenn New Yorker Selterspuristen ihre Getränke variieren, tendieren sie zu lokalen Angeboten. Eine respektable Alternative ist Dr. Browns Cel-Ray. Diese Mischung aus Selleriesamen, Zucker und Selters wurde angeblich 1869 von einem Arzt erfunden. Sie gehört inzwischen zur Canada Dry Bottling Company of New York.

»Für Pepsi sind wir zwar keine Bedrohung«, meint Harry Gold, Marketingdirektor von Dr. Brown's, »aber die Leute, die in New York aufgewachsen sind, werden Cel-Ray immer mögen.«

Von Cel-Ray werden pro Jahr etwa eine Million Dosen und Flaschen verkauft. Etwa genauso viele Flaschen gehen pro Jahr von einem anderen lokalen Seltersnebenprodukt, dem Manhattan Special, über die Ladentheke. Dieses Getränk, eine Mischung aus Espresso, Rohrzucker und einem Schuß Selters, wurde 1895 von Dr. Theresa Cimino erfunden.

Wie beim Cel-Ray ist auch beim New York Egg Cream, einer Mischung aus Milch und Schokoladensirup mit etwas Schaum, der von einem Schuß Selters stammt, das Prickeln unerläßlich. »Ich weiß nicht, woher sein Name kommt, da er weder Ei noch Sahne enthält«, meint Mr. Steinberg, »aber ohne frisches Selters schmeckt er überhaupt nicht.« (Rezept siehe Register).

Die Leute machen aus den Flaschen gerne Lampen, sagt Sweet George Howell. Er hat mehr gegen den Flohmarktwert seiner Behälter zu kämpfen als gegen wachsende Importe oder Marktveränderungen. Die Flaschen werden nicht mehr hergestellt, und für die besten mundgeblasenen tschechischen Siphons erzielt man bis zu 10 Dollar. Howells »Flaschensucher« in Philadelphia und New York zahlen für einen Kasten mit zehn Siphons zwischen 3,20 und 3,50 Dollar.

Aber man kann so teure Flaschen nicht einfach irgend jemandem liefern. »Wir können es uns nicht leisten, 50-Pfund-Kästen für Leute hochzuschleppen, die aus den Flaschen Lampen machen«, sagt Mr. Howell.

George Howell zeigt, wie man einen Kasten Selters schultert.

Grandma Simons

EINGELEGTE HERINGE

Margot Greenbaum Mustich erinnert sich, wie sie zum ersten Mal den eingelegten Hering ihrer Großmutter kostete. Als treue Enkelin schließt sie sich der Meinung an, saurer Hering in saurer Sahne-Sauce aus dem Supermarkt sei »nichts anderes als ein müder Abklatsch eines Gerichts, das raffiniert und wohlschmeckend sein kann.« In diesem Rezept wird der Salzgeschmack des Herings dadurch gemindert, daß man ihn in eine wunderbare süß-saure Mischung aus Apfel, Zwiebel und Zitrone legt.

Am besten bereitet man ihn ein oder zwei Tage vor dem Servieren zu und lagert ihn auf konventionelle Art in einem fest verschlossenen Glas im Kühlschrank – oder aber auf eine etwas ausgefallenere Art: Die Enkelin berichtet, daß ihre Großmutter Mildred Simon ihn in Gläser abfüllt, die sie zur Isolierung zwischen Stubenküken steckt. Diese wiederum packt sie in ihren Koffer und fährt damit zum Thanksgiving-Fest zu ihrer Familie.

350 g Heringsfilets in Weinsauce (im Glas)
1 weiße Zwiebel, in dünne Scheiben geschnitten
1 großer oder 2 kleine McIntosh-Äpfel, geschält, entkernt und in dünne Scheiben geschnitten
125 g saure Sahne
1/2 TL Zucker
1 Schuß destillierter Weißweinessig
1/2 Zitrone, in dünne Scheiben geschnitten
1 frischer Dill- oder Petersilienzweig, zum Garnieren

1. Die Heringsfilets aus dem Glas nehmen und abtropfen lassen. Die Sauce aufbewahren. Schwarze Haut und Häutchen abziehen.

2. In einer Schüssel Hering, Zwiebel, Apfel, saure Sahne, Zucker und Essig mischen. Die

Zitronenscheiben vierteln und zur Heringsmischung geben. Dann die Heringssauce so unterrühren, daß alle Zutaten gleichmäßig benetzt sind. Zudecken und mindestens 24 Stunden kalt stellen.

3. Vor dem Servieren abschmecken und evtl. mehr Essig oder Zucker zugeben. Mit Dill oder Petersilie garnieren. Kalt mit gutem Pumpernickel oder Roggenbrot mit Kümmel servieren.

Ergibt 4–6 Portionen

James O'Sheas

GERÄUCHERTER KABELJAUROGEN

Der irische Emigrant James O'Shea empfiehlt, diese wunderbare Vorspeise, für die irischer geräucherter Kabeljaurogen unersetzlich ist, mit oder auf irischen Buttermilk Pancakes aus Hafermehl zu servieren.

450 g irischer Kabeljaurogen, zimmerwarm, Häutchen entfernt
2 EL Crème fraîche
2 $^1/_2$ EL Butter
2 EL Pflanzenöl, zum Einfetten

1. Alle Zutaten außer dem Pflanzenöl in einer Küchenmaschine zu glatter Paste verarbeiten.

2. 4–6 Ramequinförmchen einölen. Die Mischung in die Förmchen geben und über Nacht kalt stellen. Auf Teller stürzen und servieren.

Ergibt 4–6 Portionen

The Pool Room at The Four Seasons was designed by architect Phillip Johnson. Photo courtesy of The Four Seasons

The Four Seasons

LACHSRILLETTE

Diese sättigende, milde Vorspeise paßt zur bescheidenen Eleganz des Restaurants, aus dem sie stammt, und ist der Mühe wert. Servieren Sie dazu warme Toaststreifen.

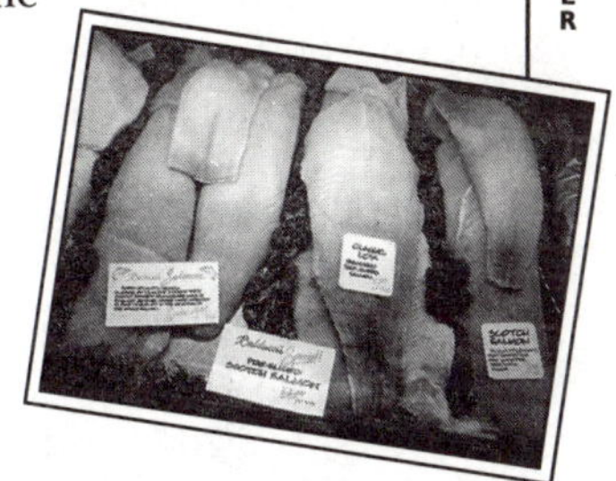

BRÜHE

1 Zwiebel, in Scheiben geschnitten
1 Möhre, in Scheiben geschnitten
1 Selleriestange, in Scheiben geschnitten
1 Lauch, geputzt und in Scheiben geschnitten
3 frische Fenchelstiele, grobgehackt (nach Belieben)
1 frischer Thymianzweig oder 1/4 TL getrockneter Thymian
4 frische Dillzweige oder 1 TL getrockneter Dill
1/2 TL Salz
4 weiße Pfefferkörner

RILLETTES

350 g frisches Lachsfilet mit Haut
220 g weiche Butter
1 EL Armagnac, Cognac oder Calvados
1 Prise Salz
1 Prise frisch gemahlener weißer Pfeffer
1 Prise Cayennepfeffer
350 g Räucherlachs, grobgehackt
110 g Lachskaviar

1. Für die Brühe Zwiebel, Möhre, Sellerie, Lauch, Fenchel, Thymian, Dill, Salz und Pfefferkörner mit 625 ml kaltem Wasser in einem Topf auf hoher Stufe aufkochen lassen. Zudekken und 25 Minuten ziehen lassen. Die Brühe abseihen, Feststoffe wegwerfen.

2. Für die Rillettes die Brühe in einer beschichteten Pfanne aufkochen lassen. Frische

Lachsfilets zugeben, Temperatur reduzieren und zudecken. Ziehen lassen, bis der Lachs in der Mitte opak wird. Vom Herd nehmen. Beiseite stellen, damit der Lachs in der Brühe vollständig abkühlen kann.

3. Den pochierten Lachs abgießen, Haut und Gräten entfernen. Das Fleisch zerkleinern. Lachsfleisch, Butter, Armagnac, Salz, weißen Pfeffer und Cayennepfeffer und Räucherlachs in der Küchenmaschine mit dem Momentschalter glatt pürieren.

4. Vorsichtig den Lachskaviar unterheben. Mit Salz und Pfeffer abschmecken. Die Mischung in eine Servierschüssel löffeln. Mit der Schüssel leicht auf eine mit Tuch ausgelegte Fläche klopfen, damit Luftblasen entweichen können. Mit Frischhaltefolie zugedeckt 8 Stunden oder über Nacht kalt stellen, bis sich die Mischung gesetzt hat. Die Rillettes halten sich im Kühlschrank bis zu 2 Tagen.

5. Etwa 20 Minuten vor dem Servieren aus dem Kühlschrank nehmen. Einen Servierlöffel unter kaltes Wasser halten und den Lachs auf gekühlte Teller löffeln.

Ergibt 8 Portionen

Brandade DE MORUE

Der kürzlich verstorbene Künstler Robert Motherwell prägte den Begriff der New Yorker Schule für abstrakten Expressionismus, die in den vierziger Jahren begann, in der Kunstwelt Furore zu machen. Er kostete dieses Gericht erstmals als junger Künstler in Paris. Nach einigen Unterrichtsstunden bei der jüngsten Sterneköchin Dione Lucas bereitete er es in seiner Wohnung für so renommierte Künstler wie Willem De Koning, Jackson Pollock und ihresgleichen zu. Man kann das Püree entweder warm auf Toaststückchen, als Appetithäppchen oder aber als Vorspeise in Brandteigpasteten servieren.

450 g Stockfisch
3 große Ofenkartoffeln
1,5 l Fischbrühe oder Muschelsaft aus dem Glas
2 Knoblauchzehen, zerdrückt
125 ml extra natives Olivenöl
125 g Schlagsahne
Meersalz und frisch gemahlener schwarzer Pfeffer (nach Geschmack)

1. Den Fisch 8 Stunden in kaltes Wasser legen. Das Wasser alle paar Stunden wechseln.

2. Den Ofen auf 230 °C vorheizen.

3. Die Kartoffeln 1 Stunde backen, bis sie gar sind. Abkühlen lassen und das Kartoffelfleisch aus der Schale in eine Schüssel löffeln.

4. Den Fisch abgießen. Haut, Gräten oder zähes Fleisch entfernen. In kleine Stücke schneiden. Fisch und Brühe in einem Kochtopf auf mittlerer Stufe 20 Minuten köchelnd garen lassen. Abgießen.

5. Den Fisch in Schüssel oder Mörser mit Holzlöffel oder Stößel zu feiner Paste zerstoßen (man kann das auch mit dem Pürierstab tun, aber nicht in der Küchenmaschine). Kartoffeln und Knoblauch untermischen. Unter Rühren langsam das Öl und dann die Sahne hineinträufeln. Mit Salz und Pfeffer abschmecken.

Ergibt 8 Portionen als Appetithäppchen, 4 als erster Gang

Mimi Bochcos GEFILTE FISCH

Fernsehproduzent Steven Bochco fehlen die Worte, um die Perfektion des Gefilten Fisch seiner Mutter zu beschreiben. Wäre sie nicht nach Los Angeles gezogen, hätte er wohl versucht, das Zentrum der Fernsehwelt nach Brooklyn zu verlegen, um ihren köstlichen Fischklößen näher zu sein.

3 Scheiben Weißbrot ohne Kruste
800 g Weißfischfleisch, passiert
800 g Hechtfleisch, passiert
220 g Karpfenfleisch, passiert
3 Zwiebeln, 2 gerieben, 1 in Scheiben geschnitten
2 große Eier
Kopf und Gräten von 3 Fischen, vorzugsweise Weißfisch, Hecht und Karpfen
2 TL Salz
1 Msp. Safranfäden (nach Belieben)
1/2 TL frisch gemahlener schwarzer Pfeffer (nach Geschmack)
Meerrettich, zum Servieren

1. Das Brot in kaltem Wasser einweichen. In einer Holzschüssel passierten Fisch, geriebene Zwiebeln und Eier mischen. Brot abtropfen lassen und zugeben. Die Mischung 20–30 Minuten hacken, bis der Fisch locker wird und am Messer hängenbleibt. So werden die Klöße leicht und luftig.

2. Fischköpfe und Gräten in einen großen Topf geben. Zwiebelscheiben daraufgeben, mit kaltem Wasser bedecken und 1 Teelöffel Salz zugeben.

3. Die Fischmischung vorsichtig zu eiförmigen, etwa 8 x 5 cm großen Klößen formen. Auf die Zwiebeln legen. Aufkochen lassen, dann bei reduzierter Temperatur teilweise zugedeckt 2 Stunden köcheln lassen. Nach Belieben Safran in etwas heißem Wasser auflösen und zugeben.

4. Topf vom Herd nehmen und 10–15 Minuten abkühlen lassen. Die Fischklöße auf einer Platte anrichten. Die Kochflüssigkeit abseihen, Feststoffe entfernen. Pfeffer und restliches Salz zugeben und die Flüssigkeit über den Fisch gießen. In den Kühlschrank stellen, wo die Flüssigkeit geliert. Kalt mit viel Meerrettich servieren.

Ergibt etwa 2 Dutzend

Jerome Aldens

ARGENTINISCHES CEVICHE

Dieses leichte Ceviche von Bühnenautor Jerome Alden ist für einen heißen Sommertag wie gemacht. Da der Limettensaft die Muscheln regelrecht »gart«, muß man nur die Sauce mischen, die Muscheln über Nacht marinieren und das Ergebnis genießen.

Jerome Alden macht Pause, während das Ceviche abkühlt.

450 g Jakobs- oder Pilgermuscheln, gewaschen (Pilgermuscheln in mundgerechte Stücke zerschneiden)
Saft von 8 Limetten
150 g Zwiebeln, gehackt
60 g spanische Oliven, entsteint und geviertelt
2 EL Olivenlake aus dem Glas
3 Tomaten, geschält und gehackt, mit Saft
1 Flasche (400 g) Heinz Hot Ketchup oder die gleiche Menge einfacher Ketchup mit 1 EL getrockneten roten Chiliflocken
1 EL getrockneter Oregano, zerbröselt

1. Die Muscheln in einer Glas- oder Keramikschüssel mit Limettensaft übergießen. Zudecken und 3 Stunden kalt stellen.

2. In der Zwischenzeit alle übrigen Zutaten in einer separaten Plastik-, Keramik- oder Glasschüssel mischen. Die Sauce zudecken und zimmerwarm aufbewahren.

3. Wenn die Muscheln »gar« sind, durch ein Sieb abgießen, unter kaltem Wasser waschen und trockentupfen. Die Muscheln unter die Sauce mischen. Über Nacht kalt stellen.

Ergibt 4–6 Portionen

Thomas Kellers

AUBERGINENKAVIAR

Als Thomas Keller Chefkoch beim ehemaligen Chez Louis war, bereitete er ganze Bottiche von diesem Dip zu und servierte ihn mit Grissini. Er eignet sich ideal als Snack oder Vorspeise.

4 große Auberginen
1 EL Salz
250 ml extra natives Olivenöl
4 Knoblauchzehen, gehackt
1 EL Dijonsenf
Salz und frisch gemahlener schwarzer Pfeffer (nach Geschmack)

1. Die Auberginen längs halbieren, einschneiden und leicht mit Salz bestreuen. Mit einem Teller bedecken, den man zusätzlich beschwert. Alles 1 Stunde stehenlassen, damit die Flüssigkeit ausgepreßt wird.

2. Den Ofen auf 190 °C vorheizen. Das Backblech einölen.

3. Überschüssiges Wasser aus den Auberginen pressen. Die Auberginenhälften mit der Schale nach oben auf das Backblech legen. 35–

45 Minuten backen, bis das Fleisch ganz weich ist. Zum Abkühlen beiseite stellen.

4. Die Auberginen enthäuten, wenn sie so weit abgekühlt sind, daß man sie anfassen kann. Das Fleisch hacken und in ein großes feuchtes Musselintuch binden. Etwa 15 Minuten über eine Spüle oder Schüssel hängen, bis der größte Teil der Flüssigkeit abgetropft ist.

5. In einer mittelgroßen Schüssel Olivenöl, Knoblauch, Senf, Salz und Pfeffer verquirlen. Auberginenfleisch zugeben und mit der Ölmischung mixen. Vor dem Servieren einen Tag kalt stellen.

Ergibt etwa 1,25 Liter

Fritierte Muscheln IM TEIGMANTEL

Noch heute reicht man Papiertüten mit den »Clam fritters« genannten Muscheln über die Fastfoodtheken von City Island, dem kleinen Bruder von Coney Island, aber viele Verkäufer geben zu, daß das folgende Rezept kaum zu überbieten ist. Es basiert auf einem Rezept, das in der von N. Kennedy herausgegebenen *Ford Treasury of Favorite Recipes from Famous Eating Places* erschienen ist.

125 g Mehl, gesiebt
1/4 TL Salz
1/2 TL Zucker
1 TL Backpulver
250 g Venusmuscheln, abgetropft und gehackt (etwa 2 Dutzend junge Venusmuscheln
1 Ei, verquirlt
60 ml Milch
1 EL Butter, zerlassen
Erdnußöl, zum Fritieren

1. Mehl, Salz, Zucker und Backpulver in einer großen Schüssel, Muscheln, Ei, Milch und Butter in einer kleinen mischen. Die feuchten Zutaten unter die trockenen rühren.

2. In einer Pfanne mit 25 cm Durchmesser 2,5 cm Öl erhitzen, bis es sehr heiß ist, sich aber noch kein Rauch entwickelt. Den Teig portionsweise von einem Löffel ins Öl gleiten lassen und insgesamt 4 Minuten unter einmaligem Umdrehen goldbraun fritieren. Mit einem Schaumlöffel herausnehmen und abtropfen lassen.

Ergibt 12 Stück

Soups for Sipping, Slurping, Supper

Köstliche

SUPPEN

Hühnersuppe gilt in New York als Medizin, Allheilmittel, kulinarisches Medium. Ihr Aroma strömt aus den Türen jüdischer Delis und zieht in dampfigen Wolken hinter den Fahrrädern her, die chinesisches Essen ausliefern. Ihr Geruch hängt über Küchenveranden des italienischen Viertels von Cobble Hill und über den Wohnungen griechischer Familien in Astoria, dringt aus den Thermoskannen senegalesischer Regenschirm-Verkäufer an den Straßenecken von Manhattan. Ein feinschmeckerischer Archäologe könnte die gesellschaftliche Geschichte der Stadt verfolgen, indem er einfach ihre Spielarten von Hühnersuppe studiert.

Jede Hühnersuppen-Nuance, jede Variation wird leidenschaftlich debattiert: Das ist New York. Seit dem 19. Jahrhundert verbinden Schüsseln der goldenen Brühe, in denen neben Fettaugen Kreplach (jüdische Ravioli) oder Matzebällchen schwimmen, die Generationen der osteuropäischen Emigranten. Louis Auerbach, der inzwischen im Ruhestand befindliche Eigentümer des Stage Delis in Manhattan,

Links: Lawrence Gordon rührt einen Kessel »Schottische Brühe« (siehe Seite 55).
Oben: Garth Vaughn zeigt, wie man in New York Suppe schlürft.

bezeichnet Hühnersuppe als »Schüssel des Wohlbefindens« und behauptet, daß New Yorker, die oft reisen, z. B. Cher oder Woody Allen, einen verklärten Blick bekommen, wenn sie nur ihren Dampf einatmen.

JÜDISCHES PENICILLIN HAT KULTUR

Historiker sind sich uneins darüber, welcher Schauspieler erstmals die Worte »Jüdisches Penicillin« aussprach. Doch in einer Newsletter von 1984 berichtet die Mayo-Klinik, Hühnersuppe lindere Erkältungssymptome. Das überrascht Lydia und Joan Wilen, die Autorinnen des Buches *Chickensoup and Other Home Remedies*, nicht: »Traditionen entwickeln sich nicht, wenn sie nicht funktionieren«, erklärt Joan Wilen.

Zumindest sorgt Hühnersuppe für ein Gefühl des Wohlbefindens. Und obwohl osteuropäische Emigranten der Brühe ihren Namen gaben, sind sie nicht die einzigen, die darauf schwören.

Die Holländer, die ursprünglich New York besiedelten, haben vermutlich in ihrem Erbsenbrei Snert neben Schinken auch Huhn verwendet. Auch die Briten und Iren, die ihnen folgten, taten wohl Huhn mit in ihre Hammelsuppe. Doch erst als im späten 19. Jahrhundert die Deutschen ankamen, meint Meryle Evans, eine Ernährungshistorikerin, tauchte Hühnerbouillon auf – garniert mit Leberknödeln und Eiernudeln. Später kamen dann noch die Osteuropäer mit Kreplach und Matzen.

Im frühen 20. Jahrhundert verquirlten Griechen Eier und Zitrone in der Suppe, und chinesische Emigranten in Lower Manhattan verwandelten sie in Reisnudelsuppen und sauerscharfe Suppen. Lateinamerikanische und karibische Köche mischten Möhren, Zwiebeln und Knoblauch hinein. Brasilianer fügten ihrer Canja-Pfeffer, Zwiebeln und Reis hinzu. In den letzten zehn Jahren verfeinerten Flüchtlinge aus Indochina die Suppe, die inzwischen in all den winzigen Su-Chow-Küchen Chinatowns in riesigen Hühnersuppentöpfen vor sich hin köchelt, mit Nudeln und raffinierten Gewürzen und machten daraus eine Suppenmahlzeit ähnlich der vietnamesischen Pho-Suppe.

EINE GANZE AROMENPALETTE

Aber auch wenn verschiedene Gewürze und Einlagen für so viele verschiedene Hühnersuppen sorgen, wie es Stadtviertel gibt, bleibt die Grundbrühe im großen und ganzen gleich. Ein 4–5 Pfund schweres Huhn wird in 4 l kaltes Wasser gelegt, wo es 4 Stunden mit Möhren (für Farbe und Süße), Zwiebeln und Sellerie (für aromatischeren Geschmack), Petersilie, einem Lorbeerblatt und Pfeffer-

Matzeballsuppe, eine New Yorker Spezialität

körnern köchelt und so zu einem kräftigen, nahrhaften Lebenselixier wird.

Wie bei einer guten Tasse Kaffee ist die Grundlage einer guten Hühnersuppe kaltes Wasser. Um viel Aroma zu erhalten, sollte es langsam aufgekocht und der Schaum häufig abgeschöpft werden. Wenn man zuviel Kräuter oder Gemüse zugibt, kann das den Hühnergeschmack überdecken. Je älter und fetter der Vogel, desto nahrhafter die Brühe.

Leonore Fleischer, die das Buch *The Chickensoup* geschrieben hat, sagt, die Hühnerfüße machten den Unterschied zwischen einer guten Hühnersuppe und einer religiösen Erfahrung. Zwei kleine Hühnerfüße geben der Suppe den entscheidenden Pfiff; ein Putenflügel, vier Hühnerflügel oder zwei Beine und Schlegel extra sind aber ein guter Ersatz.

Wie Patrioten, die die Ehre ihres Landes verteidigen, streiten pankulturelle Maestros der Hühnersuppe über Aroma-Nuancen (einige geben Dill zu, andere Thymian, andere wiederum eine Knoblauchzehe). Sie debattieren über die richtige Kochzeit (je länger der Vogel köchelt, desto höher sind Gelatinegehalt und Knochenmarkanteil).

Aber egal, ob aus Asien, Afrika oder Brooklyn, die Hühnersuppenexperten sind sich in einem Punkt einig. Sie haben alle ein kleines Hühnersuppengeheimnis, das von Mutter zu Tochter weitergegeben wird. »Wenn Sie's jemandem verraten, werde ich Sie nicht mehr kennen«, drohte ein prominenter Manhattaner Suppenkoch.

(Geben Sie ½ Suppenbrühwürfel, einen Spritzer Maggi oder einen Schuß Fertighühnersuppe dazu, um die Suppe perfekt zu machen.)

Psst, nicht weitersagen!

New Yorker HÜHNERBRÜHE

Die 89 Jahre alte Marie Stacey verteilt diese Hühnersuppe an Mitglieder der Guardian Angels, einer privaten Schutztruppe in der New Yorker U-Bahn. Sie meint, daß das Fleisch nach dem Kochen zerteilt werden sollte und kleingeschnittenes Gemüse in die Suppe muß, um ihr heilende Kräfte zu geben. Wenn Gemüse und Fleisch herausgesiebt sind, ergibt dieses Rezept eine wunderbare Grundlage für die folgenden Suppen. Die Brühe kann für Suppen oder für Saucen eingefroren werden.

4,5 l kaltes Wasser
1 Huhn (1,8–2,3 kg), geviertelt
2 Hühnerfüße oder 4 Hühnerflügel oder 1 Putenflügel
1 Knoblauchzehe, geschält und zerdrückt
1 Zwiebel, geschält
2 Möhren, geschält, in 2,5 cm große Stücke geschnitten
2 Selleriestangen, in 2,5 cm große Stücke geschnitten
½ Bund frische Petersilie, mit einer Schnur zusammengebunden und gewaschen
1 Lorbeerblatt
1 ½ TL Salz
½ TL schwarze Pfefferkörner

1. Das Wasser in einen großen Topf gießen. Huhn, Knoblauch, Zwiebel, Möhren, Sellerie, Petersilie, Lorbeerblatt, Salz und Pfefferkörner zugeben. Langsam aufkochen, dann Temperatur reduzieren und 4 Stunden köcheln lassen. Dabei häufig das Fett abschöpfen. (Die Suppe kann jetzt abgeseiht und dann für andere Rezepte weiterverwendet werden.)

2. Die Suppe durchsieben. Zwiebel, Petersilie, Lorbeer und Pfefferkörner wegwerfen. Das Huhn aus der Suppe nehmen, enthäuten und die Knochen entfernen. Hühnersuppe, Hühnerfleisch, Möhren, Sellerie und Knoblauch in den Topf zurückgeben und wieder köcheln lassen. Mit Salz und Pfeffer abschmecken.

3. Die Suppe in großen Schüsseln mit Suppennudeln, Reis oder Spaghettini servieren. Die heilenden Kräfte der Suppe werden erst wirksam, wenn man das Gemüse in der Schüssel zerdrückt. Mit einem großen Löffel essen, und schon bald fühlen Sie sich besser!

Ergibt 3 l Brühe

Griechische Hühnersuppe MIT ZITRONE

Eine nahrhafte, wohlschmeckende Version des griechischen Klassikers nach einem Rezept von Katherine Polyzos Großmutter.

1,5 l Hühnerbrühe (Rezept S. 47 oder Dosenware)
200 g Langkornreis
4 Eigelb
125 ml Zitronensaft, frisch gepreßt
Salz und frisch gemahlener schwarzer Pfeffer (nach Geschmack)

1. Die Brühe in einem Topf aufkochen lassen. Den Reis zugeben, Temperatur reduzieren und 15–20 Minuten köcheln lassen.

2. In der Zwischenzeit das Eigelb in einer Schüssel schaumig schlagen. Weiterrühren und langsam den Zitronensaft hineinträufeln.

3. Wenn der Reis gar ist, Suppe und Reis unter ständigem Rühren in die Ei-Mischung schöpfen. Mit Salz und Pfeffer abschmecken. Sofort servieren.

Ergibt 4 Portionen

Frischer Chili gibt der Canja die nötige Schärfe.

Ermina Apolinarios CANJA

Die Brasilianerin Ermina Apolinario arbeitet in New York als Babysitterin. Sie kocht diese scharfe Hühnersuppe als Mittel gegen den Winterblues.

2 l Hühnerbrühe (Rezept S. 47 oder Dosenware)
1 EL Pflanzenöl
1 Zwiebel, in dünne Scheiben geschnitten
4 Knoblauchzehen, in dünne Scheiben geschnitten
2 grüne Paprikaschoten, geputzt und in dünne Scheiben geschnitten
1 TL Chilischote (vorzugsweise Jalapeño), gehackt
3 Tomaten, geschält, entkernt und gehackt
300 g Langkornreis
1 TL Salz
12 EL frische Petersilie, gehackt
1 Spritzer Chilisauce (nach Geschmack)

1. Die Hühnersuppe in einem Topf bei schwacher Hitze erwärmen.

2. Inzwischen das Öl in einer Pfanne auf mittlerer Stufe erhitzen. Zwiebel, Knoblauch und Paprika darin 10 Minuten gar dünsten. Chili und Tomaten einrühren und 3 weitere Minuten dünsten. Beiseite stellen.

3. Reis und Salz in die Suppe geben, den Topf teilweise zudecken und 30 Minuten köcheln lassen. Gedünstetes Gemüse und Petersilie zugeben. Ohne Deckel 10 Minuten köcheln lassen. Mit extra Salz und Chilisauce abschmecken. Servieren.

Ergibt 6 Portionen

In den Läden von Chinatown gibt es viel zu sehen.

Chinesische

HÜHNERSUPPE

Ich entwickelte dieses Rezept mit zwei chinesischen Köchen, nachdem ich den Meistern des Bo Ky-Restaurants in Chinatown lange zugeschaut hatte.

SUPPE

1,5 l Hühnerbrühe (Rezept S. 47 oder Dosenware)
1 große Zwiebel, gespickt mit 4 Gewürznelken
1 Stück (5 cm) frischer Ingwer
4 ganze Sternanise
1 Zimtstange
4 Pastinaken, geschält, 5 cm groß gewürfelt
1 TL Salz
2 EL scharfe vietnamesische Chilipaste
3 EL vietnamesische Fischsauce
450 g breite Reisnudeln
1 kg Rinderlende ohne Knochen

SUPPENEINLAGE

180 g frische Mungobohnensprossen
2 frische rote Chilischoten, gehackt
2 Frühlingszwiebeln, Enden gekürzt und gehackt
6 EL frische Korianderblätter, gewaschen
6 EL frische Minzeblätter, gewaschen
6 EL frische Basilikumblätter, gewaschen
1 Limette, in dünne Scheiben geschnitten

1. Die Brühe in einem Topf auf niedriger Stufe erhitzen.

2. Gespickte Zwiebel und Ingwer aufspießen und über einer Gasflamme oder unter dem Grill (mittlere Schiene) 15 Minuten rösten, bis sie außen schwarz sind. Zwiebel, Ingwer, Sternanis und Zimtstange in ein feuchtes Musselintuch wickeln. Das Päckchen mit Pastinaken und Salz in die Suppe geben. Eine Stunde köcheln lassen. Vom Herd nehmen und das Gewürzsäckchen entfernen. Chilipaste und Fischsauce unterrühren.

3. Inzwischen die Reisnudeln in warmem Wasser 30 Minuten zugedeckt einweichen. 4 l Wasser in einem großen Topf aufkochen lassen. Die Nudeln abgießen und in das kochende Wasser fallen lassen. Mit Stäbchen nach oben ziehen und trennen. Sobald das Wasser aufkocht, die Reisnudeln in ein Sieb gießen. Unter fließendes kaltes Wasser halten und abtropfen lassen. Beiseite stellen.

4. Das Rindfleisch quer zur Faser in hauchdünne Scheiben schneiden. Beiseite stellen.

5. Mungobohnensprossen und Chilischoten gleichmäßig auf sechs große Schalen verteilen. Die Nudeln über die Sprossen geben. In jede Schüssel eine Portion rohes Rindfleisch geben. Die Suppe kurz aufkochen lassen, über Nudeln und Fleisch löffeln, das sofort gart. Jede Schüssel mit Frühlingszwiebeln, Korianderblättern, Minze, Basilikum und einer Limettenscheibe garnieren. Sofort servieren.

Ergibt 6 Portionen

Mai Loans

VIETNAMESISCHE SÜSS-SAURE SUPPE

Als Mai Loan Bass und ihr Vater Vietnam verließen, brachten sie bergeweise Rezepte mit nach New York. Diese südvietnamesische Suppe wäre ohne die Garnelen, die aus ihr einen wahrhaftigen Gaumenschmaus machen, ein ganz gewöhnliches Gericht.

2 Knoblauchzehen, ungeschält
1 TL Olivenöl
900 ml Hühnerbrühe (Rezept S. 47 oder Dosenware)
2 1/2 EL destillierter Weißweinessig (oder Zitronen- oder Limettensaft)
2 EL Zucker
1 EL plus 1 TL vietnamesische oder thailändische Fischsauce
1 kleine Zwiebel, kleingeschnitten
1 Möhre, geschält, kleingeschnitten
125 g Bambussprossen (Dosenware), abgetropft
1 kleine Zucchini, geputzt, in dünne Scheiben geschnitten
120 g mittelgroße Garnelen, geschält und geputzt, längs halbiert
90 g frische Bohnensprossen
6–8 frische Minzeblätter, gewaschen und gehackt
1 grüne Chilischote, entkernt, in dünne Scheiben geschnitten
frisch gemahlener schwarzer Pfeffer (nach Geschmack)

1. Den Ofen auf 200 °C vorheizen.

2. Die Knoblauchzehen auf ein Stück Alufolie legen. Mit dem Öl begießen, die Folie verschließen und in eine flache Form legen. Im Ofen etwa 15 Minuten backen, bis der Knoblauch weich und goldbraun ist. Abkühlen lassen, dann schälen. Den Knoblauch hacken und beiseite stellen.

3. Brühe, Essig, Zucker und Fischsauce in einem Topf fast zum Sieden bringen. Zwiebel, Möhre, Bambussprossen, Zucchini und Garnelen zugeben. 3–5 Minuten köcheln lassen, bis sich die Garnelen rosa färben.

4. Die Bohnensprossen auf vier vorgewärmte Suppenschüsseln verteilen. Die Suppe zugießen. Mit Minze, Chili und Knoblauch garnieren. Mit Pfeffer würzen.

Ergibt 4 Portionen

Lydia und Joan Wilen beherrschen die Kunst des Kreplachmachens.

Lilys

KREPLACH ALS SUPPENEINLAGE

Joan und Lydia Wilens Mutter Lily bereicherte ihre Hühnersuppe durch viele würzige Teigtaschen. Die zwei Schwestern kochen diese Suppe bis heute stets an jüdischen Feiertagen – und wenn sie erste Zeichen einer Erkältung spüren.

350 g Rinderschulter entbeint und ohne Fett
1 1/2 EL Erdnußöl
1 Zwiebel, gehackt
100 g Rinderleber
2 große Eier
Salz und frisch gemahlener schwarzer Pfeffer (nach Geschmack)
250 g Mehl
4 l Hühnerbrühe (Rezept S. 47 oder andere hausgemachte Hühnerbrühe)

1. Das Fleisch auf mittlerer Stufe etwa 45 Minuten zugedeckt weich kochen. Abgießen, beiseite stellen und auf Zimmertemperatur abkühlen lassen.

2. Das Öl in einem Topf auf mittlerer Stufe erhitzen. Zwiebel und Leber darin 3–4 Minuten auf jeder Seite garen, bis die Zwiebeln weich sind und die Leber gar ist. Überflüssiges Öl von Leber und Zwiebeln abgießen. Beiseite stellen und auf Zimmertemperatur abkühlen lassen.

3. Leber und Rindfleisch in der Küchenmaschine klein hacken. Ein Ei zugeben, mit Salz und Pfeffer würzen und gut in der Maschine vermischen.

4. Mehl und 1/4 TL Salz in einer großen Schüssel mischen. In die Mitte eine Mulde drücken. Das zweite Ei in einer kleinen Schüssel mit 4 EL Wasser verrühren. Die Eimischung in die Mulde gießen und mit einem Löffel unterrühren. Den Teig auf einem bemehlten Brett etwa 6 Minuten kneten, bis er weich und elastisch ist. Ist er zu trocken, ein paar Tropfen Wasser zugeben. Ist er zu feucht, mit Mehl bestäuben und dieses einkneten. In zwei gleich große Kugeln teilen. 1–2 Stunden ruhen lassen.

5. Die Teigkugeln nacheinander 0,5 cm dick ausrollen und in etwa 8 cm große Quadrate schneiden. Jedes Teigquadrat so drehen, daß eine Ecke auf Sie gerichtet ist. Einen Eßlöffel der Fleischmischung auf die obere Hälfte legen, zwei Kanten mit kaltem Wasser befeuchten und den unteren Teil über den oberen klappen, so daß sich ein Dreieck bildet. Die gegenüberliegenden Ränder zusammen- und den Teig so zurechtdrücken, daß die Kreplach aussehen wie Tortellini. Mit dem Rest von Teig und Füllung ebenso verfahren. (In Gefrierbeuteln eingefroren halten sich die Kreplach 2–3 Monate. Auf einem Gitter im Kühlschrank abtauen.)

6. Die Brühe in einem großen Topf aufkochen, die Kreplach zugeben und etwa 5 Minuten garen lassen. Sofort servieren.

Ergibt 25–30 Kreplach oder 8 Portionen

Carolyns
SPINATSUPPE

Carolyn Lelyveld verliebte sich in die indische Küche und vor allem in ihre würzigen Suppen, als ihr Ehemann dort Auslandskorrespondent war. Wenn die Gewürze sehr frisch sind, kann man jedes grüne Gemüse, leicht gekocht und püriert, in die Brühe rühren. Besonders köstlich ist diese Spinatvariante.

1 EL Butter
1/2 weiße Zwiebel, in Scheiben geschnitten
1/4 TL frischer Ingwer, gehackt
1 große Knoblauchzehe, gehackt
6 Gewürznelken
2 Zimtstangen
1 TL Mehl
1 l Hühnerbrühe (Rezept S. 47 oder Dosenware), erhitzt
1 Pfund Spinat, gut gewaschen
Salz und frisch gemahlener schwarzer Pfeffer (nach Geschmack)
250 ml Milch

1. Die Butter in einer Pfanne auf mittlerer Stufe zerlassen. Die Zwiebel darin 5 Minuten goldbraun braten. Ingwer, Knoblauch, Gewürznelken und Zimt einrühren. Weitere 5 Minuten garen. Das Mehl unterrühren. Die warme Brühe unter Rühren zugießen und 40 Minuten köcheln lassen.

2. In der Zwischenzeit den Spinat in einem Topf 2 Minuten dämpfen, bis er zusammenfällt. Abgießen und das Wasser herauspressen. Pürieren und beiseite stellen.

3. Die Suppe abseihen, Feststoffe entfernen. Die Brühe in einem großen Topf auf mittlerer Stufe erhitzen. Spinatpüree unterrühren, mit Salz und Pfeffer abschmecken, Milch unterrühren und durchwärmen. Sofort servieren.

Ergibt 4 Portionen

MATZEBÄLLCHEN-WETTBEWERB

Die Frühlingsluft war gesättigt von Pastramiduft, als sich die Wettkämpfer des ersten Matzebällchen-Wettbewerbs im Stage Deli versammelten. Jeder der zwanzig Teilnehmer brachte, umringt von Familie und Fans, sein Rezept sowie 8–10 Matzebällchen mit, um sich um den Titel »Mr.« oder »Mrs. Matzoh Ball« zu bewerben.

Früher wurde die Güte der Matzebällchen rein spekulativ bewertet. In New Yorker Privathäusern und Restaurants entscheiden der lockere Teig, Geschmack, Form und Größe sowie die Tatsache, ob das Bällchen nach unten sinkt oder obenauf schwimmt.

»Matzebällchen sind wie Menschen«, erklärte mir Jimi Levi Stein, ein Mitbewerber aus Queens. »Jedes hat eine eigene Persönlichkeit, jedes ist anders.« Beim Wettbewerb Matzoh Bowl I variierten die Bällchen von ganz rund bis hin zu den verschiedensten Formen. Elizabeth Neuman, die makellos runde Bällchen hatte, vertraute mir an, daß sie das Eiweiß zu Schaum schlägt, bevor sie es unter den Teig mischt.

Burton Berinsky zuckte zusammen: »Ich mache ja schließlich kein Soufflé.« Er präsentierte Matzebällchen in Softballgröße: »Sie sollten schwer und aromatisch sein.« Mr. Berinsky verwendet Hühnerfett, um das gewünschte Ergebnis zu erzielen.

Carol Wolk aus Brooklyn befeuchtet ihr Matzenmehl mit Wodka. »Ich bin wirklich nicht sicher, ob meine Großmutter oder meine Urgroßmutter damit begann«, meinte sie. Marilyn Somach aus Staten Island fällt es ebenfalls schwer, die Geschichte ihrer Geheimtechnik zurückzuverfolgen, nämlich instinktiv zu wissen, wieviel Ei hinein muß.

»Meine ersten Matzebällchen sahen aus wie Kanonenkugeln«, gab Ruthy Rosen aus Brooklyn zu. Ihre Tochter Jody, eine hoffnungsvolle Songschreiberin, verewigte dies in einem Liedchen, das folgendermaßen klingt: »Aus dem Schtetl in der Jury strengen Mund. Ich hoff', es schmeckt wie Matzebällchen, nicht wie Schund.«

»Meine Damen und Herren«, krächzte Paul Zolenge, der Mitinhaber des Delis und Sponsor. »Wir haben uns heute hier versammelt, um die berühmteste kulinarische Olympiade abzuhalten.« Die Kandidaten nickten ernst. »Ein für allemal«, fuhr er fort, »wer macht die besten Matzebällchen?«

Geschmack ist laut Schiedsrichter Louis Auerbach »das einzige, was zählt.«

Der Juror Ernie Grunfeld vom *New York Knicks* machte da schon etwas feinere Unterschiede: »Ich vergleiche alle mit denen meiner Mutter.«

Schiedsrichterin Antoinette D'Amato, die Mutter von Senator Alphonse, fand die Vielfalt der Matzebällchen bemerkenswert, und alle Schiedrichter fanden es schwierig, sich für eines der beiden Rezepte auf den Seiten 53 und 54 zu entscheiden.

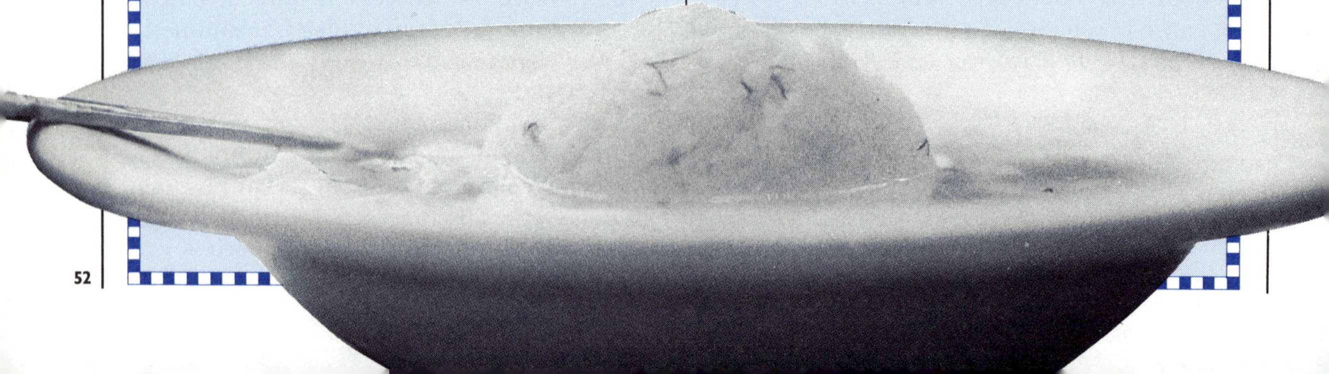

Italienische

OSTERSUPPE

In ihrer Nachbarschaft in Brooklyn ist Maria Rosa berühmt für diese Suppe. Sie serviert sie zu Beginn des Festschmauses, den man nach der vierzigtägigen Fastenzeit der Katholiken zu sich nimmt. Obwohl noch mit Wurst, Lamm, Salami, Mozzarella und Ricotta gefüllte Osterkuchen folgen, bleibt diese leichte, nahrhafte Suppe das Gesprächsthema der Nachbarn.

2 l Hühnerbrühe (Rezept S. 47 oder Dosenware)
1 Möhre, geschält und gehackt
1 Zwiebel, gehackt
1 Selleriestange, abgezogen und gehackt
1 Knoblauchzehe, gehackt
200 g gekochtes Hühnerfleisch, fein zerkleinert
450 g mageres Rinderhackfleisch
Salz und frisch gemahlener schwarzer Pfeffer (nach Geschmack)
4 EL Petersilie, feingehackt
450 g Ricotta
1 Ei

1. Die Brühe in einem großen Topf auf niedriger Stufe erhitzen. Möhre, Zwiebel, Sellerie und Knoblauch zugeben und 40 Minuten bei sehr niedriger Temperatur köcheln lassen. Das Hühnerfleisch zugeben.

2. Das Hackfleisch in einer Schüssel mit ½ Teelöffel Salz, 1¼ Teelöffel Pfeffer und 1 Eßlöffel der Petersilie mischen. Aus der Mischung etwa 2,5 cm große Fleischbällchen formen. Nach Zugabe des Huhns die Bällchen mit einem Löffel vorsichtig in die Brühe gleiten lassen. 20 Minuten ziehen lassen. Weder die Temperatur erhöhen noch rühren, aber die Fleischbällchen vorsichtig mit einem Löffel wenden.

3. In einer Schüssel Ricotta, Ei, 1 Teelöffel Salz, ½ Teelöffel schwarzer Pfeffer und 1 Eßlöffel Petersilie gut durchmischen. Wenn die Fleischbällchen gar sind, mit einem Teelöffel Ricottaklöße formen. Diese vorsichtig in die Brühe gleiten lassen und etwa 7 Minuten garen lassen. Die Temperatur nicht erhöhen und die Klöße nicht berühren.

4. Mit Salz und Pfeffer abschmecken. In vorgewärmte Schälchen schöpfen. Jedes Schälchen mit etwas Petersilie garnieren und servieren.

Ergibt 8–10 Portionen

Carol Wolks

MATZEKLÖSSE ALS SUPPENEINLAGE

140 g Matzenmehl
5 große Eier
1 EL und 2 TL Salz
1 EL russischer Wodka
2 EL Tafel- oder Mineralwasser
1 EL Hühnerbrühe
60 ml Pflanzenöl
4 l Hühnerbrühe (Rezept S. 47 oder andere hausgemachte Hühnerbrühe)

1. Matzenmehl, Eier, Salz, Wodka, Tafelwasser, 1 Eßlöffel Hühnerbrühe und Öl gut mischen. Zugedeckt 20 Minuten ins Tiefkühlfach stellen.

2. Inzwischen Wasser in einem tiefen Topf aufkochen lassen. Die Temperatur auf ein Köcheln reduzieren. Langsam Matzebällchen in Größe eines Golfballs ins Wasser gleiten lassen, bis der Teig aufgebraucht ist. Es dürfen ruhig viele Matzebällchen im Topf sein. Zudecken und 40 Minuten ziehen lassen. Die Bällchen in ein Sieb abgießen.

3. Die Hühnerbrühe in einem großen Topf aufkochen lassen. Die Matzebällchen zugeben und servieren (rechnen Sie pro Person 2–3 Bällchen).

Ergibt 18 große Matzebälle oder 6–9 Portionen

Sheila Rosenbaums

MATZEBÄLLCHEN

6 große Eier, getrennt
1 Prise Salz
200 g Matzenmehl
4 l Hühnerbrühe (Rezept S. 47 oder andere hausgemachte Hühnerbrühe)

Sheila Rosenbaums Matzebällchen sind kaum zu schlagen.

1. In einer großen Schüssel das Eiweiß zu Schnee schlagen. Das Eigelb unterheben. Mit einem Teigschaber Salz und Matzenmehl rasch unterrühren. Die Mischung bei Zimmertemperatur 10 Minuten ruhen lassen.

2. Inzwischen einen großen Topf Salzwasser aufkochen lassen. Aus der Matzenmischung von Hand golfballgroße Kugeln formen. Diese einzeln ins kochende Wasser geben und 20 Minuten ziehen lassen.

3. Die Hühnerbrühe in einem Topf aufkochen lassen. Matzebällchen zugeben und servieren (2–3 Bällchen pro Person).

Ergibt 15–20 große Matzebällchen oder 6–10 Portionen

Adrianas

AJIACO

Die Kunsthistorikerin Adriana Lemos kocht dieses Gericht zu speziellen Anlässen. Seine Zubereitung ist aufwendig, aber man kann es im Topf servieren, und an der Zugabe der Gewürze können sich so auch die Gäste beteiligen.

BRÜHE
1 Huhn (1,3–1,8 kg), mit Leber und Hals, gut gewaschen
2 Selleriestangen, gehackt
1 weiße Zwiebel, gehackt
1 rote Zwiebel, gehackt
1 Knoblauchzwiebel, ungeschält, zerteilt
1 Bund frische Petersilie, gewaschen
1/2 Bund frische Korianderblätter, gewaschen
4 Frühlingszwiebeln, Enden gekürzt

HUHN
1 EL Olivenöl
1 weiße Zwiebel, gehackt
4 Tomaten, entkernt und gehackt
2 Frühlingszwiebeln, Enden gekürzt und gehackt
1/4 Bund frische Korianderblätter, feingehackt
Salz und frisch gemahlener schwarzer Pfeffer (nach Geschmack)

AJI
1 Tomate, entkernt und gehackt
1 weiße Zwiebel, gehackt
1 Frühlingszwiebel, Enden gekürzt und gehackt
1/4 Bund frische Korianderblätter, gehackt
1 Chilischote, entkernt und gehackt
2 TL Apfelessig
2 EL Olivenöl
Salz und frisch gemahlener schwarzer Pfeffer (nach Geschmack)

UND ZUM SCHLUSS
4 kleine weißschalige Kartoffeln, geschält und gewürfelt

6 kleine rotschalige Kartoffeln, geschält und gewürfelt
Salz und frisch gemahlener schwarzer Pfeffer (nach Geschmack)
1 Avocado, geschält, entkernt und gewürfelt
75 g kleine Kapern, abgetropft
250 g saure Sahne
6 frische Maiskolben, geschält und halbiert

1. Alle Zutaten für die Brühe in einen großen Topf geben und mit kaltem Wasser bedecken. Auf mittlerer Stufe aufkochen lassen, dann Temperatur reduzieren und 1 ½ Stunden köcheln lassen. Die Brühe abseien und das Gemüse entfernen.

2. Das vorbereitete, pochierte Huhn häuten und die Knochen auslösen. Das Fleisch in kleine Stücke zerteilen. 1 EL Olivenöl auf mittlerer Stufe in einer Pfanne erhitzen. Die gehackte Zwiebel zugeben und 5 Minuten glasig werden lassen. Das Fleisch zugeben und erwärmen. Vom Herd nehmen. Tomaten, Frühlingszwiebeln und Korianderblätter einrühren. Mit Salz und Pfeffer abschmecken. Zudecken und kalt stellen.

3. Für die Aji-Sauce Tomate, Zwiebel, Frühlingszwiebel, Koriander, Chili, Essig und Öl in einer Schüssel gut mischen. Mit Salz und Pfeffer abschmecken und kalt stellen.

4. Um das Ajiaco zu mischen, die Hühnerbrühe in einem großen Topf aufkochen lassen. Die Hälfte von beiden Kartoffelsorten zugeben, Temperatur reduzieren und etwa 15 Minuten köcheln lassen, bis die Kartoffeln weich sind.

5. Zum Andicken der Suppe die Kartoffeln mit Schneebesen oder Kartoffelstampfer einrühren. Die restlichen Kartoffeln zugeben und 10 Minuten köcheln lassen. Mit Salz und Pfeffer abschmecken.

6. Zum Servieren 6 kleine Schälchen mit Avocado, Kapern und saurer Sahne neben Huhn und Aji-Sauce auf den Tisch stellen. Die Suppe in einzelne Schälchen schöpfen. Den rohen Mais zugeben und jeden Gast seine Suppe nach Geschmack garnieren lassen.

Ergibt 8–12 Portionen

Lord & Taylors
SCHOTTISCHE BRÜHE

Seit 1955 werden im New Yorker Kaufhaus Lord & Taylor täglich 110–140 Liter Fleischbrühe in der Suppenbar gekocht. Kunden schätzen sie von jeher als Stärkung.

1,4 kg Lammbrust mit Knochen oder Lammstew
2 l kaltes Wasser
90 g Perlgraupen
2 EL Butter
2 Möhren, geschält und gewürfelt
1 weiße Rübe, geschält und gewürfelt
2 Selleriestangen, gewürfelt
1 Zwiebel, gewürfelt
Salz und frisch gemahlener schwarzer Pfeffer (nach Geschmack)

1. Das Lamm in einen großen Topf mit kaltem Wasser legen. Aufkochen lassen. Perlgraupen zugeben, den Topf teilweise zudecken und 1 ½ Stunden köcheln lassen. Verdampftes Wasser wieder auffüllen. Die Oberfläche der Suppe so oft wie nötig abschöpfen.

2. Das Fleisch aus der Suppen nehmen, vom Knochen lösen und wieder zurück in die Suppe geben. Weiterköcheln lassen.

3. Die Butter in einer Pfanne auf mittlerer Stufe zerlassen. Möhren, Rübe, Sellerie und Zwiebel darin 10 Minuten unter häufigem Rühren anbraten.

4. Gemüse in die Suppe geben. 10 Minuten köcheln lassen, bis es gar ist. Mit Salz und Pfeffer abschmecken.

Ergibt 8 Portionen

Schottische Brühe à Lord & Taylor

Französische
ZWIEBELSUPPE

Frühlingszwiebeln, Lauch und Möhren verwendet Pierre Moulin bei dieser Suppe erst, seit er nach New York kam, wo er vor 30 Jahren »Pierre Deux Antiques« in Greenwich Village eröffnete. Er serviert zu dieser Suppe kaltes Rindfleisch, Petersilienkartoffeln, Senf und Meerrettich.

3 EL Olivenöl
450 g gelbe Zwiebeln, in Scheiben geschnitten
50 g Lauch (weißer Teil), in Scheiben geschnitten
50 g Frühlingszwiebeln (hellgrüner Teil), in Scheiben geschnitten
50 g Schalotten, in Scheiben geschnitten
1 TL Zucker
1 TL Salz
340 g Schweizer Käse, gerieben
1,5 l Aromatische Hühnerbrühe (siehe Seite 61)
Sauerteigbrot, in 6 dicke Scheiben geschnitten

»Pierre Deux Antiques« in der Bleecker Street (Manhattan)

1. Den Ofen auf 180 °C vorheizen.

2. Das Öl in einer Pfanne auf niedriger bis mittlerer Stufe erhitzen. Zwiebeln, Lauch, Frühlingszwiebeln und Schalotten darin unter Rühren 5 Minuten glasig werden lassen.

3. Zucker und Salz zugeben, Temperatur erhöhen und die Zwiebeln unter ständigem Rühren weitere 15 Minuten karamelisieren lassen. Sie sollten goldbraun, aber noch feucht sein.

4. Die Zwiebeln auf sechs ofenfeste Schälchen verteilen und mit etwas Käse bestreuen. Die Rinderbrühe hineinschöpfen, eine Scheibe Brot auf jedes Schälchen legen und mit dem verbleibenden Käse bestreuen. Im Ofen 20–30 Minuten goldbraun überbacken. Vor dem Servieren 10 Minuten ruhen lassen.

Ergibt 6 Portionen

Kolonialzeiten-
RINDERBRÜHE

In Berichten über das New Yorker Kolonialleben wird »Beef Tea« oft als Stärkungsmittel erwähnt. Dieses Rezept beruht auf *Mary Well's Receipt Book*, einer Rezeptsammlung, die im Besitz der New York Historical Society ist.

1 Pfund mageres Suppenrindfleisch, gewürfelt
leicht getoastete Toastspitzen (nach Belieben)
frisch gemahlener schwarzer Pfeffer

1. Das Fleisch mit 1,25 l kaltem Wasser in einem Topf auf niedriger Stufe erhitzen. Wenn es kocht, 2 Stunden zugedeckt garen lassen.

2. Vom Herd nehmen, das Fett abschöpfen und Brühe abseihen. 10 Minuten ruhen lassen, dann die klare Brühe abgießen. Mit leicht getoastetem Brot und etwas schwarzem Pfeffer servieren.

Ergibt 4 Portionen

Estée Lauders

RINDER-GERSTEN-SUPPE

Diese herzhafte Suppe wird von Familie Lauder gerne zum Dinner serviert.

1 kg Rinderquerrippen
4 Rindermarkknochen
90 g Perlgraupen
1 TL Salz
1 Zwiebel, gehackt
4 Möhren, geschält und gewürfelt
1 Kartoffel, geschält und gewürfelt
700 g frische Erbsen
100 g frische grüne Bohnen, geputzt
3 EL frischer Dill, gehackt
6 EL frische Petersilie, gehackt
2 Knoblauchzehen, gehackt
Salz und frisch gemahlener schwarzer Pfeffer (nach Geschmack)

1. In einem großen Suppentopf Rinderrippen, -knochen und Perlgraupen mit 4 l kaltem Wasser und dem Salz aufkochen lassen. Temperatur reduzieren und eine Stunde köcheln lassen. Häufig abschöpfen.

2. Zwiebel, Möhren und Kartoffel zugeben. Eine weitere Stunde köcheln lassen.

3. Die Knochen herausnehmen. Wenn sie soweit abgekühlt sind, daß man sie anfassen kann, Fleisch abschneiden und Mark herauskratzen. Dies wieder in die Suppe geben, die Knochen wegwerfen. Erbsen und Bohnen einrühren. 30 Minuten köcheln lassen.

4. Dill, Petersilie und Knoblauch zugeben, mit Salz und Pfeffer abschmecken und servieren.

Ergibt 6–8 Portionen

Mexikanische

FESTSUPPE

Beth Biderman bekam dieses Rezept von einer Freundin, die es in der Taxco-Region Mexikos aufgeschnappt hatte. Ursprünglich wurde darin ein Keilerkopf gekocht, aber Mrs. Biderman verwendet frischen Schinken oder Schweinelende – trotzdem ein reichhaltiger und bei Gästen beliebter Eintopf.

SUPPE
1,8–2,3 kg frischer Schinken oder Schweinelende
2 Knoblauchzehen, gehackt oder zerdrückt
2 EL Salz
1,6 kg Maiskörner (Dosenware), abgetropft

EINLAGE
4 Limetten, geachtelt
4 Avocados, geschält, entkernt und gewürfelt
1 große Zwiebel, gewürfelt
2 Päckchen nicht aromatisierte Tortillachips
2 Päckchen Schweinekrusten
3 EL getrocknete rote Chiliflocken
frischer Oregano, gehackt

Mit dieser herzhaften Suppe gibt Beth Biderman ihrer Küche einen mexikanischen Touch.

1. In einem Suppentopf Fleisch, Knoblauch, Salz und 4 l Wasser mischen und aufkochen lassen. Temperatur reduzieren und etwa 2 Stunden köcheln lassen, bis das Fleisch zart ist bzw. die Innentemperatur laut Fleischthermometer bei 80 °C liegt. Das Fleisch herausnehmen und abkühlen lassen. Das Fett abschöpfen.

2. Das Fleisch in kleine Stücke zerteilen und in eine flache Ofenform legen. 1–2 Kellen Brühe darüber schöpfen. Mit Alufolie zudekken und beiseite stellen. (Bis hier kann im voraus zubereitet werden.)

3. Den Ofen auf 120 °C vorheizen.

4. Das Schweinefleisch zum Warmhalten in den Ofen stellen.

5. Inzwischen die Brühe wieder aufkochen lassen. Die Maiskörner zugeben und 20 Minuten köcheln lassen.

6. Vor dem Servieren Schweinefleisch und Mais auf 6–8 große Suppenschälchen verteilen. Die Schüsselchen zur Hälfte mit Brühe füllen. Am Tisch garnieren.

Ergibt 6–8 Portionen

Süß-saure
CHINESISCHE SUPPE

Finanzmanager John Cioffi erhielt dieses Rezept von einem Freund und sagt, daß er die Suppe nie besser gegessen habe. Sie kann als ganze Mahlzeit oder als Vorspeise zu einem Braten serviert werden.

60 ml Apfelessig
1 EL plus 1 TL helle Sojasauce
2 EL Maisstärke
1,5 l Hühnerbrühe (Rezept S. 47 oder Dosenware)
25 g weiße Rüben, zerkleinert
125 g Gegrilltes vom Schwein (Cha Shui)
50 g zerkleinerte Bambussprossen (Dosenware)
2–3 getrocknete chinesische Pilze, 30 Minuten in Wasser eingeweicht, abgetropft, in Scheiben geschnitten, Stiele entfernt
2 Stück Tofu, in dünne Scheiben geschnitten
1 TL getrocknete rote Chiliflocken

1. Essig, Sojasauce und Maisstärke in einer Schüssel glattrühren. Beiseite stellen.

2. Hühnerbrühe, Rüben und 0,25 l Wasser in einem Topf aufkochen und 5 Minuten weiterköcheln lassen. Fleisch, Bambussprossen und Pilze zugeben und 5 Minuten kochen lassen. Tofu und Chili zugeben und aufkochen lassen. Die Maisstärkemischung zugeben und 2 Minuten in die Suppe einrühren, bis sie leicht andickt. 15–20 Minuten kochen lassen, bis das Gemüse gar ist.

Ergibt 4 Portionen

Tinas
SZEGEDINER GULASCH

Vermutlich gibt es genauso viele Arten, dieses herzhafte ungarische Gericht zuzubereiten, wie Köche, die es in ihrem Repertoire haben. Tina Ujlaki lernte es im ungarischen Viertel von Manhattans Upper East Side und meint, es werde bei jedem Aufwärmen besser. Bei dem Gericht seien zwei Dinge entscheidend: hochwertiges, frisches ungarisches Paprikapulver und gutes Sauerkraut. Sie warnt davor, das Gulasch nach Zugabe der sauren Sahne noch kochen zu lassen, und empfiehlt als Beilage Salz- oder Petersilienkartoffeln.

Tina Ujlaki, pictured here with her son Nicholas, redefines Hungarian goulash.

350 g ungarische Wurst, z. B. Gyulai, Csabai, Hunier, in 1,5 cm große Scheiben geschnitten (jede scharfe ungarische Wurst eignet sich)
700 g Rindergulasch ohne Haut und Fett, 2 cm groß gewürfelt
700 g frischer Schinken oder mageres Schweinefleisch ohne Knochen, Fett und Sehnen, 2 cm groß gewürfelt
4 EL von Speck ausgebratenes Fett oder Pflanzenöl
4 Zwiebeln, feingehackt
4 EL ungarisches Paprikapulver, edelsüß
200 g frisches Sauerkraut, abgegossen (wenn der Geschmack zu stark ist, zunächst waschen und mit kochendem Wasser blanchieren)
750 ml – 1 l Hühnerbrühe (Rezept S. 47 oder Dosenware) oder Wasser
4 Lorbeerblätter
1/2 TL getrockneter Thymian
Salz und frisch gemahlener schwarzer Pfeffer (nach Geschmack)
250 – 500 g saure Sahne

1. Wurst auf mittlerer bis hoher Stufe in einer Pfanne auf beiden Seiten leicht anbräunen. Auf Küchenpapier abtropfen lassen. Rind- und Schweinefleischwürfel in das verbleibende Fett geben und auf hoher Stufe anbräunen.

2. Das ausgelassene Fett in einem großen Topf erhitzen. Die Zwiebeln darin 10 – 15 Minuten auf mittlerer Stufe glasig werden lassen.

3. Die Zwiebeln mit Paprika bestreuen und unter Rühren etwa 5 Minuten weitergaren lassen, bis die Zutaten eine dicke Paste bilden und der rohe Paprikageruch verschwindet. Fleisch, Sauerkraut, Brühe, Lorbeer und Thymian zugeben und mischen. Wenn nötig, mehr Brühe zugeben, so daß die Zutaten davon bedeckt sind.

4. Aufkochen lassen. Temperatur reduzieren und 45 Minuten zugedeckt köcheln lassen. Die Wurstscheiben zugeben und weitere 45 Minuten garen, bis das Fleisch ganz zart ist. Mit Salz und Pfeffer abschmecken. Abkühlen lassen, dann zudecken und über Nacht kalt stellen.

5. Am nächsten Tag auf mittlerer Stufe kochend heiß werden lassen. Saure Sahne nach Geschmack einrühren. Erhitzen, bis das Gericht durchgewärmt ist.

Ergibt 8 – 10 Portionen

Künstler-FISCHSUPPE

In einer von Flüssen durchzogenen Stadt am Atlantik sind Fischsuppen nichts Ungewöhnliches. Dies ist eine Variante eines Rezepts, das in *A Culinary Collection from the Metropolitan Museum of Art* erschienen ist.

2 EL Butter
1 Zwiebel, gehackt
1 Knoblauchzehe, gehackt
1 Tomate, entkernt und gehackt
Salz und frisch gemahlener schwarzer Pfeffer (nach Geschmack)
1/2 TL scharfes Paprikapulver
450 g Shrimps, geschält und geputzt
350 g Heilbutt-Filets
3 mittelgroße Tintenfische, geputzt und in Ringe geschnitten
5 Hummerschwänze oder andere Schalentiere
18 Venusmuscheln, gut geschrubbt und gewaschen
2 Lorbeerblätter
1 EL Petersilie, frisch gehackt

1. Die Butter in einem großen Topf auf mittlerer Stufe zerlassen. Zwiebel und Knoblauch darin unter Rühren 5 Minuten garen, bis sie weich sind. Die Tomate zugeben und ein paar Minuten garen lassen, aber ohne daß Knoblauch und Zwiebel braun werden. Salz, Pfeffer und Paprika nach Geschmack unterrühren.

2. Die Meeresfrüchte auf dem Gemüse anrichten, zuletzt die Venusmuscheln. So viel Wasser zugeben, daß alle Meeresfrüchte außer den Muscheln bedeckt sind. Mit Lorbeerblättern und Petersilie bestreuen, zudecken und etwa 30 Minuten köcheln lassen, bis sich die Muscheln öffnen und der Fisch gar ist. Sofort servieren.

Ergibt 5 Portionen

Ukrainischer
BORSCHTSCH

Nancy Arum aus Lower Manhattan lernte von einer ukrainischen Freundin, wie man diese Suppe kocht. Sie hat das Rezept über die Jahre verändert, und dies ist die Version, die ihre Familie und Freunde besonders gern mögen.

2 Pfund Rindermarkknochen
1 EL Salz
3 Pfund Ochsenbrust
500 g ganze Eiertomaten mit Saft (Dosenware)
2 Zwiebeln, 1 geviertelt und 1 gehackt
100 g Selleriestangen, gehackt
4 frische Petersilienzweige, gewaschen
4 schwarze Pfefferkörner
1 Lorbeerblatt
180 g Kohl, grob zerkleinert
3 EL frischer Dill, gehackt
125 ml Apfelessig
3 EL Zucker
180 g Möhren, in Scheiben geschnitten
450 g rote Bete (Dosenware), in feine Streifen geschnitten, mit Saft (oder 350 g frische, gekochte rote Bete, in feine Streifen geschnitten, mit 250 ml Kochflüssigkeit)
saure Sahne, zum Servieren
frische Dillzweige, zum Garnieren
Salz, zum Servieren

1. In einem Suppentopf 2 l Wasser, Rindermarkknochen und Salz zugedeckt aufkochen lassen. Das Fett abschöpfen, die Temperatur reduzieren und eine Stunde zugedeckt köcheln lassen.

2. Ochsenbrust, Tomaten mit Saft und geviertelte Zwiebel zugeben. Sellerie, Petersilie, Pfefferkörner und Lorbeerblatt unterrühren. Zugedeckt etwa 2 1/2 Stunden köcheln lassen, bis das Fleisch zart ist. Herausnehmen und beiseite stellen. Die Suppe abkühlen lassen. Fleisch und Suppe separat etwa 2 Stunden zugedeckt im Kühlschrank ganz abkühlen lassen.

3. Das Fett von der Suppe schöpfen. Kohl, gehackte Zwiebel, Dill, Essig und Zucker zugeben. Auf mittlerer Stufe aufkochen lassen. Temperatur reduzieren und etwa 20 Minuten zugedeckt köcheln lassen, bis das Gemüse gar ist. Möhren und rote Bete zugeben. Weitere 15 Minuten köcheln lassen.

4. Das Rindfleisch in Scheiben schneiden. Mehrere Scheiben in jede Suppenschale legen und etwas Suppe darüber schöpfen. Saure Sahne obenauf geben und mit Dillzweigen garnieren. Mit Salz abschmecken.

Ergibt 8–12 Portionen

Dosentomaten ersetzt man gerne durch frische Eiertomaten – vor allem, wenn sie so frisch aussehen.

Mrs. Ratners
RUSSISCHE KRAUTSUPPE

Cecile Ratner aus der Bronx erfuhr das Rezept von ihrer russischen Schwiegermutter. »Alle, die sie kosten, lieben sie«, sagt sie.

1 Grünkohl, in Streifen geschnitten
2 Zwiebeln, in dünne Scheiben geschnitten
1 saurer Apfel, geschält, entkernt und in dünne Scheiben geschnitten
250 ml Tomatensauce
1,1 kg Fleischrippen vom Rind
2 Rindersuppenknochen (etwa 700 g)
1 EL Salz
1/4 TL frisch gemahlener weißer Pfeffer
1/2 TL Paprikapulver
3/4 TL kristallisierte Zitronensäure

1. Kohl, Zwiebeln, Apfel, Tomatensauce, Rindfleisch, Rinderknochen, Salz, Pfeffer, Paprika sowie 2½ l kaltes Wasser in einem Suppentopf auf mittlerer Stufe aufkochen lassen. Zudecken und eine Stunde köcheln lassen. Gelegentlich das Fett abschöpfen.

2. Noch 250 ml Wasser und die Zitronensäure zugeben. Ohne Deckel 30 Minuten köcheln lassen.

3. Die Suppenknochen herausnehmen und das Fett abschöpfen. Abschmecken. Heiß servieren.

Ergibt 6–8 Portionen

Aromatische RINDERBRÜHE

Diese Rinderbrühe esse ich am liebsten – eine ideale Grundlage für nahrhafte Fleischsuppen.

1 Beinscheibe, Markknochen oder dicke Rippe vom Rind (1,8–2,3 kg)
3 Möhren, geschält und grobgehackt
3 Zwiebeln, grobgehackt
3 Selleriestangen mit Kraut, grobgehackt
250 ml kochendes Wasser
1 EL frischer oder 1 TL getrockneter Thymian
1 großes Lorbeerblatt
2 frische Petersilienzweige, gewaschen
6 schwarze Pfefferkörner, zerdrückt
Salz (nach Geschmack)

1. Den Grill vorheizen.

2. Fleischknochen in einer Ofenform unter gelegentlichem Wenden grillen. Möhren, Zwiebeln und Sellerie zugeben. Weitere 15 Minuten grillen, bis das Gemüse gebräunt ist.

3. Knochen und Gemüse in einen großen Suppentopf geben. Das Fett aus der Ofenform abgießen, kochendes Wasser zugießen. Auf mittlerer Stufe karamelisierte Bestandteile von Formrand und -boden kratzen. Kochen lassen, damit die Flüssigkeit leicht reduziert wird. Die Bratensauce mit allen übrigen Zutaten und 4 l kaltem Wasser in den Topf gießen.

4. Aufkochen lassen. Temperatur reduzieren, teilweise zudecken und 4–5 Stunden köcheln lassen. Das Fett etwa alle 15 Minuten abschöpfen.

5. Die Brühe vom Herd nehmen und abkühlen lassen. Abseihen, bis sie ganz klar ist. Über Nacht kalt stellen und überschüssiges Fett abschöpfen.

Ergibt 3 l

Goldfingers PILZSUPPE

Der Psychologe Steve Goldfinger servierte diese Suppe in seiner Rolle als Wochenendkoch dem früheren Bürgermeister Koch, da sie so einfach und vielseitig ist. Je nach Jahreszeit verwendet er Wintergemüse oder Bohnen, Linsen, halbe Erbsen oder Gerste und variiert so das Grundrezept. Die Suppe läßt sich, wie er sagt, auch gut einfrieren.

Steve Goldfinger kochte früher auch für den Ex-Bürgermeister Ed Koch.

4 EL zerlassene Butter oder Erdnußöl
2 EL Mehl
6 Schalotten, gehackt
450 g Champignons, in Scheiben geschnitten
350 g Shiitakepilze, in Scheiben geschnitten
1,5 l Hühnerbrühe (Rezept S. 47 oder Dosenware)
1/2 TL Salz
1/4 TL frisch gemahlener schwarzer Pfeffer
1 EL frischer oder 1 TL getrockneter Thymian

1. 2 Eßlöffel Butter in einer Pfanne auf niedriger Stufe erhitzen, bis sie Blasen bildet. Das Mehl einrühren. Unter Rühren goldgelb braten. Vom Herd nehmen und beiseite stellen.

2. Die restliche Butter in einem Suppentopf auf mittlerer Stufe erhitzen. Schalotten darin in etwa 5 Minuten glasig werden lassen. Alle Pilze zugeben und etwa 5 Minuten garen, bis sie weich sind. Hühnerbrühe, Salz, Pfeffer und Thymian zugeben. 10 Minuten köcheln lassen.

3. Fett abschöpfen. 250 ml Brühe in die Butter-Mehlmischung gießen. 2 Minuten glattrühren. Diese Mischung in die Suppe rühren und weitere 5 Minuten köcheln lassen, bis sie andickt. Heiß servieren. Man kann noch gedünstetes Gemüse oder Bohnen in die cremige Suppe geben und – unter Umständen unter Zugabe weiterer Hühnerbrühe – gar köcheln lassen.

Ergibt 6 Portionen

Teresas
PILZCONSOMMÉ

Das ganze Jahr hindurch friert Teresa Thompson übriggebliebene Pilzstiele und Hühnerstückchen ein, um diese Brühe mit intensivem Pilzgeschmack zu kochen, die sie ihren Gästen an kalten Winterabenden serviert. Sie eignet sich auch als Vorspeise wunderbar.

Teresa Thompson und ihr Mann Lenny Lopate

1,3 kg Pilze oder Pilzstiele (Zucht- und/oder Waldpilze), geputzt und geviertelt
220 g frische Champignons, geputzt und geviertelt
2,3 kg Hühnerfleischstückchen incl. Rücken, Hals und Innereien (ohne Leber)
1 weiße Zwiebel, grobgehackt
2 Möhren, geschält und grobgehackt
1 Selleriestange, gehackt
12 schwarze Pfefferkörner
1/4 TL Pimentkörner
2 Lorbeerblätter
1/2 Bund frische Petersilie, gewaschen
1/2 TL getrockneter Thymian
1/2 TL Salz
Aquavit oder Wodka, zum Verfeinern

1. Alle Zutaten (außer dem Aquavit) in einem großen Topf auf niedriger Stufe mit 7,5–11 Liter kaltem Wasser langsam aufkochen lassen. Temperatur reduzieren und mindestens 6 Stunden köcheln lassen. Häufig abschöpfen. Die Brühe kann bis zu 24 Stunden köcheln, sollte um die Hälfte reduziert werden und sich schwarz färben.

2. Die Feststoffe aus der Brühe sieben. Mit Salz und Pfeffer abschmecken. In Tassen mit jeweils einem Schuß Aquavit oder Wodka servieren.

Ergibt 8 Portionen

Winter-
KÜRBISSUPPE

Sheila Lukins, Mitbegründerin des Silver Palate, ist Autorin einer ganzen Reihe von Kochbüchern – darunter auch das *USA Kochbuch*, das im Program der Könemann Verlagsgesellschaft erschienen ist. Ihre Winter-Kürbissuppe ist eine dicke Suppe, die als Vorspeise, aber auch gut als ganze Mahlzeit mit Brot serviert werden kann.

2 gelbe Winterkürbisse (zu je 1 kg), geschält, entkernt, 1,5 cm groß gewürfelt
2 Möhren, geschält, in 1,5 cm große Stücke geschnitten
1 Zwiebel, in dünne Scheiben geschnitten
4 EL Butter
1,5 l Hühnerbrühe (Rezept S. 47 oder Dosenware)
2 EL brauner Zucker
1/2 TL Muskatblüte, gemahlen
1/2 TL Ingwer, gemahlen
1 Prise Cayennepfeffer
Salz (nach Geschmack)
2 EL Zitronensaft, frisch gepreßt
saure Sahne, zum Garnieren
frischer Schnittlauch, gehackt, zum Garnieren

1. Den Ofen auf 200 °C vorheizen.

2. Kürbis, Möhren und Zwiebel in eine Ofenform legen und mit Butterflöckchen bestreuen. 400 ml Brühe darüber gießen. Gleichmäßig mit dem Zucker bestreuen. Die Form fest mit Folie zudecken und 35 Minuten backen, bis das Gemüse gar ist.

3. Die Form aus dem Ofen nehmen. Das Gemüse samt Kochflüssigkeit in einen Suppentopf geben. Restliche Brühe, Muskatblüte, Ingwer, Cayennepfeffer und Salz einrühren. Aufkochen lassen, dann Temperatur reduzieren und ohne Deckel 10 Minuten köcheln lassen. Den Zitronensaft einrühren.

4. Die Suppe in einer Küchenmaschine portionsweise glatt pürieren. Das Püree in den Topf zurückgeben, nach Bedarf nachwürzen und durchwärmen. In Suppenschalen mit je etwas saurer Sahne und Schnittlauch garnieren.

Ergibt 6 Portionen

Im Laufe der Jahre hat Sheila Lukins Millionen ihrer Fans viele tolle Rezepte vorgestellt.

Oscar de la Rentas
KÜRBIS-KREBS-SUPPE

Oscar de la Renta gewann bei einem Gourmet-Galaabend mit dieser aromatischen Suppe den 1. Preis. Die Zugabe von Krebs und Mais macht sie zur köstlichen Vorspeise. Außerhalb der Saison kann man Mais und Kürbispüree aus der Dose verwenden. Wer schlank genug bleiben möchte, um Haute Couture zu tragen, sollte diese Suppe als Hauptmahlzeit zubereiten. Für andere ist sie ein ausgezeichneter Auftakt für einen leichten zweiten Gang.

1 Gartenkürbis (1,8–2,7 kg), gewaschen, oben aufgeschnitten, Fasern und Kerne ausgelöffelt, oder 400–800 g Kürbispüree
Salz und frisch gemahlener schwarzer Pfeffer (nach Geschmack)
1 TL Senfpulver
Pflanzenöl, zum Einpinseln des Kürbisses
2 EL Olivenöl
2 Frühlingszwiebeln, gehackt
2 EL Currypulver
½ TL Koriander, gemahlen
½ TL Zimtpulver
½ TL brauner Zucker
1,5 l Hühnerbrühe (Rezept S. 47 oder Dosenware)
250 g Maiskörner
450 g Krebsfleisch in Stücken
250 g Naturjoghurt

1. Bei Verwendung eines frischen Kürbisses Ofen auf 190 °C vorheizen. Bei Verwendung von Kürbispüree mit Punkt 3 fortfahren.

2. Den Kürbis in große Stücke schneiden. Mit Salz, Pfeffer und Senfpulver würzen. Außen mit Pflanzenöl einpinseln. Die Stücke in einer Ofenform 45 Minuten backen, bis sie zart sind. Wenn sie abgekühlt sind, das Fleisch herauslöffeln. In einer Küchenmaschine pürieren.

3. Bei Verwendung von Dosenkürbis das Senfpulver unterrühren und mit Salz und Pfeffer abschmecken. Das Olivenöl in einer großen Pfanne auf mittlerer Stufe erhitzen. Die Frühlingszwiebeln darin eine Minute andünsten. Currypulver, Koriander, Zimt und braunen Zucker zugeben und eine Minute kochen lassen. Hühnerbrühe und Kürbispüree einrühren, dann mit Salz und Pfeffer abschmecken. 30 Minuten köcheln lassen.

4. Maiskörner und Krebsfleisch zugeben. 3–4 Minuten durchwärmen. Joghurt unterrühren.

Ergibt 6–8 Portionen

Italienische
ZUCCHINISUPPE

Italiener verwenden viel Gemüse. Meine Mutter kochte diese Suppe in Zeiten der Wirtschaftskrise unentwegt. Ich denke, daß sich auch die Amerikaner inzwischen mit diesem gesunden, preisgünstigen Gemüse angefreundet haben, und im Sommer gibt es viel davon«, meint Loretta Butler.

2 EL Olivenöl
1 Zwiebel, gewürfelt
450 g Eiertomaten (Dosenware)
1 Pfund kleine, feste Zucchini, gut gewaschen und in Scheiben geschnitten
1 große Kartoffel, geschält und gewürfelt
1½–2 TL Salz (oder nach Geschmack)
¼–½ TL frisch gemahlener schwarzer Pfeffer (oder nach Geschmack)
1 großes Ei, verquirlt
50 g Parmesan oder Romano, frisch gerieben
6 frische Basilikumblätter, zerrupft

1. Das Olivenöl in einem Topf auf mittlerer Stufe erhitzen. Die Zwiebel darin 5 Minuten glasig werden lassen. Tomaten zugeben, an der Topfwand zerdrücken und etwa 15 Minuten kochen, bis das Wasser verdampft und die Tomaten angedickt sind.

2. Zucchini und Kartoffeln zugeben und so viel Wasser, daß das Gemüse etwa 5 cm hoch bedeckt ist. Aufkochen lassen. Temperatur

Loretta Butler weiß, daß in einem Garten gar nicht genug Zucchini wachsen können. Zucchinisuppe ist nur eine von vielen köstlichen Zubereitungsarten.

reduzieren, mit Salz und Pfeffer abschmecken und etwa weitere 20 Minuten leicht köcheln lassen, bis das Gemüse zart ist.

3. Das Ei langsam zugießen, dabei mit einem Holzlöffel kontinuierlich rühren. Etwa 2 weitere Minuten auf dem Herd lassen.

4. Herd abstellen. Käse und Basilikum einrühren. Sofort mit knusprigem italienischen Brot servieren.

Ergibt 6–8 Portionen

Luncheonettes waren früher in New York häufig zu finden, sind inzwischen aber von Coffeeshops abgelöst worden.

Luigi Scappinis

GRÜNE MINESTRONE

Der Drucker und Poet Luigi Scappini erzählte: »In der Beat-Ära war grüne Minestrone in den Snackbars von Greenwich Village stets erhältlich.« Emigranten aus Norditalien debattierten über das richtige Rezept, was natürlich ein Widerspruch in sich ist, denn die Suppe wird entweder in Rekordmengen oder aus Resten hergestellt. Dies ist die eher bäuerliche Variante und rustikaler als die feineren Versionen, die ihre grüne Farbe vom Pesto haben.

SUPPE

80 g getrocknete weiße Bohnen, verlesen, gewaschen und über Nacht eingeweicht
2 EL Olivenöl
1 Knoblauchzehe, in Scheiben geschnitten
1 Zwiebel, gehackt
1 kleine Fenchelknolle, geputzt und gehackt
4 Selleriestangen, in Scheiben geschnitten
150 g Kohl, gewaschen und kleingeschnitten
150 g Kohlblätter, gewaschen und kleingeschnitten
150 g Grünkohl, gewaschen und kleingeschnitten
350 g grüne Bohnen, in Stücke geschnitten
2 Ofenkartoffeln, geschält und gewürfelt
3 l Hühnerbrühe (Rezept S. 47 oder andere hausgemachte Brühe)
3 EL glatte Petersilie, gehackt
3 EL frisches Basilikum, gehackt
1 EL Salz
2 TL frisch gemahlener schwarzer Pfeffer (nach Geschmack)

PESTO

30 g Speck
3 EL glatte Petersilie, gehackt
3 EL Parmesan, frisch gerieben
2 EL frischer Rosmarin, gehackt
2 EL frischer Salbei, gehackt
1 kleine Knoblauchzehe, gehackt

1. Die Bohnen abgießen und in einem mittelgroßen Topf mit viel Wasser aufkochen lassen. Temperatur reduzieren und Bohnen teilweise zugedeckt etwa 45 Minuten kochen lassen, bis sie gar sind. Abgießen.

2. Das Olivenöl in einem Suppentopf erhitzen. Knoblauch, Zwiebel und Fenchel etwa 10 Minuten darin weich garen lassen. Sellerie, Kohlgemüse, grüne und weiße Bohnen, Kartoffeln und Hühnerbrühe zugeben, aufkochen und dann eine Stunde köcheln lassen.

3. Petersilie, Basilikum, Salz und Pfeffer einrühren und 30–40 Minuten köcheln lassen.

4. Für den Pesto Speck, Petersilie, Käse, Rosmarin, Salbei und Knoblauch glattpürieren.

5. Die Suppe in Schälchen schöpfen. Mit einem Klecks Pesto garnieren; nach Belieben noch Olivenöl hineinträufeln.

Ergibt 8 Portionen

Italienische

NUDEL-BOHNEN-SUPPE

Der in Mailand aufgewachsene Marco Fregonesco brachte dieses Rezept mit, als er Anfang 1985 nach New York zog. Die Suppe ist recht pikant und ein wundervolles Gericht für kühle Tage.

110 g getrocknete Cannellini-Bohnen, verlesen, gewaschen und über Nacht in Wasser eingeweicht
2 Kartoffeln, geschält und geviertelt
2 EL Olivenöl
1/2 Zwiebel, gehackt
1 Selleriestange, gehackt
1/2 Möhre, geschält und gehackt
1 TL getrockneter Salbei
1 TL getrockneter Rosmarin
150 g Trockennudeln (kurze Röhrennudeln), gekocht und abgegossen
Salz und frisch gemahlener schwarzer Pfeffer (nach Geschmack)

1. Einen großen Topf Wasser aufkochen lassen, Bohnen und Kartoffeln zugeben und 1 1/2–2 Stunden gar kochen. Beiseite stellen und gut abkühlen lassen. Die Mischung in der Küchenmaschine mit genügend kochendem Wasser zu einem glatten, dünnen Püree verarbeiten.

2. Das Olivenöl in einem Topf auf mittlerer Stufe erhitzen. Zwiebel, Sellerie, Möhre und die Kräuter darin etwa 10 Minuten garen, bis sie weich sind. Die Mischung ebenfalls pürieren.

3. Beide Pürees mit den gekochten Nudeln mischen. Aufkochen lassen, mit Salz und Pfeffer abschmecken und servieren.

Ergibt 6 Portionen

Weiße

BOHNENSUPPE

Rafael Feliciano kocht diese herzhafte Suppe donnerstags im La Taza de Oro, einem spanischen Imbißlokal in Chelsea, Manhattan. Diese Suppe ist die perfekte Lösung für Wurst- und Schweinefleischreste.

6 Ochsenschwanzstücke (1,1 kg)
380 g getrocknete weiße Bohnen, verlesen und über Nacht in Wasser eingeweicht
Salz (nach Geschmack)
4 Chorizo-Würste (680–900 g), gekocht und gewürfelt
6 Spareribs (700 g), gekocht
4 Schweinekoteletts (900 g), gekocht und gewürfelt
4 Scheiben Virginia-Schinken (450 g), gewürfelt
1 Stück Rückenspeck vom Schwein (60–80 g)
1 Knoblauchzehe, zerdrückt
1 Zwiebel, gehackt
1 grüne Paprikaschote, geputzt und gehackt
1 1/2 TL getrockneter Oregano
frisch gemahlener schwarzer Pfeffer (nach Geschmack)
2 kleine Kartoffeln, geschält und gewürfelt
8 Kohlblätter, gewaschen und gehackt
6 EL Korianderblätter

1. Den Ochsenschwanz in einem Topf mit Wasser bedeckt aufkochen lassen. Temperatur reduzieren und 4 Stunden köcheln lassen. Herausnehmen und die Brühe aufbewahren.

2. Inzwischen die Bohnen abgießen und in einem Topf mit kaltem Wasser bedecken. 1 Teelöffel Salz zugeben. Aufkochen lassen. Temperatur reduzieren und teilweise zugedeckt 45 Minuten kochen. Schaum abschöpfen.

3. Ochsenschwänze, Chorizowurst, Spareribs, Schweinekoteletts, Schinken, Speck, Knoblauch, Zwiebel, Paprika und Oregano zugeben. Mit der Ochsenschwanzbrühe bedecken (evtl. Wasser zugießen) und aufkochen lassen. Temperatur reduzieren und 30 Minuten köcheln lassen. Mit Salz und Pfeffer abschmecken.

4. Die Kartoffeln, Kohlblätter und Korianderblätter einrühren und 5 Minuten garen. Den Speck entfernen. Servieren.

Ergibt 8 Portionen

Bei Pete's Spice auf der Second Avenue findet sich eine große Auswahl an getrockneten Bohnen und Körnern.

Rindfleisch MIT CHILI

David Durk, der 23 Jahre im Justizvollzug arbeitete, behauptet, dieses Chiligericht Häftlingen serviert zu haben, »von denen viele normalerweise niemals ein Wort mit einen New Yorker Cop wechseln würden«. Wie schnell nach dem Verzehr dieses Gerichts begannen sie auszupacken? »Augenblicklich«, lacht er.

2–3 große Zwiebeln, gehackt
4 große Knoblauchzehen, gehackt
3–4 kleine grüne Chilischoten, gehackt, oder 4 Jalapeño-Chilischoten, gehackt (mit Kernen), oder 3 EL extrascharfe getrocknete Chilischoten, gemahlen
3 EL Erdnußöl
1,3 kg Rinderlende, gehackt
Salz und frisch gemahlener schwarzer Pfeffer (nach Geschmack)
1 EL Koriander, gemahlen
3 EL Kümmel, gemahlen
1 TL getrockneter Thymian
1 TL getrockneter Oregano
1,6 kg ganze Eiertomaten (Dosenware)
4 Lorbeerblätter
900 g Pinto-Bohnen (Dosenware), abgewaschen und abgetropft
1 Bund Korianderblätter oder glatte Petersilie, gewaschen und gehackt

1. Zwiebeln, Knoblauch und Chillies in einem schweren Topf 5 Minuten im Öl auf mittlerer Stufe braten, bis die Zwiebeln glasig sind.

2. Das Rindfleisch über das Gemüse streuen. Mit Salz, Pfeffer, Koriander, Kümmel, Thymian und Oregano würzen. Zugedeckt etwa 7 Minuten kochen lassen, bis das Fleisch gar ist.

3. Die Tomaten in einer Schüssel mit den Händen grob zerkleinern. Dann samt Saft auf die Chilimischung gießen. Die Lorbeerblätter zugeben. Nach Belieben zudecken (bei zugedecktem Topf wird das Chili dicker) und etwa 30 Minuten köcheln lassen, bis sich die Aromen miteinander verbunden haben.

4. Die Bohnen einrühren und 15 Minuten köcheln lassen. Den Koriander zugeben und weitere 5 Minuten köcheln lassen. Sofort servieren.

Ergibt 8–10 Portionen

Schwarze-

BOHNEN-SUPPE

Die Buchillustratorin Barbara Scott-Goodman liebt diese Suppe, »weil sie deftig ist, aber doch einen feinen Geschmack besitzt.« Sie serviert sie oft als Vorspeise zu Fisch, sagt aber, daß sie auch mit Brot und Käse toll schmecke.

1 Zwiebel, feingehackt
2 Selleriestangen mit Blättern, feingehackt
3 EL Olivenöl
300 g schwarze Bohnen, verlesen und über Nacht in Wasser eingeweicht
1,5 l Hühnerbrühe (Rezept S. 47 oder Dosenware)
2 TL Selleriesamen
Salz und frisch gemahlener schwarzer Pfeffer (nach Geschmack)
Saft von 1/2 Zitrone
trockener Sherry (nach Geschmack)
Zitronenscheiben, zum Garnieren
frische Petersilie, zum Garnieren

Barbara Scott-Goodman mit ihren Töchtern Alexandra (links) und Isabelle (Mitte)

1. In einem Topf Zwiebel und Sellerie im Olivenöl 5 Minuten weich garen. Die Bohnen abgießen, mit der Hühnerbrühe zugeben. Aufkochen lassen. Zudecken, Temperatur reduzieren und 2 1/2–3 Stunden köcheln lassen, bis die Bohnen zart sind. Zum Abkühlen beiseite stellen.

2. Die Suppe mit den Selleriesamen portionsweise mit dem Pürierstab oder in der Küchenmaschine pürieren.

3. Die pürierte Suppe im Topf unter häufigem Rühren wieder erwärmen. Mit Salz und Pfeffer abschmecken. Zitronensaft und Sherry einrühren. Wenn die Suppe zu dick ist, mit mehr Brühe oder Wasser verlängern. Mit Zitronenscheiben und Petersilie garniert servieren.

Ergibt 6 Portionen

Ouidads

LINSEN-SPINAT-SUPPE

Ouidad Wise, deren Frisuren regelmäßig in Modemagazinen zu sehen sind, sagt, sie sei in der Küche nicht so einfallsreich wie im Salon: »Das ist ein Rezept meiner Großmutter und gehört zu den wenigen Gerichten, die ich gut beherrsche.«

300 g braune oder grüne Linsen, verlesen, gewaschen und abgegossen
125 ml Olivenöl
1 Zwiebel, gehackt
2 Knoblauchzehen, feingehackt
10 Spinatblätter, gut gewaschen und feingehackt
1 Selleriestange, feingehackt
125 ml frischer Zitronensaft
1 1/2 TL Salz
frisch gemahlener schwarzer Pfeffer (nach Geschmack)

Es lohnt sich, nach unverpackten Linsen zu suchen.

1. Die Linsen in 1,75 l kaltem Wasser in einem Topf aufkochen lassen. Temperatur reduzieren und teilweise zudecken. Etwa 35 Minuten köcheln lassen, bis die Linsen gar sind.

2. Inzwischen das Olivenöl auf mittlerer Stufe in einer Pfanne erhitzen. Die Zwiebel darin etwa 8 Minuten leicht anbräunen. Knoblauch, Spinat und Sellerie zugeben und etwa 5 Minuten garen, bis sie weich sind.

3. Etwa ein Viertel der Linsen herausnehmen, in der Küchenmaschine pürieren und zurück in den Topf geben.

4. Die Linsen wieder aufkochen lassen. Die Mischung aus der Pfanne zugeben, Temperatur reduzieren und 5 Minuten köcheln lassen. Zitronensaft, Salz und Pfeffer zugeben. Ein paar weitere Minuten köcheln lassen.

Ergibt 4–6 Portionen

Holländische ERBSENSUPPE

Von den Holländern, die im 17. Jahrhundert die Insel Manhattan besiedelten, stammt das Rezept für diese unvergleichliche, überaus nahrhafte Erbsensuppe. Auch heutzutage noch wird sie im Netherland Club in Manhattan serviert.

450 g halbe Erbsen, verlesen und gewaschen
1 große Schweinshaxe oder 2 Schweinefüße
110 g Speck in Scheiben oder gepökeltes Schweinefleisch, gewürfelt
3 Lauchstangen, weißer und grüner Teil getrennt, gewaschen und grobgehackt
1 große Zwiebel, grobgehackt
2 große Möhren, geschält, 1 in große Stücke geschnitten und 1 gewürfelt
1 Knollensellerie, geschält und halbiert
Bouquet garni: 2 Gewürznelken, 1 Lorbeerblatt, 6 Pfefferkörner, 1 Blatt Muskatblüte, in Musselintuch gewickelt
1 Selleriestange mit Blättern, kleingeschnitten
450 g gekochte Räucherwurst, z. B. Kielbasa, in 0,5 cm dicke Scheiben geschnitten
Salz und frisch gemahlener schwarzer Pfeffer (nach Geschmack)
½ Bund Petersilie, gewaschen und gehackt

1. Erbsen, 3 l Wasser, Schweinshaxe, Speck, grüne Lauchstücke, Zwiebel und große Möhrenstücke in einem Topf erhitzen. Die Hälfte des Knollenselleries in große Stücke schneiden und mit dem Bouquet garni zugeben. Auf mittlerer bis hoher Stufe aufkochen lassen. Temperatur reduzieren, teilweise zudecken und unter gelegentlichem Umrühren etwa 2 Stunden köcheln lassen, bis die Erbsen weich sind.

2. Die Haxe herausnehmen und zum Abkühlen beiseite stellen. Das Bouquet garni wegwerfen. Die restlichen Zutaten des Topfes in der Küchenmaschine glattpürieren. Zurück in den Topf geben.

3. Das Fleisch von der Haxe schneiden und mit weißen Lauchstücken, gehackter Möhre und Selleriestange in den Topf geben. Den Rest des Knollenselleries kleinhacken und zugeben. Unter gelegentlichem Umrühren etwa 30 Minuten köcheln lassen, bis das Gemüse weich ist.

4. Die Räucherwurst einrühren und etwa 5 Minuten erwärmen. Mit Salz und Pfeffer abschmecken. In Suppenschalen geben, mit Petersilie garnieren und servieren.

Ergibt 6–8 Portionen

DER SUPPENMANN IN DER 55TH STREET

Montags bis freitags hat sich um Viertel vor zwölf in der West 55th Street bereits eine Menschenschlange gebildet, die darauf wartet, daß Al Yeganeh sein Glasfenster aufschiebt und anfängt, Suppe in halblitergroße Pappbehälter zu schöpfen. Mr. Yeganeh ist sehr korrekt: Wenn er sagt, die Suppe sei gut, ist sie es auch. Und wenn auf dem Schild an seiner Tür steht: »Ab zwölf Uhr geöffnet«, heißt das, daß es vorher nichts gibt.

Die Kunden stellen sich trotzdem an – zuweilen bis hin zur Eighth Avenue. Die, die ein »Kann ich Ihnen behilflich sein?« erwarten, wundern sich über den finster blickenden, 40 Jahre alten Eigentümer in der weißen Kochjacke. Aber Stammkunden nehmen sein Benehmen schon lange in Kauf, um die Suppe zu bekommen – und die meisten der 400 Leute, die Yeganeh täglich bedient, sind Stammkunden.

Al Yeganeh nimmt das Suppekochen ernst. Er kocht Gemüsesuppe, Brunnenkressesuppe, Linsensuppe und Erbsensuppe. Aber auch Hamburgersuppe, Büffelfleischsuppe und Afrikanische Erdnußsuppe. Da die Suppenbehälter, die er verkauft, für eine ganze Mahlzeit reichen sollen, nennt er seine Suppen oft nach einem Hauptgericht, z. B. Griechische Moussakasuppe, Auberginen-Parmesan-Suppe oder Steak-Kartoffel-Suppe. Am St. Patrick's Day kocht er Corned-Beef- und Kohlsuppe, an jüdischen Feiertagen Matzeballsuppe, um Thanksgiving herum Truthahnsuppe.

Seit Mr. Yeganeh sein Geschäft 1984 eröffnete, hat er täglich jeden seiner zehn schwarzen Suppenkessel mit einer anderen Suppe gefüllt. Wenn er Ideen braucht, blättert er in den Kochbüchern, Zeitungen und Menüs, die in einem Karton unter der Theke stehen. Und wenn er von den Fragen der Kunden genug hat, hängt er ein Schild auf, auf dem »geschlossen« steht, fährt nach Europa, Afrika oder Asien und tröstet sich mit einsamer Suppenforschung.

»Auf dem Menü steht alles, aber die Leute fragen trotzdem und behindern so die anderen«, meint er. Daher hat er ein Schild aufgehängt, auf dem steht: »Um einen raschen Service zu gewährleisten, muß die Schlange in Bewegung bleiben. Bitte halten Sie das Geld bereit, nehmen Sie die Suppe Ihrer Wahl und gehen Sie nach links durch.« »Der Suppenverkauf sollte ebenso schnell wie das Kochen langsam sein«, erklärt Al Yeganeh, der 1968 aus dem Mittleren Osten nach New York kam.

In weniger als 100 Minuten kann er 280 Liter Suppe in Halbliterbehälter schöpfen und mit Papierservietten und Plastiklöffeln den Kunden vor seinem Laden reichen. Er tut dies mit sehr gleichmäßiger Geschwindigkeit und wird wütend, wenn sein Rhythmus gestört wird. »Sie reden zuviel, meine Liebe«, unterbricht er die Frau, die an seinem Fenster noch immer nicht weiß, ob sie Chicken à la kingsoup oder Mulligatawny soup nehmen soll. »Nun, hier sehen Sie,

was diese Stadt aus mir gemacht hat«, grummelt er dann.

»Seafood bisque, ich hab's passend«, antwortet der Kunde und schüttelt den Kopf – wie jemand, der akzeptiert, daß Brillanz und schlechte Laune in New York oft zusammentreffen.

Al Yeganeh greift unter die Theke, um eine Wachspapiertüte mit einem Schokolademinzetäfelchen, sechs Kirschen, einem Stück Brot, Salz, Pfeffer und einem Plastiklöffel hervorzuziehen. Noch immer stirnrunzelnd schiebt er das kleine Extra in die Tüte des Kunden. Auch das macht die Stadt aus den Menschen. (Al's Meeresfrüchtesuppe siehe Seite 78).

Wer auf Suppe von Al Yeganeh wartet, braucht einige Geduld.

Rote Bete für kalte Borschtschsuppe

Eisgekühlte SAUERAMPFERSUPPE

In Rußland war Valentina Novikov Hausfrau und Mutter, und dabei blieb es auch, als sie nach New York emigrierte. Ihre kalte Sauerampfersuppe sorgte an vielen Sommerabenden in der Stadt für Kühlung.

2 EL Butter
1 Zwiebel, feingehackt
6 weißschalige Kartoffeln, geschält und geviertelt
2,5 l Rinderbrühe (z. B. Rezept S. 61)
2 Bund (etwa 1,3 kg) frischer Sauerampfer, gewaschen und trockengetupft, harte Stengel entfernt
250 g saure Sahne oder Buttermilch
Salz und frisch gemahlener weißer Pfeffer (nach Geschmack)

1. Die Butter auf mittlerer Stufe in einem beschichteten Topf zerlassen. Die Zwiebel zugeben und 5 Minuten glasig werden lassen. Kartoffeln und Rinderbrühe zugeben. Aufkochen, dann etwa 40 Minuten köcheln lassen.

2. Den Sauerampfer einrühren und etwa 30 Minuten leicht köchelnd garen. Die Suppe etwas abkühlen lassen.

3. Die Suppe portionsweise in der Küchenmaschine pürieren. 2–3 Stunden zugedeckt im Kühlschrank eiskalt werden lassen. Saure Sahne einrühren, mit Salz und weißem Pfeffer abschmecken und servieren.

Ergibt 6 Portionen

Kalter BORSCHOK

Der russische Gelehrte und Übersetzer Alex Getmanov wuchs in Manhattans Upper West Side auf. Schon früh wurde ihm klar, daß kalter Borschtsch die »leichtgewichtige« Version der traditionellen schweren, warmen Suppe ist, daher auch sein Name: *Borschok* (»kleiner Borschtsch«). Die erfrischend kalte Suppe findet sich stets in seiner Sommerküche.

4 Möhren, geschält und gehackt
2 Zwiebeln, gehackt
2 rote Beten, geschrubbt und gehackt
2 EL Butter
3 l Rinderbrühe (Rezept S. 61 oder andere hausgemachte Rinderbrühe)
8 ganze rote Beten mit Blättern, geschrubbt
6 Schnittlauchstengel, gehackt
3 EL frischer Dill, gehackt
Salz und frisch gemahlener schwarzer Pfeffer (nach Geschmack)
250 g saure Sahne

Alex Getmanov püriert die roten Beten für seinen Borschok, anstatt sie nur zu zerteilen.

1. Möhren, Zwiebeln und gehackte rote Beten in der Butter etwa 10 Minuten in einem Suppentopf weich dünsten.

2. Die Brühe zugeben und etwa 30–45 Minuten köchelnd um ein Drittel reduzieren.

3. Das Gemüse aus der Brühe sieben. Die Brühe zurück in den Topf gießen.

4. Die Rote-Bete-Blätter abschneiden und aufheben. Die roten Beten grob hacken. In die Brühe geben und auf niedriger Stufe 45 Minuten ziehen lassen.

5. Inzwischen die Rote-Bete-Blätter waschen und trockentupfen. Mit einem scharfen Messer in feine Streifchen schneiden und beiseite stellen.

6. Rote Bete und Brühe in einer Küchenmaschine pürieren. Das Püree zurück in den Topf geben. Schnittlauch, Dill und Rote-Bete-Blätter einrühren. Mit Salz und Pfeffer abschmecken. Zugedeckt im Kühlschrank fast kalt werden lassen. Die saure Sahne unterrühren. Servieren.

Ergibt 4 Portionen

Grandma Wimmers KARTOFFELSUPPE

Zur Jahrhundertwende kam Frances Wimmer Grayson mit ihren Eltern aus Deutschland nach New York. Dieses Rezept wurde zu einem der Hauptnahrungsmittel in Yorkville. Ihre Familie lernte zu warten, bis die Suppe fertig gekocht war und so lange geruht hatte, daß man sie abschmecken konnte. Als Vorspeise oder ganze Mahlzeit ist die Suppe zur Wärmung in einer kalten, windigen New Yorker Nacht bestens geeignet.

NUDELN
380 g Mehl
1 großes Ei
1 EL Salz
125 ml Wasser

SUPPE
6 große Kartoffeln (etwa 1,5 kg), geschält und gewürfelt
1 Zwiebel, gewürfelt
1 EL Pflanzenöl
1 EL edelsüßes Paprikapulver
500 g saure Sahne, zimmerwarm
Salz (nach Geschmack)

1. Für die Nudeln das Mehl auf eine glatte Oberfläche geben. In die Mitte eine Mulde drücken. Eier, Salz und etwas Wasser zugeben. Gut durchmischen, dabei langsam das ganze Wasser zugeben. 15 Minuten zugedeckt stehenlassen.

2. Den Teig 3 mm dick auf einem bemehlten Brett ausrollen. In 7,5 cm lange und 3 mm breite Streifen schneiden. Die Nudeln mit Mehl bestreuen. Etwa 1 Stunde trocknen lassen.

3. Für die Suppe Kartoffeln in 7,5 l Wasser in einem sehr großen Suppentopf aufkochen, dann 15 Minuten köcheln lassen. Nudeln zugeben. Unter häufigem Rühren 10 Minuten köcheln lassen.

4. Inzwischen die Zwiebeln in einer Pfanne auf mittlerer Stufe etwa 15 Minuten dunkelbraun rösten. Leicht abkühlen lassen, Paprika unterrühren und zur Suppe geben.

5. Die saure Sahne mit etwas Suppenbrühe glattrühren, dann ganz in die Suppe einrühren. Die Suppe beiseite stellen und andicken lassen. Nach Bedarf Wasser zugeben, bis die gewünschte Konsistenz erzielt ist. Mit Salz abschmecken.

Ergibt etwa 16 Portionen

Vichissoise À LA RITZ

Louis Diat kam 1910 als Chef des Ritz-Carlton-Hotels nach New York. Jahrzehn-

Der Dachgarten des Ritz-Carlton

telang regierte er in dessen Küchen und erfand eine Reihe von Rezepten, die in Manhattan zum Standard wurden. Das Rezept für seine Vichissoise wurde erstmals 1941 in seinem Kochbuch *Cooking à la Ritz* veröffentlicht.

2 EL Butter
4 ganze Lauchstangen, feingeschnitten und mehrfach gewaschen
1 Zwiebel, feingehackt
5 mittelgroße Kartoffeln, geschält und gewürfelt
1 l Hühnerbrühe (Rezept S. 47 oder Dosenware)
1 EL Salz
500 ml Milch
500 ml Kondensmilch
frisch gemahlener weißer Pfeffer (nach Geschmack)
250 g Schlagsahne
1 Bund Schnittlauch, gehackt, zum Garnieren

1. Die Butter in einem Topf zerlassen. Lauch und Zwiebel darin 5 Minuten glasig werden lassen. Kartoffeln, Brühe und Salz zugeben. Aufkochen lassen, Temperatur reduzieren und 40 Minuten köcheln lassen, bis die Kartoffeln weich sind.

2. Die Suppe in der Küchenmaschine pürieren. Milch und Kondensmlich unterrühren, mit Salz und Pfeffer abschmecken. Zugedeckt mindestens 4 Stunden im Kühlschrank abkühlen lassen.

3. Schlagsahne unterrühren. Nach Bedarf nachwürzen. In Suppenschalen schöpfen. Mit Schnittlauch garnieren.

Ergibt 8–10 Portionen

Persische
MÖHRENSUPPE

Susan Knightly variierte hier ein Rezept, das sie von einer iranischen Frau erhielt. Mit einem Taboulé als Beilage ergibt diese Suppe ein köstlich-leichtes vegetarisches Abendessen.

2 EL Pflanzenöl
4 Zwiebeln, gehackt
3 Knoblauchzehen, feingehackt
1 Aubergine, geschält, entkernt und gewürfelt
2 EL frische Petersilie, gehackt
1 Selleriestange, gehackt
8 große Möhren, geschält und gehackt
2 Kartoffeln, geschält und gehackt
1 1/2 TL Salz
2 TL frisch gemahlener schwarzer Pfeffer
320 g Kidneybohnen, gekocht oder Dosenware
frische Minze, gehackt, zum Garnieren

1. Öl auf mittlerer Stufe in einem Suppentopf erhitzen. Zwiebeln und Knoblauch darin 5 Minuten dünsten, bis die Zwiebeln glasig werden. Aubergine und Petersilie unterrühren. 10 Minuten dünsten, bis die Aubergine weich wird.

2. 2 l Wasser, Sellerie, Möhren und Kartoffeln aufkochen lassen, dann Temperatur reduzieren und 15 Minuten köcheln lassen, bis die Kartoffeln gar sind. Salzen, pfeffern, die Bohnen zugeben und weitere 30 Minuten garen lassen. Zum Abkühlen beiseite stellen.

3. Die Suppe in der Küchenmaschine portionsweise pürieren. In einer zugedeckten Schüssel 2–3 Stunden in den Kühlschrank stellen. Abschmecken und mit Minze garnieren.

Ergibt 4 Portionen

Greenwich Village-
GUMBOSUPPE

Als Joe Conason – jetzt Herausgeber des *New York Observers* – 1988 über den Parteitag der Republikaner berichtete, verliebte er sich in die Küche von New Orleans. In den nächsten zwei Jahren verfeinerte er dieses Rezept, um gegen schlechte Imitationen gewappnet zu sein.

8 lebende Meereskrebse
250 ml plus 3 EL Distelöl
2,2 kg Hühnerbeine, Ober- und Unterschenkel getrennt, dickeres Ende der Keule abgeschnitten
60 g Mehl
4 große gelbe Zwiebeln, feingehackt
4 große grüne Paprikaschote, entkernt, geputzt und feingehackt
450 g scharfe Räucherwurst oder Räucherschinken
900 g Okraschoten, geputzt, in Scheiben geschnitten
2 Lorbeerblätter
Cayennepfeffer (nach Geschmack)
Salz und frisch gemahlener schwarzer Pfeffer (nach Geschmack)
Frühlingszwiebeln, gehackt, zum Garnieren

1. Einen schweren Topf zur Hälfte mit Wasser füllen. Aufkochen lassen, die Krebse zugeben und etwa 5 Minuten garen. Abgießen und zum Abkühlen beiseite stellen.

2. 3 EL Öl in einer großen Pfanne auf hoher Stufe erhitzen. Das Huhn darin 3 Minuten von jeder Seite anbräunen. In einen großen Topf geben.

3. Den Viertelliter Öl in die Pfanne geben. Das Mehl einstreuen und auf mittlerer Stufe zu einer Paste verrühren. Diese unter ständigem Rühren etwa 30 Minuten braten, bis sie schokoladenbraun ist.

4. Die Pfanne vom Herd nehmen. Je die Hälfte von Zwiebeln und Paprika unterrühren. Beiseite stellen.

5. Die große Krebsschale entfernen und die Krebse entdarmen. Gereinigte Krebse in den Topf zum Huhn geben. Wurst, Okras, restliche Zwiebel und Paprika sowie Lorbeerblätter einrühren. Mit Wasser bedecken und aufkochen lassen. Temperatur reduzieren und 1 Stunde zugedeckt köcheln lassen.

6. Langsam etwa 125 ml der heißen Brühe in die Pfanne mit dem Gemüse rühren, dabei alle Klümpchen auflösen. Die Mischung unter ständigem Rühren zurück in den Topf gießen. Mit Cayennepfeffer, Salz und Pfeffer abschmecken. Etwa 3 Stunden köcheln lassen, bis das Gemüse zu dickem Eintopf verkocht.

7. Das Huhn aus dem Topf nehmen. Haut und Knochen entfernen, das Fleisch zurück in den Topf geben. Die Krebse herausnehmen, die restlichen Schalen mit einem Hammer aufbrechen. Zurück in den Topf legen. Fett abschöpfen. Die Suppe in einzelnen Schälchen servieren. Mit Frühlingszwiebeln garnieren.

Ergibt 10–12 Portionen

Joe Conason teilte uns sein verfeinertes Gumborezept mit.

MANHATTAN CLAM CHOWDER

Am 25. Dezember 1978 setzte sich Mr. Austin Phelps Winters an die Schreibmaschine und machte sich daran, den Zusammenhang zwischen seinem Großvater William H. Winters und der Manhattan Clam-Chowder-Suppe klarzustellen.

Dies war ein schwieriger Augenblick für den 1906 in New York geborenen Mr. Winters, der in Midtown eine Stempelfirma betrieb, bevor er sich nach Marco Island (Florida) zurückzog. Es waren Dinge, die er seinen Töchtern schreiben wollte und die auch seine Enkel erfahren sollten. Doch wie sollte er seinen Kindern sagen, daß sie die Nachfahren des selbsternannten Erfinders der Manhattaner Clam-Chowder-Suppe waren?

Mr. Winters fand die Erfindung seines Großvaters abscheulich, und über Generationen schlug die öffentliche Meinung in die gleiche Bresche: Tomaten paßten zu Chowder-Suppe wie die Faust aufs Auge. Chowder, vom französischen *chaudière* (»großer Kessel«), steht für Sahne. Bretonische Seeleute, die im 17. und 18. Jahrhundert nach Neufundland, Nova Scotia und Neuengland segelten, erfanden dieses Gericht, und wenn sie sich wirklich für diese Suppe interessierten, enthielt sie vermutlich Sahne.

Im ausgehenden 18. Jahrhundert war Chowder-Suppe das Haupterzeugnis der östlichen Seeküste. Köche in Rhode Island sollen erstmals Tomaten in die Chowder-Suppe gemischt haben. Die Öffentlichkeit kam zu dem Schluß, daß nur Einwohner von New York verrückt genug waren, der Chowder-Suppe Tomaten beizufügen und das Gericht entsprechend zu benennen.

Richard J. Hooker, der Autor des *Book of Chowder*, fand widersprüchliche Beweise in Rezeptform. »Manhattan Clam Chowder«, schrieb er, »stammt vielleicht von den Chowder-Suppen ab, die im späten 19. Jahrhundert an den Ständen von Coney Island serviert wurden. Im Jahre 1894 veröffentlichte der Küchenchef von Delmonico's ein Rezept namens Chowder de Lucines.«

Dennoch ist Manhattan Clam Chowder weiterhin »wahre Ketzerei«. 1939 erging in Maine ein Gesetz, das die Verwendung von Tomaten in Chowder-Suppe verbot, und 1940 putzte Eleonora Early die »furchtbare rosa Mischung« herunter, als sie schrieb: »Manhattan Clam Chowder ist nur eine Gemüsesuppe und darf nicht mit der New England Clam Chowder verwechselt oder gar im selben Atemzug genannt werden.«

»Tomaten und Muscheln«, fuhr sie fort, »passen so gut zusammen wie Eiscreme und Meerrettich.«

Kein Wunder, daß die Köche sich nicht um den Erfindertitel rissen. Vielleicht war es der Versuch zu sparen, ein flüchtiger Einfall oder nur ein Ersatz: Ein Koch, der keine Sahne da hatte, griff nach Tomaten. Aber Manhattan Clam Chowder wirkte wie ein Sabotageakt gegen die Tradition der New England Clam Chowder. Mr. Winters litt unter dem Stigma dessen, was er jetzt offenbaren würde. »Liebe Mädchen«, tippte er.

»Papas Vater, William H. Winters, wurde in East Marion (Long Island) geboren und hatte einen jüngeren Bruder namens James. Nach dem amerikanischen Sezessionskrieg wurde er aus der Stadt vertrieben und ging mit seinem Bruder nach Brooklyn, wo sie in der Fulton Street einen Fischladen eröffneten. Nach dem Bau der Brooklyn Bridge zogen sie nach Manhattan, behielten aber den Namen ›Fulton Fish Market‹ bei, der zu einem ziemlich großen Geschäft wurde, das auch Catering für politische Clubs anbot.«

Lange bevor Gesundheitsaspekte und regionaler Chauvinismus das Gericht zu etwas Besonderem hochstilisierten, brüstete sich William Winters seiner Erfindung. Er erzählte seinem Enkel, er und sein Bruder hätten faßweise Manhattan Clam Chowder gekocht, die man auf Wahlkampfkreuzfahrten servierte.

»Er war stolz darauf!« erinnert sich sein Enkel mit Schrecken. »Ich kann das Zeug nicht ausstehen.«

In dem Brief, den seine Töchter den Archiven des South Street Seaport Museums vermachten, jammert er: »Ist es nicht schrecklich, Enkel eines Erfinders zu sein, dessen Erfindung man ganz und gar ablehnt?«

PIERRE BLOTS CLAM CHOWDER

Im allgemeinen heißt es, daß Matrosen sie [Chowder-Suppe] besser zubereiten als andere«, schrieb Pierre Blot in seinem *Handbook of Practical Cookery* von 1877. »Die folgenden Rezepte stammen von den erfahrensten Chowder-Köchen des Harlem Rivers. Kartoffeln und Cracker wurden in unterschiedlichen Mengen verwendet, je mehr, desto dicker die Suppe.«

»Einige kleine Scheiben gepökeltes Schweinefleisch in einen Topf legen, so daß der Boden bedeckt ist. Die Kartoffeln darauf geben, dann eine Schicht gehackte Zwiebeln, eine Schicht Tomaten in Scheiben oder aus der Dose. Darauf kommt eine Schicht Muscheln, ganz oder gehackt (...), dann eine Schicht Cracker.

Anschließend wiederholt man die Schritte, d. h. wieder eine Schicht Kartoffeln auf eine Schicht Muscheln, darauf Zwiebeln usw., bis der Topf fast voll ist. Jede Schicht wird gesalzen und gepfeffert. Auch werden zuweilen andere Gewürze verwendet, z. B. Thymian, Gewürznelken, Lorbeerblätter und Estragon.

Ist alles im Topf, mit Wasser bedecken und auf kleiner Flamme garen. Wenn die Suppe fast fertig ist, noch einmal vorsichtig umrühren, fertig garen und servieren.«

Manhattan Island

CLAM CHOWDER

30 g Rückenspeck vom Schwein
1 Zwiebel, feingehackt
24 junge Venusmuscheln, gut geschrubbt
4 Kartoffeln, geschält und 1,5 cm groß gewürfelt
6 frische Tomaten, geschält, entkernt und gehackt, mit Saft
250 ml trockener Weißwein
1 TL getrockneter Thymian
3 EL frische Petersilie, feingehackt
1/4 TL frisch gemahlener schwarzer Pfeffer
60 g Schiffszwieback- oder Cracker-Brösel
1 EL Butter

1. Speck in einem Suppentopf auf mittlerer Stufe 5 Minuten anbraten. Zwiebel zugeben und etwa 10 Minuten glasig werden lassen.

2. Die Muscheln zugeben, Topf zudecken und 7 Minuten warten, bis sie sich geöffnet haben. Herausnehmen, aus den Schalen lösen, das Muschelfleisch beiseite stellen. Nicht geöffnete Muscheln wegwerfen.

3. Kartoffeln, Tomaten, Wein und 750 ml Wasser zugeben. Aufkochen lassen, dann Temperatur reduzieren und 5 Minuten köcheln lassen. Thymian, Petersilie, schwarzen Pfeffer und Crackerstücke einrühren und 5 Minuten köcheln lassen. Die Muscheln zugeben und 3 Minuten köcheln lassen. Die Butter einrühren und abschmecken. Heiß servieren.

Ergibt 6 Portionen

Meeresfrüchte-SUPPE

In den letzten Jahren hat Al Yeganeh Hunderte von Behältern mit frischen Suppen verkauft. Seine Kunden stehen Tag für Tag geduldig Schlange. Mehr Informationen zu Al und seinem einzigartigen Geschäft auf Seite 70.

500 ml trockener Weißwein
1 Lorbeerblatt
1 Zwiebel, grobgehackt
1 Knoblauchzehe
2 Selleriestangen
1 Hummer (450–700 g)
12 mittelgroße Garnelen, ungeschält
24 Miesmuscheln, gründlich geschrubbt
12 Jakobsmuscheln
1 kg Schlagsahne
250 ml Milch
1 TL Thymian, getrocknet
1 EL frische Petersilie, gehackt
1/4 TL getrockneter Rosmarin
200 g frischer Spinat, gut gewaschen und gehackt
60 g Möhren, gerieben
Salz und frisch gemahlener schwarzer Pfeffer (nach Geschmack)
1/2 TL frischer Zitronensaft

»Muscheln! Venusmuscheln Ihrer Wahl! Rock-a-way-Strandmuscheln! Köstliche Sandmuscheln!«

»Dieser junge Mann preist in der ganzen Stadt von morgens bis in die Nacht Venusmuscheln an. Sie reichen zwar geschmacklich nicht an Austern heran, sind aber herzhaft und wohlschmekkend. Man findet sie in den meisten Buchten und Häfen der amerikanischen Küste. Die im Sand leben, schmecken in der Regel besser als die, welche im Schlamm leben. Ein Ort namens Rockaway auf der Südseite der Insel ist bekannt für die besten Venusmuscheln; aber es gibt auch andere Orte, z. B. Flashing und Cow-Bay…«

– *Cries of New York*, 1808–1814,
Samuel Woods

1. Weißwein, Lorbeerblatt, Zwiebel, Knoblauch und Sellerie in einem Suppentopf auf mittlerer Stufe aufkochen lassen. Den Hummer zugeben, bei zugedecktem Topf 10 Minuten dämpfen, dann herausnehmen.

2. Shrimps zugeben und bei zugedecktem Topf 5 Minuten dämpfen. Mit einer Zange herausnehmen.

3. Miesmuscheln zugeben und 5 Minuten bei zugedecktem Topf dünsten. Mit einer Zange herausnehmen, das Fleisch aus den Schalen lösen. Nicht geöffnete Muscheln wegwerfen.

4. 500 ml Wasser zur Flüssigkeit im Topf geben. Aufkochen lassen, dann die Jakobsmuscheln zugeben und bei zugedecktem Topf 3 Minuten dämpfen. Mit einer Zange herausnehmen.

5. Hummerfleisch aus dem Panzer lösen; diesen aufheben. Garnelen schälen und entdarmen; die Schalen aufheben. Fleisch in kleine Stücke hacken, zudecken und beiseite stellen.

6. Die Schalen mit 500 ml Wasser in den Topf mit der Brühe geben. Aufkochen lassen, Temperatur reduzieren und 30 Minuten köcheln lassen. Die Brühe abseihen und in den Topf zurückschütten.

7. Die Brühe auf niedriger Stufe köcheln lassen. Sahne, Milch, Thymian, Petersilie und

Rosmarin zugeben und 5 Minuten köcheln lassen, bis die Mischung andickt. Hummer, Garnelen und Muscheln zugeben. 2 Minuten köcheln lassen. Spinat und Möhren einrühren. Weitere 2 Minuten köcheln lassen, bis der Spinat zusammenfällt. Mit Salz und Pfeffer abschmecken. Zitronensaft unterrühren. Heiß servieren.

Ergibt 6 Portionen

Deutsche

SAUERKIRSCHEN-KALTSCHALE

Erika Freimann erklärt, dieses Rezept stamme von ihrer Mutter, Minna Börsch, die es vor 16 Jahren aus Norddeutschland mitbrachte. Es ist ein im deutschsprachigen Raum übliches Gericht, das in ihrer Familie als Hauptspeise serviert wurde. Das Tapiocamehl macht dieses ausgezeichnete Sommergericht sehr eiweißhaltig.

450 g Sauerkirschen, frisch oder Dosenware
2 Gewürznelken
1 Zimtstange (etwa 2,5 cm lang)
1 Stück unbehandelte Zitronenschale (ein 2,5 cm breiter Streifen von der Zitronenmitte)
1 Msp. Salz
170 g Zucker (oder mehr)
3 EL Instant-Tapiocamehl
3–4 EL saure Sahne

1. Die Kirschen entkernen. 10 Kerne aufheben und in ein Musselintuch binden.

2. Entkernte Kirschen, das Päckchen mit den Kernen, Gewürznelken, Zimt, Zitronenschale und 1 l Wasser in einem Topf mischen. Aufkochen lassen, teilweise zudecken und 8 Minuten kochen lassen, bis die Kirschen weich sind.

3. Inzwischen Salz, Zucker und Tapiocamehl in einer Schüssel mischen. Langsam in die Kirschen streuen. Aufkochen lassen, Temperatur reduzieren und etwa 8 Minuten köcheln lassen. Eventuell mehr Wasser zugeben.

4. Zum Abkühlen beiseite stellen. Gewürznelken, Zimtstange, Zitronenschale und Kirschsteine entfernen. Zudecken und kalt stellen.

5. Eisgekühlt mit einem Klecks saurer Sahne und Zimttoast servieren.

Ergibt 3–4 Portionen

To Bake an Honest Loaf

Ein guter

LAIB BROT

Seit über 70 Jahren verfolgt Louis Orwasher, der Inhaber der Orwasher Bakery in Yorkville (Manhattan), die Beziehung zwischen Brot- und Lebensqualität in seiner Heimatstadt. Das New Yorker Brot ist in der letzten Zeit besser geworden, und Mr. Orwasher wäre nicht überrascht, wenn sich die Stadt dieser Tendenz anpaßte.

Wie Mr. Orwasher sagt, war New York nicht immer eine »Weißbrotstadt«. An jeder Ecke gab es ursprünglich eine Bäckerei, darunter Dutzende osteuropäischer wie die seine, aber auch italienische, griechische, skandinavische und französische. Jede buk Brot aus langsam gehendem Sauerteig, knetete es von Hand und schob es in glühend heiße unterirdische Ziegelöfen.

Zur Zeit, als es in jedem Block eine Bäckerei gab, war der Verkehr in den Nebenstraßen noch zweispurig, erzählt Orwasher, und die größte Gefahr auf den Straßen bestand darin, mitten durch ein Stickball-Spiel zu marschieren.

Aber Stadtviertel und Brote verändern sich. Für ihn ist die Verbindung zwischen beiden eindeutig.

Louis Orwasher in der gleichnamigen altmodischen Bäckerei Kleines Bild: Duftende Brotlaibe bei Ecce Panis in Manhattans Upper East Side

»Seit den fünfziger Jahren gibt es Konzerne, die die kleinen Firmen schlukken und alle unter einem Label zusammenfassen«, erklärt er. »Sie stellten alles maschinell her. Eine Maschine versteht die Einzigartigkeit eines Brotlaibs nicht.«

Diese Verbindung zur Lebensqualität war am wenigsten offensichtlich: Mit seiner Bäckerei verliert ein Stadtviertel auch den Hüter der Nacht und einen Teil dessen, was die Stadt mit Natur, Wetter und Wechsel der Jahreszeiten verbindet.

Aber auch als Brote von sehr schlechter Qualität die Stadt überfluteten, sorgte Orwasher dafür, daß sein Sauerteigansatz, der »Starter«, immer weiterarbeitete und das Feuer in seinem Ofen nie erlosch. Brot backen ist sein Leben. Bereits im Alter von 7 Jahren interessierte er sich für das Brotbacken. Er lernte, das Ofenfeuer mit Asche zu belegen, wo die heißen und kalten Stellen waren und wie Dampfschwaden für die Bildung der Kruste sorgen.

In Eli Zabars E.A.T. Café gibt das informative Geschirr dem hungrigen Kunden kluge Ratschläge.

SAUERTEIG: URSPRUNG EINES WELTBILDES

In der mehligen, heißen Welt unter dem Gehsteig von East 78th Street lernte er, auf das Gefäß mit Wasser, Zucker und Mehl zu achten, in dem man das Brot gehen ließ, bevor handelsübliche Hefe zuverlässig arbeitete. Die langsame Wirkung dieses Starters gab den zwölf Brotsorten seiner Familie ihren ganz eigenen Geschmack und die besondere Struktur.

Sauerteig formte Orwashers Weltbild. Er fürchtet regnerische Morgen, an denen das Brot weich wird, und zieht den Herbst vor mit seinen für die Hefe günstigen Temperaturen – alles grundlegende Fakten in seinem Leben, auch wenn er sich darüber keine Gedanken macht.

Dennoch sind sein Hang zum Bäckerhandwerk und seine Einschätzung der Macht, die die Natur über jeden Brotlaib hat, ansteckend. In einer Welt, die Kopfsteinpflaster durch Asphalt ersetzte, wirkt seine ruhige Vernunft wie Balsam.

In den letzten Jahren wurden allmählich neue Mitglieder des inoffiziellen Berufsverbands der Ziegelofenbäkker angelernt. Ursache dafür ist für einige die Gesundheitskost-Mentalität der 60er und 70er Jahre, für andere die Gourmetwelle der 80er Jahre. Orwasher meint dazu nur: »Die Natur korrigiert ihr eigenes Ungleichgewicht.« 1987 tauchten in New York wieder knuspriges Sauerteigbrot, Pumpernickel mit Biß und knackiges Vollkornbrot auf.

Manche sind vom Schicksal zum Bakken erwählt – Eli Zabar etwa, der 1987 begann, Sauerteig-Stangenbrot zu bakken. Er entdeckte bei der Modernisierung des Untergeschosses von seinem Lebensmittelladen E. A. T. einen Ziegelofen. Es war wie ein Omen. Doch der holzgefeuerte Ofen war erst der Anfang. Zabar lernte, ungebleichten Hartwinterweizen zu verwenden. Und er lernte die Launen seines Sauerteigstarters kennen.

DAS GEHEN DES BROTS ALS LEBENSART

An kälteren Tagen arbeitet der Starter langsam, an heißen wirkt er wie ein hyperaktives Kind. Bei Regen muß weniger Flüssigkeit zugegeben werden, was die Zeit des Gehens verkürzt und den Dampf im Ofen verringert. Sauerteig ist ein wunderbares Treibmittel, aber auch kapriziös.

»Denken Sie an die Launen des modernen Lebens«, sagt Zabar, der pro Woche etwa 100 000 Brotlaibe verkauft. »Diese hier können Sie lernen zu lenken.«

Frisch aus dem Ofen der Tom Cat Bakery

Leute, die vom Brotbakken leben, können recht merkwürdig sein. »Bäcker sind dafür bekannt, daß sie sich nicht gut anpassen können«, meint Noel Comess, der 1987 die Tom Cat Bakery in Long Island City (Queens) eröffnete. »Ich mache nichts anderes, als die fermentierende Sauerteigkultur zu beobachten, und rede nur über das Wetter und seinen Einfluß auf die Produktion.«

Mitten in New York lebt er wie »in einer anderen« – fast biblischen – »Welt«. »Der Starter gleicht Abraham, von dem die folgenden Generationen abstammen; man greift lenkend ein, ist aber doch von jedem Brot überrascht«, sagt er.

An anderen Tagen ist der Bäcker eher Hüter einer Tradition. Wenn sie ihre Ofen schüren, sind Comess und seine brotbackenden Brüder und Schwestern Wächter der urbanen Flamme.

Sie wirken des Nachts, doch keiner behauptet, geheimnisvolle Magie anzuwenden. »Der traditionelle Bäcker«, erklärt Mr. Orwasher, »versteht einfach, auf die wichtigen Dinge zu achten.«

OLD NEW YORK

»Hefe! Hier gibt's Hefe!« So dreht der Mann mit zwei Eimern an einer Schultertrage seine täglichen Runden. Die Hefe, die er in einem kleinen Gefäß für einen Cent pro Meßbecher abmißt, erlaubt es der Hausfrau, uns mit gutem, leichtem, gesundem Brot und Kuchen zu versorgen, so sie es versteht, diese in den Teig zu kneten oder der Mahlzeit zuzugeben.«

– *Cries of New York*, 1808–1814, Samuel Woods

Yorkville

PUMPERNICKEL MIT ROSINEN

STARTER
500 ml warmes Wasser (40–45 °C)
500 g Roggenmehl
1 1/2 TL brauner Zucker
1 TL Hefe oder Trockenhefe, aufgelöst in 1 EL warmem Wasser

BROT
80 g grobes Maismehl
250 g dunkler Sirup
1 EL Butter
1 EL Salz
2 TL brauner Zucker
50 g schwarze Blockschokolade, feingehackt
2 Kartoffeln, geschält, gekocht, zerdrückt und abgekühlt
450 g Roggenmehl
60 g Vollkornweizenmehl
200 g Rosinen

1. Den Starter drei Tage im voraus ansetzen: Wasser, Mehl, Zucker und Hefe in einer Schüssel mischen. Zudecken und bei Zimmertemperatur einen Tag stehenlassen. Dann zwei Tage kalt stellen. Der Starter sollte doppelt so hoch werden, und an der Oberfläche sollten sich sich dicke Blasen bilden. Vor dem Backen warten, bis er wieder Zimmertemperatur erreicht hat.

2. Das Maismehl in einem Topf auf mittlerer Stufe mit 375 ml Wasser mischen und unter Rühren etwa 5 Minuten kochen, bis es andickt. Vom Herd nehmen und Sirup, Butter, Salz, Zucker und Schokolade unterrühren. Zum Abkühlen beiseite stellen.

3. Den Starter in einer großen Schüssel mit der gekühlten Maismehlmischung vermengen. Kartoffeln, dann Roggenmehl und Weizenmehl einrühren.

4. Ein Brett mit grobem Maismehl und Vollkornweizenmehl bestäuben. Den Teig darauf 15 Minuten wenden und kneten, bis er sich leicht vom Brett löst. Rosinen zugeben und 3 weitere Minuten gleichmäßig verkneten.

5. Den Teig in einer Schüssel lose zugedeckt etwa 1 Stunde an einen warmen Ort stellen, bis er das doppelte Volumen hat.

6. Zwei Backbleche einfetten und mit Maismehl bestäuben. Den Teig zusammendrücken, eine Minute kneten und halbieren. Die Hälften zu runden Laiben formen und auf einem vorbereiteten Backblech lose zugedeckt 30 Minuten gehen lassen.

7. Inzwischen den Ofen auf 200 °C vorheizen.

8. Das Brot 45–50 Minuten backen. Wenn man auf den Boden klopft, sollte es hohl klingen. Auf einem Kuchengitter abkühlen lassen.

Ergibt 2 Brote

Tom Cats

VOLLKORNBROT

Bei Tom Cat wird der Teig noch so ausgewogen wie früher.

STARTER
3/4 TL Trockenhefe
250 ml warmes Wasser (40–45 °C)
125 g Auszugsmehl
125 g feines bis mittelgrobes, steinvermahlenes Vollkornweizenmehl

BROT
1/4 TL Trockenhefe
2 EL warmes Wasser (40–45 °C)
480 ml kaltes Wasser
500 g Auszugsmehl
500 g Vollkornweizenmehl
1 EL plus 2 TL Salz

1. Für den Starter die Hefe in einer großen Schüssel in warmem Wasser auflösen und 15 Minuten ruhen lassen. Brot- und Vollkornmehl untermischen, so daß ein flüssiger Teig entsteht. Mit Frischhaltefolie abdecken und bei Zimmertemperatur 6–8 Stunden ruhen lassen. Der Starter sollte sein Volumen verdoppeln und zudem an der Oberfläche dicke Blase bekommen.

2. Für das Brot die Hefe in einer großen Schüssel in warmem Wasser auflösen. 15 Minuten ruhen lassen.

3. Starter, kaltes Wasser und beide Mehlsorten zugeben. Den Teig langsam mit einem Holzlöffel 3 Minuten mischen, damit er leichter zu verarbeiten ist. Das Salz zugeben und etwa 9 Minuten mit den Händen glattkneten. Dann in eine saubere, leicht eingefettete Schüssel geben, mit Frischhaltefolie abdecken und 1 1/2–2 Stunden auf doppelte Höhe gehen lassen. Nicht zusammendrücken!

4. Den Teig aus der Schüssel nehmen und in vier gleich große Stücke teilen. Jedes zu einem langen oder runden Laib formen, lose mit Frischhaltefolie abdecken und 1 1/2–2 Stunden auf doppelte Höhe gehen lassen.

5. Die Tonziegel auf zwei Ofengitter legen. Auf 220 °C vorheizen und warten, bis sie heiß sind.

6. Zwei Laibe auf jedes Backblech legen. Die Bleche auf die heißen Ziegel legen. 20–30 Minuten backen, bis die Brotkruste dunkelbraun ist.

Ergibt 4 Brote

Polnisches HEFEBROT

Bankier Joe Pinto aus Yonkers und seine Familie freuen sich auf das Babka zum Weihnachtsfest. Dieses polnische Hefebrot schmeckt getoastet und mit Butter genauso köstlich wie frisch.

2 Päckchen Trockenhefe
190 g Zucker
500 ml warme Milch (40–45 °C)
12 EL (190 g) weiche gesalzene Butter, in kleine Stücke geschnitten
1/2 TL Salz
1 kg Mehl
3 Eier, leicht verquirlt
300 g helle Rosinen

1. In einer Schüssel Hefe, 1/2 Teelöffel Zukker und 125 ml warme Milch mit einem Holzlöffel verrühren, bis alles aufgelöst ist. Etwa 5 Minuten beiseite stellen, bis die Mischung anfängt, Blasen zu werfen und sich Schaum bildet. (Andernfalls die Mischung wegschütten und neu beginnen).

Frische, duftende Brote im Schaufenster

2. In einer Schüssel die restlichen 375 ml Milch mit Butter, Salz und dem restlichen Zucker mischen. 650 g Mehl, Eier und Hefemischung nach und nach zugeben und gut durchrühren. Dann das restliche Mehl einkneten, bis ein glatter Teig entsteht.

3. Den Teig in einer großen Schüssel zudecken. Etwa 1 Stunde an einem warmen Ort auf doppelte Höhe gehen lassen.

4. Den Teig zusammendrücken, zudecken und erneut an einem warmen Ort 1 Stunde auf doppelte Höhe gehen lassen.

5. Den Ofen auf 180 °C vorheizen.

6. Den Teig zusammendrücken. Rosinen gründlich einkneten. Einen großen, ovalen Laib formen. Auf das mit Butter eingefettete Backblech legen. 50–60 Minuten goldbraun backen, bis der Boden hohl klingt, wenn man darauf klopft. Auf einem Drahtgitter abkühlen lassen.

Ergibt 1 Brot

WO MAN GUTES BROT FINDET

BALDUCCI'S: 424 Avenue of the Americas, Ecke 9th Street; (212) 973-2600. Eine große Brotauswahl; Foccacia und Olivenbrot sind köstlich und ganz außergewöhnlich.

BLOOMINGDALE'S: 1000 Third Avenue, Ecke 59th Street; (212) 705-2954. Brot und Muffins sind hier teuer, aber italienische Bauernbrote und Sauerteig-Baguettes sind ihren Preis wert.

BONTÉ PATISSERIE: 1316 Third Avenue, zwischen 75th und 76th Street; (212) 535-2360. Ausgezeichnete Croissants und Brioches.

CAMMARERI: 502 Henry Street, Carroll Gardens, Brooklyn; (718) 852-3606. Wunderbares italienisches Brot aus dem Ziegelofen.

DAMASCUS BAKERY: 195 Atlantic Avenue, nahe Court Street, Brooklyn; (718) 625-7070. Verschiedene Sorten Pitabrot, darunter ein unvergleichlich gutes mit Kräutern.

D & G BAKERY: 45 Spring Street, zwischen Mulberry und Mott Street; (212) 226-6688. Prosciutto-Brot aus dem Ziegelofen.

DEAN & DELUCA: 560 Broadway, Ecke Prince Street; (212) 431-1691. Eine unglaubliche Auswahl an Broten aus der Umgebung New Yorks und der ganzen Welt.

D & T SHMURA: 460 Albany Avenue im Crown Heights-Viertel Brooklyns; kein Telefon. Wie einige andere Läden in dieser Straße stellt auch D & T Shmura (religiös einwandfreie) Matzen her. Die runden, hauchdünnen Brote sind in weniger als 18 Minuten gebacken und werden hier für das Drei- oder Vierfache des Preises verkauft, den man in einem normalen Lebensmittelgeschäft bezahlt.

E. A. T.: 1064 Madison Avenue, zwischen 80th und 81th Street; (212) 772-0022. Hauptlieferant für Elis Brot und ein wechselndes Sortiment anderer ausgezeichneter Brote.

ECCE PANIS: 1120 Third Avenue, zwischen 65th und 66th Street; (212) 535-2099. Phantastische Landbrote; das Oliven-Zwiebel-Foccacia ist exzellent.

MOISHE'S KOSHER BAKE SHOP: 115 Second Avenue, zwischen 6th und 7th Street; (212) 505-8555. Exzellenter russischer Pumpernikkel und Vollkornweizen-Challah.

ORWASHER'S BAKERY: 308 East 78th Street, zwischen First und Second Avenue; (212) 288-6569. Rosinenpumpernickel, Maisstangen und ungarisches Kartoffelbrot sind die Stars dieser Bäckerei mit Produkten der Alten Welt.

POSEIDON BAKERY: 629 Ninth Avenue, zwischen 44th und 45th Street; (212) 757-6173. Wunderbares griechisches Eierbrot und griechisches Osterbrot.

Spice & Sweet Mahal: 135 Lexington Avenue, Ecke 29th Street; (212) 683-0900. Führt Brot aus Indien und aus dem Mittelmeerraum, z. B. Pitabrot, Roghani und Messi Nan.

Streits Matzoh Company: 150 Rivington Street, zwischen Clinton und Suffolk Street; (212) 475-7000. Frische Matzen und Großpackungen mit Matzenchips. Für Führungen durch die Matzenfabrik vorher anrufen.

Trio French Bakery: 476 9th Avenue, zwischen 36th und 37th Street; (212) 695-4296. Beliefert viele New Yorker Restaurants; die Baguettes sind eine Fahrt wert.

Zabar's: 2245 Broadway, zwischen 80th und 81th Street; (212) 797-2000. Von Sauerteig-Baguettes bis zu Siebenkornbrot ist hier alles zu günstigen Preisen erhältlich.

Zito's Bakery: 259 Bleecker Street, zwischen Sixth und Seventh Avenue; (212) 929-6139. An Samstagen und vor Feiertagen stehen die Leute bereits vor 8 Uhr an, um das vielleicht beste italienische Brot der Stadt zu kaufen.

Polnisches

MAISBROT

Terry Kornick sagt über dieses Rezept: »Obwohl die Zutaten nicht anders sind als bei anderen Maisbroten, schmeckt dieses aufgrund der Zubereitung ganz anders. Meine Mutter bekam das Rezept von ihrem Bruder Izzy, der aus Polen emigrierte und nach New York ging.«

STARTER
500 ml kaltes Wasser
750 g Roggenmehl
1 TL Trockenhefe

BROT
1 l warmes Wasser (40–45 °C)
700 g Roggenmehl
700 g Weizenmehl
4 Päckchen Trockenhefe, aufgelöst in 4 EL warmem Wasser (40–45 °C)
2 EL Salz
3 EL grobes Maismehl
2 TL Kümmel

1. Den Starter mindestens drei Tage vor dem Backen ansetzen: Wasser, Mehl und Hefe in einer Schüssel gut mischen, die klumpige Mischung in eine saubere Schüssel geben und drei Tage kalt stellen.

2. Den Starter 2 Stunden vor dem Backen aus dem Kühlschrank nehmen.

3. Den Starter in einer großen Schüssel mit den restlichen Zutaten 5 Minuten lang zu einem glatten Teig verrühren.

4. Den Teig halbieren. Zwei gleichmäßige, runde Laibe formen. Jeden in eine leicht eingefettete große Schüssel legen, mit einem Tuch zudecken und an einem warmen Ort 1–2 Stunden auf etwa doppelte Höhe gehen lassen.

5. Ein Ofengefäß ganz unten in den Ofen schieben und mit heißem Wasser füllen. Den Ofen auf 200 °C vorheizen. Ein Backblech mit Maismehl bestreuen.

6. Die Hände befeuchten und gleichmäßige, runde Laibe formen. Diese auf das Backblech legen. Etwa 2 Stunden backen, bis sich eine Kruste gebildet hat. Wenn das Wasser in dem Ofengefäß verdunstet ist, wieder auffüllen, damit weiter Dampf an das Brot gelangt. Nach Wunsch heiß essen oder auf dem Backblech abkühlen lassen.

Ergibt 2 große Brote

Sauerteig-

BAGUETTE

Das Ansetzen des Sauerteig-Starters für Eli Zabars Brot dauert zwei Tage, aber wenn er fertig ist, kann man ihn immer wieder verwenden. Doch Vorsicht: Wer dieses Brot einmal gekostet hat, will vielleicht kein anderes mehr essen.

STARTER
500 g Weizenmehl
250 g Roggenmehl
1 1/2 TL Malzsirup oder 1 TL brauner Zucker
1/4 TL Salz
375 ml warmes Wasser (40–45 °C)

BROT
500 g Weizenmehl
375 ml Wasser
2 EL Salz

1. Für den Starter 250 g Weizenmehl in einer Schüssel gut mit Roggenmehl, Malzsirup oder braunem Zucker, Salz und 250 ml warmem Wasser mischen. Mit Frischhaltefolie abgedeckt 24 Stunden an einem warmen Ort ruhen lassen.

Eli Zabar macht eine kurze Pause

2. Die Hälfte des einen Tag alten Starters wegwerfen. Den Rest in einer großen Schüssel mit den restlichen 250 g Weizenmehl und 125 ml Wasser verkneten. Mit Frischhaltefolie abgedeckt an einem warmen Ort 24 Stunden ruhen lassen. Dies ist der Sauerteigansatz.

3. Für das Brot Weizenmehl, Wasser und Salz in einer großen Schüssel mit der Hälfte des Sauerteigansatzes mischen (siehe Hinweis). Bei Verwendung eines Mixers mit Knethaken 8 Minuten auf kleiner Stufe, von Hand 10 Minuten durchkneten. Mit Frischhaltefolie abgedeckt an einem warmen Ort 8 Stunden auf doppelte Höhe gehen lassen.

4. Den Ofen auf 260 °C vorheizen.

5. Den Teig in 12 gleich große Stücke schneiden. Jedes Stück vorsichtig zu einem etwa 30 cm langen Stangenbrot formen (nicht zusammendrücken). Sechs Stangenbrote auf jedes der zwei Backbleche legen und leicht mit Weizenmehl bestäuben. Jedes Brot viermal diagonal einschneiden.

6. Die Brotlaibe im heißen Ofen 10–15 Minuten goldbraun backen, dabei mit einer Sprühflasche alle 5 Minuten Wasser in den Ofen sprühen. Die Baguettes noch warm essen.

Ergibt 12 dünne Sauerteig-Baguettes, was für 6 Personen reicht

Hinweis: Um den restlichen Sauerteigansatz aufzuheben, mit 250 g Weizenmehl, 125 g Roggenmehl, 1/2 Teelöffel braunem Zucker, 1 Prise Salz und 190 ml warmem Wasser (40–45 °C) mischen. In einem sauberen Behälter hält er sich im Kühlschrank unbegrenzt, muß aber nach jeder Verwendung wieder auf diese Art verlängert werden. Man kann ihn einfrieren, sollte aber darauf achten, daß er sich vor der Verarbeitung wieder auf Zimmertemperatur erwärmt.

Amerikanisches

ROGGENBROT

Die Holländer, die Manhattan ursprünglich besiedelten, brachten das Verlangen nach den Vollkornbroten ihrer Heimat mit. Die Neue Welt bot ihnen neben Roggen- und Weizenmehl grobes Maismehl, das nun Bestandteil des beliebtesten Brotes der Stadt wurde. Dieses besondere Rezept erschien im *Holland Cookbook*, einer Sammlung traditioneller holländischer Rezepte, die 1887 von der ersten Reformierten Protestantischen Kirche herausgegeben wurde. Für dieses Rezept ist »Philipsburg Maismehl« zu verwenden, das in Philipsburg Manor in Tarrytown (New York) hergestellt wird. Man kann auch mit der Steinmühle gemahlenes Maismehl verwenden.

125 g grobes gelbes Maismehl
250 g Roggenmehl
2 TL Backpulver
2 TL Zucker
1/2 TL Salz
1 Ei
375 ml Milch
2 EL Butter, zerlassen

Charles Howell an der Maismühle von Philipsburg Manor. Mit freundlicher Genehmigung des Historic Hudson Valley, Tarrytown, New York.

1. Den Ofen auf 180 °C vorheizen.

2. Mais- und Roggenmehl, Backpulver, Zucker und Salz in einer großen Schüssel mischen.

3. Das Ei, die Milch und die Butter in einer Schüssel verquirlen. Eine Mulde in die trokkenen Zutaten drücken, die Mischung hineingießen und gut durchmischen. Den Teig in eine leicht eingefettete, 28 cm große gußeiserne Pfanne gießen. Etwa 1 Stunde goldgelb und luftig backen.

Ergibt 6 Portionen

Julia Hedriks

KARTOFFELBROT

In Julia Hedriks Familie, die aus Budapest stammt, wurde Kartoffelbrot eher nach Gefühl als nach Maß gebacken, aber auf eines legt sie viel Wert: »Die Kartoffeln müssen durchgepreßt werden, man darf sie nicht in so einer Maschine pürieren.«

1 Päckchen Trockenhefe
500 ml warmes Wasser (40–45 °C)
750 g Weizenmehl
1½ EL Salz
1½ TL Kümmel
3 mittelgroße Kartoffeln, geschält, gekocht, durchgepreßt und abgekühlt

1. Die Hefe in einer Schüssel in 125 ml warmem Wasser auflösen. 60 g Mehl zugeben. Den Vorteig 1 Stunde gehen lassen.

2. Das restliche warme Wasser, Salz und Kümmel gut mischen. Die Kartoffeln und das restliche Mehl zugeben. 15 Minuten auf einem leicht bemehlten Brett wenden und zu elastischem Teig verkneten, der nicht mehr klebt.

3. Den Teig zurück in die Schüssel geben, locker zudecken und 1 Stunde an einem warmen Ort auf die doppelte Höhe gehen lassen.

4. Den Ofen auf 200 °C vorheizen. Ein Backblech mit Butter einfetten.

5. Den Teig zwei Minuten kneten. Zu einem länglichen Laib formen, diesen auf das Backblech legen, lose zudecken und 30 Minuten an einem warmen Ort auf doppelte Höhe gehen lassen.

6. Die Oberfläche des Laibs mit einem Messer an vier Stellen einschneiden. Etwa 45 Minuten goldbraun backen.

Ergibt 1 Brot

Pat Burns'

IRISCHES SODABROT

Pat Burns, die seit über einer Dekade Sodabrot herstellt, hat herausgefunden, wie man diese unhandlichen Brote am besten serviert: Man halbiert jeden Laib, stellt ihn auf die Schnittseite und schneidet ihn erst dann auf. »Auf diese Weise«, sagt sie, »sind Größe und Anzahl der Scheiben besser verteilt.«

500 g Weizenmehl
1 TL Salz
1 TL Natron
1 EL Backpulver
60 g Zucker
1–2 EL Kümmel
200 g Rosinen, in warmem Wasser eingeweicht und abgegossen
1 Ei, verquirlt
500 ml Sauermilch, Buttermilch oder saure Sahne (siehe Hinweis)
6 TL weiche Butter

1. Den Ofen auf 180 °C vorheizen.

2. Mehl, Salz, Natron, Backpulver und Zucker in eine Schüssel sieben. Kümmel und Rosinen mischen und zugeben, dann Ei und

Sauermilch zugeben. Mit einer Gabel so gut mischen, daß alle trockenen Zutaten gut befeuchtet sind.

3. Zwei 20 cm große Kuchen- oder Pie-Formen mit 2 Teelöffel Butter einfetten und bemehlen. Den Teig gleichmäßig auf beide Formen verteilen. 40–45 Minuten backen, bis das Brot golden und durchgebacken ist.

4. Das Brot sofort auf ein Kuchengitter legen. Jeden Laib mit 2 Teelöffel der restlichen Butter bestreichen. Sofort servieren.

Ergibt 2 Brote

Hinweis: Um Milch oder Sahne zu säuern, gibt man 1 Eßlöffel Weißweinessig pro 250 ml zu.

EIN KLEINER TIP

Einen **Tonziegelofen** kann man nachahmen, indem man den Backofen mit feuerfesten Tonziegeln auslegt. Den Ofen 1 Stunde auf höchstmögliche Temperatur vorheizen. Mit einer Sprühflasche in der ersten Hälfte der Backzeit alle 5–10 Minuten Wasser ins Ofeninnere sprühen; der entstehende Dampf sorgt dafür, daß sich die Brotkruste bildet.

Die schwedische Seemannskirche

Schwedisches SAFRANBROT

Bei der schwedischen Seemannskirche in Manhattan werden diese süßen Brötchen am 13. Dezember, dem St. Lucia Day, gebacken und zum Kaffee serviert. Sie sollten nie im Kühlschrank aufbewahrt, sondern frisch verzehrt werden.

380 ml Milch
1 EL Butter
1 TL Safranfäden
50 g Hefe
230 g Zucker
750 g Weizenmehl
Rosinen, zum Garnieren
1 Ei, verquirlt, zum Bestreichen

1. Milch und Butter in einem Topf mischen und auf mittlerer Stufe aufkochen lassen. Den Safran einrühren, vom Herd nehmen und lauwarm werden lassen.

2. Die Mischung in eine Schüssel geben. Die Hefe zugeben und unter Rühren auflösen. Den Zucker, dann unter ständigem Rühren 625 g Mehl zugeben. Der Teig sollte glatt sein. Die Schüssel mit einem sauberen Tuch zudekken und 30–40 Minuten ruhen lassen.

3. Das restliche Mehl auf ein Brett streuen und 10 Minuten in den Teig kneten. Diesen in vier gleich große Stücke teilen. 30 Minuten ruhen lassen.

4. Inzwischen den Ofen auf 250 °C vorheizen. Zwei Backbleche mit Butter einfetten.

5. Aus jedem Teigstück 8 Brötchen formen und auf die Backbleche legen. Jedes Brötchen mit zwei Rosinen verzieren und mit Ei bestreichen. 10–12 Minuten goldgelb backen. Leicht abkühlen, damit der Safranduft erhalten bleibt. Zu Kaffee servieren.

Ergibt 32 Brötchen

Eliskas

TSCHECHISCHES WEIHNACHTSBROT

Eliska Jelinek zog kurz nach dem Zweiten Weltkrieg aus der Tschechoslowakei nach New York. Sie arbeitete für viele Familien als Haushälterin und Kindermädchen und gab an einen ihrer Schützlinge dieses Rezept ihres meisterhaften Brots weiter. Traditionell handelt es sich dabei um ein Weihnachtsgebäck.

2 Päckchen Trockenhefe
190 g Zucker
500 ml warme Milch (40–45 °C)
1 großes Ei
3 große Eier, getrennt
225 g weiche Butter
1/2 TL Vanillearoma
1 kg Weizenmehl
1 1/2 TL Salz
1/2 TL Muskatblüte, gemahlen
1/2 TL Fenchelsamen, gemahlen
1 TL unbehandelte Zitronenschale, gerieben
200 g helle Rosinen oder schwarze Johannisbeeren
90 g Mandelsplitter
95 g Zitronat, feingehackt

1. Die Hefe in einer Schüssel mit 1 Eßlöffel Zucker in der warmen Milch auflösen. Etwa eine Minute ruhen lassen, bis der Vorteig schäumt und Blasen wirft. (Andernfalls mit frischen Zutaten neu beginnen).

2. In einer großen Schüssel den restlichen Zucker, das ganze Ei, Eigelbe, Butter und Vanille glattrühren.

3. In einer anderen Schüssel das Mehl, das Salz, die Muskatblüte, Fenchelsamen sowie die Zitronenschale mischen. Die Zuckermischung in die Mehlmischung geben und gut verrühren.

4. Die Hefemischung zugeben und mit einem Holzlöffel gut mischen. 10–15 Minuten von Hand oder etwa 5 Minuten mit einem elektrischen Knethaken kneten, bis der Teig Blasen wirft. Rosinen, Mandeln und Zitronat einkneten. Wenn nötig, noch Mehl zugeben, bis der Teig nicht mehr klebt.

5. Den Teig in einer sauberen Schüssel, lose zugedeckt, an einem warmen Ort etwa 1 Stunde auf doppelte Höhe gehen lassen.

6. Inzwischen drei Kastenformen mit Butter einfetten.

7. Den Teig in drei gleich große Stücke teilen. Jedes Stück zu einem Laib formen und in eine Kastenform legen. Anschließend 1 Stunde gehen lassen.

8. Den Ofen auf 200 °C vorheizen.

9. In einer Schüssel das Eiweiß mit 1 Eßlöffel Wasser schaumig schlagen. Wenn die Laibe das zweite Mal gegangen sind, an der Oberseite mit Eiweiß einpinseln.

10. Die Laibe im Ofen 5 Minuten backen, die Temperatur auf 180 °C reduzieren und etwa 1 Stunde goldgelb backen. Auf einem Kuchengitter abkühlen lassen.

Ergibt 3 Brote

Jüdischer

HEFEZOPF (CHALLAH)

Die Fotografin Shonna Valeska buk ihre erste Challah nach einem Rezept ihres Cousins. Sie erinnert sich, wie ihr Brot Menschen zusammenbrachte, und sie meint: »Geht es beim Kochen nicht überhaupt nur darum?«

Shonna Valeskas Küchenwände sorgen dafür, daß man sich nicht langweilt.

3 Päckchen Trockenhefe
3 EL warmes Wasser (40–45 °C)
190 ml Maiskeimöl
190 g Zucker
500 ml heißes Wasser
1 TL Salz
5 große Eier
1,1 kg Weizenmehl
70 g Sesamsamen oder Mohn (nach Belieben)

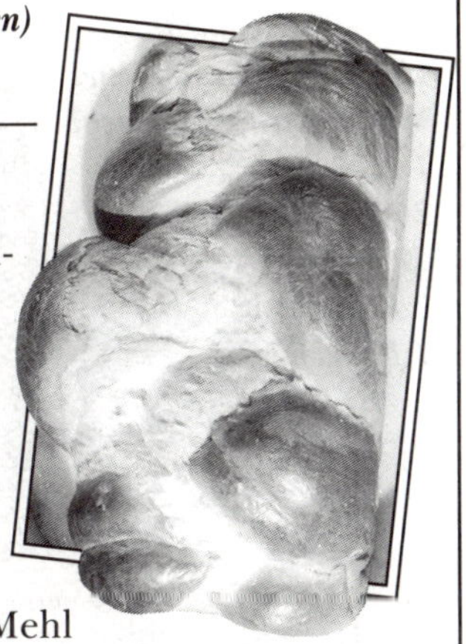

1. Die Hefe in einer Schüssel im warmen Wasser auflösen. Öl, Zucker, heißes Wasser und Salz untermischen. Vier Eier und nach und nach 500 g Mehl einrühren. Dann weitere 500 g Mehl einrühren, bis der Teig glatt ist.

2. Das restliche Mehl auf ein Arbeitsbrett streuen und 10 Minuten in den Teig kneten.

3. Den Teig in die Schüssel zurückgeben, mit einem feuchten Tuch zudecken und 30–40 Minuten an einem warmen Ort gehen lassen.

4. Den Teig zusammendrücken. Weitere 3 Minuten durchkneten. Wieder in die Schüssel geben, zudecken und 1 Stunde auf doppelte Höhe gehen lassen.

5. Den Teig zusammendrücken, eine Minute kneten, dann halbieren. Jede Hälfte zu einer Kugel formen. 10 Minuten gehen lassen.

6. Inzwischen den Ofen auf 180 °C vorheizen. Zwei Backbleche mit Butter einfetten.

7. Jede Teigkugel in drei kleinere Kugeln zerteilen. Diese dann zu 25–30 cm langen Teigsträngen ausrollen. Je drei Stränge zu einem Laib flechten und die Enden fest zusammenpressen. Beide Laibe auf eines der Backbleche legen.

8. Ein Ei in einer kleinen Schüssel verquirlen. Mit einem Teigpinsel die Brotlaibe bestreichen. 30 Minuten backen.

9. Die Brote nach Belieben mit Sesam oder Mohn bestreuen. Weitere 15–25 Minuten goldbraun backen.

Ergibt 2 Zöpfe

Griechisches OSTERBROT

Julie Athas wuchs in Astoria, dem griechischen Stadtviertel von Queens, auf und erinnert sich, wie ihre Mutter aus der Zubereitung des traditionellen Osterbrots ein Spiel machte. »Sie ließ uns Eier färben und auf das Brot legen. Manchmal steckte sie Geldstücke in den Teig, und wer die erwischte, wußte, daß er im folgenden Jahr Glück haben sollte. Unsere ganze Familie und die Verwandten liebten dieses Brot, aber die Kinder vermutlich am meisten. Wir wollten unbedingt die Geldstücke finden!«

125 ml warmes Wasser (40–45 °C)
3 Päckchen Trockenhefe
250 g Zucker
780 g Weizenmehl, gesiebt
125 ml Milch
125 g Butter
1 TL Salz
4 große Eier, verquirlt
1 EL Mahlepi (Kirschsamen, in griechischen Feinkostgeschäften erhältlich), in der Küchenmaschine gemahlen
2 Eier, hartgekocht und rot gefärbt
1 Ei, verquirlt, zum Bestreichen
2 EL Sesamsamen

1. Das warme Wasser in eine Schüssel gießen. Hefe, je 3 Eßlöffel Zucker und Mehl einrühren. Mit einem Tuch zudecken und beiseite stellen, bis sich Blasen bilden.

2. Die Milch in einem kleinen Topf auf mittlerer Stufe erwärmen, bis sie am Rand aufzuwallen beginnt. Vom Herd nehmen und Butter, restlichen Zucker und Salz einrühren. Gut mischen. Abkühlen lassen.

3. Die Milchmischung in die Hefemischung gießen. Gut vermischen. Die verquirlten Eier einrühren. 400 g Mehl in drei Portionen von

Hand gut damit verkneten. Die Kirschsamen darüberstreuen und unterkneten. Das restliche Mehl langsam unterkneten, bis sich der Teig von den Schüsselrändern löst.

4. Den Teig auf ein bemehltes Brett geben und 15 Minuten durchkneten. In eine eingefettete Schüssel legen und mit einem sauberen Tuch zudecken. Badetücher um die Schüssel wickeln und den Teig etwa 1 Stunde an einem warmen Ort gehen lassen.

5. Den Teig zusammendrücken. Zudecken und noch einmal etwa 1 Stunde auf doppelte Höhe gehen lassen.

6. Den Teig zusammendrücken. Halbieren. Jede Hälfte in drei gleich große Stücke in Orangengröße teilen. Mit einem Handtuch zudekken und 15 Minuten ruhen lassen.

7. Zwei 22 cm große Kuchenformen einfetten. Jedes Stück Teig zu einer 30 cm langen Wurst ausrollen. Je drei der Würste an einem Ende zusammendrücken und lose zu einem Zopf flechten. Die Enden zusammendrücken. Den geflochtenen Teig kreisförmig in eine Form legen. Das gefärbte Ei aufrecht in die Mitte des geflochtenen Teigs setzen. Mit dem zweiten Laib genauso verfahren. Die Brote zudecken und 1 Stunde auf doppelte Größe gehen lassen.

8. Den Ofen auf 180 °C vorheizen.

9. Die Oberfläche der Laibe mit verquirltem Ei bestreichen. Mit Sesamsamen bestreuen. Etwa 30 Minuten goldbraun backen. Auf einem Kuchengitter etwas abkühlen lassen.

Ergibt 2 Brote

Grandma Dooleys

WASCHZUBERBROT

Der New Yorker Künstler Martin Yerdon hat viele Erinnerungen an seine Kindheit in New York und an dieses Brot: »Meine Großmutter buk es in den Sommermonaten. Bei dem heißen, feuchten Wetter umging sie das Problem, ständig darauf achten zu müssen, daß der Teig ging. Wenn sie im hölzernen Waschzuber nichts zum Waschen hatte und mein Großvater kein Bier braute, füllte sie den Zuber mit kaltem Wasser und ließ das Brot über Nacht gehen. Den Teig steckte sie in einen alten, sauberen Kissenbezug und ließ ihn über Nacht im Wasser.«

625 g Weizenmehl
125 g steinvermahlenes Vollkornweizenmehl
$1\frac{1}{2}$ EL Salz
250 ml warmes Wasser (40–45 °C)
2 EL Zucker
1 Päckchen Trockenhefe

Martin Yerdon verrät die Leibspeise seiner Kindheit.

1. Beide Mehlsorten und das Salz in einer mikrowellenfesten Schüssel mischen. In der Mikrowelle 2 Minuten auf niedriger Stufe erhitzen. Herausnehmen und durchrühren, damit keine heißen Stellen entstehen. (Alternativ in einer Metallschüssel 4 Minuten in den auf 90 °C vorgeheizten Ofen stellen und durchrühren.)

2. Warmes Wasser, Zucker und Hefe in einer kleinen Schüssel mischen. 5 Minuten beiseite stellen, bis sich Schaum bildet. (Wenn dies nicht der Fall ist, wegwerfen und mit frischen Zutaten noch einmal beginnen.)

3. In das Mehl eine Mulde drücken. Die Hefemischung zugießen und unterrühren. 250 ml Wasser zugießen und rühren, bis sich ein Teig bildet. Diesen wenden und noch sichtbares Mehl einkneten, dann auf einer leicht bemehlten Fläche 6–8 Minuten glattkneten.

4. Den Teig in ein trockenes Tuch wickeln (so groß, daß man es mindestens sechsmal herumwickeln kann). Den eingewickelten Teig in einer großen Schüssel mit soviel Wasser aufgießen, daß er bedeckt ist. 2 Stunden stehenlassen. Der Teig schwimmt an die Oberfläche; von Zeit zu Zeit wenden und darauf achten, daß das Tuch ihn vollständig bedeckt.

5. Eine flache, ungefähr zur Hälfte mit Wasser gefüllte Form auf das untere Blech des

Backofens stellen und diesen auf 230 °C vorheizen.

6. Die Arbeitsfläche bemehlen. Den Teig aus dem Wasser nehmen und auswickeln. Zu einem runden Laib formen. Die Oberfläche mit einem Messer dreimal einschneiden.

7. 35–40 Minuten auf einem Backblech goldgelb backen bzw. so lange, bis das Brot hohl klingt, wenn man darauf klopft.

Ergibt 1 Brot

Spring Street

PARMASCHINKEN-BROT

Seit über 100 Jahren stellt man im Ziegelofen unter der D & G Bakery in der Spring Street (Manhattan) leicht rauchige Parmaschinkenbrote her – unten leicht verkohlt, oben buttrig glänzend. Und fast genauso lange hüteten die Bäcker das berühmte Rezept, das sie eimerweise abmessen, um dann nach Gefühl letzte Hand anzulegen. Als ich um das Rezept bat, schlug man mir vor, beim Backen zuzusehen.

2½ TL Trockenhefe
250 ml warmes Wasser (40–45 °C)
2 Eier
2 EL Olivenöl
etwa 470 g Weizenmehl
1½ TL Salz
½ TL schwarzer Pfeffer, frisch geschrotet
100 g Parmesan, frisch gerieben
300 g Parmaschinken, feingehackt
Maismehl, zum Bestreuen

1. Die Hefe in einer großen Schüssel im warmen Wasser auflösen. 15 Minuten beiseite stellen.

2. Eier und Öl damit verquirlen. 380 g Mehl mit Salz und Pfeffer mischen. In die Hefemischung rühren. Verkneten; dabei nach und nach mehr Mehl zugeben, bis ein fester Teig entsteht.

3. Parmesan und Parmaschinken mischen und leicht mit Mehl bestäuben. In den Teig kneten. Diesen auf ein bemehltes Brett legen und 10 Minuten glattkneten. In eine gründlich mit Öl eingefettete Schüssel legen, zudecken und an einem warmen Ort 2 Stunden auf doppelte Höhe gehen lassen.

4. Den Teig zusammendrücken und 3 Minuten kneten. Halbieren. Aus jeder Hälfte einen länglichen Laib formen. Zwei Backbleche mit Maismehl bestreuen und auf jedes einen Laib legen. Etwa 1 Stunde auf doppelte Höhe gehen lassen.

5. Den Ofen mit nassen Backziegeln, Steinen oder einem Blech mit Terracotta-Chips auslegen und auf 220 °C vorheizen.

6. Jeden Laib an der Oberfläche mit einer Rasierklinge sechsmal diagonal einschneiden. Etwa 40 Minuten goldgelb backen. In den ersten 5 Minuten Wasser mit einer Sprühflasche in den Ofen sprühen. Auf einem Kuchengitter abkühlen lassen.

Ergibt 2 Brote

Jennifer Hardy vor der D & G Bakery, die ihrer Mutter Mary Jackson gehört

Virginia Vernon Littells

BIERBRÖTCHEN

Mrs. Littell lernte von ihrer Mutter, wie man diese deutschen Bierbrötchen backt. Das Rezept ist einfach und sättigend.

8 Scheiben Speck
2 Päckchen Trockenhefe
470–500 g Weizenmehl, gesiebt
3 EL Zwiebelsuppenpulver
440 ml deutsches Bier
3 EL Milch
1 EL Zucker
2 EL Maismehl

1. Den Speck knusprig braten. Auf Küchenpapier abtropfen lassen. Grob hacken. 3 Eßlöffel des ausgebratenen Fetts aufheben.

2. In einer Schüssel Hefe, gut 200 g Mehl und Zwiebelsuppenpulver mischen; beiseite stellen.

3. In einem Topf Bier, Milch, Zucker und 2 Eßlöffel des ausgelassenen Fetts erwärmen. Die Mischung sollte ein wenig klumpen. Vom Herd nehmen.

4. Unter ständigem Rühren die nassen Zutaten in die Mehlmischung geben. Den Speck zugeben und so viel vom restlichen Mehl, bis ein elastischer Teig entsteht. Auf einem bemehlten Brett wenden und glattkneten. Den Teig in einer mit Öl eingefetteten Schüssel zugedeckt etwa 45 Minuten auf doppelte Höhe gehen lassen.

5. Inzwischen zwei Backbleche gut mit Butter bestreichen.

6. Den Teig zusammendrücken, dann teilen und 16 gleich große Kugeln formen. Diese in 5 cm Abstand auf die Backbleche legen, die obere Seite des Teigs mit dem restlichen ausgelassenen Fett bestreichen und mit dem Maismehl bestreuen. Die Brötchen zudecken und 30 Minuten etwas gehen lassen.

7. Inzwischen den Ofen auf 190 °C vorheizen.

8. Die Brötchen 20 Minuten goldbraun backen. Ganz heiß mit Butter servieren.

Ergibt 16 Brötchen

June Bobbs

ROTIS

Plötzlich findet man überall in New York westindisches Brot, aber nur wenige Rezepte können mit diesem hier konkurrieren – einem Familienerbstück von der in Brooklyn lebenden Mrs. Bobb.

250 g Weizenmehl
1/4 TL Backpulver
1/4 TL Salz
Maiskeimöl, zum Grillen

1. Mehl, Backpulver und Salz in eine große Schüssel sieben. Genug Wasser zugießen, daß ein fester Teig entsteht; wenn der Teig zu sehr klebt, mehr Mehl zugeben. 4–6 Teigkugeln formen und diese jeweils mit einem Nudelholz zu einer flachen Scheibe rollen.

2. Jedes Roti mit Maiskeimöl bepinseln und mit Mehl bestreuen. Durch wiederholtes Zusammenklappen wieder zu einer Kugel formen. 30–45 Minuten ruhen lassen (nicht zudecken).

3. Eine Bratpfanne erhitzen. Die Rotis inzwischen zu flachen, pfannkuchenähnlichen Fladen ausrollen. Unter häufigem Wenden etwa 3 Minuten auf jeder Seite gleichmäßig leicht anbräunen. Etwas Maiskeimöl auf die Rotis träufeln, damit sie nicht kleben. Wenn die Fladen aus der Pfanne kommen, auf die Handinnenfläche legen und zwei- oder dreimal vorsichtig in die Hände klatschen. Dadurch werden sie in der Mitte luftig. Sofort servieren.

Ergibt 4–6 Portionen

June Bobb grillt in ihrer Küche viele heiße Rotis.

Subhirs

ALOO PARANTHA

Subhir Seth lernte die Zubereitung dieses Brotes an der Grenze zwischen Afghanistan und Nordpakistan. Er empfiehlt es als Vorspeise mit einem mit Kreuzkümmel gewürzten Joghurt als Dip dazu.

BROT
440 g Vollkornweizenmehl
1 EL Pflanzenöl
1/2 TL Salz

FÜLLUNG
450 g Kartoffeln
4 EL frische Korianderblätter, gehackt
1/4 TL Chilischote, frisch gehackt
1/2 TL Kreuzkümmel, gemahlen
1 EL frischer Ingwer, gehackt
1/4 TL Salz

ZUM BRATEN
etwa 250 ml Pflanzenöl

1. Für das Brot Mehl, Öl, Salz und 375 ml Wasser in einer Schüssel mischen. Etwa 5 Minuten zu glattem Teig verkneten. Anschließend 10 etwa gleich große Teigkugeln formen. Auf ein Tablett legen und während der Zubereitung der Füllung an einem kühlen Ort ruhen lassen.

2. Für die Füllung die Kartoffeln 30 Minuten in Salzwasser weichkochen. Abgießen und leicht abkühlen lassen.

3. Die Kartoffeln schälen, dann in einer Schüssel von Hand zerdrücken. Koriander, Chili, Kreuzkümmel, Ingwer und Salz einrühren. Aus der Mischung 10 gleich große Kugeln formen.

4. In jeden der Teigbälle mit dem Finger ein tiefes Loch drücken. Etwas von der Füllung hineingeben und mit dem Teig verschließen. Jeden gefüllten Ball auf einem leicht bemehlten Brett mit einem Nudelholz zu einem 20 cm großen Fladen ausrollen.

5. Zum Braten 1 Eßlöffel Öl in einer gußeisernen Pfanne auf mittlerer Stufe erhitzen. Dann das Brot in die Pfanne legen und eine Minute auf jeder Seite braten. Das Brot zusätzlich mit Öl beträufeln und auf jeder Seite eine weitere Minute braten. Die Brote nacheinander mit zusätzlichem Öl braten und sofort servieren.

Ergibt 10 Brote

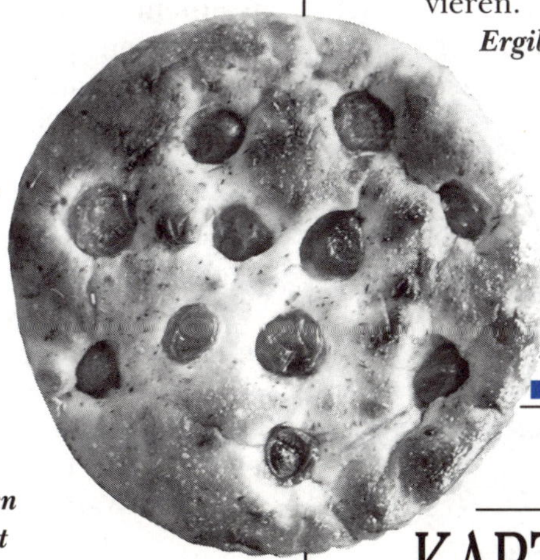

Focaccia mit frischen Tomaten

Grandmas

KARTOFFELPIZZA

Maria Behrs Rezept für Karoffelpizza bzw. Focaccia verbindet die Rezepte ihrer Großmütter aus Bari (Italien). Mrs. Behr, die in Jackson Heights (Queens) lebt, bereitet sie oft als einfaches Abendessen zu und serviert dazu etwas Käse und ein Glas Wein. Versuchen Sie die Kartoffelpizza doch einmal zusammen mit Georgios leckerem Artischockensalat mit Parmesan (siehe Seite 172)!

2 vorwiegend festkochende Kartoffeln
1 Päckchen Trockenhefe
375 ml warmes Wasser (40–45 °C)
500 g Weizenmehl
2 1/4 TL Salz
2 EL Olivenöl
1 große, sehr reife Tomate, in 10–12 Spalten geschnitten
1/2 TL getrockneter Oregano

1. Die Kartoffeln weich kochen, abgießen und schälen; zerdrücken, wenn sie noch heiß sind.

2. Die Hefe im warmen Wasser auflösen.

3. Kartoffeln, Mehl, 2 Teelöffel Salz, die aufgelöste Hefe und 1 Eßlöffel Olivenöl in einer großen Schüssel gut vermischen. Mit einem Tuch zudecken und 1 Stunde auf doppelte Höhe gehen lassen.

4. Den Ofen auf 180 °C vorheizen.

5. Eine 20 cm große quadratische Backform mit dem restlichen Öl auspinseln. Den Teig mit bemehlten Händen in die Form legen und wenden, damit er überall mit Öl benetzt ist. Leicht zusammendrücken, damit er sich in der ganzen Form verteilt. Die Tomatenspalten auf den Teig legen und leicht hineindrücken. Oregano und das restliche Salz darüberstreuen.

6. 1 Stunde goldbraun backen. Heiß servieren.

Ergibt 4 Portionen

Mohammeds
FLADENBROT

Mohammed K. Rohzyi kam 1979 aus Afghanistan nach New York. Schon bald hatte er einen Verkaufsstand auf Rädern, mit dem er an der 47th Street Ecke Sixth Avenue Brotfladenstücke mit afghanischen Kebabs verkaufte. Schließlich begann er auch, das Brot zu backen und im großen Stil zu verkaufen. Inzwischen besitzt er zwei Restaurants und eine Bäckerei.

1 Päckchen Trockenhefe
1 TL Zucker
500 ml warmes Wasser (40–45 °C)
560 g Kichererbsenmehl
1 TL Salz
1 EL Kümmel oder Mohn

1. Hefe, Zucker und warmes Wasser in einer Schüssel mischen und 5–15 Minuten stehen lassen, bis sich Schaum bildet. (Andernfalls wegwerfen und mit frischen Zutaten von vorne beginnen.)

2. In einer großen Schüssel das Kichererbsenmehl mit Salz und Vorteig mischen. Eßlöffelweise kaltes Wasser zugeben, bis ein weicher Teig entsteht, der sich leicht von den Schüsselrändern löst.

3. Das Brot 10 Minuten auf einer leicht bemehlten Arbeitsfläche kneten. Den Teig zurück in die Schüssel legen, zudecken und 1 Stunde an einem warmen Ort auf doppelte Höhe gehen lassen.

4. Zwei Backbleche in den Ofen schieben. Den Ofen auf 220 °C vorheizen.

5. Aus dem Teig 4 Kugeln formen. Jede Kugel auf einer bemehlten Fläche zu einem länglichen, 5–15 mm dicken Fladen ausrollen. Den Kümmel auf die Brote verteilen.

6. Wenn die Backbleche sehr heiß sind, aus dem Ofen nehmen, jedes leicht mit Kichererbsenmehl bestreuen und einen Laib auf jedes Backblech legen. 8–10 Minuten goldgelb backen. Mit den restlichen zwei Broten ebenso verfahren. Warm oder zimmerwarm servieren.

Ergibt 4 Fladenbrote

OLD NEW YORK

»Die mobilen Verkaufsstände in der Mott Street zwischen Canal Street und Broome Street […] sind ein Relikt des florierenden Marktes, der einst auf den vier Straßen westlich der Bowery Street abgehalten wurde. Sie verkaufen reife und grüne Oliven, Artischocken, Ziegenkäse, Finochio [sic] (Knollenfenchel) und Handpizza, einen ungesüßten, mit Tomaten und Käse, Fleisch oder Fisch belegten Teig."

–*The WPA Guide to New York City*, 1939

Bei John's Pizzeria in der Bleecker Street wird die Pizza sorgfältig belegt.

Evelyne Slomons

PIZZATEIG

Man kann Pizza mit fast allem belegen, was das Herz begehrt. Mit Olivenöl und Knoblauch, Tomaten und Basilikum, Tomatensauce und Mozzarella, Wurststückchen, gedünsteten Paprika oder in irgendeiner persönlichen Variation.

250 ml warmes Wasser (40–45 °C)
1 Päckchen Trockenhefe
370–400 g Weizenmehl
1 TL Salz

1. Das Wasser in eine Schüssel gießen. Die Hefe hineinstreuen. Mit einer Gabel vorsichtig mischen, bis sie sich auflöst und die Flüssigkeit sich hellbeige färbt.

2. 125 g Mehl und das Salz zugeben und gut mischen. Mit einem Holzlöffel weitere 125 g Mehl einrühren. Der Teig muß sich von den Schüsselseiten lösen und anfangen, eine weiche, klebrige Masse zu bilden.

3. Mit einem Teil des restlichen Mehls Arbeitsfläche und Hände bemehlen. Den Teig aus der Schüssel nehmen und nach und nach das restliche Mehl unterkneten, bis er nicht mehr klebt. Den Handballen hineindrücken und 10 Sekunden dort lassen. Bleibt an der Hand kein Teig kleben, ist er fertig, andernfalls muß etwas länger geknetet werden.

4. Eine Zwei-Liter-Schüssel leicht mit Pflanzenöl auspinseln. Die Teigkugel darin wenden und rundum benetzen. Die Schüssel fest mit Frischhaltefolie verschließen und den Teig an einem warmen Ort ohne Zug gehen lassen (Elektroofen 10 Minuten auf 90 °C schalten, dann ausschalten und die Schüssel hineinstellen). Den Teig 30–45 Minuten auf doppelte Höhe gehen lassen.

5. Den Teig zusammendrücken, herausnehmen und etwa eine Minute kneten. Eine weitere Stunde auf doppelte Größe gehen lassen.

6. Nach dem zweiten Gehen kann der Teig geformt, belegt und gebacken werden. Den Ofen auf 260 °C vorheizen.

7. Den Teig zu zwei 45 cm großen oder vier 25 cm großen Pizzen ausrollen. Belag wählen. Wenn möglich auf Tonziegeln backen (siehe Tip Seite 91; andernfalls auf einem Backblech): bei den großen Pizzen 20–25 Minuten, bei den kleinen 15–20 Minuten, bis die Kruste goldgelb ist.

Ergibt 2 große oder 4 kleine Pizzen

Louise Ciminieri und ihr Mann Joel mit einer frischen Totonno-Pizza (siehe Seite 100)

DIE PERFEKTE PIZZA

In den letzten 40 Jahren mußte die Holzofenpizza einiges über sich ergehen lassen: Plötzlich gab es Gasöfen und industriell gefertigten Mozzarella; es tauchten Pizzen mit dicker Kruste auf, Tomatensauce aus der Dose – Qualitätskonzessionen an das nun überall erhältliche Lieblings-Fastfood der New Yorker, die Handpizza.

Trotzdem gibt es Hoffnung in den Herzen und Mündern New Yorker Pizzabegeisterter, z. B. Evelyne Slomon. Die Köchin und Autorin des *Pizza Book* ist sich sicher, »daß eine Pizza noch immer perfekt sein kann.«

Slomon arbeitete an ihrem Doktor in Kunstgeschichte, als sie die Pizza-Begeisterung packte, und sie begann, ihre Forschung auf die gesellschaftliche Geschichte der Pizza zu konzentrieren. »In New York wurde die Handpizza erfunden«, behauptet sie, als sie sich von der First Avenue zu Patsy's Pizzeria und Restaurant auf den Weg macht. Laut Slomon begannen italienische Bäckereien und Feinkostgeschäfte in den neunziger Jahren des 19. Jahrhunderts, Kohleöfen zu bauen und Tomaten-Mozzarella-Pizzen neapolitanischer Tradition zu backen.

Patsy's, das aus vier dunklen Schaufensterfronten besteht, hinter denen sich Bar, Speisesaal, Küche und Pizzatheke verbergen, wurde 1933 von Pascale und Carmela Lancieri eröffnet. Mrs. Lancieri, inzwischen über 90, erinnert sich an die fünfziger und sechziger Jahre, als Patsy's das Zentrum von Manhattans Leben nach Büroschluß war. Nebenan, vor den alten Holzkohleöfen, ziehen Patsy's Köche bis heute den Teig mit den Händen in die Breite, um die altmodischen Pizzen zu formen.

Das findet Slo-

PIZZERIEN

Patsy's Pizzeria and Restaurant: 2287 First Avenue, zwischen 117th und 118th Street. (212) 534-9783. Geöffnet dienstags bis sonntags, 12.00–4.00 Uhr.

Totonno Pizzeria Napoletano: 1524 Neptune Avenue, nahe 16th Street. (718) 372-8606. Geöffnet freitags bis sonntags, 12.30–21.00 Uhr.

John's Pizzeria: 278 Bleecker Street, zwischen 6th und 7th Avenue. (212) 243-1680. Geöffnet sieben Tage die Woche, wochentags 11.30–23.30, freitags und samstags bis 00.30 Uhr.

mons Beifall: »Vor den sechziger Jahren drehte niemand den Teig auf den Fingerspitzen«, schnaubt sie verächtlich. »Als die Leute begannen, Pizzastücke zu verkaufen, holten sie die Köche zum Schaufenster und fingen an, das publikumswirksame Wirbeln des Teigs vorzuführen.« Patsy's Pizza hat eine zarte Kruste, ist unten leicht verkohlt und trägt geschwärzte Brandblasen. Laut Slomon »nennt die Branche diese Brandblasen New Yorker Brandblasen.« »Um sie zu bekommen, braucht man einen Holzkohleofen.«

Nach Prüfung der Kruste inspiziert Slomon Tomate und Mozzarella. Patsy's Belag ist »Weltklasse«, sagt sie, knabbert aber nur ein wenig daran. »Aber warten Sie erst einmal, bis wir bei Totonno's sind.«

Auf Coney Island befindet sich die Totonno Pizzeria Napoletano, wo Öffnungszeiten und Angebot von der Laune des Pizzabäckers und Eigentümers Jerry Piro abhängen. Seine Laune steigt, wenn Slomon durch die Tür kommt.

Wie tibetanische Mönche im Schneesturm stecken sie im weißen Mehlnebel, der von dem Marmorbrett vor Piros Kohleofen aufsteigt, die Köpfe zusammen. »Achten Sie auf seinen Daumen«, flüstert Slomon, als der Meister mühelos aus einer festen Teigkugel eine geschmeidige flache Scheibe formt. Er klatscht zerkleinerte Tomaten darauf und gibt Mozzarella, Knoblauch und Olivenöl dazu. Auf einer langen Schaufel schiebt er die Pizza in den Ofen und die nächsten 6 Minuten geistesabwesend mit kleinen Bewegungen hin und her.

Piro nimmt die luftigen, goldbraunen Pizzen für gegeben. Slomon sieht sie als Zeichen: »Der Himmel«, erklärt sie, »ist greifbar.«

Bei John's Pizzeria in Greenwich Village ist die Pizza salziger und dünner als bei Totonno's. Sie ist knuspriger, braun und hat Brandblasen. Das 30 Jahre alte Wahrzeichen bringt Stammgäste wieder in die Zeit zurück, wo laut Slomon jeder seine Lieblingspizza und jeder Pizzabäcker sein Geheimnis hatte.

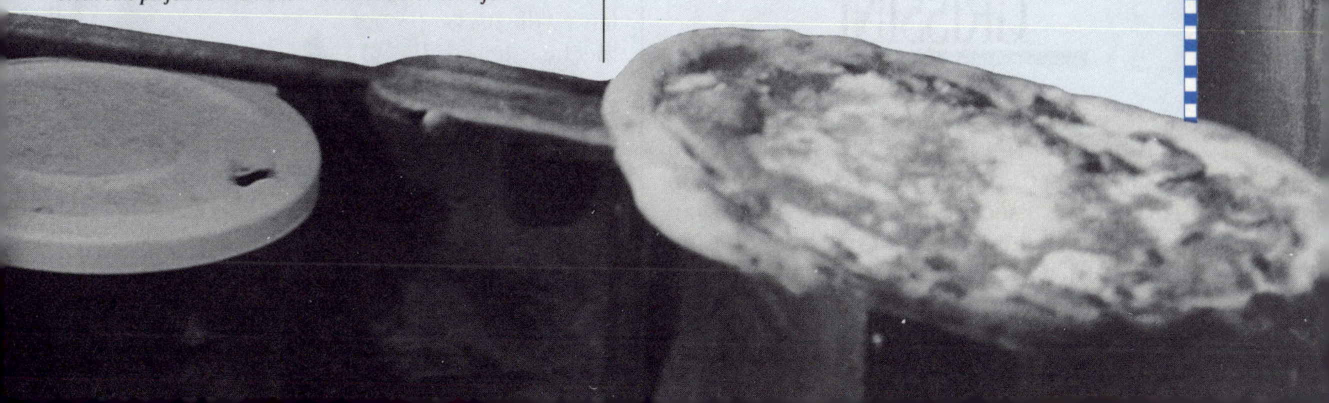

Noch eine perfekte Pizza wandert bei Totonno in den Ofen.

BREZELN BACKEN

Einige genaue Studien haben gezeigt, daß Brezeln, die über grobem, heißem Salz aufgewärmt und an den vielen New Yorker Verkaufsständen feilgeboten werden, vom Teig der typischen New Yorker Brotringe, den Bagels, abstammen. Die heutigen Straßenbrezel-Generationen haben mit ihren Vorfahren wenig gemein, aber man kann die alten Brezeln zu Hause nachbacken.

Den Bagel-Grundteig nach dem Rezept auf Seite 105 zubereiten, in Streifen schneiden und diese zu Würsten ausrollen. In 15 cm lange Stücke schneiden. Aus den Stücken je ein Hufeisen formen, das in die andere Richtung weist. Man zieht nun die Enden zu sich hin, als forme man einen Kreis, kreuzt sie jedoch, windet sie umeinander und drückt sie auf den gegenüberliegenden Enden der Brezelschleife fest. Anschließend wie Bagels kochen. Nach Belieben mit grobem Salz bestreuen und bei 220 °C etwa 20 Minuten backen, bis sie goldbraun sind.

Ergibt 6 große Brezeln

Andreas

GRISSINI

Andrea Hellrigl lernte das Grissini-Backen in Italien und bereitet sie täglich für den Brotkorb des Palio Restaurants in Manhattan zu, wo er Küchenchef ist. Grissinis, ob zum Cocktail oder zu Appetizern gereicht, schmecken unwiderstehlich und sind leicht zu machen. Es ist praktisch, sie für unvorhergesehene Gäste zur Hand zu haben, und sie halten sich gut in einem verschlossenen Behälter.

1 kg Weizenmehl
2 EL Salz
1½ TL frisch gemahlener weißer Pfeffer
125 ml Olivenöl
3 EL frischer Rosmarin, feingehackt
3 EL frischer Salbei, feingehackt
1½ EL frische Hefe

1. Mehl, Salz und Pfeffer in eine große Schüssel sieben. Eine Mulde in das Mehl drükken. Das Olivenöl hineingießen und unter das Mehl mischen, dann Rosmarin und Salbei zugeben und verrühren.

2. Die Hefe und 4 Eßlöffel Wasser in einer kleinen Schüssel cremig rühren. Die Hefe sorgfältig unters Mehl rühren, dann weitere 440 ml Wasser unterrühren. Den Teig auf einer leicht bemehlten Arbeitsfläche wenden und leicht kneten. Ruhen und an einem warmen Ort 30 Minuten gehen lassen.

3. Den Teig 5–10 Minuten glattkneten. In die Schüssel zurückgeben und mindestens 12 Stunden kalt stellen.

4. Den Ofen auf 200 °C vorheizen. Zwei große Backbleche dünn mit Olivenöl bepinseln.

5. Den Teig zu einem etwa 0,5 cm dicken Rechteck ausrollen, dann in 30 cm lange Streifen schneiden, die dünner sein müssen als ein Bleistift.

6. Die Streifen auf die Backbleche legen und etwa 15 Minuten goldbraun backen. Leicht abkühlen lassen.

Ergibt etwa 36 Grissini

Andrea Hellrigl im Palio Restaurant mit einer verführerischen Platte knuspriger Grissini

Broomstick-
ZWIEBELTALER

Die in Brooklyn aufgewachsene Elaine Hoffman erinnert sich, daß ihre Großmutter den Teig dieser herzhaften Leckerbissen mit einem Besenstiel ausrollte, aber ein Nudelholz tut es auch. Sie schmecken köstlich mit dünn geschnittenem Schinken oder Salami.

250 g Weizenmehl
2 TL Backpulver
1 TL Salz
1 Prise frisch gemahlener schwarzer Pfeffer
35 g Mohn
2 große oder 3 kleine Zwiebeln, gehackt
3 EL Pflanzenöl
2 Eier, leicht verquirlt

1. Den Ofen auf 190 °C vorheizen. Ein Backblech einfetten.

2. Mehl, Backpulver, Salz, Pfeffer und Mohn in einer Schüssel mischen. Zwiebeln, Öl, Eier und 4 Eßlöffel Wasser einrühren. Rasch mischen.

3. Den Teig auf einer gut bemehlten Arbeitsfläche wenden und 5–10 Minuten kneten, bis er glänzend ist und nicht mehr klebt. Etwa 0,5 cm dick ausrollen. Etwa vierzig 4 cm große Taler ausstechen. Den restlichen Teig wieder ausrollen und weitere Taler ausstechen.

4. Die Taler auf das Backblech legen. 20–25 Minuten goldgelb backen. Warm servieren.

Ergibt etwa 40 Taler

Freddys
MILCHBRÖTCHEN

Fred Ferretti, »Gourmet vom Dienst« der Zeitschrift Gourmet, hat versucht, die Milchbrötchen-Zutaten zu verändern, aber er fand heraus, daß das Rezept seiner Mutter am besten schmeckt. Dies sind »die Milchbrötchen, mit denen ich in New York aufwuchs«, sagt Ferretti, »und bei mir zu Hause aßen wir sie am Sonntagmorgen mit Butter und Marmelade oder mit Rührei und Speck oder Würstchen.«

60 g Butter, zerlassen
250 g Weizenmehl, gesiebt
1 TL Salz
1 EL Backpulver
125 g Butter oder 80 g festes, kaltes Pflanzenfett (z. B. Palmin)
190 ml Milch

1. Den Ofen auf 220 °C vorheizen. Eine Muffinform für 12 Muffins mit zerlassener Butter einfetten.

2. Mehl, Salz und Backpulver in einer Schüssel mischen, Butter oder Pflanzenfett in kleinen Flöckchen mit Messer oder Knethaken untermischen, bis die Mischung das Aussehen von grobem Mehl hat. Die Milch nach und nach zugeben, bis der Teig etwas elastisch wird.

3. Zwei gehäufte Eßlöffel Teig in jede Muffinform geben. 6 Minuten backen. Die Brötchen mit etwas zerlassener Butter bepinseln und dann weitere 6–8 Minuten backen, bis sie gebräunt sind. Sofort servieren.

Ergibt 12 Brötchen

EIN BAGEL IST EIN BAGEL …

Wie viele Dinge in New York hat sich die Herstellung der »Bagel« genannten Brotringe in den 20 Jahren, seit Abe Moskowitz die Bagel Oasis in Jamaica (Queens) kaufte, verändert. Seinerzeit hatte jedes Stadtviertel eine Bagelbäkkerei, und jedes Bagel war saftig und handgemacht. »Heutzutage öffnen Bagelbars fast so schnell wie Pizzabuden«, meinte Moskowitz. »Sie verwenden Zucker statt Malz, mischen den Teig mit einer Maschine, formen ihn mit der anderen und backen die Bagels, ohne sie vorher zu kochen.«

Nicht so in der Bagel Oasis. Hier werden die Bagels noch von Hand geformt, in kochendes Wasser getaucht und in heißen Öfen 24 Stunden am Tag und 365 Tage im Jahr gebacken.

Denn Bagels sind empfindlich. Sie benötigen das, was Mr. Moskowitz »Fingerspitzengefühl« nennt. Wenn der Teig maschinell gemischt und in eine Art Donut-Form gepreßt wird, wird er hart. Bei industrieller Fertigung (also ohne ein Bad in heißem Wasser und ohne während des Backens gewendet zu werden) bilden sich am Boden Vertiefungen und eine unregelmäßige Kruste.

Bei Bagel Oasis (oben) bereitet José Rosso (links) Bagels für den Ofen vor.

Das ist den Bagels gegenüber unfair und widerspricht der Tradition! Moskowitz schließt die Augen und schüttelt den Kopf. Die fünf Bagelformer und -bäcker blicken von ihrem Teigberg, den Behältern mit kochendem Wasser und den heißen Öfen auf und schütteln ebenfalls den Kopf.

Bei Moskowitz werden Mehl, Hefe, Salz, Wasser und Malz in einem 1,80 x 1,80 m großen Behälter zu Teig gemischt. Der kommt auf eine mit Maismehl bestreute Arbeitsfläche, wo Bagel-Veteranen wie Stuart Palefsky 5 cm dicke Streifen vom Teigberg schneiden. Diese rollt er mit den Handflächen zu einer Wurst, aus der er mit dem Handgelenk einen Kringel formt. Den streckt er und zertrennt den Teigstrang mit der Hand. Mit der Rechten drückt er die Enden zusammen und schließt den Kringel.

Ein Bagelkoch taucht jedes Bagel in kochendes Wasser. Der Bagelbäcker schiebt sie in den Ofen. Doch dieses Ritual verschwindet allmählich. Bagel Oasis ist einer der letzten Orte, an dem die Kunst noch ausgeübt wird. Moskowitz, der eine Invasion von Bagel-mischenden, -formenden und -backenden Maschinen kommen sieht, rät, sie daheim zu backen: »Sie können statt Malz braunen Zucker nehmen. Achten Sie nur darauf, daß ihr Ofen fast 260 °C erreicht, und setzen Sie die Hände ein.«

New Yorker Bagels
(BROTRINGE)

1 Päckchen Trockenhefe
3 TL brauner Zucker
380 ml warmes Wasser (40–45 °C)
1 EL Salz
500 g Weizenmehl
etwa 60 g Maismehl, zum Bestäuben
Sesamsamen, Mohn, Salz, zerdrückter Knoblauch oder feingehackte Zwiebel, zum Garnieren (nach Belieben)

Im Schaufenster von Bagel Oasis wird stolz darauf hingewiesen, daß die Bagels handgemacht sind.

1. Die Hefe, $1^{1}/_{2}$ TL braunen Zucker und warmes Wasser in einer großen Schüssel gut durchrühren und etwa 5 Minuten beiseite stellen, bis sich Blasen und etwas Schaum an der Oberfläche bilden.

2. Restlichen Zucker und Salz gut unterrühren. Das Mehl nach und nach (hundertgrammweise) zugeben und mit den Händen in den Teig kneten. Diesen etwa 7 Minuten in der Schüssel glattkneten. Der Teig sollte glänzen und nicht zu mehlig aussehen. Die Schüssel zugedeckt 40 Minuten an einem warmen Ort ruhen lassen.

3. Ein großes Küchenbrett leicht bestäuben, auf einer Hälfte mit Weizen-, auf der anderen mit Maismehl. Den Teig auf der mit Weizenmehl bestäubten Hälfte wenden. Dann einen 5 cm dicken Streifen herunterschneiden und auf der mit Maismehl bestäubten Hälfte mit den Handflächen zu einer zwei Finger breiten Wurst rollen. Das rechte Ende der Wurst mit der rechten Hand halten, die Mitte mit der linken. Das rechte Ende in die Mitte der Wurst biegen und dabei den Teig leicht ziehen. Das Bagel mit der linken Hand abbrechen. Mit dem Daumen der rechten Hand zusammendrücken. Wenn es nicht zusammenhält, drückt man die Nahtstelle einige Sekunden mit der Hand und formt dann das Bagel neu, indem man es mit der Hand zieht und drückt. Die restlichen Bagels genauso formen.

4. Ein Backblech mit etwas Maismehl bestäuben. Die Bagels darauf an einem warmen Ort 30 Minuten unbedeckt ruhen lassen.

5. Den Ofen auf 220 °C vorheizen. Ein weiteres Backblech dick mit Maismehl bestäuben.

6. Einen großen, breiten Topf zu zwei Dritteln mit Wasser füllen. Aufkochen lassen. Die Bagels nach und nach mit einem Schaumlöffel ins Wasser geben; sie dürfen sich nicht berühren. Die Bagels auf einer Seite 2 Minuten kochen lassen, dann umdrehen und auf der anderen Seite $1^{1}/_{2}$ Minuten kochen lassen. Sie sollten fest sein und sich aufblähen. Vorsichtig herausnehmen und eine Minute auf einem Kuchengitter abtropfen lassen.

7. Die Bagels auf das zweite Backblech legen und mit der Garnierung bestreuen, dann sofort in den Ofen schieben und 12 Minuten backen. Umdrehen und weitere 7 Minuten backen, bis sie rundum goldbraun sind. Vom Blech nehmen und auf Küchenpapier abkühlen lassen.

Ergibt 10–12 Bagels

Die Brote der D & G Bakery in der Spring Street (Manhattan) heben sich von New Yorker Straßenkunst ab.

Astor-House-
BRÖTCHEN

Die »Astor House Rolls« sind die New Yorker Variante der Bostoner »Parker House Rolls«, weicher, knuspriger Dinnerbrötchen, die man laut Reiseführern des 19. Jahrhunderts im Restaurant in einer weißen Serviette warm serviert bekam. Dieses Rezept basiert auf dem Buch *Grandmother in the Kitchen: A Cookstore of American Household Recipes from the Early 1800s to the Late 1800s* von Helen Lyon Adamson.

1 Päckchen Trockenhefe
125 ml warmes Wasser (40–45 °C)
1 1/2 TL plus 1 Prise Zucker
500 g Weizenmehl
1 TL Salz
14 EL (200 g) Butter
250 ml Milch, aufgekocht, auf Handwärme abgekühlt

1. Die Hefe in einer Schüssel im warmen Wasser auflösen. Die Prise Zucker einrühren und 3 Minuten beiseite stellen, bis festzustellen ist, ob sich Schaum bildet. (Andernfalls mit frischen Zutaten von vorne beginnen.)

2. Den restlichen Zucker, Mehl und Salz in einer großen Schüssel verrühren. Mit einem Knethaken oder zwei Gabeln 6 Eßlöffel Butter in die Mehlmischung rühren, bis sie grobem Mehl ähnelt. Milch und Hefemischung einrühren, bis sich der Teig vom Schüsselrand löst.

3. Den Teig auf einem leicht bemehlten Brett wenden und etwa 10 Minuten glattkneten. In eine mit etwas Öl eingefettete Schüssel geben, mit Frischhaltefolie abdecken und an einem warmen Ort etwa 1 Stunde auf doppelte Höhe gehen lassen.

4. Zwei Backbleche mit Butter einfetten. Den Teig auf einem bemehlten Brett wenden und 1,5 cm dick ausrollen. Mit einem bemehlten Glas oder Brötchenausstecher 24 Brötchen ausstechen. Auf die Backbleche legen, mit Frischhaltefolie abdecken und 30 Minuten gehen lassen.

5. Inzwischen den Ofen auf 200 °C vorheizen.

6. Die restliche Butter in 24 Stücke schneiden. Jedes Brötchen flachdrücken. Jeweils ein Stück auf eine Seite legen, das Brötchen halbmondförmig darüberklappen, zusammendrücken und verschließen. Mit den restlichen Brötchen ebenso verfahren.

7. Die Brötchen im Abstand von 5 cm auf die Backbleche legen. Etwa 18 Minuten goldgelb backen. Auf einem Kuchengitter etwas abkühlen lassen.

Ergibt 24 Brötchen

Schottische
ROSINEN-SCONES

Diese luftigen Scones wurden ursprünglich von der schottischen Haushälterin gebacken, die für Teddy Burlingames Großmutter arbeitete. Mr. Burlingam behauptet, dieses duftende Gebäck sei seine Version von Prousts Madeleines, und bedauert, daß sich schon lange niemand mehr an den Namen seines Erfinders erinnert, obwohl das Rezept vier Generationen hindurch weitergegeben wurde.

500 g Weizenmehl
250 g Zucker
2 TL Backpulver
1 TL Salz
340 g Butter, in kleine Stücke geschnitten
200 g Rosinen
1 Ei
190 ml Milch

1. Den Ofen auf 200 °C vorheizen. Ein großes Backblech einfetten.

2. Mehl, Zucker, Backpulver und Salz in einer Schüssel mischen. Die Butter mit einem Knethaken oder zwei Messern unterrühren. Rosinen zugeben, dann Ei und Milch verrühren. Den Teig 5–10 Minuten in einer Schüssel glattkneten.

3. Den Teig mit der flachen Hand auf dem Backblech zu einem großen, 2,5 cm dicken Quadrat formen. In 12–15 Quadrate von gut 7 cm Kantenlänge zerschneiden. 30–40 Minuten goldgelb backen. Abkühlen lassen.

Ergibt 12–15 Scones

Körbe voller Brötchen stehen bei Tom Cat zum Verkauf bereit.

Sarah Shankmans

BUTTERMILCH-MAISBROT

Nach Meinung von Sarah Shankman kann dieses Rezept für Muffins, Maisstangen – oder Maisbrot verwendet werden. Das Brot muß in einer schwarzen Pfanne gebacken werden: »Ein Durchmesser von 22 cm ist ungefähr richtig. Wenn Sie keine solche gußeiserne Pfanne haben, sollten Sie sich eine zulegen. Ohne geht es nicht.« Durch das Erhitzen des Öls entsteht ein wunderbar knuspriger Boden.

3 EL Maiskeimöl
250 g gelbes Maismehl
250 g Weizenmehl
1/2 TL Salz
3/4 TL Backpulver
1 Ei
250 ml Buttermilch

1. Den Ofen auf 220 °C vorheizen.

2. Das Öl in die Pfanne gießen. Darauf achten, daß es die Wandungen etwa bis zur Hälfte benetzt. Während der Teig-Zubereitung die Pfanne 5–10 Minuten zum Vorheizen in den Ofen stellen.

3. Mais- und Weizenmehl, Salz und Backpulver in einer Schüssel vermengen.

4. Das Ei mit der Buttermilch verquirlen. Die nassen Zutaten in die trockenen geben und mit kurzen, raschen Schlägen mischen.

5. Die Pfanne aus dem Ofen nehmen. Das Öl zugeben. Der Teig wird sehr dick, man kann also etwas mehr Buttermilch zugeben, damit er sich leichter gießen läßt.

6. Den Teig in die eingefettete Pfanne gießen. 20–25 Minuten goldgelb backen. Warm servieren.

Ergibt 4 Portionen

Früchte-
BROT

Als Marie Lyons in den dreißiger Jahren in die City High School ging, erfand ihre Klasse viele Rezepte, die sie auch heute noch kocht. Von dem Früchtebrot sagt sie: »Wenn man es dünn schneidet und mit Butter oder Doppelrahmfrischkäse bestreicht, erhält man köstliche Sandwiches.«

250 g Weizenmehl, gesiebt
1 EL plus 1 TL Backpulver
1 1/2 TL Salz
190 g Zucker
250 g Vollkornweizenmehl
100 g kandierte Orangenschale, in dünne Scheiben geschnitten
100 g gemischte Nüsse, z. B. Cashewkerne, Walnüsse und Mandeln (keine Erdnüsse!)
2 Eier, gut verquirlt
410 ml Milch
60 g Butter, zerlassen und abgekühlt

1. Den Ofen auf 180 °C vorheizen. Zwei Königskuchenformen (20 cm Länge) einfetten.

2. In einer großen Schüssel gesiebtes Mehl, Backpulver, Salz und Zucker mischen und durchsieben.

3. In einer anderen Schüssel Vollkornweizenmehl, Orangenschale und Nüsse mischen, in die Mehlmischung geben und durchrühren.

4. Eier, Milch und zerlassene Butter vermischen und zur Mehlmischung geben. Zu einem Teig verrühren.

5. Den Teig auf die zwei Formen aufteilen. Etwa 1 Stunde goldbraun backen.

6. Die Brote aus den Formen nehmen und auf einem Kuchengitter sorgfältig abkühlen lassen. Über Nacht offen stehenlassen, danach aufschneiden.

Ergibt 2 Brote

Füllen Sie Ihr Haus mit dem einladenden Duft von Sharifa Burnetts Kokosbrot!

Sharifas
KOKOSBROT

Reisekauffrau Sharifa Burnett kocht ab und zu bei westindischen oder jamaikanischen Hochzeiten und anderen gesellschaftlichen Anlässen. Die dabei erforderliche »Essenz« ist eine flüssige Gewürzmischung, die man in Spezialgeschäften bekommt. Vanillearoma ist ein guter Ersatz.

250 g Zucker
250 ml warmes Wasser (40–45 °C)
4 Päckchen Trockenhefe
1 kg Weizenmehl
340 g Butter oder Margarine, zimmerwarm
4 große Eier, verquirlt
Fleisch von 1 Kokosnuß, gerieben
1/4 TL Vanillearoma
2 TL Salz

1. Den Zucker in einer großen Schüssel im warmen Wasser auflösen. Die Hefe zugeben, mischen und einige Minuten beiseite stellen, bis sich Schaum bildet. (Andernfalls mit frischen Zutaten neu beginnen.)

2. 400 g Mehl in die Hefemischung geben und glattrühren.

3. Butter, Eier, Kokosnuß, Vanillearoma und Salz in einer Schüssel glattrühren. Zur Hefe- und Mehlmischung geben und den Teig glattrühren. Das restliche Mehl hundertgrammweise zugeben und mischen, bis der Teig schön elastisch ist und sich vom Schüsselrand löst.

4. Den Teig in der Schüssel kneten, dann auf ein leicht bemehltes Brett geben. 5–10 Minuten kneten, bis er glatt ist; nötigenfalls mehr Mehl zugeben. Dann in eine leicht gefettete Schüssel legen, mit einem Küchentuch zudecken und 1 Stunde auf doppelte Höhe gehen lassen.

5. Den Teig aus der Schüssel nehmen und halbieren. Zwei Brote formen. Diese mit einem Küchentuch zudecken und 30 Minuten etwas gehen lassen.

6. Inzwischen den Ofen auf 180 °C vorheizen.

7. Die Brote auf ein Backblech oder Tonziegel legen (siehe Tip Seite 91) und etwa 1 Stunde goldbraun backen. Auf einem Kuchengitter abkühlen lassen.

Ergibt 2 Brote

Elizabeth Bonwicks BLAUBEER-MUFFINS

Dieses Rezept gewann bei der 1987 City Harvest Fair den 1. Preis. Man sollte die Muffins unbedingt ofenfrisch essen.

125 g Butter, zerlassen
250 g Zucker
2 Eier
125 g Naturjoghurt
1 TL Natron
250 g Weizenmehl, gesiebt
Schale von 1 unbehandelten Zitrone, gerieben
160 g frische Blaubeeren, mit Mehl bestäubt

1. Ofen auf 190 °C vorheizen. Eine Form für 12 Muffins mit Butter einfetten oder in jede Vertiefung ein Papierbackförmchen stellen.

2. Zerlassene Butter, Zucker und Eier mischen. Joghurt einrühren, dann Natron, Mehl und Zitronenschale. Blaubeeren mit einigen kurzen, schnellen Schlägen unterziehen.

3. Den Teig auf die 12 Vertiefungen aufteilen. Jede bis obenhin füllen. 30 Minuten goldgelb backen.

Ergibt 12 große Muffins

Vollkorn-BANANENBROT

Die Designerin und Leiterin einer Werbeabteilung, Bette Duke, bäckt dieses sättigende, kräftige Brot oft zum Frühstück im Studio und stellt fest, daß die Kunden immer nach dem Rezept fragen.

110 g Butter, zimmerwarm
330 g brauner Zucker
3 große Eier, leicht verquirlt
1 TL Vanillearoma
1 TL Natron
3 EL saure Sahne
90 g Vollkornweizenmehl
90 g Weizenmehl
1/4 TL Salz
2 mittelgroße reife Bananen, zerdrückt

Bette Duke gab uns das Rezept für eine New Yorker Leibspeise – hausgemachtes Bananenbrot.

1. Ofen auf 180 °C vorheizen. Eine Kastenform (20 cm Länge) einfetten.

2. Butter und braunen Zucker in einer Schüssel verrühren. Eier und Vanille zugeben und die Mischung schaumig schlagen. Das Natron in die saure Sahne und diese dann in den Teig mischen.

3. Vollkornmehl, Weizenmehl und Salz in ein Gefäß sieben. Die Mehlmischung und die zerdrückten Bananen abwechselnd in den Teig geben und untermischen.

4. Den Teig in die Kastenform gießen. Etwa 1 Stunde backen, bis an einem in die Mitte gesteckten Holzstäbchen nichts hängenbleibt. Auf einem Kuchengitter abkühlen lassen.

Ergibt 1 Brot

Bubbies
PESSACH-MUFFINS

Diese Muffins passen gut zu Ochsenbrust mit Sauce.

450 g Matzenfarfel (kleine tropfenförmige Nudeln)
6 Eier
1 TL Salz
$^1/_2$ TL frisch gemahlener weißer Pfeffer
1 EL Erdnußöl

1. Den Ofen auf 180 °C vorheizen. Zwei Muffinformen für 12 Muffins einfetten. Zum Vorwärmen in den Ofen stellen.

2. Die Farfel 1 Minute in Wasser einweichen. Abgießen.

3. Eier, Salz und Pfeffer und Öl in einer Schüssel verquirlen. Farfel einrühren. Mischen.

4. Die Mischung in die Muffinformen löffeln. 30–35 Minuten backen, bis sie oben goldgelb sind. Sofort servieren.

Ergibt 24 Muffins

MATZENFARFEL

1 Ei
190 g Mehl
Salz

1. Aus den Zutaten einen steifen Teig kneten und zu einer Kugel formen.

2. Die Kugel 1 Stunde ruhen lassen.

3. Den Teig anschließend auf einem Reibeisen raffeln.

Golden Fidlers
MATZEPFANNKUCHEN

Golden Fidler erinnert sich, daß ihre Mutter in ihrer Kindheit Matzenküchlein briet; inzwischen tun dies auch Goldens Tochter und Enkelin. »Sie sind zwar ein traditionelles Pessachessen, aber wir essen sie so gerne, daß wir sie das ganze Jahr über zum Frühstück servieren«, erklärt Fidler. Dieses bäuerliche Gericht wird wie ein Omelett gegessen.

Matzescheiben für Matzepfannkuchen

Bei Moishe's Kosher Bakery auf der Second Avenue kaufen die New Yorker gern Kelach (jüdische Kuchen) und anderes traditionelles Gebäck.

4 Matzen (15 x 15 cm groß)
250 ml Milch
4 große Eier, verquirlt
1 kleine Zwiebel, feingewürfelt
Salz und frisch gemahlener Pfeffer
2 EL Butter

1. Die Matzen 1 Minute in der Milch einweichen, dann herausnehmen.

2. Die Eier in einer Schüssel verquirlen. Zwiebel zugeben, salzen und pfeffern. Die eingeweichten Matzen in die Eimischung bröseln.

3. Die Butter in einer großen Pfanne auf mittlerer Stufe zerlassen. Wenn sie sehr heiß ist, die Mischung zugeben. Auf jeder Seite 2–3 Minuten anbräunen. Sofort servieren.

Ergibt 4 Portionen

Sophie Minkoffs
KÜRBISBROT

Dieses Rezept gewann 1985 bei der City Harvest Fair den 1. Preis. Das Brot ist ein erquickender Snack für Herbstspaziergänge.

200 g Rosinen
2 große Eier
125 ml Pflanzenöl
200 g Kürbispüree, ungesüßt
250 g Weizenmehl
190 g Zucker
1 TL Natron
3/4 TL Zimtpulver
1/2 TL Muskatnuß, frisch gerieben
1/2 TL Salz
60 g Walnüsse, grobgehackt

1. Den Ofen auf 180 °C vorheizen. Eine Kastenform (22 x 12 x 9 cm) einfetten.

2. Die Rosinen mit 4 Eßlöffeln Wasser in einen Topf geben. Auf hoher Stufe aufkochen lassen. Vom Herd nehmen und abkühlen lassen.

3. Inzwischen Eier, Öl und 3 Eßlöffel Wasser in einer Schüssel verquirlen. Das Kürbispüree zugeben und damit verrühren.

4. In einer Schüssel Mehl, Zucker, Natron, Zimt, Muskatnuß und Salz mischen. Die Kürbismischung, dann Rosinen samt Flüssigkeit und Walnüsse unter die trockenen Zutaten mischen.

5. Den Teig in die Form geben. 60–75 Minuten backen, bis an einem in die Mitte gesteckten Holzstäbchen nichts hängenbleibt. Auf einem Kuchengitter abkühlen lassen.

Ergibt 1 Brot

KULINARISCHE SPAZIERGÄNGE

Der kulinarische Spaziergang beginnt kurz vor Mitternacht am **Hunts Point Terminal Market** in der Bronx, ein militärisch aussehendes Gebäude inmitten einer öden Gegend. An der Zahlstelle fahren Sattelschlepper zum Be- und Entladen in Konvois vorbei. In den letzten Jahren wurden hier bis zu 2,2 Millionen Kilo frisches Obst und Gemüse in den Lagerhallen verkauft, vor allem an Lebensmittelketten und Großmärkte. Außerdem werden hier für etwa 7 Milliarden Dollar pro Jahr Fleisch, abgepackter Fisch, Milchprodukte, Dosennahrung und Tiefkühlkost verkauft. So gut wie alles ist abgepackt. Fast gar nichts geht an den Endverbraucher.

Auch im Fleischviertel der Stadt, an der äußersten Westseite Manhattans zwischen Ninth und Tenth Avenue, ausgehend von der 14th Street, beginnt der Tag vor Sonnenaufgang. Vor den niedrigen Gebäuden hört man das Tuckern der Kühllastwagen, und Fleischer schieben Wagen mit Lamm- und Rinderhälften über die unebenen Gehsteige. Der Geruch nach Wild und Diesel hängt über den Häusern.

Um 3.30 Uhr, wenn die LKW anfangen, den Hunts Point Market zu verlassen, trifft man am **Fulton Fish Market**, dem über 160 Jahre alten Fischmarkt unter dem East River Drive nahe der äußersten Spitze Manhattans, auf eine weitere Truppe. In Gummistiefeln schieben Arbeiter Handkarren mit Pfahl- und Venusmuscheln, Körben voll kleiner Flachfische und einzelnen Heilbutten über das nasse Kopfsteinpflaster.

Der Handel hat New Yorks Topografie geformt wie eine Naturkraft. Und er begann mit dem Kauf und Verkauf von Nahrungsmitteln. Inzwischen kann man New York als lange Nahrungsmittelkette betrachten. Von den Großhändlermärkten bis an den Stadtrand windet sie sich durch die Läden der Viertel, hin zu den großen und kleinen Geschäften.

Man kann in New York bis heute fast jede Art von Nahrung kaufen und verkaufen. Aber die Art des Handels ändert sich doch beträchtlich. Zentralisierung und Großeinkäufe sorgen dafür, daß die alten Großhändler nach und nach verschwinden. Die Folge ist eine Art Erosion an den äußeren Enden der Nahrungsmittelkette.

Als 1967 der Hunts Point Market mit seiner modernen, effizienten Großeinkaufmentalität eröffnete, verdrängte er den **Bronx Terminal Market**, der nun die ruhigere Einkaufsmeile ist – noch zu einer Zeit gehörend, wo die Produkte aufgrund ihres Aromas und per Fingerdruck beurteilt wurden. Am Hunts Point werden palettenweise Thunfische in der Dose verkauft; am Bronx Terminal dagegen sieht man noch Sattelschlepper mit frischem Zuckerrohr, Wassermelonenstükken und Mangos beladen. Obwohl er nicht mehr die Einkaufsquelle der großen Supermärkte ist, gilt er noch immer als das Mekka spanischer Lebensmittelgeschäfte.

W. Nassau Meat Market

Vor Sonnenaufgang fahren die Eigentümer kleiner »Bodegas« und »Tante-Emma-Läden« ihre verbeulten Lieferwagen auf den Markt, und man hat das Gefühl, als sei dieser Geruch in Gefahr – ein Geruch, der entsteht, wenn Petersilienstengel, Obstschalen und Zigaretten in den mit Diesel getränkten Straßenbelag gedrückt werden. Aber den Markt gibt es immer noch.

Das gleiche gilt für **La Marqueta**, eine Reihe schuppenähnlicher Gebäude, die sich unter der nördlichen U-Bahnlinie entlang der Park Avenue erstreckt. Die Sanierungsarbeiten wurden in den letzten zwei Jahren eingestellt und mehr als die Hälfte der 150 Stände aufgegeben.

North Avenue Cheese Market

Aber La Marqueta bleibt der Ort für frische Tamarindenschoten, geräucherte Truthahnhälse, Landeier und Sauerampfersirup – zu sehr günstigen Preisen.

Das Fleischviertel versetzt einen zurück in die Zeit, als Fleisch noch nicht portioniert und in Folie verpackt wurde. Hier wird Fleisch jede Woche tonnenweise verschickt, aber die Zahlen gehen zurück, wenn man Edward Seh junior von Pacific Seh Wholesailing glauben mag, der seit 40 Jahren hier Fleisch verkauft. »Große Ketten kaufen das Fleisch in Kisten direkt vom Schlachthof«, erklärt er, und das schaltet einige der Zwischenhändler Manhattans aus.

So werden der Bronx Terminal Market und La Marqueta ruhiger. Im Fleischviertel machen sich etablierte Großhändler Sorgen um ihre Verkäufe. Sind sie genauso dem Untergang geweiht wie die Pier?

Along Arthur Avenue

Trunza in Brooklyn

Vor nicht allzu langer Zeit wurden hier noch kleine Pakete an den engen Hafendämmen abgeladen – von örtlichem Fisch bis hin zu Bananen aus Panama. An ihre Stelle traten dann LKW-Container, die nur noch in großen Häfen wie Red Hook (Brooklyn) und Elizabeth (New Jersey) auf- und abgeladen werden konnten.

Noch immer ist New York der aktivste Hafen im Land, und trotz eines gewissen Verfalls dekken seine Großmärkte weiterhin die Grundbedürfnisse. Ein Gefühl von Abenteuer, das nötig ist, um die vielfältigen Speisen der Stadt zu besorgen, garantiert vielleicht, daß immer irgendwo Geschäfte damit gemacht werden.

Auf keinem Markt zeigt sich dies besser als auf dem Fulton Fish Market. Mehr als 450 verschiedene Fischsorten werden an den Ständen des größten nordamerikanischen Fischmarkts feilgeboten. Und selbst im Zeitalter der computerisierten Buchhaltung und des Großeinkaufs wird jedes Geschäft am Fulton Fish Market von Mensch zu Mensch, durch Händeschütteln, Bar auf die Hand gezahlt, abgeschlossen.

Ab früh morgens um 6 Uhr dringt Hefeduft aus den Bäckereien. Die ethnischen Enklaven der Stadt erwachen und damit das zweite Glied der New Yorker Nahrungsmittelkette.

In der Nähe des East Rivers, in der ehemaligen deutsch-ungarischen Enklave der Upper East Side, dringt das herrliche Aroma von Roggenbrot, Rosinen und Pumpernickel aus **Orwasher's Bakery** in der East 78th Street; zugleich steigt Sauerteig-Geruch aus der nahegelegenen

E. A. T. Bakery auf die Gehsteige.

Um 7 Uhr bildet sich vor dem **Trio** auf der Ninth Avenue ein Brotlieferantenstau. Brot für Hotels, Restaurants und Lebensmittelgeschäfte wird aufgeladen, fliegende Händler, die Snacks anbieten, versorgen sich mit noch warmen Brötchen, und auch Nachbarn kommen herein, um sich damit fürs Frühstück zu versorgen. Die Ninth Avenue, eine der ältesten ethnischen Enklaven der Stadt, hat angefangen, sich zu regen.

Im hinteren Teil von **Diluca Dairy and Deli**, einem winzigen Laden in der Ninth Avenue zwischen 37th und 38th Street, beginnt ein Mann, dessen Hände so unempfindlich sind, daß er sich selbst an kochender Milch nicht verbrüht, mit der Herstellung des besten Mozzarellas der Stadt. Hinter den Fenstern von **Manganaro Grosseria Italiana** (488 Ninth Avenue, zwischen der 37th und 38th Street), in denen Gläser mit Pasta, Olivenöl und Käse ausgestellt sind, zieht Sal Dell'Orto seine Arbeitsjacke über und schlürft seinen Morgenespresso.

Als die Familie seiner Mutter das Lebensmittelgeschäft im Jahr 1890 eröffnete, hieß das Viertel »Paddy's Market«, und bewegliche Verkaufsstände standen an der Ninth Avenue von der 31st Street bis etwa zur 50th Street. Inzwischen befindet sich eins der besten Einkaufsviertel zwischen

Arthur Avenue, Bronx

Das Belmont-Viertel der Bronx, eine winzige italienische Enklave, ist am Samstagmorgen am aktivsten, denn dann kehren die, die inzwischen in andere Stadtviertel gezogen sind, wie Brieftauben wieder zurück, um Lebensmittel einzukaufen.

ARTHUR AVENUE RETAIL MARKET: 2344 Arthur Avenue. Tel. (718) 764–2800; kein Versand. Ein fliegender, überdachter Markt, montags bis samstags von 8–17 Uhr geöffnet. Stände mit gutem Käse und Gemüse (am Stand der Marchese-Familie gibt es mit das beste Olivenöl der Stadt). Ein angenehmer Einkaufsort mit kleinstädtischer Atmosphäre.

BORGATTIS RAVIOLI & NOODLE COMPANY: 632 East 187th. Tel. (718) 367–3799. Ein Laden aus der guten alten Zeit, der köstliche handgemachte Pasta anbietet.

THE PASTA FACTORY: 686 East 187th Street. Tel. (718) 842–6066. Köstliche Pasta und frische, mit Ricotta gefüllte Ravioli.

TERRANOVA BAKERY: 691 East 187th Street. Tel. (718) 367–1237. Verkauft phantastisches Olivenbrot.

MADONIA BAKERY: 238 Arthur Avenue. Tel. (718) 295–5573. Führt Kekse und Brot aus Weizengrieß.

CALANDRA CHEESE SHOP: 2314 Arthur Avenue. Tel. (718) 365–7572. Bietet ein ansehnliches Sortiment importierter Käsesorten.

TINO'S SALUMERIA: 609 East 187th Street. Tel. (718) 733–9879; kein Versand. Führt seltene Würste und Specksorten.

CALABRIA PORK STORE: 2338 Arthur Avenue. Tel. (718) 367–5145. Hier findet man deftige Würste und ungewöhnliche Wurst- und Fleischspezialitäten.

TIM'S MEAT MARKET: 600 East 187th Street. Tel. (718) 733–3637. Der richtige Ort für Lamm- und Ziegenfleisch.

Madonia Bakery on Arthur Avenue

der 36th und 40th Street. »Die Zeiten sind hart«, sagt Mr. Dell' Orto.

Bis es soweit ist, bieten diese vier Häuserblocks auf der Ninth Avenue eine unglaubliche Vielfalt an Nahrungsmitteln.

Manganaro's verkauft eine große Vielfalt italienischer Erzeugnisse, und der **Giovanni**

Esposito & Sons Pork Shop (500 Ninth Avenue, Ecke 38th Street) führt köstliche italienische Petersilienwurst. Am

Ninth Avenue Cheese Market (525 Ninth Avenue, zwischen 39th und 40th Street) ver-

At Manganaro's

At Manganaro's

Along Arthur Ave

kaufen **Karen und Pando Andonopulo** über 300 verschiedene Käsesorten, neben Trockenfrüchten, Oliven, russischen Würsten und Joghurt, iranischem Kaviar und türkischer Feinkost. Die **Central Fish Company** (527 Ninth Avenue, zwischen 39th und 49th Street), ein Groß- und Einzelhandelsgeschäft, hat vielfältige Fischarten vorrätig (so auch Fische aus Griechenland, Italien oder Südostasien). Mit seinen Körben getrockneter Gewürze, Bohnen und den Behältern mit dem frischen Fetakäse zählt der **International Groceries and Meat Market** (529 Ninth Avenue, zwischen 39th und 40th Street) zu den großen griechischen Lebensmittelgeschäften. Und die **West African Grocery** (535 Ninth Avenue, zwischen 39th und 40th Street) führt weißen Mais, Strauchbohnen, Yamswurzeln, Palmwein und nigerianisches Bier.

Um 7 Uhr erwachen auch die ethnischen Enklaven am Rand von Manhattan, Brooklyn und Queens. In den Schaufenstern der kleinen Läden in der Canal Street werden bündelweise grüne Bohnen, frisches Zitronengras, Melonen, Bok Choy, Reishalme und mit Asche bedeckte Enteneier ausgestellt. In trüben Aquarien schwimmende Karpfen und Schwarzbarsche werfen einen Blick auf Touristen und Hausfrauen.

Das Viertel um Mott, Pell und Doyers bietet Schätze wie frische Wasserkastanien, Wasserbrotwurzeln oder Zuckererbsensprossen. **Kam-Man Food Products** (200 Canal Street, zwischen Mott und Mulberry Street) ist ein ausgezeichneter Markt, genau wie

Einige wichtige Zutaten der italienischen Küche

Balsamessig: gealterter Essig aus Modena, Italien

Biscotti: Kekse (oft mit Nüssen), die meist in Espresso oder in Dessertwein getaucht werden

Focaccia: flaches, dünnes, knuspriges Brot

Käse:

Fontina: halbfester Käse zum Kochen und für Desserts

Gorgonzola: Blauschimmelkäse; pikant, nicht so salzig wie Roquefort

Mascarpone: dicker, sahniger Käse, vor allem für Desserts verwendet

Parmesan: reibbarer Kuhmilch-Hartkäse, meist als Belag verwendet

Provolone: würziger Hartkäse, der gut auf Sandwiches paßt

Ricotta: Kuhmilch-Käse, ähnelt sahnigem Hüttenkäse

Romano: Käse aus Schafsmilch; schärfer als Parmesan

Porcini: Steinpilze

Wurstwaren:

Mortardella: fein passierte, mit Anis und Knoblauch gewürzte Wurst aus Schweinefleisch

Pancetta: gepökeltes Schweinefleisch; ähnlich wie Speck, jedoch nicht geräuchert

Prosciutto: gepökelter roher Schinken

Sopressata (süß oder scharf): grobe Wurst, gewürzt mit schwarzem Pfeffer

Kam Kuo (7 Mott Street, nahe Chatham Square), wo es eine riesige Auswahl an chinesischen Produkten, getrockneten Lebensmitteln und Gemüsen sowie entsprechenden Kochtöpfen gibt.

Interessant sind ferner **Tai Pei** (53 Mott Street, zwischen Canal und Bayard Street) für chinesische Spirituosen und die **Han May Company** (69 Mulberry Street, Ecke Bayard Street) für Fleisch. Die **Chinese American Trading Company** (91 Mulberry Street, zwischen Canal und Bayard Street) hat eine Reihe getrockneter Pilze, Sojasaucen und chinesischer Fertiggerichte vorrätig.

Wo Chinatown endet und Little Italy beginnt, wird der Geruch nach Ingwer von dem nach Knoblauch ersetzt. Meist wurden die Lebensmittelgeschäfte von Touristenrestaurants verdrängt, aber ein paar schöne Läden gibt es noch. So verkauft **Alleva Dairy** (188 Grand Street, Ecke Mulberry Street) mit seiner riesigen Käseauswahl weiterhin frischen und geräucherten Ricotta. **Milan Home Wine & Beers** (57 Spring Street, zwischen Lafayette und Mulberry Street) verkauft Gewürze und Zusätze für das private Bier-Brauen. Im **Italian Food Center** (186 Grand Street, Ecke Mulberry Street) erhält man Pasta, Dosengerichte, Wurst und Öl. Weiter nördlich hat sich **Faicco's Pork Store** auf Schweinebraciola spezialisiert. Und in keinem Pastaladen gibt es zartere Ravioli als bei **Raffetto's** (144 West Houston Street, zwischen MacDougal und Sullivan Street).

Das East Village (ein Begriff, der saubere Su-

Kam-Man in Chinatown

K. Kalustyan in Little India

Das Beste aus Little India, Manhattan

K. Kalustyan: 123 Lexington Avenue, zwischen 28th und 29th Street. Tel. (212) 683–8458; mit Versand. Hier gibt es auch eine Theke mit Fertiggerichten zum Mitnehmen. Hier stehen verführerische Platten mit frisch zubereitetem Hummus, Baba Ganoush, marinierten Oliven, Ziegenmilchjoghurt und Falafel neben vielen indischen Lebensmitteln. Man findet Vollkornweizen, Jasminreis und Früchte, frisches Pita- und afghanisches Fladenbrot. Das Personal läßt Sie gerne eine knusprige Falafelkugel versuchen und verrät Ihnen, wie Sie den sahnigsten Ziegenmilchjoghurt erhalten.

Spice and Sweet Mahal: 135 Lexington Avenue, Ecke 29th Street. Tel. (212) 683–0900; mit Versand. Ein kleiner Laden voll vielversprechender Dinge: von süßen und herzhaften Leckereien wie Punjabi Wadian und dem Kochkäse Chamcham bis hin zu feurigen Chilischoten und scharfen Gewürzen, darunter auch das traditionelle Garam Masala. Leuchtend verpackter Fruchtsirup, Tee, Pickles und Chutneys fallen ins Auge. Dazu kommt der Duft von indischen Hülsenfrüchten, Jasmin, Gemüse, Curryblättern, Okras und Lychees.

Little India Store: 128 East 28th Street, zwischen Lexington und Park Avenue. Tel. (212) 683–1691; Versandbestellung unter (800) 244–4634. Der größte indische Laden im Viertel. Er bietet indische Videos, Töpfe, Pfannen und Küchenutensilien sowie viele abgepackte Waren und frisches Obst und Gemüse.

Einige wichtige Zutaten der indischen Küche

Amchoor: Gewürz aus getrockneten, unreifen Mangos; als Pulver oder in Scheiben

Asafoetida (Teufelsdreck): braune, harzige Substanz mit trüffelähnlichem Geschmack

Basmatireis: Langkornreis

Besan: Kichererbsenmehl

Bockshornklee: etwas bitteres, oft als Digestiv verwendetes Gewürz

Chapati-Mehl: feines Vollkornmehl

Curryblätter: frisch oder getrocknet erhältlich; werden wie Lorbeerblätter verwendet

Dal: getrocknete halbe Erbsen und Bohnen

Fenchel: ein Gewürz mit einem intensiven Anisaroma, erhältlich als Samen oder in Pulverform

Garam Masala: Gewürzmischung aus Gewürznelken, Kardamom, Zimt, Kreuzkümmel und Pfefferkörnern

Ghee: geklärte Butter (Hinweis: Hochwertiges Ghee enthält keine Feststoffe mehr und kann daher bei Zimmertemperatur aufbewahrt werden.)

Koriander: getrocknete Samen der Korianderpflanze; aromatischer als die Blätter.

Korianderblätter: ein der Petersilie ähnelndes Kraut, aber heller

Lychee: kleine Frucht mit rosa-bräunlicher Schale, fruchtigem Geruch und Geschmack

Panch Phoran: bengalische Gewürzmischung mit Kreuzkümmel, Fenchel, Schwarzkümmel, Bockshornklee und Radhuni

Radhuni: kleine aromatische Samen; passender Ersatz sind schwarze Senfsamen

Safran: gelbes Gewürz vom Krokus

Schwarzkümmel: kleine, schwarze Samen zum Einlegen und Brotbacken

Senfsamen: Samen zum Einlegen, als Digestiv und Gewürz verwendet; gelbe Samen sind nicht so bitter wie die schwarzen

Tamarinde: Frucht in bohnenähnlichen Schoten

permärkte mit festverpacktem Gemüse verheißt) reicht bis zur Lower East Side. Aber immer noch öffnen frühmorgens familiengeführte Spezialgeschäfte, die mit offenen Obstkisten vollgepackt sind.

Inzwischen finden sich einige der authentischen ethnischen Hochburgen außerhalb Manhattans. In Brooklyn haben zahlreiche russische Emigranten das Lebensmittel-Einkaufszentrum unter der Bahntrasse in der Brighton Beach Avenue wiederaufleben lassen. Am Sonntag scheint jeder Russe aus dem Umkreis bei **M & I International** (249 Brighton Beach Avenue), bekannt als Zabar's von Brighton Beach, zu sein. Und es gibt zahlreiche andere verführerische Läden: **Stolichny Deli** (239 Brighton Beach Avenue) und **Fish Town Appetizing and Deli** (414 Brighton Beach Avenue), die beide Weißfisch und Kaviar verkaufen; **Melrose Take Home Foods** (268 Brighton Beach Avenue) führt Süßkartoffelkugeln und hausge-

M&I International in Brighton Beach

machte Gefilte Fisch. **Israel's Take Home Foods** (409 Brighton Beach Avenue) führt köstliche Piroggen, und vor der **Continental Grocery** (303 Brighton Beach Avenue) verkauft eine junge Frau mit Kraut gefüllte Knyschy (Taschen aus Hefe- oder Kartoffelteig).

In der Atlantic Avenue in Brooklyn gibt es viele arabische Lebensmittelgeschäfte. Bei der **Sahadi Importing Company** (187–189 Atlantic Avenue) sind Oliven, frische Datteln, Gewürze oder Weizenschrot von gleichbleibender Qualität. In der **Oriental Pastry and Grocery Company** (170–172 Atlantic Avenue) findet man sowohl Lammwurst als auch Zata (Pitabrot mit Gewürzen und Olivenöl), neben einem Dutzend Olivensorten und sechs verschiedenen Arten eingelegter Zitronen. Die **Damascus Bakery** (195 Atlantic Avenue) hat sich auf Pitabrot spezialisiert; Fetakäse kauft man am besten bei **El-Asmar International Delights** (197 Atlantic Avenue).

Im westindischen und karibischen Viertel Crown Heights ist die Luft frühmorgens erfüllt von Rastafari-Räucherstäbchen und dem Aroma gebratener Fleischpasties. **Ultrafine Meats** (529 Nostrand Avenue) ist möglicherweise der exotischste Fleischer New Yorks und hat neben seiner üblichen Ware regelmäßig frisches Ziegenfleisch, Ochsenschwanz, Keilerkopf und geräucherten Truthahn im Angebot. **El Caribe Market** (849 Nostrand Avenue) führt eine große Auswahl an Gemüse der Karibischen Inseln.

Was wäre Brooklyn ohne seine italienischen Hochburgen? In den schmucken Straßen von Carroll Gardens findet man fritierte Kichererbsenbällchen und Reisbällchen, frische Biscotti (bei **Caputo's**, 329 Court Street) und Kartoffelpizza (bei **Monte Leone's**, 355 Court Street). Noch wichtiger ist, daß sich hier die erste Filiale des **G. Esposito Jersey Pork Store** (357 Court Street) befindet, wo man sowohl Fleisch aus Manhattans Fleischviertel als auch Würste, Schinken und frische Teigwaren bekommt. (Für Läden in Bensonhurst siehe untenstehende Liste.)

Wenn die Morgenlichter die meerblauen Fassaden in der 30th Avenue in Astoria (Queens) entlangtanzen, kühlen Baklava und Spinatkuchen bereits auf den Theken der vielen Bäckereien ab. Astoria ist der Ort, an dem Bouzouki-Musik versucht, gegen das Rumpeln der U-Bahnzüge anzukommen, der Ort, an dem Dill und Oregano, Minze und Salbei in Blumenkästen wachsen.

Bei **Titan Foods** (25–50 31st Street) diskutieren die Leute in der Schlange über die Qualität der neun verschiedenen Fetasorten und können Schafsmilch-

Bensonhurst, Brooklyn

Trunzo Brothers, Inc.: 6802 18th Avenue, Brooklyn. Tel. (718) 331–2111; kein Versand. Ein großes Geschäft mit Frischfleisch, Würsten, Käse, Konserven und Pasta, das als Mekka für Freunde italienischer Feinkost gilt.

Piccolo Mondello: 6824 18th Avenue, Brooklyn. Tel. (718) 236–3930; kein Versand. Ein Schritt in diese Pescheria Italiana ist ein Schritt mitten in die italienische Gemeinde, die inmitten des frischen Fischangebots ein Schwätzchen hält.

Alba: 7001 18th Avenue, Brooklyn. Tel. (718) 232–2122; kein Versand. Diesen italienischen Konditor gibt es schon seit vier Generationen. Hier gibt es einen frischen Espresso zur Begrüßung und dazu eine große Auswahl frischer Kuchen und Sorbets.

Queen Ann Ravioli: 7207 18th Street, Brooklyn. Tel. (718) 256–1061. Queen Ann bietet eine große Auswahl frischer und getrockneter Pasta sowie Konserven.

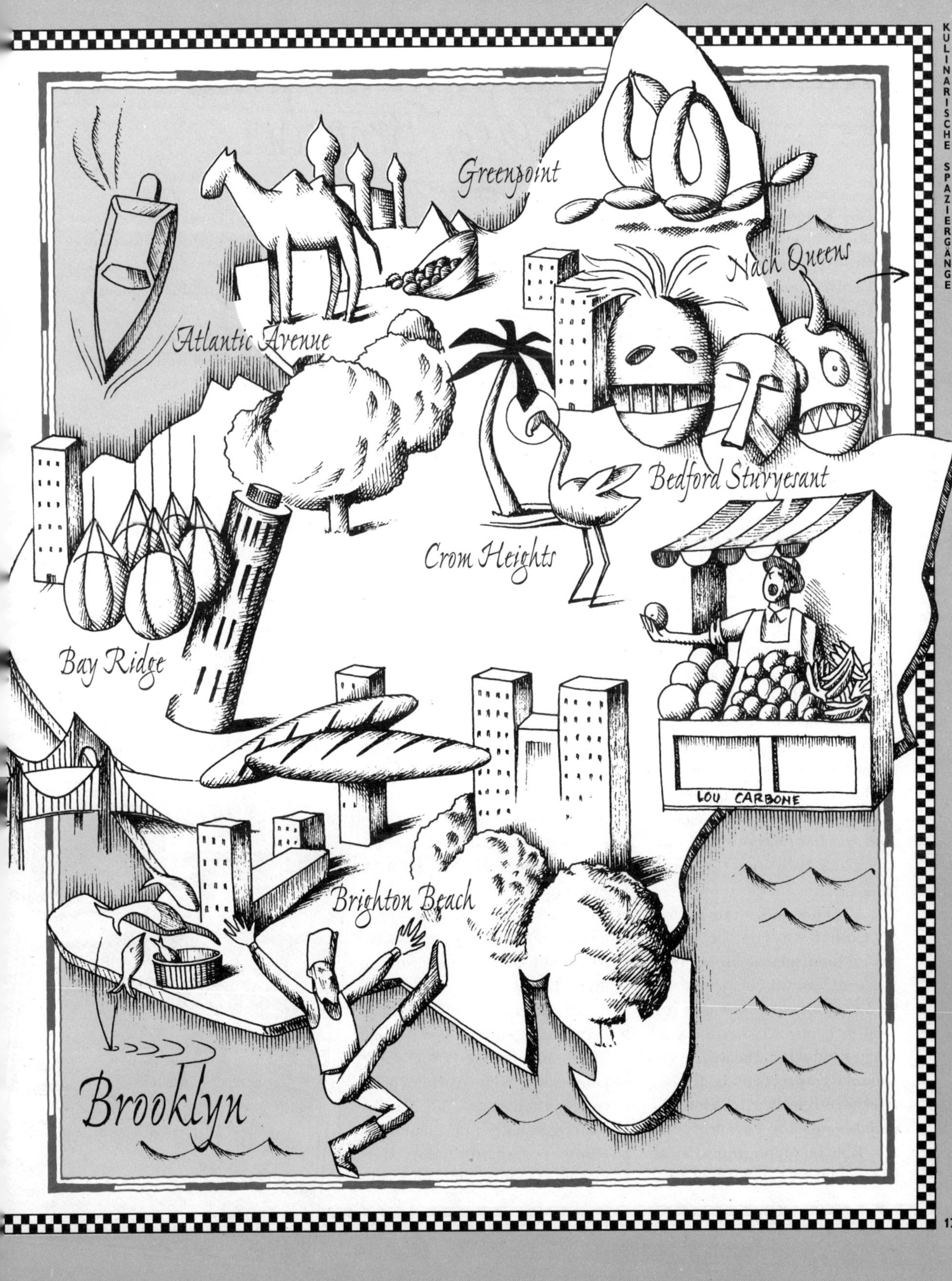
Greenpoint
Nach Queens
Atlantic Avenue
Bedford Stuyvesant
Crom Heights
Bay Ridge
LOU CARBONE
Brighton Beach
Brooklyn

Bay Ridge, Brooklyn

Bay Ridge wurde von Skandinaviern geradezu überschwemmt, als man die Frachtindustrie nach Brooklyn verlegte. Auf der Fifth Avenue, im »italienischsten« Viertel von Bay Ridge, der schönen Gegend nahe der Verrazano Narrows Bridge, befindet sich eine skandinavische Enklave.

Fredricksen and Johannsen: 7719 Fifth Avenue, Brooklyn. Tel. (718) 745–5980; Versand möglich. Hier gibt es skandinavische Würste, Gewürze, Räucherfisch, Käse, Cracker, Marmelade, Brot, Bonbons bester Qualität sowie Backgeschirr.

Leske's Danish Bakery: 7612 Fifth Avenue, Brooklyn. Tel. (718) 680–2323. Wenn Sie einmal einen von Leskes echten Käse- und Obstkuchen gekostet haben, werden Sie behaupten, daß kein anderes Blätterteiggebäck diesen Namen verdient. Leske's macht auch köstlichen Kaffee und Biskuitkuchen.

Petzinger's Deli: 7802 Fifth Avenue, Brooklyn. Tel. (718) 833–8883. Ein kleines Delikatessengeschäft mit Konserven, Sirup und Fleisch

Pierrot Ice Cream and Dessert: 75–15 Third Avenue, Brooklyn. Tel. (718) 748–5840. Diese anheimelnde Bäckerei mit den kleinen Tischen ist der ideale Ort fürs Frühstück oder einen Snack. Genießen Sie das köstliche Gebäck und hausgemachte Sorbets.

joghurt, Olivenöl sowie eingelegte und konservierte griechische Lebensmittel kaufen. Auch bei **Mediterranean Foods** (33–20 30th Avenue) gibt es eine große Auswahl griechischer Feinkost, und beim **Ocean Number 11 Fishmarket** (35–08 30th Avenue) sind frischer Oktopus und daumengroße Babytintenfische vorrätig.

Flushing ist New Yorks zweites Chinatown. Hier liegen die Preise niedriger als in Manhattan, und koreanische, japanische und südostasiatische Waren türmen sich oft zwischen chinesischen Produkten. Die Regale von **Daido/Mainstreet Foods** (137–80 Northern Boulevard) bieten eine atemberaubende Vielfalt.

Wie in Manhattans Ninth Avenue findet man auch in Jackson Heights eine außerordentlich große Vielfalt an Lebensmittelgeschäften. Das Aroma von indischen Gewürzen dringt aus **Patel Brothers** (37–40 74th Street), aus der **Thai Grocery** (37–60 90th Street) der Duft frischen Zitronengrases, und der südamerikanischer Gebäckwaren aus **Las Americas** (93–09 37th Avenue).

Ab 8 Uhr wird Manhattan lebendig. Männer in grauen Anzügen mit Aktentasche hasten zu ihren Büros in der Mittelstadt, die Bauern auf den Gemüsemärkten beenden den Aufbau ihrer Stände, und das dritte Glied der New Yorker Nahrungsmittelkette – die Spezialitätengeschäfte und fliegenden Händler – spannt seine Markisen auf. Anders als die Großhändler legen die kleinen Läden viel Wert auf Präsentation, Service und Qualität.

Zabar's (2245 Broadway, Ecke 80th Street), wo man Räu-

cherfisch, Käse, Gewürze und Kaffee bekommt, **Fairway** (2127 Broadway, zwischen 74th und 75th Street), der Käse und Frischgemüse führt, **Murray's Sturgeon Shop** (2429 Broadway, zwischen 89th und 90th Street), der Räucherfisch führt, **Todaro Brothers** (555 2nd Avenue), wo man italienische Lebensmittel erhält, und **Jefferson Market** (455 Avenue of the Americas, Ecke 10th Street), der ganz allgemein Lebensmittel anbietet – alles gute Spezialitätenmärkte, die sich seit der Zeit, als man noch Sägemehl auf die Böden gestreut hat, nicht allzusehr verändert haben.

Die aufkommende Generation von Luxusgeschäften scheint sich jedoch manchmal von der Idee des Lebensmittelgeschäfts an sich wegzubewegen und Nahrungsmittel zur Kunst zu erheben. Beim immer größer werdenden **Balducci's** (424 Avenue of the Americas, Ecke 9th Street) wirkt z. B. die riesige Auswahl frischer Gemüse stets perfekt poliert. Bei **Dean & DeLuca** (560 Broadway, Ecke Prince Street) werden jeder Zweig Bergthymian, jede Jakobsmuschel, jede Flasche Olivenöl nach Kriterien absoluter Perfektion ausgewählt. Und selbst wenn der

Zabars

Kauf dieser Lebensmittel sich in Preisregionen bewegt, die denen eines Kunstwerks ähneln, kann man nicht umhin, sich darüber zu freuen.

Diese Läden dienen dazu, die stets ausufernden Sorgen der Lebensmittelkäufer zu lindern.

Schimmernde Glaskästen verheißen wertvolle Zutaten, die

Greenpoint, Brooklyn

Greenpoint wird oft auch Kleinpolen genannt, und sobald man aus der U-Bahn steigt, versteht man warum: Auf den Straßen wird polnisch gesprochen, die Straßenschilder sind polnisch, und in den Läden gibt es polnische Spezialitäten. In Polen wird alles gekocht, bis es vom Knochen fällt oder zu Brei wird. Daher entscheiden Sie sich vielleicht doch dafür, die preisgünstigen Zutaten mitzunehmen und zu Hause zu kochen, obwohl polnische Restaurants bergeweise Essen für wenig Geld anbieten.

JASLOWICZANKA BAKERY: 163 Nassau Avenue, Brooklyn. Tel. (718) 389–0263. Diese kleine Bäkkerei backt frische polnische Kuchen und Brot. Eine typische Spezialität sind mit glasierten Äpfeln, Pflaumen oder mit Schokolade belegte Cremetorten und leuchtend gefärbte Gelatinewürfel.

STEVE'S MEAT MARKET: 104 Nassau Avenue, Brooklyn. Tel. (718) 383–1780. Auf der Markise dieses Geschäfts werden »die besten Kischkes/Kielbasas der USA« angepriesen. Sie sollten unbedingt die luftgetrocknete oder die frische, weiche Wurst oder die verschiedenen Sorten Kielbasa im Ring versuchen. Man bekommt auch frische Piroggen.

W. NASSAU MEAT MARKET: 915 Manhattan Avenue, Brooklyn. Tel. (718) 389-6149. Einer der besten Märkte in Greenpoint; schon der würzig-aromatische Geruch ist ein Hinweis darauf. Frisch gebackenes Roggenbrot mit Kümmel türmt sich im Schaufenster; drinnen gibt es importierte Stachelbeeren, skandinavische Bonbons und Kekse, Fruchtsirup in Flaschen und außerdem deutsche Schokolade.

Bedford-Stuyvesant, Brooklyn

Wenn man Lou Singer (siehe Seite 3) glauben will, ist Bed-Stuy der Ort mit den meisten schwarzen Hausbesitzern. Die Fulton Avenue ist der richtige Ort, wenn Sie westindisches Kokosbrot, Gospelplatten, Yamswurzeln, frische Aloe vera oder etwas anderes aus Afrika oder der Karibik suchen.

The Bread Basket: 1309 Fulton Avenue, Brooklyn. Tel. (718) 789–9296. Hier gibt es neben den typischen Backwaren auch das unverschämt gute Kokosbrot.

New Kim's Fruit and Vegetable Market: 1228 Fulton Avenue, Brooklyn. Tel. (718) 636–6192. Hier gibt es Aloe vera, sechs verschiedene Sorten Yams, Rohzucker, frischen Fisch, viele Konserven und Gewürze.

Moons Fruit and Vegetables: 1307 Fulton Avenue, Brooklyn. Tel. (718) 638–1773. Hier gibt es viele Gewürze, darunter auch eine Reihe Curries, Mango Achar (eine Art Chutney), jamaikanischen Guineapfeffer, der zum schärfsten der Welt zählt, und tolles Gemüse.

vor Verunreinigungen geschützt wurden. Die Marmortheken splittern nicht und bieten Salmonellen so keine Angriffsfläche. Auf jedem Produkt steht, woher es kommt, wann es gepflückt und verschickt wurde und wozu es verwendet werden kann.

Das Aroma – wilde Erdbeeren bei Dean & DeLuca, Kaviar in der Caviarteria, Käse bei Cheese of all Nations, Schokolade bei Teuscher – ist oft erstaunlich intensiv. Und dazu paßt, daß die vor Sonnenaufgang am Rand von New York gekauften Lebensmittel auch in Fertiggerichten einen kulinarischen Höhepunkt erreichen.

Die Gourmet-Lebensmittelgeschäfte, die diese Gerichte zubereiten, sind zwar meist weit vom Stadtrand entfernt, aber nicht unangreifbar. Sie sind das Podium eines jahrhundertealten Wirtschaftszweigs.

»Was sind die Gourmets schon ohne mich?« fragte erst kürz-

French Culinary Institute

Recipes from Balducci's

Dean & DeLuca

lich ein Hafenarbeiter am Fulton Fish Market bei Sonnenaufgang. Wie die früheren Generationen von Männern, die Karren voller Meeresfrüchte vor sich her schoben, hielt er inne, um seine Hände über einem Feuer in einem Metalleimer zu wärmen.

In New York gibt es 95 Viertel mit unterschiedlichen Volksgruppen, und davon sind 35 allein in Brooklyn. In diesem Kapitel ist natürlich nur ein Bruchteil der Viertel aufgeführt, und zwar die, die ich beim Einkaufen bevorzuge.

Für die besten Quellen spezieller Zutaten siehe die Einkaufsführer in den jeweiligen Kapiteln. Für die ganz hartnäkkigen New York-Fans sei noch auf folgende Publikationen verwiesen:

Mark Leeds: *Zagat Survey of Food Sources*

Velma Liacouras Chantiles: *The Ethnic Food Market Guide and Cookbook*

Ed Levine: *New York Eats*

New Yorker Kochschulen

In der folgenden Liste finden Sie einige der besseren Kochschulen der Stadt.

Für Profiköche

The French Culinary Institute: 462 Broadway, New York, NY 10013. Tel. (212) 219–8890.

New York Food and Hotel Management School: 154West 14th Street, New York, NY 10011. Tel. (212) 675–6655.

New York Restaurant School: 27 West 34th Street, New York, NY 10001. Tel. (212) 947–7097.

Für Profi- und Hobbyköche

A La Bonne Cocotte (Lydie Marshall): 23 Eighth Avenue, New York, NY 10014. Tel. (212) 675–7736.

The Chocolate Gallery: 34 West 22nd Street, New York, NY 10010. Tel. (212) 675–2253.

The Culinary Institute of America (CIA): North Road, P. O. Box 53, Hyde Park, NY 12538. Tel. (914) 452-9430. (Nicht direkt in New York City)

Culinary Arts at the New School: 100 Greenwich Avenue, New York, NY 10011. Tel. (212) 255–4141.

The Natural Gourmet Cookery School: 48 West 21st Street, 2nd Floor, New York, NY 10010. Tel. (212) 645–5170

Peter Kump's New York Cooking School: 307 East 92nd Street, New York, NY 10128. Tel. (212) 410–4601.

Für Hobbyköche

Carol's Cuisine, Inc.: 1571 Richmond Road, Staten Island, NY 10304. Tel. (718) 979–5600.

The China Institute: 125 East 65th Street, New York, NY. Tel. (212) 744-8181.

Club Cuisine: 244 Madison Avenue, New York, NY 10016. Tel. (212) 286–0214.

De Gustibus at Macy's: 343 East 74th Street, Suite 9G, New York, NY 10021. Tel. (212) 439–1714.

Giuliano Bugialli's Cooking School in Florence: 53 Wooster Street, New York, NY 10013. Tel. (212) 334–6430.

Richard Grausman: 155 West 68th Street, New York, NY 10023. Tel. (212) 873–2434.

The Greening of New York

Es grünt so grün...

IN NEW YORK

Am Samstagmorgen um sieben Uhr hört man trotz des Verkehrs im Ostteil der 14th Street noch immer das Krächzen der Krähen und das Gurren der Tauben, die über den Gehsteig am Union Square Brotkrumen suchen. Währenddessen tuckern immer wieder Kleinlastwagen zum nördlichen Ende des Platzes.

Bauern klappen ihre Tische aus und stellen sie vor ihren Lkws auf. Sie hängen Waagen auf und schütten ihre Ware auf die Tische. Langsam geht über dem Ostende des Platzes die Sonne auf, gleich einer freundlich strahlenden Ringelblume.

»Als ich nach New York zog, gab es so etwas noch nicht«, flüstert Edna Lewis. Die stattliche Frau, die ihre weißen Haare zu einem Knoten gebunden hat, ist Kochbuchautorin und Küchenchefin bei Gage & Tollner in Brooklyn. Sie ist zudem die Rangälteste am Union Square Greenmarket.

Edna Lewis, die an einem Samstagmorgen sorgfältig ihr Gemüse aussucht (kleines Bild), und Christopher Tomford, der auf dem Union Square Greenmarket die aromatischsten Tomaten verkauft (links).

La Marqueta in der 111th Street (East Harlem) ist der älteste Markt der Stadt.

MANCHES BLÜHT AUCH OHNE ERDE

Die in Virginia geborene Frau hat in über 50 Jahren in New York gelernt, daß sich das Leben eher in Dekaden als in Jahreszeiten mißt. Der Markt am Union Square ist das beste Beispiel. Laut Edna Lewis brauchte er 50 Jahre, bis er seine jetzige Blüte erlangte.

»Ich kam nach New York, als Orson Welles Angst und Schrecken verbreitete. Die Leute rannten herum und riefen ›Die Welt geht unter!‹« Sie schüttelt den Kopf. »Da ich einen Markt wie diesen nicht fand, wartete ich auf Lebensmittelpakete von zu Hause.«

Ihr Gang ist so vorsichtig, als sei der Asphalt in Wahrheit der sorgfältig gepflegte Gemüsegarten der Familie. Aber der Greenmarket ist ein Teil New Yorks.

Lewis beugt sich über einen Topf mit Schnittlauch, Petersilie und Rosmarin. Sie hält vor dem Überfluß an Goldrute, Bittersüßem Nachtschatten, Dahlien, Schmuckkörbchen und den Bündeln mit mexikanischem Teekraut inne. »Das mußten wir als Kinder gegen Würmer nehmen«, erklärt sie. »Es war schrecklich.«

Das war in Freetown (Virginia), einem Dorf, das ihr Großvater nach der Sklavenbefreiung gegründet hatte. Sie wuchs auf einer Farm auf und lernte darauf zu warten, daß wildes Blattgemüse aus der Erde schoß, Beeren reiften und sich Kartoffeln bildeten. Sie stellte fest, daß »Gemüse vom freien Feld nie so gut schmeckt wie das aus einem kleinen Garten.«

Ihre Ansichten paßten nicht in das Manhattan der Vorkriegsjahre. Als Bloomingdale's noch einen Holzfußboden hatte, war das Leben auf Kulturfrüchte begrenzt: »Es gab nur Supermärkte.«

In ihren ersten Jahren in der Stadt war Lewis Dekorateurin bei Modemagazinen. »Marilyn Monroe stand Modell für ein Titelbild«, erinnert sie sich. »Seinerzeit kaufte ich bei den italienischen Gemüsehändlern in der 59th Street ein.«

KÖCHIN DER STARS

Nach dem Krieg wurde Lewis Küchenchefin im Café Nicholson. »Alle kamen: Rita Hayworth, Tennessee Williams. Howard Hughes gab uns eines Tages einen Scheck, da sahen wir, wer er war…«

Namen beeindrucken, machen zugleich aber auch verlegen. Sie wechselt das Thema: »Damals kaufte man am besten auf der Ninth Avenue ein.« In den siebziger Jahren gab es aromatische Frischwaren auf dem Markt La Marqueta. In den späten Siebzigern eröffnete der Greenmarket am Union Square.

»Er war mir von Anfang an irgendwie vertraut«, sagt Lewis. Das Gurren der Tauben am Platz ist inzwischen durch das Klicken von Zehn-Gang-Rädern und das Klirren von Hundemarken abgelöst worden. Lewis ist bei Chip Kents Früchtestand angekommen. Sie spricht leise und langsam, als sie die ausliegenden Früchte auswählt: »Weiße Pfirsiche, Maulbeeren, Quitten, Stachelbeeren, glänzende Äpfel...«

Während die Menge der Einkäufer an ihr vorbeizieht, nimmt sie vorsichtig eine Birne in die Hand. Sie bewundert die Geduld der Frucht. »Man findet diese alten Sorten in keinem Supermarkt.«

Schweinefleisch MIT BLATTGEMÜSE

Edna Lewis stellt fest, daß »Blattgemüse zu den wichtigsten Gemüsen des Südens gehörten. Man ging davon aus, daß sie einen großen Nährwert besaßen. Im Winter suchten wir wilde Brunnenkresse, im Frühling wilden Senf und Kräuter. Dann hielten wir nach angebauten Grünpflanzen wie Raps, Kraut von weißen Rüben oder Senf Ausschau. All dieses Blattgemüse wurde mit Schweinefleisch gekocht.

Ich ziehe gepökeltes oder geräuchertes Schweinefleisch vor, weil es einen intensiveren Geschmack hat. Viele wilde Blattgemüse sind verschwunden, da sie bei vielen Landwirten als Unkraut gelten. Immerhin findet man diese Gemüse noch auf einigen Gemüsemärkten.«

900 g gepökelte Schweineschulter oder Speck in Scheiben
1,4 kg Blätter von Weißen Rüben oder Senf, Kermesbeeren, Kohl, Weißem Gänsefuß oder Fuchsschwanzblättern ohne Stiele gemischt, gut gewaschen
Zwiebeln, in Scheiben geschnitten
Essig, zum Servieren

Auf Gemüsemärkten findet man die wirklich naturbelassenen Produkte.

1. Das Schweinefleisch mit 3 l kaltem Wasser in einem schweren Topf 1 Stunde leicht köcheln lassen. Herausnehmen und das Fett abschöpfen. Die Brühe kann einen Tag im voraus zubereitet und kalt gestellt werden.

2. Die Brühe in einem großen Topf erwärmen. Das Gemüse zugeben. Zugedeckt 20 Minuten köcheln lassen. Einige Blätter kosten, um zu sehen, ob sie gar sind. Junges Blattgemüse kann nach 30 Minuten gar sein, ältere Blätter müssen bis zu 2 Stunden köcheln. Wenn das Gemüse weich ist, abschmecken.

3. Das Blattgemüse heiß mit Relish oder frischen Zwiebelscheiben und Essig servieren.

Ergibt 8 Portionen

NEW YORKER GEMÜSEMÄRKTE

Die Gemüsemärkte bieten den New Yorkern mit die beste Möglichkeit, frische Lebensmittel in der Stadt einzukaufen. Hier finden Sie eine Liste einiger New Yorker Märkte mit ungefähren Öffnungszeiten; die meisten öffnen gegen 8 Uhr morgens und bauen gegen 18 Uhr wieder ab (einige schließen früher). Orte und Zeiten ändern sich von Jahr zu Jahr. Daher sollten Sie vorher anrufen: (212) 477–3220.

Manhattan/Bronx

City Hall (Park Row): Dienstag und Freitag, ganzjährig

World Trade Center (Church Street, Ecke Fulton Street): Dienstag, Juni–Dezember; Donnerstag, ganzjährig

Federal Plaza (Broadway, Ecke Thomas Street): Freitag, ganzjährig

Washington Market Plaza (Greenwich Street, Ecke Reade Street): Mittwoch und Samstag, ganzjährig

St. Mark's Church (10th Street, Ecke Second Avenue): Dienstag, Juni–November

P. S. 41 (Greenwich Avenue, Ecke Charles Street): Samstag, ganzjährig

West Village (Gansevoort Street, Ecke Hudson Street): Samstag, Juni–November

Union Square (17th Street, Ecke Broadway): Montag, Mittwoch, Freitag und Samstag, ganzjährig

Sheffield Plaza (57th Street, Ecke Ninth Avenue): Mittwoch und Samstag, ganzjährig

West 70th Street (Amsterdam Avenue, Ecke West End Avenue): Samstag, Juli–November

I.S. 44 (77th Street, Ecke Columbus Avenue): Sonntag, ganzjährig

West 102nd Street (102nd Street, Ecke Amsterdam Avenue): Freitag, Juni–November

Harlem Hospital (Lenox Avenue, zwischen 136th und 137th Street): Dienstag, Juli–November

West 175th Street (Ecke Broadway): Donnerstag, Juni–Dezember

Lincoln Hospital (149th Street, Ecke Park Avenue): Freitag, Juli–November

Poe Park (Grand Concourse, Ecke East 192nd Street): Dienstag, Juni–November

Brooklyn

Borough Hall (Montague Street): Dienstag und Samstag, ganzjährig

Grand Army Plaza: Samstag, ganzjährig

Albee Square (Fulton Street, Ecke Dekalb Avenue): Mittwoch, Juli–November

Eddies Brunnenkresse

CHINESISCHE ART

Ein Gericht, das man in chinesischen Restaurants bekommt und auch gut zu Hause kochen kann. Es paßt zu Fisch oder gebratenem Fleisch.

2 EL Pflanzenöl
1–2 Knoblauchzehen, feingehackt
2 Bund Brunnenkresse, gut gewaschen und abgetropft
½ TL Salz (nach Geschmack mehr)
1 EL chinesischer Reiswein oder trockener Sherry

1. Einen Wok oder eine Pfanne auf hoher Stufe erhitzen, bis Rauch aufsteigt. Öl und Knoblauch zugeben und 3 Sekunden rühren. Dann Brunnenkresse und Salz 5 Minuten unter Rühren andünsten. Den Wein zugeben und 20 Sekunden weiterrühren, bis die Brunnenkresse zusammenfällt. Vom Herd nehmen.

2. Die Brunnenkresse mit einem Holzlöffel auf einer Seite des Woks zusammenschieben, mit einer Löffelrückseite so viel Flüssigkeit aus den Blättern drücken wie möglich, dann herausnehmen und beiseite stellen.

3. Die Flüssigkeit im Wok wieder stark erhitzen. Wenn sie kocht, die gegarte und abgegossene Brunnenkresse 30 Sekunden hineintauchen. Sie wird dabei leuchtend grün; sofort in ein Sieb abgießen und servieren (evtl. nachsalzen).

Ergibt 4–6 Portionen

Da es auf dem Green Market nur lokale Produkte gibt, ist das, was gerade wächst, besonders günstig.

Sukis

KOREANISCHER SPINAT

Suki Chon, Inhaberin einer Trockenreinigung auf Manhattans West Side, wuchs in Südkorea auf, wo dieses Spinatgericht oft als Beilage serviert wird. Wenn man den Spinat so gart, daß er noch Biß hat, und danach sofort kühlt, hält es sich im Kühlschrank bis zu 5 Tagen. Warm zu Reis oder gebratenem Tofu, zu Shrimps oder, für eine ganze Mahlzeit, mit Huhn servieren.

1 EL Distelöl
1 EL asiatisches Sesamöl
1 kg junge, zarte Spinatblätter, gut gewaschen und trockengetupft
1 TL Reisessig
1/2 TL frischer Zitronensaft
1 TL helle Sojasauce
1 TL Salz
1/4 TL frisch gemahlener weißer Pfeffer

1. Distel- und Sesamöl in Wok oder Pfanne auf mittlerer bis hoher Stufe erhitzen. Den Spinat nach und nach zugeben und wenden, bis er zusammenfällt. Wenn wieder Platz ist, mehr Spinat nachfüllen. Nach Zugabe des ganzen Spinats Essig, Zitronensaft und Sojasauce darüber träufeln und eine weitere Minute unter Rühren braten. Vom Herd nehmen.

2. Den Spinat an den Rand schieben. Zusammendrücken, damit möglichst viel Feuchtigkeit austritt. Herausnehmen und beiseite stellen.

3. Die Flüssigkeit im Wok auf hoher Stufe erhitzen. Etwa 3 Minuten kochen lassen, bis sie um die Hälfte reduziert ist. Den Spinat zugeben und 30 Sekunden kochen lassen. Sofort abgießen. Nach Geschmack mit Salz oder Pfeffer würzen. Warm oder gekühlt servieren.

Ergibt 4 Portionen als Vorspeise oder 2 als Beilage

Longchamps

CREMESPINAT

Das erste Restaurant der legendären französischen Longchamps-Kette eröffnete 1920 auf der oberen Madison Avenue, und 1954, als das Longchamps Cookbook von Max Winkler veröffentlicht wurde, gab es in New York, Philadelphia und Washington D. C. bereits zehn davon. Die besten New Yorker Stadtführer sind sich dabei in einem Punkt einig: der Qualität des Gemüses.

»Für diesen anspruchsvollen Wirt hat das Wort ›frisch‹ nur eine Bedeutung – es ist die klare Beschreibung von Gemüse, das vor so kurzer Zeit geerntet wurde, daß es noch feucht vom Boden ist, wenn es auf Ihrem Teller landet«, schreibt George Ross in *Tips on Tables*.

In seinem Buch *Dining, Wining and Dancing in New York* liefert Scudder Middleton eine einfache Erklärung für die Meisterschaft des Restaurants in Sachen Gemüse: »Longchamps wird von Henry und Allen Lustig geführt, die seinerzeit Gemüsegroßhändler waren.«

Das Rezept stammt von Louis McAlister, einem Koch, der in den vierziger Jahren von Longchamps zum Club 21 wechselte.

1 kg frischer Spinat, gut gewaschen
1 1/2 TL Salz
250 g Schlagsahne
2 EL Butter
1/2 TL frisch gemahlener Pfeffer
1 Msp. Muskatnuß, gemahlen

1. Blattrippen und Stiele vom Spinat entfernen. 500 ml Wasser in einem Topf auf hoher Stufe erhitzen. 1 Teelöffel Salz zugeben und aufkochen lassen. Den Spinat 3 Minuten dämpfen, bis die Blätter zusammenfallen. Abgießen, unter kaltem Wasser ganz abkühlen und überschüssige Flüssigkeit vollständig ausdrücken.

2. Die Hälfte des Spinats in einem Mixer mit einem Eßlöffel Sahne pürieren. Mit dem restlichen Spinat und einem weiteren Eßlöffel Sahne ebenso verfahren.

3. Die Butter in einer beschichteten Pfanne auf mittlerer Stufe zerlassen. Den Spinat, das restliche Salz, Pfeffer und Muskatnuß zugeben und gut durchrühren. Unter Rühren etwa 5 Minuten kochen; dabei die restliche Sahne löffelweise unterrühren, bis der Spinat andickt. Mit Salz und Pfeffer abschmecken. Sofort servieren.

Ergibt 4 Portionen

DER VERBRAUCHER MIT KÖPFCHEN

GEMÜSEPARADIES

In den meisten Vierteln New Yorks gibt es mindestens einen »Koreaner an der Ecke«, einen Obst- und Gemüsestand, an dem alles nur Erdenkliche, von Äpfeln bis Zucchini, verkauft wird. Die Korean Produce Association schätzt, daß sich im New Yorker Stadtbereich ungefähr 3500 Obst- und Gemüsehändler niedergelassen haben. Nach Angaben des 1974 gegründeten Verbands hat sich die Zahl der Stände in den letzten 10 Jahren verdreifacht. In dieser Zeit ist auch das Angebot gewachsen – frische Kräuter, teure Blattsalate, Waldpilze und empfindliche Beeren werden heute von vielen Händlern verkauft.

Einige Spezialitäten bekommt man allerdings nach wie vor nur in den teureren Geschäften. Die besten Adressen der Stadt hinsichtlich Auswahl und Qualität sind folgende:

BALDUCCI'S: 424 Sixth Avenue, zwischen 9th und 10th Street. Tel. (212) 673–2600

COMMODITIES: 117 Hudson Street, Ecke North Moore Street. Tel. (212) 334–8330

DEAN & DELUCA: 560 Broadway, Ecke Prince Street. Tel. (212) 431–1691

FAIRWAY: 2127 Broadway, zwischen 74th und 75th Street. Tel. (212) 595–1888

GRACE'S MARKETPLACE: 1237 Third Avenue, zwischen 71st und 72nd Street. Tel. (212) 737–0600

PARADISE MARKET: 1100 Madison Avenue, Ecke 83rd Street. Tel. (212) 732–0049

Wunderbare Vielfalt bei Fairway

Leona Singers

SPINATBÄLLCHEN

Leona Singer aus Fort Queen (Brooklyn) schwört auf dieses Rezept von ihrer Mutter: »Jedesmal, wenn ich das Rezept sehe, denke ich, es ist zu einfach, um wahr zu sein, aber das Gericht ist köstlich, und wenn ich es serviere, bitten mich meine Freunde um das Rezept.«

2 Packungen gehackter Spinat, aufgetaut und abgegossen
250 g gewürztes Paniermehl
1 Zwiebel, gehackt
4 Eier, verquirlt
8 EL Butter, zerlassen
50 g Parmesan, frisch gerieben

1. Den Ofen auf 190 °C vorheizen.

2. Alle Zutaten in einer Schüssel mischen. Aus der Mischung kleine Bällchen formen und auf ein Backblech legen. Etwa 20 Minuten backen, bis sie ganz warm sind. Als Vorspeise oder Beilage servieren (die Bällchen können auch tiefgekühlt aufs Backblech gelegt werden. Vor dem Backen 20 Minuten abtauen.)

Ergibt etwa 36 Stück bzw. 6 Portionen

ROTKOHL

mit Speck

Die in Brooklyn aufgewachsene Fern Mallis kreierte diese Beilage mit Zutaten, die sie in ihrem Kühlschrank »fand«. Sie serviert sie zu Braten, Gans oder Hähnchen. Mit gutem Brot und einem Nachtisch kann das Gericht auch eine vollwertige Mahlzeit abgeben.

1 Rotkohl, in feine Streifen geschnitten
450 g dicke Speckscheiben ohne Schwarte, in 4 cm große Stücke geschnitten

1. Den Kohl in einem großen Topf 10 Minuten leicht andünsten. Vom Herd nehmen.

2. Den Speck in einer Pfanne auf mittlerer Stufe leicht anbräunen, so daß er weich wird, aber nicht knusprig. Aus der Pfanne nehmen und zugedeckt aufbewahren. Den Kohl in die Pfanne geben, zudecken und 5–10 Minuten sehr weich kochen, damit er das Speckaroma aufnimmt. Die Speckstücke zugeben und 1–2 Minuten unter Rühren aufwärmen.

Ergibt 4 Portionen

Abessinisch Baptistische

GRÜNE BOHNEN MIT SPECK

Seit die Abessinische Baptistenkirche (132 West 138th Street) 1923 als älteste schwarze Kirche der Stadt in Harlem erbaut wurde, wird jeden Sonntag nach dem Gottesdienst ein Essen serviert.

Die meisten Gemeindemitglieder schätzten und schätzen noch immer gute Hausmannskost. An den meisten Sonntagen zahlen etwa 250 Personen 4 Dollar für gebackenes Hähnchen, Lamm oder Kalbfleisch, gefüllten Fisch oder überbackene Makkaroni und grüne Bohnen.

Alle 10 Jahre wechselt der Koch der Kirche, aber Martha Dunn Hatcher, die Frau von Diakon James L. Hatcher, hat, solange sie zurückdenken kann, die Samstage damit verbracht, grüne Bohnen für das Sonntagsessen zu putzen. Kentucky Wonder oder andere lange, dicke grüne Bohnen sind für dieses Gericht am besten geeignet, weil man sie lange garen und mehrere Stunden im Ofen warmgehalten kann.

Die Abessinische Baptistenkirche

680 g Speck am Stück
2 l kaltes Wasser
1,3 kg grüne Bohnen, geputzt und abgefädelt
1/2 TL Salz (wenn nötig)
1/4 TL frisch gemahlener schwarzer Pfeffer

1. Speck und kaltes Wasser auf mittlerer Stufe in einem Topf aufkochen lassen. Bei reduzierter Temperatur 1 Stunde köcheln lassen.

2. Den Speck herausnehmen und wegwerfen. Das Fett abschöpfen. Die Bohnen zugeben und 2 Stunden köcheln lassen.

3. Abschmecken, pfeffern und, wenn nötig, noch einmal nachsalzen.

Ergibt 8 Portionen

Neu-Amsterdamer SPARGEL

In einigen Rezeptbüchern aus der Zeit vor der französischen Revolution findet man »Spargel mit holländischer Butter und geriebener Muskatnuß«. Vor etwa 25 Jahren gab das niederländische Generalkonsulat in New York eine Anleitung heraus, »wie man Spargel auf holländische Art ißt«: »Den abgegossenen, heißen, frischen Spargel ordentlich auf eine ovale, mit einer Serviette abgedeckte Servierplatte legen. Ringsum mit halben hartgekochten, heißen Eiern garnieren. Mit Salz, Pfeffer, geriebener Muskatnuß und einer sahnigen Buttersauce servieren.

Mit einer Gabel ein halbes Ei auf dem Teller zerdrücken und mit Gewürz und etwas Buttersauce zu einer Paste verrühren. Die Gabel mit der rechten und eine Spargelstange mit der linken Hand halten; die Spitze in die Eimischung tauchen und die Stange mit Hilfe der Gabel zum Mund führen. Das Ende der Stange am Tellerrand liegen lassen. Mit etwas Übung kann man dies so tun, daß es elegant aussieht. Gemäß holländischer Etikette ist die Verwendung eines Messers tabu.«

8 EL (110 g) weiche Butter
3 EL lauwarmes Wasser
4 Eier, hartgekocht und abgekühlt
900 g Spargel, geschält und holzige Enden entfernt
Salz und frisch gemahlener schwarzer Pfeffer
Muskatnuß, frisch gerieben

1. Die Butter in einer Schüssel schaumig schlagen. Das Wasser tropfenweise zugeben und schlagen wie eine Mayonnaise. Wenn die Sauce dick und cremig wird, beiseite stellen. Die Eier schälen; beiseite stellen.

2. Den Spargel mit Küchengarn zu einem Bündel binden. 2,5 cm Wasser in einem hohen Topf sprudelnd aufkochen lassen. Den Spargel mit den Spitzen nach oben hineinstellen. Zudecken. Je nach Spargelgröße 2–5 Minuten dämpfen.

3. Den Spargel auf eine Servierplatte legen. Das Küchengarn entfernen. Die Eier halbieren und um den Spargel herum anrichten. Mit der Buttersauce, Salz, einer Pfeffermühle und einer Muskatnußreibe servieren und die oben genannten Anweisungen befolgen.

Ergibt 4 Portionen

»... Ein Mädchen mit einem Teller auf dem Kopf geht durch die Straßen und ruft ›Heißer Mais, heißer Mais‹. Im Herbst hört man diesen Ruf häufig von Kindern, die ihr Brot damit verdienen, Maiskolben an Passanten zu verkaufen. Diese werden noch grün in den Hüllblättern gekocht und schmecken mit etwas Salz, das die Kinder dabeihaben, gar köstlich.«

– *Cries of New York*, 1808–1814,
Samuel Woods

Union-Square-Market

MAIS-LIMABOHNEN-RAGOUT

Mittwochs und freitags trifft man die Küchenchefs am Union Square Market. Weil sie Touristen (und den Hobbyköchen) nicht begegnen wollen, kommen die Profis vor 8 Uhr, mit Kaffee in blauen Pappbechern vom nahe gelegenen griechischen Café in der Hand und ersten Menü-Ideen im Kopf.

Nach einigen Schlucken beginnen sie zu überlegen, unterhalten sich und assoziieren frei mit den Zutaten, um ihre Tagesgerichte zu komponieren. Dieses einfache, unwiderstehliche Gericht stammt aus einer Unterhaltung zwischen Bernard Leroy (ein französischer Koch, auf biologische Küche spezialisiert), Michael Romano (Küchenchef im Union Square Café) und einem Farmer aus Windfall Farms.

Man kann das Gericht als Vorspeise servieren (es paßt wunderbar zu Parmaschinken oder Räucherfisch) oder als Beilage zu Fleisch oder Fisch. Gibt man in den letzten 5 Minuten des Garens Hummerfleisch zu, erhält man ein köstliches Abendessen für zwei.

2 EL Butter
350 g geschälte frische Limabohnen
500 g frische Zuckermaiskörner
4 EL Schlagsahne
1/2 TL Salz
1/4 TL frisch gemahlener schwarzer Pfeffer

1. Die Butter in einer Pfanne auf mittlerer Stufe zerlassen. Limabohnen und Mais darin 3 Minuten unter Wenden garen. Sahne, Salz und Pfeffer einrühren. Das Gemüse dann auf niedrigster Stufe 7–10 Minuten weichköcheln lassen.

2. Mit extra Salz und Pfeffer abschmecken. Sofort servieren.

Ergibt als Vorspeise/Beilage 4 Portionen, als Hauptgericht 2 Portionen

Daisanns
CALLALOO

Eine Beilage zu Reis, Kartoffeln oder Mais. Die in Brooklyn lebende Calypsotänzerin und Köchin Daisann McLaine schaute dieses Rezept ihren Freunden aus Trinidad ab, als sie das Gericht für ein traditionelles Sonntagsfestessen zubereiteten. Das Sonntagslunch dauerte den ganzen Tag an.

Gekochter Mais – ein frühes New Yorker Straßenessen (links). Mit freundlicher Genehmigung der New York Public Library Picture Collection

Daisann McLaine liebt die Inselkultur – vom Tanz bis hin zum Essen.

1 EL Pflanzenöl
1 große Zwiebel, gehackt
4 Knoblauchzehen, zerdrückt
600–700 g Spinat, gewaschen, Stiele abgeschnitten und gehackt
310 g Okras, in Scheiben geschnitten
1 Chilischote (Scotch Bonnett)
625–750 ml ungesüßte Kokosmilch
1 mittelgroßer Krebs (etwa 450 g), geputzt, aber ganz
Salz und frisch gemahlener schwarzer Pfeffer (nach Geschmack)

1. Das Öl in einem Topf auf mittlerer Stufe erhitzen. Zwiebel und Knoblauch darin etwa 5 Minuten glasig werden lassen. Den Spinat nach und nach unterrühren. Okras und Chilischote zugeben. Mit der Kokosmilch übergießen und einmal umrühren. Den Krebs zugeben. Zudekken und 35 Minuten köcheln lassen, bis das Callaloo die Konsistenz von Rahmspinat hat.

2. Die Chilischote wegwerfen. Den Krebs herausnehmen, in mundgerechte Stücke zerteilen und beiseite stellen. 250–500 ml des Callaloos in der Küchenmaschine pürieren. Das Püree zurück in den Topf gießen, umrühren und noch 5–10 Minuten garen lassen, bis es aufgewärmt und etwas Flüssigkeit verdampft ist.

3. Nach Wunsch den Krebs wieder in den Topf geben. Mit Salz und Pfeffer abschmecken.

Ergibt 6 Portionen

MRS. BEAUSOJOURS KURZFÜHRER DURCH KARIBISCHES GEMÜSE

Seit über einem Vierteljahrhundert herrscht Ellie Beausojour über Körbe und Kisten eines 3 m^2 großen Stands auf La Marqueta, dem ältesten Lebensmittelmarkt der Stadt. Als sie aus Haïti nach New York kam, gab es in den dicht stehenden, schuppenähnlichen Gebäuden unter der nördlichen U-Bahnlinie einen lebhaften Handel, den niedrige Preise und unschlagbare Vielfalt förderten.

Heute ist La Marqueta so ruhig, daß man die Schuppen vibrieren hört, wenn die U-Bahn darüber hinwegfährt. Und man muß nicht mehr um Ellies Rat zu tropischen Frischwaren kämpfen. In verbeultem Filzhut und wehender Windjacke zerkleinert sie Westindischen Kürbis (Calabaza) und Xanthosomonen-Frucht (Malanga), während sie die heilsamen und kulinarischen Eigenschaften ihrer Ware anpreist:

»Die Brotfrucht ist grün und so groß wie ein riesiger Softball. Junge, harte Früchte enthalten viel Stärke, reife haben eine Struktur wie die Aubergine und schmecken mit Hackfleisch gefüllt und in der Schale gegrillt ausgezeichnet.

Boniatos sind hell, ähneln einer Kreuzung zwischen Süß- und Ofenkartoffel und schmecken auch so. Sie können auch wie beide zubereitet werden.

Korianderblätter sehen aus wie Petersilie, haben dünne, fedrige Fächer und ein wildes Aroma – ein Kraut, das südamerikanische Köche in etwa wie Petersilie verwenden.

Calabaza oder ›Westindische Kürbisse‹ haben die Größe einer großen Melone und eine gefleckte, grüne bis braungelbe Schale. Sie sind nicht so wässerig wie die meisten Kürbisse und eine Alternative zu Garten- oder gelben Winterkürbissen in Suppen und Stews.

Chayote sind weiße oder grüne Flaschenkürbisse mit dicker, höckeriger Schale. Sie schmecken wie eine Kreuzung zwischen Gurke und Zucchini und können für Suppen püriert oder mit Rosinen und Fleisch gefüllt werden.«

Beausojour empfiehlt, grüne Chayote mit Zitrone und Korianderblättern zu dämpfen; die weißen »sind gut für den Blutdruck.«

Die Jicama gleicht einer großen Rübe mit bräunlicher Schale. Sie ist knackig, saftig und leicht süß. Man kann sie schälen, kurzbraten oder mit Zwiebeln und Paprika oder exotischen Früchten zu einem Salat mischen.

Name (ausgesprochen: »Na-ach-mei«) ist eine längliche Yamswurzel mit braungescheckter Schale, die man grillt oder backt und mit sehr aromatischen Gerichten serviert.

Kochbananen sind die Gemüsebananen der Karibik. Grün enthalten sie viel Stärke und können wie Kartoffeln verwendet werden.

Reife Kochbananen sind goldfarben bis schwarz, so süß wie normale Bananen und schmecken wunderbar fritiert oder in Scheiben gegrillt.

Tamarillos sind eigroße, gelbe bis rote Früchte mit aprikosenähnlichem Geschmack. Schon eine kleine Frucht kann Saucen oder Chutneys für Schweinefleisch, Schinken oder Hühnerfleisch stark aromatisieren.

Es gibt etwa 600 verschiedene Sorten Yamswurzeln, und obwohl sie oft mit Süßkartoffeln verwechselt werden, gehören beide unterschiedlichen botanischen Familien an. Yamswurzeln können bräunlich bis schwarzblau sein; ihr Fleisch ist gelb.

Die Xanthosome hat die Form einer Yamswurzel, ist knackig und von nussig-moschusähnlichem Geschmack. Sie liefert wunderbare Chips; geschält und gekocht wird sie sahnig.

»Was darf's denn sein?« fragt Ellie Beausojour.

Multikulturelle GEMÜSEPLATTE

Die Performancelehrerin Dr. Barbara Kirshenblatt-Gimblett, die an der Tisch School der New York University unterrichtet, lebt mit ihrem Mann, dem Maler Mac Gimblett, in der Bowery Street. Im Winter macht sie gerne Spaziergänge nach China Town, Little Italy, an die Lower East Side, zum East Village und nach SoHo und kauft frisches Gemüse, während sie durch die unglaubliche Vielfalt wandert.

Diese riesige multikulturelle Platte (gewürzt mit Thailändischem Gartenessig, Rezept siehe Seite 187) ist ein Gericht, das Dr. Kirshenblatt-Gimblett über die Jahre hinweg entwickelt hat.

Es gibt kein spezifisches Rezept; der Koch muß kaufen, was gut aussieht, und es so anrichten, daß es ihm gefällt, sagt sie. Aber im folgenden bietet sie eine Anregung.

Die Gemüseplatte kann je nach Menge der Zutaten für eine beliebige Zahl von Leuten zubereitet werden. Sie eignet sich ideal für eine Gruppe von 6–8 Personen an einem großen Tisch. Die Menge an Thailändischem Gartenessig richtet sich nach der der Zutaten!

1. Eine möglichst große Platte mit Chinakohl und Brunnenkresse auslegen.

2. Lotuswurzel mit Zitronensaft 3–4 Minuten in Wasser vorkochen. Abgießen, abkühlen lassen, schälen und in 0,5 cm dicke Scheiben schneiden. Mit Umeboshi (in Salz eingelegte grüne Pflaumen) bestreichen.

3. Ganze, ungeschälte Rote Bete mit etwas Wasser in einem zugedeckten gußeisernen Gefäß im Ofen garen. Schälen und achteln. Mit Thailändischem Gartenessig beträufeln und mit Schnittlauch oder Korianderblättern mischen.

4. Frische oder tiefgekühlte Sau- oder Sojabohnen 5 Minuten kochen, dann abgießen. Nach Geschmack mit dünngeschnittenen Frühlings-

La Marqueta, der Ort für puertoricanische und kubanische Leckereien

zwiebeln und feingeschnittenen Stangenselleriebblättern, Salz und Zitronensaft mischen.

5. Jicama schälen, in Scheiben schneiden und mit Limettensaft und einer Prise Cayennepfeffer anmachen.

6. Möhren schälen und in dicke Scheiben schneiden. Mit Thailändischem Gartenessig beträufeln. Mit frischer gehackter Minze oder Basilikum mischen.

7. Daikonrettich schälen und in Scheiben schneiden.

8. Ein Dutzend Wachteleier hart kochen.

9. Perlzwiebeln kochen, abgießen, schälen und längs halbieren. Mit Balsamessig beträufeln.

10. Fenchel in Scheiben schneiden. Mit Thailändischem Gartenessig beträufeln.

11. Eichelkürbis vierteln und dämpfen, dann in Scheiben schneiden.

12. Kleine Salatkartoffeln dämpfen, dann halbieren.

13. Das Gemüse auf der Platte anrichten.

Fritierte GRÜNE BOHNEN

Die Kochbuchautorin Millie Chan kocht diese grünen Bohnen als Beilage. Mit Reis ergeben sie eine schöne, vollwertige Mahlzeit.

500 ml Maiskeim- oder Erdnußöl, zum Fritieren
700 g frische grüne Bohnen, gewaschen und geputzt
4–6 getrocknete scharfe Chilischoten (nach Geschmack)
110 g Schweinehackfleisch
1 EL dunkle Sojasauce
1 EL Reiswein
1 EL Rotweinessig
1/2 TL Salz
1 1/2 TL Zucker

1. Ein großes Sieb auf eine Metallschüssel stellen. Alle Zutaten vorbereiten und in die Nähe des Herds stellen.

2. Den Wok sehr stark erhitzen. Das Öl zugießen. Wenn es sehr heiß ist, aber noch kein Rauch aufsteigt, den Herd abschalten. Die Bohnen zugeben und auf höchster Stufe unter ständigem Rühren 3–5 Minuten kochen, bis sie sich leicht kräuseln. Den Wok vom Herd nehmen. Die Bohnen in das Sieb gießen, so daß das Öl in die Schüssel abfließen kann. Das Öl aufbewahren.

3. Den Wok auf mittlerer Stufe erhitzen. 2 Eßlöffel des beiseite gestellten Öls sowie die Chillies zugeben. Auf mittlerer Stufe 5–7 Minuten kroß braten, bis sich die Chillies dunkelbraun färben. Den Herd auf hohe Stufe stellen, das Hackfleisch zugeben und etwa 3 Minuten anbräunen. Sojasauce, Reiswein, Essig und Salz einrühren. Zucker und Bohnen zugeben, verrühren und servieren.

Ergibt 4–6 Portionen

Orientalische
GRÜNE BOHNEN

Die in Ägypten aufgewachsene Emily Russo lernte dort, wie man Fasulia, d. h. grüne Bohnen, zubereitet – neben anderen Delikatessen, die die Sephardim an jüdischen Festtagen zubereiten.

1 EL Olivenöl
3 Knoblauchzehen, feingehackt
3 kleine Schalotten, feingehackt
1 Fleischtomate, geschält, entkernt und gehackt
450 g grüne Bohnen, geputzt
2 TL frischer Zitronensaft
1 EL trockener Rotwein
1/2 TL Salz
1/4 TL frisch gemahlener schwarzer Pfeffer

1. Das Olivenöl auf mittlerer Stufe in einer beschichteten Pfanne erhitzen. Knoblauch und Schalotten zugeben, die Temperatur reduzieren und etwa 3 Minuten weich anbraten.

2. Tomate, Bohnen, Zitronensaft, Wein, Salz und Pfeffer zugeben. 3–5 Minuten köcheln lassen, bis alles weich ist. Sofort servieren.

Ergibt 4 Portionen

Möhren
MAROKKANISCHE ART

Der aus Marrakesch stammende Mohamed Jennah arbeitet als Koch in einem Haus in der Park Avenue, wo seine Art der Gemüsezubereitung für beste Stimmung bei Dinnerpartys sorgt. Das folgende Gericht sowie seine Okras (S. 145) können im voraus gekocht und kalt oder zimmerwarm als Vorspeise oder in einer heißen Sommernacht mit etwas Couscous als Hauptspeise gegessen werden. Beides ist köstlich (und wird in den zwei Tagen nach der Zubereitung noch besser), so daß es ratsam ist, mindestens die doppelte Menge zu verarbeiten.

450 g ganze Möhren, geschält und geputzt
1 EL frischer Zitronensaft
3 EL Olivenöl
1 TL edelsüßes Paprikapulver
1/2 TL Kreuzkümmel, gemahlen
1 TL Salz
1/4 TL Zimtpulver
2 EL frische Petersilie, feingehackt

1. Die Möhren auf mittlerer Stufe in einem Topf mit kaltem Wasser aufkochen lassen.

LEXIKON ASIATISCHER GEMÜSE

Asiatische Gemüsemärkte in Chinatown und Flushing bieten viel exotisches Frischgemüse. Einkäufer wissen allerdings selten, was in einem gut ausgestatteten Speiseschrank nicht fehlen darf. Hier ist ein Miniführer:

Bananenherzen: Werden wie Palmenherzen gegessen; das Innere der Bananenpflanze wird oft in Salaten verwendet. Sie gehören zur indischen Küche.

Bittermelone: Sie ist nicht mit der Melone verwandt, hat den kühlen, bitteren Geschmack von Chinin und wird in der indischen Küche verwendet.

Bok Choy: Kohl mit losen hellgrünen Blättern. Er wird in der thailändischen und chinesischen Küche verwendet.

Chinakohl: Ein Kohlkopf mit langen, hellen Blättern und feinem Aroma. Er wird in der chinesischen Küche verwendet.

Chinesischer Brokkoli: Gehört zur Kohlfamilie und schmeckt nach Brokkoli. Chinesischer Brokkoli wird in der thailändischen und chinesischen Küche verwendet.

Daikon-Rettich: Ein langer Rettich. Er ist leicht scharf und wird in der indischen und japanischen Küche verwendet.

Galgant: Meist getrocknet, in Scheiben oder als Pulver, erhältlich. Er wird in der thailändischen Küche als Gewürz verwendet und hat einen ingwerähnlichen Geschmack.

Kohlrabi: Gehört zur Kohlfamilie; dieses weiße oder violette Gemüse ist meist faustgroß. Sowohl die Blätter als auch die kohlähnlich schmeckende Wurzel sind eßbar.

Krachai: Stammt aus der gleichen Familie wie Ingwer und Galgant, ist aber schärfer im Geschmack. Mit seiner braunen Schale und dem gelben Fleisch ähnelt er der Ingwerwurzel. Krachai wird in der thailändischen Küche verwendet – manchmal ganz als Gemüse, meist aber getrocknet und gemahlen als Gewürz.

Lotuswurzel: Diese kartoffelähnliche Knolle ist der Stengel der Seerose. Getrocknet, in der Dose oder frisch erhältlich. Süßlich; wird in der indischen und chinesischen Küche verwendet.

Nori: Getrocknete Seealgen. Gewöhnlich werden Nori-Algen

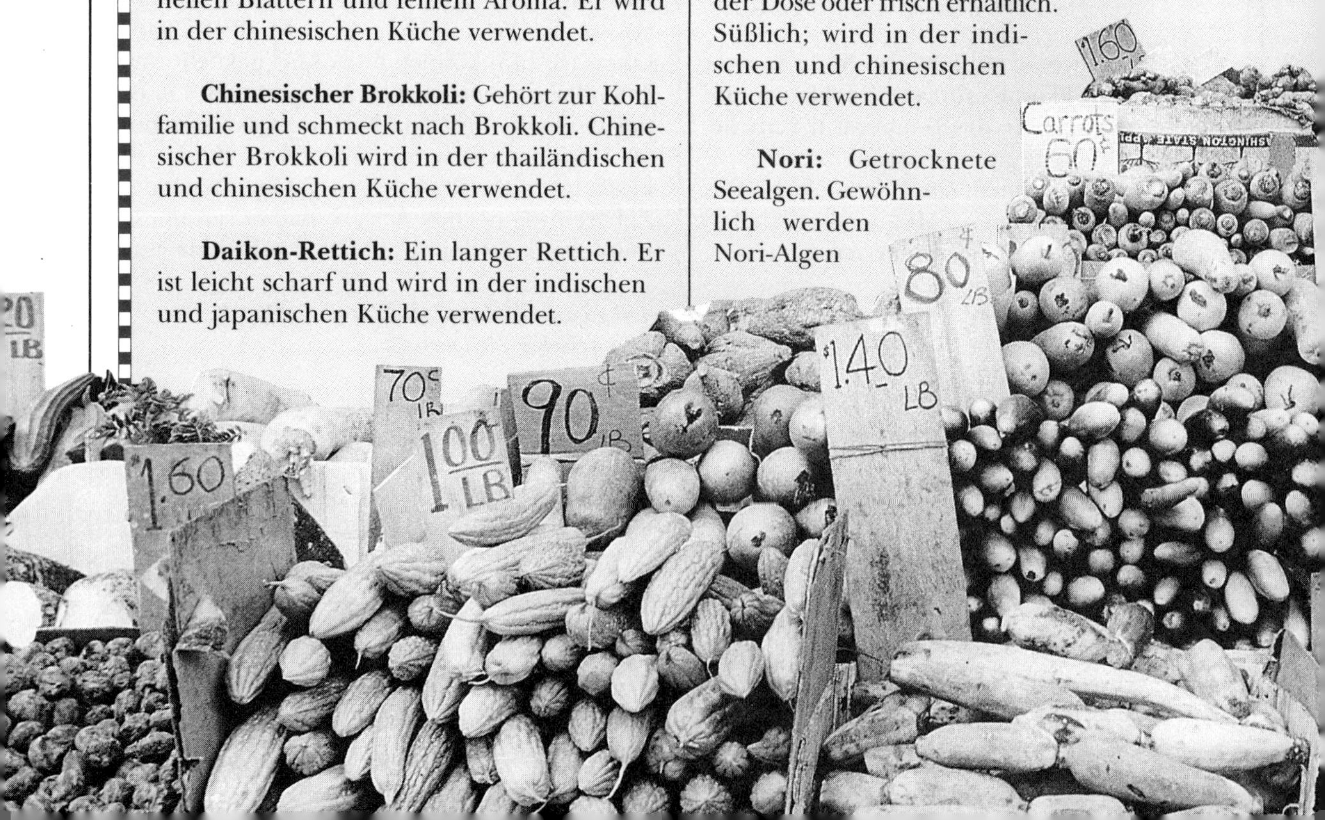

in japanischen und koreanischen Suppen und für Sushi verwendet.

Sem: Hartschalige, flache, in der indischen Küche verwendete Bohnen.

Spargelbohnen: Sie werden bis zu 1 m lang und in der thailändischen und chinesischen Küche wie grüne Bohnen verwendet.

Strohpilze: Kleine, fleischige Pilze für thailändische und chinesische Pfannengerichte.

Tulsipflanze: im Aroma schärfer als das gemeine Basilikum. Die grünblättrige Pflanze wird als Kraut in der thailändischen Küche verwendet.

Wasserspinat: Ein grünes, spitzblättriges Gemüse, das entfernt wie Spinat schmeckt und in der thailändischen und chinesischen Küche verwendet wird.

Wolkenohrpilze: Aromatische Pilze aus der Provinz Sichuan. Sie werden getrocknet in Suppen und Kurzgebratenem verwendet.

Ein asiatischer Markt mit wunderschönem Gemüse und einer überwältigenden Auswahl

10–15 Minuten weich kochen. Abgießen. Unter kaltem Wasser abkühlen.

2. Inzwischen Zitronensaft und Olivenöl in einer Schüssel zu einer Vinaigrette verquirlen. Paprikapulver, Kreuzkümmel, Salz und Zimt einrühren.

3. Möhren mundgerecht würfeln. Zur Vinaigrette geben und mischen. Petersilie einrühren. Mit Salz und Gewürzen abschmecken.

Ergibt 4 Portionen

Takis Artischocken
TÜRKISCHE ART

Takis Anoussis, der in New York als Hotelmanager arbeitet, ist ein begnadeter Hobbykoch. »Polita« ist ein Hinweis auf den türkischen Ursprung des Gerichts, das Anoussis am liebsten zu Lamm serviert (für das Lamm-Rezept seiner Frau siehe S. 300). Für eine leichtere Mahlzeit oder als Vorspeise kann Fetakäse zu den Artischocken serviert werden.

6 große Artischocken
2 Zitronen, halbiert
5 EL Olivenöl
1 gelbe Zwiebel, gerieben
1 Pfund neue Kartoffeln (etwa 10), geschält und 1,5 cm groß gewürfelt
220 g Möhren (etwa 4), geschält und in 5 cm große Stücke geschnitten
220 g Perlzwiebeln, geschält
1 TL frischer Dill, feingehackt
Salz und frisch gemahlener schwarzer Pfeffer (nach Geschmack)

1. Stiele, unterste Blätter und stachelige Blattspitzen der Artischocken entfernen. Mit einer Zitronenhälfte einreiben und in eine Schüssel mit kaltem Wasser legen.

2. Das Olivenöl auf niedriger Stufe in einem Topf erhitzen. Die geriebenen Zwiebeln darin 5 Minuten glasig werden lassen.

3. Die Artischocken hineinlegen (Stiele nach oben). Mit dem Saft einer Zitrone beträufeln und mit viel kaltem Wasser zudecken. Aufkochen lassen. Temperatur auf ein leichtes Köcheln reduzieren. Zudecken und 15 Minuten garen lassen.

4. Kartoffeln, Möhren und Perlzwiebeln zugeben. Weitere 15–20 Minuten köcheln lassen, bis Kartoffeln und Möhren weich sind, aber nicht zerfallen. Mit Dill bestreuen, salzen und pfeffern.

5. Auf vier Teller aufteilen und mit etwas Kochflüssigkeit servieren. Kann auch kalt gegessen werden.

Ergibt 6 Portionen

Weißer RÜBENBREI MIT SCHALOTTEN

Seit das Union Square Café 1985 eröffnete, überzeugte dieses Gericht selbst die, die weiße Rüben haßten. Es kann zu Fleisch oder Wild serviert werden, ist aber so nahrhaft, daß es sich auch als Hauptgericht zwischen einem Salat und dem Nachtisch eignet.

700 g weiße Rüben oder gelbe Kohlrüben, geschält und grobgewürfelt
6 große Schalotten, geschält und in dünne Scheiben geschnitten
2 EL Butter, zerlassen
250 g Schlagsahne
1 EL Butter
Salz und frisch gemahlener schwarzer Pfeffer (nach Geschmack)
1 Prise Muskatnuß, frisch gemahlen
Etwas frische Petersilie, feingehackt, zum Garnieren

1. Die Rüben in einem Topf mit kaltem Wasser aufkochen lassen. Etwa 15 Minuten weich garen (Garbprobe mit dem Messer). Abgießen.

2. Die Rüben mit Kartoffelstampfer oder Küchenmaschine pürieren; beiseite stellen.

3. Inzwischen die Schalotten in der Butter etwa 15 Minuten auf mittlerer Stufe goldbraun anbraten. Herausnehmen und auf Küchenpapier abtropfen lassen.

4. Einen Topf auf mittlerer Stufe erhitzen. Sahne und den Eßlöffel Butter darin zum Köcheln bringen. Das Rübenpüree zugeben. Kurz umrühren. Mit Salz, Pfeffer und Muskatnuß abschmecken.

5. Das Püree mit reichlich Schalotten und etwas Petersilie garniert sofort servieren.

Ergibt 8 Portionen

Frische Schalotten auf dem Union Square Greenmarket

Mrs. Verdillos RÜBENKOHL

Opernsänger Thomas »Tomasso« Verdillo, dem das Tomasso-Restaurant in Brooklyn gehört, sagt, dieses süditalienische Rezept stamme von seiner Mutter Ida – ein einfaches Gericht, das es in seiner Kindheit oft zum Abendessen gab. Er serviert es als warme Vorspeise oder Beilage zu gegrillter oder gebackener Finocchiona auf einem Sandwich.

2 EL extra natives Olivenöl
4 Knoblauchzehen, geschält
1 Prise getrocknete rote Chiliflocken
900 g Sprossenbrokkoli (Cime di rapa), harte Enden abgeschnitten, gut gewaschen, jedoch nicht abgetrocknet
1 Prise Salz
4 EL Hühnerbrühe (nach Belieben)

1. Das Öl und den Knoblauch in einem schweren Topf mit Deckel auf mittlerer Stufe mischen. Chiliflocken zugeben und 5 Minuten braten, bis der Knoblauch hellgelb ist.

2. Den Brokkoli und das Salz zugeben und 5–7 Minuten zugedeckt dämpfen, bis der Kohl gar ist. Wenn der Topf zu trocken wird, etwas Hühnerbrühe oder Wasser zugeben. Sofort servieren.

Ergibt 4 Portionen

Mr. Jennahs

OKRAS ARABISCHE ART

Ein weiteres köstliches Rezept von Mohamed Jennah, dem Createur der herrlichen Möhren marokkanische Art (siehe Seite 141).

1 EL Olivenöl
2 Knoblauchzehen, geschält
900 g ganze Eiertomaten
½ TL frisch gemahlener weißer Pfeffer
1 EL edelsüßes Paprikapulver
2 TL Salz
1 TL Zimtpulver
¼ TL Cayennepfeffer (nach Belieben)
Saft von 1 Zitrone
900 g Okras, Stengel entfernt, jede Okra quer gedrittelt

1. Das Öl in einer beschichteten Pfanne auf mittlerer Stufe erhitzen. Den Knoblauch 3–5 Minuten darin goldgelb werden lassen, dann herausnehmen.

2. Die Tomaten in der Küchenmaschine grob pürieren. Pfeffer, Paprika, Salz, Zimt, Cayennepfeffer und Zitronensaft zugeben. Gut umrühren. Die Sauce auf niedriger Stufe 30 Minuten köcheln lassen.

3. Inzwischen einen Topf mit Wasser aufkochen lassen. Die Okras zugeben. Etwa 20 Minuten köcheln lassen, bis sie gar sind. Gut abgießen.

4. Die Okras in die Sauce geben. Weitere 10 Minuten köcheln lassen. Servieren.

Ergibt 4 Portionen

Angelas

PASTINAKEN MIT BRUNNENKRESSE

Angela Carter, die Eigentümerin von Irish Books in SoHo, empfiehlt dieses aromatische Gericht zu Schweinekotelett oder -wurst. Reste, sagt sie, schmecken großartig auf Toast.

4 Pastinaken, geschält und in 1,5 cm dicke Scheiben geschnitten
1 Bund Brunnenkresse, gewaschen, grobe Stengel entfernt
6 Schalotten, feingehackt
2 Knoblauchzehen, feingehackt
1 EL Butter
Salz und frisch gemahlener schwarzer Pfeffer (nach Geschmack)
60 g Cheddar, gerieben (nach Belieben)

1. 250 ml Wasser in einem Topf auf mittlerer Stufe aufkochen lassen. Pastinaken in einem

Angela Carter von Irish Books

gelochten Topfeinsatz in den Topf stellen. Zugedeckt 15 Minuten dämpfen. Vom Herd nehmen und beiseite stellen.

2. Die Brunnenkresse im Topf 5 Minuten dämpfen, herausnehmen und beiseite stellen.

3. Inzwischen Schalotten und Knoblauch in einer Pfanne auf niedriger Stufe in der Butter andünsten. Vom Herd nehmen und abkühlen lassen.

4. Den Ofen auf 180 °C vorheizen.

5. Pastinaken, Brunnenkresse, Schalotten, Knoblauch, Salz und Pfeffer in einer Küchenmaschine 20 Sekunden zu einer glatten Mischung verarbeiten. In eine 22 cm große Kasserole löffeln.

6. 10–20 Minuten ohne Deckel im Ofen durchwärmen.

7. Aus dem Ofen nehmen. Mit Cheddarkäse bestreuen. Etwa 5 Minuten grillen, bis der Käse Blasen wirft und sich bräunt.

Ergibt 4 Portionen

Überbackener Blumenkohl

GRIECHISCHE ART

Die in Astoria (Queens) lebende Grundschullehrerin Daka Tikasis lernte von ihrer Großmutter in Athen die Zubereitung dieses

Gerichts. Sie kredenzt es noch immer zu Familienessen als Beilage.

1 Blumenkohl, in Röschen zerteilt
380 ml Hühnerbrühe (Rezept S. 47 oder Dosenware)
1 Tomate, feingehackt
1 EL frischer oder 1½ TL getrockneter Oregano
1 TL Salz
½ TL frisch gemahlener schwarzer Pfeffer
150 g Fetakäse, zerkrümelt
175 g Semmelbrösel
2 EL Olivenöl

1. Den Ofen auf 180 °C vorheizen.

2. Die Blumenkohlröschen in einer Ofenform (22 x 28 cm) mit der Brühe übergießen. Tomate, Oregano, Salz und Pfeffer darüber streuen. Anschließend den Fetakäse gut untermischen.

3. Die Ofenform mit Alufolie zudecken. 45 Minuten backen. Die Folie abnehmen; 30 weitere Minuten backen, bis der Blumenkohl zart ist.

4. Die Semmelbrösel im Olivenöl wenden. Über den Blumenkohl streuen. Weitere 30 Minuten backen, bis sie goldbraun sind.

Ergibt 4 Portionen

Weiße-Rüben-PFANNKUCHEN

Aus seiner Kindheit im irischen County Cork hat James O'Shea besonders die Weiße-Rüben-Pfannkuchen seiner Großmutter O'Neill in Erinnerung. Nachdem er nach New York gezogen war, probierte er von den hier verfügbaren Zutaten »mal ein bißchen hiervon, mal ein bißchen davon«. Er glaubt, daß auch Grandma O'Neill die Zugabe von Ingwer und Sesamöl gutheißen würde. Man kann sie als Vorspeise oder als Beilage servieren.

4 mittelgroße weiße Rüben, geschält und 4 cm groß gewürfelt
2 pfenniggroße Scheiben frischer Ingwer, geschält und leicht zerdrückt
1 TL asiatisches Sesamöl
8 EL (110 g) Butter, in Stücke geschnitten
1 Prise grobes Meersalz
frisch gemahlener schwarzer Pfeffer (nach Geschmack)
5 EL Schlagsahne
35 g Mehl
Maismehl, zum Bestäuben
2 EL Olivenöl, zum Andünsten

1. Die Rüben und den Ingwer in einem Topf mit kaltem Wasser bedecken. Das Sesamöl zugeben. Auf mittlerer Stufe aufkochen lassen. 25 Minuten weich garen (Garbprobe mit dem Messer). Vom Herd nehmen und abgießen. Anschließend die Rüben in einem Topf 7–8 Minuten vorsichtig auf kleiner Stufe trocknen; gelegentlich rühren, damit sie nicht ansetzen.

2. Die Rüben vom Herd nehmen, Butter zugeben und alles mit einem Kartoffelstampfer zerdrücken, bis die Masse leicht klumpt. Salzen, pfeffern, Sahne und Mehl zugeben. Gut durchrühren und zum Abkühlen beiseite stellen.

3. Aus der Mischung kleine, etwa 5 cm dicke Pfannkuchen formen. Mit Maismehl bestäuben. Mit einem Handtuch zugedeckt 1–2 Stun-

Beim Auswählen von Ingwer sollte man auf dicke »Finger« und eine glatte Schale achten.

den kalt stellen. Vor dem Kochen wieder auf Zimmertemperatur bringen.

4. Das Olivenöl in einer Pfanne auf mittlerer Stufe erhitzen. Einige Pfannkuchen hineingeben (nicht zu viele) und 5 Minuten auf jeder Seite anbräunen. Auf einer vorgewärmten Servierplatte warmhalten, bis alle Pfannkuchen gebraten sind.

Ergibt 4 Portionen

Mr. Berger vom Famous Dairy Restaurant

Famous Dairys

ORIGINALER GEMÜSEBRÄTLING

Koschere Restaurants mit Milchspeisen haben in New York von jeher das Problem, fleischähnliche Gerichte zu servieren, ohne Essensvorschriften zu verletzen. »Der Gemüsebrätling ist quasi die archetypische Antwort darauf«, sagte Mr. Berger, Eigentümer des Famous Dairy Restaurants in Borough Park, Brooklyn: »Weder milchig noch fleischig, sondern Gemüse, und man hat danach das Gefühl, als hätte man ein Steak gegessen.«

BRÄTLING
450 g Möhren, geschält und geraspelt
220 g weiße Rüben, geschält und geraspelt
1 Blumenkohl, in Röschen zerteilt
1 kleine Zwiebel, gerieben
2 Knoblauchzehen, feingehackt
300 g tiefgekühlte grüne Erbsen
220 g frische grüne Bohnen, geputzt, mundgerecht geschnitten und blanchiert
2 Eier
125 g Matzenmehl
75 g Semmelbrösel
1 TL frisch gemahlener schwarzer Pfeffer
1 TL Salz
3 EL Gemüsebouillon-Pulver, aufgelöst in 250 ml Wasser

SAUCE
2 EL Butter
1 mittelgroße Zwiebel, feingehackt
900 g Champignons, in dünne Scheiben geschnitten
3 EL Gemüsebouillon-Pulver, aufgelöst in 1 l Wasser
1/4 TL frisch gemahlener schwarzer Pfeffer
2 TL Pfeilwurz, aufgelöst in 4 EL kaltem Wasser

1. Den Ofen auf 180 °C vorheizen. Ein Backblech leicht einfetten.

2. Alle Brätling-Zutaten in einer Schüssel gut mit den Händen mischen. 8 je 2,5 cm dicke Brätlinge formen und mit 2,5 cm Abstand auf das Backblech legen. 1 Stunde backen, bis sie leicht gebräunt und durchgewärmt sind.

3. Für die Sauce inzwischen die Butter in einer Pfanne auf mittlerer Stufe zerlassen. Die Zwiebeln darin etwa 5 Minuten goldgelb braten. Die Pilze zugeben, teilweise zudecken und etwa 10 Minuten unter gelegentlichem Rühren andünsten, bis sie weich sind.

4. Bouillonmischung und Pfeffer zugeben. Gut durchrühren. 20–30 Minuten köcheln lassen, bis die Flüssigkeit um die Hälfte reduziert ist.

5. Vom Herd nehmen. Den aufgelösten Pfeilwurz unterschlagen. Auf sehr niedrige Stufe zurückstellen und etwa 3 Minuten andicken lassen (nicht kochen).

6. Die Brätlinge mit der Sauce servieren.

Ergibt 8 Portionen

Gegrillte AUBERGINE

Die Pianistin Sonja Chong grillt diese Auberginen auf ihrer Terrasse in der Upper West Side Manhattans. Sie schmecken aber genauso köstlich, wenn man sie im Ofen grillt.

3 EL Sichuan-Chili-Paste
1 EL dunkle Sojasauce
2 EL trockener Sherry oder chinesischer Reiswein
3 EL Rotweinessig
2 EL Zucker
100 ml asiatisches Sesamöl
1 EL Knoblauch, gehackt
Salz (nach Geschmack)
4 kleine Auberginen (220–450 g Gesamtgewicht), Enden abgeschnitten, längs halbiert

1. Alle Zutaten außer den Auberginen in einer Schüssel gut mischen. Dann die Auberginen zugeben, ebenfalls gut untermischen und mindestens 1–4 Stunden marinieren.

2. Gartengrill vorbereiten oder Backofengrill vorheizen; Grillblech mit Alufolie auslegen.

3. Gartengrill: Die Auberginen aus der Marinade nehmen, sobald die Kohlen weiß sind. 15 Minuten auf der Folie grillen, dann die Folie vom Grill nehmen, die Auberginen umdrehen und eine weitere Minute grillen, bis sie leicht gebräunt sind. Darauf achten, daß sie nicht anbrennen!

Backofengrill: Die Auberginen auf mittlerer Schiene unter häufigem Wenden 5–10 Minuten grillen, bis sie weich sind. Der zweite Garschritt ist hier nicht notwendig.

4. Die Auberginen vor dem Servieren in 1,5 cm große Stücke schneiden.

Ergibt 2 Portionen

Gefüllte ZUCCHINI

Vor vielen Jahren kostete ich dieses außergewöhnliche Gericht bei einer Party im West Village. Als ich um das Rezept bat, gab man mir eine Kopie eines »Nachbarschaftskochbuches«, des *Charles Street Association Cookbook*. Auf ihm basiert dieses – leicht abgewandelte – Rezept.

2–3 mittelgroße Zucchini
60 g Walnüsse, feingehackt
100 g Rosinen, gehackt
100 g getrocknete Aprikosen, feingehackt
1 Prise Muskatnuß, frisch gerieben
1 Prise Zimtpulver
90 g Honig
4 EL (60 g) Butter
1 Prise getrockneter Rosmarin, zerdrückt

1. Den Ofen auf 200 °C vorheizen.

2. Die Zucchini putzen und längs halbieren. Jede Hälfte dritteln. Etwas Fleisch herauslöffeln, so daß jedes der 6 Stücke eine Vertiefung in der Mitte hat.

3. In einer kleinen Schüssel Walnüsse, Rosinen, Aprikosen, Muskatnuß, Zimt und Honig mischen. Dann in die ausgehöhlten Zucchini löffeln und diese in eine Ofenform legen. Auf jedes Stück etwas Butter geben. Mit Rosmarin bestreuen.

4. Die Ofenform mit Alufolie zudecken. 20–30 Minuten backen, bis die Zucchini zart, aber noch bißfest sind. Heiß servieren.

Ergibt 4 Portionen

Gail Vogels

GRILLGEMÜSE-TELLER

Gail Vogel, die in Manhattans Upper West Side Singlepartys ausrichtet, grillt regelmäßig Paprikaschoten, die sie im Kühlschrank in Olivenöl eingelegt aufbewahrt und ihren Gästen mit Oliven oder Mozzarella vorsetzt (siehe S. 28 für ihr Rezept). Wenn man zu dem Gericht Auberginen oder andere Sommergemüse sowie Fisch oder Huhn serviert, wird es zu einem vollwertigen Abendessen. In lauen Sommernächten macht es auch ohne Beilage satt.

250 ml Olivenöl
3 große Auberginen, längs in 1,5 cm dicke Scheiben geschnitten
3 Zucchini, geputzt und längs halbiert
3 gelbe Kürbisse, geputzt und längs halbiert
100 g frische Basilikumblätter, gewaschen und trockengetupft
2 TL Salz
1 TL frisch gemahlener schwarzer Pfeffer
3 rote Paprikaschoten
3 grüne Paprikaschoten

1. Den Gartengrill vorbereiten.

2. 125 ml Olivenöl in eine kleine Schüssel geben. Mit einem Teigpinsel Auberginen-, Zucchini- und Kürbisscheiben leicht mit Öl benetzen.

3. Das restliche Öl mit den Basilikumblättern in einer Schüssel so mischen, daß sie rundum benetzt sind. Salz und Pfeffer zugeben und beiseite stellen.

4. Wenn der Grill heiß ist, die Paprika grillen. Häufig wenden, damit sie nicht anbrennen. Sobald sie weich sind und außen ganz schwarz, in einen großen Papierbeutel legen. Verschließen und die Paprika ausdampfen lassen. Auberginen, Zucchini und Kürbis auf jeder Seite grillen, bis sie leicht gebräunt sind. Dann zum Abkühlen auf ein Tablett legen.

5. Die Paprika aus der Tüte nehmen. Schale vorsichtig herunterreiben, Stiele und Kerne entfernen, dann in 0,5 cm dicke Streifen schneiden; zum Basilikum geben. Abgekühlte Zucchini, Auberginen und Kürbis in 1,5 cm große Stücke schneiden, zu den Paprika geben und alles gut mischen. Zudecken und kalt stellen.

Ergibt 8 Portionen

Der Speisesaal von La Côte Basque in einem ruhigen Augenblick. Photo mit freundlicher Genehmigung von La Côte Basque

Gefülltes GEMÜSE

In dem Buch *Unanswered Prayers* beschreibt Truman Capote »La Côte Basque« als lange bevorzugten Treffpunkt einiger Damen zum Lunch.

»Das Côte Basque befindet sich im Ostteil der 55th Street (...). Es ist der Ort, an dem sich ursprünglich Le Pavillon befand, der 1940 von dem angesehenen Gastwirt Henry Soulé gegründet wurde.« Capote erzählt, Mr. Soulé, der den Pavillon nach einem Streit mit dem Vermieter verlegte, sei einige Jahre später dahin zurückgekehrt, um das Côte Basque zu gründen, das drei Jahrzehnte lang Mittelpunkt der New Yorker Society bleiben sollte.

In den frühen siebziger Jahren war das Restaurant, so Capote, noch immer eine Instanz für soziales Ansehen gewesen. »Bevorzugte Kunden, die der Gastwirt mit untrüglichem Snobismus auswählte, fanden in dem mit Bänken versehenen Eingangsbereich Platz – eine Praxis, die jedes New Yorker Restaurant von nachgewiesenem Schick einführte (...).« Die Themen beim Lunch wechselten, aber eines blieb unverändert: die imposante Platte mit gefülltem Gemüse, die an jedem Tisch serviert wurde.

»Es gibt zumindest einen Bereich, in dem sich die Reichen (...) von anderen unterscheiden. Sie verstehen etwas von Gemüse«, erklärt Lady Coolbirth Jonsey in Capotes Geschichte.

Hier sind einige Rezepte für gefülltes Gemüse, das noch heute im Restaurant serviert wird.

GEFÜLLTE ZWIEBELN

4 Zwiebeln
3 EL Butter
2 EL Crème fraîche
4 EL Emmentaler, zerkleinert
1/2 TL Salz
1/4 TL Muskatnuß, frisch gemahlen
1 Eigelb, verquirlt
75 g Semmelbrösel
500 ml Hühnerbrühe (Rezept S. 47 oder Dosenware)

1. Wasser in einem Topf aufkochen lassen. Die Zwiebeln 5 Minuten blanchieren, abgießen und zum Abkühlen beiseite stellen.

2. Die Zwiebeln mit einem Messer oder Löffel aushöhlen. Die drei äußersten Blätter ganz lassen. Einen soliden Boden lassen.

3. Die ausgehöhlten Zwiebeln in eine Ofenform legen. Das Zwiebelinnere fein hacken.

4. Den Ofen auf 180 °C vorheizen.

5. 2 Eßlöffel Butter in einer beschichteten Pfanne erhitzen. Die gehackten Zwiebeln darin etwa 10 Minuten unter ständigem Rühren fast goldgelb werden lassen.

6. Vom Herd nehmen. Crème fraîche, Käse, Salz, Muskatnuß, Eigelb und die Hälfte der Semmelbrösel unterrühren.

7. Die Mischung auf die ausgehöhlten Zwiebeln verteilen. Mit den übrigen Semmelbröseln bestreuen und mit der restlichen Butter bestreichen. Die Brühe in die Ofenform gießen und mit Alufolie zudecken. 30 Minuten backen, bis die Zwiebeln heiß und zart sind.

Ergibt 4 Portionen

GEFÜLLTE ARTISCHOCKEN

Saft von 1 Zitrone
8 große Artischocken, Stiele abgeschnitten
1/2 Zitrone
1 EL Schalotten, feingehackt
1 EL Olivenöl
900 g frischer Spinat, gewaschen und feingehackt
4 EL geräucherter Schinken, feingehackt
1 1/2 TL feine Semmelbrösel
5 EL Crème fraîche
1/4–1/2 TL Salz
1 Prise frisch gemahlener schwarzer Pfeffer
2 Eigelb

1. Zitronensaft in einem großen Gemüsetopf mit Wasser mischen. Artischocken zugeben und 30–40 Minuten dämpfen. Vollständig abkühlen lassen. Stiele, unterste Blätter und stachelige Blattspitzen entfernen. Die Herzen mit der Zitronenhälfte einreiben und kalt stellen.

2. Den Ofen auf 180 °C vorheizen.

3. Die Schalotten in einer beschichteten Pfanne etwa 3 Minuten im Öl glasig werden lassen. Spinat zugeben, durchrühren, zudekken und etwa 2 Minuten garen, bis er zusammenfällt. Ohne Deckel etwa 5 Minuten kochen, bis die ganze Flüssigkeit verdampft ist.

4. Schinken, Semmelbrösel und Crème fraîche unterrühren. Salzen und pfeffern. Eigelb unterrühren und etwa 3 Minuten ohne zu rühren auf niedriger Stufe garen, bis es gestockt ist.

5. Die Mischung in die Artischockenherzen löffeln. Diese auf einem Backblech 10 Minuten backen, bis sie durchgewärmt sind. Heiß servieren.

Ergibt 4 Portionen

GEFÜLLTE CHAMPIGNONS

24 Champignons
1 Zitrone, halbiert
3 EL Butter
2 Schalotten, feingehackt
1/2 Knoblauchzehe, feingehackt
1 Scheibe Speck, feingehackt
2 Anchovis-Filets, feingehackt
2 El frische Petersilie, feingehackt
4 EL Semmelbrösel
1/4 TL Salz
1/4 TL frisch gemahlener schwarzer Pfeffer
250 ml Weißwein
1 EL trockener Sherry, Rotwein oder Portwein

1. Von 16 Champignons die Stiele wegschneiden. Die Kappen mit einer Zitronenhälfte einreiben und in eine Ofenform legen. Stiele und die restlichen Champignons fein hacken.

2. 2 Eßlöffel Butter in einer Pfanne erhitzen. Schalotten, Knoblauch und Speck 3 Minuten darin andünsten. Die gehackten Pilze zugeben und etwa 10 Minuten dünsten, bis sie gar sind.

3. Anchovis-Filets, Petersilie und die Hälfte der Semmelbrösel zugeben, so daß eine feste, aber knetbare Mischung entsteht. Salzen und pfeffern.

4. Den Ofen auf 180 °C vorheizen.

5. Die Mischung auf die Pilzkappen verteilen. Mit den restlichen Semmelbröseln bestreuen. Die restliche Butter in Flöckchen auf die Pilze verteilen.

6. Weißwein und Sherry in einem Topf 5 Minuten erhitzen, bis der Alkohol verdampft ist. Vorsichtig in die Ofenform gießen.

7. 15–20 Minuten backen, bis die Champignons durchgewärmt und die Semmelbrösel goldgelb sind.

Ergibt 4 Portionen

Frische Champignons mit festen Kappen – ideal zum Füllen

GEFÜLLTE TOMATEN

4 reife Tomaten, oben aufgeschnitten
3 EL Olivenöl
2 kleine Zwiebeln, gehackt
2 Knoblauchzehen, feingehackt
2 Finocchiona-Würste, gehackt
1 reife Tomate, geschält, entkernt und gehackt
2 EL frischer Thymian

1. Den Ofen auf 120 °C vorheizen. Eine flache Ofenform leicht einfetten.

2. Die Tomaten mit einem kleinen Löffel aushöhlen, das Fleisch soweit möglich ohne Kerne aufbewahren. Ausgehöhlte Tomaten beiseite stellen.

3. Das Öl auf mittlerer Stufe in einer Pfanne erhitzen. Zwiebeln und Knoblauch darin 5 Minuten andünsten, bis die Zwiebeln glasig sind. Wurst, Tomatenfleisch, gehackte Tomate und Thymian zugeben. Etwa 5 Minuten dünsten. Vom Herd nehmen und abkühlen lassen.

4. Die Füllung gleichmäßig auf die ausgehöhlten Tomaten verteilen. Diese in die Ofenform stellen und mit Alufolie zudecken. Je nach Tomatengröße 30–40 Minuten backen, bis sie weich und heiß sind.

Ergibt 4 Portionen

Brooklyner CHOW MEIN-GEMÜSE

Jimmy Chin war sechs und sein Bruder Wolley acht, als sie und ihre Familie in den vierziger Jahren aus der chinesischen Provinz Kanton in das jüdische Viertel von Brownsville (Brooklyn) zogen. Sie lernten, die Gerichte ihrer Mutter dem Geschmack von Freunden aus der Nachbarschaft anzupassen, also koscher zu kochen und so, daß das Essen mitgenommen werden konnte.

Nach Chow mein – einem in Amerika erfundenen Gericht – »verlangten alle meine besten Freunde«, sagte Jimmy Chain. Hier ist die Brooklyner Version des Gerichts.

4 EL Pflanzenöl
1 Msp. Knoblauch, feingehackt
380 ml Hühnerbrühe (Rezept S. 47, hausgemachte Hühner- oder Gemüsebrühe oder Dosenware)
4 EL trockener Sherry
1/2 weiße Zwiebel, in Scheiben geschnitten
90 g frische Bohnensprossen
100 g Bok Choy oder Chinakohl, zerkleinert und gewaschen
70 g Selleriestangen, kleingeschnitten
4 EL Bambussprossen, kleingeschnitten
1 Frühlingszwiebel, gekürzt und feingehackt
1 TL Salz
1/2 TL Zucker
1 Prise frisch gemahlener schwarzer Pfeffer
5 Tropfen asiatisches Sesamöl
2 EL Maisstärke, aufgelöst in 2 EL kaltem Wasser
4 Wantan- oder Frühlingsrollen-Hüllen, knusprig fritiert und kleingeschnitten, zum Garnieren

1. Einen oft gebrauchten bzw. mit einer Fettschicht versehenen Wok erhitzen, bis er fast raucht. Pflanzenöl und Knoblauch zugeben. Einige Sekunden unter Rühren anbraten. Brühe und Sherry zugeben. Eine Minute kochen. Zwiebel, Bohnensprossen, Bok Choy, Sellerie, Bambussprossen und Frühlingszwiebel zugeben. Aufkochen lassen. 4 Minuten kochen.

2. Salz, Zucker, Pfeffer und Sesamöl einrühren. Erneut aufkochen lassen. Maisstärke einrühren, bis die Flüssigkeit andickt. Mit fritierten Wantanstücken bestreuen.

Ergibt 2 Portionen

Pikante

KICHERERBSENPASTETE

Der Manhattaner Designer Bob Rogers arbeitet beim Theater, in der Mode und für die Textilbranche. Als Teil einer Diät erfand er dieses Rezept, das ein aromatischer, gut gewürzter Fleischersatz sein soll. Er serviert die Pastete als Hauptgericht oder als Dip zu Pitabrot als Vorspeise.

900 g Kichererbsen (Dosenware)
2 EL Distelöl
1 großes Ei
1 Knoblauchzehe, feingehackt
1 EL Mehl
1 EL Chili-Gewürzmischung
1½ TL Kreuzkümmel, gemahlen
½ TL edelsüßes Paprikapulver
50 g Frühlingszwiebel, feingehackt, zum Garnieren
gedämpfter Vollkornreis, als Beilage

1. Den Ofen auf 180 °C vorheizen. Eine Kastenform (22 x 14 cm) einfetten.

2. Die Kichererbsen samt Flüssigkeit, Öl, Ei, Knoblauch, Mehl, Chili-Gewürzmischung, Kreuzkümmel und Paprikapulver in einer Küchenmaschine glattpürieren.

3. Die Mischung in die Form gießen. 1¼–1½ Stunden backen, bis sie sich etwas gesetzt und goldbraun gefärbt hat.

4. Die Pastete mit den Frühlingszwiebeln garnieren und heiß mit gedämpftem Vollkornreis servieren.

Ergibt 8 Portionen als Hauptgang

Hamburger Mary's

YAMSWURZELSOUFFLÉ

Auf dem Höhepunkt seiner Popularität in den späten dreißiger Jahren verkaufte Hamburger Mary's an der Ecke 17 West 51st Street Hamburger und Brathähnchen. »Mary selbst wiegt leichte 180 Pfund, singt in Major Bows Radiotalentschuppen und zählt hohe Tiere zu ihren Freunden«, schrieb Diana Ashley in ihrem Buch *Where to Dine in '39*, wo dieses

Rezept erschien. Das herzhafte Soufflé gehört zum Repertoire vieler alter New Yorker Restaurants. Man kann auch statt Yamswurzeln Süßkartoffeln verwenden.

3 große Yamswurzeln
3 EL plus 1 TL Zucker
3 große Eier, getrennt
3 EL plus ½ TL Butter
1 Msp. Zimtpulver
1 Msp. Muskatnuß, frisch gemahlen
1 Prise Salz, evtl. auch mehr
2 EL Milch

1. Den Ofen auf 200 °C vorheizen. Eine Ein-Liter-Souffléform leicht einfetten.

2. Die Yamswurzeln in einen großen Topf legen, mit Wasser bedecken und 20–30 Minuten kochen, bis sie weich sind. Abgießen und abkühlen lassen.

3. Die Yamswurzeln schälen. In einer Schüssel zerdrücken. Mit einem Teelöffel Zucker, Eigelb, 2 Eßlöffeln Butter, Zimt, Muskatnuß, Salz und Milch gut verquirlen.

4. Das Eiweiß in einer Schüssel sehr steif schlagen, dann unter die Yamswurzelmischung heben.

5. Die Yamswurzelmischung in die Souffléform gießen. Die restliche Butter darauf geben und mit 3 Eßlöffeln Zucker bestreuen. 30 Minuten goldbraun backen. Heiß servieren.

Ergibt 6 Portionen

Horn & Hardart's

GEBACKENE BOHNEN

Horn & Hardart, der »Automat«, der versprach, Müttern die Arbeit zu erleichtern, zählte auf dem Höhepunkt seines Ruhms in New York City 34 Restaurants und 15 Geschäfte. Die Magie des Automaten mit kleinen Fenstern, hinter denen man jedes Gericht sehen und die man öffnen konnte, wenn man den richtigen Betrag einwarf, sowie die Inneneinrichtung der Läden im Industriedesign haben die Kindheit einiger New Yorker geprägt. Das gilt auch für den Geschmack von Horn & Hardart's Baked Beans.

Der erste Automat öffnete seine Pforten 1903. Obwohl das New Yorker Flaggschiff als letzter Automat 1991 endgültig seine Pforten schloß, gehören die Rezepte zu den besten ihrer Klasse: Sie sind leicht zuzubereiten, können im voraus gekocht werden, werden mit der Zeit immer besser und sind bei nostalgieverliebten New Yorkern zeitlebens beliebt.

Öffnen eines Automatenfensters bei Horn & Hardart's. Foto: UPI/Bettmann

450 g weiße Bohnen, über Nacht eingeweicht
130 g Zwiebeln, gehackt
4 Scheiben Speck, gewürfelt
2 EL Zucker
1 EL Senfpulver
½ TL Cayennepfeffer
350 g Zuckerrübensirup
2 EL Apfelessig
380 ml Tomatensaft
Salz (nach Geschmack)

1. Die Bohnen abgießen, in einem Topf mit frischem Wasser bedecken. Auf mittlerer Stufe aufkochen lassen. Temperatur reduzieren und 45–60 Minuten ohne Deckel köcheln lassen, bis sie fast gar sind. Abgießen.

2. Den Ofen auf 120 °C vorheizen.

3. Die Bohnen in eine Ofenform oder Kasserole geben. Zwiebeln, Speck, Zucker, Senfpulver, Cayennepfeffer, Zuckerrübensirup, Essig, Tomatensaft und 250 ml Wasser einrühren.

4. Die Bohnen etwa 4 Stunden ohne Deckel backen, bis sie ganz weich sind. Falls nötig, mehr Wasser zugießen, damit sie nicht austrocknen. Mit Salz abschmecken.

Ergibt 8 Portionen

Sophies
DICKE BOHNEN

Nick Malekos liebt die Einfachheit dieses Gerichts. »Man muß nur darauf achten, daß die Bohnen nicht ansetzen, und wenn nötig mehr Brühe zugeben«, erklärt er. Seine Schwester Sophie lernte von ihrer in Griechenland geborenen Mutter Bessie, wie man Dicke Bohnen kocht.

Nick Malekos hält die Familientradition am Leben.

1 große Zwiebel, gehackt
2–3 EL Olivenöl
450 g gelbe Splittererbsen, gewaschen und verlesen
1,5 l Hühnerbrühe (Rezept S. 47 oder Dosenware)
1 TL getrockneter Majoran
1 TL getrockneter Thymian
Salz und frisch gemahlener schwarzer Pfeffer (nach Geschmack)
Frühlingszwiebeln, gehackt, zum Garnieren

1. Die Zwiebel in einer großen Pfanne auf mittlerer Stufe im Olivenöl 8 Minuten leicht anbräunen.

2. Splittererbsen, die Hälfte der Hühnerbrühe und die trockenen Kräuter zugeben. Temperatur auf ein Köcheln reduzieren. Unter gelegentlichem Umrühren garen. Nach und nach mehr Brühe zugeben, bis das Gericht die Konsistenz von Kartoffelbrei hat. Wenn die Erbsen die Brühe ganz aufgenommen haben, sind sie gar (30–40 Minuten). Mit Salz und Pfeffer abschmecken.

3. Mit Frühlingszwiebeln bestreuen.

Ergibt 4 Portionen

Judy Rundels
KARTOFFELCHIPS

Judy Rundel ist Werbemanagerin bei St. Martin's Press in Cobble Hill (Brooklyn). Wenn sie diese Kartoffeln kocht, schneidet sie sie teils dick, teils dünn, um den Hausfrieden zu wahren: Sie mag die Kartoffeln dick, ihr Mann mag sie dünn und knusprig. So oder so sind sie leicht zu machen und wohlschmeckend.

8 TL (110 g) Butter
8 mittelgroße Ofenkartoffeln, geschrubbt und 3 mm dick geschnitten
1/2 TL Senfpulver
1/2 TL scharfes Paprikapulver
1/4 TL Chili-Gewürzmischung
1 kleine Zwiebel, feingehackt
2 TL Salz

1. Den Ofen auf 220 °C vorheizen. Zwei Backbleche gut mit Butter einfetten.

2. Die Kartoffelscheiben überlappend in einer Lage auf die Backbleche legen.

3. Die Butter in einem Topf auf mittlerer Stufe zerlassen. Vom Herd nehmen und Senfpulver, Paprika, Chili-Gewürzmischung und Zwiebel einrühren. Die gewürzte Butter mit einem Löffel reichlich auf die Kartoffeln träufeln.

4. Die Kartoffeln mit Salz bestreuen. Etwa 45 Minuten backen, bis sie goldgelb sind und es im ganzen Haus duftet.

Ergibt 8–10 Portionen

MICKEYS UND CHIPS

Kurz nachdem in Irland wegen der schlechten Kartoffelernte eine Hungersnot ausgebrochen war, die die Emigration Mitte des 19. Jahrhunderts auslöste, begannen Kartoffeln in New York die soziale Leiter emporzusteigen. Am Anfang standen »Mickeys« – Kartoffeln, die kleine Jungen über offenem Feuer rösteten und verkauften. Als George Crum 1853 Kartoffeln hauchdünn schnitt und fritierte, erlebten Kartoffeln als schickes Essen einen Aufschwung. Es ist nicht klar, ob dies beim Cary Moon Lake Lodge oder im Montgomery Hall Hotel geschah, aber beide Orte liegen in Saratoga (New York), weshalb man auch von »Saratoga-Chips« spricht (für das Rezept siehe Register). Auf jeden Fall wurden bereits kurz danach in New York überall heiße Kartoffelchips verkauft.

Latkes (jüdische Kartoffelpuffer) und Bratkartoffeln folgten, wobei erstere von osteuropäischen und letztere von deutschen Emigranten mitgebracht wurden. Pommes frites erschienen Ende des Jahrhunderts, und zahlreiche Verkäufer am Coney Island Boardwalk behaupten auch weiterhin, ihr Urgroßvater habe das Gericht erfunden. Nathan's Famous hat überzeugende Argumente; allerdings sind seine Pommes frites spiralförmig geschnitten und haben nicht die traditionelle Form.

Ihren Höhepunkt erreichten Kartoffeln schließlich im Jahre 1980 in New York, wo sie als Miniaturexemplare mit Crème fraîche, einem Klecks Kaviar oder, wie im Four Seasons Restaurant, gebacken mit Olivenöl und Trüffeln als »Power Lunch« serviert wurden.

Zigarettenpause beim militärischen Küchendienst

David (The Latke King) Firestones

LATKES

(IN SEINEN EIGENEN WORTEN)

Jedes Jahr in der Zeit um Chanukka – dem Lichterfest – gibt der Journalist David Firestone zu Ehren dieser jiddischen Kartoffelpuffer in seinem Haus in Sunnyside (Queens) ein Fest.

»Nervös wälzt sich das Land nachts im Bett, lechzend nach gebratenen Kartoffeln, und findet sich beim Erwachen konfrontiert mit kalten Getreideflocken, gebackenen Bohnen, maroder Wirtschaft und einem nicht eingelösten nationalen Versprechen«, lautete die Ankündigung einmal.

»Der Latke King weiß, was Sie brauchen. Er weiß, was dieses Land braucht. Bedauerlicherweise paßt nur ein kleiner Teil des Landes in unser Heim in Queens«, so die Einladung. Für die anderen verrät der Latke King sein Rezept.

1 gutes Kilo Ofenkartoffeln, ungeschält
1 große, gelbe Zwiebel, geviertelt
2 Eier, leicht verquirlt
4 EL Matzenmehl
4–5 TL frische Petersilie, gehackt
1 TL Salz
¼ TL frisch gemahlener schwarzer Pfeffer
500–750 ml Olivenöl
450 g Apfelmus, ungesüßt

1. Kartoffeln in die Hand nehmen und ihr Gewicht, ihre pure Stärke bewundern. Dann mit einer Bürste schrubben.

2. Zwiebel in eine Küchenmaschine legen. Man läßt die Klinge sich ein paarmal drehen, bis die Zwiebel zu knackigen Stückchen zerkleinert ist. Diese in eine kleine Schüssel geben. Die Schüssel der Küchenmaschine wieder an ihren Platz stellen. Waschen ist noch nicht angesagt.

3. Kartoffeln längs schneiden, damit sie durch die Öffnung der Küchenmaschine passen. Die mittelgrobe Reibscheibe finden, in die Maschine legen und einschalten. Kartoffelstücke zuführen.

Der Latke King mit Prinz Daniel (links) und Prinz Jonathan (rechts)

AUCH FÜR DIE, DIE DAVID »THE LATKE KING« NICHT KENNEN, BESTEHT NOCH HOFFNUNG.

Seit 1984 finanziert die Lower East Side ein Latkefestival. Ursprünglich war dies eine Konkurrenzveranstaltung zur World Series of Latkes, die seinerzeit auf der West Side Manhattans stattfand. Roger Mummert und David Starr, die beiden Organisatoren, glauben fest, daß »die Lower East Side Latke-Territorium ist«. Sie ärgern sich über die Newcomer der Oberstadt.

Um jedoch die Kreativität in Sachen Latkes zu fördern, schufen sie neben der traditionellen Küche die Kategorien Nouvelle Cuisine/New American sowie New Wave. Das Ergebnis waren Süßkartoffel-Latkes, Latkes Marinara, Mexi-Latkes, Kartoffel-Apfel-Latkes und Gemüse-Latkes. In allen Kategorien müssen Kartoffeln die Hauptzutat sein, die Latkes müssen vegetarisch sein und in Pflanzenöl gebacken werden.

Latkes jeder Art werden auf einer 20-Punkte-Skala aufgrund ihrer Präsentation, ihres Aromas, des relativen Gewichts, der Knackigkeit und des »Wiederholfaktors« (könnte es sein, daß man mehr möchte?) beurteilt.

Roger Mummert und Schwestern Prilly (links) und Susan (rechts) Cobb. Foto: Tony Mangia

Das Festival findet an einem Montag- oder Dienstagabend zur Zeit des »Chanukka«-Lichterfestes statt. Weitere Informationen erhalten Sie von Roger Mummert unter folgender Telefonnummer: (516) 367–3072.

4. Wenn die Kartoffeln geraspelt sind, legt man sie in ein auf einer großen Schüssel stehendes Sieb. Man wirft die Zwiebeln dazu und mischt alles mit den Händen, wobei man aus den Kartoffeln die Feuchtigkeit drückt. Dann läßt man die Mischung ein paar Minuten austropfen.

5. Kartoffelflüssigkeit aus der Schüssel gießen, aber die Stärke, die an der Schüssel haftet, dort lassen. Kartoffel-Zwiebel-Mischung zugeben. Eier, Matzenmehl, Petersilie, Salz und Pfeffer zugeben. Den Teig eifrig mischen. Dann etwa 10 Minuten ruhen lassen.

6. In eine große gußeiserne Pfanne 0,5 cm Öl gießen. Auf hoher Stufe sehr heiß werden lassen, allerdings ohne dabei Feueralarm auszulösen. Mit einer kleinen Kelle oder einem Servierlöffel mit langem Griff den Teig in die Pfanne löffeln. Man drückt jedes Latke mit einem Pfannenheber platt, so daß es einen Durchmesser von 10–13 cm erreicht. Die Latkes sollten nicht gleichmäßig rund sein. Herd auf mittlere Stufe zurückstellen und die Latkes auf jeder Seite 5 Minuten braten, bis sie außen knusprig und innen feucht sind; herausnehmen und auf mehrere Lagen Küchenpapier legen. Den gesamten Teig verarbeiten.

7. Alle Leute, die Latkes mit saurer Sahne bevorzugen, müssen den Raum verlassen. Die Latkes sofort servieren, und zwar mit Apfelmus.

Ergibt etwa 16 Latkes, und mehr sollten Sie am ersten Abend auch keinesfalls verspeisen. Am Ende des »Chanukka«-Lichterfests sollten Sie aber mindestens die doppelte Menge verdrücken können.

Dorios

KARTOFFELBREI MIT WEISSEN RÜBEN

Mit Dorio Cario in der Küche

Feuerwehrmann Dorio Cario ging noch zur Grundschule, als seine Eltern, die ein Gemüse- und Obstgeschäft besaßen, von einem deutschen Kunden dieses Rezept erhielten. 50 Jahre später serviert er es sowohl daheim in Richmondhill als auch auf der Arbeit in der Brooklyn's Engine Company 280 zu gebratenem Truthahn.

Ein gutes Kilo mehligkochende Kartoffeln, geschält und in 6 cm große Stücke geschnitten
450 g weiße Rüben, geschält und in 4 cm große Stücke geschnitten
110 g Butter
380 ml Milch oder Schlagsahne
Salz und frisch gemahlener schwarzer Pfeffer (nach Geschmack)

1. Die Kartoffeln in einem Topf mit kaltem Wasser aufkochen lassen. Etwa 40 Minuten kochen, bis sie gar sind. Abgießen.

2. Inzwischen die Rüben in einem Topf mit kaltem Wasser bedecken, aufkochen lassen und in etwa 30 Minuten gar kochen. Abgießen.

3. Den Ofen auf 190 °C vorheizen. Eine Ofenform (32 x 22 cm) oder Kasserolle leicht einfetten.

4. Kartoffeln und Rüben in einer großen Schüssel mit Kartoffelstampfer oder Pürierstab mischen. Unter Zugabe von Butter und Milch zu glattem Püree verrühren. Mit Salz und Pfeffer abschmecken.

5. Die Mischung in die Form gießen. Etwa 45 Minuten backen, bis die Oberfläche leicht gebräunt ist. Sofort servieren.

Ergibt 10–12 Portionen

Louis'

ÜBERBACKENE KARTOFFELN

Der Gründer von David's Speciality Foods, David Liederman, erfand dieses Gericht für sein Restaurant Chez Louis, das es nicht mehr gibt. Der Appetit auf die überbackenen Kartoffeln läßt aber nicht nach.

2–2,3 kg große mehligkochende Ofenkartoffeln, geschält
4 Knoblauchzehen, geschält
3 EL Butter
3 EL Olivenöl
Salz und frisch gemahlener schwarzer Pfeffer (nach Geschmack)

1. Die Kartoffeln in einem Topf 20–25 Minuten mit Salzwasser und 2 Knoblauchzehen gar kochen. Zum Abkühlen beiseite stellen.

2. Inzwischen Butter und Öl in einer schweren Pfanne zerlassen. Die übrigen Knoblauchzehen darin 5 Minuten goldbraun werden lassen. Nicht anbrennen lassen! Vom Herd nehmen; die Pfanne beiseite stellen.

3. Die abgekühlten Kartoffeln in 0,5 cm dicke Scheiben schneiden.

4. Den Ofen auf 230 °C vorheizen.

5. So viele Kartoffelscheiben in die Pfanne mit Öl und Butter geben, wie bequem hineinpassen. Auf mittlerer Stufe 15–20 Minuten leicht anbräunen. Nach Geschmack salzen und pfeffern. Mit den restlichen Kartoffeln ebenso verfahren. Wird der Knoblauch zu braun, wirft man ihn weg.

6. Die Kartoffeln in eine ofenfeste Pfanne legen. Die Scheiben mit einem Löffelrücken zusammendrücken, so daß sie eine feste Masse bilden.

7. Die Kartoffeln 20–25 Minuten backen, bis sie außen knusprig sind. Wer sie außen besonders knusprig mag, kann man sie auch etwas länger im Ofen lassen, bis sie gebräunt sind.

8. Aus dem Ofen nehmen. Einen Pfannenheber unter die Kartoffeln schieben und diese auf eine Servierplatte legen. Sofort servieren.

Ergibt 6 Portionen

GEMÜSETIPS

Weise Worte aus dem *Charles Street Association Cookbook*

■ Damit sich im voraus geschälte Kartoffeln nicht braun färben, in Wasser legen, ein paar Tropfen Essig zugeben und in den Kühlschrank stellen. So halten sich geschälte Kartoffeln mehrere Tage.

■ Gemüse, das unter der Erde wächst, sollte man beim Kochen zudecken. Gemüse, das über der Erde wächst, kann auch ohne Deckel gegart werden.

■ Möhren lassen sich am besten schneiden, wenn sie Zimmertemperatur haben.

■ Um Gemüseflecken von den Fingern zu entfernen, diese mit einem Stück roher Kartoffel oder Zitrone einreiben.

Frank Bolz'

KARTOFFELAUFLAUF

Bevor Frank A. Bolz sich nach mehr als 27 Jahren Dienst bei der New Yorker Polizei zurückzog, verhandelte er als kommandierender Offizier des Hostage Negotiating Teams bei mehr als 285 Geiselnahmen. Von seinem Erfolg führt er viel auf Zubereitung (»eine Zen-ähnliche Erfahrung«) und Verspeisen (»himmlisch«) dieses Gerichts zurück, das er oft für seine Kollegen kochte.

6 Kartoffeln, geschält und dünn geschnitten
1 Zwiebel, in dünne Scheiben geschnitten
4 Scheiben gekochten Schinken, in lange Streifen geschnitten (siehe Hinweis)
225 g Ricotta
Salz und frisch gemahlener schwarzer Pfeffer (nach Geschmack)
2 EL Butter
750 ml Milch
4 Scheiben Emmentaler, in Streifen geschnitten
1 EL frische Petersilie, gehackt

1. Den Ofen auf 190 °C vorheizen.

2. Kartoffeln, Zwiebeln, Schinken und Ricotta in einer Zwei-Liter-Kasserole abwechselnd übereinanderschichten. Jede Schicht salzen und pfeffern. Auf der obersten Schicht die Butter verteilen. Mit der Milch übergießen. 1¼ Stunden backen, bis die Kartoffeln zart sind.

3. Den Käse auf der Oberfläche gitterförmig anordnen. 20 Minuten backen, bis er sich leicht bräunt. Mit Petersilie bestreuen. Servieren.

Ergibt 8–10 Portionen

Hinweis: Für eine Hauptspeise die Schinkenmenge verdoppeln!

ERINNERUNGEN AN BRIGHTON BEACH

Knyschys, die osteuropäische Crêpe-Variante, bestehen aus dünnem, mit Kartoffelbrei und karamelisierten Zwiebeln gefülltem Teig. Dieser überaus wohlschmekkende Snack wurde bei Mrs. Stahl's, einem Stand am Brooklyn Boardwalk, zur festen Einrichtung. Nach dem *Brooklyn Cookbook* von L. Stallworth und R. Kennedy jun. »bereitete Mrs. Stahl die Knyschys in den frühen dreißiger Jahren daheim zu, um sie an der Strandpromenade zu verkaufen.«

Mrs. Stahl öffnete ihren Stand 1935 und war laut *Brooklyn Cookbook* »bekannt für ihre Großzügigkeit«. Ihr Geschäft wurde verkauft, aber Liebhaber behaupten, daß die unter ihrem Label hergestellten Knyschys ihrem Namen stets alle Ehre gemacht haben.

Andere Aspekte des Geschäfts haben sich jedoch verändert. Als wir Les Green, den derzeitigen Besitzer, nach seinem Rezept fragten, bellte er ins Telefon: »Sind Sie wahnsinnig?!« Wir versicherten ihm, keine größeren geistigen Störungen zu haben, in der Tat jedoch verrückt nach den von ihm in Miniaturversion verkauften Knyschys zu sein.

»Das soll wohl ein Witz sein?!« schrie Mr. Green. »Keineswegs«, antworteten wir. Da die auf Mrs. Stahl zurückgehenden Rezepte in Manuskripten der Brooklyn Historical Society und des Museum of the City of New York eingesehen werden könnten, sagten wir, wüßten wir in der Tat, daß diese besonderen Knyschys großes Gewicht hätten. Das sei auch der Grund, warum wir Mr. Green anriefen – nur eine Geste der Höflichkeit.

»Würden Sie bei Hershey's anrufen und nach dem Rezept für die Schokoladenriegel fragen?!« bellte Mr. Green. Wir hatten nicht das Herz, ihm zu sagen, daß diese Firma Rezepte gerne herausgibt. Also versammelten wir eine kleine Gruppe von Knyschy-Kennern, tuckerten nach Brooklyn und versuchten, das Geheimnis um Mrs. Stahl zu enträtseln.

Einige Wochen später wurde die hier gelieferte Version verkostet, und sie kommt dem Original nahe genug, um das Geräusch von Taubenflügeln, das Schreien der Möwen und die nasale Ausdrucksweise derjenigen ins Gedächtnis zu rufen, die über die Strandpromenade zur U-Bahn-Station Riviera pilgern.

Bei Mrs. Stahl's gibt es Kartoffel-, Apfel-, Kraut-, Gemüse- und Kascha-Knyschys.

Knyschys –

GEFÜLLTE TEIGROLLEN

TEIG
250 Mehl
1 TL Backpulver
½ TL Salz
2 EL Pflanzenöl
2 Eier, leicht verquirlt

FÜLLUNG
2 EL ausgebratenes Hühnerfett (Schmalz, S. 342) oder Pflanzenöl
260 g Zwiebeln, feingehackt
400 g Kartoffelpüree
Salz und frisch gemahlener schwarzer Pfeffer (nach Geschmack)

1. Für den Teig Mehl, Backpulver und Salz in einer Schüssel mischen. In die Mitte eine Mulde drücken und Öl, Eier und 2 Eßlöffel Wasser zugeben. Die nassen Zutaten langsam mit dem Mehl mischen. Bis zu 2 Eßlöffel Wasser zugeben. Den Teig zu einer Kugel kneten.

2. Den Teig auf einer leicht bemehlten Arbeitsfläche etwa 6 Minuten glattkneten. In eine leicht mit Öl eingefettete Schüssel legen und 1 Stunde zugedeckt kalt stellen.

3. Den Ofen auf 180 °C vorheizen.

4. Für die Füllung Hühnerfett, Zwiebeln, Püree und Salz und Pfeffer nach Geschmack in einer Schüssel mischen.

5. Den Teig dritteln. Ein Drittel auf einer bemehlten Arbeitsfläche zu einem dünnen, etwa 25 cm langen Rechteck ausrollen. Etwa 2,5 cm vom Rand ungefähr 150 g Füllung längs verteilen. Wie eine Biskuitrolle aufrollen. Die Ränder durch Zusammendrücken verschließen.

6. Die Rollen etwa 40 Minuten backen, bis sie braun sind.

7. Die Knyschys in Scheiben schneiden.

Ergibt etwa 2 Dutzend Knyschys

Ginnys

WARMER KARTOFFELSALAT

Zwar ist dieser Kartoffelsalat deutschen Ursprungs, er wurde aber durch Zugabe einer Mehlschwitze dem amerikanischen Standard angepaßt. Auch ohne die oft verwendete Mayonnaise ist er nicht nur sättigend, sondern auch schmackhaft und leicht.

1 kg rotschalige Salatkartoffeln, ungeschält und geviertelt
1¾ TL Salz
110 g dicke Speckscheiben, in 1,5 cm große Stücke geschnitten
3 EL Mehl
500 ml Hühnerbrühe (Rezept S. 47 oder Dosenware), warm
2 TL Senfpulver
2 EL Zucker
1 TL Selleriesamen
60 ml Apfelessig
50 g Frühlingszwiebeln, feingehackt
1 Msp. frisch gemahlener schwarzer Pfeffer

1. Die Kartoffeln mit 1,5 l kaltem Wasser und 1½ Teelöffeln Salz in einem Topf auf hoher Stufe aufkochen lassen. Temperatur reduzieren und 8–10 Minuten köcheln lassen. Abgießen.

2. Inzwischen den Speck in einer Pfanne auf mittlerer Stufe knusprig braten. Auf Küchenpapier abtropfen lassen. Ausgebratenes Fett aufbewahren.

3. In einem Topf 1½ Eßlöffel des ausgebratenen Fetts erhitzen. Das Mehl einstreuen. Mehl und Fett zur Mehlschwitze verrühren. Unter ständigem Rühren 2–3 Minuten braten.

4. Die Hühnerbrühe in die Mehlschwitze gießen. 2 Minuten glattrühren, bis sie andickt.

5. In einer kleinen Schüssel Senfpulver, Zucker, Selleriesamen und Essig mischen. Die Mischung in die Sauce geben. Aufkochen lassen, Temperatur reduzieren und 5–10 Minuten köcheln lassen, bis die Sauce leicht andickt.

6. Die Sauce über die Kartoffeln gießen. Speck, Frühlingszwiebeln, restliches Salz sowie Pfeffer zugeben. Mischen und warm servieren.

Ergibt 6 Portionen

Mary Hendersons

SARATOGA-KARTOFFELCHIPS

Ursprünglich stellte Mary S. Henderson dieses Rezept erstmals in ihrem 1878 veröffentlichten Buch *Practical Cooking and Dinner Giving* vor (in der Sammlung der New York Historical Society). Es stimmt mit den frühesten Unterlagen über die legendären Saratoga-Chips überein.

4 große Kartoffeln
220 g Schweineschmalz
Salz (nach Geschmack)

1. Eine Schüssel mit Eiswasser füllen und beiseite stellen. Die Kartoffeln mit einem Gemüsehobel oder einem scharfen Messer hauchdünn schneiden und in das Eiswasser geben.

2. Das Schmalz in einem tiefen, schweren Topf auf mittlerer Stufe erhitzen, bis ein hineingegebenes Stückchen Kartoffel zischt und Blasen wirft. 5–6 Kartoffelscheiben in den Topf gleiten lassen und 3–5 Minuten goldgelb braten. Herausnehmen und auf ein Kuchengitter über Küchenpapier legen. Mit Salz bestreuen. Alle Kartoffeln auf diese Weise braten.

Ergibt etwa 75 Chips

Rumänischer

AUBERGINENSALAT

Der Investor Alex Goren wurde in Rumänien geboren und wuchs in Italien auf. Dieses Rezept stammt von seiner Großmutter. Im Original werden nur Küchengeräte aus Holz verwendet, damit die Aubergine keinen metallischen Geschmack annimmt. Edelstahl, Keramik oder Glas erfüllen jedoch den gleichen Zweck.

Alex Gorens Auberginengericht – eine köstliche Vorspeise oder Beilage

2 Auberginen (je 450 g)
$1^1/_2$ TL Meersalz (nach Geschmack)
80 ml Distelöl
60 ml extra natives Olivenöl
1 EL Milch
1 frische Tomate, in Scheiben geschnitten
15 griechische schwarze Oliven
35 g Zwiebeln, gehackt

1. Jede Aubergine unter häufigem Wenden 20–25 Minuten über einer Flamme oder unter dem Grill rösten, bis die Schale schwarz ist.

2. Die Auberginen mit einem scharfen Messer schälen und gut unter kaltem Wasser waschen. Längs vierteln und so viele Kerne wie möglich entfernen. Einen Teelöffel Salz auf allen Seiten verteilen, dann die Auberginen in ein Edelstahl- oder Kunststoffsieb legen und so viel Wasser wie möglich herauspressen. 30 Minuten im Sieb abtropfen lassen. Überschüssige Flüssigkeit mit Küchenpapier aufnehmen.

3. Das Auberginenfleisch in 4 cm große Würfel schneiden, in eine Glas- oder Keramikschüssel geben und unter ständigem Rühren mit einem Holzlöffel nach und nach Distel- und Olivenöl, das restliche Salz und dann die Milch zugeben.

4. Die Auberginen auf einem großen Teller verteilen. Mit einer Gabel auf der Oberfläche parallele Linien ziehen. Mit Tomatenscheiben und Oliven garnieren. Die gehackte Zwiebel dazu servieren.

Ergibt 4–6 Portionen

Kalte Aubergine

CHINESISCHE ART

Michael Tong lernte die Zubereitung dieses Gerichts von seiner Mutter in China. Als Vorspeise oder Beilage schmeckt es das ganze Jahr über köstlich.

60 ml Erdnußöl
4 kleine, feste Auberginen (insgesamt 450 g), Stielansatz entfernt, Fleisch mundgerecht geschnitten
$^1/_2$ EL frischer Ingwer, feingehackt
1 TL Knoblauch, feingehackt
1 EL scharfe Bohnenpaste, ersatzweise Sambal Oelek
125 ml Gemüse- oder Hühnerbrühe (auch Dosenware)
2 EL Sojasauce
1 TL Zucker
$^1/_2$ TL Salz (oder nach Geschmack)
$^1/_2$ EL Reisessig
$^1/_2$ EL asiatisches Sesamöl
1 EL Frühlingszwiebeln, gehackt

1. Pfanne oder Wok auf mittlerer Stufe erhitzen. Erdnußöl zugeben. Auberginen darin 3 Minuten unter ständigem Rühren braten, bis sie weich sind. Vom Herd nehmen. Die Auberginen mit einem Löffel gegen die Pfannenseite drücken und überschüssiges Öl herauspressen. Herausnehmen und beiseite stellen.

2. Pfanne wieder auf den Herd stellen. Auf mittlerer Stufe Ingwer, Knoblauch und Bohnenpaste 1 Minute garen, bis sie weich sind. Brühe, Sojasauce, Zucker und Salz zugeben. Aufkochen lassen. Die Auberginen zugeben und 3 Minuten garen. Essig und Sesamöl zugeben, umrühren und vom Herd nehmen. Auf Zimmertemperatur abkühlen lassen oder kalt stellen.

3. Mit Frühlingszwiebeln bestreuen.

Ergibt 2 Portionen

Auch Michael Tongs Rezept für Shun Lee's Spareribs steht in diesem Buch (siehe Seite 270).

Mrs. D'Angelos
AUBERGINEN-CAPONATA

Die Modistin Francis D'Angelo, deren Sohn einst in Brooklyn ein Restaurant namens D'Angelo & Latucca besaß, brachte dessen Freunden bei, wie man dieses Gericht kocht.

Salz
900 g Baby-Auberginen, Stielansatz entfernt, Fleisch mundgerecht geschnitten
3 EL Olivenöl
120 g süße Zwiebeln, gewürfelt
2 Knoblauchzehen, gehackt
4 Anchovis-Filets
getrocknete rote Chiliflocken (nach Belieben und Geschmack)
170 g Tomatenmark
100 g Korinthen
70 g Selleriestangen, in Scheiben geschnitten
70 g Fenchel, in Scheiben geschnitten
3 EL Kapern, abgetropft
125 ml Weißweinessig
60 ml trockener Weißwein
5 frische Basilikumblätter
3 EL frische Petersilie, gehackt
60 g gute schwarze oder grüne Oliven (nach Belieben)
frisch gemahlener schwarzer Pfeffer (nach Geschmack)

1. Die Auberginenstücke salzen, in ein Edelstahl- oder Plastiksieb oder auf eine Platte legen, mit einem Teller zudecken und diesen beschweren. 20 Minuten stehenlassen.

2. Das Öl in einem Topf auf mittlerer Stufe erhitzen. Zwiebeln, Knoblauch, Anchovis und Chiliflocken (nach Belieben) zugeben. Unter häufigem Rühren die Zwiebeln glasig werden lassen. Tomatenmark, Korinthen, Sellerie, Fenchel, Kapern, Essig, Wein, Basilikum, Petersilie und Oliven (nach Belieben) zugeben. Zudecken und die Mischung aufkochen lassen, dann auf mittlerer bis niedriger Stufe etwa 30 Minuten eindicken lassen. Nach Bedarf etwas Wasser zugeben.

3. Die Auberginen waschen und sorgfältig abtropfen lassen. In die Pfannenmischung geben und etwa 40 Minuten dünsten, bis sie weich sind.

4. Die Caponata mit Pfeffer und Salz abschmecken. Vom Herd nehmen. Vor dem Verzehr 24 Stunden zugedeckt kalt stellen.

Ergibt 4 Beilagen oder 2 Hauptspeisen

Salat

MIT PAPRIKA UND GRÜNEN BOHNEN

Zeit für ein tolles Picknick ist eigentlich immer, und dieser Salat eignet sich ideal dazu. Laut der in SoHo lebenden Barbara Scott-Goodman sind grüne Bohnen und Paprika fast immer erhältlich. Und diese wohlschmekkende Beilage ist vielseitig und schnell gemacht.

700 g grüne Bohnen, geputzt
1 rote Paprikaschote, geputzt und in Streifen geschnitten
1 gelbe Paprikaschote, geputzt und in Streifen geschnitten
2 EL Dijonsenf
2 EL Balsamessig
2 EL Sojasauce
125 ml Olivenöl
Salz und frisch gemahlener schwarzer Pfeffer (nach Geschmack)
3 EL frischer Dill, gehackt

1. Die Bohnen in einem Topf mit Salzwasser etwa 7 Minuten gar kochen. In ein Sieb abgießen und mit kaltem, fließendem Wasser abschrecken.

2. Die Paprika in einem Sieb durch Übergießen mit kochendem Wasser blanchieren. Mit kaltem, fließendem Wasser abschrecken. Abtropfen lassen.

3. Bohnen und Paprika in einer Schüssel mischen und beiseite stellen.

4. Senf, Essig und Sojasauce in einer kleinen Schüssel gut mischen. Das Öl unterrühren, bis es andickt. Mit Salz und Pfeffer abschmecken.

5. Die Sauce über das Gemüse gießen. Mischen, mit Dill bestreuen und noch einmal mischen. Entweder eisgekühlt oder zimmerwarm servieren.

Ergibt 4 Portionen

Pilzsalat, eine schmackhafte Beilage

Pilzsalat

MIT PETERSILIE

Die frühere Krankenschwester Rosemary Duggan lernte die Zubereitung dieses Salats von einer italienischen Kollegin – eine köstliche Vorspeise oder Beilage. Der Trick, so sagte jene inzwischen verstorbene Einwohnerin von Yorkville, liege darin, »die Pilze weniger als 10 Sekunden mit kochendem Wasser zu blanchieren und erst dann in die Essigsauce zu legen. So werden sie gereinigt und kommen schon weich in die Marinade.«

1 TL Salz
60 ml frischer Zitronensaft
1/2 TL frisch gemahlener schwarzer Pfeffer
190 ml Olivenöl
12 EL glatte Petersilie, gehackt
900 g Champignons, entstielt, Kappen geviertelt
450 g Shiitakepilze, entstielt, Kappen geviertelt

1. Einen großen Topf zur Hälfte mit Wasser füllen und aufkochen lassen.

2. Inzwischen das Salz in einer Schüssel im Zitronensaft auflösen. Den Pfeffer zugeben. Unter ständigem Rühren mit einem Schneebesen langsam das gesamte Öl zugeben. Die Petersilie unterrühren. Die Sauce zugedeckt kalt stellen.

3. Wenn das Wasser kocht, Champignons und Shiitakepilze zugeben und 10 Sekunden blanchieren. Sofort abgießen und mit kaltem Wasser abschrecken. So lange unter kaltes Wasser halten, bis die Pilze ganz abgekühlt sind. Abtropfen lassen und mit Küchenpapier trokkentupfen.

4. Die Pilze mit der Zitronen-Petersilien-Vinaigrette mischen. Vor dem Servieren zugedeckt 1 Stunde kalt stellen. Im Kühlschrank bis zu drei Tagen haltbar.

Ergibt 8 Portionen

Holländischer

KRAUTSALAT

Laut Peter Rose, dem Autor des Buches *The Sensible Cook: Dutch Foodways in The Old and New World*, waren es nicht Deutsche, die den Krautsalat nach New York brachten, sondern Holländer. Dieser würzige, sättigende Salat ist eine Variante des Rezepts in seinem Buch.

80 ml Rotweinessig
60 ml Pflanzenöl
Salz und frisch gemahlener schwarzer Pfeffer (nach Geschmack)
150 g Grünkohl, zerkleinert
150 g Rotkohl, zerkleinert

Essig, Öl, Salz und Pfeffer in einer mittelgroßen Schüssel glattrühren. Den Kohl zugeben und gründlich mischen. Mit Frischhaltefolie zudecken und mindestens 4 Stunden im Kühlschrank kalt werden lassen.

Ergibt 4 Portionen

Teds

UNGARISCHER GURKENSALAT

Ted Koryn mit Schürze

Der auf der East Side wohnende Unternehmensberater Ted Koryn brüstet sich, dieser ungarische Gurkensalat sei das beste Resteessen, das es überhaupt gebe und würde sich obendrein lange halten. Koryn drängt darauf, den Salat nach dem Hauptgang zu servieren, so wie man es in Ungarn macht.

6 mittlere bis große Gurken, geschält, entkernt und in feine Streifen geschnitten oder gerieben
60 g Salz
120 g Zucker
90 ml Rotweinessig
1 EL Dijonsenf
90 ml Pflanzenöl
1 große rote Zwiebel, gewürfelt
2 EL frischer Dill, gehackt
2 TL edelsüßes Paprikapulver

1. Die Gurken in einem Plastik- oder Edelstahlsieb rundum mit Salz bestreuen. Mit den Händen mischen. 2 Stunden stehenlassen.

2. Vorsichtig das Wasser mit den Händen aus den Gurken drücken. Die Gurken ins Sieb zurücklegen.

3. In einer großen Schüssel Zucker, Essig, Senf und Öl verquirlen. Die Gurken zugeben und mit den Händen mischen. Die Zwiebel zugeben. Zugedeckt 2 Stunden kalt stellen.

4. Dill und Paprika zugeben und gut mischen. Servieren. Der Salat kann bis zu einer Woche im Kühlschrank aufbewahrt werden und wird dabei noch besser.

Ergibt 6 Portionen

Knackiger

GRÜNKOHLSALAT

Dieser Kohlsalat, der 1986 bei der City Gardener Harvest Fair den 1. Preis gewann, wurde von Marlene Licciardello erfunden, die seinerzeit an der New York University studierte. Licciardello bereitet ihn im Sommer zu, wenn es so heiß ist, daß ihre Familie nach etwas »Kaltem zum Essen« lechzt.

1 Grünkohl (etwa 1 kg), in feine Streifen geschnitten
1 große grüne Paprikaschote, geputzt und in feine Streifen geschnitten
1 große milde Zwiebel (etwa 220 g), in dünne Scheiben geschnitten
1 Möhre, geschält und gerieben
250 g Zucker
250 ml destillierter Weißweinessig
190 ml Pflanzenöl
1 EL Salz
1 TL Senfpulver

1. In einer großen Schüssel Kohl, Paprika, Zwiebel und Möhre mischen. Mit 150 g Zucker bestreuen und mischen.

2. In einem Topf auf mittlerer Stufe den restlichen Zucker mit Essig, Öl, Salz und Senfpulver mischen. Unter häufigem Rühren aufkochen lassen. Die kochende Sauce über die Kohlmischung gießen. Gut mischen. Zugedeckt mindestens 1 Stunde kalt stellen. Servieren.

Ergibt 8 Portionen

Marlene Licciardello mit Vater Alfred und Mutter Marie

DER CAESAR SALAD SONG

Der Caesar Salad wurde am 4. Juli 1924 von dem italienischen Emigranten Caesar Cardini als Hauptspeise erfunden. Dieser Salat wurde in Manhattans Restaurants, wo man die effektvolle Zubereitung von Speisen am Tisch beherrschte, zum Paradestück. Einer seiner frühesten Meister war Nicola Paone, ein früherer Tenor und Solokünstler am Broadway, der vor 50 Jahren ein Restaurant gleichen Namens eröffnete. Er komponierte diesen Song, mit dem er die Zubereitung seiner Version des Caesar Salad in Worte kleidete.

I

With the salt be avaricious
Quarter teaspoon, even less
With the pepper use your judgement
It's the flavour you'll assess

Use the vinegar with prudence
Just two tablespoons will do
And then crush one clove of garlic
Which is always good for you

A half cup of crumbled pieces
Of the Parmigiano cheese
One half cup of olive oil
Use the extra virgin, please

Caesar ... Caesar ...
Gonna gonna make it good
Gonna gonna make it right
Gonna gonna make it so
My love will love me more tonight

II

Make a paste of two anchovies
One egg yolk, room temperature
Lemon juice: One tablespoonful
Make sure that it is fresh and pure

Have one romaine lettuce ready
Trim it to bite size, washed and dried
One half cup of bacon pieces
Not too fat, but crisply fried
One teaspoon of Worcestershire sauce
Half teaspoon of mustard, too
And then get half cup of croutons
So the preparation's through

Caesar ... Caesar ...
Gonna gonna make it good
Gonna gonna make it right
Gonna gonna make it so
My love will love me more tonight

III

Take your time, be ever patient
So you'll never loose control
Now, let's put these things together
In a spacious salad bowl

Put the salt and put the pepper,
And the vinegar just thus
Put the oil and the garlic
Garlic is salubrious

Lemon juice and Worcestershire sauce
Place the yolk of egg right in
Use the mustard, leave the rest out
And you're ready to begin

IV

Now it's time to beat the dressing
Beat it creamy-smooth and then
In the bowl put in the lettuce
And with vigor go again
In good spirit you will toss it
Toss it well and you are bound
To get praise for all your talent
If the leaves are coated round

Take the garlic out, discard it
Make your dishes nicely cold
Place the salads in the platters
Before serving them behold

V

Take the croutons and the bacon
With good care and neatly done
Sprinkle them atop the salads
And my wish is: LOTS OF FUN
California, I adore you
Giving me this precious dish
I can taste and feel your sunshine
Nothing better one could wish
Sense the breeze from the Pacific
Hear your waves from every shore
With closed eyes I see your magic
Things I never dreamt before

Caesar ... Caesar ...
Gonna gonna make it good
Gonna gonna make it right
Gonna gonna make it so
My love will love me more tonight

Nicola Paone singt den Caesar Salad Song und begleitet sich selbst auf der Gitarre.

© 1989

Caesar-Salat –

DIE ÜBERSETZUNG

¼ TL Salz
¼ TL frisch gemahlener schwarzer Pfeffer (nach Geschmack auch mehr)
2 EL Weißweinessig
2 EL Zitronensaft, frisch gepreßt
1 Knoblauchzehe, geschält und zerdrückt
½ TL Dijonsenf
1 TL Worchestersauce
2 Anchovis-Filets, feingehackt
1 Eigelb
125 g extra natives Olivenöl
1 Romanasalat, gewaschen, getrocknet und in mundgerechte Stücke zerkleinert
75 g knusprig gebratener Speck, gehackt
50 g Parmesan, frisch gerieben
100 g Croutons (siehe Hinweis)

1. In einer großen Schüssel Salz, Pfeffer, Essig, Zitronensaft, Knoblauch, Senf, Worchestersauce, Anchovis und Eigelb schaumig schlagen. Unter Rühren das Öl hineinträufeln.

2. Blattsalat, Speck, Parmesan und Croutons untermischen und servieren.

Ergibt 4 Portionen

Hinweis: Für die Croutons 1 Scheibe Knoblauch in 2 EL extra natives Olivenöl legen. Etwa 1 Stunde stehenlassen. 80 g knuspriges Weißbrot in 1,5 cm große Würfel schneiden und auf mittlerer Stufe im gewürzten Öl anbräunen.

Georgios

ARTISCHOCKENSALAT MIT PARMESAN

Dieser kalte Artischockensalat wurde von dem in Parma aufgewachsenen Georgio Cozzi erfunden und ist überall auf der Seventh Avenue erhältlich. Er kann als Vorspeise oder zu kaltem Lamm- und Rindfleisch oder Meeresfrüchten serviert werden.

3 EL frischer Zitronensaft
1/2 TL Salz
1/4 TL frisch gemahlener schwarzer Pfeffer
100 ml extra natives Olivenöl
1 EL frische Minzeblätter, feingehackt
110 g Parmesan bester Qualität am Stück
4 große frische Artischocken
frische Minzeblätter, extra, zum Garnieren

1. 2 Eßlöffel Zitronensaft mit Salz und Pfeffer in einer Glas- oder Keramikschüssel mischen. Unter kräftigem Rühren das Öl hineinträufeln, so daß eine Vinaigrette entsteht. Die Minze zugeben. Beiseite stellen.

2. Den Parmesan in hauchdünne Scheiben schneiden und beiseite stellen.

3. Stiele, unterste Blätter und stachelige Blattspitzen entfernen. Die Artischockenherzen quer in dünne Scheiben schneiden. Sofort mit dem restlichen Zitronensaft benetzen, damit sich die Artischocken nicht verfärben. Die Vinaigrette zugeben und vorsichtig mischen.

4. Den Salat auf vier gekühlten Salattellern anrichten. Den Parmesan darüber geben und mit Minzeblättern garnieren. Servieren.

Ergibt 4 Portionen

Orangen für Sarah Elmalehs ungewöhnlichen Salat

Sarah Elmalehs

ORANGEN-OLIVEN-SALAT

Sarah Elmaleh wurde 1898 als Tochter eines Rabbis im marokkanischen Essaouira geboren und lernte beim Kochen viel von den arabischen Bediensteten der Familie. 1939 zog sie mit ihrer Familie und einem Rezeptrepertoire aus marokkanischer und sephardisch-jüdischer Küche nach Brooklyn. Dieses Rezept stammt von ihrer Enkelin Lisa Craig Kuhr – eine verführerische Vorspeise, vor allem vor Lamm, Grillhähnchen oder einem Fischtopf.

5 Navelorangen, geschält und gewürfelt
90 g schwarze, in Salz eingelegte Oliven, halbiert und entsteint
2 Knoblauchzehen, feingehackt
1/4 TL grobes Salz (oder nach Gechmack)
1 TL edelsüßes Paprikapulver
6 EL frische Petersilie, feingehackt
1/2 TL Kreuzkümmel, gemahlen
1 Prise Cayennepfeffer
2 EL Olivenöl

Alle Zutaten in einer Schüssel gut mischen, kalt stellen, dann servieren.

Ergibt 4–6 Portionen

Wallys

BUNTER SALAT

Es heißt, dieser Salat stamme aus dem Palm Restaurant, wo man ihn den Night Salad nennt. Vor etwa 20 Jahren, als einer von dessen Wirten das Wally's eröffnete (heute Wally's & Joseph's), nahm er die meisten Gerichte des Palm Restaurant mit, darunter auch dieses, das inzwischen zum Standardrepertoire New Yorker Steakhäuser gehört.

1 große reife Tomate, gehackt und abgetropft
1 Blattsalat (z. B. Eichblattsalat, gemischter Blattsalat, Kopfsalat oder Eisbergsalat), gewaschen, trockengeschleudert und gehackt
1 Gurke, geschält, entkernt und grobgehackt
2 Selleriestangen, feingehackt
1 milde Zwiebel, gewürfelt
3 ganze rote Pimientos oder rote Paprikaschoten, gewürfelt
1 EL Kapern, gewaschen und abgetropft
2 EL grüne oder schwarze Oliven (oder eine Mischung davon), grobgehackt
4 oder 5 in Öl eingelegte Anchovis-Filets, grobgehackt
2 EL Olivenöl
Salz (nach Geschmack)
1 EL Rotwein- oder Balsamessig
frisch gemahlener schwarzer Pfeffer (nach Geschmack)

1. Die Tomate in einem Sieb abtropfen lassen. Mit einem Holzlöffel überschüssige Flüssigkeit auspressen.

2. In einer großen Schüssel Blattsalat, Gurke, Sellerie, Zwiebel, Pimientos, Kapern, Oliven und Anchovis-Filets mischen. Die Tomaten zugeben. Die Mischung mit einem scharfen Messer zusätzlich zerkleinern.

3. Das Öl zugeben und sorgfältig mischen. Nach Geschmack Salz und Essig zugeben. Noch einmal abschmecken. Der Salat sollte jetzt recht intensiv schmecken. Andernfalls noch Salz und Pfeffer zugeben.

Ergibt 4 Portionen

Janes

TOMATILLO-SAUCE

Jane Littell ließ sich von mexikanischen Salsas inspirieren, als sie diese Sauce erfand, die wunderbar zu Grillfleisch oder als Dip zu Gemüse und Tacochips schmeckt.

450 g Tomatillos, Hüllblätter entfernt
8 EL frische Korianderblätter
Saft von 2 1/2 Limetten
1 1/2 TL Salz
2 EL mittelscharfe Jalapeno-Chilischote, feingehackt (evtl. Dosenware) oder 1 TL frische Jalapeño-Chilischote, feingehackt (nach Belieben)

1. Die Tomatillos mit kaltem Wasser waschen. In einem Topf mit Wasser bedecken und aufkochen lassen. Temperatur reduzieren und etwa 5 Minuten garen, bis sie weich sind und eine grünliche Farbe annehmen. Herausnehmen und zum Abkühlen beiseite stellen, bis man sie anfassen kann.

2. Korianderblätter, Limettensaft, Salz und Chilischote in der Küchenmaschine glattpürieren. Die Tomatillos halbieren, zugeben und verarbeiten, bis sie die gewünschte Konsistenz erreicht haben. Kühl oder zimmerwarm servieren.

Ergibt etwa 500 g

In der Bleecker Street befindet sich ein Markt mit fliegenden Händlern, die Früchte und Gemüse anbieten, davon auch viele exotische wie Fenchel und Zucchini. Der Restaurantbesitzer Fortunio soll als erster Brokkoli nach Amerika importiert haben.«

– *The WPA Guide to New York City*, 1939

Sauer eingelegtes
GEMÜSE

Dieses sauer eingelegte Gemüse ist mit den Restaurants der Arthur Avenue so eng verbunden wie Ketchup mit einem Hamburgerlokal. Es kann Hunger stillen, schmeckt gut, wenn man etwas knabbern möchte, paßt aber auch zu deftigem gegrillten Fleisch.

4 Möhren, geschält
3 Selleriestangen
220 g grüne Bohnen, geputzt
1 große weiße Rübe, geschält
1 rote Paprikaschote, geputzt
1 gelbe Paprikaschote, geputzt
220 g Champignons
220 g Perlzwiebeln, enthäutet
150 g Blumenkohlröschen
4 Lorbeerblätter
4 TL gelbe Senfsamen
4 Gewürznelken
4 getrocknete Chilischoten
4 TL schwarze Pfefferkörner
4 Knoblauchzehen, geschält
1 TL Salz (oder nach Geschmack)
2 l Weißweinessig
1 TL Zucker
2 l Olivenöl

1. Möhren, Sellerie, Bohnen, Rüben, gelbe und rote Paprika in 1,5 cm große Stücke schneiden. Die Champignons putzen.

2. Einen Topf mit reichlich Salzwasser aufkochen lassen. Möhren, Sellerie, Bohnen, Rüben, rote und gelbe Paprika, Perlzwiebeln und Blumenkohl zugeben und 1 Minute blanchieren. Sofort abgießen und unter kaltem, fließendem Wasser ganz abschrecken. Das Gemüse und die Pilze in einer Schüssel mischen.

Mit freundlicher Genehmigung der Byron Collection, Museum of the City of New York

3. Vier Ein-Liter-Einmachgläser mit Drehverschluß sterilisieren (siehe Kasten). In jedes Glas gibt man ein Lorbeerblatt, einen Eßlöffel Senfsamen, eine Gewürznelke, eine getrocknete Chilischote, einen Teelöffel Pfefferkörner, eine Knoblauchzehe und Salz nach Geschmack. Das Gemüse auf die Gläser verteilen.

4. Essig und Zucker in einem Topf aufkochen lassen. So viel Essig über das Gemüse gießen, daß es ganz bedeckt ist. Die Gläser verschließen und mindestens 2 Tage (bis zu einer Woche) marinieren.

5. Nach dem Marinieren den Essig abgießen und durch Olivenöl ersetzen. Das Gemüse hält sich im Kühlschrank bis zu einem Monat.

Ergibt 4 l

Grünes MANGO-PICKLE

6 grüne Mangos (siehe Hinweis) oder 6 große grüne Tomaten oder 12 sehr saure Krebäpfel
20 frische Scotch Bonnett-Chilischoten
125 g Meersalz oder grobes Salz
1 TL Bockshornkleesamen
210 ml Malzessig
6 Knoblauchzehen, geschält
3 EL frischer Ingwer, gehackt
3 EL Kreuzkümmel, gemahlen
3 EL Koriander, gemahlen
500 ml Traubenkernöl, Senföl oder Erdnußöl
1 EL schwarze Senfsamen
1 EL Fenchelsamen
1 TL Kurkumapulver
1 TL Chili-Gewürzmischung
1 EL Salz

1. Mangos haben in der Mitte einen harten Kern. Bei allen Mangos die Frucht ausgehend vom Kern längs halbieren. Bei jeder Hälfte das Fleisch aus der Schale lösen und vierteln. Bei Verwendung grüner Tomaten Stielansatz entfernen und achteln. Bei Verwendung von Krebäpfeln Stiele entfernen, vierteln, schälen und entkernen. Chilischoten längs halbieren. Früchte und Chilischoten auf einem Tablett mit Meersalz bestreuen und zwei Tage zum Trocknen in die Sonne stellen.

2. Die Bockshornkleesamen über Nacht in den Essig geben. Essig, Knoblauch, Ingwer, Kreuzkümmel und Koriander mit Pürierstab oder Küchenmaschine glattpürieren.

3. Das Öl in einem großen Topf erhitzen. Senfsamen, Fenchelsamen, Kurkuma und Chili-Gewürzmischung zugeben. 3 Minuten vom Herd nehmen, die pürierte Paste zugeben, wieder auf den Herd stellen und unter ständigem Rühren 2 Minuten köcheln lassen. Gesalzene Früchte und Chillies zugeben. Aufkochen und 30 Minuten köcheln lassen. (Bei Verwendung von Krebäpfeln nur 10 Minuten köcheln lassen.)

4. Das normale Salz unterrühren. Abkühlen lassen. In zwei sterilisierte Halb-Liter-Einmachgläser (siehe Kasten) löffeln. Das Öl sollte die Pickles ganz bedecken. Andernfalls mehr Öl zugießen. Fest verschließen und bis zu einem Jahr im Kühlschrank aufbewahren.

Ergibt 1 l

Hinweis: Mangoschalen enthalten einen Stoff, der nesselsuchtähnlichen Ausschlag verursachen kann. Daher ist es sinnvoll, beim Schälen Gummihandschuhe zu tragen.

STERILISIEREN

Pickles bewahrt man am besten in sterilisierten Einmachgläsern auf. Dafür saubere Einmachgläser und Deckel in einem großen Topf auf ein Gestell stellen. So viel heißes Wasser zugeben, daß sie mit 5 cm Wasser bedeckt sind. Sprudelnd aufkochen lassen, den Topf zudecken und 10 Minuten kochen lassen. Erst bei Bedarf mit einer Zange aus dem heißen Wasser nehmen, auf ein sauberes Tuch stellen und abfüllen.

NEW YORKER PICKLES

Rezepte von Pickles bzw. Eingelegtem, die womöglich infolge von Rekordernten entstanden sind, werden bei Wettbewerben auf Märkten geprüft und zuweilen auch im Spätsommer heiß diskutiert.

Aber die Lust am Einlegen gibt es nicht nur auf dem Land, sondern auch in der Stadt. Und während sich die Verwandten auf dem Land mit Gewürzgurken-Variationen zufriedengeben mögen, erwägen städtische Pickles-Liebhaber alle Zutaten und jede Konservierungstechnik.

Einen der frühesten Hinweise darauf liefert das 1986 veröffentlichte *Echo Cook Book*, eine Rezeptsammlung der Brooklyn Historical Society. In diesem Buch findet man Rezepte für Chow-Chow, in Salz eingelegten, mit Ingwer und Curry gewürzten Blumenkohl mit Paprika, sowie Piccalilli, grüne Tomaten, Kohl und Paprika.

In New York verarbeiten Liebhaber von Pickles weiterhin Möhren, Staudensellerie, Zwiebeln, Bohnen und Tomaten jeder Farbnuance, Brokkoli, Blumenkohl und Auberginen. Sogar Wassermelonenschale ist verwendbar, aber noch viel interessanter sind unreife Mangos. Man kann davon ausgehen, daß die große Vielfalt exotischer Geschmacksrichtungen auf die Einwanderungswellen zurückzuführen ist.

Warum Pickles einlegen?

In der Stadt Pickles einzulegen, ist nicht einfach. Kocht man starke Gewürze mit Essig in einer kleinen Wohnung, können die Nebenwirkungen erschreckend sein. Minatchee Arjune, die bekannt ist für ihre grünen indischen Mangopickles, gibt zu, daß der von den gebratenen Kräutern, Chilischoten und Essig aufsteigende Dampf dazu führte, daß ihre Familie hustend und mit tränenden Augen die Flucht ergriff. Aber dies schreckt sie nicht ab: »Ich muß einfach Pickles einlegen«, erklärt sie.

Jung Sook Kem, die im Keller eines koreanischen Lebensmittelgeschäfts in Flushing (Queens) kübelweise Kimchi (eingelegten Chinakohl, siehe Seite 179) herstellt, ist noch auf ein anderes Problem gestoßen.

»Der Kohl muß in der Sonne getrocknet werden, damit das Kimchi wirklich gelingt«, erläuterte sie kürzlich an einem Nachmittag, während sie über die Tabletts mit kleingeschnittenem Chinakohl wachte, die sie auf dem Gehsteig neben ihrem Laden auf Milchkästen plaziert hatte.

»Zu wenig Sonne erschwert die Arbeit«, sagte sie.

Ein Pickles-Fan muss tun, was er tun muss

Entschlossene Pickles-Fans lassen sich jedoch von einem Mangel an Sonne und Platz und gelegentlichen Nachschubschwierigkeiten nicht abhalten. Als Mrs. Kem nicht genügend unreife Mangos bekam, wich sie auf grüne Tomaten und unreife Krebäpfel aus, und an sehr schattigen Tagen trocknet sie ihren Kohl z. B. auf niedriger Stufe im Ofen. Sind all diese Anpassungen auch für den leidenschaftlichen »Pickler« nicht zuviel?

Pickles-Freunde sind nicht dieser Ansicht. Es hilft ihnen, zur Vielfalt indischer, koreanischer, italienischer, indonesischer, amerikanischer und osteuropäischer Pickles beizutragen. In jeder Kategorie gibt es Hunderte von Varianten.

»Ich habe grüne und rote Tomaten, sauer, halbsauer und mild eingelegte Gürkchen, scharfe und süße Pickles, Sauerkraut und eingelegte Paprika«, erklärt Tim Baker, der Eigentümer der Essex Street Pickles Company. Dutzende von Einhundert-Liter-Fässern mit Pickles lagern in der 80 Jahre alten Fabrik in der Lower Eastside, die noch immer in Familienbesitz ist und unter ihrem ursprünglichen Namen Guss Pickles geführt wird. »Ich stelle im Jahr 90 000 Kilo Pickles her«, sagt Baker.

»Was wären Sandwiches ohne Pickles?" fragte er. Sie wären wie eine Schüssel Reis ohne koreanische Pickles, indische Gerichte ohne Pickles, italienische Antipasti ohne sauer eingelegtes Gemüse (siehe Seite 174).

Aber für die Pickles-Fans der Stadt ist nicht allein der Geschmack entscheidend. Das eigentliche Einlegen kann Wochen dauern und ist so ein Mittel gegen die Geschwindigkeit des Stadtlebens. Die meisten Pickles-Liebhaber verstehen sich eher als Bauern denn als Fabrikanten.

Als Baker kürzlich eine Neunhundert-Kilo-Lieferung grüner Tomaten einlagerte, hörte er sich an wie ein Landwirt: »Man legt sie in die Salzlauge, schaut zu, wie sie sich entwickeln, verkostet sie. Einige haben nicht die Geduld dazu. Andere ärgern sich, wenn sich Schimmel an der Oberfläche bildet.«

Nicht so der städtische Pickles-Fan. »Die Natur nimmt einfach ihren Lauf«, verkündet Baker stolz. »Man muß nur den Schimmel abschöpfen und warten. Einige Pickles reifen schnell, andere langsam. Nach einiger Zeit fängt man an zu verstehen, daß bestimmte Naturkräfte auf die Pickles wirken.«

Milton Parker vom Carnegie Deli (Manhattan) erkennt eine gute saure Gurke, wenn er sie sieht.

Sri Lankische

AUBERGINEN-PICKLES

Eine bessere Sauce zu Grillfleisch ist kaum zu finden. Aber diese würzige Auberginensauce schmeckt auch wunderbar auf gedämpftem Reis oder in einer Ofenkartoffel.

2 große Auberginen
2 TL grobes Salz
1 EL Kurkuma, gemahlen
60–250 ml Erdnußöl
1 EL schwarze Senfsamen
125 ml Reisessig
1 Zwiebel, feingehackt
4 Knoblauchzehen, in Scheiben geschnitten
1 EL frischer Ingwer, feingehackt
125 g Tamarindenfleisch, aufgelöst in 200 ml heißem Wasser
2 EL bestes Currypulver
1 EL frische Chilischote, feingehackt
1 Zimtstange (5 cm lang)
2 TL Zucker

1. Aubergine quer in 0,5 cm dicke Scheiben schneiden. Salz und Kurkuma mischen und die Scheiben damit bestreuen. 1 Stunde ruhen lassen. Die Flüssigkeit abtropfen lassen. Die Scheiben mit Küchenpapier trockentupfen.

2. 2 Eßlöffel Öl auf niedriger Stufe in einer Pfanne erhitzen. Die Auberginenscheiben nach und nach zugeben. Auf jeder Seite etwa 4 Minuten anbräunen. Falls nötig, mehr Öl zugießen. Die Scheiben herausnehmen und in eine Schüssel geben.

3. Senfsamen, Essig, Zwiebel, Knoblauch und Ingwer in einer Küchenmaschine glattpürieren und beiseite stellen.

4. Die Tamarindenmischung durchsieben. Die Flüssigkeit aufbewahren.

5. Das restliche Öl in einer Pfanne erhitzen (2 Eßlöffel sollten noch übrig sein). Das Essig-Püree zugeben und 5 Minuten köcheln lassen. Curry, Chili, Zimt, Zucker und Tamarindenflüssigkeit zugeben. 5 Minuten köcheln lassen.

6. Die Aubergine vorsichtig mit der in der Schüssel aufgefangenen Flüssigkeit unterrühren. Zugedeckt 15 Minuten köcheln lassen.

7. Die Pfanne vom Herd nehmen und abkühlen lassen. Die Auberginen-Pickles in sterilisierte Halb-Liter-Einmachgläser löffeln (siehe S. 175). Im Kühlschrank bis zu einem Monat haltbar.

Ergibt 1,5 l

Paul Zolenges

EINGELEGTE GRÜNE TOMATEN

Paul Zolenge, der Mitinhaber von Stage Delicatessen

25 feste grüne Tomaten
1 TL gelbe Senfsamen
1 EL Selleriesamen
1 EL Koriandersamen
1 EL schwarze Pfefferkörner
1½ TL Gewürznelken
1½ TL Pimentkörner
1 Lorbeerblatt
60 ml Apfelessig
270 g Salz
1 Selleriestange, halbiert
2 Knoblauchzehen, geschält

1. Die Tomaten über Nacht in einem Topf in kaltem Wasser einweichen. Abgießen und in einen großen Steinguttopf legen.

2. Senfsamen, Selleriesamen, Koriandersamen, Pfefferkörner, Gewürznelken, Pimentkörner, Lorbeerblatt, Essig und Salz in einer Schüssel mit einem Liter Wasser mischen. Die Mischung über die Tomaten gießen, Sellerie und Knoblauch zugeben. Darauf achten, daß die Tomaten von der Einmachflüssigkeit ganz bedeckt sind und oben mindestens 5 cm Rand übrig sind, damit die Flüssigkeit nicht überläuft, wenn sie zu gären beginnt.

3. Einen Teller oder Holzdeckel auf die Tomaten legen und mit einem 1–1,5 kg schweren Gewicht beschweren. An einem kühlen Ort 2–3 Wochen ruhen lassen.

4. Die eingelegten Tomaten in sterilisierte Einmachgläser geben (siehe S. 175). Mit der Einmachflüssigkeit ganz bedecken, verschließen und kühl lagern.

Ergibt 4 l

Eingelegter CHINAKOHL (KIMCHI)

1 Chinakohl
250 g grobes Salz
½ TL Cayennepfeffer
1 weiße Zwiebel, in dünne Scheiben geschnitten
4 Knoblauchzehen, feingehackt
2 frische Chilischoten, feingehackt
1 EL frischer Ingwer, feingehackt
2 TL Sojasauce

1. Den Strunk aus dem Chinakohl schneiden. Diesen längs in 6 Stücke schneiden. Jedes Stück halbieren. Die Chinakohlstücke 4 Stunden auf einem Backblech zum Trocknen in die Sonne stellen.

2. Eine Lage Kohl in eine glasierte Keramik- oder Steingutschüssel legen. Großzügig mit Salz und mit etwas Cayennepfeffer bestreuen. Eine weitere Lage Kohl, Salz, Cayennepfeffer darauf geben und so fortfahren, bis der ganze Kohl gesalzen ist. Die Schüssel mit einem Keramikteller zudecken, der knapp hineinpaßt, und mit einem schweren Einmachglas beschweren. Eine Woche kalt stellen.

3. Den Kohl abgießen und mit kaltem Wasser gründlich waschen. Mit einem sauberen Tuch überschüssige Feuchtigkeit auspressen. Jedes Kohlstück in 2,5 cm große Stücke schneiden. In einer flachen feuerfesten Glaskasserolle Kohl, Zwiebel, Knoblauch, Chili und Ingwer übereinanderschichten, bis sie verbraucht sind. Die Sojasauce mit 500 ml Wasser gemischt über den Kohl gießen. Zudecken und 5 Tage kalt stellen. Das Kimchi schmeckt gut zu warmem Reis oder als Beilage zu gebratenem Fleisch und Fisch. Im Kühlschrank einen Monat haltbar.

Ergibt etwa 1 l

Einkaufen von Kimchi-Zutaten

Chutney
AUS GRÜNEN OLIVEN

Taxifahrer Tekki Dimitros aus Sunnyside (Queens) bestreicht Lamm, Huhn oder Fisch vor dem Grillen mit diesem Chutney.

450 g zerdrückte Oliven, entsteint und feingehackt
4 Knoblauchzehen, feingehackt
½ frische Chilischote, feingehackt
Schale von 1 unbehandelten Zitrone, feingehackt
2 EL Kapern, abgegossen und feingehackt
2 EL Olivenöl
1 TL frisch gemahlener schwarzer Pfeffer

1. In einer Schüssel Oliven, Knoblauch, Chili, Zitronenschale und Kapern mischen. Olivenöl und Pfeffer einrühren.

2. In ein Einmachglas geben und fest verschließen. Vor Verwendung mindestens 2 Tage kalt stellen. Das Chutney hält sich 3 Wochen und kann als Garnierung oder Sauce zu Huhn, Fisch, Rindfleisch oder Lamm verwendet werden. Auf Croutons oder Crackern paßt es auch gut zu Cocktails.

Ergibt 1 l

Mardees
JOGHURT-CHUTNEY

Die Expertin für Kücheneinrichtungen, Mardee Haiden Regan, perfektionierte dieses Chutney für ihren Mann. Es ist ein großartiger Dip für rohes Gemüse, Reis oder Ofenkartoffeln, kann aber auch zum Würzen von Grillfleisch oder Fisch verwendet werden.

Mardee Regan mit ihrer sphinxähnlichen Freundin Nancy

380 g Naturjoghurt
2 EL weiße Zwiebel, feingehackt
1 EL Frühlingszwiebeln, feingehackt
1 EL frischer Ingwer, feingehackt
1 Knoblauchzehe, feingehackt
2 EL frische Korianderblätter, feingehackt
2 EL frische Minze, feingehackt
½ TL Kreuzkümmel, gemahlen
Kardamomsamen aus 6 Fruchtkapseln
½ TL grobes Salz
½ TL frisch gemahlener schwarzer Pfeffer
½ TL Cayennepfeffer

1. Den Joghurt in einer Schüssel glattrühren. Die restlichen Zutaten zugeben (nach Geschmack auch mehr). Zudecken und mindestens 1 Stunde kalt stellen.

2. Man serviert das Chutney zu gegrilltem Fisch, Huhn oder Lamm, auf Kartoffeln oder Reis oder in Pitabrot. Es hält sich gut zugedeckt im Kühlschrank bis zu 2 Wochen.

Ergibt 6 Portionen

Mazedonisches

RELISH

Kochbuchautorin Paula Wolfert hat den New Yorker Akzent niemals abgelegt, obwohl sie 15 Jahre in Europa gelebt hat. Sie serviert dieses Relish zu gegrilltem und gekochtem Fleisch. Es schmeckt aber auch gut zu Reis oder Grillgemüse.

1 Knoblauchzwiebel, Zehen abgelöst, 3 geschält und gehackt, die anderen ganz und ungeschält
3 große Auberginen, längs halbiert
6 grüne Paprikaschoten
6 grüne Tomaten, längs halbiert
60 ml Olivenöl
½ Chilischote, feingehackt
1 EL destillierter Weißweinessig
2 TL Salz
1 TL frisch gemahlener schwarzer Pfeffer

1. Grill oder Ofen auf 200 °C vorheizen.

2. Bei der Verwendung des Gartengrills das Gemüse erst auf den Rost legen, wenn die Kohlen mit Asche bedeckt sind. Ganze Knoblauchzehen auf Alufolie legen. Sie brauchen zum Garen etwa 20 Minuten, Auberginen etwa 30 Minuten, Paprika etwa 20 Minuten und Tomaten etwa 15 Minuten.

Bei Verwendung des Ofens ganze Knoblauchzehen und Auberginen 10 Minuten auf einem Backblech backen. Dann Paprika dazulegen und 10 weitere Minuten backen. Tomaten dazulegen und weitere 10–15 Minuten backen.

3. Knoblauch schälen, Paprika putzen und in eine oft verwendete Holzschüssel legen. Die Flüssigkeit der Auberginen weggießen; schälen und das Fruchtfleisch in die Schüssel geben. Tomaten sorgfältig häuten und in die Schüssel legen. Das Gemüse mit einer Gabel zu einer glatten, lockeren, saftigen Paste verarbeiten.

4. Das Öl in die Gemüsepaste rühren. Gehackten Knoblauch, Chili und Essig mischen und zugeben. Mit Salz und Pfeffer abschmekken. Zudecken und über Nacht in den Kühlschrank stellen.

5. Das Relish kann als Dip zu Brot oder als Aufstrich für gegrilltes Schwein, Lamm, Rind, Huhn oder gegrillten Fisch serviert werden. Nach einigen Tagen wird es wäßrig und ergibt eine gute Marinade für Fleisch oder Fisch. Es hält sich im Kühlschrank gut zugedeckt bis zu einer Woche.

Ergibt 12 Portionen

Scott Campbells

ZITRONENSAUCE

Der New Yorker Küchenchef Scott Campbell sagt, er habe sich bei diesem Rezept von Limonade inspirieren lassen. Er wollte eine erfrischende, einfache Sauce. Sie schmeckt gut zu gebratenem Tintenfisch oder gebratenen und gegrillten Meeresfrüchten jeder Art.

4 EL frischer Zitronen- und Limettensaft, gemischt
2 EL Zucker
½ TL Salz
¼ TL frisch gemahlener schwarzer Pfeffer
1 Jalapeño-Chilischote, feingeschnitten
2 EL Schalotten, feingehackt
3 EL frische Korianderblätter, grobgehackt

1. Zitronen- und Limettensaft mit Zucker, Salz, Pfeffer, Chili, Schalotten und 4 Eßlöffeln Wasser so lange verrühren, bis Zucker und Salz aufgelöst sind. Zugedeckt etwa 1 Stunde kalt stellen.

2. 15 Minuten vor dem Servieren die Korianderblätter zugeben.

Ergibt 4 Portionen

WILDMAN SUCHT NACH EINEM ABENDESSEN

In den meisten Straßen und Ecken der Stadt gibt es Gemüsestände, und der typische New Yorker bleibt dort täglich stehen, kauft ein wenig hiervon und davon und trägt das Erworbene üblicherweise in einer Plastiktüte nach Hause.

Steve Brill ist kein typischer New Yorker. Wenn er fürs Abendessen »einkauft«, stöbert er in Manhattans Central Park oder im Alley Pond Marsh (Queens), im Pelham Bay (Bronx) oder im Prospect Park (Brooklyn) herum. Es gibt Hunderte von Hektar Stadtpark, und sie sind sein Gemüseladen. Mr. Brill ist Sammler.

Wenn er sammelt, trägt er einen großen Rucksack für seine Beute. Am Telefon nennt er sich einfach»Wildman« und seine privat publizierten Bücher signiert er mit »Wildman« Steve Brill. Eines seiner Bücher ist *Shoots and Greens of Early Spring in Eastern North America* (Frisches und Grünes vom Frühjahr im östlichen Nordamerika).

WELCHE NAHRUNG KANN MAN SAMMELN?

Wildman, der aus Überzeugung Naturschützer und Vegetarier ist, begann 1982 Sammeltouren in den New Yorker Stadtparks anzubieten. Er wollte anderen den Unterschied zwischen »dem Pflücken von Wildkräutern und dem Entwurzeln seltener Blumen« beibringen.

Aber als er sich mit seinen Gruppen auf die Suche nach Wildpilzen, Spinat, Sauerampfer, Wasserminze und wildem Lauch machte, rechnete er auch mit Ärger. »Ich wußte, daß die Stadtregierung sich vorstellen würde, daß Sammlerschwärme wie Heuschrecken über die Parks herfallen würden. Außerdem hätte man Angst, daß Sammler mit Verdauungsstörungen die Stadt verklagen könnten«, erklärt er.

Tatsächlich wurde Wildman 1986 festgenommen, da er ohne Genehmigung Pflanzen gesammelt hatte. Wildman erzählt, er sei auch beschuldigt worden, Gartengeräte dabeigehabt zu haben, was er bestreitet. Die Beamten, die ihn festnahmen, fanden in seinem Rucksack keine Gartengeräte, jedoch drei Sassafrasbaum-Schößlinge. »Die Blätter ergeben einen guten Tee«, erklärt Wildman.

Wilde Möhren (»von unvergleichlichem Aroma«), Winterkresse und Breitblättrige Rohrkolben (»Man kann sie schälen und wie Bambussprossen braten; nahrhaft und sehr wohlschmeckend«) – Wildman räumt ein, er habe die Beweismittel verspeist.

Letztendlich engagierte die Stadt Wildman mit seinen Führungen, feuerte ihn jedoch vier Jahre später wieder, weil er, wie er sagte, nicht bereit gewesen sei, eine Stechkarte zu ziehen oder die entsprechenden Formulare auszufüllen.

Mit Wildman Steve Brill auf Tour

Er meint, er sei für die Parkverwaltung zu »wild«, und begann wieder, Privattouren anzubieten.

»Parks sind die Lebensmittelläden des Volkes«, behauptet Wildman. »Ich werde nicht aufgeben, bis die Menschen unbehelligt sammeln dürfen.«

Betsy Gottbaum – seinerzeit Parkbeauftragte – meinte, im Park gingen auch Hunde spazieren. Sie fürchtete, daß deren »Aktivität« bei potentiellen Zutaten ein Gesundheitsrisiko bergen könnte. Wildman antwortete, im Park sei es wahrscheinlicher, bei einem Überfall umgebracht zu werden als durch Löwenzahn. Er habe bereits Tausende von Menschen geführt, und niemand sei krank geworden. Er wasche sein Gemüse immer.

»Sie fürchten sich vor mir«, sagt Wildman, der sich selbst als Naturbefreier sieht. »Sie fürchten, daß die Leute, wenn sie erst einmal herausfinden, wie köstlich und nahrhaft wildes Gemüse ist, es nicht mehr teuer im Laden kaufen werden.« Tatsächlich haben Dutzende von Küchenchefs seine Führungen mitgemacht. Einer davon, der französische Spitzenkoch Michel Bras, sei geradezu neidisch geworden, weil »man diese guten Gemüse und Pilze in Paris nicht finden kann – zumindest nicht in den Parks«.

Verstohlener Spaziergänger

Inzwischen versucht Wildman, bei seinen Spaziergängen möglichst wenig Lärm zu machen, und versteckt sich hinter Bäumen, wenn die Parkranger in der Nähe sind. »Ich hoffe, sie nehmen mich nicht fest«, flüstert er oft laut.

Man findet z. B. Hornkraut, das er dämpft und mit Nudeln serviert, oder junge Wegwarten, die er in den Salat gibt. Krausen Ampfer kombiniert er mit Pilzen zu einer Suppe; Löwenzahn vergärt er zu hausgemachtem Wein. Er verwendet Lauchkrautblätter für die Herstellung von Meerrettich, und Brennesseln dämpft er mit wilden Möhren. Sauerampfer und Portulak kombiniert er mit Kartoffeln und Joghurt, und bei wildem Spargel hat »jeder sein Lieblingsrezept«, wie er meint.

Außerdem kennt er den Segen der Heilkräuter. Und wie andere die ethnische Vielfalt der Stadt preisen, singt er ein Loblied auf die Fülle nicht einheimischer Pflanzen. »Mitten in der Stadt wachsen Gingkos!« meint er, während er auf einem kleinen Hügel im Central Park steht.

»Schauen Sie sich das an! Bärlauch!« ruft er aus, stapft den Hügel hinunter, kriecht durch das Unterholz und taucht triumphierend wieder auf, eine Handvoll davon in der Hand.

Er nähert sich einer Gruppe von Jungen, die zu Rapmusik aus einem mitgebrachten Ghettoblaster Spitball spielen. »Wißt Ihr, was das ist?« fragt Wildman, der glaubt, daß junge Menschen mit dem nötigen Wissen Planeten retten, vielleicht Drogen vermeiden und sicherlich besser und billiger essen könnten.

Wie die meisten New Yorker Kinder hatten auch diese schon einiges gesehen. Aber drei gute Schläge lang starren sie ihn wortlos an. Schließlich sagt einer: »Das ist Unkraut.«

»Eßbares Unkraut!« erklärt Wildman und beißt unter ihren entgeisterten Augen triumphierend hinein.

Ein Fund im Park wird geerntet.

Für Informationen über Sammelführungen oder Buchbestellungen ist Wildman Steve Brill unter Tel. (718) 291–6825 zu erreichen.

Wildman Steve Brill und seine Gruppe schütteln vorsichtig die Früchte vom Baum.

Wildmans

WILDZWIEBEL-SAUCE

Diese aromatische Sauce wurde so verändert, daß man auch Zuchtzwiebeln und Knoblauch verwenden kann. Sie schmeckt köstlich zu Grillspeisen. Wildman ißt sie gerne zu Vollkornreis oder Vollkornnudeln.

2 EL Olivenöl
4 kleine Zwiebeln, vorzugsweise wilde, feingehackt
4 Knoblauchzehen, feingehackt
2 EL Mehl
125 ml trockener Weißwein
440 ml Hühnerbrühe (Rezept S. 47 oder andere hausgemachte Hühnerbrühe)
1/4 TL frisch gemahlener weißer Pfeffer
1/4 TL Piment, gemahlen
1 Bund wilder Schnittlauch* (Allium vienale), *feingehackt

1. Das Öl in einer Pfanne auf niedriger Stufe erhitzen. Zwiebeln und Knoblauch etwa 12 Minuten sanft andünsten.

2. Das Mehl nach und nach zugeben und rühren, bis es sich goldgelb färbt.

3. Den Wein zugeben, aufkochen lassen und kochen, bis er vom Gemüse vollständig aufgenommen ist. Brühe, Pfeffer und Piment zugeben und 5 Minuten kochen lassen. Schnittlauch zugeben und servieren.

Ergibt 380 ml

Yokos

JAPANISCHES SALATDRESSING

Die Hausfrau Yoko Meinhardt-Leye lernte die Zubereitung dieses köstlichen Salatdressings von einem Familienkoch in Japan. Es paßt wunderbar zu grünem Blattsalat oder gedämpftem Gemüse.

3 EL Reisessig
1 TL Sojasauce
1 TL dunkles Sesamöl
1/2 TL Wasabi (japanischer Meerrettich)
1/2 TL geröstete Sesamsamen, in einem Mörser zerstoßen
1/4 TL Zucker
1/4 TL getrocknete rote Chililocken
1/2 TL weiße Miso-Würzpaste
1/2 TL frischer Ingwer, gerieben
1 EL Möhren, gerieben
1 EL frischer Schnittlauch, kleingeschnitten

Alle Zutaten außer dem Schnittlauch im Mixer glattpürieren. Den Schnittlauch einrühren.

Ergibt 4–5 Eßlöffel

DER SCHLAUE KOCH

Immer mehr Köche haben eine Auswahl von Gewürzessigen und aromatisierten Ölen in der Speisekammer. Diese modernen Küchenhelfer können Salaten, Marinaden oder Salatsaucen den letzten Pfiff geben und Fisch, Huhn oder Fleisch fein würzen.

Meist kann man sie einfach herstellen, und sie halten lange. Essig hält sich bei Zimmertemperatur fast unbegrenzt. Kräuter, Früchte oder Knoblauch sollten jedoch nach 10 Tagen entnommen werden, sonst gibt es einen unangenehmen Nachgeschmack.

Einfache, mit Chilischoten, Knoblauch oder Kräutern aromatisierte Öle halten sich bis zu 6 Monaten. Auch hier sollten die Gewürze nach 10 Tagen herausgesiebt werden. Öle, die durch Emulsion aromatisiert wurden, z. B. die von Küchenchef Jean-Georges Vongerichten, dem Eigentümer des Restaurants Jo-Jo in Manhattan, sollten jedoch im Kühlschrank aufbewahrt werden. Sie halten sich bis zu 2 Wochen, obwohl die Frische des Aromas nach einer Woche bereits verblaßt. Für einfaches Aromatisieren ist gutes Olivenöl am besten geeignet. Emulsionen brauchen ein nicht so geschmacksintensives Öl wie Traubenkern- oder Rapsöl.

Küchenchef Jean Georges Vongerichten neben einer Reihe aromatisierter Öle im Jo-Jo

DIE VERWENDUNG AROMATISIERTER UND MIT SIRUP GEWÜRZTER ÖLE

Der Küchenchef Jean-Georges Vongerichten verwendet in der Küche seines Restaurants Jo-Jo statt schwerer Saucen ein ganzes Sortiment aromatisierter Öle, um Geschmacksnuancen in seine Gerichte zu zaubern.

In einige dieser Öle werden einfach aromatische Kräuter gelegt, andere dagegen bekommen ihr intensives Aroma, indem sie mit Obst- oder Gemüsesirup emulgiert werden. Auf jeden Fall können alle in endlosen Kombinationen verwendet werden. In einem Interview der Zeitschrift *Cook's* machte Vongerichten die folgenden Vorschläge für eine Reihe guter Rezeptkombinationen:

- Krabben in Zimtöl dünsten; auf die garen Meeresfrüchte Möhren-Zimt-Öl träufeln.
- Steaks in Paprikaöl braten.
- Entbeinte, aufgeschnittene Lammkeule oder Lammkotelett vor dem Grillen in Curryöl marinieren.
- Kabeljau in Ingweröl dünsten; Öl mit Ingwer- und Rote-Bete-Aroma über den fertigen Fisch träufeln.
- Hühnerbrüste in verquirltem Ei wenden, mit getrockneten Kartoffelflocken panieren und dann braten. Anschließend mit Tomaten-Chili-Öl beträufeln.
- Für Curry-Mayonnaise nach und nach 190 ml Curryöl in ein Eigelb quirlen, bis es andickt. Anschließend eine kleingehackte Knoblauchzehe untermischen. Am besten zu gedämpften Miesmuscheln servieren.
- Thunfischsteaks vor dem Grillen in Wasabi-Öl marinieren.
- Lieblingsnudeln mit Zitronenöl und schwarzen Olivenscheiben mischen.
- Nudeln mit Safranöl und etwas gehackter Tomate mischen.
- Schweinelendenscheiben mit Cranberry-Orangen-Öl beträufeln.
- Hühnerbrüste vor dem Grillen oder Dünsten 15 Minuten in Kardamomöl marinieren. Das fertige Huhn mit Kardamom-Ananas-Öl beträufeln.
- Lammhackfleisch mit Kreuzkümmel aromatisieren, zu dicken Frikadellen formen und jede anschließend mit einem Stück Ziegenkäse füllen. Dann grillen oder braten.
- Arabischen Tabboulé-Salat mit Ingweröl aromatisieren.
- Gekochte Krabben mit einer Vinaigrette mit Curryöl anmachen und für Curry-Krabbensalat auf gemischtes Blattgemüse legen.

Barbaras

THAILÄNDISCHER GARTENESSIG

Chinesischer Reisessig und italienischer Weißweinessig sind milder und fruchtiger als der französische. Mit ihnen wird der von Professor Barbara Kirshenblatt-Gimblett für ihre Riesensalate (Seite 139) hergestellte Gewürzessig milder.

1 l Reisessig oder italienischer Weißweinessig
6 Halme Zitronengras
1 unbehandelte Kaffirlimette oder normale Limette
6 Kaffirlimettenblätter
3 Scheiben Galgant
1 EL frischer Ingwer, geschält und in Scheiben geschnitten

1. Ingwer in ein Einmachglas mit Essig geben. Die Enden des Zitronengrases abschneiden und die Halme ins Glas geben. Die Limette schälen und die Schale ins Glas geben. Kaffirlimettenblätter und Galgant zugeben. Zudecken und eine Woche an einem dunklen Ort stehenlassen.

2. Die aromatisierenden Stoffe heraussieben und den Essig auf gegrillte rote Bete, Ofenkartoffeln, gedämpfte Möhren, rohen Fenchel, gekochte Saubohnen oder gekochten Taro träufeln.

Ergibt 1 l

Vielseitige

GEWÜRZESSIGSORTEN

Die Leibspeisen, die Jane Littell in ihrer Kindheit im Familienkreis aß und zu denen auch der Kartoffelsalat ihrer Mutter gehörte, wurden oft mit einem kräftigen Schuß Essig gewürzt. Seinerzeit, so erinnert sie sich, gab es nur eine Flasche Essig im Vorratsschrank. Später experimentierten sie und ihre Mutter mit Gewürzessig, von Weißweinessig bis hin zu Sherry-, Champagner- und Reisessig. Hier sind einige der Lieblingsrezepte der beiden. Sie sind einfach zuzubereiten und äußerst vielseitig.

BARBECUE-ESSIG

Marinieren Sie einmal Rinderkebabs oder ein Steak 1–2 Stunden in 250 ml dieses Essigs, bevor Sie sie grillen.

2 EL getrocknete grüne Pfefferkörner
5 große Knoblauchzehen, geschält
5 Perlzwiebeln, geschält
5 Kirschtomaten
5 Jalapeño- oder andere kleine, scharfe Chilischoten
1,25 l Apfel- oder Rotweinessig

1. Den Grill vorheizen. 5 Bambusspieße in Wasser einweichen.

2. Die Pfefferkörner in ein Einmachglas mit 1,3 l Fassungsvermögen legen.

3. Auf jeden Spieß je eine Knoblauchzehe, Zwiebel, Tomate und Chilischote stecken. Etwa 10 Minuten grillen, bis sie ganz verkohlt sind, dabei gelegentlich wenden. Die Spieße aus dem Grill nehmen und in das Glas legen.

4. Den Essig auf mittlerer Stufe in einem Topf erhitzen, ohne daß er kocht. Sofort durch einen Trichter in das Glas gießen, so daß gerade noch genug Platz für den Deckel bleibt. Verschließen und 2 Tage an einem kühlen, dunklen Ort aufbewahren. Nur den Knoblauch herausnehmen und wegwerfen.

Ergibt 1,3 l

PFIRSICHESSIG

Marinieren Sie Huhn oder Fisch vor dem Grillen 1 Stunde in 250 ml dieses Essigs. Einige Eßlöffel mit Eis und Mineralwasser ergeben einen erfrischenden Drink.

4 Pfirsiche, geschält, in Scheiben geschnitten
2 Zimtstangen (je 2,5–5 cm lang)
300 ml Reisessig

1. Pfirsichscheiben und Zimtstangen in ein 500 ml fassendes Einmachglas oder eine Flasche geben.

2. Den Essig auf niedriger Stufe erhitzen, ohne daß er aufkocht. Sofort durch einen Trichter in ein Glas oder eine Flasche gießen, so daß für Deckel oder Korken gerade noch genügend Platz bleibt. Verschließen und 10 Tage an einem kühlen, dunklen Ort lagern.

Ergibt 500 ml

Pfirsiche für einen wunderbaren Essig mit sommerlichem Aroma

TOSKANA-ESSIG

Einige Teelöffel dieses Essigs machen Suppen, Stews und Tomatensaucen interessanter. Mit Dijonsenf und Olivenöl gemischt ergibt er eine köstliche Vinaigrette.

4 Zweige frischer Rosmarin
4 Zweige frischer Thymian
4 Zweige frischer Oregano
1 Zweig frisches Basilikum
1 EL schwarze Pfefferkörner
440 ml plus 2 EL Rotweinessig

1. Die Kräuter mit dem Schnittende nach unten in ein 500 ml fassendes Einmachglas oder eine Flasche stellen. Pfefferkörner zugeben.

2. Essig in einem Topf auf niedriger Stufe erhitzen, ohne daß er aufkocht. Sofort durch einen Trichter in ein Glas oder eine Flasche gießen, wobei für Korken oder Deckel genug Platz bleiben sollte. Verschließen und 10 Tage an einem kühlen, dunklen Ort aufbewahren.

Ergibt 500 ml

Kräuter- oder GEWÜRZÖLE

8 EL getrocknete Kräuter oder Gewürze nach Wahl, z. B. Paprikapulver, Chili-Gewürzmischung, Curry, Wasabi, gemahlener Ingwer, Senf, Kardamom, Muskatnuß, Zimt, Safran, Gewürznelken oder Kreuzkümmel
250 ml Raps-, Trauben-, Distel- oder Maiskeimöl

1. Kräuter oder Gewürze mit 125 ml Wasser in einem Einmachglas mit großer Öffnung und Deckel mischen. Gründlich zu einer Paste vermischen. Öl zugießen, das Glas verschließen und zum Mischen der Zutaten schütteln. Bei Zimmertemperatur etwa 3 Tage stehenlassen. Nach dem ersten Tag setzt sich die Kräuter- oder Gewürzpaste am Gefäßboden ab.

2. Nach 3 Tagen das Öl in ein 250 ml fassendes Einmachglas löffeln; den Satz wegwerfen. Das Öl zugedeckt bis zu 6 Monaten an einem kühlen, dunklen Ort aufbewahren.

Ergibt 250 ml

Stellen Sie ihre aromatisierten Öle und Essige nur auf das Fensterbrett, um sie zu bewundern – lagern Sie sie aber kühl und dunkel.

Zitrus-
ÖL

2 EL unbehandelte Zitrusschale (z. B. Grapefruit, Zitrone, Limette oder Orange), gerieben
250 ml Raps-, Trauben-, Distel- oder Maiskeimöl

1. Zitrusschale und Öl in einer kleinen Flasche mischen, zudecken und etwa 3 Tage bei Zimmertemperatur stehenlassen.

2. Die Schale aus dem Öl sieben. Das Öl in die Flasche gießen und verschließen. Bis zu 6 Monaten an einem kühlen, dunklen Ort haltbar.

Ergibt 250 ml

Gemüse- oder
FRUCHTÖLE

GEMÜSE- ODER FRUCHTSIRUP
1,3 kg Gemüse oder Obst nach Wahl, z. B. Rote Bete, Cranberries, Möhren, Tomaten, Ananas und/oder gelbe oder rote Paprikaschoten

1 TL Sherryessig
125 ml Öl mit Kräuter- oder Gewürzaroma nach Wahl (siehe S. 181) oder einfaches Raps-, Trauben-, Distel- oder Maiskeimöl

1. Für den Sirup in Farbe und Aroma passende Zutaten mischen oder nur eine Zutat verwenden. Jedes Obst oder Gemüse muß anders behandelt werden: Möhren, Paprika oder rote Bete sollten gerieben und in der Küchenmaschine fein püriert, Tomaten oder Ananas in 5 cm große Stücke geschnitten und dann püriert, Cranberries feingemahlen werden.

2. Das verarbeitete Gemüse- oder Obstfleisch in ein doppelt mit feuchtem Musselintuch ausgelegtes Sieb legen. 500 ml Flüssigkeit herauspressen, feste Bestandteile wegwerfen.

3. Den Saft in einem Topf auf mittlerer Stufe aufkochen lassen. 25–30 Minuten bei niedriger Stufe auf 125 ml reduzieren.

4. Sirup durch ein feines Sieb seihen. Feststoffe wegwerfen. Es sollten 125 ml übrigbleiben. Den Sirup im Kühlschrank aufbewahren.

5. Sirup und Essig in einer Plastik- oder Glasschüssel mischen.

6. Für mit Gemüse oder Frucht aromatisiertes Öl das Kräuter- oder Gewürzöl in die Mischung einrühren, so daß es nicht emulgiert.

Für einfaches Öl mit Gemüse- oder Obstaroma eines der einfachen Öle langsam und gleichmäßig unter die Sirupmischung rühren.

7. Das Öl zugedeckt bis zu 2 Wochen im Kühlschrank aufbewahren.

Ergibt 250 ml

EINE CHRONOLOGIE WICHTIGER KULINARISCHER EREIGNISSE IN NEW YORK

Bestimmte Nahrungsmittel gehören einfach zu New York – Sandwiches und saure Gurken, Austernstew und Sirloinsteaks, Blintses und Käsekuchen. Die Stadt ist der richtige Ort für echtes Sushi, für kantonesisches Dim Sum, für italienisches Essen oder für französische Haute-Cuisine.

Auf den Straßen New Yorks gibt es immer etwas zu sehen: An einem Stand werden Falafel fritiert, auf der anderen Straßenseite brutzeln afghanische Kebabs, griechisches Gyros dreht sich auf dem Spieß, Handpizza wird verkauft, polnische Piroggen köcheln – und über all dem das süße Aroma mit Honig gerösteter Cashewkerne.

Einige New Yorker leben von Egg Cream, andere verlangt es nach Bagels, wieder andere können sich ein Leben ohne Hot Dogs nicht vorstellen. Es ist eine Stadt für den Gaumen. Im 17. Jahrhundert beschrieb Oliver Wendell Holmes senior die Stadt als eine, »in der man Speisen eines ganzen Kontinents finden kann«.

Aber im Gegensatz zum beliebten Mythos sind New Yorker keine unersättlichen Individualisten, die nur für persönlichen Profit konsumieren, sondern Schiedsrichter, die es auf sich genommen haben, den Geschmack der amerikanischen Nation zu formen.

Seit 1626, als Peter Minuit Manhattan Island für 60 holländische Kronen (etwa 44 DM) von den Indianern kaufte, ist diese Stadt ein Ort, an dem Zutaten und Köche von weit her zu finden sind. Dank der unermüdlichen Arbeit von Köchen, die ihre Künste an allen Plätzen der Stadt entfaltet haben, wurden hier Gerichte und Drinks erfunden, die zu nationalen Symbolen avancierten.

Wie Freiheitsstatue oder Empire State Building spielen diese eßbaren Ikonen eine entscheidende Rolle für New Yorks Zeitgeist. Es folgt ein kurzer Abriß der kulinarischen Errungenschaften der Stadt New York.

Die Geburt amerikanischer »Bar-Speisen« (1642)

Die ersten zwei Tavernen öffneten in Manhattan. Laut I. N. Phelps Stokes in seiner *Iconography of Manhattan Island* eröffnete der französische Soldat Philip Gerard auf der Nordseite der Stone Street ein Lokal. Nach wenigen Monaten »wurde Gerard vom Schatzamt belangt, weil er Bier teurer verkaufte, als es der örtliche Erlaß zuließ. Er wurde auch beschuldigt, sich ohne Erlaubnis vom Wachdienst entfernt zu haben. Um ihn zu erniedrigen, wurde er gezwungen, bei der Parade auf einem Holzpferd zu reiten, mit einem Krug in der einen Hand und einem gezogenen Schwert in der anderen.« Der Legende nach nannte er seine Taverne »aus purem Trotz« »The Wooden Horse« (das Holzpferd).

Willem the Tasty eröffnete sein Lokal auf dem Coenties Slip. Wie er zu seinem Titel kam, ist unbekannt. Man weiß aber, daß Teller mit Bergen von Hausmannskost an zahlende, trinkende Gäste kostenlos abgegeben wurden. Holländische Gerichte wie Snert, ein Erbsenbrei (siehe Seite 69), mit einer Scheibe Roggenbrot (siehe Seite 89) waren zeitgemäß und vielleicht auch die Ursache für den Beinamen Mr. Tasty (»Herr Lecker«).

Fest steht, daß das Konzept kostenfreier Speisen, das in den folgenden 250 Jahren in den Tavernen Nordamerikas entstand, in New York seinen Anfang nahm. 1776 gab es bereits auf 45 Bewohner eine Taverne.

Mobile Stände an der Eislaufbahn des Rockefeller Centers (links)

Entstanden die USA bei einer Tasse New Yorker Kaffee?

1670 eröffnete das New York Merchant's Coffeehouse. Wie spätere Kaffeehäuser war es »ein passenderer Treffpunkt für Gentlemen als die Tavernen« – so *America Eats Out* von John F. Mariani. Mariani fügt hinzu, daß dieses Kaffeehaus später den Ruf genoß, »Geburtsort der Vereinigten Staaten gewesen zu sein«. Zumindest sind hier beim Kaffee einige wichtige Dinge erledigt worden. Das Tortine Coffee House, das 1794 an der Ecke Water und Wall

GOVERNOR MINUIT KAUFT MANHATTAN ISLAND

Die Old Brewery (1852)

1·7·1·7

Die Wiege der amerikanischen Braukunst

Anthony Rutgers aus Albany (New York) eröffnete auf der Nordseite der Stone Street zwischen William und Nassau Street in Lower Manhattan eine Brauerei und wurde ein Symbol für die Bierbrauer der Stadt. Auf der Mitgliederliste des New Yorker Braugewerbes sind zwischen 1695 und 1786 siebzehn Namen von Brauern und Mälzern registriert. Es ist unwahrscheinlich, daß alle selbständig waren; Stanley Baron geht in seinem Buch *Brewed in America* davon aus, daß die meisten wohl für größere Firmen wie die Rutger Brothers arbeiteten. 1898 waren die meisten Braumeister nach Brooklyn gezogen, das mit über 45 Brauereien zur Bierhauptstadt der USA wurde. Piels, Tommers, Schaefer und Rhinegold wurden alle in den Brooklyner Stadtvierteln Williamsburg oder Bushwick gegründet.

Street gebaut wurde, war Standort der Börse.

Barbecue vor der Gründung von Texas (Mitte des 18. Jahrhunderts)

Dr. Alexander Hamilton aus Annapolis (Maryland) führte über seine Reisen entlang der Ostküste ein äußerst anekdotenreiches Tagebuch. So beschreibt er Schildkröten-Barbecues als ein weitverbreitetes New Yorker Vergnügen: »Es gibt hier eine beliebte Zerstreuung, nämlich das Grillen von Schildkröten – ein Sport, zu dem sich die hohen Herrschaften der Stadt ein- oder zweimal in der Woche treffen.« Für Barbecue-Rezepte aus der heutigen Zeit siehe die Seiten 267–273.

Austernhauptstadt der USA (1748)

Der schwedische Naturalist Peter Kalm beschreibt, wie die Austern der New Yorker Häfen und Buchten konserviert wurden.

In seinem Buch *The America of 1750* heißt es:

»Die gefangenen Austern werden sofort geöffnet und gesäubert; dann werden sie mit etwas Wasser in einem Topf ein Weilchen gekocht; der Topf wird vom Feuer genommen, und die Austern werden auf einen Teller gelegt, bis sie fast trocken sind. Dann wird etwas Muskatnuß, Piment und schwarzer Pfeffer darüber gegeben und genug Essig, um ihnen einen säuerlichen Geschmack zu geben. Das Ganze wird mit der Hälfte der Kochflüssigkeit gemischt und wieder auf das Feuer gestellt. Während des Kochens ist wichtig, daß der Schaum abgeschöpft wird. Schließlich wird die ganze Einmachflüssigkeit mit den Austern in ein Glas oder irdenes Gefäß gefüllt. Dieses wird fest verschlossen, damit keine Luft eindringen kann. So halten sich Austern jahrelang und können in den entferntesten Winkel der Welt geschickt werden.«

Nach dem Bau der Eisenbahn und des Erie-Kanals wurde New York Faßaustern-Hauptstadt. Die gefischten Muscheln wurden mit Salz fässerweise westwärts verschickt, wo sich die Menschen nach Eleganz und feinen Speisen sehnten – also dem, was die Muscheln der Ostküste symbolisierten.

In New York City wurden 1850 laut *On Town in New York* von Michael und Ariane Batterberry Austern im Wert von über 6 Millionen Dollar verkauft. Cape Cod, Chesapeake, Blue Points, Lynnhavens, Mattitucks und Peconics waren erhältlich; die Canal Street war voller Austernkeller. Das »Canal Street-Angebot« erlaubte, sich für sechs Cents an Austern satt zu essen. Austernstew (siehe Seite 370) war vor allem in Saloons erhältlich. Champagner galt als das edelste Getränk zu Austern.

Der Zauber der Manhattaner Austern war so mächtig, daß 1880 jeder Amerikaner im Schnitt 660 Stück pro Jahr verzehrte und die lokalen Austernbänke erschöpft waren.

Ein Austernstand in der Canal Street

1·7·7·7

DER ERSTE RUF NACH ICE CREAM ERTÖNTE IN NEW YORK CITY

Am **12. Mai 1777** erschien in der *New York Gazette* eine Anzeige von Philip Lenzis Konditorei, in der es hieß, Eiscreme sei »fast jeden Tag erhältlich«. Dieses Schriftstück ist einer der frühesten Belege für den Verzehr von Halbgefrorenem außerhalb der Privathaushalte. Im Sommer 1790 verzeichnete ein Eisverkäufer in der New Yorker Chatham Street Einnahmen von 200 Dollar, wie Paul Dickson in seinem *Great Ice Cream Book* berichtet.

Die Liebe zu Eiscreme nahm stetig zu. Am 10. Juli 1812 erschien in der *New York Morning Post* eine Anzeige, in der zu lesen war, Ananas-, Erdbeer- und Himbeereis seien in der Eisdiele Columbia Garden erhältlich.

Thomas Andreas Carvelas of Yonkers erfand 1934 eine Maschine zur Herstellung von »gefrorener Eiercreme« und begann, diese in den New Yorker Straßen zu verkaufen. Später nannte er sich nur kurz Tom Carvel.

Der polnische Emigrant Reuben Mattus erfand 1960 die Häagen-Dazs-Eiscreme. Er stellte Eis mit viel Butterfett und wenig Luft her. So nahm hier der Trend zu Premiumeiscreme mit nur drei Geschmacksrichtungen (Vanille, Schokolade und Mokka) ihren Anfang.

Tom Carvel, Erfinder der »gefrorenen Eiercreme« (links)
Tüten mit den beliebtesten Eissorten New Yorks (oben)

Ja, wir haben Bananen (1804)

Die ersten in New York City auftauchenden Bananen kamen aus Kuba. Die Entwicklung dieser exotischen Frucht zu einem Teil der nationalen Nahrung ist quasi die Obstversion des amerikanischen Traums.

Laut Charles Morrow Wilsons 1850 veröffentlichtem Buch *Empire in Green and Gold* kosteten rote und gelbe Bananen das Stück 10–25 Cent. Die New Yorker waren von der Frucht so begeistert, daß sich C. Augustus Frank, ein Schiffssteward, 1864 in das von Malaria heimgesuchte Hinterland von Colón in Panama wagte, sechs Dutzend Bananenstauden kaufte, auf sein Schiff lud und die Früchte nach elftägiger Fahrt an den New Yorker Piers mit einem Gewinn von etwa 1000% verkaufte. Er fuhr fort, Bananen aus Colón zu importieren, und kehrte schließlich dorthin zurück, um eine der ersten Bananenfarmen anzulegen.

Auf der Bühne hatten Bananen ihren großen Durchbruch Mitte der zwanziger Jahre des 20. Jahrhunderts, als der Schlagzeuger Frank Silver einen griechischen Obstverkäufer auf die Frage eines Kunden nach der Frucht zum Fenster des Mieters hinaufbrüllen hörte: »Ja, wir haben keine Bananen!« Silver erzählte das Sam Cohn, einem Musikerkollegen, und die beiden versuchten sich mit Erfolg an einem Song mit eben diesem Titel.

Batterberry schreibt in *On the Town in New York*, daß »die Noten ein Jahr lang 25 000 mal pro Tag verkauft wurden. In New Yorker und Londoner Nachtclubs verwendeten Schlagzeuger Bananen als Trommelstöcke, die Band saß auf Bananenbündeln, auf die Tanzfläche wurden Bananenschalen gestreut.« Noch heute haben die New Yorker eine große Schwäche für die Frucht (siehe die Rezepte auf den Seiten 463 und 465).

Das Entladen tropischer Früchte in Burling Slip (Manhattan)

SELTERS, SODA UND DIE SODA FOUNTAIN

Seit Ende der neunziger Jahre des 18. Jahrhunderts wurde auf den New Yorker Straßen von Pferdewagen aus frisches Quellwasser verkauft. Aber 1809 patentierte Joseph Hawkins ein Gerät, das Wasser mit Kohlensäure versetzte, und 1811 war das Seltersgeschäft so groß geworden, daß sich der Kampf darum lohnte. So wurde Sophia Usher (die behauptete, ihr verstorbener Ehemann habe als erster Tafelwasser hergestellt) das Recht zugesprochen, dieses Getränk zu verkaufen – womöglich der Ursprung der örtlichen Flaschenindustrie, die »reines, gesundes Wasser« versprach und bis heute besteht (weitere Informationen über Selters siehe Seite 36).

Der »root beer«-Verkäufer

New Yorks Sprudelwasser wurde jedoch bald Grundlage für zwei andere nationale Institutionen: die Soda Fountain und schließlich die Softdrink-Industrie. John Matthews begann 1832, an New Yorker Läden mit Kohlensäure versetztes Wasser zu liefern und »ein kompaktes Gerät von der Größe einer Hundehütte herzustellen, das Wasser mit Kohlensäure versetzte und bald als The Fountain (Der Brunnen) bekannt war«.

Matthews Werbung unterstützte den großen Erfolg des Sprudels und öffnete die Tür für aromatisiertes Soda. »Wenn junge Menschen zum ersten Mal Soda trinken, erleben sie Gefühle, die sie wie das der Liebe niemals vergessen können«, steht in einer Anzeige.

In einem Artikel von Mary Gay Humphreys im *Harper's Weekly* vom 21. November 1891 steht unter dem Titel *Die Entwicklung der Soda Fountain*, Matthews Anzeige sei zumindest eine »self-fulfilling prophecy« gewesen:

Im 19. Jahrhundert wurde Teewasser direkt an die Haustür geliefert

1·8·1·9

KONSERVEN

Zwei in New York wohnende Engländer, William Underwood und Thomas Kensett, begannen damit, Nahrungsmittel einzumachen, und zwar anfangs in Einmachgläsern.

Einige behaupten, Kensett und sein Onkel Ezra Dagett hätten als erste in New York Lachs, Austern und Hummer eingemacht. Zumindest erhielt Kensett 1825 das Originalpatent auf die Konservendose und öffnete damit die Pforten für die Ware, die heute am häufigsten zu finden ist. Underwood und Kensett gingen 1839 von Einmachgläsern zu Konservendosen über.

»Es will einiges heißen, daß kein natürliches Nahrungsmittel oder Getränk so sehr die Phantasie angeregt hat wie dieses völlig künstliche. Hunderttausende haben an der Soda Water Fountain zum ersten Mal die Schönheit von Kunst und Architektur wahrgenommen… Die Verbindung von Fruchtaroma (Sirup) und ›sylphidenhaftem Zapfgetränk‹ war so vollkommen wie die von Mondlicht, Musik, Liebe und Blumen oder jede andere der Verbindungen, die die Muse küssen… Aber der höchste Verdienst von Sodawasser – der es auch zum Nationalgetränk gemacht hat – ist, daß es so demokratisch ist. Der Millionär trinkt vielleicht Champagner, während der arme Mann Bier trinkt, aber beide trinken Sodawasser. Kein Viertel dieser großen Stadt ist so arm, daß die Soda Water Fountain, die billig ist, aber ostentativ aus Marmor und Metall besteht, nicht an den Straßenecken zu finden wäre. Für Durstige ist es ein preiswertes Vergnügen zu spüren, wie die Luft am Glasrand perlt, wie der aromatische Geschmack in die Haarwurzeln und Gehirnwindungen steigt, und jeden einzelnen Tropfen zu spüren, der die Kehle hinabrinnt.«

Laut On the Town in New York von Michael und Ariane Batterberry gab es 1891 in New York bereits mehr Soda Fountains als Bars. In den zwanziger Jahren wurde der eier- und sahnefreie Trunk »Egg Cream« an einer New Yorker Soda Fountain erfunden (Rezept siehe Seite 451). Die Hintergründe seiner Namensgebung und sein Erfinder sind unbekannt. Heute gibt es nur noch ein Dutzend »Soda Fountain Shops« in New York City.

Dem Mann, mit dem alles begann, wurde laut *The Great American Ice Cream Book* auf seinem Grabmal ein Denkmal errichtet, nämlich »ein brunnenähnliches Granitdenkmal«.

Vor der Erfindung von Plastikflaschen mit Schraubverschluß wurden den New Yorkern Selters-Syphons geliefert.

DER URSPRUNG DES ERSTEN MENÜS À LA CARTE (UM 1838)

Delmonico's in der South William Street führte ein Menü à la carte ein, das dem Gast erlaubte, sich ein eigenes Menü zusammenzustellen. Das Restaurant, schreiben Michael und Ariane Batterberry in *On the Town in New York*, war »das amerikanische Zentrum für gutes Essen«, aber erst 30 Jahre später wurde diese Finesse öffentlich durch einen kulinarischen Botschafter verkündet. Nach einem Dinner bei Delmonico's berichtigte Charles Dickens 1868 seine frühere, eher ungnädige Haltung gegenüber amerikanischem Essen, als er meinte, er sei bei Del's mit »unübertrefflicher Höflichkeit, Taktgefühl, Liebenswürdigkeit, Gastfreundschaft und Achtung« behandelt worden. Doch Delmonico's war mitnichten nur hinsichtlich des Services König. So schrieb Leopold Rimmer im Jahr 1898 in seiner *History of Old New York Life and the House of Delmonico's*: »Heute gibt es kaum ein Hotel in New York, dessen Küchenchef nicht bei Delmonico's gelernt hat.«

AMERIKAS ERSTE KOCHSCHULE (UM 1860)

Mindestens 10 Jahre vor Eröffnung der berühmten Boston Cooking School nannte sich ein französischer Koch namens Pierre Blot in seinen Kochbüchern »Professor für Gastronomie und Gründer der New York Cooking Academy«. Laut New York Directory gab es diese Institution gar nicht, aber vielleicht war auch der Name nur anders: Bis 1880 befand sich in 35 East 17th Street die New York Cooking School, die dann in die 22 East 17th Street umzog.

C. C. und S. M. Furnas schreiben in ihrem Buch *The Story of Man and His Food*, daß Blot »im Osten Vorlesungen hielt und schließlich die New York Cooking Academy gründete.« Als er nach Frankreich zurückkehrte, setzte Juliet Corson seine Arbeit fort.

Blots erstes, 1863 in den USA veröffentlichtes Buch *What to Eat … and How to Cook It* »enthält über 1000 systematisch und praktisch angeordnete Rezepte, die es der Hauswirtschafterin ermöglichen, auf bestmöglichste Weise schwierigste, aber auch einfache Gerichte zuzubereiten«. Am 14. Juli jenes Jahres erschien in der *New York Times* folgende Kritik:

»Die verführerische, auf Mr. Blots Titelseite abgebildete Speisekarte wird in seiner Arbeit auch umgesetzt. Dieses kleine Handbuch, das geschäftsmäßiger aufgebaut ist als Soyer, gibt einfache und präzise Anweisungen, so daß die Amerikaner die Theorien französischer Wissenschaft in der Praxis testen können. Wenn es stimmt, … daß die Fülle wertvoller Naturgeschenke in den USA so bemerkenswert ist wie die Verschwendung und Unachtsamkeit, mit der sie oft zubereitet werden, dann kann die Vervielfältigung solcher Schriften als positiver Beitrag zu den wirtschaftlichen Interessen des Landes gewertet wer-

Ein Damen-Speisesaal bei Delmonico's 1902 (oben)

Die Modern School of Cookery 1916 in New York (rechts). Eines der Wandplakate verlangt die Einrichtung einer Kommission für die Einhaltung von Hygienevorschriften; eines erklärt, daß gekühlte Nahrung haltbarer ist; eines beschreibt die Zusammensetzung von Nahrungsmitteln und eines zeigt eßbare und giftige Pilze.

Studenten der New Yorker Berufskochschule

den. ›Französische Küche‹ gilt oft als Synonym für Luxus und Extravaganz, was aber von der Wahrheit weit entfernt ist, denn das wichtigste Merkmal dieser Küche ist ihre elegante Einfachheit, und zwar auf der Grundlage reicher Erfahrung.«

Mr. Blot verfaßte auch das 1877 veröffentliche *Handbook of Practical Cookery for Ladies and Professional Cooks*.

Der Geburtsort von Chicken à la King (um 1860)

Chicken à la King, d. h. mit Gemüse, Sahne und Huhn gefüllte Blätterteigpasteten, war bei der Generation der Gibson Girls sehr beliebt. Vermutlich war New York der Ort seiner Entstehung, doch steht sein Erfinder nicht fest – drei Personen beanspruchen die Erfindung des Gerichts für sich.

Laut Delmonico's Küchenchef Charles Ranhofer haben es Foxhall P. Keene und James R. Keene im Delmonico-Restaurant erfunden; Küchenchef George Greenwald sagt, er habe es im New York Brighton Beach Hotel für die Eigentümer, Mr. und Mrs. E. Clark King III, gekocht; James R. Keene dagegen behauptet, die Erfindung sei von ihm, und er habe es im Claridge's Restaurant in London kreiert.

Landesweite Lebensmittelgeschäfte (1859)

Die Great American Tea Company und spätere Supermarktkette A & P eröffnete in 31 Vesey Street. »Durch den Verzicht auf Zwischenhändler, den Verkauf en gros und dadurch, daß sie den Tee selbst aus China und Japan importierten, konnten sie ihn zum unglaublichen Preis von 30 Cent pro Pfund anbieten«, schreibt Daniel J. Boorstin in *The Americans: The Colonial Experience*.

Und er fährt fort: »Sie lockten Kunden durch allerlei Tricks an: Prämien für glückliche Kunden, Kassiererhäuschen in Form chinesischer Pagoden, ein grüner Papagei in der Mitte der Verkaufsfläche und Musikgruppen an Samstagen. Sie ließen acht Schimmel einen roten Wagen durch die Stadt ziehen und boten jedem, der das Gewicht von Wagen und Mannschaft erriet, 20 000 Dollar.«

Die Firma erweiterte die Zahl ihrer Filialen ständig; 1880 waren es noch 29, Ende des 19. Jahrhunderts schon mehr als 200. A & P machte sich das moderne Transportsystem zunutze und brachte per Eisenbahn Orangen aus Kalifornien, Pfirsiche aus Georgia und Grapefruits aus Texas auf die Tische der amerikanischen Mittelklasse. Laut Stuart Berg Flexner in *Listening to America* »führten die Läden die Cash-And-Carry-Politik ein, wodurch sich die Leute daran gewöhnten, daß Lebensmittel nicht geliefert wurden und somit keine zusätzlichen Kosten entstanden.«

A & P MENUS *week of* DEC. 31st 1934

Prepared and proven in the A & P Kitchen

May your ship make port this coming year . . .

It's A&P's job to go on year after year, in good times and in bad, making it easier for more and more Americans to get an abundance and variety of good food at prices they can afford to pay.

You may rest assured that A&P will do everything humanly possible to make 1935 a happy New Year to our customers.

Menus for four—$11 to $13 a week

	BREAKFAST	LUNCH OR SUPPER	DINNER
MONDAY DEC. 31	Grapefruit Pettijohn's Popovers Butter Preserves Coffee Milk	Dried Lima Beans with Onions Raisin Bread and Butter Apple Sauce Tea Milk	Meat Balls with Italian Spaghetti Green Salad, French Dressing Bread and Butter Crackers Cheese Coffee
TUESDAY JAN. 1	Orange Juice Soft-cooked Eggs Whole Wheat Toast Butter Coffee Milk	NEW YEAR'S SUPPER Clam Chowder Crackers Fruit Fruit Cake Tea Milk	Consommé Julienne [1] Roast Duck with Danish Stuffing and Sauce Bigarade Mashed Potatoes Brussels Sprouts Pickled Crabapples Lettuce, Chicory and Watercress Salad Rolls and Butter [2] Georgia Holiday Pudding Coffee
WEDNESDAY JAN. 2	Tangerines Shredded Wheat with Hot Milk Crisp Bacon Cinnamon Toast Coffee Milk	Duck Hash Cole Slaw Bread and Butter Baked Apple Tea Milk	Lamb Chops Baked Potatoes Green Peas (canned) Rolls and Butter Cottage Pudding, Chocolate Sauce Coffee
THURSDAY JAN. 3	Orange Juice Mello-Wheat Whole Wheat Toast Butter Preserves Coffee Milk	Cream of Potato and Onion Soup Melba Toast Butter Fruit Salad Cottage Pudding Tea Milk	Liver and Bacon Mashed Potatoes Kale Bread and Butter Chocolate Pudding Coffee
FRIDAY JAN. 4	Sliced Bananas Rice Crispies Creamed Salt Codfish Toast Butter Coffee Milk	Scalloped Salmon Shredded Cabbage and Green Pepper Salad Bread and Butter Stewed Prunes Tea Milk	Baked Stuffed Potatoes au gratin Creamed Turnips Buttered Beets Spinach with Chopped Egg Bread and Butter Rice Custard with Raisins Coffee
SATURDAY JAN. 5	Orange Juice Cereal for Children Crisp Bacon Fried Mush Syrup Butter Coffee Milk	Spinach Timbales Cheese Biscuits Butter Prune Whip Tea Milk	Veal Pot Pie Buttered Carrots Cole Slaw Bread and Butter Apple Betty Coffee
SUNDAY JAN. 6	Grapefruit Rolled Oats Canadian Bacon Muffins Butter Preserves Coffee Milk	Tomato Cheese Toasted Crackers Grapefruit Salad Honey French Dressing Tea Milk	Celery Boiled Ham Mashed Sweet Potatoes Creamed Cabbage Bread and Butter Quince Jelly Floating Island Coffee

These numbered recipes are designed to serve 4 to 6 persons

(1) ROAST DUCK WITH DANISH STUFFING AND SAUCE BIGARADE

Clean and dress duck, cut off neck. Sprinkle inside with salt, fill with stuffing, sew up opening, and truss. Rub duck with salt and pepper, place on its back in an open roasting pan, preferably on a rack. Do not add water. Start roasting in a hot oven, 500° F., for 15 to 20 minutes. Reduce heat to 350° F. Allow 25 minutes per pound. Cook neck and giblets in seasoned water until tender. Use broth for gravy.

Danish Stuffing

1 slice onion, minced
2 tablespoons butter
¼ teaspoon salt
1 cup chopped celery
1½ cups dry bread crumbs
1 cup cooked prune pulp
1 cup tart apple, chopped

Brown onion in butter, add salt, celery, and bread crumbs. When mixture is hot, add prunes which have been cut in small pieces, and apple. Mix thoroughly and stuff duck.

Sauce Bigarade

1 pint broth
3 tablespoons fat
3 tablespoons flour
Salt and pepper
¼ cup orange juice
Finely shredded rind of 1 orange

Pour off the liquid in pan in which duck has been roasted. Skim off fat. To the liquid add enough broth from neck and giblets to make 1 pint. Re-

(Recipe continued on page 2)

HOT DOG! NEHMEN SIE SICH HIER IHREN HOT DOG! (UM 1900)

Zwei New Yorker wollen die Wurst erstmals in ein Brötchen gesteckt haben: Charles Feltman von Feltman's in Coney Island und Harry Magely Stevens, Restaurationschef des New Yorker Poloplatzes. Beide haben überzeugende Beweise, keiner ein Patent. Auf jeden Fall gehörten Hot Dogs um 1900 zum New Yorker Zeitgeist.

Der Sportkartoonist T. A. Dorgan verunglimpfte das Sandwich, indem er einen Dackel zwischen zwei Brotscheiben zeichnete – auf diese Weise wurde der »Hot Dog« zur Institution. Um die Jahrhundertwende begannen die Leute, den Namen wörtlich zu nehmen, und laut *Dictionary of American Food and Drink* von John F. Mariani verbot die Handelskammer von Coney Island 1913 die Verwendung des Begriffs Hot Dog in der Werbung und auf Plakaten, um jede Assoziation mit Hunden zu vermeiden.

Es dauerte noch einige Jahre, bis Hot Dogs ein fester Bestandteil der amerikanischen Eßkultur wurden.

Laut John Spayde sorgte noch ein dritter Mann für diesen Sachverhalt. In dem Artikel *Nathan's Famous: In This Dog-Eat-Dog Town, It's the Real Wiener* in der Zeitschrift *Travel & Leisure* schreibt er, Nathan Handwerker, der Gründer von Nathan's Famous, habe bis 1960 bei Feltman's gearbeitet und dann mit 300 Dollar Startkapital einen eigenen Stand gegründet.

Handwerker reduzierte den Hot Dog-Preis von den üblichen 10 Cent auf einen proletarischen Nickel. Der Schuß ging allerdings nach hinten los, als Zweifel an der Qualität der billigen Hot Dogs aufkamen.

1·8·8·2

BRAUSE MIT STROHHALM

Der aus Großbritannien emigrierte Harry M. Stevens begann in Ebbets Field, Brause mit Strohhalm zu servieren, damit die Fans der Dodgers sich auf den Ball statt auf den Flaschenboden konzentrieren konnten.

Nathan reagierte auf die Angst der Öffentlichkeit vor billigen Hot Dogs mit einem Trick, der ihn berühmt machte. Er bot den Ärzten des Coney Island Hospitals kostenlose Hot Dogs an, unter der Bedingung, daß sie im weißen Kittel zu seinem Stand kamen. Bald galt sein Stand als der, »an dem Ärzte speisen«. Die billigen Frankfurter wurden frei Haus geliefert. Der inzwischen verstorbene Nathan ist noch immer berühmt. Sein Sohn Murray leitet inzwischen die Familiengeschäfte.

Lobster Newburg (1876)
Im übrigen wurde bei Delmonico's auch das sogenannte Lobster Newburg, ein nahrhaftes Hummergericht mit einer besonderen Krustentier-Sahne-Sauce, erfunden.

Die Handwerker-Familie hinter der Theke, 1922 bei Nathan's in Coney Island. Der zweite von links ist Nathan Handwerker mit seinem Sohn Murray.

THOMAS' VERSPRECHEN (1880) Samuel Bath Thomas eröffnete in der 20th Street eine Bäckerei. Unter Verwendung eines aus England mitgebrachten Rezepts seiner Mutter erfand er das »englische Muffin«, das er durch die S. B. Thomas Company vermarktete, deren Namen später auf Thomas's verkürzt wurde.

MANHATTAN CLAM CHOWDER

Wie bei anderen Gerichten, die den Namen dieser Stadt tragen, behaupten viele Leute, die ersten gewesen zu sein, die die Tomaten in den Chowder taten. Pierre Blot notierte 1867 verschiedene Rezepte für diesen ketzerischen Eintopf und bemerkte, daß er oft von »erfahrenen Chowdermännern vom Harlem River gekocht wurde«.

Aber unter den vielen Geschichten über die Herkunft der Suppe überzeugt die in einer Familienkorrespondenz im South Street Seaport Museum am ehesten. In ihr erzählt der Enkel eines Fischverkäufers, sein Großvater sei es gewesen, der die Tomatenversion des Eintopfes erfunden habe (siehe Seite 76).

Fischstände auf dem Fulton Market (1869)

URMUTTER DES SCHNELLIMBISSES? Das Exchange Buffet öffnete 1885 als erstes amerikanisches Selbstbedienungsrestaurant in Manhattans Handelsviertel. Selbstbedienung und polierter Look wurden als ultramodernes Eßkonzept begrüßt, doch Frauen wurden hier nicht bedient. Der 1902 in Philadelphia eröffnete »Automat« war das erste Selbstbedienungsrestaurant, das alle gleichstellte. Laut Philip Langdon (*Orange Roofs and Golden Arches*) öffneten Mr. Horn und Mr.

Werfen Sie noch einen Nickel ein! – Horn & Hardart's »Automat«

Hardart ihren ersten New Yorker »Automaten« am 17. Juli 1912 an der Ecke Broadway/13th Street. 1939 gab es in New York bereits 40 davon.

1990 verlor New York City den »Automaten«. Doch immerhin finden Sie hier noch das Rezept für Horn & Hardart's beliebte Makkaroni mit Käse auf Seite 248. Ein anderes Rezept, für gebackene Bohnen, ist auf Seite 155 zu finden.

KOCHEN FÜR DIE BEDÜRFTIGEN (1877)

Juliet Corson brachte als Leiterin der New York Cooking School das Buch *Fifteen Cent Dinners for Families of Sin* heraus. Kurz darauf begann die Saint Andrews Society, auf den Straßen Ein-Cent-Kaffeestände zu eröffnen. In den ersten drei Wochen wurden an diesen Ständen 1500 Leute gespeist – eine der ersten bekannten Suppenküchen Amerikas.

Die Food and Hunger Hotline sagt, es gebe in New York heute 650 Ernährungsprogramme. Dazu gehören Suppenküchen und Stellen, die Speisen für zu Hause verteilen. Mrs. Sander von der Hotline meint, die Zahl der Suppenküchen sei kein Maßstab für Bedürftigkeit, da Familien nicht dorthin kämen. Obdachlosenheime, die Hilfe anbieten, sind in diesen Zahlen nicht enthalten.

Dr. Kennion (der vornehme Herr zur Linken) bot Brooklyner Trinkern um 1880 Kaffee als alkoholfreie Alternative an.

1·8·7·4

DER COCKTAIL MANHATTAN WIRD GEBOREN

Zur Feier der Wahl von Gouverneur Samuel Tilden erfand ein Barkeeper des Manhattan Club den Manhattan, eine Mischung aus Bourbon oder Blended Whiskey, süßem Wermut und Bitter auf zerstoßenem Eis (siehe Rezept S. 26).

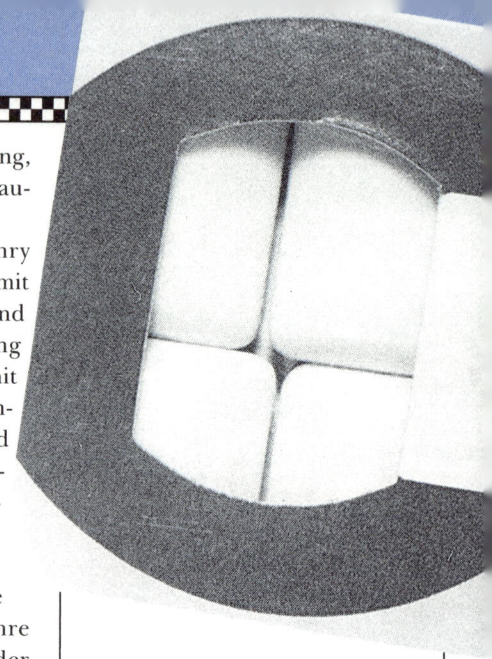

ADAMS NEW YORKER KAUGUMMI (1870)

Laut *Listening to America* von Stuart Berg Flexner versuchte der Fotograf und Erfinder Thomas Adams aus Staten Island vergeblich, aus dem Milchsaft eines tropischen Immergrüns synthetisches Gummi herzustellen.

Er erinnerte sich jedoch daran, daß sein Sohn Horatio die geschmacklose Substanz gern kaute, und um dies zu erleichtern, mischte er den Gummi mit heißem Wasser und rollte ihn zu Kugeln. Sein anderer Sohn, Thomas Adams junior, verkaufte ihn als Handelsreisender bis hinunter zum Mississippi.

Später verpackte Adams senior den Gummi unter der Bezeichnung »Adams' New York Gum – Snapping and Stretching«. Dann startete er den Versuch, einen mit Sassafras aromatisierten Kaugummi zu verkaufen, was sich aber als Flop erwies. Unbeeindruckt davon führte er »Black Jack« ein, einen Kaugummi mit einem Lakritzaroma, der bis heute produziert wird und beliebt ist.

Um 1880 führte er dann den Begriff »Verkaufsautomat« ein und verkaufte seine Tutti-Frutti-Kugeln in ganz New York auf den Bahnsteigen der Hochbahn – mittels einer Vorrichtung, die er »gumball machine« (Kaugummiautomat) nannte.

Süßwarenhändler Henry Fleer ließ sich von Mandeln mit Zuckerüberzug inspirieren und erfand für die Adams Chewing Gum Company den ersten mit Zucker überzogenen Kaugummi: Chiclets. Inzwischen wird dieser von der Firma Warner-Lambert in New Jersey hergestellt und bringt weltweit einen Jahresgewinn von über 100 Millionen Dollar ein. Die Firma behauptet, sie verwahre den allerersten Chiclet der Produktion sicher im Keller der Firma.

NUR NACHSPEISEN

Wie im *American Gourmet* von Jane und Michael Stern behauptet wird, gab Delmonico's Küchenchef Charles Ranhofer dem Baked Alaska seinen Namen, da er damit den Kauf Alaskas 1867 feiern wollte.

Ein paar Jahre später beschrieb ein Engländer, George Augustus Sala, in seinem Buch *America Revisited: From the Bay of New York to the Gulf of Mexico, and from Lake Michigan to the Pacific* seine erste Begegnung mit dem flammenden Dessert bei Delmonico's:

»›Alaska‹ ist gebackenes Eis ... Im Kern der Speise befindet sich Eiscreme. Diese ist umhüllt von steif geschlagener Sahne, die kurz vor dem Servieren dieser köstlichen Speise in den Ofen gestellt oder mit einer glühenden Eisenschaufel versengt wird, so daß die Oberfläche eine hellbraune Kruste bildet. So löffelt man das warme Sahnesoufflé, bis man ganz plötzlich, auf fast schmerzliche Weise, auf Eis stößt. Und dieses zweite Erlebnis ist so erhebend wie das erste.«

Ein ganzes Jahrhundert später tauchte das Rezept wieder aus seiner teilweisen Versenkung auf und wurde einer der Stars auf der Speisekarte des Rainbow Rooms.

Kaugummikugeln, klein aber fein

Die vertraute Chiclets-Packung mit dem Sichtfenster, in dem man die beliebten Kaugummis mit Zuckerüberzug sieht (oben)
J.H. Kellogg (rechts)

Jeden Morgen das Beste für Sie! (Mitte 19. Jh.)

Die Frühstücksidee ist möglicherweise in einem kleinen Zimmer im 3. Stock Ecke 28th Street und Third Avenue entstanden, wo der damalige Medizinstudent J. H. Kellogg lebte.

»Meine Kochfähigkeiten waren sehr begrenzt, so daß es mir schwerfiel, Getreideflocken zuzubereiten«, notierte er in seinem Tagebuch. »Ich dachte oft, daß vorgekochte, zum Verzehr fertige Frühstücksflocken erhältlich sein sollten, und machte mir meine Gedanken, wie dies denn zu bewerkstelligen sei.«

Ein anderer Cocktail entsteht (frühes 20. Jh.)

Der Bronx, ein Cocktail aus Gin, süßem und trockenem Wermut und Orangensaft, wurde vom Barmann Johnnie Solon im Waldorf Astoria erfunden. Albert Stevens Crocket schreibt in seinem *Old Waldorf-Astoria Bar Book*, wie Solon auf den Namen des Drinks kam:

»Der Name? Nein, er wurde nicht direkt nach dem Ort oder Fluß benannt. Ich war kurz zuvor im Bronx-Zoo gewesen und sah eine Menge Tiere, die ich nie zuvor gesehen hatte. Kunden erzählten gerne von den merkwürdigen Tieren, die sie nach einigen Cocktails sahen. Als also Traverson einem Gast den Cocktail bringen wollte und mich fragte: ›Wie soll ich ihm sagen, heißt dieser Drink?‹, erinnerte ich mich daran und sagte: ›Sagen Sie einfach, es ist ein Bronx.‹«

(Rezept Seite 26)

IM WALDORF, WO SONST? (1893)
Der Waldorf-Salat, ursprünglich eine Mischung aus Äpfeln, Sellerie und Mayonnaise, wurde 1893 von Oscar Tschirky, einem Maitre d'Hotel des Waldorf-Hotels, erfunden. In den folgenden 10 Jahren kamen gehackte Walnüsse dazu, und das Rezept wurde bei Damenessen in den ganzen USA zum absoluten Muß.

TOOTSIE ON A ROLL (1896)
Leo Hirschfield erfand den »Tootsie Roll«, einen weichen Schokoladenlutscher. Er benannte ihn nach seiner Tochter Clara, deren Spitzname Tootsie war.

Dinner im Waldorf Astoria

1·9·0·5

NEW YORK PIZZA

Die selbsternannte »erste amerikanische Pizzeria«, G. Lombardi's, eröffnete ihren Laden auf der Spring Street und verkaufte dort 80 Jahre lang Pizza. Holzofenpizza wurde ein Symbol für New York (siehe ausführlicher dazu Seite 100), und an der Pizza dieser Stadt wurden alle anderen gemessen. Allerdings nicht in Chicago oder San Francisco. Oder in Rom ...

EIN REUBEN MIT EXTRA GÜRKCHEN, BITTE! (FRÜHES 20. JAHRHUNDERT)
Das Reuben, ein gegrilltes Sandwich aus Corned Beef, Schweizer Käse, Sauerkraut und Sahnedressing auf Roggenbrot, wurde möglicherweise zu Beginn des

20. Jahrhunderts in Atlantic City erfunden. Oder von Reuben Kolakofsky im Blackstone Hotel Omaha (Nebraska). Oder bei Reuben's Delicatessen in der 58th Street in Manhattan. Auf jeden Fall fand es rasch seinen Weg in das Repertoire von Sandwichbars der ganzen USA.

New Yorker Deli-Lebensmittel in den ganzen USA (1905)
In Brooklyn wurde die Deli-Marke Boars Head gegründet.

Vichyssoise, s'il vous plait (1910)
Die Vichyssoise, eine kalte Kartoffel-Lauch-Suppe, wurde im Ritz-Carlton-Hotel von Louis Diat erfunden (Rezept siehe Seite 73).

New Yorker Käsekuchen
Jüdische Emigranten buken diesen osteuropäischen Käsekuchen, der um die Jahrhundertwende den Namen New York Cheese Cake erhielt, aus Frisch- und Hüttenkäse. Kate Simon verglich die polnische Version ihrer Mutter in der Denkschrift *Bronx Primitive* mit einem »Zementklotz«. Aber 1940 wurde ein ähnlich kalorienreicher Kuchen bei Lindy's – dem Restaurant, das diesen Kuchen unsterblich gemacht haben soll – zum Stargebäck (eine Rezeptauswahl siehe Seiten 435 ff.).

Was wären Bagels ohne ihn? (1920)
Die Breakstone Company erfand den Breakstone's Downsville Cream Cheese (Doppelrahmfrischkäse); John Mariani meint, er sei nach der Gegend seiner Herstellung benannt worden. Was als Spezialität New Yorker Delikatessen-Restaurants galt, gehörte später landesweit zum Grundsortiment der Lebensmittelgeschäfte.

Und noch ein Cocktail wird geboren (30er Jahre)
Der Gibson, ein trockener Martini, der nicht mit einer Olive, sondern einer Perlzwiebel garniert wird, wurde erstmals in den 30er Jahren von dem Barkeeper Charles Connolly beim Players Club gemixt – bei ihm hatte er bereits keine Oliven mehr. John F. Mariani behauptet, der Trunk sei dem Illustrator Charles Dana Gibson serviert worden und auch nach ihm benannt.

Ein echtes Quadrat (30er Jahre)
Konditor Philip Silverstein erfand in den 30er Jahren den Chunky Candy Bar, einen quadratischen Schokoriegel mit Paranüssen, Cashewkernen und Rosinen. Laut John F. Mariani benannte er ihn nach seiner »stämmigen« (chunky) Tochter.

EGGS BENEDICT (20ER JAHRE)
Als Mrs. LeGrand Benedict sich in den 20er Jahren beschwerte, es sei nichts Neues auf Delmonico's Speisekarte, reagierte der Küchenchef, indem er ihr Eggs Benedict servierte – ein aufgeschnittenes englisches Muffin mit einer Scheibe Schinken oder Speck, pochierten Eiern und Sauce hollandaise.

EIN SOHN BROOKLYNS IM TIEFKÜHLGESCHÄFT (1924)
Der 1886 in Brooklyn geborene Clarence Frank Birdseye wurde der Vater moderner Tiefkühlkost, indem er sich mit seinen Worten »das Wissen der Eskimos und wissenschaftliche Theorien« zunutze machte. Er war Mitbegründer der Firma General Foods (heute Kraft General Foods), die zu den größten amerikanischen Tiefkühlkost-Herstellern gehört.

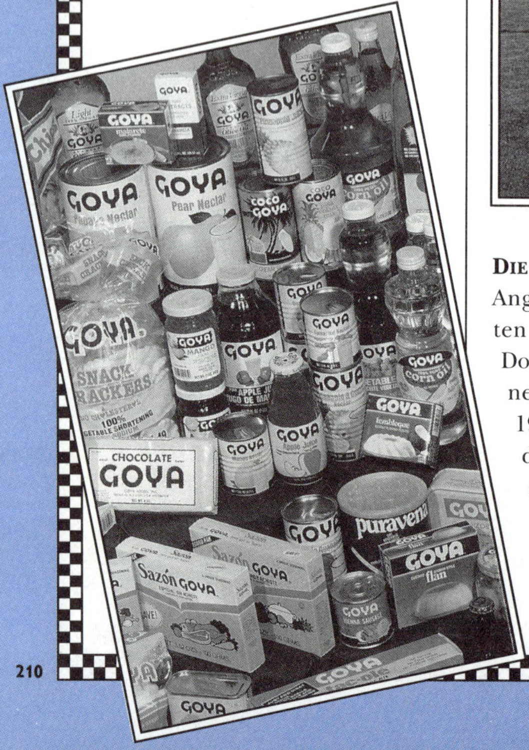

IN EINER STADT, DIE GERNE ISST (1961)
Als Jean Nidetch aus Queens von einer Klinik für Fettsüchtige eine Diät verordnet bekam, hatte sie die Idee, das Kalorienzählen mit anderen zu teilen. Weight Watchers International begann in Form von Treffen im Untergeschoß ihres Hauses. 1963 wurde eine Firma mit Sitz auf Long Island gegründet, die heute 32 000 Treffen pro Woche in 24 Ländern veranstaltet.

DIE KARIBIK IN DER DOSE (1936)
Angesichts der vielen Emigranten aus der Karibik gründeten Don Prudencio Unanue und seine Frau Doña Carolina Casal 1936 in Downtown Manhattan die Goya Company, die inzwischen in New Jersey sitzt und die größte Firma für Nahrungsmittel aus spanischsprachigen Ländern in Familienbesitz ist.

DIE WELTAUSSTELLUNG (1964)
Die luftigen belgischen Hefeteig-Waffeln, die man noch heute überall auf Straßenfesten und Jahrmärkten serviert, wurden 1964 anläßlich der Weltausstellung in Flushing Meadows eingeführt.

Einige Goya-Produkte (links). Die berühmte Weltkugel der Weltausstellung von 1964

Schöpferische Pasta Primavera (1974)
Im Mai testete Le Cirque-Eigentümer Sirio Maccioni Restaurants in Kanada, und nach einigen Tagen Wildbret und Hummer, so sagt er, »mußte ich einfach Nudeln essen«. Er bereitete dazu zwei Saucen zu, eine Alfredo-Sauce und eine Buttersauce mit Spargel, Zucchini und Tomaten, mischte am Ende beide und siehe da, ein Star war geboren. Er setzte das Gericht auf die Speisekarte, bis es 50% der Bestellungen ausmachte. Da er auf keinen Fall wollte, daß Le Cirque als »Spaghetti-Haus« bekannt würde, nahm er es vor 15 Jahren wieder aus dem Angebot. Seither ist Pasta Primavera (siehe Seite 226) landesweit in Spaghetti-Häusern und Restaurants fester Teil der Tageskarte. Allerdings ist Mr. Maccioni durch die »Aneignung und falsche Präsentation« dieses Gerichts ziemlich irritiert.

Sind sie nicht süss! (1979)
David's Cookies wurden von David Liederman erfunden. Diese deftigen, oft schokoladenreichen Kekse läuteten die Ära frischer Premium-Cookies ein. Inzwischen verkauft Liederman knapp eine Million Pfund davon, die in Tausenden von Betrieben hergestellt werden. Beim Testmarketing gab es ein Cookie, das nur die New Yorker liebten (siehe Rezept Seite 447).

»Ach, was waren sie nur für Künstler!« schrieb Edith Wharton, als sie sich in ihrer Autobiografie *A Backward Glance* an die Köche ihrer Familie erinnerte.

»Ihre Methoden waren einfach, aber sicher – die reine Perfektion von Grillen, Braten und Backen – und welch unglaubliche Vielfalt pflanzlicher und tierischer Materialien, mit denen sich ihr Genius auseinandersetzen mußte! Wann werde ich wohl wieder in der Gastronomie etwas kosten, was ihrem Corned Beef, ihrem Truthahn mit Selleriegemüse und Austernsauce, ihren Brathähnchen, Maisbeignets, gedünsteten Tomaten, Reiskuchen, ihrem Erdbeerteekuchen und Vanilleeis gleicht?! Und das ist nur das, was wir Tag für Tag zu essen bekamen, was ich selbst in meiner Kindheit zu essen bekam; wenn meine Eltern dagegen ein Dinner gaben, dann gab es Dosenschildkröten und Kanevasenten oder gegrillte spanische Makrele, Krebse mit Selleriemayonnaise, in Champagner gegarten Virginiaschinken mit Pfirsich, Limabohnen in Sahne, Maissoufflés und Muschelwächter-Salate – und dann konnte der Feinschmecker jener Tage, als Sahne noch Sahne, Butter noch Butter, Kaffee noch Kaffee war, Fleisch jeden Tag frisch geschlachtet wurde und Wild genau die richtige Zahl von Stunden abgehangen war, sich in seinem Stuhl zurücklehnen und hinter einer Tasse Mokka und einem Glas Chartreuse murmeln: ›Das Schicksal kann mir nichts anhaben.‹«

Familie Brent beim Weihnachtsessen (Anfang 20. Jh.)

New Yorker

NUDELN

Die Geschichte der Italiener in New York erstreckt sich über fast fünf Jahrhunderte, und das Ansehen der Nudel stieg und fiel eigentlich mit dem Schicksal der verschiedenen Einwandererwellen – mal wurde sie hoch verehrt wie ein edles Samtband, mal mißachtet wie eine rauhe Haushaltsschnur.

Um die Nudel geht es auch im ewigen Tauziehen zwischen den nord- und den süditalienischen Immigranten.

Die ersten Einwanderer, die im Jahr 1524 mit dem Entdecker des Gebiets des New Yorker Stadthafens, Giovanni da Verrazano, an die Ostküste kamen, waren Angehörige des toskanischen Adels und einige Norditaliener, die auf ihren Nudeln vor allen anderen Dingen edles Olivenöl, reifen Käse und frische Kräuter schätzten.

Zu Beginn der achtziger Jahre des 19. Jahrhunderts zog die Stadt auch Süditaliener an, bei denen Toma-

***Links:** Sirio Maccioni vom Le Cirque bereitet eine Pasta Primavera (Rezept S. 226) am Tisch zu.*
***Oben:** Fotograf Howard Simmons genießt das Ergebnis.*

ten gleichbedeutend mit Spaghetti sind.

Selbst ohne Insiderwissen bleibt dem Beobachter nicht lange verborgen, daß die Mehrheit der heutigen Italo-Amerikaner in New York ursprünglich aus dem Süden Italiens stammen muß – derart viel Tomatensoße fließt hier.

Zu allen Zeiten lebten in New York City mehr Italiener als Menschen irgendeines anderen europäischen Landes: Mehr als eine Million der Einwohner der Stadt sind Italiener oder Italo-Amerikaner.

Ihre Zahl blieb seit dem Jahr 1932 mehr oder weniger stabil. Zu jener Zeit schrieb Helen Worden in ihrem Buch *The Real New York*: »Die Tatsache, daß sie jetzt hier wohnen, hindert die Italiener überhaupt nicht daran, ihren Lebensstil zu behalten. Ihre Viertel sind einfach malerischer, ihre Menschen bunter und ihre Gebräuche interessanter als die irgendeiner der anderen Nationalitäten.«

Die italienischen Viertel der Stadt sagen jedoch viel mehr als irgendeine Statistik aus. Im Zentrum befindet sich stets ein Pasta-Maestro, der zur allgegenwärtigen italienischen Kultur der Stadt beiträgt.

Für Tony Morante, der im Belmontviertel der Bronx aufgewachsen ist und jetzt im Ticket-Büro der New York Yankees arbeitet, ist das der Grund, warum die korkenzieherförmigen Fusilli-Nudeln nach wie vor Lieblingssonntagsgericht der italienischen Familien in New York sind.

Nora Ephrons TOMATENSAUCE

Eine abgerundete, vielseitig verwendbare Nudelsauce. Reicht für gut ein Pfund klassische Spaghetti.

Nora Ephron – Schöpferin einer reichhaltigen Tomatensauce. Foto: Michele Singer

220 g Butter
1 Zwiebel, gewürfelt
1 Möhre, gewürfelt
1 Selleriestange, gewürfelt
1 kg geschälte Tomaten (Dosenware)
1/2 TL Salz
1/4 TL frisch gemahlener schwarzer Pfeffer
1/4–1/2 TL rote getrocknete Chiliflocken
450 g Spaghetti
etwa 60 g Parmesan, frisch gerieben

1. 8 Eßlöffel der Butter bei mittlerer Hitze in einer großen Pfanne zerlassen. Zwiebel, Möhre und Sellerie darin etwa 10 Minuten dünsten, bis die Zwiebel glasig wird, jedoch nicht bräunt.

2. Die Tomaten zugeben und mit einer Gabel zerdrücken. Bei schwacher bis mittlerer Hitze 30–40 Minuten garen, bis die Sauce eindickt und leicht orangegelbe Möhrenfarbe annimmt.

3. Die restliche Butter stückchenweise unter die Sauce rühren. Mit Salz, Pfeffer und Chiliflocken abschmecken. Je mehr scharfer Pfeffer, desto besser.

4. Inzwischen die Spaghetti in kochendem Salzwasser garen. Abgießen.

5. In einer großen Schüssel die Spaghetti in der Sauce wenden. Parmesan zugeben und gut mischen. Servieren.

Ergibt 4 Portionen

DAS ROTE MEER

Laß sie lachen! Laß sie nur spotten über die rote Flut, die sich über New York ergießt. Mag sein, daß die eine oder andere Restaurant-Variante schwer und langweilig schmeckt. Aber das große Angebot leichter, hausgemachter Tomatensaucen ist wirklich schwindelerregend.

»Eine Zeitlang kann man sonnengetrocknete Tomaten ja aushalten«, schreibt Nora Ephron über die beliebte Beilage, die die klassische Sauce vorübergehend verdrängte. Wie viele andere Anhänger der Tomatensauce ist auch sie der Meinung, daß vor allem die Vielseitigkeit der Sauce für ihren Ruhm spricht.

Tomatensauce kann auf Vorrat zubereitet und für die Kombination mit Pasta, Lasagne und Pizza eingefroren werden. Sie kann unter Aufläufe gemischt, mit Hühnchen, Fisch oder Kalb gebraten oder zu Gegrilltem und Gedünstetem serviert werden.

»Meine Segretto-Sauce«, schreibt Ephron, »kommt recht nah an die meiner Großmutter heran. Sie wollte nie das Geheimnis ihrer Sauce verraten – es war eine Dose Campbell's Tomatensuppe.«

Robert B. Hodes fand heraus, daß das Geheimnis der Tomatensauce eines italienischen Restaurants der East Side eine Prise roten Pfeffers war.

Nach Waxman, der Inhaber des Kochbuchladens Kitchen Arts & Letters, entdeckte, daß die Kombination von Eier- und Fleischtomaten eine sämigere, saftige Sauce ergibt. Aufgetaute Tomatensaucen belebt er mit frischen Kräutern oder einem Schuß Zitronensaft.

Wer mit klassischer Tomatensauce aufgewachsen ist, kann sich mit dem aus der Werbung bekannten Jerry Della Femina identifizieren, der in seinen Memoiren schreibt: »Meine Großmutter stand sonntags schon morgens um sieben Uhr in der Küche, um ihre Fleischsauce zu kochen. Fünf, sechs Stunden lang zog der Geruch durchs ganze Haus, legte sich auf alles nieder – Kleider, Möbel, Geräte – und vermischte sich vor der Tür mit dem Fleischsaucengeruch der Nachbarn. Die ganze Straße war erfüllt davon.«

Jede Sauce hatte ihr gewisses Etwas, das Angelo Pernicone, der dreißig Jahre lang als Feuerwehrmann arbeitete, bevor er Chefkoch in Brooklyns Ladder 132 wurde, im Prosciutto fand. »Das gibt dem Ganzen das gewisse Etwas«, sagt er. »Kennst du das Gefühl, wenn du jeden Tag auf den Fluß schaust, und jedesmal sieht er anders aus? Mit Tomatensauce ist es genauso: Eine winzige Veränderung, und schon ergibt sich ein ganz neues Bild.«

Nach Waxmans

TOMATENSAUCE

Diese vom Inhaber des Kochbuchladens Kitchen Arts & Letters in Manhatten kreierte Sauce schmeckt besonders köstlich zu Nudeln, in Lasagne, Parmesangerichten oder Aufläufen.

KRÄUTERPÜREE
50 g frische Basilikumblätter
60 ml Olivenöl
50 g Pinienkerne

TOMATENSAUCE
2,3 kg möglichst reife Fleischtomaten (oder andere saftige Tomaten)
675 g frische, reife Eiertomaten
190 ml italienisches Olivenöl
3 Selleriestangen, grobgehackt
2 große Zwiebeln, grobgehackt
3 Knoblauchzehen, grobgehackt
100 g Tomatenmark
1 frischer Oreganozweig
30 g frische Basilikumblätter
2 frische glatte Petersilienzweige
1 getrocknete rote Chilischote, zerkrümelt
1 TL Rotweinessig
1/2 TL brauner Zucker
Salz und frisch gemahlener schwarzer Pfeffer (nach Geschmack)

1. Für das Kräuterpüree Basilikumblätter in einem Sieb mit kochendem Wasser übergießen. Abtropfen lassen.

2. Abgetropftes Basilikum mit Olivenöl, Pinienkernen und 4 Eßlöffeln Wasser im Mixer zu glattem Püree verarbeiten. Beiseite stellen.

3. Für die Tomatensauce beide Tomatensorten in kochendes Wasser tauchen. In einem

Arthur Avenue in der Bronx: Die Zutatenvielfalt ist legendär.

Nach Waxman, Inhaber des Kochbuchladens Kitchen Arts & Letters

Sieb abkühlen lassen. Die Tomaten enthäuten und über einer Schüssel zerdrücken. Den Saft beiseite stellen. Die Tomaten vierteln, nach Wunsch entkernen, grob hacken und mit dem Saft mischen.

4. 4 Eßlöffel Olivenöl in einem ofenfesten Topf auf mittlerer Stufe erhitzen. Sellerie, Zwiebeln und Knoblauch darin 5 Minuten anbraten, bis die Zwiebeln glasig sind. Tomaten und Tomatenmark zugeben. Aufkochen lassen. Abdecken und bei schwacher Hitze zwei Stunden ziehen lassen. Alle 15 Minuten umrühren, dabei jedesmal einen Eßlöffel Olivenöl unterrühren.

5. Den Ofen auf 180 °C vorheizen.

6. Nach 2 Stunden Oregano, Basilikum und Petersilie unterrühren. Chili, Essig, braunen Zucker und Pfeffer zugeben. Den Topf zugedeckt in den Backofen schieben. 1–1½ Stunden garen, bis die Sauce eindickt. Eventuell nachwürzen und mit Salz abschmecken. Kräuterzweige entfernen.

7. Vor dem Servieren einen Eßlöffel Kräuterpüree auf jede Portion verteilen.

Ergibt 10 Portionen

Diätfreundliche SPAGHETTI-SAUCE

Rechtsanwalt Robert B. Hodes hat diese einfache Sauce kreiert.

1 kg geschälte Eiertomaten (Dosenware)
1 rote Paprikaschote, geputzt und gewürfelt
1 Zwiebel, gewürfelt
2 Knoblauchzehen, feingehackt
500 ml Hühnerbrühe (Rezept S. 47 oder Dosenware)
2 TL Zucker
2 EL getrocknetes Basilikum oder 20 g frische Basilikumblätter
Salz und frisch gemahlener schwarzer Pfeffer (nach Geschmack)

1. Alle Zutaten bei mittlerer Hitze 30 Minuten garen, bis die Sauce eindickt.

2. Die Sauce vom Herd nehmen und mit einem Mixer pürieren.

3. Mit Salz und Pfeffer abschmecken und in der Kasserolle etwa 1½ Stunden köcheln, bis die Flüssigkeit verdampft ist. Diese Sauce läßt sich gut einfrieren.

Ergibt 750 ml (4–6 Portionen)

Robert Hodes mit seiner Tochter Paz

Angelo Pernicone bei der Zubereitung einer Prosciutto-Sauce

Schinken-

TOMATEN-SAUCE

Die Kollegen von der Feuerwache drängen Angelo Pernicone immer, er solle mal wieder seine vollmundige Prosciutto-Sauce machen.

2 EL Olivenöl
3 Knoblauchzehen, feingehackt
1 Zwiebel, feingehackt
125 g Prosciutto, in dünne Scheiben und dann in Streifen geschnitten
2 kg geschälte Eiertomaten (Dosenware)
50 g frische Basilikumblätter, gehackt
45 g frische glatte Petersilie, gehackt
250 ml trockener Weißwein
¼ TL getrocknete rote Chiliflocken
Salz und frisch gemahlener schwarzer Pfeffer (nach Geschmack)
2 EL Butter

1. Das Öl in einem Topf auf mittlerer Stufe erhitzen. Knoblauch und Zwiebel darin 5 Minuten dünsten, bis die Zwiebel glasig ist. Den Prosciutto 5 Minuten anbraten. Den Tomatensaft zugeben; die Tomaten von Hand oder mit einer Gabel zerdrücken und zugeben. Das Ganze ohne Deckel 30 Minuten köcheln.

2. Basilikum, Petersilie, Weißwein und Chiliflocken unterrühren. Mit Salz und Pfeffer abschmecken. 1 Stunde ziehen lassen.

3. Vom Herd nehmen und die Butter unterrühren, bis sie ganz geschmolzen ist.

Ergibt 875 ml oder 4 Portionen

Tomaten-

SAHNE-SAUCE

Peter Prestcott, Direktor der Zeitschrift *Food & Wine*, serviert bei sich in Greenwich Village oft noch nach dem Theater oder der Oper ein sahniges Nudelgericht.

500 g Schlagsahne
6 Schalotten, gehackt
2 große Knoblauchzehen, gehackt
250 ml trockener Weißwein
450 g Nudeln, vorzugsweise Spaghetti oder Linguine
1 EL Butter
1 EL Olivenöl
2 große Tomaten, geschält, entkernt, gehackt
1 Prise Zucker
1 TL Salz
¼ TL frisch gemahlener weißer Pfeffer
50 g frische Basilikumblätter, zerrupft
60 g Parmesan, frisch gerieben

1. Sahne, Schalotten, Knoblauch und Weißwein in einer Kasserolle auf schwacher bis mittlerer Stufe andünsten. 20–25 Minuten ziehen lassen, bis die Mischung eindickt. Mit dem Mixer pürieren. Beiseite stellen und warm halten.

2. Die Nudeln in einem großen Topf mit reichlich kochendem Wasser garen.

3. In der Zwischenzeit Butter und Öl in einer Pfanne auf mittlerer bis hoher Stufe erhitzen. Tomaten, Zucker, Salz und Pfeffer zugeben. Kurz wenden, um die Tomaten anzuwärmen.

4. Sahnesauce und Tomatenmischung in einer vorgewärmten Schüssel mischen. Die Nudeln in der Sauce wenden. Basilikum und Parmesan zugeben und nochmals wenden. Frisch servieren.

Ergibt 4 Portionen

Allesandros

AUBERGINEN-SAHNESAUCE

Der gebürtige Florenzer Allesandro Gualandi führt ein Lebensmittelgeschäft in Greenwich Village. Diese Sauce hat er zuerst bei Freunden seiner Familie gegessen. »Ich liebe Saucen, bei denen am Ende ein Schuß Sahne zugegeben wird«, meint er. »Vielleicht, weil es mich an Eiskrem erinnert.«

750 g geschälte Eiertomaten (Dosenware)
8 EL extra natives Olivenöl
2 EL Kapern, abgetropft
3 Knoblauchzehen, gehackt
2 kleine Auberginen, geschält und 2,5 cm groß gewürfelt
Salz und frisch gemahlener schwarzer Pfeffer (nach Geschmack)
getrocknete rote Chiliflocken (nach Geschmack)
3 EL Schlagsahne
450 g Nudeln, z. B. Fusilli, gekocht

1. Die Tomaten über einer Schüssel aushöhlen und anschließend zerdrücken. Den Saft in der Schüssel auffangen.

2. 3 Eßlöffel Olivenöl bei mittlerer Hitze eine Minute in einer Kasserolle erhitzen. Tomaten und Saft zugeben und 7–8 Minuten kochen, bis die Flüssigkeit verdampft ist.

3. 3 Eßlöffel Öl eine Minute auf mittlerer Stufe in einer tiefen Pfanne erhitzen. Kapern und Knoblauch zugeben und eine Minute lang kochen. Auberginen, Salz, Pfeffer und Chiliflocken zugeben und etwa 5 Minuten garen, bis die Auberginen weich sind. Das restliche Öl und die Tomaten zugeben. 3 Minuten kochen. Vom Herd nehmen, die Sahne unterrühren und zu frisch gekochten Nudeln servieren.

Ergibt 4 Portionen

Pasta-Geschirr

MRS. ROMANA RAFFETTO AUS DER HOUSTON STREET

Bei Raffetto's war das Leben immer unkompliziert. Als der Laden 1906 in der Houston Street in Manhattan eröffnet wurde, konnte man dort Ravioli genovesa (mit Fleisch und Käse) und Ravioli neapolitana (mit Käse) kaufen. Die Houston Street war damals Grenze zwischen den Süditalienern, die vor der Armut geflohen waren und sich in den Mietskasernen der Mulberry Bend drängten, und den Norditalienern, die Italien meist mit einer besseren Schulbildung und mehr Geld verlassen hatten und deren Häuser die Gassen von West Village säumten.

Neutraler Boden

Zwischen diesen beiden Welten war Raffetto's so etwas wie eine kleine Schweiz, in der man pfundweise Ravioli kaufen konnte. »Im Sortiment meines Schwiegervaters war immer etwas für die Genovesen und für die Neapolitaner, mehr brauchte er nicht«, erzählt Romana Raffetto, die ihrem Mann und ihren beiden Söhnen im Laden hilft. »Dann kamen die Amerikaner auf den Geschmack, und schon wurde das Leben kompliziert. Sie wollten Ravioli mit Fisch, mit Pilzen, mit Basilikum, mit Kürbis, mit Spinat und Käse, vegetarisch ohne Eier oder Käse …«, seufzt sie und weist auf das umfangreiche Ravioli-Sortiment.

Dann deutet sie mit dem Kopf auf die frisch gewalzten, wie weiche Leintücher aufeinandergestapelten Nudelblätter hinter der Theke und zählt die Sorten auf: »Safrannudeln, Tintenfischnudeln, Schwarzer-Pfeffer-Nudeln, Kräuternudeln, Paprikanudeln, Zitronennudeln… Ich selbst halte ja nichts davon«, sagt sie. Aber sobald sie den weißen Chefkochkittel über ihr blumiges Hauskleid streift und wieder nach vorne an den Ladentisch geht, erduldet sie verständnisvoll und nachsichtig eine kulturelle Pubertätsphase.

Sie hält den Laden für eine Art Fels in der Brandung einer nudelversessenen Welt. Die Regale sind voll mit Olivenölflaschen in allen Farben; darunter stehen Gläser mit eingelegten Oliven oder Venusmuscheln und am Boden Polenta- und Reissäcke. Daneben Dosen mit Tomaten, Flaschen mit Obstsirup, dicke Wurstketten, ganze Provolone- und Parmesanräder und Fässer mit Ricotta. Immer noch das Basissortiment, mit dem Raffetto's schon seit über 90 Jahren Erfolg hat.

Der Standort hätte anfangs nicht besser sein können. Doch innerhalb der ersten zwanzig Jahre zogen die betuchten Italiener nach und nach fort – in die Bronx, nach Harlem, Westchester, New Jersey, Bensonhurst und Long Island. Das italienische West Village war 1932 auf ein paar Metzgerläden in der Bleecker Street und einige Vereine geschrumpft. ›Little Italy‹ war längst zu einem touristischen Erlebnispark mit ›Rotwein und Gipsheiligen‹ geworden«, schreibt Helen Worden in *The Real New York*.

Aber irgend etwas zog die Leute zurück in den Ravioliladen, in dem schon ihre Mütter eingekauft hatten. Und wieder parkten sie in zweiter Reihe vor Raffetto's. Als der Nudelhunger in Amerika förmlich explodierte, war die Familie, die immer noch über ihrem Laden in der Houston Street wohnt, gut vorbereitet.

Sie hatten mehr als nur Nudeln. Die Raffettos waren seit mehr als fünf Jahrzehnten mit Fremden in einem fremden Land vertraut. Als die Amerikaner aus der Fleisch- und Kartoffelwelt zu den Nudelufern aufbrachen, war der Laden der Polarstern und seine Inhaberin die Kompaßnadel.

»Eigentlich hat sich nichts geändert«, sagt Romana Raffetto. Ihre Söhne produzieren fünftausend Pfund Nudeln pro Woche. Sie sind Diplomaten wie ihre Großväter, nur daß die Houston Street heute nicht wie ehedem Süd und Nord, sondern Moderne und Tradition trennt.

»Beide Seiten beeinflussen sich gegenseitig. So ist das menschliche Zusammenleben«, philosophiert Romana Raffetto.

Manchmal läßt auch sie sich von einer der Mode-Nudeln hinreißen. »Sie schmecken ja nicht schlecht«, sagt sie hinter vorgehaltener Hand. »Aber wenn der ganze Geschmack schon in der Nudel drin ist, was, glauben Sie, bleibt dann noch für die Sauce?«

Romana Raffetto und der Laden ihrer Familie

Romana Raffettos
LASAGNE

Es gibt kein ›richtiges‹ Kochen. Am Anfang kocht man erst mal, was man kochen kann und gerne ißt. Später kocht man auch nach dem Geschmack von Familie, Freunden und anderen Leuten«, sagt Romana Raffetto.

»Ich komme aus Asolo in Norditalien, wo Lasagne mit Käse und Sahnesauce zubereitet wird. Aber ich ziehe meine Kinder hier groß, und ihre Freunde essen Tomaten. Also kommt auch Tomatensauce in meine Käselasagne.«

450 g Ricotta
1 großes Ei
2 EL frische Petersilie, feingehackt
1,2 l Romanas Rote Sauce (siehe folgendes Rezept), zimmerwarm
450 g frische Lasagne-Nudeln (siehe Hinweis)
450 g Mozzarella, in 0,5 cm dicke Scheiben geschnitten
125 g Parmesan, frisch gerieben

1. Den Ofen auf 180 °C vorheizen.

2. Ricotta und Ei in einer großen Schüssel verrühren. Petersilie zugeben.

3. 250 ml Rote Sauce auf dem Boden einer abdeckbaren Ofenform (33 x 22 cm) verteilen. Mit Nudeln bedecken. Einen Teil der Ricottamischung 1 cm dick darauf verteilen. Mozzarellascheiben gleichmäßig darauf verteilen und mit Parmesan bestreuen. Anschließend mit Sauce besprenkeln, einer weiteren Schicht Nudeln bedecken und den Vorgang so oft wiederholen, bis vier Schichten angelegt sind. Zum Schluß die Masse großzügig mit Sauce übergießen und dick mit Parmesan bestreuen.

4. In etwa 1½ Stunden hellbraun backen. Die Form etwa 15 Minuten auf einem Kuchengitter abkühlen lassen.

Ergibt 6 Portionen

Romana Raffetto paßte ihre Lasagne dem amerikanischen Geschmack an.

Hinweis: Wenn keine frischen Lasagne-Nudeln erhältlich sind, kann man auch getrocknete Nudeln mit einem Eßlöffel Pflanzenöl in reichlich Salzwasser ankochen. Durch ein Sieb abgießen und unter fließend kaltem Wasser abspülen, bis sie kalt sind. Vor der Verwendung die Nudeln gut abtropfen lassen und trockentupfen.

ROMANAS ROTE SAUCE

Diese Allzweck-Hackfleischsauce eignet sich für obenstehendes Lasagne-Rezept, aber auch für jedes andere Nudelgericht.

4 EL hochwertiges Olivenöl
2 weiße Zwiebeln, gehackt
1 Knoblauchzehe, gehackt
50 g Pancetta oder geräucherter Frühstücksspeck, gewürfelt
1 Möhre, geschält und gewürfelt
1 Selleriestange, gewürfelt
450 g mageres Rinderhackfleisch
250 ml trockener Weißwein
1 kg geschälte Eiertomaten, püriert
3 EL frische Basilikumblätter, gehackt
Salz und frisch gemahlener schwarzer Pfeffer (nach Geschmack)

1. Das Öl in einer Kasserolle auf mittlerer Stufe erhitzen. Zwiebeln, Knoblauch und Pancetta darin unter häufigem Rühren etwa 5 Minuten dünsten, bis die Zwiebeln glasig sind. Möhre und Sellerie zugeben und 5 Minuten unter ständigem Rühren kochen.

2. Das Hackfleisch zugeben und mit einer Gabel unter das Gemüse rühren. Den Weißwein zugeben und etwa 5 Minuten kochen, bis er verdampft ist.

3. Die Tomaten zugeben. Aufkochen lassen, dann die Temperatur reduzieren und 1 Stunde lang köcheln lassen. Regelmäßig rühren, damit die Sauce nicht anbrennt. Basilikum zugeben. Mit Salz und Pfeffer abschmekken. Die Sauce kann im Kühlschrank 2 Tage aufbewahrt werden.

Ergibt 2 l

Mike Gordons
LASAGNE

Mike Gordons Lasagne basiert auf einem klassischen Grundrezept, wurde aber mit einer Prise Estragon und einem Schuß Marsala verfeinert. Gordon empfiehlt, großzügige Portionen zu kochen, da Lasagne »am nächsten Tag noch besser schmeckt«.

SAUCE UND NUDELN
450 g mageres Rinderhackfleisch
2 Knoblauchzehen, feingehackt
3 EL frischer Estragon, gehackt
80 ml trockener Marsala
8 frische Tomaten, geschält und gehackt, oder 1 kg Eiertomaten (Dosenware), zerdrückt
120 g Tomatenmark
1 TL Salz
1 TL frisch gemahlener schwarzer Pfeffer
450 g Lasagne-Nudeln

FÜLLUNG
450 g Ricotta
2 Eier, leicht verquirlt
60 ml Selters ohne Geschmack
40 g Parmesan, frisch gerieben
40 g Romano, frisch gerieben

ZUM SCHICHTEN
110 g Parmesan, in dünne Scheiben geschnitten
110 g Romano, in dünne Scheiben geschnitten

1. Für Sauce und Nudeln das Hackfleisch auf mittlerer Stufe 5–10 Minuten in einem Topf anbraten und mit einem Löffel gut zerkleinern. Überschüssiges Fett abgießen. Den Knoblauch zugeben und eine Minute rösten. Estragon und Marsala zugeben und 2 Minuten unter ständigem Rühren garen. Tomaten, Tomatenmark, Salz, Pfeffer und 250 ml Wasser zugeben und umrühren. Nicht ganz zugedeckt bei schwacher Hitze bis zu 8 Stunden ziehen lassen (je länger, desto besser). Gelegentlich umrühren.

2. In der Zwischenzeit Wasser in einem Topf aufkochen lassen. Die Lasagne-Nudeln darin bißfest garen. Abgießen, unter kaltem Wasser abspülen und dann in kaltem Wasser beiseite stellen (so haften sie nicht aneinander).

3. Den Ofen auf 180 °C vorheizen.

4. Für die Füllung Ricotta und Eier in einer Schüssel verquirlen. Selters unterrühren. Die Mischung sollte locker sein. Parmesan und Romano unterheben.

5. Eine große Back- oder Lasagneform mit Butter einfetten. Einige Lasagne-Nudeln aus dem Wasser nehmen und trockentupfen; den Formboden damit auslegen. 250 ml Sauce auf den Nudeln verteilen und mit Parmesan- und Romanoscheiben bedecken. 250 ml Käsefüllung darauf verteilen und erneut Nudeln, Sauce, Käsescheiben und Käsefüllung aufschichten, bis der Schüsselrand erreicht ist. Mit einer Schicht Nudeln und den übrigen Parmesan- und Romanoscheiben abschließen.

6. Die Lasagne 1 Stunde im Ofen goldbraun backen. Sie schmeckt am besten, wenn man sie am nächsten Tag aufwärmt.

Ergibt 8 Portionen

NEW YORKER NUDELN: EINE AUSWAHL

Eine kleine Übersicht über Nudelformen und Zubereitungsarten sowie internationale Nudelgerichte, die man in New York bekommt.

Italien

Acini di pepe: winzige Körnchennudeln als Suppeneinlage

Agnolotti: halbmondförmige, gefüllte Nudeln

Bucatini: dicke, hohle, lange, spaghettigroße Röhren

Cannelloni: breite Röhren mittlerer Länge, die meist gefüllt und überbacken werden

Capelli d'angelo (Engelshaar): die dünnsten Langnudeln

Cappelletti (Hütchen): gefüllte Nudeln

Cavatelli: schmale, gewundene Muscheln

Conchiglie: kleine Muscheln

Conchiglioni: große Muscheln

Ditali (Fingerhut): kleine, kurze Röhren

Farfalle: schmetterlingsförmige Nudeln

Fettuccine: lange, flache Nudeln, breiter als Spaghetti und schmaler als Tagliatelle

Fusilli (Spiralen): korkenzieherförmige Nudeln

Gnocchi: italienische Kartoffelnockerln

Lasagne: die breitesten Bandnudeln, meist in Ofenformen verwendet

Linguine: flache Langnudeln, etwa so lang wie Spaghetti

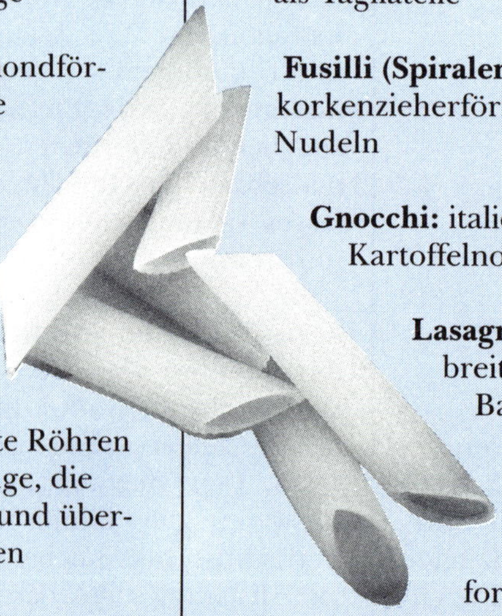

Die Vielfalt der New Yorker Nudeln

Manicotti: große Röhren, meist mit Käse-, Gemüse- oder Fleischfüllung

Orecchiette (Öhrchen): kleine, rundliche, becherförmige Schalen, die gut Sauce aufnehmen

Orzo: reiskornförmige Nudeln, meist als Suppeneinlage

Pappardelle: 2,5 cm breite Bandnudeln

Penne: kurze, schreibfederförmige Röhren

Penne rigati: gerippte Penne

Ravioli: gefüllte, quadratische Kissen

Rigatoni: gerillte Röhren

Rotelle: wagenradförmige Nudeln

Rotini: kleine Korkenzieher

Ruote, auch Räder: radförmige Nudeln mit Nabe

Spaghetti: lange, dünne, runde Nudeln oder Fäden

Spaghettini: sehr dünne Spaghetti

Tagliatelle: lange, schmale, flache Bandnudeln

Tortellini: kleine, mit Fleisch, Käse oder Gemüse gefüllte Nudelringe

Tortelloni: größere Tortellini

Vermicelli: sehr feine Spaghetti

Ziti: mittellange, breite Röhren

Thailand

Pad thai: Gericht mit gebratenen Eiernudeln

China

Glasnudeln/Chinesische Vermicelli: transparente Nudeln aus Mungobohnenstärke

Mai fun: Reis-Vermicelli

Wantan: Teigtaschen

Japan

Harusame/Sai Fun: Glasnudeln aus Kartoffelstärke

Soba: Buchweizennudeln

Udon: Weizennudeln

Vietnam

Banh hoi: extradünne Banh pho

Banh pho: Reisnudeln aus Wasser und Reismehl für Suppen und Pfannengerührtes

Bun: dünne Reis-Vermicelli für Suppen und Salate

Mie: frische Eiernudeln

Mien/bun tau: Glasnudeln oder Mungobohnen-Vermicelli

Somen: dünne Weizennudeln

Philippinen

Lug-lug: dicke Reisnudeln

Korea

Mo mil kook so: Nudeln aus Eichelstärke

Deutschland

Dampfnudeln: in Dampf gegarte Teigbatzen

Hefeklöße: Klöße aus Hefeteig

Kloß, Klotz, Kartoffelklöße

Spätzle: kleine Nockerln aus Eiernudelteig

Ungarn

Strapachka: ungarische Kartoffelknödel

Ukraine

Wareniki: gefüllte Teigtaschen

Polen

Piroggen: polnische gefüllte Teigtaschen, gebraten oder gekocht

Le Cirques

SPAGHETTI PRIMAVERA

Sirio Maccioni, Direktor des Restaurants Le Cirque in Manhattan, gilt als Urheber dieses Gerichts, von dem zahlreiche Varianten – meist unter dem Namen Pasta Primavera – zum Standardmenü vieler Restaurants gehören. Dies ist das Originalrezept.

1 Brokkolikopf, geputzt und in Röschen zerteilt
2 kleine Zucchini, längs geviertelt und in 2,5 cm lange Stücke geschnitten
4 Spargel (etwa 12 cm lang), holzige Enden entfernt, geschält und gedrittelt
210 g grüne Bohnen, geputzt und in 2,5 cm lange Stücke geschnitten
80 g Erbsen, frisch oder tiefgefroren
4 EL Olivenöl
250 g Champignons, dünn geschnitten
1 TL frische rote oder grüne Chilischoten, feingehackt, oder etwa 1/2 TL getrocknete rote Chiliflocken
1 TL Knoblauch, feingehackt
500 g reife Tomaten, entkernt, feingewürfelt, Saft getrennt
3 EL frische Petersilie, feingehackt
6 frische Basilikumblätter, gehackt
450 g Spaghetti oder Spaghettini
4 EL Butter
125 g Schlagsahne (nach Belieben mehr)
80 g Parmesan, frisch gerieben
Salz und frisch gemahlener schwarzer Pfeffer (nach Geschmack)
100 g Pinienkerne, geröstet

1. Brokkoli, Zucchini, Spargel und grüne Bohnen etwa 4 Minuten in siedendem Salzwasser bißfest garen. Die Erbsen zugeben und eine Minute kochen. Das Gemüse abtropfen lassen und mit kaltem Wasser übergießen. Nochmals abtropfen lassen und beiseite stellen.

2. Einen Eßlöffel Olivenöl in einer Pfanne auf mittlerer Stufe erhitzen. Wenn das Öl heiß ist, Champignons und Chili etwa 2 Minuten anbraten. Restliches Olivenöl, Knoblauch und Tomaten zugeben und behutsam umrühren, ohne die Tomatenstücke zu zerdrücken. Etwa 4 Minuten kochen. Petersilie und Basilikum zugeben. Umrühren und beiseite stellen.

3. Die Spaghetti in kochendem Salzwasser bißfest garen; sie müssen in der Mitte noch etwas fest sein. Abgießen.

4. In der Zwischenzeit die Butter in einem großen Topf, der Spaghetti und Gemüse fassen kann, auf mittlerer Stufe zerlassen. Sahne und Parmesan zugeben und rühren, bis beides durchgewärmt ist. Wenn die Sauce heiß ist, die Temperatur reduzieren und weiter köcheln lassen, bis die Sauce glatt ist. Die Nudeln zugeben und gut mit der Sauce mischen. Die Hälfte des Gemüses und den getrennten Tomatensaft zugeben. Alles durchrühren und bei sehr

Sirio Maccioni präsentiert seine Pasta Primavera.

niedriger Temperatur etwa 5 Minuten durchwärmen. Mit Salz und Pfeffer abschmecken.

5. Das restliche Gemüse zugeben und vorsichtig untermischen. Falls die Sauce austrocknet, etwas Sahne zugeben. Sie sollte jedoch nicht zu flüssig werden. Erneut abschmecken. Pinienkerne zugeben und nochmals wenden. Auf vorgewärmten Suppen- oder Spaghettitellern servieren. Jede Portion mit ein paar Löffeln der Tomatenmischung garnieren. Frisch servieren.

Ergibt 4 Portionen als Hauptgericht, 6–8 als Vorspeise

Borgattinis

ORZO MIT ZITRONE UND OLIVEN

Daphne Borgattini arbeitete früher als Telefonistin und ist jetzt im Ruhestand. Dieses scharfe Nudelgericht serviert sie als Beilage zu gebratenem Lamm oder Huhn. Es eignet sich jedoch auch als Hauptgericht.

450 g Orzo
Schale von 1 unbehandelten Zitrone, gerieben
120 g in Öl eingelegte Oliven, entsteint und grobgehackt
120 g Rauke oder Brunnenkresse, gewaschen, trockengetupft und gehackt
125 ml Olivenöl
140 g Ricotta salata oder Fetakäse, frisch gerieben
Salz und frisch gemahlener schwarzer Pfeffer (nach Geschmack)

1. Orzo in einem großen Topf mit reichlich kochendem Salzwasser garen.

2. In der Zwischenzeit Zitronenschale, Oliven, Rauke, Öl und Käse in einer Schüssel mischen und beiseite stellen.

3. Die Nudeln abgießen, in die Schüssel mit den Oliven geben und gut mischen. Mit Salz und Pfeffer abschmecken. Sofort servieren.

Ergibt 4 Portionen

Tommasos

PENNE MIT ZUCCHINI

60 ml extra natives Olivenöl
1 Knoblauchzehe, geschält und gepreßt
1 Zwiebel, feingehackt
1/4 TL getrocknete rote Chiliflocken
3 EL Prosciutto, dünn geschnitten und feingehackt
3 Zucchini, geputzt und in feine Streifen geschnitten
2 Tomaten, gehackt
450 g Penne
1 EL Butter
3 EL frische glatte Petersilie, feingehackt
6 EL frisches Basilikum, zerrupft
1 TL Salz
1/2 TL frisch gemahlener schwarzer Pfeffer
125 g Pecorino, frisch gerieben

1. Öl und Knoblauch in einer Pfanne auf mittlerer Stufe erhitzen, bis der Knoblauch goldgelb ist. Zwiebel und Chili zugeben und 7 Minuten garen, bis die Zwiebel weich ist. Prosciutto und Zucchini zugeben und teilweise zugedeckt etwa 5 Minuten kochen, bis die Zucchini fast weich sind. Tomaten unterrühren und auf schwacher Stufe zugedeckt ziehen lassen.

2. Die Penne in reichlich Salzwasser garen und abgießen.

3. Inzwischen Butter, Petersilie, Basilikum, Salz und Pfeffer unter die Sauce rühren.

4. Die Sauce in einen großen Nudeltopf geben. Die Penne darin wenden. Pecorino zugeben und vor dem Servieren mit Salz und Pfeffer abschmecken.

Ergibt 4 Portionen

REKORDERNTE IN BENSONHURST

Wer denkt bei Bensonhurst schon an eine Zucchini-Rekordernte? Die Asphaltwüste zwischen 17. Avenue und Avenue U sowie Meer und 60th Street in Brooklyn gleicht eher einer Aneinanderreihung von Mauern und Häusern. Aber so typisch wie Treppe und Auto vor der Tür ist der kleine Zucchini-Garten im Hof hinter den meisten Häusern dieser italienischen Enklave.

Im Spätsommer sieht man die stolzen Züchter von Haus zu Haus ziehen, um die Nachbarn am Ernteerfolg teilhaben zu lassen, und nichts kann sie von ihrer Mission abbringen.

»So etwas würde man in einem kleinen Dorf in Italien erwarten«, sagt Thomas Verdillo, Chefkoch und Inhaber von Tommaso's Restaurant in der 86th Street. »Wenn man die Tür seines Restaurants in Brooklyn öffnet, erwartet man doch nicht, daß da einer mit einem Arm voll selbstgezogener Zucchini steht und sagt: ›Hier, die habe ich für dich gezogen.‹«

Aber Verdillo wundert sich nicht. Er hat sein ganzes Leben hier verbracht. Zucchini im Sommer, Badewannen voll Rotwein im Herbst, der traditionell über der Waschmaschine geräucherte Prosciutto: »Kleinigkeiten, die daran erinnern, daß Bensonhurst eine lebendige italienische Gemeinde ist und nicht irgendein Museum.«

EINMAL ITALIENER, IMMER ITALIENER

Nach Angaben des Demographen Frank Vardy ist Bensonhurst mit 95 000 Einwohnern italienischer Abstammung die größte und noch immer wachsende italienische Gemeinde der Stadt. Während die Italiener in anderen Stadtteilen in breitere Straßen mit größeren Hinterhöfen gezogen sind und inzwischen von anderen ethnischen Gruppen abgelöst wurden, werden in Bensonhurst wegziehende Italiener durch neue ersetzt, so daß die Zucchiniproduktion in etwa stabil bleibt.

»Wer aus Italien kommt, geht nicht ins Restaurant, um Zucchini zu essen«, erklärt Thomas Verdillo. Der Einwanderer aus Italien »zieht hier Zucchini, weil er in Italien Zucchini gezüchtet hat. Er ißt sie zu Hause, weil er sie im Garten hat. Aber er geht ins Restaurant, um Steak zu essen, nicht weil er Zucchini essen will.« Und Thomas Verdillo hat in dieser Saison bereits viele Steaks zubereitet.

Auch er hat seinen eigenen Bezug zu Zucchini. Verdillo wuchs als Jüngster von zehn Kindern in einer Familie auf, in der Bacchus zu Puccini-Klängen dinierte – und wo der Hinterhof ein Meer von Zucchinipflanzen war. Deshalb, so meint er, muß er Zucchini kochen. »Herkunft verpflichtet«, sagt er.

Für die Steak essenden Stammgäste gibt es auf Verdillos Speisekarte Zucchini im Vorspeisenangebot: in Scheiben paniert und ausgebraten, geraspelt mit Zwiebeln, Parmesan, Pfeffer und Eiern als Frittata Neapolitana, Zucchinifleisch und -blüten feingehackt und ausgebacken oder Zucchini mit Minze eingelegt.

Er hat auch schon mit Waldpilzen und Kalbfleisch gefüllte Zucchinihälften angeboten. »Die Italiener aus Italien lassen das eher auf dem Teller liegen. Dazu braucht man auch nur wenig Zucchini«, erläutert er, der oft, wie er es nennt, »Notstandsmengen« der Frucht zu verarbeiten hat.

»Wissen Sie, bei dieser Nachbarschaft geht es um Mengen, und wenn Zucchinizeit ist, dann hat man es mit einer Menge Mengen zu tun.«

JAGD AUF DEN GRÜNEN KÜRBIS

Italiener der zweiten, dritten oder vierten Generation verherrlichen das Gemüse eher. Für sie stellt Verdillo komplette Zucchini-Menüs zusammen. Das Vorspeisenangebot wird erweitert durch Zucchini, die mit drei Käsesorten gefüllt, in Eischnee gewendet und kurzgebraten werden. Er nimmt dünne Zucchinischeiben als Lasagne-Nudeln und schichtet sie auf mit Muskatnuß gewürzten Ricotta, garniert mit Tomatensauce. Oder er schwenkt Penne in Pecorino mit Basilikum und Zucchini-Streifen.

In Sommernächten, wenn auf jedem Tisch Zucchini in irgendeiner Form gegessen werden, gibt Verdillo auch gerne einmal eine Kostprobe seiner Gesangskunst zum besten. Wenn dann noch ein Gast ein Lieblingsstück von Verdi, eine Broadway-Melodie oder einen seltenen Jahrgang seines 20000 Flaschen fassenden Weinkellers bestellt, füllen sich seine Augen mit Tränen. Dann holt er tief Luft, bis sein Bauch anschwillt wie eine gut gefüllte Zucchini, breitet seine Arme vor dem gefüllten Lokal aus und stimmt seine Serenade an.

Wenn Nachbars Ernte mager war, gibt's Zucchini sackweise im Handel.

Michael Harveys

PASTA MIT KÄSE

Der Künstler Michael Harvey erzählt: »Ein Freund hatte so ein Rezept aus einer Zeitschrift; einige Zutaten waren nicht zu finden, also mußten wir improvisieren. Das Ergebnis war ausgezeichnet. Später habe ich das Gericht nachgekocht und erneut improvisiert. Dieses Rezept kam dabei heraus.«

Michael Harveys Pasta mit Käse ist das Ergebnis doppelter Improvisation.

450 g Tomaten, grobgehackt
110 g Gorgonzola, zerkrümelt
110 g Mascarpone, gewürfelt
30 g schwarze Oliven, entsteint und gehackt
4 Anchovis-Filets, gehackt
1 1/2 EL frische glatte Petersilie, grobgehackt
1 Knoblauchzehe, feingehackt
1/4 TL getrocknete rote Chiliflocken, gemahlen
1/4 TL Salz
1/4 TL frisch gemahlener schwarzer Pfeffer
2 EL Olivenöl
450 g Linguine

1. Den Ofen auf 200 °C vorheizen.

2. Den Boden einer Ofenform (35 x 24 cm) mit der Hälfte der Tomaten auslegen. Die Hälfte Gorgonzola und Mascarpone darauf verteilen. Je die Hälfte Oliven, Anchovis, Petersilie, Knoblauch, Chiliflocken, Salz und Pfeffer zugeben. Den Vorgang wiederholen; dabei den Rest der Tomaten und anderen Zutaten aufschichten. Mit Olivenöl beträufeln. 20 Minuten im Ofen backen.

3. Inzwischen die Linguine in kochendem Salzwasser garen und abgießen.

4. Die Linguine in eine große Schüssel geben und sorgfältig mit der gebackenen Tomatenmischung vermischen.

Ergibt 4 Portionen

Tonys

FARFALLE MIT PAPRIKA UND SPINAT

Tony Morantes Lieblingsrestaurant heißt zwar Tony's, gehört ihm aber nicht. Es ist jedoch der Beweis für Neil Simons zweites Gesetz des Universums (siehe Kasten auf der nächsten Seite).

1 gelbe Paprikaschote, geputzt und grobgehackt
2 rote Paprikaschoten, geputzt und grobgehackt
1 große weiße Zwiebel, grobgehackt
2 EL ungesalzene Butter
1/4 TL Salz
1/2 TL frisch gemahlener schwarzer Pfeffer
6 EL frisches Basilikum
120 g frischer Spinat, geputzt, gewaschen und feingehackt
1 Knoblauchzehe
1 Msp. getrockneter Oregano
1 Msp. getrockneter Thymian
1 Msp. getrocknete rote Chiliflocken
80 ml trockener Weißwein
10 frische Eiertomaten, entkernt und gehackt
250 g Schlagsahne
1 Prise Muskatnuß, frisch gerieben
450 g Farfalle
80 g Parmesan, frisch gerieben

ARTHUR AVENUE BEI NACHT

Tony Morante wuchs im Belmontviertel der Bronx auf. Von seiner Haustür aus schaut man in einer Richtung auf das Yankee Stadion, in der anderen auf den Botanischen Garten und geradeaus direkt auf die Arthur Avenue.

Mit zwölf Jahren fing er im Stadion als Platzanweiser an. Jetzt kümmert er sich um die Beziehungen der Bronx Bombers zur Stadtverwaltung, leitet Führungen im Botanischen Garten und ist Ombudsmann für die Bewohner der Arthur Avenue.

»Tagsüber gehst du am besten hier einkaufen«, rät er mir am Telefon. »Abends gehst du ins Theater. Erst essen wir eine Kleinigkeit bei Tony's, dann gehen wir ins Theater.«

Morante ist sehr stolz auf das nahe Programmtheater. Als wir bei Tony's über einem Teller Farfalle sitzen, sagt er mehrfach, daß es ein ernsthaftes Theater ist, »das einzige so weit im Norden«.

Daß er diese Straßen nie verlassen hat, erfüllt Tony mit Stolz. Er fühlt sich mit den italienischen Steinmetzen und Ladenhaltern verbunden, die einst die Gehsteige ordentlich und sauber hielten. Wenn ihm die Worte ausgehen, um die Lebensgewohnheiten seiner Nachbarn zu beschreiben, zitiert er Neil Simon mit den Worten: »Es gibt zwei Gesetze im Universum: das der Schwerkraft und: Alle lieben die italienische Küche.«

Tony Morante hat das Wichtigste von seiner Tür aus im Blick: das Yankee Stadion, Arthur Avenue und den Botanischen Garten.

1. Gelbe und rote Paprika und die Hälfte der Zwiebel im Mixer kleinhacken, jedoch nicht pürieren.

2. Einen Eßlöffel Butter in einer Pfanne auf mittlerer Stufe zerlassen. Die Paprikamischung zugeben und mit der Hälfte von Salz und Pfeffer würzen. Etwa 7 Minuten garen. Vom Herd nehmen. Basilikum und Spinat untermischen. Zugedeckt beiseite stellen.

3. Die restliche Butter in einer Pfanne zerlassen. Den Rest der Zwiebel, Knoblauch, Oregano, Thymian, Chili und restlichen Pfeffer zugeben. Etwa 5 Minuten dünsten, bis die Zwiebel glasig ist. Den Wein zugeben und 3–5 Minuten köcheln lassen, bis er ganz verdampft ist.

4. Drei Viertel der Tomaten zugeben und 3 Minuten köcheln lassen. Sahne, Muskatnuß und restliches Salz zugeben. 15–20 Minuten köcheln lassen, bis die Hälfte der Flüssigkeit verdampft ist. Temperatur auf niedrigste Stufe reduzieren.

5. Die Farfalle in reichlich Salzwasser garen und abgießen.

6. Paprika- und Sahnemischung in einer großen Schüssel mischen. Farfalle, Parmesan und restliche Tomaten zugeben und in der Sauce wenden. Frisch servieren.

Ergibt 4 Portionen

SALVATORE MEDICI (»MR. WAB«) AUS EAST HARLEM

Ich bin in East 114th Street geboren und nie hier weggegangen. Ich würde nie wegwollen. Im Sommer mache ich den Laden einige Wochen dicht, aber ich gehe nicht weg – höchstens mal in die Arthur Avenue. Manchmal muß man einfach raus hier. Die Gegend ist ein einziges Chaos.«

Der schroffe Salvatore Medici nimmt einen kräftigen Schluck aus seinem Glas Scotch und streicht die fleckige Schürze über dem T-shirt glatt. Seine Augen wandern hinunter auf den schwarzen Linoleumboden seiner Restaurant-Bar Andy's Colonial Tavern in der First Avenue nahe 116th Street.

Einzig die Wagenradlampen und die Holzvertäfelung sind hier vielleicht »colonial«. Ansonsten ist Andy's Colonial Tavern nicht gerade ein Außenposten irgendwo im Niemandsland, sondern ein Überbleibsel aus der Zeit, als Familien noch täglich zur Messe gingen und währenddessen nicht alles absperren mußten.

East River Italien

Salvatore Medici schaut in die Gesichter der drei Gäste, zu denen er sich gesetzt hat. »Damals waren hier hauptsächlich Italiener. Von der 100th zur 116th Street und von River bis Third Avenue«, erklärt er.

»Das war eine sehr familiäre Nachbarschaft. Mein Vater wurde hier geboren und ging nach Italien zurück. Er kam aber wieder und zog hier in der 114th Street zehn Kinder groß. Bei uns ging es zu wie im Restaurant. Wenn ich koche, muß ich immer an meine Mutter denken. Damals schloß niemand seine Tür ab. Wir haben Fiorello La Guardia gewählt.«

Medici nippt an seinem Scotch. »Nennen Sie mich Mr. Wab«, bietet er uns an. »Jeder hier hat einen Spitznamen. Fragen Sie nicht warum.«

Earl of Tuscany

Rechts von der Theke mit den Barhokkern stehen acht Tische mit goldfarbener Decke. Fünf Gäste machen sich gerade über riesige Teller mit Makkaroni her. Der Duft von Rot und Grün – Knoblauch mit Tomaten, Basilikum und Oregano – vermischt sich mit anderen Erinnerungen in der Luft von East Harlem. Darunter auch der Duft von Olivenöl oder Oliven-»Earl«, wie Mr. Wab das Geheimnis seiner Kochkunst zu nennen pflegt.«

Draußen hört man hin und wieder Schüsse und Sirenen, wie ein Refrain des Lieds vom gesellschaftlichen Zerfall. »Hier drin ist es sicher wie in einer Bank«, sagt Mr. Wab.

Die meisten sind weggezogen, in größere Häuser mit größeren Hinterhöfen. »Die Stadt hat wunderschöne Einfamilienhäuser abgerissen und diese Schandflecken hochgezogen. Ich habe es erlebt. Nachdem die vierziger Straßen out waren, trafen sich die Besseren hier in East Harlem zum Essen. Sie wohnen nicht hier, schauen nur vorbei, ein bißchen Gefahr schnuppern. Treffen sich bei Rao's, um gesehen zu werden. Wer gucken will, geht zu Rao's, wer essen will, zu Andy's.

»Hier, ich zeige euch ein Bild. Der Mann da vor der Bar ist der wirkliche Andy. Fragt nicht, was sein richtiger Name war. Diese Bar gibt es seit über 100 Jahren. Früher haben hier meine Frau, mein Sohn Giuseppe und ich gearbeitet. Letztes Jahr ist meine Frau gestorben. Giuseppe! Giuseppe, bring Kaffee für unsere Gäste hier. Mein Sohn hilft mir. Er ist Junggeselle. Wir sind beide allein. Wir wohnen da drüben in der 114th Street.

Mittags geht es hier zu wie im Irrenhaus, mit all den Geschäftsleuten. Ich koche, was ich mag und was die Leute mögen. Die Leute kommen, wenn sie Hunger haben. Ich bin immer hier. Sonntags haben wir zu, aber dann koche ich für Familie und Freunde. Das Abendessen am Sonntag ist eine große Sache. Makkaroni, Fisch, Kalb.«

Er stellt sein leeres Glas auf den Tisch und erhebt sich, dem Knacken der Gelenke lauschend wie jemand, der eine Auster mit dem Messer öffnet und auf den Punkt wartet, wenn die innere Feder nachgibt.

Giuseppe hat zwei Gläser, die er gerade polierte, abgestellt und eilt seinem Vater entgegen. Wachsam beobachtet er jede Bewegung des alten Mannes, ist stets bereit, ihn aufzufangen.

»Nächsten Monat werde ich 75. Aber ich gehe nirgendwo hin«, sagt Mr. Wab und schlurft zur Küche. »Vielleicht gehe ich heute nach Ladenschluß zur East Side. Freunde von mir haben da Restaurants. Morgen schaue ich vielleicht in der Arthur Avenue vorbei.«

Salvatore Medici vor Andy's Colonial Tavern

PUTTANESCA À LA
Andy's Colonial Tavern

Eine feurig-freche Variante eines klassischen italienischen Gerichts und überraschend leicht zuzubereiten.

60 ml Olivenöl
3 Knoblauchzehen, feingehackt
1 kg geschälte Eiertomaten, entkernt, abgetropft und grobgehackt
1 EL Kapern, gut gewaschen
80 g in Öl eingelegte schwarze Oliven, entsteint und grobgehackt
1/2 TL getrocknete rote Chiliflocken
1 TL getrocknetes Basilikum
1 TL getrockneter Oregano
Salz
1 Msp. frisch gemahlener schwarzer Pfeffer
450 g Spaghetti
2 EL frische Petersilie, gehackt

1. Das Öl in einer Kasserolle auf mittlerer Stufe erhitzen. Den Knoblauch zugeben, rühren und vom Herd nehmen. 5–10 Minuten stehenlassen, bis der Knoblauch hellgolden ist. Tomaten, Kapern, Oliven, Chiliflocken, Basilikum, Oregano und Pfeffer zugeben, mischen und auf mittlerer Stufe 10 Minuten garen. Mit Salz und Pfeffer abschmecken. Temperatur auf niedrigste Stufe reduzieren.

2. Die Spaghetti in Salzwasser kochen und abgießen.

3. Die Spaghetti in der Sauce wenden und mit Petersilie bestreuen. Frisch servieren.

Ergibt 4 Portionen

Bill Libermans

LINGUINE MIT MANGOLD

Bill Libermans schnelles Nudelgericht ist ideal für späte Abendessen.

Theaterdirektor Bill Liberman hat dieses üppige Gericht für besondere Abendessen nach der Vorstellung kreiert. Dem Teig mischt er feingehackten Mangold bei. Aber auch mit guter Linguine aus dem Laden schmeckt dieses Rezept köstlich.

3 EL Olivenöl
40 g Pinienkerne
1 EL Knoblauch, feingehackt
5 EL Frühlingszwiebeln, gehackt
150 g roter oder grüner Mangold, gehackt
250 g Schlagsahne
1 gute Prise Safran, in 2 EL Wasser aufgelöst
450 g Linguine
60 g Parmesan, frisch gerieben
Salz und frisch gemahlener schwarzer Pfeffer (nach Geschmack)
Schale von 1/2 unbehandelten Zitrone, feingerieben

1. Einen Eßlöffel Öl in einer Pfanne auf mittlerer Stufe erhitzen. Die Pinienkerne zugeben, gut im Öl wenden und unter ständigem Rühren 5 Minuten bräunen. Beiseite stellen.

2. In einer Pfanne, die genug Platz für die gekochten Linguine hat, Knoblauch und Frühlingszwiebeln mit dem restlichen Öl auf mittlerer Stufe dünsten. Den Mangold zugeben und 1–2 Minuten auf höherer Stufe weich kochen. Sahne und Safran zugeben und etwa 5 Minuten bei niedriger Temperatur garen, bis die Flüssigkeit verdampft ist. Vom Herd nehmen und beiseite stellen.

3. In der Zwischenzeit die Linguine in einem Topf mit kochendem Salzwasser garen. Abgießen, aber nicht abschrecken.

4. Die Sauce auf mittlerer Stufe aufwärmen. Die Linguine zugeben und gut darin wenden. Parmesan zugeben, mit Salz und Pfeffer abschmecken, Zitronenschale zugeben und kräftig umrühren. Sofort servieren. Die Portionen mit gerösteten Pinienkernen garnieren.

Ergibt 4 Portionen

SanClementis

BROKKOLI MIT PENNE

Charles SanClementi junior in der Küche

Dieses Gericht ist ein uraltes Familienrezept der SanClementis. Anders als die »feineren« Brokkoli-Rezepte verarbeitet SanClementi den gesamten Brokkolikopf mit Röschen und Stielen. Der Knoblauch sollte goldgelb und lieber etwas zu lang als zu kurz gebraten sein.

Der Brokkoli »fängt« den Geschmack leicht verbrannter Knoblauchzehen schon auf.

1 Brokkolikopf (ca. 500–700 g), gut gewaschen, abgezogen, gehackt (Röschen ganz lassen)
5 EL extra natives Olivenöl
5 große Knoblauchzehen, feingehackt
1 TL getrockneter Oregano
Salz und frisch gemahlener Pfeffer, nach Geschmack
450 g Penne

1. Den Brokkoli 10–15 Minuten in einem großen Koch- oder Dampftopf garen. Vom Herd nehmen und abgießen, dabei das Kochwasser auffangen.

2. Das Öl in einer Pfanne auf mittlerer Stufe erhitzen. Den Knoblauch darin 3 Minuten goldgelb braten. Brokkoli zugeben und mit 190 ml des Kochwassers aufgießen. Oregano zugeben und mit Salz und Pfeffer abschmekken. Abdecken und 20 Minuten köcheln lassen.

3. In der Zwischenzeit eine Schüssel im Ofen bei 90 °C vorwärmen. Wasser aufkochen lassen (dazu das restliche Brokkoli-Kochwasser verwenden) und die Penne darin 8–10 Minuten bißfest garen. Abgießen.

4. Die Nudeln in die vorgewärmte Schüssel füllen, mit der Brokkoli-Mischung übergießen und gut mischen. Heiß servieren.

Ergibt 4 Portionen

NUDELN
mit Blumenkohl

Jeanette Bartetti sagt, dieses köstliche Rezept stamme noch von ihrer Großmutter Giovannina aus Palermo. Es gehört zu den Lieblingsspeisen der Familie und paßt zu jeder Art Nudeln, die Ihr Herz erfreut.

Jeanette Bartetti gibt das großmütterliche Rezept für Nudeln mit Blumenkohl preis.

1 Blumenkohl, in Röschen zerteilt
1/2 TL Salz
1 große Zwiebel, gehackt
3 EL Olivenöl
2 EL Pinienkerne
2 EL Rosinen
1/4 TL frisch gemahlener schwarzer Pfeffer
450 g Ziti oder Rigatoni
Parmesan, frisch gerieben

1. Den Blumenkohl mit 375 ml Wasser und 1/4 Teelöffel Salz auf mittlerer Stufe in einem zugedeckten Topf etwa 10 Minuten garen. Abgießen; das Kochwasser aufbewahren. Den Blumenkohl zerkleinern und beiseite stellen.

2. Zwiebel in einer Pfanne im Öl etwa 6 Minuten anbraten, bis sie weich ist. Pinienkerne, Rosinen, restliches Salz und Pfeffer zugeben und etwa 2 Minuten kochen, bis die Kerne goldgelb sind. 4 Eßlöffel des Blumenkohl-Kochwassers und den zerkleinerten Blumenkohl zugeben und 15 Minuten garen, bis die Flüssigkeit verdampft ist. Wenn nötig, Kochwasser zugeben, um ein Anbrennen zu vermeiden.

3. Inzwischen Nudeln in kochendem Salzwasser bißfest garen und abgießen.

4. 1/4 der Blumenkohlsauce in einer Servierschüssel mit den Nudeln mischen. Mit der restlichen Sauce übergießen und mit Parmesan bestreuen. Heiß servieren.

Ergibt 4–6 Portionen

SPAGHETTI-CARBONARA-TAG

Calvin Trillin, der für *The New Yorker* schreibt, gründete 1983 eine Initiative zur Umwandlung des Thanksgiving Days in einen Spaghetti Carbonara Day. »Meine Idee dazu habe ich erstmals bei einem Thanksgiving-Abendessen von Bekannten ausgesprochen«, schreibt er in seinem Buch *Third Helpings*.

Danach habe er auf Thanksgiving-Einladungen immer wieder auf die »ästhetischen Vorteile von Spaghetti Carbonara im Vergleich zu Truthahn angespielt, wie zum Beispiel, daß der Präsident nicht jedes Jahr bei der Übergabe eines riesigen Tellers Spaghetti Carbonara durch den Verband der Spaghetti-Carbonara-Anbauer fotografiert würde. Mich hätte interessiert, was sich die Festwagenbauer von Macy's einfallen lassen würden, um einen 90 Quadratmeter großen Spaghetti-Carbonara-Teller darzustellen. Ich malte mir aus, wie erfrischend es wäre, wenn Sportkommentatoren jedes Jahr von den Spaghetti-Carbonara-Day Classics berichteten.«

Spaghetti für alle

Ich dachte, daß Trillin und seine Familie die richtigen Ansprechpartner für ein gutes Rezept sein müßten. Also rief ich sie in Greenwich Village an.

»Ja, es ist in der Tat an der Zeit, über den Spaghetti-Carbonara-Day zu reden«, sagt er. Im Hintergrund höre ich seine Frau Alice aufjaulen. »Haben Sie das gehört?«, fragt mich Trillin. »Das war mehr als nur ihr Nicht-schon-wieder-Stöhnen. Von all meinen Geschichten haßt Alice die Spaghetti Carbonara Day-Geschichte am meisten. Jahrelang habe ich auf Channel 13 die wahre Thanksgiving-Geschichte erzählt. Alice kann sie nicht mehr hören.«

Laut Trillin war das mit Thanksgiving nämlich so:

»Vor langer Zeit lebten in England Pilger, die mit größtem Eifer dafür sorgten, daß jeder die Regeln des Sabbats einhielt und Essen ohne Gewürze und ähnliches kochte. Eines Tages entschlossen sie sich, nach Amerika auszuwandern, in der Hoffnung, dort in Freiheit nörgeln zu können. Dort versuchten sie, das Land zu bestellen, jedoch ohne nennenswerten Erfolg, da sie ihre besten Bauern meist wegen Übeltaten – etwa wegen des Verdachts auf Frohsinn – in den Stock legten. Die Indianer hatten Mitleid mit den Pilgern und halfen ihnen bei der Landbestellung. Die Pilger waren so dankbar für die Unterstützung, daß sie die Indianer am Ende ihres ersten Jahres in Amerika zu einem Thanksgiving-Essen einluden.

Die Indianer, die im Laufe des Jahres einige Erfahrung mit der Pilgerküche gesammelt hatten, brachten vorsorglich ihr eigenes Essen mit. Dies war ein Gericht, das ihre Vorfahren viele Generationen zuvor durch keinen Geringeren als Christoph Kolumbus, den die Indianer als ›Großen Italiener‹ bezeichneten, kennengelernt hatten. Es hieß Spaghetti Carbonara. Die Pilger haßten es. Sie meinten, es sei ›ketzerisch lecker‹ und ›Teufelswerk‹.«

Ein prägender Satz

Empört kehrten die Indianer in ihr Dorf zurück. Auf dem Heimweg ließ einer von ihnen eine Bemerkung über die Pilger fallen, die später zu einem großen Mißverständnis der Historiker bezüglich des ersten Thanksgiving-Mahls führte. Er sagte nämlich: ›Was für ein Haufen aufgeblasener Truthähne!‹«

Einmal habe es bei Trillins an Thanksgiving tatsächlich Spaghetti Carbonara gegeben. Channel 13 hatte ihnen – als Bonus – ein Spaghetti-Carbonara-Rezept zukommen lassen. Normalerweise sind Trillins an Thanksgiving eingeladen, doch sind die Einladungen die letzte Zeit deutlich zurückgegangen.

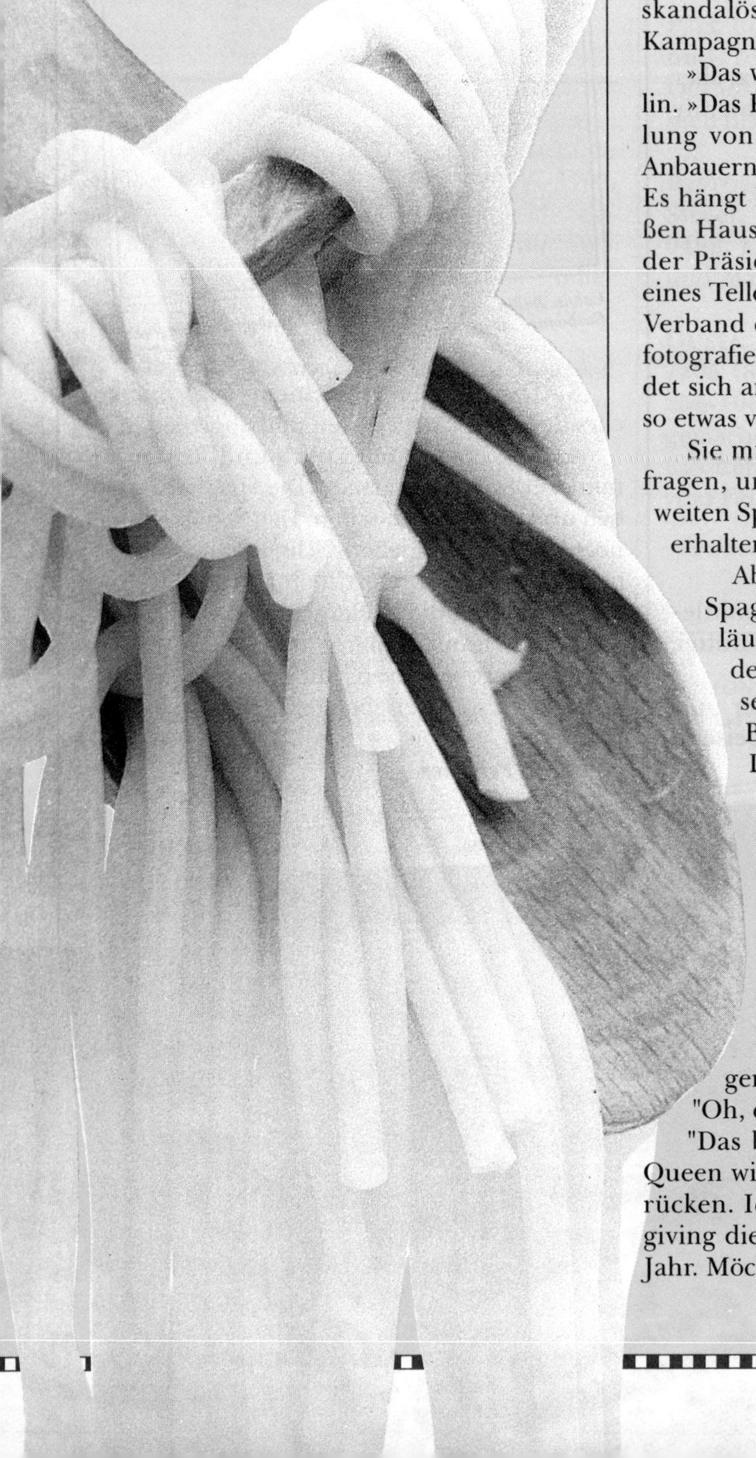

Der aktuelle Stand

Alice meint, der Grund ist, daß ich meine Meinung zu Spaghetti Carbonara so offen geäußert habe«, erklärt er. »Ein Skandal«, sage ich und füge hinzu, es sei ebenso skandalös, daß die Spaghetti-Carbonara-Kampagne nie richtig in Gang gekommen ist.

»Das würde ich nicht sagen«, meint Trillin. »Das Regierungsprogramm zur Umschulung von Truthahnzüchtern zu Spaghetti-Anbauern geht zwar etwas schleppend voran. Es hängt halt davon ab, wer gerade im Weißen Haus sitzt. Und soweit ich weiß, wurde der Präsident noch nicht bei der Übergabe eines Tellers Spaghetti Carbonara durch den Verband der Spaghetti Carbonara-Anbauer fotografiert.« Er hält den Hörer zu und wendet sich an seine Frau: (»Oder hast du schon so etwas vom Präsidenten gesehen, Alice?«)

Sie müßten mal bei den Sportreportern fragen, um einen Überblick über die landesweiten Spaghetti Carbonara Day Classics zu erhalten. Ich verfolge diese Dinge nicht so. Aber ich würde nicht sagen, daß die Spaghetti-Carbonara-Kampagne nicht läuft. Ich denke, die Schlägertruppe der Truthahnliga war unterwegs. Dieser Tage wurde ich erst wieder mit Briefen von Spaghetti Carbonara Day Fans überhäuft.«

»Was?« staune ich. »Wieviel Briefe?«

»Ich weiß nicht (Was würdest du sagen, Alice? Tausende?). Na, jedenfalls viele.«

»Das ist wohl der Grund, warum Channel 13 Sie jedes Jahr wieder holt«, sage ich.

»Dieses Jahr haben sie nicht angerufen.«

"Oh, das tut mir leid."

"Das braucht es nicht. Ich schätze, die Queen wird ihre Adresse auch nicht herausrücken. Ich denke, wir verbringen Thanksgiving dieses Jahr in Chinatown. Wie letztes Jahr. Möchten Sie mitkommen?«

Silvalas

BUCHWEIZENNUDELN VELTLINER ART

Silvala Conterno stammt aus Piemont und beliefert Reformhäuser und italienische Nobelrestaurants der ganzen Stadt mit selbstgemachten Buchweizennudeln. Ihr Pastagericht mit Kohl und Kartoffelsauce ist köstlich.

NUDELN
190 g steinvermahlenes Vollkornweizenmehl
190 g Buchweizenmehl
3 Eier
2 EL Milch
1 TL Salz
Mehl, zum Bestäuben

PIZZOCCHERI VALTELLINESE
2 Kartoffeln, geschält und gewürfelt
40 g Kohl, in feine Streifen geschnitten
2 TL frischer Salbei, feingehackt
3 EL Parmesan, frisch gerieben
125 g Taleggio, frisch gerieben
frische Salbeiblätter, zum Garnieren

1. Für die Nudeln beide Mehlsorten auf einer glatten Arbeitsfläche mit der Hand mischen und zu einem Haufen zusammenschieben. In die Mitte eine Mulde drücken und darin die Eier aufschlagen. Milch, Salz und 2 Eßlöffel Wasser zugeben und mit den Fingern verrühren, dabei nach und nach das Mehl vom Muldenrand einarbeiten, bis sich eine Kugel formen läßt. Den Teig etwa 3 Minuten kneten; anhaftende Teigreste mit dem Teigschaber von der Arbeitsfläche lösen. Falls er zu stark klebt, etwas Mehl zugeben, bis er weich und samtig wird. Den Teig bemehlen, mit einem Tuch zudecken und 20 Minuten ruhen lassen.

2. Die Arbeitsfläche bemehlen. Eine Teighälfte zu einer gleichmäßigen, 3 mm dicken Fläche ausrollen. Mit einem scharfen Messer in 1 cm breite und 15 cm lange Nudelstreifen schneiden. Auf Backpapier auslegen, mit einem Tuch abdecken und bis zur Verarbeitung kalt stellen. Ebenso mit der zweiten Teighälfte verfahren.

3. Für die Pizzoccheri 250 ml Wasser in einen Topf geben. Die Kartoffeln darin 20 Minuten nicht ganz weich kochen, mit einem Schaumlöffel herausnehmen und beiseite stellen. Den Kohl in das restliche Wasser geben und 45 Sekunden blanchieren. Das Kochwasser in eine Schüssel abgießen und den Kohl abtropfen lassen.

4. Kartoffeln, Kohl, Salbei, beide Käsesorten und 80 ml des Kochwassers in einem Topf auf mittlerer Stufe etwa 3 Minuten kochen, bis die Flüssigkeit verdampft ist. Temperatur reduzieren und warm halten; darauf achten, daß nichts anbrennt.

5. Einen Topf mit Salzwasser aufkochen lassen. Die Nudeln darin etwa 3 Minuten bißfest garen. Vom Herd nehmen und abtropfen lassen.

Eine Pasta-Maschine

6. Die Nudeln mit der Sauce vermengen. Vom Herd nehmen und mit frischen Salbeiblättern garniert sofort servieren.

Ergibt 4 Portionen

Staten Island-

PASTA MIT HUHN

Der frühere Denkmalpfleger Tony Tung vermag es, sein chinesisches Erbe mit seiner Liebe zu italienischer Küche zu kombinieren, wie folgendes Gericht beweist.

Tony Tung vor einer Schale marinierter Champignons bei Montelbano's in Staten Island

60 ml Olivenöl
1 Knoblauchzehe, feingehackt
3 Hühnerbrüste, enthäutet und entbeint (600–700 g), mundgerecht zerteilt
2 EL frischer Oregano
2 EL Sojasauce
250 ml trockener Weißwein
1 Brokkolikopf, in Röschen zerteilt, Stiele entfernt
500 g marinierte Champignons (im Glas erhältlich), abgetropft und geviertelt
8 EL Butter
900 g frische Spaghetti
250 g Romano, frisch gerieben
8 EL Semmelbrösel
frisch gemahlener schwarzer Pfeffer (nach Geschmack)

1. Das Olivenöl in einer großen Pfanne auf mittlerer Stufe erhitzen. Den Knoblauch zugeben und leicht anbraten, dann das Huhn rundum bräunen. Oregano, Sojasauce und Weißwein zugeben und ohne Deckel 2 Minuten köcheln lassen. Den Brokkoli zugeben und zugedeckt 3–5 Minuten weich kochen. Champignons zugeben und 2 Minuten durchwärmen. Die Butter löffelweise einrühren. Vom Herd nehmen und zugedeckt stehenlassen.

2. Die Nudeln in ausreichend kochendem Salzwasser garen und abgießen.

3. Die Hälfte der Hühnchenmischung mit der Hälfte von Käse und Semmelbrösel in einer vorgewärmten Schüssel vermengen. Die Nudeln darin wenden. Mit Pfeffer abschmecken. Mit dem Rest von Hühnchenmischung, Käse und Semmelbrösel bedecken und servieren.

Ergibt 8 Portionen

Starrs PASTA

Die Fotografin Starr Ockenga ist berühmt für ihre üppigen Stilleben. Beim Kochen verfährt sie jedoch eher minimalistisch. »Eines meiner 10-Zutaten-Gerichte«, beschreibt sie ihr köstliches Rezept.

500 g frischer Ricotta
60 g in Öl eingelegte Oliven, entsteint und feingehackt
4 Frühlingszwiebeln, Enden gekürzt und gehackt
3 EL Basilikumblätter
2 Tomaten, gehackt
60 ml Olivenöl
450 g Fusilli oder Rigatoni
Salz und frisch gemahlener schwarzer Pfeffer (nach Geschmack)
Parmesan, frisch gerieben, zum Servieren

1. Den Ricotta in einer Schüssel mit einer Gabel glattrühren. Oliven, Frühlingszwiebeln, Basilikum, Tomaten und Öl unterrühren.

2. Die Nudeln in einem Topf mit kochendem Salzwasser garen und abgießen.

3. Die Sauce auf den Nudeln verteilen. Gut vermengen. Mit Salz und Pfeffer abschmecken. Sofort mit Parmesan servieren.

Ergibt 4 Portionen

Alex Gorens
NOTFALL-SPAGHETTI

Geschäftsmann Alex Goren ist stets auf die Bewirtung von Überraschungsgästen vorbereitet und hat die Zutaten für dieses Gericht immer im Haus. »Ursprünglich ist dieses Gericht aus einer Notlage heraus entstanden. Aber seither koche ich es recht oft.«

1 Msp. grobes Meersalz
120 ml plus 1 TL extra natives Olivenöl
450 g Spaghetti
4 EL Butter
450 g gelbe Zwiebeln, grobgehackt und trockengetupft
2 EL frischer Oregano, gehackt
2 EL frisches Basilikum, gehackt
1 TL frisch gemahlener schwarzer Pfeffer
1 TL feines Meersalz

1. Einen großen Topf mit 5 Liter Wasser füllen. Grobes Meersalz und 1 Teelöffel Olivenöl zugeben. Zudecken und auf hoher Stufe aufkochen lassen. Die Spaghetti zugeben, garen und abgießen. Etwas Wasser zurückbehalten.

2. Inzwischen Butter und restliches Öl in einer Pfanne auf mittlerer Stufe zerlassen. Die Zwiebeln zugeben und umrühren. Oregano, Basilikum, schwarzen Pfeffer und feines Meersalz zugeben. Mit einem Holzlöffel mischen. Etwa 8 Minuten dünsten, bis die Zwiebeln glasig sind.

3. Die Hälfte der Zwiebelsauce in eine Schüssel geben. Die Spaghetti zugeben und mit der restlichen Sauce bedecken. Beides gut vermengen und servieren.

Für 4 Personen

Howards
TORTELLONI

Howard Levitt ist Immobilienberater und lebt in Sutton Place. Er hat nicht nur für Immobilien einen guten Riecher, sondern auch für » gute und einfache« Nudelgerichte. Dieses Gericht bereitet er zu, wenn ihm ein gutes Geschäft gelungen ist.

15 g getrocknete Steinpilze, etwa 2 Stunden in Wasser eingeweicht
2 EL plus 1 TL Olivenöl
2 Knoblauchzehen, feingehackt
1 EL frische Thymianblätter
125 ml trockener Wermut
125 ml Kondensmilch
Salz und frisch gemahlener schwarzer Pfeffer (nach Geschmack)
450 g frische Tortelloni

1. Die Pilze abtropfen lassen. 2 Eßlöffel Olivenöl in einer Pfanne auf mittlerer Stufe erhitzen. Pilze, Knoblauch und Thymian zugeben und unter ständigem Rühren etwa 4 Minuten dünsten, bis der Knoblauch leicht strohfarben ist. Den Wermut zugießen und etwa 5 Minuten köcheln lassen, bis er verdampft ist. Die Temperatur stark reduzieren und nach und nach unter ständigem Rühren die Milch zugeben. Mit Salz und Pfeffer abschmecken. Auf mittlerer Stufe weiterrühren und die Sauce 10 Minuten köcheln lassen, bis sie eindickt.

2. Inzwischen Wasser mit einer Prise Salz und dem restlichen Olivenöl in einem Topf aufkochen lassen. Die Tortelloni zugeben und etwa 4 Minuten kochen, bis sie aufschwimmen und weich sind. Abtropfen lassen.

3. Die Tortelloni in die Sauce rühren. Auf niedriger Stufe zugedeckt 5 Minuten garen. Sofort servieren.

Ergibt 4 Portionen

Gino Cammaratas

SIZILIANISCHE PASTA MIT SARDINEN

Für diesen kleinen Sizilien-Ersatz an kalten, regnerischen Abenden eignen sich am besten importierte Sardinen.

5 EL Olivenöl
2 kleine Zwiebeln, gehackt
170 g Tomatenmark, mit 375 ml Wasser verdünnt
12 frische Sardinen, Köpfe und Gräten entfernt
125 g Blumenkohlröschen, gekocht
3 EL frischer Dill, gewaschen, abgetrocknet und gehackt
3 EL Pinienkerne
3 EL helle Rosinen
450 g Bucatini, Spaghetti oder Linguine
30 g Semmelbrösel

Gino Cammarata im Restaurant Siracusa in Manhattan

1. 2 Eßlöffel Olivenöl in einer Pfanne erhitzen. Die Zwiebeln zugeben und 5 Minuten weich braten. Das Tomatenmark und die Sardinen zugeben und umrühren, bis der Fisch nach etwa 3 Minuten auseinanderfällt und innen weiß wird. Den Blumenkohl, den Dill, die Pinienkerne und Rosinen zugeben und 1–2 Minuten braten, bis sich die Mischung rosa färbt und am Rand zu sieden beginnt. Temperatur reduzieren.

2. Salzwasser in einem großen Topf aufkochen lassen und die Nudeln darin bißfest garen.

3. Inzwischen die Semmelbrösel mit 3 Eßlöffeln Öl vermengen und in einer Pfanne auf hoher Stufe unter ständigem Umrühren bräunen. Vorsicht, sie sollten keinesfalls anbrennen.

4. Die Sardinen-Mischung vom Herd nehmen und in eine Schüssel geben. Die Nudeln abgießen und in der Sardinen-Mischung wenden. Auf 4 Teller verteilen und mit den Semmelbröseln bestreuen.

Ergibt 4 Portionen

RIGATONI

mit Senfsahnesauce

Dieses Nudelrezept erschien ursprünglich in *A Culinary Collection from the Metropolitan Museum of Art*. Bis heute gehört es bei Dinnerpartys der Manhattaner Kunstszene einfach dazu.

450 g getrocknete Rigatoni
1 Lorbeerblatt
2 EL Butter
1 Msp. Senfpulver
250 g Schlagsahne
2 Eigelb
60 g Parmesan, frisch gerieben
Salz und frisch gemahlener schwarzer Pfeffer (nach Geschmack)

1. Salzwasser in einem großen Topf aufkochen lassen. Die Rigatoni mit dem Lorbeerblatt darin etwa 10 Minuten bißfest garen.

2. Inzwischen für die Sauce die Butter in einer Pfanne auf mittlerer Stufe zerlassen. Zuerst das Senfpulver, dann die Sahne einrühren. Temperatur reduzieren und die Eigelbe nacheinander einrühren. Langsam den Käse unter ständigem Rühren zugeben, bis die Sauce dicker wird und am Rand anhaftet. Sie darf nicht kochen. Mit Salz und Pfeffer abschmecken.

3. Die Nudeln abgießen. In einer vorgewärmten Schüssel mit der heißen Sauce übergießen. Sofort servieren.

Ergibt 4–6 Portionen

Tommys

LINGUINE MIT MUSCHELSAUCE

Ein Standardgericht in jedem italienischen Restaurant, doch verleihen ihm Dosenmuscheln und Knoblauchpulver häufig einen zu säuerlichen Geschmack. Dieses Rezept mit frischen Muscheln gehört zu den besten Versionen überhaupt. Der Namenspatron war übrigens der Onkel von Thomas Verdillo (siehe Seite 228).

450 g getrocknete Linguine
5 EL extra natives Olivenöl
5 Knoblauchzehen, feingehackt
etwa 1/2 TL getrocknete rote Chiliflocken (ohne Samen)
32 junge Venusmuscheln (möglichst klein), geschrubbt und gewaschen
250 ml trockener Weißwein
Saft von 1/4 Zitrone
3 EL frische glatte Petersilie, gehackt

1. Die Nudeln in einem Topf mit Wasser etwa 10 Minuten bißfest garen. Abgießen.

2. Inzwischen das Öl auf mittlerer Stufe in einer Pfanne erhitzen. Knoblauch und Chili 3–5 Minuten anbraten, bis der Knoblauch goldgelb und weich wird. Muscheln, Wein und Zitronensaft zugeben, zudecken und etwa 7 Minuten garen, bis sich die Muscheln geöffnet haben. Das Muschelfleisch auslösen und zurück in die Pfanne geben. Geschlossene Muscheln wegwerfen.

3. Die Nudeln mit der Sauce mischen, mit Petersilie bestreuen und heiß servieren.

Ergibt 8 Portionen

Mario R. Danieles

NUDELOMELETT

Weinimporteur Mario Daniele aus East Harlem meint: »Dieses Gericht diente ursprünglich der Verwertung von Nudelresten, ist aber so lecker zu Ratatouille, Pilzen, Pesto oder Fleischsauce, daß es ein Lieblingsgericht der Familie wurde.«

Nudelreste werden mit Mario R. Danieles Omelett ein köstliches Gericht.

2 Eier
60 ml Milch
75 g Mozzarella, kleingeschnitten
2 EL Parmesan, frisch gerieben
Salz und frisch gemahlener schwarzer Pfeffer (nach Geschmack)
220 g dünne Nudeln, z. B. Spaghettini oder Vermicelli
3 EL Butter
150 g rote Paprikaschote, feingeschnitten
150 g gelbe Paprikaschote, feingeschnitten
1 Zwiebel, halbiert und in dünne Scheiben geschnitten

1. Eier und Milch in einer Schüssel verquirlen. Mozzarella und Parmesan gut unterrühren. Mit Salz und Pfeffer abschmecken. Die Mischung beiseite stellen.

2. Die Nudeln in einem großen Topf mit kochendem Salzwasser bißfest garen und durch ein Sieb abgießen. Nudeln und Ei-Mischung im Nudeltopf mit einer Gabel gut durchmischen. Beiseite stellen.

3. Einen Eßlöffel Butter in einer Pfanne auf mittlerer Stufe zerlassen. Paprika und Zwiebel zugeben. Mit Salz und Pfeffer abschmecken. Das Gemüse etwa 8 Minuten garen und beiseite stellen.

4. Inzwischen 1 Eßlöffel Butter in einer Pfanne mit 25 cm Durchmesser auf mittlerer Stufe zerlassen und durch Schwenken verteilen. Die Nudel-Ei-Mischung gleichmäßig in der Pfanne verteilen. Die Schicht sollte 2,5–3,5 cm dick und glatt sein. 3 Minuten garen. Temperatur reduzieren und etwa 15 Minuten garen, bis sich eine braune Kruste bildet. Diese mit einem Schaber lösen und weitere 3–5 Minuten garen, bis sie knusprig ist.

5. Das Omelett auf einen Teller stürzen. Die Pfanne auskratzen und die restliche Butter zerlassen. Das Omelett mit der Kruste nach oben wieder in die Pfanne gleiten lassen und die andere Seite auf mittlerer Stufe knusprig braten.

6. Auf einem vorgewärmten Teller anrichten, mit den gebratenen Zwiebeln und Paprika garnieren und servieren.

Ergibt 4 Portionen

Stu Ewens

SPEZIAL-PASTA

Professor Stuart Ewens »kulinarische Collage« ist eine Rezeptkombination. »Die Basis ist ein original italienisches Saucenrezept meiner Schwiegermutter«, erklärt Ewens. »Meine Sauce ist eine Weiterentwicklung dieses Grundrezepts.« Ewens serviert meist Rigatoni dazu.

900 g scharfe Finocchiona-Wurst, quer halbiert
3 EL Olivenöl
30 g getrocknete Steinpilze
60 g eingerollte Anchovis-Filets mit Kapern (Dosenware)
1 mittelgroße Zwiebel, gehackt
1 dicke Möhre, geschält und gehackt
4 dicke Knoblauchzehen, feingehackt
Schale von 1 unbehandelten Zitrone, feingehackt
8–10 sonnengetrocknete, in Öl eingelegte Tomaten, gehackt
20 grüne Oliven, entsteint und gehackt
1 TL Salz
1 EL getrocknetes Basilikum
1 EL frische Petersilie, gehackt
12 schwarze Pfefferkörner
375 ml trockener Rotwein (vorzugsweise Nebbiolo)
170 g Tomatenmark
800 g geschälte ganze Tomaten (Dosenware), gehackt
670 g Rigatoni

1. Finocchiona und Öl in eine tiefe Kasserolle geben. Wasser zugießen, bis die Würstchen bedeckt sind. Auf mittlerer Stufe 15 Minuten unter gelegentlichem Rühren kochen, bis das Wasser verdampft ist und die Finocchiona rundum braun sind.

2. Inzwischen die Pilze etwa 10 Minuten in 250 ml warmem Wasser einweichen.

3. Die Anchovis mit Öl zu den Würstchen geben. Gut umrühren. Zwiebel, Möhre und

Knoblauch zugeben. Auf mittlerer Stufe 5 Minuten garen, bis die Zwiebeln glasig sind. Die Pilze abgießen und in dünne Scheiben schneiden. Pilze, Zitronenschale, getrocknete Tomaten, Oliven, Salz, Basilikum, Petersilie und Pfefferkörner zugeben und 1 Minute rühren. Wein, Tomatenmark und Dosentomaten einrühren und aufkochen lassen. Die Mischung auf niedriger Stufe 1 Stunde köcheln lassen, bis die Sauce eindickt.

4. Inzwischen die Nudeln in kochendem Salzwasser garen und abgießen.

5. Die Nudeln mit einem Löffel Sauce servieren.

Ergibt 6–8 Portionen

Stu Ewen hat dem Rezept seiner Schwiegermutter seine eigene Note gegeben.

PESTO

45 g frische Basilikumblätter, gewaschen und trockengetupft
1 Knoblauchzehe, feingehackt
1 EL Pinienkerne
1 EL Pecorino, frisch gerieben
1 EL Parmesan, frisch gerieben
175 ml Olivenöl

Basilikum, Knoblauch, Pinienkerne und Käse im Mixer mischen. Bei laufender Maschine das Öl hineintröpfeln lassen. Zu glatter Pestosauce verarbeiten.

Ergibt etwa 250 ml

Nildas PANSIT

Nilda Jaynal ist auf den Philippinen aufgewachsen. Jedes Jahr hilft sie bei den Vorbereitungen für das Fest des philippinischen Unabhängigkeitstags mit. Sie sagt, Pansit habe für Filipinos Symbolcharakter. »Traditionell wird Pansit mit ganz langen Nudeln zubereitet. Jede einzelne Nudel ist endlos lang und symbolisiert ein langes Leben«, erläutert sie.

50 g Chinakohl, feingeschnitten
70 g Möhren, in feine Streifen geschnitten
8 EL Zuckererbsen
8 EL Wasserkastanien, in Scheiben geschnitten
8 EL Strohpilze
2 ganze Hühnerbrüste (450–700 g), aufgeschnitten
10 mittelgroße Garnelen, geschält und den Darm entfernt
1 EL Pflanzenöl
1 Zwiebel, gehackt
1 Knoblauchzehe, feingehackt
125 ml Pilz-Sojasauce
400 g Reis-Vermicelli oder Reis-Fadennudeln
Salz und frisch gemahlener schwarzer Pfeffer (nach Geschmack)
2 Frühlingszwiebeln, Enden gekürzt, gehackt
2 harte Eier, geschält, in Scheiben geschnitten

1. 1,5 l Wasser in einem Topf aufkochen lassen. Kohl, Möhren, Erbsen, Wasserkastanien und Pilze 2 Minuten darin kochen. Mit einem Schaumlöffel herausnehmen und in einem Sieb unter fließend kaltem Wasser abspülen. Beiseite stellen.

2. Wasser erneut aufkochen lassen. Die Hühnerbrüste darin 15 Minuten garen, bis sie gerade durch sind.

3. Die Hühnerbrüste herausnehmen und abkühlen lassen, bis sie sich mit den Fingern verarbeiten lassen. Den Topf vom Herd nehmen. Die Garnelen im heißen Wasser garen, bis sie rosig sind. Herausnehmen und beiseite stellen. Das Wasser bis auf 750 ml abgießen.

4. Die Hühnerbrüste enthäuten und entbeinen; das Fleisch in mundgerechte Stücke schneiden und zu den Garnelen geben.

5. Das Öl in einer Pfanne auf mittlerer Stufe erhitzen. Die Zwiebeln darin 3 Minuten glasig dünsten. Knoblauch zugeben und eine Minute garen. Sojasauce und 3/4 des zurückbehaltenen Kochwassers (560 ml) einrühren. Nudeln, die Hälfte des blanchierten Gemüses, des Huhns und der Garnelen zugeben und etwa 3 Minuten kochen, bis die Nudeln bißfest sind. Falls das Pansit zu trocken wird, mit dem restlichen Kochwasser aufgießen.

6. Mit Salz und Pfeffer abschmecken. Auf 2–4 Schüsseln verteilen. Mit dem Rest Hühnerfleisch, Garnelen und Gemüse garnieren. Mit Frühlingszwiebeln bestreuen und Eierscheiben belegen.

Ergibt 2 Portionen als Hauptgericht oder 4 als Vorspeise

Marion Golds

NUDELN MIT KOHL

Rozanne Gold ist Restaurant-Beraterin. Manchmal denkt sie an die Winterabende in ihrer Kindheit zurück, wenn ihre Mutter dieses herzhafte Nudelgericht zubereitete. Ihr Vater, Footballer bei den Washington Redskins, schwörte – wie jeder, der es gekostet hatte – auf dessen Zauberwirkung.

8 EL Butter
1 großer Grünkohl, geputzt, in Streifen geschnitten
1 Zwiebel, in dünne Streifen geschnitten
220 g Eiernudeln
Salz und frisch gemahlener schwarzer Pfeffer (nach Geschmack)

1. Die Butter in einer Pfanne auf mittlerer Stufe zerlassen. Kohl und Zwiebeln darin unter gelegentlichem Rühren 30–40 Minuten langsam garen, bis das Gemüse weich ist.

2. Inzwischen die Nudeln in einem Topf mit kochendem Salzwasser garen und abgießen.

3. Die Nudeln mit dem Gemüse vermengen. Viel frisch gemahlenen schwarzen Pfeffer zugeben, mit Salz abschmecken und servieren.

Ergibt 4 Portionen als Hauptgericht oder 8 als Beilage

Dhanits

PAD THAI

Dhanit Choladda lebt in Manhattan. Dieses Rezept hat er von seiner Großmutter. Im Gegensatz zu vielen thailändischen Nudelgerichten ist dieses fettarm und schmeckt frisch und leicht.

220 g Reis-Fadennudeln
1 1/2 TL Pflanzenöl
1 TL Knoblauch, feingehackt
1 Zwiebel, gewürfelt
12 mittelgroße Garnelen, geschält und den Darm entfernt
1 EL Ketchup
1 EL Fischsauce
1 EL Zucker
1 EL Zitronensaft, frisch gepreßt
1 EL Weißweinessig
2 Eier, leicht verquirlt
110 g Sojabohnensprossen
80 g ungesalzene Erdnüsse, grobgehackt

ZUM GARNIEREN
110 g Sojabohnensprossen
1 Zitrone, in Spalten geschnitten
80 g ungesalzene Erdnüsse, grobgehackt
Koriandergrün, gehackt

1. Die Nudeln 15 Minuten in einer Schüssel mit kaltem Wasser einweichen. Abgießen.

2. Die Nudeln wieder in der Schüssel mit heißem Wasser übergießen. Weitere 15 Minuten einweichen. Abgießen, mit kaltem Wasser abspülen und abtropfen lassen. Beiseite stellen.

3. Das Öl in Wok oder Pfanne auf mittlerer Stufe erhitzen. Knoblauch und Zwiebel darin 5 Minuten rundum braten, bis die Zwiebel glasig ist. Die Garnelen zugeben, umrühren und 2–3 Minuten braten, bis sie rosa sind. Ketchup, Fischsauce, Zucker, Zitronensaft und Essig gut unterrühren. Die verquirlten Eier zugießen und leicht stocken lassen. Nudeln, Sojabohnensprossen und Erdnüsse zugeben und gut mischen.

4. Die Nudeln auf einem großen Servierteller anrichten. An einer Seite die Sojabohnensprossen aufhäufen und mit Zitronenspalten garnieren. Mit den Erdnüssen und dem Koriandergrün bestreuen. Servieren.

Ergibt 4 Portionen

Horn & Hardarts

MAKKARONI MIT KÄSE ÜBERBACKEN

Foto: The Bettmann Archive

Horn & Hardart erkannten, daß sich dieses Gericht gut im voraus kochen und aufbewahren ließ. Es gehörte zu den beliebtesten Gerichten im »Automat«.

4 EL Butter
4 EL Mehl
750 ml Milch
1 TL Salz
1 Prise frisch gemahlener weißer Pfeffer
1 Prise Cayennepfeffer
250 g Cheddar, gerieben
220 g Makkaroni, gekocht und gut abgetropft
100 g Tomaten (Dosenware), abgegossen und gehackt
1 TL Zucker

1. Den Ofen auf 180 °C vorheizen. Eine 2 Liter fassende Ofenform einfetten.

2. Butter in einer Pfanne auf mittlerer Stufe zerlassen. Das Mehl einrühren. Milch, Salz, Pfeffer und Cayennepfeffer zugeben. 8–10 Minuten ständig rühren, bis die Mischung dick und glatt ist. Den Käse zugeben und unter ständigem Rühren kochen, bis er geschmolzen ist.

3. Makkaroni und Sauce in einer Schüssel vermengen. Tomaten und Zucker unterrühren. Die Makkaroni-Mischung in die Ofenform geben und im Ofen 30–40 Minuten goldgelb backen.

Ergibt 4–6 Portionen

Tessies

PASTITSIO (GRIECHISCHER MAKKARONI-AUFLAUF)

Tessie Chrissotimos lebt in Staten Island und meint, daß »jeder Grieche seine eigene Pastitsio-Version hat. Meine Mutter hat mir gezeigt, wie man Pastitsio kocht. Zu Hause gab's Pastitsio nur an großen Feiertagen – Ostern mit Lammkeule, Weihnachten mit Schweinebraten oder Huhn.«

FLEISCHSAUCE
1 große Zwiebel, feingehackt
2 EL Butter oder Maisöl
900 g mageres Rinderhackfleisch
250 ml Tomatensauce
1 TL Muskatnuß, frisch gerieben
1/2 TL Zimtpulver
2 TL Salz
1 Prise frisch gemahlener schwarzer Pfeffer

BÉCHAMELSAUCE
750 ml Milch
8 EL Butter, zerlassen
3 EL Mehl
1 Prise Muskatnuß, frisch gerieben
1 Prise Zimtpulver
3 Eier, gut verquirlt
30 g Parmesan, frisch gerieben

ZUM SCHICHTEN
1 EL Maisöl
450 g Ziti
185 g Parmesan, frisch gerieben
2 EL Butter

Servieren Sie Ostern oder Weihnachten zur Abwechslung mal Tessies Pastitsio.

1. Für die Fleischsauce die Zwiebel in einer Pfanne in der Butter auf niedriger Stufe 5 Minuten glasig dünsten (nicht bräunen). Das Hackfleisch zugeben, 5–10 Minuten anbraten und dabei mit einem Löffel zerteilen. Tomatensauce, Muskatnuß, Zimt, Salz und Pfeffer zugeben. Nicht ganz zugedeckt 1 Stunde auf niedriger Stufe garen, bis die Sauce gut eindickt.

2. Für die Béchamelsauce die Milch auf mittlerer Stufe in einer Kasserolle abkochen. Vom Herd nehmen und beiseite stellen.

3. Die Butter in einer anderen Kasserolle auf niedriger Stufe zerlassen. Das Mehl zugeben. Unter ständigem Rühren 5 Minuten lang kochen. Langsam die heiße Milch zugeben, dabei 5–10 Minuten ständig rühren, bis die Mischung leicht andickt. Muskatnuß und Zimt einrühren. Vom Herd nehmen.

4. Langsam 250 ml der Béchamelsauce mit den verquirlten Eiern verrühren. Die Mischung zum Rest der Sauce geben. Parmesan zugeben und gut umrühren.

5. Einen großen Topf mit Salzwasser auf hoher Stufe aufkochen lassen. Öl und Ziti zugeben und die Nudeln bißfest garen. Abgießen und mit kaltem Wasser abspülen.

6. Den Ofen auf 180 °C vorheizen. Das unterste Gitter mit Alufolie abdecken, um Saucentropfen aufzufangen. Eine große Ofenform (35 x 24 cm) einfetten.

7. Die Hälfte der Nudeln gleichmäßig auf dem Formboden verteilen. Mit der Hälfte des frisch geriebenen Parmesans bestreuen. Die Fleischsauce über den Käse gießen. Mit der Hälfte der Béchamelsauce bedecken. Die restlichen Nudeln zugeben, mit der Hälfte des restlichen Parmesans bestreuen. Die restliche Sauce, wenn nötig mit einem Schaber, verteilen. Mit dem Rest Parmesan bestreuen. Butterflocken aufsetzen und etwa 45 Minuten goldgelb backen. Aus dem Ofen nehmen und vor dem Aufschneiden 15 Minuten ruhen lassen.

Ergibt 12 Portionen

Casmiro Spagnolis

HUHN IM REISMANTEL

Dick Cattani erzählt, daß sein Großvater Casmiro Spagnoli seine Geburtsstadt Parma vor 50 Jahren verließ, um sich in New York niederzulassen. Angefangen habe er im Plaza Hotel als Tomatenschäler für 65 Cent pro Tag. Mit der Zeit habe er sich jedoch zum Manager eines Restaurants hochgearbeitet. Dieses Risotto war ein Festessen, das es nur Weihnachten gab.

HÜHNCHENFÜLLUNG
4 EL Butter
4 Hühnerbrüste (700–900 g), enthäutet und entbeint, in 1 cm breite Streifen geschnitten
1 große Zwiebel, feingehackt
1 Knoblauchzehe, feingehackt
15 g getrocknete Pilze, z. B. Steinpilze, 20 Minuten im warmen Wasser eingeweicht, abgegossen, gewaschen und gehackt
1 TL getrockneter Rosmarin
1 EL frische Petersilie, feingehackt
375 ml frische Rinderbrühe (Rezept S. 61 oder Dosenware)
450 g Tomatenstückchen (Dosenware)

REISKRUSTE
8 EL Butter
1 große Zwiebel, feingehackt
500 ml Hühnerbrühe (Rezept S. 47 oder Dosenware)
450 g Arborio-Reis
20 g Semmelbrösel
60 g Parmesan, frisch gerieben

1. Für die Füllung die Butter auf mittlerer Stufe in einer Pfanne zerlassen. Die Hühnerbrüste darin von allen Seiten 3–5 Minuten bräunen. Die Zwiebel zugeben und 5 Minuten glasig dünsten. Knoblauch, Pilze, Rosmarin, Petersilie, Rinderbrühe und Tomaten zugeben. 20 Minuten offen köcheln lassen, bis die Flüssigkeit verdampft ist und die Mischung dicker wird.

2. Für die Reiskruste Butter in einem Topf zerlassen. Zwiebel darin 5 Minuten glasig dünsten. Die Hühnerbrühe zugeben und aufkochen lassen. Reis einrühren. Zudecken und auf mittlerer Stufe 15 Minuten köcheln lassen (der Reis soll noch fest sein). Wenn nötig, Brühe nachgießen, damit der Reis feucht bleibt.

3. Den Ofen auf 200 °C vorheizen. Eine 2 Liter fassende Kasserolle gut mit Butter einfetten und mit Semmelbröseln ausstreuen.

4. Kasserollenboden und -rand 2,5 cm dick mit Reis auslegen. Den restlichen Reis beiseite stellen. Die Hühnchenfüllung aufstreichen, mit dem restlichen Reis bedecken und leicht andrücken. Gleichmäßig mit Parmesan bestreuen. 30 Minuten offen goldbraun backen, bis sich Blasen bilden.

5. Aus dem Ofen nehmen und am Rand mit einem Schaber loslösen. Einen großen Teller über die Kasserolle stülpen und schnell stürzen. Leicht abklopfen, damit sich der Reis vom Formboden löst.

Ergibt 6–8 Portionen

Lees

KALTE SESAMNUDELN

Dieses köstliche Nudelgericht hat mir ein Koch aus Chinatown gezeigt. Die Mengen können problemlos verdreifacht, auf Vorrat zubereitet und im Kühlschrank aufbewahrt werden.

220 g frische chinesische Eiernudeln (dünn wie Spaghetti)
60 ml asiatisches Sesamöl
2 TL Tahinpaste
100 g Erdnußbutter
1 1/2 EL destillierter Weißweinessig
2 TL Hunan-Chilisauce
1 TL frische rote Chilischote, feingehackt
2 EL Zucker
250 ml Hühnerbrühe (Rezept S. 47 oder Dosenware)
1/2 TL frisch gemahlener weißer Pfeffer
2 Gurken, geschält, entkernt und in feine Streifen geschnitten
2 Frühlingszwiebeln, Enden gekürzt und gehackt
3 EL Korianderblätter, feingehackt

1. Die Nudeln in einem Topf mit Salzwasser garen. Abgießen, unter kaltem Wasser abkühlen und abtropfen lassen. Mit dem Sesamöl vermengen. Abdecken und 1 Stunde kalt stellen.

2. Tahinpaste, Erdnußbutter, Essig, Chilisauce, Chilischote, Zucker, Hühnerbrühe und weißen Pfeffer in einer großen Schüssel mischen. Die kalten Nudeln zugeben und gut vermengen. Gurken, Frühlingszwiebeln und Koriandergrün zugeben und gut mischen.

Ergibt 4–6 Portionen

PIROGGEN

mit Fleischfüllung

TEIGTASCHEN
3 Eier, leicht verquirlt
125 ml Milch
1 TL Salz
60 ml Pflanzenöl
280 g Mehl

FÜLLUNG
1 Zwiebel, feingehackt
2 Knoblauchzehen, feingehackt
½ TL Salz
1 TL Pfeffer
1 Prise Kreuzkümmel, gemahlen
1 Prise Piment, gemahlen
2 Eier, leicht verquirlt
560 g mageres Rinderhackfleisch
2 EL Pflanzen- oder Distelöl
geröstete Zwiebeln, Apfelsauce oder saure Sahne, zum Servieren

1. Für die Teigtaschen Eier, Milch, Salz und Öl mit dem Rührgerät auf niedrigster Stufe schlagen. Langsam das Mehl zugeben. Nach Bedarf eßlöffelweise Wasser zugeben.

2. Den Teig auf einer bemehlten Fläche kneten. Zu einer Kugel formen, in ein Tuch wickeln und bei Zimmertemperatur 2 Stunden lang gehen lassen. 30 Minuten kalt stellen.

3. Den Teig auf einer bemehlten Fläche 3 mm dick ausrollen. Mit einem Förmchen 5–7 cm große Kreise ausstechen. Mit Frischhaltefolie abdecken und beiseite stellen.

4. Für die Füllung Zwiebeln, Knoblauch und die Gewürze mit den Eiern in einer Schüssel mischen. Das Hackfleisch zugeben und mit den Händen vermengen.

5. Das Öl in einer Pfanne erhitzen. Die Fleischmischung zugeben und 3–5 Minuten braten; dabei mit einem Holzlöffel zerteilen, bis es ganz durch ist. In eine saubere Schüssel umfüllen und beiseite stellen. Abschmecken.

6. Inzwischen einen Topf mit Wasser aufkochen lassen.

7. Etwa einen Teelöffel Fleischfüllung auf eine Hälfte von jedem Teigkreis setzen. Die andere Hälfte halbmondförmig darüber klappen. Den Rand andrücken.

8. Die Temperatur auf ein Köcheln reduzieren. Jeweils 4–6 Piroggen einzeln ins Wasser legen und etwa 8 Minuten garen. Mit einem Schaumlöffel herausheben und auf Küchentüchern abtropfen lassen. Warm halten, bis alle Piroggen gekocht sind. Mit gerösteten Zwiebeln, Apfelsauce oder saurer Sahne servieren.

Ergibt etwa 30 Piroggen oder 6 Portionen

Faina Merzlyaks

KARTOFFEL-PILZ-PIROGGEN

Faina Merzlyak aus Rußland arbeitet als Krankenschwester in Brooklyn. Sie verwendet Joghurt für ihre Kartoffel-Piroggen, was dem Teig einen frischen, herben Geschmack verleiht. Ihr Rezept belegte beim Teigtaschen-Wettbewerb 1991 den zweiten Rang (siehe Seite 254).

TEIGTASCHEN
500 g Naturjoghurt (Vollfettstufe), am besten selbstgemacht
1 Ei, leicht verquirlt
1 TL Salz
280 g Mehl

FÜLLUNG
1 sehr große Kartoffel (220–330 g)
4 EL Butter
1 Zwiebel, gehackt
500 g Champignons, geputzt und feingehackt
Salz und frisch gemahlener schwarzer Pfeffer (nach Geschmack)
geröstete Zwiebeln oder saure Sahne, zum Servieren

1. Für die Teigtaschen Joghurt, Ei und Salz mit einem Rührgerät auf niedrigster Stufe verquirlen. Langsam das Mehl zugeben und weiterrühren, bis der Teig glatt wird. Den Teig auf einer bemehlten Fläche glattkneten; gegebenenfalls teelöffelweise Wasser zugeben. Der Teig sollte sich wie Pizzateig anfühlen. Zu einer Kugel formen, in ein Geschirrtuch wickeln und 2 Stunden kalt stellen.

2. Inzwischen die Füllung zubereiten: Die Kartoffel schälen und vierteln. Mit kaltem Wasser bedecken und aufkochen lassen. Bei schwacher Hitze 15–20 Minuten weich garen (Garbprobe mit dem Messer). Abgießen und beiseite stellen.

3. 2 Eßlöffel Butter in einer Pfanne auf niedriger Stufe zerlassen. Kartoffel und Butter zu einer locker-cremigen Masse verrühren.

4. Die übrigen 2 Eßlöffel Butter in der Pfanne auf mittlerer Stufe zerlassen. Die Zwiebeln darin 5 Minuten glasig dünsten. Pilze, Salz und Pfeffer zugeben und etwa 5 Minuten braten, bis die Pilze weich sind und der Gemüsesaft verdampft ist. Auf einen Teller oder in eine Schüssel geben und abkühlen lassen. Das Gemüse unter das Kartoffelpüree mischen.

5. Salzwasser aufkochen lassen.

6. Inzwischen den Teig 3 mm dick ausrollen. Mit einem Förmchen oder Glas 7,5 cm große Kreise ausstechen. Je einen Teelöffel der Füllung auf eine Teighälfte setzen und die andere Hälfte darüber klappen. Die Kanten der halbmondförmigen Piroge mit Daumen und Zeigefinger andrücken und verschließen.

Faina Merzlyak mit einem Teller frischer Piroggen

7. Temperatur reduzieren, bis das Wasser nur noch leicht köchelt. Je 4–6 Piroggen nacheinander ins Wasser geben und 5–7 Minuten garen. Mit einem Schaumlöffel herausheben und auf einem Küchentuch abtropfen lassen. Warm halten, bis alle Piroggen fertig sind. Mit gerösteten Zwiebeln oder saurer Sahne servieren.

Ergibt 25–30 Piroggen oder 5–6 Portionen

Janny Leungs

WANTANS

Die junge Apothekerin Janny Leung aus Flushing (Queens) gewann im September 1991 das Teigtaschen-Derby von New York City (siehe Seite 254). Ihre Teigtaschen kann man gut dämpfen oder in der Suppe kochen.

75 Wantan-Hüllen, frisch oder tiefgefroren
560 g frische mittelgroße Garnelen, geschält und den Darm entfernt
1 Ei, getrennt
2 Frühlingszwiebeln, Enden gekürzt und gehackt
1 EL asiatisches Sesamöl
1 TL Salz
½ TL frisch gemahlener schwarzer Pfeffer
340 g mageres Rinderhackfleisch

5 getrocknete chinesische Pilze oder Steinpilze, 20 Minuten im Wasser eingeweicht, abgegossen, trockengetupft und gehackt
8 EL frische Korianderblätter, feingehackt
Hühner- oder Rinderbrühe (nach Rezepten auf den Seiten 47 und 61 oder eine andere hausgemachte Brühe), als Wantan-Suppe
Mr. Yips Wantan-Sauce (siehe folgendes Rezept), als Dip für gedämpfte Wantans

1. Bei Verwendung gefrorener Wantan-Hüllen diese 1 Stunde in einem Sieb offen auftauen lassen. Wenn sie weich werden, vorsichtig einzeln vom Stapel lösen. Wieder übereinanderlegen und bis zur Verwendung kalt stellen. Völlig aufgeweichte Wantans entfernen.

2. Garnelen von Hand sehr fein hacken.

3. Eigelb in einer Schüssel leicht verquirlen. Mit Frühlingszwiebeln, Sesamöl, Salz und Pfeffer gut mischen. Garnelen, Hackfleisch, Pilze und Koriander zugeben und mit den Händen vermengen.

4. Wantans für die Suppe: Wantan-Blätter auf einer glatten Fläche ausbreiten. Den Rand mit etwas Eiweiß bestreichen. Etwa einen Teelöffel der Füllung in die Mitte setzen. Zu einem Dreieck falten. Die Ränder mit der Gabel andrücken und mit Eiweiß bestreichen. Abdecken und kalt stellen.

5. Wantans kochen: Einen großen Topf Salzwasser aufkochen lassen. Die Wantans in das siedende Wasser geben und auf niedriger Stufe 5–7 Minuten garen. Auf einem Küchentuch abtropfen lassen. Die Wantans in heißer Brühe servieren.

6. Wantans als Vorspeise: Wantan-Hüllen auf einer glatten Fläche ausbreiten. Den Rand leicht mit Eiweiß bestreichen. Einen Teelöffel Füllung in die Mitte setzen. Gegenüberliegende Ecken in der Mitte über der Füllung übereinanderklappen und fest andrücken. Eventuell Ränder nochmals mit Eiweiß bestreichen.

7. Die Teigtaschen auf hoher Stufe in einem zugedeckten Wok oder Topf 15 Minuten dämpfen. Die kantonesischen Teigtaschen mit Sojasauce oder mehr nach Sichuan-Art mit Mr. Yips Sauce frisch servieren.

Ergibt 75 Wantans

Mr. Yips

SICHUAN-WANTAN-SAUCE

Diese würzig-scharfe Sauce gibt den Wantans genau den richtigen Touch.

3 EL Sojasauce
3 EL destillierter Weißweinessig
1 EL Zucker
2 EL trockener Sherry
1/2 TL Maisstärke
3 EL Hühnerbrühe
3 EL Pflanzenöl
1 Knoblauchzehe, feingehackt
1/2 TL frischer Ingwer, gehackt
1 Frühlingszwiebel, Ende gekürzt und gehackt
1/4 TL Sichuan-Pfeffer, gemahlen
1 EL Chili-Paste
2 EL asiatisches Sesamöl
1 EL Korianderblätter, gehackt

1. Sojasauce, Essig, Zucker, Sherry, Maisstärke und Hühnerbrühe in einer Schüssel mischen. Gut durchrühren, damit sich die Maisstärke gut verteilt. Beiseite stellen.

2. Das Pflanzenöl in einer Pfanne oder einem Wok auf mittlerer Stufe erhitzen. Knoblauch, Ingwer, Frühlingszwiebel, Pfeffer und Chili-Paste zugeben und unter Rühren 15 Sekunden anbraten. Vom Herd nehmen. Erst die Sojasauce-Mischung, dann Sesamöl und Koriandergrün zugeben. In einer kleinen Schale zum Übergießen oder Eintauchen von Wantans, Teigtaschen oder Nudeln servieren.

Ergibt etwa 250 ml Sauce, das genügt für 25 Wantans

TEIGTASCHEN-DUELLE

Der Begriff **»Multikulturalismus«** ist in den letzten Jahren häufig bemüht worden, daß auch Joseph Ben-Moha, der Inhaber des Roxy Deli, eines Tages über diesen Aspekt in Sachen Teigtaschen-Kultur ins Philosophieren geriet.

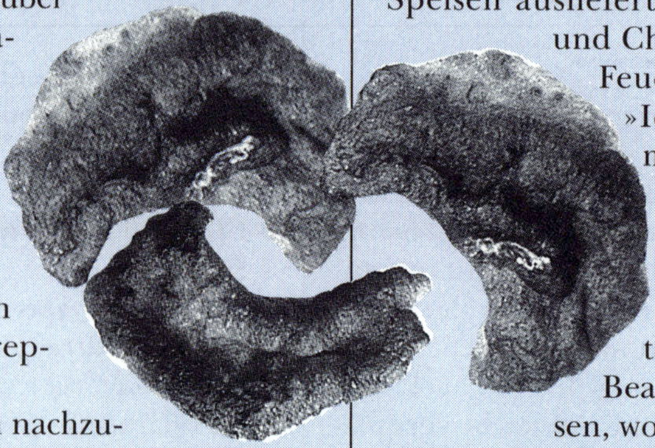

»Ich betrachtete meine Kreplach und fragte mich: ›Wieso ist ein Wantan kein Kreplach, ein Kreplach keine Pirogge?‹«

Er beschließt, dem nachzugehen, und veranstaltet daher in seinem Geschäft am Times Square ein Teigtaschen-Derby.

So kommen an einem schönen Herbsttag Anfang der neunziger Jahre neun Köche und vier Preisrichter zusammen, die am Ende vor einer 23 kg-Auswahl von ganz unterschiedlichen Teigtaschen – Wantans, Piroggen und Kreplach – diskutieren, was denn nun eine Teigtasche wirklich zu einer Teigtasche macht.

Entscheidend ist die Füllung

Alle sind aus Teig«, faßt Ben-Moha lakonisch zusammen. »Der einzige Unterschied ist die Füllung. Wenn mich meine Gäste fragen, was ein Kreplach ist, sage ich: Nichts anderes als ein Wantan.«

Janny Leung, eine Apothekerin aus Flushing, lächelt höflich. Sie kocht in der vierten Generation Wantans und hat nie den Begriff Kreplach dafür verwendet. Tony Yip, Chefkoch des Restaurants Shun Lee West, zieht seine Augenbrauen zusammen: »Wantans sind scharf«, erklärt er. »Sichuan-Wantans sind sehr scharf.«

»Kleine, eingewickelte Happen gibt es weltweit«, antwortet Dan Lenchner, dem das »Manna« gehört, eine Firma, die koschere Speisen ausliefert. Sein Wantan mit Rind- und Chilifüllung ist wahrhaft ein Feuerwerk des Pluralismus. »Ich entferne mich immer mehr von den koscheren Varianten«, sagt er.

Seine Entscheidung findet Beifall bei Michael Klefner, einem der Richter. »Ich bin in Brighton Beach in Brooklyn aufgewachsen, wo alle Restaurants Piroggen haben, sie aber Vareniki nennen. Und alle haben Kreplach«, erzählt er. »Aber alle gehen ins ›New Deal Chinese‹, um Teigtaschen zu essen.«

Hauchdünn

Die Wantan-Liga führt diese Vorliebe auf den hauchdünnen Wantan-Teig zurück, der fertig in Packungen zu 100 Stück verkauft wird. In China gelten Wantans als Nudeln und nicht als Teigtaschen. Gefüllt mit Schwein, Huhn oder Garnelen, werden sie fritiert, gedämpft oder gekocht. Meist werden sie als Suppeneinlage serviert.

In den USA ist die Grenze zwischen Wantan (mit Pekinger, Kantoneser, Shanghai- und Sichuan-Varianten) und Kantoneser Teigtasche fließend. Teigtaschen sehen aus wie fette Pralinen und werden gedämpft, fritiert oder als Dim Sum serviert. Es heißt, daß Wantans in die Teigtaschen-Kategorie rutschten, als es in New York noch keine dünnen Wantan-Hüllen gab und chinesische Köche die schwereren Eierkuchen zum Einwickeln benutzten. Mrs. Leung und Mr. Yip weisen diese Wortklaubereien von sich.

Kreplach-Vertreter sind vorsichtig mit dem Begriff Teigtaschen. Für die meisten sind es halt Kreplach – in Form schwerer, runder Kissen mit Fleischfüllung, die gekocht und in Hühnersuppe serviert werden.

»Kreplach ist mehr religiöses Symbol als Teigtasche«, erklärt Olga Gurwitz aus Manhattan. Der Teig muß dicker sein als eine Wantan-Hülle. »Er ist handgemacht und symbolisiert unsere Schutzschicht gegen eine rauhe Welt«, sagt sie.

Was den im Vergleich zu Wantans und kantonesischen Teigtaschen geringen Einfluß anderer Kulturen auf Kreplach betrifft, sagt Mrs. Gurwitz: »Man improvisiert leichter, wenn man nicht das Gefühl hat, mit etwas Heiligem zu spielen.«

Teigtaschen sind Familiensache

Miss Leung unterstreicht den sozialen Aspekt familiärer Teigtaschen-Zubereitung: »Samstags stehen wir zu fünft zwei Stunden in der Küche, um 100 Teigtaschen zuzubereiten.«

Dieser Aspekt scheint über die Grenzen hinaus Bestand zu haben. »Auf diese Art bewahrst du deine Vergangenheit«, schreibt Bea Lewis von *Newsday*, eine weitere Jurorin, die erst kürzlich zur Kreplach-Expertin avancierte, da sie Großmutter wurde. »Eine jüdische Großmutter muß über Kreplach Bescheid wissen, damit sie es an ihre Enkelkinder weitergeben kann«, sagt sie.

Bosena Mcaward aus Polen lebt seit kurzem in Brooklyn. Sie tritt als Piroggen-Wettbewerberin an und kann sich Miss Leungs Aussage nur anschließen. Polnische Piroggen sind in der Regel halbmondförmig und mit Fleisch, Kartoffeln, Pilzen oder Bauernkäse gefüllt. Sie können gekocht, als Suppeneinlage oder Vorspeise mit saurer Sahne, karamelisierten Zwiebeln oder Apfelsauce serviert werden. Sie lassen sich auch tiefkühlen.

Gus Kavis, ein weiterer Mitstreiter und Inhaber des Restaurants Odessa auf der Avenue A in Manhattan, erzählt, daß nur noch wenige Amerikaner selbst Piroggen zubereiten. »Sie kommen aus New Jersey und Connecticut, um sie hier einzukaufen«, erzählt er.

Mrs. Mcaward schüttelt verständnislos den Kopf. Ihrer Meinung nach sind selbstgemachte Piroggen immer noch die reinsten ihrer Art. Darin stimmen alle überein.

Als Mr. Yip gefragt wird, ob er sich eine Hongkong-Teigtasche mit Kreplachteig vorstellen könne, antwortet er, dies wäre, als würde man einen Hamburger in ein Hot Dog quetschen. Improvisationen sind eher Randerscheinungen. »Schmeckt interessant«, war der ganze Kommentar von Mrs. Mcaward.

Beim Thema Teigtaschen sind sich die Wettbewerber einig, daß sie »einen anderen, aber gleichen« Standpunkt teilen. Sie herzustellen, sei eine altehrwürdige Tradition, deren Kern in der Wiederholung liege: Die Enkelin, die das weitergereichte Teigtaschenrezept am besten nachkochen kann, hat gute Aussichten auf den nächsten Titel als Teigtaschenkönigin.

Mrs. Gurwitz und andere sind sich einig, daß es sich bei Teigtaschen um etwas Besonderes handelt, etwas, »womit du geboren wirst«. Das mag erklären, warum sie weint, als ihr der erste Preis der Kreplach-Kategorie verliehen wird.

Sie nimmt den Preis und die Rosen mit den Worten entgegen: »Darauf habe ich mein ganzes Leben lang gewartet.«

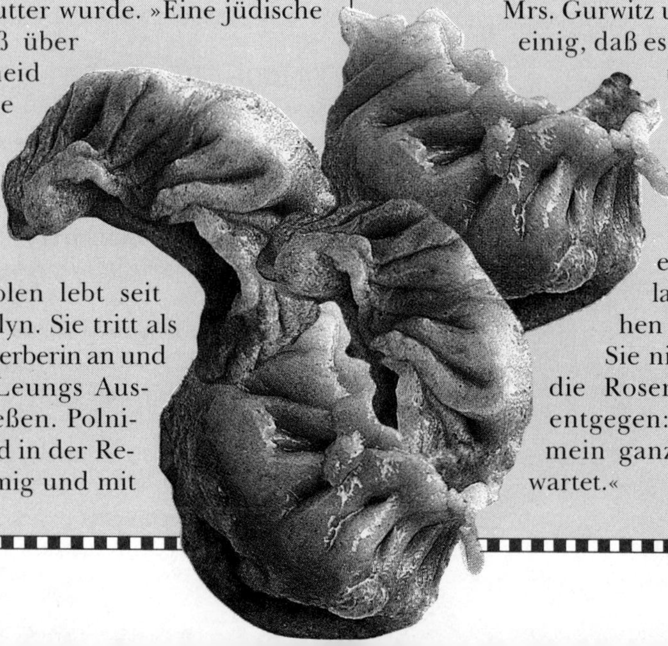

Dorothy Desirs

REIS MIT KOKOS

Kokosnuß und Reis ergeben eine reichhaltige Mischung. Dorothy belebt sie mit Kreuzkümmel, Basilikum und Paprika. Dazu passen gut scharfe Auberginen-Pickles.

500 ml ungesüßte Kokosmilch
1 TL Kreuzkümmel, gemahlen
1/2 TL getrocknetes Basilikum
1/4 TL frisch gemahlener schwarzer Pfeffer
1/2 TL süßes Paprikapulver
1 Prise Knoblauchpulver
300 g Langkornreis
180 g Kokosraspeln
2 EL frische Petersilie, feingehackt
3 EL Frühlingszwiebeln, feingehackt
40 g Rosinen

1. Kokosmilch, Kreuzkümmel, Basilikum, Pfeffer, Paprika, Knoblauchpulver und 625 ml Wasser in einer Kasserolle aufkochen lassen. 3 Minuten auf mittlerer Stufe garen. Reis und Kokosraspeln zugeben und aufkochen lassen. Bei reduzierter Temperatur 20–25 Minuten zugedeckt köcheln lassen, bis der Reis weich ist.

2. Die übrigen Zutaten unterrühren.

Ergibt 8–10 Portionen

Francesco Antonucci im Remi

Francescos

POLENTA MIT WALDPILZEN

Wenn wieder Waldpilze erhältlich sind, packt Francesco Antonucci, der Chefkoch des Manhattaner Remi, dieses Gericht aus seiner Zauberkiste. Er nennt es eine Vorspeise. Für mich ist es ein volles Mahl.

PILZRAGOUT
40 g getrocknete Steinpilze
340 g Austernpilze, in dünne Streifen geschnitten
340 g Shiitakepilze, in dünne Streifen geschnitten
2 EL Olivenöl
4 Knoblauchzehen, feingehackt
1 EL frische Rosmarinblätter, feingehackt
1 TL Salz
2 TL frisch gemahlener schwarzer Pfeffer
6 frische glatte Petersilienzweige, dicke Stiele entfernt, Blätter feingehackt

POLENTA
1 TL Salz
1 EL extra natives Olivenöl
240 g grobes gelbes Maismehl

1. Für das Ragout die Steinpilze in einer Kasserolle mit 900 ml Wasser aufkochen lassen. Auf mittlerer Stufe etwa 20 Minuten garen, bis sie weich sind. Ein feinmaschiges Sieb mit einem Stück Musselintuch auslegen und die Pilze darüber abgießen. Das Kochwasser auffangen. Die Pilze grob hacken und mit den frischen Pilzen mischen.

2. Einen Eßlöffel Olivenöl in einer großen gußeisernen Pfanne erhitzen, bis es zu dampfen beginnt. Soviel Pilze wie möglich gleichmäßig in der Pfanne verteilen und 10 Minuten goldbraun braten. Ebenso die restlichen Pilze braten.

3. Alle Pilze in die Pfanne zurückgeben. Pilzkochwasser, Knoblauch, Rosmarin, Salz und Pfeffer zugeben und auf mittlerer Stufe etwa 5 Minuten garen, bis die Flüssigkeit zur Hälfte verdampft ist. Die Petersilie unterrühren.

4. Für die Polenta 1,75 l Wasser in einem großen Topf aufkochen lassen. Salz und Olivenöl zugeben. Auf mittlerer bis starker Stufe unter ständigem Rühren nach und nach das Maismehl zugeben. Darauf achten, daß sich keine Klumpen bilden. Auf niedriger bis mittlerer Stufe 30 Minuten unter ständigem Umrühren garen. Die Polenta sollte eine cremige Konsistenz haben. Gegebenenfalls eßlöffelweise Wasser zugeben, wenn sie zu dick wird.

5. Die Pilze etwa 5 Minuten aufwärmen. Die Polenta auf einem Servierteller verteilen und das Pilzragout in die Mitte löffeln.

Ergibt 4 Portionen

Nipas

REIS MIT GARNELEN

Nipa Kitpanichvises aus Thailand, Inhaberin des Siam Grill in Manhattan, hat im Laufe der Jahrzehnte einige Grundregeln für das Gelingen von Reisgerichten erarbeitet: 1) Die Pfanne sollte stets heiß sein. 2) Wenn Reis am Boden festklebt, etwas Öl zugeben. 3) Stets die Menge für zwei Portionen gleichzeitig kochen.

2 EL Pflanzenöl
1 TL Knoblauch, feingehackt
1 Ei, leicht verquirlt
6 Garnelen, geschält und den Darm entfernt
2 EL Zwiebel, gehackt
2 TL Thailändische Fischsauce
1/2 TL Zucker
300 g Langkornreis
1 EL frische Erbsen
1/4 Tomate, geschält, entkernt, gehackt
1 EL Frühlingszwiebel, in dünne Scheiben geschnitten
1/4 Gurke, in dünne Scheiben geschnitten
2 Zitronenspalten, zum Garnieren

1. Das Öl in einer Pfanne auf mittlerer Stufe erhitzen. Den Knoblauch darin 5 Minuten leicht goldgelb anbraten. Dann das Ei 10 Sekunden unter Rühren anbraten. Garnelen, Zwiebel, Fischsauce und Zucker zugeben und 3 Minuten rühren, bis die Garnelen rosa sind. Reis, Erbsen, Tomate und Frühlingszwiebel zugeben und ein paar Sekunden verrühren.

2. Vom Herd nehmen. Mit Gurkenscheiben und Zitronenspalten garnieren.

Ergibt 2 Portionen

Genießen Sie Nipa Kitpanichvises Reis mit Garnelen!

Greenes

RISOTTO MIT GEMÜSE

Gael Greene, Restaurant-Kritiker der Zeitschrift *New York*, fügt diesem köstlichen Risotto junge Spinatstreifen und manchmal auch Brunnenkresse oder Rauke zu.

3 Brokkoliköpfe, Röschen abgelöst und zerteilt, Stiel geschält und feingewürfelt
1,5 l frische Rindfleisch- oder Hühnerbrühe (siehe Rezepte auf den Seiten 61 und 47)
4 EL extra natives Olivenöl
50 g Schalotten oder Zwiebeln, gehackt
1 EL Knoblauch, feingehackt
440 g italienischer Kurzkornreis, z. B. Arborio
60 g frische Petersilie, gehackt
30 g frische Korianderblätter, gehackt
200 g Zuckererbsen oder Zuckermarkerbsen, gewaschen und halbiert
60 g Parmesan, frisch gerieben
Saft von 1/2 Zitrone
Salz und viel frisch gemahlener schwarzer Pfeffer
Parmesan, frisch gerieben, zum Servieren

1. Die Brokkoliröschen in einem kleinen Topf mit kochendem Wasser garen. Abgießen und beiseite stellen.

2. Inzwischen die Brühe aufkochen lassen.

3. 2 Eßlöffel Olivenöl auf mittlerer Stufe in einer großen Kasserolle erhitzen. Schalotten, Knoblauch und gewürfelte Brokkolistiele darin 5 Minuten garen, bis die Schalotten weich sind. Den Reis zugeben und rühren, bis alle Reiskörner untergemischt sind. Die Temperatur etwas erhöhen und eine Kelle siedendheiße Brühe zugeben. Ständig rühren, bis die Brühe aufgesogen ist. Eine weitere Kelle Brühe und 1/3 von Petersilie und Koriander zugeben. Umrühren, bis die Brühe aufgesogen ist. Erneut kellenweise Brühe zugeben und ständig rühren, damit der Reis nicht am Boden klebt. Dies wiederholen, bis der Reis weich, aber noch fest (im Kern nicht mehr hart) und die Mischung suppig ist. Wenn die Brühe nicht reicht, warmen Weißwein oder Wasser verwenden.

4. Inzwischen das restliche Öl in einer Pfanne auf mittlerer Stufe erhitzen. Wenn das Risotto fast fertig ist, Brokkoliröschen und Erbsen im Öl wenden und gut durchwärmen.

5. Das Gemüse in die Risottokasserolle geben und gut mischen. Die Hälfte von Petersilie und Koriander sowie Parmesan und den Zitronensaft zugeben und gut mischen. Mit Salz und frisch gemahlenem Pfeffer abschmecken. Mit dem Rest Petersilie und Koriander bestreuen und mit extra Parmesan servieren.

Ergibt 4 Portionen als Hauptgericht oder 6–8 als Vorspeise

Barbaras

KÄSE-MAISGRÜTZE

Barbara Braddock aus Shreveport (Louisiana) wohnt jetzt in der East Side. Zum Brunch serviert sie Maisgrütze mit kleinen Würstchen und Eiern.

16 EL Maisgrütze
8 EL Butter, in kleine Stückchen geschnitten
230 g Cheddar, gerieben
125 ml Milch
2 Eier, gut verquirlt

1. Den Ofen auf 160 °C vorheizen. Eine Ofenform (30 x 22 cm) mit Butter einfetten.

2. 750 ml Salzwasser aufkochen lassen. Die Maisgrütze langsam unter ständigem Rühren zugießen. Aufkochen lassen. 2–3 Minuten unter Rühren kochen, bis die Mischung etwas eindickt. Butter und Käse zugeben; unter ständigem Rühren aufkochen lassen, bis sie schmelzen. Vom Herd nehmen. Milch und Eier einrühren.

3. Die Mischung in die Ofenform geben und glattstreichen. 30 Minuten goldgelb backen.

Ergibt 4–6 Portionen

Kasha Varnishkas

GERÖSTETER BUCHWEIZEN

Frances Edelstein ist die Grande Dame des Polnischen Teesalons im Hotel Edison, wo sich Broadway-Musiker, Journalisten und Touristen an mächtigen Portionen laben. Dieses Rezept ihrer Mutter gehört zu den traditionellen Lieblingsspeisen.

200 g Buchweizen-Kasha (geschrotet)
220 g Farfalle
2 EL Pflanzenöl
1 große gelbe Zwiebel, gehackt
Salz und frisch gemahlener schwarzer Pfeffer (nach Geschmack)

Frances Edelstein am Tresen des Polnischen Teesalons

1. Das Kasha 30 Minuten in 375 ml Wasser zugedeckt auf niedriger Stufe garen, bis es das Wasser aufgesogen hat und weich ist.

2. Inzwischen einen Topf mit leicht gesalzenem Wasser aufkochen lassen. Die Nudeln darin bißfest garen. Abgießen und beiseite stellen.

3. Das Öl in einer Kasserolle auf niedriger Stufe erhitzen. Die Zwiebel darin etwa 15 Minuten goldbraun braten. Vom Herd nehmen.

4. Kasha, Nudeln und Zwiebel in einer großen Schüssel vermengen. Mit Salz und Pfeffer abschmecken und sofort servieren.

Ergibt 8 Portionen als Beilage

Selinas

TABBOULÉ

Überall in der Stadt findet man diesen knackigen Weizensalat aus dem Nahen Osten. Dieses Rezept ist sicherlich eines der besten.

200 g Bulgur
3 reife Tomaten, feingehackt
2 kleine Gurken, feingehackt
1/2 Zwiebel, feingehackt
6 EL frische Minze, feingehackt
3 EL frische Petersilie, feingehackt
Saft von 2 Zitronen
125 ml Olivenöl
Salz (nach Geschmack)
1 Kopfsalat

1. Bulgur in einer Schüssel mit kaltem Wasser bedecken. 2–2 1/2 Stunden einweichen. Überschüssiges Wasser herauspressen.

2. Überschüssiges Wasser von Tomaten und Gurken abgießen. Bulgur, Tomaten, Gurken, Zwiebel, Minze und Petersilie in eine Schüssel geben. Zitronensaft, Öl und Salz zugeben und gut mischen. Mit Frischhaltefolie abgedeckt mindestens 1 Stunde – je länger, desto besser – kalt stellen. Traditionell wird Tabboulé in löffelgroßen Portionen auf Salatblättern serviert und mit den Fingern gegessen.

Ergibt 6 Portionen

Today's Special Loin Lamb Chop $6.99
DONATIONS FROM THIS BUSINESS HAVE OPENED THOMPSON POOL '91

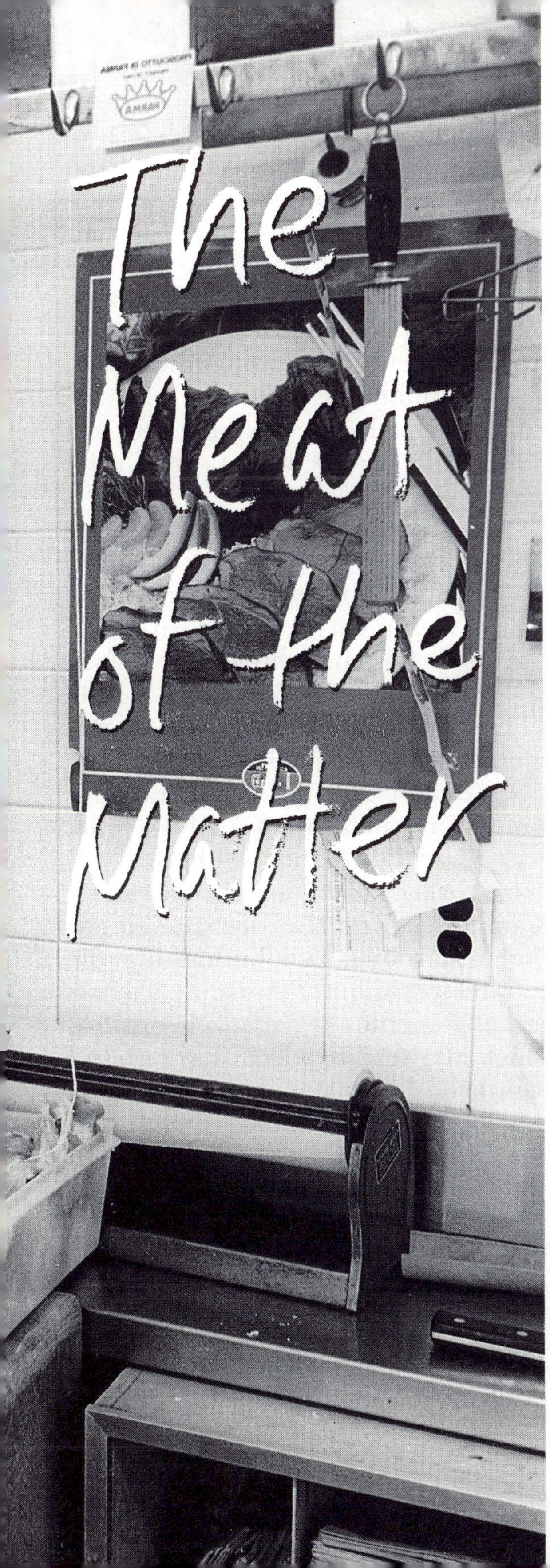

The Meat of the Matter

FLEISCH-
freuden

Wenn man sich im wesentlichen von Barbecue ernährt, klingen Begriffe wie Kansas City Brisket oder Memphis Ribs geradezu wie Sirenengesänge. In Greensboro im Bundesstaat North Carolina verbreitet ein mit Essig übergossenes Stück Schweinefleisch auf den Grillöfen einladenden Hickory-Duft. Die über Eichen- oder Mesquiteglut gegrillte Rinderbrust aus Lubbock in Texas hat noch ein ganz anderes Aroma.

In New York City dagegen fehlt ein typisches Barbecue-Aroma ganz und gar. Der Begriff »New York Barbecue« erregt bei Kennern allenfalls Amüsement.

Diese Mißachtung brüskiert die Maestros der Grillterrassen und Barbecuebuden

Onofrio Ottomanelli von Ottomanelli's an der Bleecker Street (links) Gegrillte Rippchen, Maisbrot und viele Servietten – dann kann's losgehen (rechts)

der Stadt schon lange und tut auch den Pionieren der Grillkunst wahrlich unrecht. Genug damit: Jetzt wird in New York endlich ein Barbecue-Gipfel einberufen.

Den Trick mit dem Massieren der Rippen haben Sylvia Woods Töchter von der Mutter gelernt.

Acht New Yorker Vertreter unterschiedlicher Barbecue-Richtungen versammeln sich, um über das Barbecue-Image in ihrer Stadt zu diskutieren.

Sylvia Woods, die 65-jährige Grande Dame des Ofenbarbecues à la South Carolina, wird durch ihre Töchter Crizette Fireson und Bedelia Woods vertreten. Bedelia kommt in einer roten Seidenbluse – passend zur Sauce für die 10 kg Rippchen, die sie mitbringt.

Rusty Staub, ein ehemaliger Baseballspieler der New Yorker Mets und jetzt Inhaber des Restaurants Rusty's in der 5th Avenue, vertritt das Barbecue in der Louisiana-Tradition. Er trägt einen grauen Nadelstreifen-Anzug und bewegt sich siegessicher, wie vor einem großen Baseballspiel. Robert Pearson, Inhaber des Restaurants Stick to Your Ribs in Long Island City (Queens), repräsentiert die texanische Kaltrauch-Schule. Er trägt eine Jeans und ein weißes Cowboyhemd. Simon Oren, Mitinhaber des Brother's Barbecue in Lower Manhattan, nimmt als Vertreter des Räucherbarbecues, das man aus Kentucky kennt, am Gipfel teil.

Martin Yerdon und Eileen Weinberg, die beiden Inhaber des Good & Plenty To Go in Midtown Manhattan, kommen als Vertreter der Barbecue-Schule von North Carolina, wenngleich ihre mitgebrachte Ochsenbrust über einem geschlossenen statt des obligatorischen offenen Gills gegart wurde und das Holz wohl eher von New Yorker Eichen und Apfelbäumen stammte als von Hickorybäumen aus North Carolina. Eine Enthüllung, die bei der versammelten Gemeinschaft ein allgemeines Stirnrunzeln auslöst. Doch Mr. Yerdon wischt kurzerhand sämtliche Bedenken vom Tisch.

»Wir müssen Veränderungen und die Grenzen städtischer Gegebenheiten berücksichtigen«, mahnt er und schlägt vor, das vorhandene Beweismaterial zu sichten. Noch etwas zögernd nicken die Teilnehmer nun aber doch zustimmend.

»Schauen Sie sich das einmal an!« appelliert Yerdon an seine Kollegen und deutet auf die Barbecue-Platten. »Wie kann da denn jemand behaupten, wir könnten nicht grillen?

GLOBAL BARBECUE

Dem in Israel aufgewachsenen Mr. Oren ist dabei offensichtlich nicht sehr wohl, aber seine Reaktion geht im allgemeinen Raunen unter, als Yon Suk Choi, die Inhaberin der Woo Chon Korean-Restaurants in Manhattan und Queens, in ihrem koreanischen bodenlangen Festgewand hereinschneit. »Das berühmte Barbecue Beef«, verkündet sie und präsentiert eine Platte mit der Spezialität ihres Hauses.

Dann erscheint Michael Tong, der Inhaber von Shun Lee Palace, Shun Lee West und Shun Lee Café. Im Businessanzug versichert er: »Keine Sorge, ich rufe gleich an und lasse gegrillte Rippchen und Ente kommen.« Während er telefoniert, betritt Allan Vernon die Szene. Er trägt einen blauen Blazer, eine Baseballmütze und 10 kg jamaikanisches Barbecue unter dem Arm.

Die demographische Zusammensetzung der Anwesenden versinnbildlicht die Barbecue-Leidenschaft New Yorks: Das Repertoire ist vielfältig, aber ohne gemeinsamen, typischen Geschmack. Barbecue-Fanatiker fühlen sich deshalb von der New Yorker Barbecue-Szene verunsichert. Früher hat dies den Dialog zwischen New Yorks Barbecue-Experten stark eingeschränkt. Daher nimmt es nicht Wunder, daß sich die ersten Tagesordnungspunkte um die Gemeinsamkeiten drehen.

»Wir alle leben abseits der Barbecue-Gürtel«, gibt Pearson zu bedenken. Der ehemalige Friseur startete eine zweite Karriere als »Grillmeister«.

Für Pearson teilt sich die Karte der USA in zwei Bereiche: den großen Barbecue-Gürtel von den beiden Carolinas und dem amerikanischen Süden bis nach Kentucky und Tennessee (mariniertes, über offenem Feuer geschmortes Schweinefleisch) und einen Gürtel von Texas und dem Südwesten nach Kansas und dem größten Teil des mittleren Westens (Rindfleisch, das über offenem Feuer brutzelt und mit Unmengen zartmachenden Saucen übergossen wird).

LÄNDLICHE KÜCHE AUF STÄDTISCHEN GEHSTEIGEN

In diesen beiden Gebieten soll aus dem spanischen *barbacoa*, einem Grill aus grünem Holz, mit dem man Fleisch über offenem Feuer garen konnte, eine Kunstform und schließlich ein Fanatismus geworden sein. Echte Barbecue-Freaks lassen sich durch nichts von der Barbecue-Definition, mit der sie groß geworden sind, abbringen.

Aber trotz unterschiedlicher Ansätze fühlen sich die Delegierten des Barbecue-Gipfels irgendwie verbunden.

»Das nenne ich Barbecue«, sagt Mr. Staub, nachdem er in ein chinesisches Barbecue-Rippchen von Mr. Tong gebissen hat. Dieser erläutert, daß seine Rippchen wie die Rindfleischscheiben von Mrs. Choi über schwachem Feuer geschmort bzw. gegrillt werden, im Gegensatz zu traditionellen Barbecues, wo das Fleisch langsam geräuchert wird.

Unter uns gesagt: Kein Vertreter des klassischen Barbecues würde in seinen Saucen Reiswein, Hoisinsauce oder Sesamöl verwenden, aber eine gewisse Schwäche für unübliche Geschmacksnoten haben eigentlich alle. »Ursprünglich gab das Brennmaterial dem Barbecue die typische Note«, erörtert Mr. Yerdon. »In der Stadt können aber nur wenige ein Stück Fleisch 12 Stunden lang über einem Feuer aus Eichenholz braten.«

Dann diskutiert man Versuche, das offene Feuer zu simulieren. Mr. Yerdon und Mrs. Weinberg probierten im Winter 1982 auf ihrer Terrasse einen Grill aus. »Es gab ein paar Stichflammen, dann fing das ganze Ding Feuer. Am Ende habe ich 35 Feuerwehrleute verköstigt«, erinnert sich Yerdon. Später investierte er 18 000 Dollar in seinen ersten Stahl-Stein-Smoker.

»Stichflammen sind ein echtes Problem«, meint Mr. Pearson, der stets eine Pfanne mit Wasser auf dem Boden seines grillähnlichen Ofens stehen hat, um herabtropfendes Fett

aufzufangen, das die Stichflammen verursacht. Diese selbst stören ihn weniger, aber sie verkohlen das Fleisch. Dessen Temperatur steigt dann auf über 95 °C, wodurch der Saft im Fleisch zu kochen beginnt.

Langsames Räuchern kann man auf einem Hinterhof-, Terrassen- oder Straßengrill simulieren, indem man wartet, bis die Kohlen weißglühend sind, bevor man das Fleisch auf den Grill legt und den Deckel überstülpt. Die Lüftungsschlitze müssen offen sein, damit der Rauch durchziehen kann. Das Feuer sollte ab und zu geschürt werden, damit die Temperatur 90 °C nie überschreitet. »Dann braucht man nur noch Geduld«, sagt Mr. Pearson. »Ochsenbrust etwa 15 Stunden, Schweineschulter 10 Stunden, Hühnchen, Schweine- und Rinderrippchen etwa 5 Stunden.«

»Das kommt hin«, bestätigt Mr. Oren, der bei Brother's Barbecue mit einem elektrischen Grill arbeitet. Wie die anderen muß er zugeben, daß 15 Stunden Kochzeit für eine Ochsenbrust im krassen Widerspruch zu einer Gesellschaft stehen, die Fleisch meist fertig geräuchert als Corned Beef kauft (mit Kohl übrigens ein beliebtes Festessen am St. Patrick's Day).

BRAUCHBARE HILFE IST SCHWER ZU FINDEN

So wenig die Außenwelt den städtischen Einfluß auf die Barbecue-Kultur versteht, versteht die Stadt die damit verbundenen handwerklichen Detailprobleme. Abgesehen davon, Öfen im Rube Goldberg-Stil zu bauen und die Geduld zu haben, sie zu schüren, fehlen einfach qualifizierte Handwerker. »Hier findet man einen guten Kaminbauer ungefähr so leicht wie einen arbeitslosen Schafhirten«, sagt Mr. Yerdon.

Sinnlos, sich die Nase am Schaufenster von Brother's Bar-B-Q platt zu drücken. Rippchen und Huhn sind so gut, daß man sich am besten eine Portion bestellt.

Vielleicht sind daher die meisten hier vom Kamin auf den Ofen umgestiegen. »Mein Vater benutzte sogar eine abgesägte Blechtonne im Hinterhof. Ich erreiche in etwa das gleiche Ergebnis mit einem Ofen«, erzählt Mr. Staub, der meint, daß richtiges Marinieren, die richtigen Saucen und langsames Schmoren Wunder wirken können, auch wenn es nicht schneller ginge. »Wir stellen extra Leute ein, die das Fleisch am Abend vorher massieren«, erklärt Bedelia Woods vom Sylvia's. »Nur dann fällt das Fleisch vom Knochen.«

»Das mache ich mit Pfeffer«, unterbricht Mr. Vernon. »Beim Jerk machst du das Fleisch mit der Sauce zart und arbeitest nur am Schluß ein bißchen mit Rauch«, erklärt er und fügt hinzu, daß er Fleisch oder Fisch nach dem Marinieren erst im Ofen anbrät und dann auf einem nicht zu heißen Grill fertiggrillt.

Mr. Tong und Mrs. Choi verfahren ähnlich. »Wir haben in China keine ausgeprägte Kochtradition über offener Flamme«, sagt Mr. Tong. »Brennmaterialverschwendung«, fügt Mrs. Choi hinzu. Sie hält eine von Mr. Staubs Rippchen auf Armlänge vor sich, um ihr Gewand vor Flecken zu schützen, beugt sich vor und probiert ein Stück: »Mmmmmh«, bemerkt sie anerkennend.

Die anderen folgen ihrem Beispiel. Vor der Kulisse einer 50 kg-Auswahl von Barbecue-Proben beginnen die Teilnehmer, Methoden und Tricks auszutauschen und sich über Vor- und Nachteile des Barbecues zu unterhalten. Der Gipfel wird zu einer richtigen Barbecue-Verbrüderung. Ein seltener Augenblick und der erste Schritt, wie alle bekräftigen, zur Bildung eines positiven Barbecue-Images in New York.

Unter sich sagen sie aber auch andere Dinge: »Schau mal, was der für Knorpel an den Rippen hat«, flüstert einer. »Er verwendet Liquid Smoke«, zischt ein anderer.

Etwas abseits stehen zwei Teilnehmer und unterhalten sich darüber, daß sich ein anderer in der Diskussion über die Zubereitungsmethoden ziemlich zurückgehalten hat. »Ich wette«, sagt der eine, dem bekannt ist, daß der Betreffende früher Friseur war, »er benutzt einen Fön.« »Hm«, antwortet der andere und wischt sich seine verschmierten Finger an der seidenen Ascot-Krawatte ab, »ergibt offensichtlich einen guten Geschmack.«

DER VERBRAUCHER MIT KÖPFCHEN

DAS BESTE BARBECUE VON NEW YORK

BROTHER'S BAR-B-Q: 228 West Houston Street, zwischen Sixth Avenue und Varick Street. Tel. (212) 727–2775. Spezialisiert auf geräucherte Hinterviertel und Schweinerippchen.

COPELANDS: 547 West 145th Street, zwischen Broadway und Amsterdam Avenue. Tel. (212) 234–2356. Preislich gehobene Barbecue-Rippchen in einem noblen Harlemer Umfeld.

RUSTY STAUB'S ON 5TH: 575 Fifth Avenue, Ecke 47th Street. Tel. 682–1000. Ein Familienbetrieb mit gutem Louisiana-Barbecue.

SHUN LEE CAFÉ: 43 West 65th Street, zwischen Central Park West und Columbus Avenue. Tel. (212) 595–8895. Chinesische Barbecue-Rippchen und -Ente.

STICK-TO-YOUR-RIBS: 5–16 51st Avenue, nahe Kreuzung Vernon Boulevard und Jackson Avenue, Long Island City, Queens. Tel. (718) 937–3030. Ochsenbrustscheiben, Schweinekoteletts, fleischige Rippchen; Texas-Barbecue.

SYLVIA'S RESTAURANT: 328 Lenox Avenue, zwischen 126th und 127th Street. Tel. (212) 996–0660. Gegrillte Schweinerippchen.

VERNON'S JERK PARADISE: 254 West 20th Street, zwischen Seventh und Eighth Avenue. Tel. (212) 268–7020. Jerk-Fleisch, -Fisch und -Huhn auf jamaikanische Art.

WOO CHON: 8–10 West 36th Street, zwischen Fifth und Sixth Avenue. Tel. (212) 695–0676. Rind, Huhn, Fisch, Meeresfrüchte und Gemüse, am Tisch gegrillt.

Martins

OCHSENBRUST

Eileen Weinberg und Martin Yerdon in ihrem früheren Restaurant in Carolina

Martin Yerdon, Mitinhaber von Good & Plenty To Go, meint, daß neben dem langsamen Räuchervorgang erst die richtige Reihenfolge trockener und nasser Mops ein »Bruststück in Sphären hebt, von denen eine Lende nur träumen kann«. Richtig zubereitetes Barbecue-Fleisch sollte am Knochen noch rosa sein, rät er. Dieses Rezept gehörte zu den Spezialitäten seines Restaurants in Carolina.

TROCKENER MOP UND RINDERBRUST
8 EL süßes Paprikapulver
3 EL Salz
2 EL frisch gemahlener schwarzer Pfeffer
1 Rinderbrust (1,8 kg)

NASSER MOP
1 1/2 EL Instant-Kaffeepulver
250 ml Ketchup
190 ml Worchestersauce
8 EL Butter

BARBECUE-SAUCE
1 Zwiebel, gerieben
60 ml Olivenöl
1 kg Eiertomaten (Dosenware), püriert
140 g brauner Zucker
2 Lorbeerblätter
2 Rindfleischsuppenwürfel
3 EL Hot Sauce
2 EL Chili-Gewürzmischung
1 EL Cayennepfeffer
1 EL Zitronensaft, frisch gepreßt
3/4 TL frisch gemahlener schwarzer Pfeffer
1/4 TL Salz
80 ml Apfelessig

1. Für den trockenen Mop Paprika, Salz und Pfeffer in einer Schüssel mischen. Die ganze Rinderbrust damit einreiben. 1–2 Stunden bei Zimmertemperatur einziehen lassen.

2. Für den nassen Mop das Instant-Kaffeepulver in 150 ml heißem Wasser in einer Kasserolle auflösen. Ketchup und Worchestersauce zugeben und aufkochen lassen. Auf mittlerer Stufe 20 Minuten ziehen lassen. Vom Herd nehmen und die Butter eßlöffelweise unterrühren.

3. Den Grill vorbereiten: Holzkohle auf dem Grillboden gegenüber der Lüftungsklappe verteilen und anzünden. Wenn sie pulvrig graurot glüht, ein Pfännchen Wasser neben die Kohle stellen. Das Fleisch über dem Wasser auf den Grill legen. Den Deckel so überstülpen, daß seine Lüftungsklappe auf der vom Fleisch abgewandten Seite liegt. Die Lüftungsklappen nur so weit öffnen, daß die Holzkohle weiter brennt. In den ersten 2 Stunden das Fleisch alle 30 Minuten mit dem nassen Mop begießen.

4. Danach das Fleisch jede Stunde mit dem nassen Mop begießen. Mindestens 15 Stunden garen. Es ist durch, wenn das Fleischthermometer 65 °C anzeigt. Je länger es gart, desto besser.

5. Während das Fleisch gart, die Barbecue-Sauce zubereiten: Zwiebel auf mittlerer Stufe in einer Bratpfanne im Öl glasig dünsten. Die übrigen Zutaten außer dem Essig zugeben. 500 ml Wasser einrühren und aufkochen lassen. Bei schwacher Hitze 20 Minuten köcheln lassen.

6. Die Sauce vom Herd nehmen und den Essig einrühren. Wenn die Rinderbrust fertig ist, dünn aufschneiden und mit der Barbecue-Sauce servieren.

Ergibt 6 Portionen

ROBERT PEARSONS »STICK TO YOUR RIBS«

Der frühere Friseur Robert Pearson ist heute Inhaber des Barbecue-Restaurants »Stick to Your Ribs«. Die Barbecue-Kunst hat er gelernt, als er in Texas unterrichtete. Seiner Meinung nach können Saucen variieren, aber eines bleibt beim Barbecue immer gleich: Die Gartemperatur darf 95 °C nicht übersteigen. (Für sein Rezept siehe Seite 338.)

Sylvias SPARERIBS

Die Kosmetikerin Sylvia Woods aus South Carolina zog vor annähernd 50 Jahren nach Harlem und eröffnete dort 1962 eine Spareribs- und Grillhähnchenbude mit 18 Plätzen. Inzwischen erstreckt sich das Restaurant über einen Großteil des Blocks. Mrs. Woods führt ihren Erfolg auf zwei Dinge zurück: ihre Rippchen-Massagetechnik und roten Pfeffer. Sie benutzt keinen Smoker, sondern einen Ofen.

RIPPCHEN
1 EL Salz
1 EL frisch gemahlener schwarzer Pfeffer
2 dicke Scheiben Schweinerippchen (etwa 2,7 kg)
1 EL getrocknete rote Chiliflocken
500 ml destillierter Weißweinessig

BARBECUE-SAUCE
1 Selleriestange, feingehackt
1 grüne Paprikaschote, geputzt und feingehackt
½ große Zwiebel, feingehackt
500 ml Hot Sauce (vorzugsweise Red Devil)
500 g Eiertomaten, püriert
375 g Zucker
2 große Zitronen, gepreßt und in Scheiben geschnitten

1. Für die Rippchen Salz und Pfeffer in einer Schüssel mischen. Die Mischung in die Rippchen massieren. Ebenso mit den Chiliflocken verfahren. Die Rippchen in eine Ofenform (30 x 18 cm) legen, mit dem Essig übergießen, zudecken und über Nacht in den Kühlschrank stellen.

2. Den Ofen auf 190 °C vorheizen.

3. Die Rippchen im Ofen 1½ Stunden braten, dann in eine saubere Terrinenform umfüllen und dabei wenden. Den Ofen auf 200 °C aufheizen. Weitere 30 Minuten braten.

4. Inzwischen die Sauce zubereiten: Sellerie, Paprika und Zwiebel in einem Mixer pürieren. Die Mischung in eine Kasserolle füllen und die restlichen Zutaten zugeben. Auf niedriger Stufe 15–20 Minuten köcheln lassen, bis die Sauce eindickt; sie darf nicht kochen. Die Rippchen mit der Sauce servieren.

Ergibt 8–10 Portionen

Rustys BBQ

Rusty Staub ist in New Orleans mit »Hinterhof-Barbecue« aufgewachsen. Später versuchte er mit Erfolg, den Geschmack in einer Restaurant- bzw. Privatküche zu kopieren.

1,2 l Barbecue-Sauce mit Hickoryholzrauch-Aroma
190 ml trockener Sherry
190 ml trockener Rotwein
½ frische, reife Ananas, geschält und fein püriert
6 große Knoblauchzehen, gepreßt
1 EL brauner Zucker
Saft von 1 Zitrone
½ TL Jalapeño-Chilischote, feingehackt
1 Schuß flüssiges Hickorygewürz oder flüssiges Räuchergewürz (nach Belieben)
1 TL Salz (nach Geschmack)
½ TL frisch gemahlener schwarzer Pfeffer, nach Geschmack
5 EL Korianderblätter, feingehackt
1 Lenden- oder Porterhousesteak (340–450 g), 2,5 cm dick

Baseballstar Rusty Staub, derzeit Sportkommentator der Mets, ist Inhaber von Rusty Staub's in der 5th Avenue.

1. Barbecue-Sauce, Sherry, Wein, Ananas, Knoblauch, Zucker, Zitronensaft, Chili, Hickorygewürz, Salz und Pfeffer in einem Topf mischen. Auf mittlerer Stufe aufkochen lassen. Die Temperatur reduzieren, bis die Mischung leise köchelt. Koriander unterrühren. 10 Minuten kochen, bis die Sauce leicht eindickt.

2. Den Grill vorheizen. Das Fleisch großzügig mit Barbecue-Sauce übergießen und über mittelheißen Kohlen etwa 7 Minuten auf jeder Seite blutig-rosa grillen.

Ergibt 4 Portionen

Yon Suk Choi

GEGRILLTES RINDFLEISCH

Yon Suk Choi wuchs in Nordkorea auf. Besonders stolz ist sie auf ihre »geheime Sauce«. Sie eignet sich auch als Marinade für Huhn oder Schwein.

2 Reihen Rippchen vom Rind mit Knochen (jede 400 g) oder 2 Ribeye-Steaks (à 250 g), sehr dünn geschnitten
1 Stück (7,5 cm) frischer Ingwer, geschält
1 Papaya, geschält, entkernt und püriert
1 TL klarer Honig
3 EL Sojasauce
2 EL frische Birne, feingehackt
2 EL frische Ananas, feingehackt
½ kleine Zwiebel, gehackt
1 EL Reiswein (Sake)
1 TL Knoblauch, feingehackt
½ TL frisch gemahlener schwarzer Pfeffer
2 Frühlingszwiebeln, Enden gekürzt und grobgehackt
½ TL Zucker (nach Belieben)
½ TL Sesamsamen
2 EL asiatisches Sesamöl

ZUM GARNIEREN
Champignons, in Scheiben geschnitten
Zwiebeln, in Scheiben geschnitten
Brokkoliköpfe, geputzt und geschnitten
eingelegter Chinakohl (siehe Seite 179)

1. Das Fleisch in einer Schüssel mit kaltem Wasser bedecken. Über Nacht im Kühlschrank ziehen lassen. Herausnehmen und trockentupfen. Das Wasser bis auf 80 ml abgießen.

2. Den Ingwer ganz fein reiben; Saft in einer Schüssel auffangen. Einen Eßlöffel geriebenen Ingwer und Saft abmessen.

3. Zurückbehaltenes Wasser, Ingwer mit Saft, Papaya, Honig und Sojasauce in einer Kasserolle mischen. Auf niedriger Stufe 10 Minuten erhitzen, jedoch nicht kochen. Vom Herd nehmen und leicht abkühlen lassen.

4. 6 Eßlöffel der gekochten Sauce, Birne, Ananas, Zwiebel, Reiswein, Knoblauch, Pfeffer, Frühlingszwiebeln und Zucker glattpürieren. Sesamsamen zugeben. In einer Kasserolle unter gelegentlichem Rühren 30 Minuten auf niedriger Stufe köcheln lassen, bis die Marinade eindickt.

5. Das Fleisch auf einen Teller legen. 6 Eßlöffel Marinade in das Fleisch einmassieren. Das Fleisch mit Sesamöl einreiben. 10 Minuten ruhen lassen.

6. Den Grill vorheizen. Die Rippchen auf jeder Seite 7 Minuten grillen; Steaks auf jeder Seite 1 Minute »rosa« grillen. Champigon-, Zwiebel- und Broccolischeiben durch die Marinade ziehen, kurz grillen und zum Fleisch servieren. Als Beilage eingelegten Chinakohl reichen.

Ergibt 2–4 Portionen

THE KING OF JERK

Allan Vernon, der selbsternannte »Jerk-König«, kam 1971 nach New York. Er arbeitete zunächst auf dem Bau, bis er eines Tages »einen deutlichen Jerk-Mangel« feststellte. 1982 eröffnete er einen Jerk-Imbiß in der Bronx, 1989 schließlich Vernon's Jerk Paradise. Er meint, das Geheimnis eines guten Jerks läge in der Sauce (siehe sein Rezept Seite 337).

Allan Vernon in einem besinnlichen Moment. Seine Jerk-Sauce haut einen um.

Shun Lees

SPARERIBS

Michael Tong kam 1963 aus Hongkong in die USA und machte sich daran, die kantonesische Art, Schwein, Rippchen, Ente und Spanferkel zu grillen, mit nordmongolischen Grillmethoden über offenem Feuer zu verbinden. »Amerikaner lieben den intensiveren Geschmack«, sagt er. »Chinesen essen Barbecue wie Fertiggerichte, d. h. geschnetzelt mit Reis als Zwischenmahlzeit oder Imbiß.«

»Shun Lee« ist die richtige Adresse für Michael Tongs Spareribs und gegrilltes Schweinefleisch.

60 g Zucker
2 EL Honig
2 EL Reiswein oder trockener Sherry
2 EL Hoisinsauce
$^1/_2$ TL Salz
680 g Rinderrippchen

1. Zucker, Honig, Reiswein, Hoisinsauce und Salz in einer kleinen Schüssel mischen. Gut umrühren. Die Rippchen in einer flachen Schüssel mit Sauce bestreichen. Mit Frischhaltefolie abdecken und 3 Stunden kalt stellen. Gelegentlich wenden.

2. Den Grill mit Alufolie auslegen. Auf mittlere Stufe stellen. Die Rippchen zugedeckt 35 Minuten grillen. Wenden und weitere 40 Minuten grillen. Die Folie vorsichtig entfernen und die Rippchen direkt auf den Grill legen. Etwa 5 Minuten offen grillen, bis sie brutzeln und sich bräunen. Vom Grill nehmen, in Streifen schneiden und servieren.

Ergibt 2 Portionen

Gegrilltes SCHWEINEFLEISCH

$2^1/_2$ EL Zucker
2 EL Honig
2 EL Reiswein oder trockener Sherry
$^1/_4$ TL Salz
450 g Schweinefilet

1. Zucker, Honig, Reiswein und Salz in einer flachen Schüssel mischen. Das Filet in einer flachen Schüssel rundum mit Sauce bestreichen. Mit Frischhaltefolie abgedeckt 3 Stunden kalt stellen. Ein- bis zweimal wenden.

2. Den Grill mit Alufolie auslegen und vorheizen. Das Fleisch abgedeckt auf mittelschwacher Stufe 30 Minuten grillen. Gelegentlich wenden.

3. Die Folie vorsichtig entfernen und das Fleisch direkt auf den Grill legen. Etwa 5 Minuten offen grillen, bis es brutzelt und sich bräunt. Vom Grill nehmen, in 1 cm dicke Stükke schneiden und servieren.

Ergibt 2 Portionen

Brother's BAR-B-Q

Simon Oren, der Mitinhaber von Brothers Bar-B-Q, ist in Israel aufgewachsen, wo es »keine Barbecue-Tradition im eigentlichen Sinn gibt, aber überall gegrillt wird«. Er fand heraus, daß »die New Yorker dem Tomatenbarbecue im Texas-Stil treu sind«, ist aber doch der

Simon macht ein kleines Päuschen bei Brother's, der beliebten Barbecue-Quelle in der West Houston Street.

Meinung, daß die Sauce eher zweitrangig ist. Was zählt, ist der Rauch.

PIG-SAUCE UND RIPPCHEN
1 l destillierter Weißweinessig
2 EL getrocknete rote Chiliflocken
2 EL frisch gemahlener schwarzer Pfeffer
2 EL Salz
2 Knoblauchzehen, feingehackt
1,2–1,5 kg Schweinerippchen

BARBECUE-SAUCE
1 EL Pflanzenöl
1 Zwiebel, gehackt
500 ml Tomatensauce
250 ml Rotweinessig
1 EL Knoblauchpulver
1/4 TL frisch gemahlener schwarzer Pfeffer (oder nach Geschmack)
1/4 TL Cayennepfeffer (oder nach Geschmack)
1/4 TL süßes Paprikapulver (oder nach Geschmack)
1 EL Salz
90 g brauner Zucker
2 EL Worchestersauce

BOURBON-SAUCE
190 ml Barbecue-Sauce (siehe oben)
2 EL Orangenmarmelade oder andere Obstkonfitüre
1 EL Bourbon

1. Für die Pig-Sauce Essig, Chiliflocken, Pfeffer, Salz und Knoblauch in einer Schüssel mischen. Die Rippchen in einer flachen Pfanne mit der Sauce übergießen und rundum darin wenden. 1–2 Stunden bei Zimmertemperatur marinieren, dann aus der Sauce nehmen und abtropfen lassen.

2. Für die Barbecue-Sauce das Öl auf mittlerer Stufe in einer großen Kasserolle erhitzen. Die Zwiebel darin 5–10 Minuten leicht bräunen. Alle übrigen Zutaten einrühren und aufkochen lassen. Auf niedriger Stufe etwa 45 Minuten offen köcheln lassen. Ergibt etwa 190 ml Sauce. Vom Herd nehmen.

3. Für die Bourbon-Sauce die Barbecue-Sauce, Orangenmarmelade und den Bourbon in einer Schüssel mischen. Beiseite stellen.

4. Den Grill auf 75 °C vorheizen. Rippchen über indirekte Hitze legen, den Grill zudecken und 3–3 1/2 Stunden garen. Mit Bourbon-Sauce übergießen und servieren.

Ergibt 4 Portionen

Die Liebe zum Rippchen herrscht nicht nur in der professionellen Gastronomieszene New Yorks. Hunderte privater Hobbyköche schickten ihre Lieblingsrezepte ein. Die folgenden drei haben gewonnen.

Brenda Mannings

OCHSENRIPPE

Brenda Mannings Ochsenrippe ist ein schlichtes Gericht, das sehr gut zu Grünkohl und gebratenen Makkaroni paßt.

1 EL Mehl
Salz
frisch gemahlener schwarzer Pfeffer (nach Geschmack)
Paprikapulver (nach Geschmack)
1 Prise Knoblauchpulver
450–900 g Ochsenrippe
1 Zwiebel, gehackt

1. Den Ofen auf 180 °C vorheizen.

2. Mehl, Salz, Pfeffer, Paprika und Knoblauchpulver in einer Schüssel mischen. Die Ochsenrippe von allen Seiten gut mit den Gewürzen einreiben und in eine Ofenform legen. Zwiebel und gerade so viel Wasser zugeben, daß der Boden bedeckt ist (etwa 375 ml).

3. Die Form mit Alufolie zudecken und etwa 1 Stunde garen.

Ergibt 2–3 Portionen

Shanghai

SPARERIBS

Die Enkelkinder von Choi Fung Woo, einem Emigranten aus Shanghai, freuen sich schon aufs chinesische Neujahrsfest und Thanksgiving-Dinner, weil es dann Spareribs gibt.

1,4–1,6 kg Spareribs
125 ml Hoisinsauce
3 EL Austernsauce
3 EL helle Sojasauce
3 EL dunkle Sojasauce
1/2 TL frisch gemahlener schwarzer Pfeffer
1 Knoblauchzehe, feingehackt
2 EL Honig

1. Überschüssiges Fett von den Spareribs entfernen. Das Fleisch zwischen den Rippen mit einem Messer einschneiden.

2. Hoisinsauce, Austernsauce, Sojasauce, Pfeffer und Knoblauch mischen. Die Spareribs in einer Bratform mit der Mischung übergießen. Mindestens 3 Stunden im Kühlschrank marinieren. Zwei- bis dreimal wenden.

3. Den Ofen auf 200 °C vorheizen.

4. Die Spareribs in eine Bratform oder Pfanne legen und 20 Minuten braten; regelmäßig mit Marinade bestreichen. Anschließend wenden und weitere 20 Minuten braten, bis sie durch sind. Dabei häufig mit Marinade bestreichen.

5. Den Grill vorheizen.

6. Die Pfanne aus dem Ofen nehmen. Die Spareribs auf beiden Seiten mit einem Eßlöffel Honig bestreichen. Auf dem Grill etwa 1 Minute pro Seite glasieren.

Ergibt 4 Portionen

Jacquelines

SPARERIBS

Im Sommer kocht Familie Newman diese Spareribs auf dem Gartengrill, im Winter wird hierfür der Ofen verwendet. Als Beilagen werden frische Maiskolben, Caesar-Salat oder Blattgemüse empfohlen.

1,6 kg Spareribs vom Schwein
250 ml dunkle Sojasauce
250 ml Orangensaft, frisch gepreßt
125 g Zucker
3 Knoblauchzehen, feingehackt
3 EL festes, kaltes Pflanzenfett (Palmin)

1. Rippen von überschüssigem Fett befreien und in drei Teile zu je 4–5 Rippen schneiden.

2. Sojasauce, Orangensaft, Zucker und Knoblauch mischen, bis der Zucker vollständig aufgelöst ist.

3. Die Rippen und die Marinade in eine Form geben. Zudecken und über Nacht kalt stellen. Am Abend ein- oder zweimal und nochmals am Vormittag wenden. Abtropfen lassen.

4. Im Sommer die Spareribs unter häufigem Wenden 35–45 Minuten auf dem Gartengrill garen.

Im Winter den Ofen auf 180 °C vorheizen. Die Spareribs unter häufigem Wenden 40–50 Minuten garen.

Ergibt 4 Portionen

Hackmesser, mit dem Spareribs zerteilt werden

RINDFLEISCH

mit Brokkoli

San Yan Wong aus Queens ist Chefkoch, Lehrer und Kalligraph zugleich. »In diesem Rezept«, sagt er, »kann man statt Brokkoli auch andere Gemüse wie Zuckererbsen, Paprika und Zwiebeln verwenden.« Paßt gut zu Reis.

MARINADE UND FLEISCH
1 Ei
1 EL trockener Weißwein
1 TL Sojasauce
1 TL Maisstärke
1 EL Pflanzenöl
1/4 TL Salz
1 Msp. frisch gemahlener schwarzer Pfeffer
340 g Rumpsteak, quer zur Faser dünn geschnitten

SAUCE
3 EL Sojasauce
1 EL trockener Weißwein
1 TL asiatisches Sesamöl
1/2 TL Zucker
4 EL Hühnerbrühe

500–750 ml Pflanzenöl, zum Fritieren
450 g Brokkoli (Röschen und zarte Stiele), in mundgerechte Stücke geschnitten
1 1/2 TL Maisstärke, mit 1 EL kaltem Wasser vermischt

1. Alle Zutaten für die Marinade bis hin zum schwarzen Pfeffer mischen. Das Fleisch in der Marinade 30 Minuten ziehen lassen.

2. Alle Zutaten für die Sauce mischen und beiseite stellen.

3. 500 ml Pflanzenöl in Wok oder Pfanne auf hoher Stufe erhitzen. Wenn das Fett heiß ist, Fleisch und Marinade zugeben. Etwa 30 Sekunden rührbraten, bis sich das Fleisch verfärbt. Herausnehmen und gut abtropfen lassen.

4. Das Fett im Wok muß heiß sein; bei Bedarf Fett zugeben. Den Brokkoli etwa 20 Sekunden rührbraten, dann herausnehmen und gut abtropfen lassen.

5. Das Öl aus dem Wok abgießen. Den Wok erneut aufheizen. Die Sauce hineingeben und aufkochen lassen. Fleisch und Brokkoli zugeben, umrühren und etwa 10 Sekunden durchwärmen. Maisstärkepaste zugeben und rühren, bis die Sauce andickt. Mit gedämpftem Reis servieren.

Ergibt 2 Portionen

FLEISCHSPIESSE
(Schisch Kebab)

Schisch Kebab gehört zu James Kunreuthers alljährlicher Gartengrillparty in Jamaica (Queens). Kunreuther hat die orientalische und italienische Kochkunst von Freunden gelernt und beschlossen, den Einfluß östlicher Küche mit seiner Liebe zum Barbecue zu verbinden. Servieren Sie zu den Spießchen den Salat mit Paprika und grünen Bohnen (siehe Seite 167).

MARINADE
120 g Honig
2 EL brauner Zucker
Saft von 2 Zitronen
Saft von 1 Limette
1 EL Ingwer, frisch gerieben
80 ml destillierter Weißweinessig
60 ml Pflanzenöl
1 grüne Paprikaschote, geputzt und feingewürfelt
1 TL Tabasco
1 Knoblauchzehe, feingehackt
80 ml Barbecue-Sauce, vorzugsweise mit Hickoryholz-Aroma
1/4 TL Zimtpulver
1/2 TL Kreuzkümmel, gemahlen

KEBABS
1,4 kg Lamm ohne Knochen und/oder Hüftsteak, 2,5 cm groß gewürfelt
450 g Finocchiona-Wurst, in 2,5 cm breite Scheiben geschnitten
340 g Champignonkappen (mit Stiel 550 g)
2 rote Paprikaschoten, geputzt und in 2,5 cm große Stücke geschnitten
2 Zucchini (340 g), längs halbiert und in 1 cm dicke Halbmonde geschnitten
2 Zwiebeln, in Spalten geschnitten (etwa 5 pro Zwiebel)
400 g Kirschtomaten

1. Für die Marinade alle Zutaten in einer Schüssel mischen.

2. Für die Kebabs Gemüse und Fleisch abwechselnd auf zehn 30 cm lange Metallspieße spießen.

3. Die Spieße nebeneinander in eine flache Form legen. Die Marinade über die Kebabs gießen und gut verteilen. Bei Zimmertemperatur 1 Stunde marinieren. Die Kebabs wenden und nochmals etwa 1 Stunde ziehen lassen.

4. Den Gartengrill vorheizen. Die Kebabs bei mittlerer bis starker Hitze 10–15 Minuten grillen, dabei großzügig mit Marinade bepinseln und gelegentlich umdrehen.

Ergibt 10 Spieße oder 5 Portionen

Gefülltes
LENDENSTEAK

Bevor der Begriff »New York Steak« aufkam, war das »Carpetbag Steak« (»Reisetaschensteak«) der letzte Schrei. Das Rezept für diese Version stammt vom Chefkoch des legendären Hotels, Louis Diat, und erschien erstmals 1941 in dem Buch *Cooking à la Ritz*. Servieren Sie als Beilage Rübenkohl (siehe Rezept Seite 144 f.).

1 Lendensteak ohne Knochen (1,4 kg), 5–6 cm dick
1 EL Worchestersauce
Salz (nach Geschmack)
frisch gemahlener schwarzer Pfeffer, nach Geschmack
12 Austern, ausgelöst

1. Das Steak flach auf eine Unterlage legen und quer zur Hälfte aufschlitzen, so daß man eine Tasche erhält. Auf der einen Seite nicht durchtrennen. Das ganze Steak innen

»Old Homestead«, eines der berühmten Steakhäuser von New York

und außen mit Worchestersauce, Salz und Pfeffer einreiben. In Frischhaltefolie einwickeln und 1 Stunde kalt stellen.

2. Den Grill vorheizen.

3. Die Innentasche des Steaks mit den Austern füllen und mit dickem Küchengarn zunähen. Von beiden Seiten je 15 Minuten grillen. Das Steak in 1,5 cm dicke Scheiben schneiden.

Ergibt 6–8 Portionen

Elaines
TERIYAKI

Wenige japanische New Yorker lassen sich vom Mythos des »New York Steaks« beeindrucken und würden lieber 100 Dollar für ein Kobe-Rindersteak hinblättern, als ein Porterhouse zu bestellen. Aber mit einem Sirloin, Skirt oder Hüftsteak würde bei diesem Teriyaki auch jeder Kobe-Fanatiker weich werden. Servieren Sie dazu Eddies Brunnenkresse auf chinesische Art (siehe Seite 131).

3 EL Sojasauce
3 EL trockener Sherry
1½ TL Zucker
4 Knoblauchzehen, feingehackt
6 dünne Scheiben frischer Ingwer, zerdrückt
¼ TL frisch gemahlener schwarzer Pfeffer
675 g Hüftsteak

1. Sojasauce, Sherry, Zucker, Knoblauch, Ingwer und Pfeffer in einer kleinen Schüssel mischen und mit dem Steak in eine Pfanne geben. Abgedeckt über Nacht kalt stellen.

2. Den Grill vorheizen.

3. Das Steak von jeder Seite 3–4 Minuten blutig-rosa grillen. Nur einmal wenden. Quer zur Faser einschneiden.

Ergibt 4 Portionen

OCHSENBRUST

mit Süßkartoffeln und Pflaumen

Schnellkochtopf-Expertin Lorna Sass sagt über ihr Rezept: »Dies ist eine besonders herzhafte Version des jüdischen Tsimmes. Im Idealfall bereitet man die Ochsenbrust einen Tag vorher zu und lagert sie kühl, damit sich das Fett absetzen und am nächsten Tag abgeschöpft werden kann.«

2–3 EL Öl oder Hühnerschmalz
1,5 kg Ochsenbrust
2 Selleriestangen, feingehackt
2 große Möhren, feingehackt
1 große Zwiebel, feingehackt
500 ml Rinderbrühe (Rezept Seite 61, Dosenware oder Bouillon)
1 1/4 TL Zimtpulver
1/4 TL Muskatnuß, frisch gerieben
1 Msp. Piment, gemahlen
125–250 ml Cidre (nach Belieben; siehe Hinweis)
900 g Süßkartoffeln, geschält und in 1–1,5 cm breite Scheiben geschnitten
675 g Pastinake, geschält und 2,5 cm groß gewürfelt
180 g Pflaumen, entsteint und grobgehackt
Salz und frisch gemahlener schwarzer Pfeffer (nach Geschmack)

1. In einem 6 l fassenden Schnellkochtopf 2 Eßlöffel Öl oder Fett auf hoher Stufe erhitzen. Die Ochsenbrust darin rundum bräunen, dabei regelmäßig wenden. Nach Belieben das restliche Öl oder Fett zugeben. Das gebräunte Fleisch herausnehmen und beiseite stellen.

2. Sellerie, Möhre und Zwiebel in das Fett im Topf geben. 3 Minuten anbraten. Fleischbrühe, Zimt, Muskatnuß, Piment und 250 ml Wasser zugeben. Den Kocheinsatz auf das Gemüse stellen. Fleisch mit der Fettseite nach oben in den Einsatz legen. Den Deckel schließen und auf hoher Stufe aufkochen lassen. Die Hitze so regulieren, daß der hohe Dampfdruck gehalten wird. 55 Minuten garen.

3. Den Dampfdruck über 10–15 Minuten von selbst abfallen lassen. Den Deckel abheben; dabei darauf achten, daß restlicher Dampf vom Körper weg abzieht. Die Ochsenbrust ist gar, wenn sich das Fleisch leicht mit einer Gabel lösen läßt. Ist dies nicht der Fall, den Topf erneut bei hoher Stufe unter Dampfdruck setzen und weitere 5–10 Minuten garen. Anschließend warten, bis der Dampfdruck von selbst abfällt.

4. Die gegarte Ochsenbrust herausnehmen und auf Zimmertemperatur abkühlen lassen. Anschließend Fleisch und Bratensaft über Nacht zugedeckt kalt stellen. Am nächsten Tag zunächst das feste Fett abschöpfen. Die Brühe wieder in den Topf geben.

5. Etwa 20 Minuten vor dem Servieren den Bratensaft mit dem Cidre auf 500 ml verlängern. Süßkartoffeln, Pastinake und Pflaumen zugeben, den Schnellkochtopf verschließen und auf hoher Stufe aufkochen lassen. Die Hitze regulieren, um den hohen Dampfdruck zu halten, und 3 Minuten garen. Den Dampf über das Ventil ablassen. Den Deckel öffnen; dabei darauf achten, daß restlicher Dampf vom Körper weg abzieht. Mit Salz und Pfeffer abschmecken.

6. Die Ochsenbrust diagonal in Scheiben schneiden. Diese in den Topf legen und Sauce und Gemüse löffelweise darauf verteilen. Den Deckel auflegen, aber nicht verschließen, und auf mittlerer Stufe 10 Minuten aufwärmen. Das Fleisch auf einer Platte anrichten, mit dem Gemüse umgeben und mit Sauce übergießen.

Ergibt 4–6 Portionen

Hinweis: Die Flüssigkeitsmenge kann nach dem Kochen unterschiedlich ausfallen. Die Zugabe von

Lorna Sass, Königin der Schnellkochtöpfe. Foto: Charmian Reading

Cidre ist nicht immer nötig. Es gut ist möglich, daß man sogar mehr als 500 ml Bratensaft erhält.

Curry-
OCHSENBRUST

Dieses Gericht ist eine Spezialität des Malaysia Restaurant in Chinatown. Es schmeckt sehr gut zu Reis oder sogar zu Nudeln und noch besser am nächsten Tag.

675 g Ochsenbrust, abgespült und pariert
6 Schalotten, geschält
4 Knoblauchzehen, geschält
1 Stück (2,5 cm) frischer Ingwer, geschält
4 EL Currypulver
125 ml Pflanzenöl
1 Zimtstange, in 3 Stücke gebrochen
750 ml ungesüßte Kokosmilch
225 g Kartoffeln, 1–1,5 cm groß gewürfelt
Salz (nach Geschmack)
1 TL Zucker (oder nach Geschmack)

1. Die Ochsenbrust in 5 cm breite Stücke schneiden. Im Mörser oder Mixer Schalotten, Knoblauch und Ingwer zerreiben. Currypulver in 125 ml Wasser in einer kleinen Tasse auflösen.

2. Das Öl auf mittlerer Stufe in Pfanne oder Topf erhitzen. Die Schalottenmischung zugeben und 5 Minuten rührbraten, bis sie weich ist. Das Currywasser zugeben und 10 Minuten kochen. Fleisch und Zimt zugeben und 3 Minuten rührbraten. Falls die Pfanne zu trokken ist, 4 Eßlöffel Wasser zugeben.

3. Nach und nach Kokosmilch, Kartoffeln, Salz und Zucker zugeben. Auf mittlerer Stufe etwa 35–45 Minuten köcheln lassen, bis das Fleisch gar ist.

Ergibt 4 Portionen

Hainas
OCHSENBRUST

Haina Justs Mutter Jean weiß nicht mehr, woher dieses Rezept stammt. Sie weiß nur, daß es ein einfaches und vielseitiges Gericht ist. »Meist lasse ich das fertige Fleisch abkühlen und schneide es gleich auf. Wenn ich es brauche, wird es aufgewärmt und separat mit der Sauce serviert«, erzählt sie. Wenn man die Kartoffeln mit dem Fleisch kocht, nehmen sie seinen köstlichen Geschmack an.

1,4–1,8 kg Ochsenbrust
2 EL süßes Paprikapulver
1 TL Erdnußöl
750 ml Ginger Ale
1 Packung Zwiebelsuppenmischung
6 Kartoffeln, geviertelt

1. Den Ofen auf 180 °C vorheizen.

2. Die Ochsenbrust rundum mit Paprika einreiben. Das Öl in einem Schmortopf auf hoher Stufe erhitzen, bis Rauch aufsteigt. Die Ochsenbrust darin rundum rasch anbraten. Vom Herd nehmen.

3. Ginger Ale und Zwiebelsuppenmischung einrühren. Zudecken und im Ofen 1 Stunde schmoren.

4. Das Fleisch wenden, zudecken. Eine weitere Stunde schmoren. Die Kartoffeln zugeben. Weitere 45 Minuten garen.

5. Die gare Ochsenbrust auf einer Unterlage leicht abkühlen lassen, dann quer zur Faser schneiden. Die Fleischscheiben mit der Sauce aus dem Topf beträufeln. Mit den Kartoffeln servieren.

Ergibt 6 Portionen

MAN SPRICHT DELI

Elliot Willensky beschreibt in seinem Buch *When Brooklyn Was the World: 1920–1957* die Fülle der Delikatessenläden in den Häuserblocks seiner Kindheit. Beim Betreten stolperte man quasi über einen *teaser*, einen Appetitanreger: »Oben auf der Fleischtheke stand ein Buffet voller *teaser*, kleine Stückchen *Knublvoorsht* – Knoblauchwurst – mit einem Schild: A NICKEL A STHICKL, ein Nickel pro Stück. Es gab nach Knoblauch duftende Säckchen, auf Augenhöhe der Erwachsenen angerichtet. Die Schwerkraft sorgte für uns Kleinere. Die Ladeninhaber verstanden es, einem den Mund wässrig zu machen.«

Überdies haben New Yorks Delikatessenläden zur Bildung einer eigenen Deli-Sprache, dem ABC der Schnellimbißküche, beigetragen. Die folgenden Beispiele stammen aus den Läden Carnegie Deli, Second Avenue Deli, Juniors und dem *American Dictionary of Slang* sowie *The Great American Ice Cream Book* von Paul Dickson.

Im Carnegie Deli: Einmal »pistol« auf Roggen und ein »regular«, bitte.

Whiskey down: Roggentoast
Schmear: Bagels mit Frischkäseaufstrich
Regular: Kaffee mit Milch und Zucker
Wing ding setup: Plastikbecher mit Eis
Grade a: Glas Milch
Double 1: Rindfleischrolle
Full house: Speck, Salat, Tomaten und Thunfisch
CB: Corned beef
Pistol: Pastrami
Dutch: alles mit amerikanischem Käse
Jack: amerikanischer Käse mit Tomaten
Jack hammer: amerikanischer Käse, Tomaten und Schinken
Combo: Schinken und Schweizer Käse
One off: Frankfurter
One with: Frankfurter mit Sauerkraut
Combination: Sandwich mit zwei Fleischsorten
21 oder 211: zwei Sachen auf einem Teller
Adam's ale: Wasser
Baby: Glas Milch
Break it and shake it: Ei in einem Getränk oder etwas anderem
Burn: Malzmilchshake, Schokolade, wenn nicht anders angegeben
Burn it and let it swim: mit Eiscremekugel
Clean up the kitchen: Hamburger oder Hack

AUF DER SUCHE NACH DEM NEW YORK STEAK

Einige Aspekte der New Yorker Mythologie lassen sich leichter aus einiger Entfernung betrachten. Nehmen Sie etwa das New York Steak. Laut Pat Cetta, dem das Sparks Steak House in Manhattan gehört, hat man außerhalb der Stadt eine bestimmte Vorstellung vom New York Steak, während ihre Bewohner den Begriff ganz unterschiedlich verwenden.

»Wenn jemand von außerhalb nach New York kommt und ein New York Steak bestellt, möchte er ein Rumpsteak mit schöner Kruste und innen blutig«, sagt er. »Ein New Yorker dagegen kann darunter ein Lendensteak, Filet oder Rumpsteak verstehen…«

Stanley Lobel, Mitinhaber der Metzgerei Morris Lobel & Sons in der Madison Avenue, meint, daß die Verwirrung darüber, was sich hinter dem Namen New York Steak verbirgt, ihn und seinen Bruder Leon veranlaßt habe, eine Abhandlung mit dem Titel *Meat* zu schreiben.

Ganz allgemein, so die Brüder, sei das New York Steak 2,5–3 cm dick und würde aus der Mitte eines jungen Ochsen, hinter der Rippe, dort wo die Muskelentwicklung gering und der Fettgehalt (und damit die Marmorierung) stark ausgeprägt sind, herausgeschnitten. »Wenn Sie von einem Porterhouse das Filet, den Schwanz und den Knochen abschneiden, erhalten Sie ein Rumpsteak, oder wie auch immer Sie es nennen wollen. Für mich ist es einfach ein Steak.«

Da liegt das Problem. Viele New Yorker denken, daß das, was sie ein Steak nennen, automatisch das New York Steak sei. Dorothy Casey vom berühmten Peter Luger Steak House in Brooklyn sagt: »Ich bin vorbelastet. Wenn ich New York Steak höre, denke ich an ein gut abgehangenes, erstklassiges Porterhouse. Das New York Steak, von dem andere sprechen, ist nur ein Teil davon.« Stan Zimmerman, der Inhaber von Sammy's Famous Roumanian Steak House, betrachtet sein mit Knoblauch eingeriebenes Lendensteak als »Quintessenz des New York Steaks: zart, zart und nochmals zart.« Die Köche des Argentinian Steak House in der Roosevelt Avenue in Brooklyn haben ihre eigene Antwort auf die Frage nach dem New York Steak. Sie hieven ein schweres Filet mit Knochen auf einen Teller, schütteln den Kopf und sagen: »Steak. New York. New York Steak.«

Femden mögen diese Antworten typisch für die New Yorker Mentalität erscheinen. Im Grunde handelt es sich hier um einen seltenen Fall von Engstirnigkeit. »Der einzige Ort in der ganzen Welt, wo ein Steak nicht New York Steak heißt, ist New York«, sagt Mr. Cetta.

Was ist schon ein Name?

Fleischexperten, die sich mit der Etymologie des New York Steaks befassen, haben versucht, Schnitt, Güteklasse und genaue Zubereitungstechnik des Fleisches herauszufinden, das Fleischliebhaber des ganzen Landes in Verzückung versetzt. »Es ist mehr eine Assoziation als ein fester Begriff«, erläutert Marc Sherry, Mitinhaber des Old Homestead in der West Side von Manhattan, nahe der 14th Street. »New York Steak bedeutet einfach gutes Steak.«

»Bevor das Fleisch in die Kühlräume ging, wurden die besten Stücke nach New York City verschickt«, erzählt Marc Sarrazin, der Inhaber von DeBragga & Spitler, einer New Yorker Schlachterei, die über 300 Restaurants mit Fleisch beliefert. Ellis Simberloff, Sohn eines New Yorker Fleischhändlers, präzisiert: »Früher gab es eine riesige Koscher-Schlachterei in der Stadt. Um eine 5 cm dicke

Ochsenbrust zu bekommen, brauchten die Metzger Hinterviertel von ›starken‹ oder gut entwickelten Rindern, die gut marmoriert waren und genug Fett hatten.« Er erinnert sich noch daran, wie »die gesamte Fleischindustrie der 14th Street davon abhing, wie die Hinterviertel geschnitten wurden«. »Das erste Mal, daß ich etwas gegessen habe, das sich New York Steak nannte, war im College in Iowa.«

Letztlich widerspricht Mr. Simberloffs Definition nicht dem, was Mr. Sarrazin bereits sagte: »New York Steak bedeutete einfach das beste Steak.«

Heute schneiden und verpacken nur noch wenige Schlachtereien in New York Rindfleisch. Aus transporttechnischen Gründen wird gleich in Chicago geschlachtet, geschnitten, vakuumverpackt und verschifft. Dennoch lebt der New York Steak-Mythos weiter. New York bedeutet immer noch »das Beste vom Besten«.

Was ist das Beste vom Besten?

Wenn es das ist, was Sie suchen..., sagen die Experten und gehen nach und nach ins Detail: Das beste New York Steak ist in der Regel gut marmoriert, erster Klasse und ein 2,5–3 cm dickes Rumpsteak. Die Fettschwarte am Rand sollte eingeschnitten werden, damit es beim Braten die Form behält und nicht einrollt. Das Fleisch sollte leicht mit Butter oder Olivenöl eingerieben werden, damit sich eine knusprige Kruste bildet, und zunächst nur mit Pfeffer gewürzt werden. Zu frühes Salzen zieht häufig den Saft aus dem Fleisch und macht es trocken. Möglichst nahe an der Hitzequelle grillen. Für ein blutiges Steak jede Seite nur 3 Minuten lang grillen. Ein rosa Steak benötigt 4 Minuten pro Seite.

Gehen Sie einfach davon aus, daß »New York« gutes Steak bedeutet, und fragen Sie nicht nach Details.

»Einige nennen es Strip, andere Sirloin«, sagt Mister Sherry vom Old Homestead.

»Rumpsteak, Sirloin-Steak, Strip-Steak«, sagt Mister Lobel.

»Ein... wie soll ich sagen?« fragt Mister Sarrazin, der aus Frankreich kommt. »Man schneidet die Spitze und das dicke Ende vom Sirloin weg, und was übrigbleibt, ist das New York Steak. Ansonsten fragen Sie jemanden von außerhalb, die können Ihnen das noch eher sagen.«

Auf dem Nevada Meat Market: Rindfleisch von bester Qualität

WO GIBT ES RINDFLEISCH?

Akron Prime Meats: 1174 Lexington Avenue, Ecke 80th Street; (212) 744–1559. Verkauft erstklassiges Rindfleisch und Wild.

Alberts Prime Meats: 836 Lexington Avenue, zwischen 63rd und 64th Street. Tel. (212) 751–3169. Bietet abgehangenes Rindfleisch und exzellenten Lammbraten.

Balducci's: 424 Sixth Avenue, Ecke 9th Street. Tel. (212) 673–2600. Hat eine große Auswahl Fleisch, Wild und Würstchen.

Esposito's Pork Store: 500 Ninth Avenue, Ecke 38th Street. Tel. (212) 279–3292. Hat vielleicht das vielfältigste Fleischangebot der Stadt und liefert auch Spanferkel, Wild, Milchlamm und Innereien.

Faicco's Pork Store: In Manhattan: 260 Bleecker Street, zwischen Sixth und Seventh Avenue. Tel. (212) 243–1974; in Brooklyn: 6511 Eleventh Avenue, zwischen 65th und 66th Street. Tel. (718) 236-0119. Eine lustige Reise in die Vergangenheit. Handgerollte Würstchen sind ein Markenzeichen der Kette.

Jefferson Market: 455 Sixth Avenue, zwischen 10th und 11th Street. Tel. (212) 675–2277. Besonders gutes Rindfleisch, Reh und Frühlingslamm.

Kurowycky Meat Products: 124 First Avenue, zwischen 7th Street und St. Marks Place. Tel. (212) 477–0344. Hervorragender Fleischmarkt mit eigenem Räucherhaus.

Morris Lobel & Sons: 1096 Madison Avenue, Ecke 82nd Street. Tel. (212) 737–1372. Die Schlachterei mit dem besten Rind- oder Lammfleisch.

Nevada Meat Market: 2012 Broadway, zwischen 68th und 69th Street. Tel. (212) 362–0443. Gutes abgehangenes Rindfleisch, Kalb und Lamm; Wild während der Saison.

Ottomanelli's Meat Market: 285 Bleecker Street, zwischen Seventh Avenue und Jones Street. Tel. (212) 675–4217. Alteingesessener italienischer Schlachter mit der besten Auswahl an Wild.

Schaller & Weber: 1654 Second Avenue, zwischen 85th und 86th Street. Tel. (212) 879-3047. Alteingesessenes deutsches Geschäft mit Schwerpunkt Würstchen, Schinken und Schnitzel.

Tom's Meat Market: 214 Third Avenue, Ecke 20th Street. Tel. (212) 475–0395. Altmodischer Markt mit breiter Auswahl.

United Meat Markets: 84 Mulberry Street, zwischen Canal und Bayard Street. Tel. (212) 962–6440. Bietet dicke Rippen, Spanferkel und köstliche chinesische Würstchen.

Luchows

SAUERBRATEN

Jahrzehntelang gehörte Sauerbraten zu Luchow's beliebtesten Gerichten. Eine Version dieses Rezepts erschien ursprünglich in *Luchow's German Cookbook* von Jan Mitchell. Dieses wurde jedoch von Peter Aschkenasy, dem letzten Inhaber, überarbeitet. Im Restaurant servierte man dazu Kartoffelpuffer (siehe Seite 158, David Firestone's Latkes) und Rotkohl (siehe Seite 134, Ferns Rotkohl mit Speck).

1,5 kg Beinscheibe
1 EL Salz
½ TL frisch gemahlener schwarzer Pfeffer
2 Zwiebeln, in Scheiben geschnitten
1 Möhre, in Scheiben geschnitten
1 Selleriestange, gehackt
4 ganze Knoblauchzehen
4 schwarze Pfefferkörner
2 Lorbeerblätter
500 ml Rotweinessig
2 EL Rinderfett oder Schmalz
6 EL Butter
4 EL Mehl
1 EL Zucker
8 Ingwerkekse, zerkrümelt

1. Den Braten mit einem feuchten Tuch abwischen, mit Salz und Pfeffer würzen und in eine große Schüssel geben. Zwiebeln, Möhre, Sellerie, Knoblauch, Pfefferkörner, Lorbeerblätter, Essig und 1,25 l Wasser in einer Schüssel mischen. Das Fleisch mit der Mischung übergießen. Bei Bedarf Wasser zugeben, bis das Fleisch bedeckt ist. Die Schüssel zudecken und 4 Tage in den Kühlschrank stellen. Das Fleisch täglich wenden. Am fünften Tag aus dem Kühlschrank nehmen. Das Fleisch aus der Marinade heben; die Marinade aufbewahren.

2. Das Rinderfett und einen Eßlöffel Butter in einem Topf auf mittlerer Stufe erhitzen. Wenn die Butter zerlassen ist, das Fleisch zugeben und rundum bräunen. Die Marinade zugeben und aufkochen lassen. Anschließend nicht ganz zugedeckt 3 Stunden auf niedriger Stufe köcheln lassen.

3. Die restliche Butter in einer Kasserolle auf niedriger Stufe zerlassen. Mehl und Zucker zugeben und unter Rühren etwa 5 Minuten bräunen. An das siedende Fleisch geben und gut umrühren. Zudecken und etwa eine weitere Stunde kochen, bis das Fleisch gar ist.

4. Das Fleisch auf einer vorgewärmten Platte anrichten. Ingwerkekse in die Sauce geben und etwa 10 Minuten kochen, bis die Mischung eindickt. Die Sauce über den Braten gießen.

Ergibt 6–8 Portionen

Luchow's in der 14th Street. Foto: UPI/Bettmann

RINDFLEISCH-

Eintopf

Marsha Palanci verbrachte ihre Kindheit in Belgien und Frankreich, wo es diesen Rindfleischeintopf an vielen Winterabenden gab. Heute bereitet sie ihn 2 oder 3 Tage im voraus vor, damit er richtig seinen Geschmack entfalten kann, bevor sie ihn serviert.

500 ml kaltes Wasser
60 g geräucherter Schweinebauch, 0,5 cm groß gewürfelt
60 g Mehl
1/4 TL Salz
1/4 TL frisch gemahlener schwarzer Pfeffer
1,8 kg mageres Eintopf-Rindfleisch (Nacken oder Kamm), in 3–4 cm große Stücke geschnitten
3 EL Pflanzenöl
2 Knoblauchzehen, halbiert
3 (zu je 0,3 l) Flaschen Dunkelbier
60 ml Rotweinessig
3 EL Dijonsenf
3 Lorbeerblätter
1/2 TL getrockneter Thymian
2 EL Butter
4 große Zwiebeln, in 0,5 cm dicke Ringe geschnitten
8 Möhren, in 1 cm dicke Stücke geschnitten

1. Kaltes Wasser und Schweinebauch in einer Kasserolle aufkochen lassen. Temperatur reduzieren und 5 Minuten köcheln lassen. Abgießen; den Schweinebauch unter kaltem Wasser abspülen, mit einem Küchentuch abtrocknen und in einer Kasserolle beiseite stellen.

2. Das Mehl mit Salz und Pfeffer würzen. Die Rindfleischstücke im Mehl wenden.

3. Das Öl in einer großen Pfanne auf mittlerer Stufe erhitzen. Den Knoblauch darin 3 Minuten unter gelegentlichem Rühren goldbraun braten, dann entfernen. Nur so viel Rindfleisch in die Pfanne geben, daß alle Stücke nebeneinanderliegen. Unter gelegentlichem Rühren braten, bis alle Stücke rundum gebräunt sind. Dann die Fleischstücke in die Kasserolle geben. Das restliche Fleisch bräunen.

4. Das Öl aus der Pfanne abgießen. Auf mittlerer Stufe das Bier in der Pfanne aufkochen lassen; anhaftendes Fleisch vom Boden kratzen. Essig, Senf, Lorbeerblätter und Thymian zugeben. Die Biermischung in die Kasserolle gießen.

5. Butter in der Pfanne auf mittlerer Stufe zerlassen. Zwiebeln zugeben und etwa 7 Minuten goldbraun anbraten. In die Kasserolle geben.

6. Den Eintopf in der Kasserolle auf mittlerer Stufe köcheln lassen. Zudecken und auf niedriger Stufe 1 Stunde kochen, nach Belieben Fett abschöpfen.

7. Möhren in den Eintopf geben und 30–45 Minuten kochen, bis das Fleisch weich ist.

8. Wenn der Eintopf zu trocken wird, Wasser zugeben. Ist er zu flüssig, Fleisch und Gemüse herausnehmen und ohne Deckel aufkochen lassen, bis er die richtige Konsistenz hat. Fleisch und Gemüse zurück in den Topf geben.

Ergibt 8 Portionen

Gary Regans

STEAK IN ALE-PORTWEIN-SAUCE

Gary Regan wuchs in England mit diesem Gericht auf. Das Fleisch gart langsam zusammen mit karamelisierten Gemüsen in erdigem Ale und süßem Portwein.

110 g Speckscheibe, 1–1,5 cm groß gewürfelt
3 Möhren, in dünne Scheiben geschnitten
2 große Zwiebeln, gehackt
40 g Mehl
190 ml helles obergäriges Bier
125 ml Tawny-Portwein
2 EL Pflanzenöl
900 g Eintopf-Rindfleisch, pariert und 2,5 cm groß gewürfelt
1 TL Salz
1/2 TL frisch gemahlener schwarzer Pfeffer
1/2 TL Majoran
450 g junge Champignons, Stiele entfernt
etwa 300 ml Rinderbrühe (frisch oder Dosenware)

1. Den Speck auf mittlerer Stufe in einer großen Kasserolle oder einem Schmortopf etwa 10 Minuten weich kochen und bräunen, aber nicht knusprig braten. Möhren und Zwie-

Gary Regan serviert einen herzhaften Rindereintopf.

beln zugeben und 5–8 Minuten weich kochen. Das Mehl über das Gemüse streuen und gut durchrühren. Unter regelmäßigem Rühren 5 Minuten kochen. Bier und Portwein zugießen und auf mittlerer bis starker Stufe aufkochen lassen. Auf niedriger Stufe köcheln lassen; währenddessen das Rindfleisch braten.

2. Das Öl in einer Pfanne auf mittlerer bis starker Stufe erhitzen. Das Fleisch darin rundum bräunen, herausnehmen und auf Küchentüchern abtropfen lassen.

3. Das Rindfleisch in die Kasserolle geben. Salz, Pfeffer, Majoran und Pilze zugeben und umrühren. Wenn die Mischung eindickt, so viel Rinderbrühe zugeben, daß der Eintopf leicht flüssig wird. Zudecken und 2–3 Stunden köcheln lassen, bis das Fleisch durch ist. Gelegentlich prüfen, ob Brühe nachgegossen werden muß.

4. Den Eintopf in Schüsseln mit Croutons, süßer Butter und einem Ale servieren.

Ergibt 4–6 Portionen

Winterliches

CHOLENT

Kochbuchautor Copeland Marks schreibt über dieses Gericht: »Cholent war eines meiner Lieblingsgerichte im Winter zu Hause in Vermont – ein sättigendes, köstliches Armeleuteessen, das von den osteuropäischen Juden stammt. Freitags nachmittags wurde es in den Ofen geschoben, wo es langsam bei sehr schwacher Hitze garte. Am Sabbath nachmittag dann, nach dem Besuch der Synagoge, nachdem es die ganze Nacht und den Vormittag über gegart hatte, wurde es gegessen.«

170 g getrocknete weiße Bohnen
675 g Rindfleisch, entbeint und in 4 gleich große Stücke geschnitten
4 Kartoffeln, geschält
1 Zwiebel, geviertelt
1 TL Salz
1 Msp. frisch gemahlener schwarzer Pfeffer
750 ml Hühnerbrühe (Rezept Seite 47 oder Dosenware; nach Belieben)

1. Die Bohnen über Nacht zugedeckt in Wasser einweichen.

2. Den Ofen auf 180 °C vorheizen.

3. Die Bohnen abgießen und mit Fleisch, Kartoffeln, Zwiebel, Salz und Pfeffer in einen großen Tontopf geben. So viel Wasser zugeben, daß das Gemüse gerade bedeckt ist. Den Topf zunächst mit Alufolie zudecken, dann mit dem Deckel abschließen. 30 Minuten im Ofen garen.

4. Temperatur auf 90 °C reduzieren. Mindestens 10 Stunden köcheln lassen. Nicht rühren oder stören.

5. In Suppenschüsseln servieren. Nach Belieben etwas heiße Hühnerbrühe zugeben. Mit Salz und Pfeffer abschmecken.

Ergibt 4 Portionen

Copeland Marks' umfangreiche Rezeptsammlung zeugt von seinen ausgedehnten Reisen.

Fleischparieren im Lobel's (Madison Avenue)

Mulligans

RESTE-EINTOPF

Dieses herzhafte Rezept stammt vom ehemaligen Feuerwehrhauptmann John Mulligan.

2 kg Eintopf-Rindfleisch, 3,5–4 cm groß gewürfelt
2 TL Salz
1 TL frisch gemahlener schwarzer Pfeffer
100 g Mehl
2–3 EL Pflanzenöl
3 große Möhren, gewürfelt
100 g Rüben, geschält und gewürfelt
1 kleine Zwiebel, in dünne Scheiben geschnitten
4 große Ofenkartoffeln, in 1–1,5 cm breite Scheiben geschnitten

1. Das Fleisch mit Salz und Pfeffer bestreuen und in 8 Eßlöffel Mehl wenden, so daß es rundum bedeckt ist. Einen Eßlöffel Öl in einer ofenfesten Sechs-Liter-Kasserolle erhitzen. Das Fleisch portionsweise auf mittlerer bis starker Stufe rundum anbraten. Großzügig Öl verwenden. Das Fleisch beiseite stellen.

2. 125 ml Wasser in die Kasserolle geben. Anhaftende Fleischrückstände vom Boden lösen. Das Fleisch wieder in die Kasserolle geben. Wasser zugeben, bis es 2,5 cm hoch bedeckt ist. Aufkochen lassen und 5 Minuten kochen, dann bei reduzierter Temperatur 2 Stunden köcheln lassen.

3. Den Eintopf abschöpfen. Möhren, Rüben, Zwiebeln und Kartoffeln zugeben. Mit Salz und Pfeffer abschmecken. Etwa 45 Minuten köcheln lassen, bis das Gemüse zart ist. Wenn nötig, Wasser zugeben, damit das Fleisch stets bedeckt ist.

4. Das restliche Mehl mit 125 ml Kochflüssigkeit mischen und glattrühren. In den Eintopf einrühren. 10 Minuten köcheln lassen. Servieren.

Ergibt 8 Portionen

Hughs

MONGOLISCHER HOT POT

Hugh O'Neill lebt in der Upper East Side und ist einer von zwei Besitzern eines Grills, der vor fast dreißig Jahren nach seinen Anweisungen in Saigon gebaut wurde. Dieser steht jetzt im Garten seines Mitbesitzers und wird immer benutzt, wenn O'Neill zu Besuch kommt. Sind sie aber zu faul, ihn anzuheizen, begnügen sie sich mit dem mongolischen Hot Pot, einem mit Holzkohle beheizten Topf mit großem Schornstein. In ihm wird ein fondueähnliches Gericht zubereitet, bei dem man dünne Rind- oder Lammfleischscheiben mit Gemüse in einer Brühe am Tisch gart. Ersatzweise kann man auch einen Fonduetopf oder eine elektrische Pfanne verwenden.

BRÜHE
Kochendes Wasser für Pilze und Glasnudeln
30 g getrocknete chinesische Pilze
60 g Glasnudeln
1,5 l Rinderbrühe (Rezept S. 61 oder Dosenware)
2 Tofublöcke, gewürfelt
1 TL Knoblauch, feingehackt
1 TL frischer Ingwer, feingehackt

DIP
750 ml Reiswein
190 ml Sojasauce
190 ml asiatisches Sesamöl
190 ml Reisessig
250 g Sesampaste
60 ml scharfe Pfeffersauce, z. B. Tabasco
100 g Frühlingszwiebeln, gehackt

HOT POT
900 g Rindfleisch oder Lamm, hauchdünn geschnitten (Bitten Sie Ihren Metzger, das Fleisch zu schneiden. Möchten Sie es selber schneiden, vorher in den Gefrierschrank legen, bis es fast gefroren ist.)
1 kleiner Chinakohl, gewaschen, geputzt und mundgerecht kleingeschnitten
450 g frischer Spinat, gewaschen, harte Stiele entfernt, in mundgerechte Stücke zerrupft
1 großer Brokkolikopf, Stiele entfernt, Röschen mundgerecht kleingeschnitten
12 große oder 18 kleine Pitabrote, halbiert, in Alufolie gewickelt und im Ofen aufgewärmt

1. Für die Brühe ausreichend kochendes Wasser in eine kleine Schüssel gießen, um die Pilze zu bedecken. 20 Minuten einweichen. In einer anderen Schüssel die Glasnudeln mit kochendem Wasser bedecken. 20 Minuten einweichen.

2. Das Kochwasser der Pilze in eine Kasserolle abgießen. Die Pilze spülen, in kleine Stücke schneiden und in die Kasserolle geben. Das Nudelwasser wegschütten. Die Nudeln halbieren und in die Kasserolle geben. Rinderbrühe, Tofu, Knoblauch und Ingwer zugeben. Auf mittlerer Stufe erhitzen.

3. Jedes Gedeck sollte eine Schüssel für den Dip, Stäbchen oder Fonduegabel, einen Suppenlöffel, eine kleine Suppenschüssel und einen Teller umfassen. Dip-Zutaten in getrennten Schüsselchen auf den Tisch stellen. Fleisch und Gemüse auf Platten anrichten und mit Pitabrot auf den Tisch stellen. In die Mitte den Hot Pot (oder Fonduetopf oder die elektrische Pfanne) stellen. Die Brühe in den Hot Pot gießen. Bei einem mongolischen Hot Pot weißglühende Kohlen in den Kegelfuß legen. Bei einem Fonduetopf oder anderen Topf das Feuer im Stövchen anzünden.

4. Wenn die Brühe zu kochen beginnt, bitten Sie ihre Gäste, sich selbst einen Dip nach ihrem Geschmack in der kleinen Schüssel zu mischen. Wenn die Brühe richtig kocht, ein bis zwei Fleischscheiben und etwas Gemüse in den Topf geben. Nach 30 Sekunden Fleischscheibchen und/oder Gemüse mit der Fonduegabel oder den Stäbchen herausfischen, prüfen, ob sie gar sind, in die Sauce eintunken und in das Pitabrot legen. Diesen Vorgang wiederholen und das Pitabrot mit Fleisch und Gemüse füllen. Wenn alles Fleisch und Gemüse aufgegessen ist, die Brühe aus dem Hot Pot auf die Suppenschüsseln verteilen.

Ergibt 6 Portionen

Hugh O'Neill und sein mongolischer Hot Pot

Pauls
HACKBRATEN

Laut Paul Schwarz, dem Direktor der Brooklyn New School in Red Hook, schmeckt dieser Braten am zweiten Tag sogar noch besser. Er schwärmt vor allem vom Hackbratensandwich mit Roggenbrot und Ketchup.

675 g mageres Rinderhackfleisch
220 g scharfe italienische Würstchen, ohne Haut, zerkrümelt
80 g grobe Semmelbrösel, vorzugsweise von getoastetem Roggenbrot
2 Eier, leicht verquirlt
1 TL Salz
1/2 TL Muskatnuß, frisch gerieben
1 Prise frisch gemahlener schwarzer Pfeffer
Pesto (Rezept folgt)
180 g Cheddar, gerieben
6 Scheiben Speck, knusprig gebraten, abgetropft und zerkrümelt
2 Eier, hartgekocht und gehackt

1. Den Ofen auf 180 °C vorheizen. Eine Ofenform (33 x 22 cm) mit Alufolie auslegen.

2. Hackfleisch, Würstchen, Semmelbrösel, verquirlte Eier, Salz, Muskatnuß und Pfeffer in einer Rührschüssel mischen.

3. Pesto, 120 g Cheddar, Speck und hartgekochte Eier in einer anderen Schüssel mischen.

4. Die Fleischmischung zwischen 2 Blatt Backpapier ausbreiten und zu einer etwa 8 mm dicken, rechteckigen Schicht ausrollen.

5. Das obere Backpapier abziehen. Die Pestomischung auf dem flachen Fleisch verstreichen. Das Fleisch wie eine Teigrolle aufrollen; dabei das Backpapier vorsichtig abziehen. Die Enden des Hackbratens mit den Fingern korrigieren, so daß eine schöne Rollenform entsteht und die Pestomischung nicht herausfällt.

6. Die Fleischrolle mit der Nahtstelle nach unten in die Ofenform legen. Die Rolle mit dem restlichen Cheddar bestreuen. Etwa 1 Stunde braten, bis das Fleisch gar und schön braun ist. Heiß servieren.

Ergibt 6–8 Portionen

PESTO

2 Knoblauchzehen
80 ml Olivenöl
100 g frische Basilikumblätter
40 g Pinienkerne
90 g Parmesan, frisch gerieben

1. Knoblauch und die Hälfte des Öls in einem Mixer pürieren. Restliches Öl, Basilikum, Pinienkerne und Parmesan zugeben und glattrühren.

2. Für den Hackbraten sollte Pesto recht trocken sein. Ist die Masse zu feucht, kann man sie mit Küchentüchern abtupfen, um überschüssiges Öl zu entfernen.

Ergibt 375 ml

Bill Blass'
HACKBRATEN

Bill Blass erzählt, daß er sein Hackbratenrezept durch ständiges Experimentieren entwickelt hat. Der Hackbraten gehört zum Pflichtmenü, wenn er Freunde bewirtet. In der Regel serviert er dazu rotes Pfeffergelee, gebratene Kartoffelschalen und Maispudding. Der Braten schmeckt kalt ebenso gut wie frisch aus dem Ofen.

140 g Selleriestangen, gehackt
1 Zwiebel, gehackt
3 EL Butter
900 g Rinderhackfleisch vom Filet
220 g Kalbshackfleisch
220 g Schweinehackfleisch
30 g frische Petersilie, gehackt
80 g saure Sahne
30 g weiche Semmelbrösel
1 Prise getrockneter Thymian
1 Prise getrockneter Majoran
Salz und frisch gemahlener Pfeffer, nach Geschmack
1 Ei
1 EL Worchestersauce
375 ml Chilisauce
3 Scheiben Speck

1. Den Ofen auf 180 °C vorheizen. Einen Bräter (20 x 10 cm) mit Öl einfetten.

2. In einer Pfanne Sellerie und Zwiebeln in der Butter auf mittlerer Stufe anbraten, bis sie weich sind. Vom Herd nehmen und 5 Minuten abkühlen lassen.

3. Hackfleisch, Petersilie, saure Sahne, Semmelbrösel, Thymian, Majoran, Salz und Pfeffer in die Pfanne geben. Ei und Worchestersauce verquirlen und zugeben. Alles vermengen und zu einem Laib formen.

4. Den Laib in den Bräter legen, mit der Chilisauce übergießen und die Speckscheiben darüber legen. Im Ofen über ein Backblech stellen, um herabtropfenden Saft aufzufangen. 1 Stunde garen, bis das Fleisch durch ist.

Ergibt 6–8 Portionen

Barbara Walters und Bill Blass an einem Abend ohne Hackfleisch
Foto: Reuters/Bettmann Newsphotos

Ann Gettys
HACKBRATEN

Dieses absolut überzeugende Hackbratenrezept gehört zu den Standardgerichten New Yorker Wohltätigkeitsveranstaltungen. Es wurde von Partyservice zu Partyservice weitergereicht. Die Pilze geben dem Braten einen köstlich waldigen Geschmack.

2 EL getrocknete Steinpilze
6 EL Butter
450 g frische Pilzkappen (675 g mit Stielen), gehackt
1/2 TL Salz
1/4 TL frisch gemahlener schwarzer Pfeffer
1 EL Pflanzenöl
260 g Zwiebeln, gehackt
2 Knoblauchzehen, feingehackt
120 g grobe Semmelbrösel
250 ml Hühnerbrühe (Rezept S. 47 oder Dosenware)
1,4 kg Rinderhackfleisch
3 Eier
30 g frische Petersilie, gehackt
2 EL Dijonsenf
1 TL frische Thymianblätter, feingehackt

1. Den Ofen auf 180 °C vorheizen.

2. Die Pilze mit warmem Wasser bedecken und 5 Minuten einweichen. Abgießen, abtropfen lassen und hacken.

3. 4 Eßlöffel Butter in einer Pfanne zerlassen. Getrocknete und frische Pilze 10–15 Minuten auf mittlerer Stufe anbraten, bis die Flüssigkeit verdampft ist. Mit Salz und Pfeffer abschmecken und beiseite stellen.

4. Die restliche Butter und das Öl in die Pfanne geben und auf mittlerer Stufe erhitzen. Die Zwiebeln unter häufigem Rühren 5–10 Minuten goldbraun anbraten. Den Knoblauch unterrühren und 1 Minute weich braten.

5. Die Semmelbrösel in der Hühnerbrühe einweichen. Rindfleisch, Pilze, Semmelbrösel, Zwiebelmischung, Eier, Petersilie, Senf und Thymian in einer großen Schüssel vermengen. Alles gut mischen, zu einem Laib formen und in einen Bräter (20 x 10 cm) legen. Im Ofen 1 1/2 Stunden goldbraun braten.

Ergibt 8 Portionen

Suzannes HACKBRATEN

Hackbraten ist eines der gemütlichsten Gerichte. Lektorin Suzanne Rafer serviert selbstgemachte Pickles dazu. Die Mischung aus schwarzem Pfeffer, Senfkörnern, Koriandersamen und Ingwer gibt diesem »alltäglichen« Gericht einen außergewöhnlichen Geschmack.

900 g Rinderhackfleisch
1 großes Ei plus 1 Eiweiß
1 große Knoblauchzehe, feingehackt
25 g Semmelbrösel
1/2 TL Salz
1 EL Olivenöl
125 ml Ketchup, vorzugsweise Heinz
500 ml Rinderbrühe (Rezept S. 61 oder Dosenware)
4 EL Mixed Pickles, in ein Baumwollsäckchen eingewickelt
2 Lorbeerblätter

1. Den Ofen auf 180 °C vorheizen.

2. Das Fleisch in eine große Rührschüssel geben und leicht flachdrücken. Ei und Eiweiß in einer Schüssel verquirlen. Knoblauch, Semmelbrösel und Salz zugeben und gut umrühren. Die Eimischung über das Fleisch gießen und mit den Händen vermengen. Gut durchmischen und einen etwa 20 x 10 x 6 cm großen Laib formen.

3. Das Öl in einem Topf auf mittlerer Stufe erhitzen. Den Fleischlaib 3–4 Minuten bräunen. Vorsichtig wenden, um auch die andere Seite 3–4 Minuten zu bräunen. Anschließend mit einem Pfannenheber unter das Fleisch gehen und prüfen, ob es nirgends festgebrannt ist. Vorsichtig lösen; anhaftende Fleischstückchen abkratzen.

4. Das Fleisch oben und an den Seiten mit Ketchup bestreichen. Die Brühe um den Laib herum verteilen und mit dem Ketchup verrühren. Die Pickles im Säckchen zugeben; auf jede Seite des Laibs ein Lorbeerblatt legen. Die Brühe aufkochen lassen. Den Topf zudekken und in den Ofen stellen. 1 Stunde kochen, bis der Laib fest und durch ist.

5. Den Fleischlaib aus dem Ofen nehmen. Er schmeckt am besten, wenn er erst etwas abkühlt und dann mehrere Stunden oder über Nacht im Kühlschrank steht (vorher Lorbeerblätter und Pickles herausnehmen, dabei den Saft aus dem Baumwollsäckchen pressen).

6. Den Fleischlaib kurz vor dem Servieren aus dem Kühlschrank nehmen und in 2,5 cm breite Scheiben schneiden. Das fest gewordene Fett von der Sauce schöpfen. Wenn die Sauce zu knapp erscheint, 125 ml Wasser zugeben. Denken Sie daran, daß die Sauce für ihr gesamtes sahniges Kartoffelpüree – neben grünen Bohnen die einzige geeignete Beilage – reichen muß. Die Fleischscheiben zurück in den Topf legen und 12 Minuten auf mittlerer Stufe aufwärmen, bis der Saft zu sieden beginnt und das Fleisch durch und durch warm ist.

Ergibt 4–6 Portionen

AUBERGINEN *mit Rinderhackfleisch*

Anders als die meisten Köche höhlt Lauri Saxe Sila die Auberginen nicht aus, sondern mischt das Hackfleisch mit Tomaten, Paprika und Petersilie und bedeckt sie damit.

3 EL Pflanzenöl
450 g Rinderhackfleisch
2 große Zwiebeln, feingehackt
450 g ganze Eiertomaten (Dosenware)
1 1/2 grüne Paprikaschoten, geputzt und gehackt
1/2 Bund frische Petersilie, Stiele entfernt und gehackt
Salz und frisch gemahlener schwarzer Pfeffer (nach Geschmack)
4 kleine Auberginen

1. 1 Eßlöffel Öl in einer Pfanne auf mittlerer Stufe erhitzen. Hackfleisch und Zwiebeln zugeben und anbraten. Das Fleisch mit einem großen Löffel gut aufbrechen und 15–20 Minuten braten, bis es leicht braun ist.

2. Inzwischen die Tomaten abgießen, den Saft in einer Schüssel auffangen. 2 Tomaten beiseite legen. Die restlichen Tomaten hacken und zur Fleischmischung geben. Gut umrühren und 1 Minute aufkochen lassen.

3. 2 Eßlöffel Paprika zurückbehalten. Den Rest zur Fleischmischung geben und 15 Minuten kochen, bis er weich ist.

4. Die Petersilie einrühren, mit Salz und Pfeffer würzen und weitere 10 Minuten kochen.

5. Den Grill vorheizen.

6. Die Auberginen waschen und trocknen. Mit einem scharfen Messer 1–1,5 cm breite Streifen der Haut jeweils im gleichen Abstand abschälen, um ein Streifenmuster zu erzeugen. Die Auberginen längs halbieren. Das Fleisch mehrmals schräg einschneiden, ohne die Außenhaut zu verletzen. Alle Seiten mit Öl einreiben.

7. Die Auberginen auf einem Backblech anrichten und weit von der Hitzequelle entfernt insgesamt 10 Minuten leicht braun grillen; wenn nötig, mehrmals wenden.

8. Den Ofen auf 180 °C vorheizen.

9. Die Auberginenhälften mit der Außenhaut nach unten in eine flache Ofenform legen. Die Fleischmischung gleichmäßig auf alle Hälften verteilen. Die beiden Tomaten in Scheiben schneiden und auf die Hälften legen. Mit Paprika bestreuen. Den restlichen Tomatensaft über die Auberginen träufeln. Die Ofenform mit Folie zudecken. 45 Minuten im Ofen garen, bis die Auberginen weich sind.

Ergibt 4 Portionen

Mrs. Mallis'

MINA (TÜRKISCHE FLEISCHPASTETE)

Vera Mallis aus Brooklyn serviert zu dieser türkischen Fleischpastete mit Matzenkruste türkische Eier: »Sammeln Sie etwa eine Woche

Die Frauen der Familie Mallis (von links nach rechts): Brooke, Stephanie, Vera, Fern, Joanne und Victoria

lang Zwiebelschalen. Geben Sie diese mit Kaffeesatz und 12 Eiern in einen großen Topf und füllen sie ihn mit kaltem Wasser. Kochen Sie alles auf niedriger Stufe 3–4 Stunden. Der Geschmack dieser Eier ist einfach paradiesisch. Aber verraten Sie niemandem, wie Sie die Eier gekocht haben.«

3 EL Pflanzenöl
5 Zwiebeln, gehackt
1/2 TL Salz
1/4 TL frisch gemahlener schwarzer Pfeffer
1 TL Zimtpulver
900 g Rinderhackfleisch
3 Eier, verquirlt
etwa 6 Matzen
1 Ei, verquirlt, als Glasur

1. Das Öl in einer großen Pfanne auf mittlerer Stufe erhitzen. Die Zwiebeln zugeben und 5 Minuten glasig dünsten. Salz, Pfeffer, Zimt und Fleisch zugeben. Das Fleisch mit einem großen Löffel aufbrechen und 15–20 Minuten nur leicht bräunen. 125 ml Wasser zugeben. Die Pfanne vom Herd nehmen, abkühlen lassen und ohne Deckel 30 Minuten in den Kühlschrank stellen.

2. Die Eier zugeben und gut mischen. Beiseite stellen.

3. Den Ofen auf 180 °C vorheizen.

4. Eine große, breite Schüssel mit kaltem Wasser füllen. Die Matzen hineinlegen, bis sie durchgeweicht sind, aber noch nicht auseinanderfallen. Herausnehmen und auf mehrere Schichten Küchentücher legen. Eine weitere Schicht Küchentücher auf die Matzen legen, um die restliche Feuchtigkeit aufzusaugen. Boden und Ränder einer Ofenform (33 x 22 cm) mit Matzen auslegen. Die Fleischmischung darauf legen und mit restlichen Matzen zudecken. Mit verquirltem Ei bepinseln. Im Ofen 45 Minuten goldbraun backen.

Ergibt 8 Portionen

»21« Club-BURGER

Mächtig und saftig – diese neue Version des New York Classic ist schwer zu schlagen.

KRÄUTERBUTTER
110 g Butter, zimmerwarm
2 EL frisches Basilikum, feingehackt
1 EL frischer Thymian, feingehackt
1 EL frische Petersilie, feingehackt
1/4 TL Salz (oder nach Geschmack)
1 Prise frisch gemahlener schwarzer Pfeffer

SALATGARNIERUNG
24 Scheiben von reifen Tomaten
16 dünne Scheiben von roten Zwiebeln
375 ml Olivenöl
250 ml Zitronensaft, frisch gepreßt

BURGER
2,7 kg Rinderhackfleisch
Salz und frisch gemahlener schwarzer Pfeffer
16 Scheiben Bauernbrot, etwa 12 cm im Durchmesser und 1,5 cm dick
125 ml Olivenöl

Die berühmten Jockeys vor dem Club »21«

1. Für die Kräuterbutter alle Zutaten im Mixer glattrühren. In Frischhaltefolie wickeln, zu einer Rolle formen und eingepackt in den Kühlschrank legen.

2. Für den Salat alle Zutaten in eine Schüssel geben. Gut mischen und beiseite stellen.

3. Den Grill vorheizen.

4. Für die Burger die Butter auswickeln und in 8 Stücke schneiden. Das Fleisch in 8 gleich große Stücke schneiden. In die Mitte jeder Fleischportion mit dem Daumen eine Mulde drücken und ein Stück Butter hineinlegen. Das Fleisch wieder darüber zusammendrücken. Jede Portion zu einem 2,5 cm dicken Pastetchen formen. Salzen und pfeffern.

5. Die Burger 4 Minuten auf jeder Seite blutig-rosa grillen.

6. Inzwischen das Brot mit Olivenöl bestreichen. Auf dem Grill von beiden Seiten toasten. Jeden Burger auf 2 Scheiben italienischen Toast legen und mit Salat garnieren.

Ergibt 8 Portionen

MARINIERTE HAMBURGER

vom Madison Square Park

Die meisten Menschen denken bei Madison Square an den legendären Madison Square Garden. Es gibt jedoch auch einen Madison Square Park. Um ihn herum ernähren sich hungrige Arbeiter am Mittag von Hamburgern wie diesem, der in Wein und Knoblauch mariniert ist und an Straßenständen verkauft wird.

900 g Rinderhackfleisch
8 Knoblauchzehen, feingehackt
750 ml trockener Weißwein
Salz und frisch gemahlener schwarzer Pfeffer

1. Aus dem Hackfleisch 6 Hamburger formen. In eine flache Schüssel oder Ofenform geben. Knoblauch über die Hamburger streuen, Weißwein darüber gießen und mit Salz und Pfeffer abschmecken. Mit Frischhaltefolie zudecken und mindestens 3 Stunden kalt stellen, dabei die Hamburger stündlich wenden. Eine halbe Stunde vor dem Kochen aus dem Kühlschrank nehmen.

2. Gartengrill, Grillofen oder eine gußeiserne Pfanne auf mittlerer Stufe aufheizen, bis fast Rauch aufsteigt.

3. Die Burger 3–4 Minuten pro Seite blutig grillen oder braten. Auf Brötchen servieren.

Ergibt 6 Portionen

Angela Palladinos

FLEISCHBÄLLCHEN

Die Malerin und Bildhauerin Angela Fodele Palladino ist in Sizilien aufgewachsen. Ihre Fleischbällchen kann man gut als Vor- oder Hauptspeise entweder mit Nudeln oder als Sandwich servieren.

Angela Palladinos Fleischbällchen schmecken mit und ohne Sauce.

450 g Rinderhackfleisch
2 Eier, leicht verquirlt
20 g glatte Petersilie, gehackt
3 Scheiben Weißbrot (ohne Kante), in 500 ml Milch eingeweicht
2 EL Romano-Käse, frisch gerieben
2 EL Parmesan, frisch gerieben
frisch gemahlener schwarzer Pfeffer, nach Geschmack
250 ml Distelöl, zum Fritieren

1. Fleisch, Eier und Petersilie in einer Schüssel mischen. Vorsichtig die Milch aus dem eingeweichten Brot pressen und das Brot in die Fleischmischung krümeln. Käse und Pfeffer zugeben. 12 Bällchen aus der Mischung formen, auf ein Stück Backpapier verteilen und 15 Minuten kalt stellen.

2. Eine große Pfanne auf mittlerer Stufe erhitzen. Das Öl hineingeben. Wenn es heiß ist, die Fleischbällchen hineinlegen und etwa 10 Minuten rundum bräunen. Wenn Sie die Fleischbällchen so essen wollen, wie sie sind, weitere 10 Minuten garen, bis sie durch sind. Wenn Sie sie mit einer Sauce essen wollen, mit einem Schaumlöffel herausnehmen und in den Saucentopf geben. Weitere 15 Minuten kochen, dann servieren.

Ergibt 12 Fleischbällchen

Gefüllter WIRSING

In ihrer Kindheit gab es bei der Künstlerin Brenda Miller, deren Mutter Florence 1932 nach Amerika auswanderte, Freitag abends immer gefüllten Kohl. Brenda sagt, daß »das ganze Haus nach Wirsing roch. Wir aßen ihn als Vorspeise mit viel Challah zum Eintunken.«

1 Wirsingkopf
450 g mageres Rinderhackfleisch
1 Ei
Salz und frisch gemahlener schwarzer Pfeffer (nach Geschmack)
Saft von 1 kleinen Zitrone
1 Zwiebel, gehackt
1 EL weißer Reis, ungekocht
6 frische Tomaten, entkernt und gehackt
230 g Tomatensauce
130 g Rosinen
1 EL plus 2 TL Zucker
1 TL getrockneter Oregano
1 TL süßes Paprikapulver

1. Den Wirsingstrunk abschneiden; die Blätter ablösen. Blätter, die zum Rollen zu klein sind, hacken.

2. Einen großen Topf mit Wasser aufkochen lassen. Die Wirsingblätter blanchieren, bis sie weich sind. In einem Sieb abtropfen lassen, unter fließend kaltem Wasser abkühlen, abtropfen lassen und trockentupfen. Dicke Adern am unteren Teil der Blätter in einem Dreieck herausschneiden.

3. Hackfleisch, Ei, Salz, Pfeffer, die halbe Menge Zitronensaft, 2 Teelöffel gehackte Zwiebel sowie den Reis in einer Rührschüssel mischen.

4. Den Rest der Zwiebel und den gehackten Wirsing in einem großen Topf mischen.

5. Je einen Eßlöffel Fleischmischung auf dem unteren Drittel der Wirsingblätter verteilen, die überstehenden Seiten darüberklappen und die Blätter zu einem Zylinder aufrollen. So viele Blätter füllen, bis die Fleischmischung aufgebraucht ist. Die Wirsingrollen auf die Zwiebel-Wirsing-Mischung im Topf legen.

6. Tomaten, Tomatensauce, Rosinen, den restlichen Zitronensaft, Zucker, Oregano und Paprika auf den Wirsingrollen verteilen. Mit Salz und Pfeffer würzen. Zugedeckt auf mittlerer Stufe etwa 2 Stunden kochen.

Ergibt 4–6 Portionen

CHIPPED BEEF *in Sahnesauce*

Pat Riley erinnert sich, daß sie als Kind noch eine sehr viel einfachere Version dieses Rezepts gegessen hat. »Aber es bleibt ein einfaches und beliebtes, leichtes Gericht zum Abendessen oder Brunch.« Wenn das Fleisch (gepökeltes, geräuchertes und anschließend zwei Wochen getrocknetes Rindfleisch) sehr salzig ist, kann man es einige Minuten lang ins kalte Wasser legen und anschließend abtropfen lassen.

4 EL Butter oder Margarine
110 g Chipped Beef, in mundgerechte Stücke geschnitten
2 EL Zwiebel, feingehackt
3 EL Mehl
625 ml Milch
250 g saure Sahne
2 EL Petersilie, feingehackt
4 englische Muffins, aufgeschnitten

1. Die Butter in einer Pfanne auf mittlerer Stufe zerlassen. Rindfleisch und Zwiebeln darin 5–10 Minuten weich dünsten. Das Mehl zugeben, eine Minute umrühren und langsam die Milch zugießen. Umrühren und 5–10 Minuten kochen, bis die Sauce glatt ist und eindickt.

2. Saure Sahne und Petersilie einrühren. 1 Minute gut durchkochen.

3. Auf den Muffinhälften servieren.

Ergibt 4 Portionen

Kenny Galuras

REHBRATEN

Statt Rehbraten kann man auch Rind verwenden; die Kochzeit bleibt gleich. Mit einem Salatteller als Vorspeise, Nudeln und grünen Bohnen als Beilage und Apple-Pie als Nachtisch (für Pie-Rezepte siehe Register) ergibt das Ganze ein echtes Männermahl.

1 Reh- oder Rinderbraten, entbeint (2,2–3,2 kg)
4 Knoblauchzehen, halbiert
200 g Senf mit grünem Pfeffer
375 ml Ketchup
3/4 TL Salz
1/2 TL frisch gemahlener schwarzer Pfeffer
450 g Paprikaschoten, gehackt, gebraten, in Öl und Saft

1. Den Ofen auf 180 °C vorheizen.

2. Das Fleisch in eine Bratpfanne geben, achtmal 1,5 cm tief einschneiden und die Knoblauchhälften in die Spalten stecken.

3. In einer Rührschüssel Senf und Ketchup mischen; über den Braten gießen. Mit Salz und Pfeffer bestreuen.

4. Den Braten mit Paprika bedekken. Saft und Öl über das Fleisch verteilen. Die Pfanne mit Alufolie abdecken und 2–2 1/2 Stunden zart schmoren. Währenddessen den Braten dreimal mit dem Saft in der Pfanne bestreichen. Vor dem Aufschneiden 15 Minuten ruhen lassen.

Ergibt 10 Portionen

Pat Riley auf dem Union Square Gemüsemarkt

Detective Haywards'

REHEINTOPF

Dies ist die vereinfachte Version eines Rezepts von Walter Haywards, dem Kommissar des nördlichen Midtown-Morddezernats.

3 EL Mehl
1 TL Salz
½ TL frisch gemahlener schwarzer Pfeffer
1,4 kg Reh- oder Rindfleisch, 2,5 cm groß gewürfelt
60 ml Pflanzenöl
400 g Tomaten (Dosenware), abgetropft und zerdrückt
1 große Zwiebel, gewürfelt
3 Möhren, gewürfelt
4 Selleriestangen, gewürfelt
1,1 kg Kartoffeln, geschält und 1,5 cm groß gewürfelt
150 g frische oder gefrorene Erbsen
1 EL frische Petersilie, gehackt

1. Das Mehl mit Salz und Pfeffer würzen. Das Fleisch im gewürzten Mehl wälzen.

2. Das Öl in einer Kasserolle auf mittlerer bis hoher Stufe erhitzen. Das Fleisch darin von allen Seiten bräunen. Die Tomaten, Zwiebel, Möhren und den Sellerie zugeben. So viel Wasser aufgießen, daß der Topfinhalt etwa 2,5 cm hoch überdeckt ist. Aufkochen lassen, dann die Temperatur reduzieren und etwa 45 Minuten köcheln lassen. Wenn erforderlich, Wasser zugeben, damit das Fleisch gut bedeckt ist.

3. Die Kartoffeln zugeben und 35 Minuten köcheln lassen.

4. Die Erbsen zugeben und 10 Minuten köcheln lassen. Abschmecken. In Suppenschalen schöpfen und mit gehackter Petersilie bestreuen.

Ergibt 6–8 Portionen

KALB

mit Auberginen

Der Feuerwehrmann Frank Gambino probiert immer wieder etwas Neues aus, und Familie und Kollegen finden, daß es ihm immer sehr gut gelingt. Dieses Gericht ist eine seiner Spezialitäten, die er mit Ziti oder Reis mit Pilzen und Erbsen als Beilage serviert. Besonders gut dazu paßt aber auch Georgios Artischocken-Salat mit Parmesan (Rezept siehe Seite 172).

1 Ei
125 ml Milch
450 g Kalbsschnitzel, gut flachgeklopft
160 g feine gewürzte Semmelbrösel
250 ml Olivenöl
1 Aubergine, längs in 0,5 cm breite Scheiben geschnitten
900 g Tomatensauce
110 g Prosciutto, Fett entfernt und in dünne Scheiben geschnitten
15 g frische Petersilie, gehackt
75 g Mozzarella, gerieben

1. Den Ofen auf 180 °C vorheizen.

2. Ei und Milch in einer Schüssel verquirlen. Die Kalbsschnitzel in die Ei-Milch-Mischung tauchen und in Semmelbröseln wälzen.

3. Ein Viertel des Olivenöls in einer Pfanne auf mittlerer Stufe erhitzen. Die Schnitzel goldbraun braten (etwa 3 Minuten pro Seite) und mit einem Küchentuch abtupfen.

4. Die Pfanne auswischen. 60 ml Olivenöl auf mittlerer Stufe erhitzen. Die Auberginenscheiben 3 Minuten auf jeder Seite braten. Evtl. Olivenöl zugeben. Die Auberginenscheiben mit einem Küchentuch abtupfen.

5. Den Boden von zwei Ofenformen (33 x 22 cm) 1 cm hoch mit Tomatensauce bedecken. Die Schnitzel in die Form legen. Auf jedes Schnitzel je eine Scheibe Aubergine und Prosciutto legen. Die restliche Sauce darüber gießen. Mit Petersilie und Mozzarella bestreuen. 30 Minuten backen, bis der Mozzarella geschmolzen und goldbraun ist.

Ergibt 4 Portionen

Frank Gambino bei der Arbeit in der Küche der Feuerwache

Marcello Sindonis

GEFÜLLTE KALBSSCHNITZEL

Dieses süditalienische Gericht schmeckt hervorragend mit Nudeln oder Reis.

110 g Kochschinken, feingehackt
110 g Salami, feingehackt
110 g Mortadella, feingehackt
60 g Fontina, feingehackt
60 g helle Rosinen, 30 Minuten zugedeckt in Wasser eingeweicht und abgegossen
40 g Pinienkerne
Salz und frisch gemahlener schwarzer Pfeffer (nach Geschmack)
2 Eier
80 g feine gewürzte Semmelbrösel
16 Kalbsschnitzel (insgesamt 450 g), gut flachgeklopft
2 Zwiebeln, jede in 8 dicke Stücke geschnitten
16 Lorbeerblätter, gewaschen
60 ml Olivenöl

1. Schinken, Salami, Mortadella und Fontina in einer Schüssel mischen. Rosinen und Pinienkerne zugeben und mit Salz und Pfeffer würzen. Ein Ei zugeben und gut verrühren.

2. Den Grill vorheizen.

3. Das zweite Ei in einer Schüssel leicht verquirlen. Die Semmelbrösel in einer flachen Schüssel verteilen. Die Schnitzel flach auslegen. Die Füllung auf die Schnitzel verteilen. Die einzelnen Schnitzel aufrollen, in das verquirlte Ei tunken und in den Semmelbröseln wälzen. Die Rouladen auf vier 30 cm lange Metallspieße verteilen und dazwischen je ein Zwiebelstück und ein Lorbeerblatt aufspießen. Jeder Spieß sollte je 4 Kalbsrouladen, Zwiebelstücke und Lorbeerblätter tragen. Am Ende jeweils mit einem Lorbeerblatt abschließen.

4. Jeden Spieß 2 Minuten pro Seite grillen.

5. Den Ofen auf 200 °C vorheizen.

6. Die Spieße auf eine ofenfeste Servierplatte legen, mit Olivenöl beträufeln und 10 Minuten im Ofen braten, bis das Fleisch durch ist. Heiß servieren.

Ergibt 4 Portionen

Chef Scaffones

KALBSSCHNITZEL PIZZAIOLA

Das Barbetta ist eines der ältesten italienischen Restaurants der Stadt. In der ersten Hälfte dieses Jahrhunderts war es der Hafen der feinen italienischen Küche. Dieses viel kopierte Rezept stammt vom Chefkoch des Barbetta und erschien in Diana Ashleys Führer *Where to Dine in '39*. Zur Zeit steht der herzhafte Klassiker nicht auf der Speisekarte, aber das wird sich sicher wieder ändern.

PIZZAIOLA SAUCE
60 ml Olivenöl
2 Zwiebeln, gehackt
2 grüne Paprikaschoten, geputzt und gehackt
2 Selleriestangen, gehackt
1 TL Salz
1/4 TL frisch gemahlener schwarzer Pfeffer
3 Knoblauchzehen, feingehackt
500 g Tomaten (Dosenware), zerdrückt
1/4 TL getrocknete rote Chiliflocken
1 EL frische Petersilie, feingehackt

SCHNITZEL
16 Kalbsmedaillons (etwa 900 g), flachgeklopft 0,5–1 cm dick
60 g Mehl
100 ml Olivenöl
6 EL Butter

1. Für die Sauce das Öl in einer großen Pfanne auf mittlerer Stufe erhitzen. Zwiebeln, Paprika, Sellerie, Salz und Pfeffer zugeben. 5 Minuten kochen, bis die Paprika weich und die Zwiebeln leicht goldbraun sind. Knoblauch, Tomaten, Chiliflocken, Petersilie und 4 Eßlöffel Wasser zugeben. Temperatur reduzieren und ohne Deckel 30 Minuten köcheln lassen.

2. Die Kalbsmedaillons im Mehl wenden und auf Backpapier legen. Eine große Bratpfanne auf mittlerer Stufe aufwärmen, Öl und Butter zugeben und erhitzen. Die Kalbsmedaillons ins Fett legen und 1,5 Minuten pro Seite goldbraun braten. Die Sauce zugeben und eine weitere Minute kochen.

Ergibt 4 Portionen

Das Restaurant Barbetta's in der 46th Street

KALBSBRATEN

mit Dillsauce

Elisabeth Thorstensson, Chefköchin des Dinnersalons der Seagram Company, erzählt, daß ihre Mutter dieses preiswerte schwedische Gericht für die ganze Woche vorkochte.

1 Kalbsschulter (1,4–1,6 kg), entbeint, zusammengebunden
1 TL Salz
20 schwarze Pfefferkörner
2 Selleriestangen, geputzt und in 5 cm lange Stücke geschnitten
2 große Möhren, geschält, geputzt und in 5 cm lange Stücke geschnitten
1 Zwiebel, gehackt
6 EL frischer Dill, gehackt
3 EL destillierter Weißweinessig
3 EL Zucker
3 EL Butter
3 EL Mehl
½ TL Salz
¼ TL frisch gemahlener schwarzer Pfeffer

1. Das Fleisch in einen großen Topf legen und so viel Wasser zugeben, daß es gerade bedeckt ist. Halb zugedeckt aufkochen, dann bei reduzierter Temperatur 10 Minuten lang köcheln lassen; regelmäßig Schaum abschöpfen. Salz, Pfefferkörner, Sellerie, Möhren und Zwiebel zugeben. Zugedeckt 60–90 Minuten köcheln lassen, bis das Fleisch zart ist. Vom Herd nehmen und bis zum Servieren offen stehenlassen.

2. Inzwischen die Hälfte des Dills mit Essig und Zucker in einer Kasserolle aufkochen lassen. Vom Herd nehmen und 30 Minuten ziehen lassen. Die Flüssigkeit abgießen und aufbewahren.

3. Das Fleisch auf eine warme Platte legen. Das Kochwasser bis auf 750 ml abgießen.

4. Die Butter in einer Kasserolle auf mittlerer Stufe zerlassen. Mit einem Schneebesen das Mehl einrühren. Wenn Butter und Mehl gut vermischt sind, unter Rühren das restliche Kochwasser zugießen. Die süß-saure Dillflüssigkeit zugießen. Unter ständigem Rühren 2–3 Minuten köcheln lassen, bis die Sauce eindickt. Vom Herd nehmen, den restlichen Dill unterrühren, mit Salz und Pfeffer abschmekken und mit dem in Scheiben geschnittenen Fleisch servieren.

Ergibt 4–6 Portionen

Thomas Miners

LAMMKEULE MIT AUSTERNFÜLLUNG

Als der Chefkoch des Fraunces Tavern Restaurants, Thomas Miner, an George Washingtons Geburtstag ein Kolonialzeitmenu zusammenstellen wollte, kombinierte er die seinerzeit beliebtesten Speisen: Austern und Lamm. Zu diesem Bratengericht passen sehr gut grüne Bohnen oder andere leichte Gemüse. Als Dessert eignet sich Kibbys Feigenpudding (Rezept siehe Seite 455).

80 g feine Semmelbrösel
2 hartgekochte Eigelb, zerdrückt
3 Anchovis-Filets, gehackt
30 g Zwiebeln, gehackt
1 TL getrocknete Thymianblätter
1 TL getrocknetes Bohnenkraut
1 Msp. Muskatnuß, frisch gerieben
Salz und frisch gemahlener schwarzer Pfeffer (nach Geschmack)
12 Austern, aus der Schale gelöst
2 rohe Eier
2 kg Lammkeule, entbeint, flach auseinandergeklappt

1. Den Ofen auf 160 °C vorheizen.

2. Semmelbrösel, Eigelb, Anchovis, Zwiebeln, Thymian, Bohnenkraut, Muskatnuß, Salz und Pfeffer und die Austern in eine Rührschüssel geben und mit dem Mixer fein hakken. Während der Mixer läuft, die rohen Eier zugeben und das Ganze zu einer Paste verarbeiten.

3. Die Paste auf der Innenseite der Lammkeule ausstreichen. Die Keule aufrollen und mit Küchengarn zusammenbinden. Den Braten in eine Ofenform legen. 2¼ Stunden braten. Vor dem Aufschneiden 15 Minuten ruhen lassen.

Ergibt 6–8 Portionen

LAMMKEULE
mit Oregano-Kartoffeln

Rina Anoussis, die Inhaberin von The Travel Business, schickt Hunderte von Menschen rund um den Globus. Beim Kochen reist sie zurück in ihre griechische Heimat, aus der dieses Bratenrezept stammt. Das Gericht läßt sich sehr gut mit dem Rezept ihres Mannes, nämlich Takis Artischocken auf türkische Art (Seite 143), kombinieren.

1,8 kg Kartoffeln, geschält
knapp 2 kg Lammkeule, entbeint
4–6 Knoblauchzehen, in Scheibchen geschnitten
Salz und frisch gemahlener schwarzer Pfeffer (nach Geschmack)
2 EL frischer Oregano
2 EL Olivenöl
Saft von 2 Zitronen

1. Den Ofen auf 150 °C vorheizen.

2. Mit einem Kugelausstecher Kugeln aus den Kartoffeln schneiden und in einer Schüssel mit kaltem Wasser beiseite stellen (alternativ mit einem Messer würfeln).

3. Das Lammfleisch mehrfach einschneiden und die Knoblauchzehen in die Spalten stecken. Das Fleisch mit Salz und Pfeffer, einem Eßlöffel Oregano und Olivenöl einreiben. In einem Bräter 45 Minuten braten.

4. Die Kartoffeln aus dem kalten Wasser nehmen, mit Salz und dem restlichen Oregano bestreuen und mit Zitronensaft einreiben. Rings um das Lammfleisch in den Bräter geben. 45 Minuten braten, dabei die Kartoffeln gelegentlich wenden und hin und wieder nach Bedarf Wasser zugeben. Der Bräter darf nicht austrocknen.

5. Mit dem Fleischthermometer prüfen, wie gar das Fleisch ist. Der Braten ist bei 60 °C blutig-rosa und bei 70 °C durch. Wenn das Fleisch gar ist, aus dem Ofen nehmen und 10 Minuten ruhen lassen. In Scheiben schneiden und mit den Kartoffeln servieren.

Ergibt 6 Portionen

Grandma Sarahs
LAMM MIT PFLAUMEN (IM SCHNELLKOCHTOPF)

Kochbuchautorin Rose Levy Beranbaum hat dieses Rezept von ihrer Großmutter übernommen. »Diese ungewöhnliche Kombination von Lamm und Pflaumen ist eines meiner Lieblingsgerichte. Ursprünglich war es als Eintopf gedacht, aber ich lasse die Flüssigkeit so weit verdampfen, daß gerade genug zum Glacieren des Fleisches bleibt. Großmutter ließ den Braten stundenlang auf dem Ofen köcheln, aber im Schnellkochtopf wird das Fleisch in etwa 30 Minuten so zart, daß es auf der Zunge zergeht.« Für dieses Rezept benötigt man einen Sechs-Liter-Dampfkochtopf.

3 EL Mehl
2 TL Salz
$^1/_4$ TL frisch gemahlener schwarzer Pfeffer
1 gute Prise Cayennepfeffer
knapp 2 kg Lammkeule, entbeint, das Fleisch in 5 cm große Stücke geschnitten
4 EL Pflanzenöl
1 große Zwiebel, in dünne Scheiben geschnitten
2 Selleriestangen, in dünne Scheiben geschnitten
1 Knoblauchzehe, feingehackt
2 TL frischer oder $^1/_2$ TL getrockneter Thymian
1 Lorbeerblatt
360 g Pflaumen, entsteint
6 kleine rote Kartoffeln, halbiert

1. Mehl, Salz, Pfeffer und Cayennepfeffer in einem Plastikbeutel gut mischen. Nach und nach die Lammfleischstücke in den Beutel geben und im Mehlgemisch wenden, bis das ganze Fleisch paniert ist. Den Rest der Mehlmischung beiseite stellen.

2. Eine große, schwere Pfanne aufheizen. 2 Eßlöffel Öl zugeben und erhitzen, bis sich ein Film bildet. Das Fleisch portionsweise in die Pfanne geben; darauf achten, daß jedes Stück genug Platz hat (wenn das Fleisch zu dicht liegt, wird es gedämpft und grau). Auf mittlerer Stufe rundum bräunen, etwa 3 Minuten pro Seite; nach Bedarf mehr Öl zugeben. In eine Schüssel geben und beiseite stellen.

3. In derselben Pfanne Zwiebel und Sellerie anbraten, bis die Zwiebelstücke goldbraun sind. Die restliche Mehlmischung darüber streuen, den Knoblauch unterrühren und etwa 30 Sekunden unter Rühren braten.

4. Die Mischung in den Schnellkochtopf füllen. Das Fleisch obenauf legen. Thymian, Lorbeerblatt und 375 ml Wasser zugeben. Den Topf unter Druck setzen und 20 Minuten kochen. Pflaumen und Kartoffeln zugeben. Unter Druck 10 Minuten garen. Das Fleisch sollte fast vom Knochen fallen; die Kartoffeln sollten fest, aber gar sein.

5. Lamm und Gemüse auf einer Servierplatte anrichten. Die Sauce 5–10 Minuten kochen, bis sie eindickt. Die Sauce auf Fleisch und Gemüse verteilen und servieren.

Ergibt 6–8 Portionen

LAMM

mit Joghurt

Als die Autorin Brooke Kroeger noch Korrespondentin für United Press International im Nahen Osten war, erhielt sie von einer Freundin dieses Rezept für Lamm mit Joghurt. Inzwischen lebt Brooke wieder in New York, aber das Gericht mit grünen Bohnen und Reis ist ein beliebter Bestandteil ihrer Dinnerpartys. Es schmeckt auch sehr gut zu Mais-Limabohnen-Ragout (Rezept siehe Seite 136).

500 g Naturjoghurt
$^1/_2$ TL Muskatnuß, frisch gerieben
$^1/_2$ TL frisch gemahlener schwarzer Pfeffer
$^1/_2$ TL Salz
6 Knoblauchzehen, feingehackt
1 kleines Stück (1,5 cm) frischer Ingwer, geschält und feingehackt

Brooke Kroeger hat das Rezept für diese duftende Lammkeule im Nahen Osten aufgeschnappt.

60 ml Olivenöl
1 Lammkeule (2,5 – 3,5 kg), pariert, mit Knochen
6 ganze Gewürznelken
12 – 15 frische Minzeblätter

1. Joghurt, Muskatnuß, Pfeffer, Salz, Knoblauch, Ingwer und Olivenöl in einem Bräter mischen. Die Lammkeule in der Mischung wenden. Bei Zimmertemperatur mindestens 4 Stunden marinieren oder über Nacht kalt stellen.

2. Den Ofen auf 200 °C vorheizen.

3. Die Marinade in eine Schüssel abgießen. Gewürznelken und frische Minzeblätter auf das Fleisch drücken. Großzügig mit Marinade bestreichen. Mit Folie abdecken und 1 Stunde garen. Alle 20 Minuten mit Marinade bestreichen.

4. Temperatur auf 150 °C reduzieren. Die Folie entfernen und das Fleisch weitergaren, dabei regelmäßig mit Marinade bestreichen, bis das Fleischthermometer 65 – 70 °C anzeigt (insgesamt 1½ – 2 Stunden).

Ergibt 8 Portionen

Würziger LAMMEINTOPF

Dieses Rezept stammt von einem Taxifahrer aus Jamaika, von dem sich einige Freunde eines Nachts nach Hause fahren ließen. Ohne ihrem Zuhörer besondere Beachtung zu schenken, diskutierten sie angeregt über den Inhalt des Kühlschranks der Wohnung, zu der sie sich gerade kutschieren ließen. Als sie die Fahrt bezahlten, erlaubte sich der Fahrer, ihnen dieses Rezept auf der Basis der vorhandenen Zutaten vorzuschlagen. Es wurde ein köstliches Essen.

2 EL Mehl
1 TL Salz
½ TL Zimtpulver
¼ TL schwarzer Pfeffer
900 g Lammfleisch, 4 – 5 cm groß gewürfelt
3 EL Pflanzenöl
500 ml Rinderbrühe (Dosenware)
1 Lorbeerblatt
400 g Tomaten (Dosenware)
1 Zwiebel, gehackt
½ TL getrockneter Oregano
450 g frische grüne Bohnen, geputzt

1. Mehl, Salz, Zimt und Pfeffer mischen. Die Lammwürfel in der Mischung wenden. Das restliche Mehl aufbewahren.

2. Das Öl in einer Kasserolle auf mittlerer Stufe erhitzen. Das Fleisch darin portionsweise rundum bräunen. Überschüssiges Öl abgießen. Das Fleisch zurück in die Kasserolle geben. 250 ml Brühe zugießen, Lorbeerblatt zugeben. Zugedeckt bei reduzierter Temperatur 20 Minuten köcheln lassen. Das Lorbeerblatt entfernen.

3. Tomaten abgießen; den Saft in den Eintopf geben. Die Tomaten in kleine Stücke aufbrechen und beiseite stellen. Zwiebel, Oregano und Bohnen in den Eintopf rühren und zugedeckt köcheln lassen, bis das Fleisch weich ist.

4. 4 Eßlöffel des Kochwassers in einer Schüssel mit dem restlichen Mehl zu einer Paste verrühren. Diese langsam in den Eintopf rühren. Die Tomaten unterrühren. Mit Salz und Pfeffer abschmecken. Weitere 10 Minuten köcheln lassen.

Ergibt 6 Portionen

Deborah Markows

GESCHMORTE LAMMSCHLEGEL

Die Kunsthistorikerin Deborah Markow stürzt hier das geschmorte Lammfleisch aus einem Auflaufförmchen auf einen Teller und umgibt es mit einem Risottokranz oder gekochter Gerste. »Diese Idee, das Fleisch zu formen, habe ich von europäischen Restaurants übernommen. So wird aus einem gewöhnlichen Eintopf ein edles Gericht.«

4 Lammschlegel (je etwa 450 g)
2 EL Olivenöl
2 EL Mehl
3 Zwiebeln, gehackt
4 Lauchstangen, gut gewaschen und gewürfelt
6 Knoblauchzehen, feingehackt
8 sonnengetrocknete, in Öl eingelegte Tomaten
2 EL Öl von den sonnengetrockneten Tomaten
500 g Tomaten (frisch oder Dosenware), geschält, entkernt, gehackt
500 ml trockener Rotwein
1/2 TL getrockneter Oregano
1/2 TL frisch gemahlener schwarzer Pfeffer
1 Prise getrockneter Rosmarin

1. Den Ofen auf 160 °C vorheizen.

2. Mit einem sehr scharfen Messer Fett, Sehnen und Haut weitgehend vom Fleisch entfernen. Das Fleisch am verjüngten Ende vom Knochen lösen. Dazu das Fleisch zu einem Drittel entlang des Knochens aufschneiden.

3. Einen Eßlöffel Öl in einer großen, schweren Kasserolle auf mittlerer bis hoher Stufe erhitzen. 2 Schlegel trockentupfen und leicht bemehlen, dann im Öl rundum leicht bräunen. Auf eine Platte legen. Mit den beiden anderen Schlegeln ebenso verfahren. Auf die Platte legen.

4. Zwiebeln, Lauch, Knoblauch, sonnengetrocknete Tomaten und ihr Öl, Tomaten und Wein in der Kasserolle mischen und auf mittlerer Stufe 5–7 Minuten kochen, bis die Zwiebeln weich sind. Oregano, Pfeffer und Rosmarin zugeben. Die vier Schlegel aufrecht in die Kasserolle stellen. Das Gemüse wird die Schlegel nicht bedecken. Die Mischung aufkochen lassen. Ohne Deckel 1 Stunde kochen. Nach Bedarf Wein zugießen, um das Fleisch feucht zu halten.

5. Die Schlegel umdrehen und weitere 45 Minuten kochen. Darauf achten, daß die Sauce nicht anbrennt. Sie soll eindicken und das Fleisch gut bedecken, aber nicht am Topf anhaften.

6. Die Kasserolle vom Herd nehmen und abkühlen lassen. Das Fleisch vom Knochen lösen und wieder in den Topf geben. Die Mischung unter Rühren auf mittlerer Stufe erneut aufkochen lassen. Gleichmäßig auf 6 Auflaufförmchen verteilen, auf Teller stürzen und servieren.

Ergibt 6 Portionen

Deborah Markows Lammschlegel betören durch die hübsche Form auf dem Teller.

Mama Balduccis

BRODETTO

Balducci's zählt zu New Yorks Sehenswürdigkeiten. Die New Yorker kaufen hier Zutaten von höchster Qualität, wie sie nirgendwo anders in solcher Fülle zu finden sind. Zu Beginn dieses Jahrhunderts, als das First-Class-Warenhaus noch ein einfacher Gemüsestand war, bediente dort Mama Balducci. Ihre Tochter Nina setzte die Balducci-Erfolgsstory fort. Dieses Rezept ist eine der Spezialitäten ihrer Mutter.

2 kg Milchlammschlegel, entbeint, pariert und in Stücke geschnitten
1 große Zwiebel, gehackt
6 Eiertomaten, gehackt
3 EL frische glatte Petersilie, gehackt
2 große frische Basilikumblätter, gehackt
1 EL plus ½ TL Salz
2 TL plus 1 große Prise frisch gemahlener schwarzer Pfeffer
125 ml trockener Weißwein
450 g frische Erbsen, gepalt
8 große Eier, verquirlt
80 g Parmesan, frisch gerieben

1. Fleisch, Zwiebel, Tomaten, 2 Eßlöffel Petersilie, Basilikum, den Eßlöffel Salz, 2 Teelöffel Pfeffer, Weißwein und 250 ml Wasser in einem großen, schweren Topf mischen. Ohne Deckel auf mittlerer Stufe 1 Stunde köcheln lassen.

2. Inzwischen die Erbsen in 125 ml kochendem Wasser in einer Kasserolle 30 Sekunden blanchieren. Vom Herd nehmen, abgießen und abkühlen lassen.

3. Eier, Käse, restliche Petersilie, ½ Teelöffel Salz und eine Prise Pfeffer in einer Schüssel verrühren. Erbsen zugeben und beiseite stellen.

4. Den Ofen auf 180 °C vorheizen.

Bei Balducci's ist alles nur vom Feinsten und verlockend dekoriert.

5. Das Fleisch in eine große Kasserolle geben und mit der Eimischung begießen. 20–30 Minuten goldbraun backen.

Ergibt 8 Portionen

Südafrikanisches

BOBOTIE

Elizabeth Herz ist in Südafrika aufgewachsen. Ihre Mutter kochte dort mit einheimischen Zutaten, unter anderem Straußeneiern. Hühnereier sind laut Elizabeth genauso gut. Sie empfiehlt zu diesem Gericht Chutney, Reis und gehackte Tomaten.

2 dicke Scheiben Weißbrot ohne Kruste
250 ml warme Milch
2 EL Pflanzenöl
1 große Zwiebel, gehackt
2 EL Currypaste oder -pulver
1 EL Koriander, gemahlen
900 g rohes oder gekochtes Lamm, feingehackt
1 EL Aprikosenmarmelade
1½ TL Salz
1 EL destillierter Weißweinessig
1 Ei, verquirlt
40 g Rosinen
20 ganze geröstete Mandeln

SAUCE
3 Eier
2 EL unbehandelte Zitronenschale, gerieben
½ TL frischer Ingwer, gerieben
500 ml Milch
1 Prise Muskatnuß, frisch gerieben

1. Den Ofen auf 180 °C vorheizen.

2. Das Brot in einer flachen Schüssel in der Milch einweichen.

3. Das Öl in einer Pfanne auf mittlerer Stufe erhitzen. Die Zwiebel darin 5 Minuten glasig dünsten. Curry und Koriander zugeben und weitere 5 Minuten kochen. Das Fleisch zugeben und braten, bis es gar bzw. durchgewärmt ist; dabei mit einem Löffel aufbrechen. Vom Herd nehmen.

4. Mit einem Schaumlöffel das Brot aus der Milch nehmen und vorsichtig ausdrücken. Brot, Marmelade, Salz, Essig, Ei, Rosinen und Mandeln gut mit dem Fleisch mischen. Die Konsistenz sollte etwa wie beim Hackbraten sein.

5. Eine Drei-Liter-Back- oder Souffléform ölen, mit der Fleischmischung füllen und glattstreichen, dabei mit den Fingern das Fleisch vorsichtig in die Form drücken.

6. Für die Sauce Eier, Zitronenschale und Ingwer mit der Milch verquirlen. Durch ein Sieb auf das Fleisch verteilen. Mit Muskatnuß garnieren. 30–45 Minuten garen, bis die Sauce fest wird.

Ergibt 8–10 Portionen

Elizabeth Herz kocht südafrikanische Gerichte aus ihrer Kindheit.

Malca Lothanes

COUSCOUS

Restaurant- und Cafébesitzerin Malca Lothane gehörte immer schon zu den Couscous-Anhängern der Stadt. Ihr Rezept zeigt ihre Hingabe zu allem, was marokkanisch ist. Es ist etwas zeitaufwendig, doch der Aufwand lohnt sich.

50 g getrocknete Kichererbsen, über Nacht zugedeckt in Wasser eingeweicht
2 Zwiebeln, geviertelt
450–650 g Lammschulter, 5 cm groß gewürfelt
¼ TL Safranfäden oder -pulver
1 Msp. Kurkuma
2½ EL Butter
1 TL Salz
½ TL frisch gemahlener schwarzer Pfeffer
¼ TL Zimtpulver

GLASUR
40 g Rosinen
4 Zwiebeln, geviertelt und in 0,5 cm breite Scheiben geschnitten
¼ TL Safranfäden
1 Msp. Kurkuma
¼ TL Ingwer, gemahlen
80 g Zucker
1½ EL Butter
1 TL Zimtpulver
Salz und frisch gemahlener schwarzer Pfeffer (nach Geschmack)

ZUM GARNIEREN
3 Möhren, längs halbiert und in 5 cm große Stücke geschnitten
2 kleine Zucchini, längs halbiert und in 5 cm große Stücke geschnitten
2 Tomaten, geschält, entkernt und grobgehackt
400 g Couscous
75 g Mandeln, ganz, blanchiert
Zimtpulver, zum Bestäuben
2 EL Petersilie, feingehackt
2 EL Korianderblätter, feingehackt

1. Die Kichererbsen abgießen. In einem Topf mit frischem kalten Wasser bedecken. Zugedeckt 1 Stunde auf mittlerer Stufe kochen. Abgießen, abkühlen lassen und häuten; dazu in eine Schüssel mit kaltem Wasser geben und zwischen den Fingern reiben. Waschen und beiseite stellen.

2. Für die Brühe Zwiebeln, Fleisch, Safran, Kurkuma, Butter, Salz, Pfeffer, Zimt und 1,5 l Wasser in einem Topf 1 Stunde auf schwacher bis mittlerer Stufe kochen, bis das Fleisch weich ist.

3. Für die Glasur 250 ml Lammbrühe in eine Kasserolle geben. Rosinen, Zwiebeln, Safran, Kurkuma, Ingwer, Zucker, Butter, Zimt, Salz und Pfeffer zugeben und zugedeckt etwa 1 Stunde kochen.

4. Ohne Deckel etwa 30 Minuten auf mittlerer Stufe weiterkochen, bis die Flüssigkeit verdampft ist und die Zwiebeln glasiert sind. Vom Herd nehmen und ohne Deckel beiseite stellen.

5. Kichererbsen, Möhren, Zucchini und Tomaten in die Brühe einrühren. Auf mittlerer Stufe 30 Minuten köcheln lassen.

6. Inzwischen den Couscous nach Packungsangabe zubereiten.

7. Die Glasur erneut aufkochen lassen. Den Couscous auf einer großen Servierplatte anrichten; in die Mitte eine Mulde drücken. Die Brühe abgießen und Fleisch und Gemüse in die Mulde geben. Mit der Zwiebelglasur übergießen, mit Mandeln bestreuen und mit Zimt bestäuben. Genug Brühe über den Couscous gießen, damit er saftig ist. Mit Petersilie und Korianderblättern bestreuen und sofort servieren.

Ergibt 5 Portionen

Sharones

ZIEGENCURRY

Sharone Huey, Trainerin am Sports Training Institute, brachte dieses Rezept aus Jamaika mit. Das herzhafte Gericht sättigt zusammen mit Reis problemlos mehrere Personen. Wenn Sie kein Ziegenfleisch finden, nehmen Sie Lamm.

gut 1 kg Ziegenfleisch (oder Lamm) für Eintopf, entbeint und 4 cm groß gewürfelt
1 TL Salz
1/2 TL frisch gemahlener schwarzer Pfeffer
1 Prise Cayennepfeffer
2 EL Currypulver
4 Knoblauchzehen, zerdrückt
4 Frühlingszwiebeln, Enden gekürzt und gehackt
2 weiße Zwiebeln, gehackt
2 EL Butter
1 rote Paprikaschote, geputzt und feingehackt
1 grüne Paprikaschote, geputzt und feingehackt
80 g Rosinen
45 g ungesüßte Kokosraspel
80 g Erdnüsse, gehackt

1. Das Fleisch mit Salz, schwarzem Pfeffer, Cayennepfeffer und einem Eßlöffel Currypulver in einer Schüssel würzen. Knoblauch, Frühlingszwiebeln und Zwiebeln zugeben. Bei Zimmertemperatur mindestens 1 Stunde marinieren.

2. Die Butter in einer Pfanne auf mittlerer Stufe zerlassen. Das Fleisch ohne die Würzzutaten 5 Minuten rundum in der Butter bräunen; Würzzutaten beiseite stellen. Rote und grüne Paprika zugeben und weitere 3 Minuten braten. 500 ml Wasser und die beiseite gestellten Würzzutaten zugeben. Bei reduzierter Temperatur zugedeckt 40 Minuten köcheln lassen.

3. Das restliche Currypulver unterrühren. Die Pfanne vom Herd nehmen, zudecken und 10 Minuten beiseite stellen.

4. Rosinen, Kokosraspel und Erdnüsse in getrennte Schüsselchen geben. Zur Garnierung mit Fleisch und Reis servieren.

Ergibt 4–6 Portionen

Charles' GEWÜRZTES GRILLFLEISCH

Charles Morris Mount aus Alabama erzählt, daß sein Rezept etwa 20 Jahre Entwicklungszeit gebraucht hat. Sein Vater marinierte oft ein mit Trockengewürzen eingeriebenes Huhn über Nacht und grillte es am nächsten Tag mit Freunden. Der heute auf der Upper West Side lebende Architekt findet, daß sich die Methode bewährt hat. »Man kann es im voraus vorbereiten, und je länger es mariniert, desto besser. Beim Kochen bleibt es von allein saftig und würzig.«

GEWÜRZMISCHUNG
90 g brauner Zucker
2 EL Kreuzkümmel, gemahlen
2 EL Chili-Gewürzmischung
1 EL Zimtpulver
1 EL Muskatnuß, frisch gerieben
1 EL Muskatblüte, gemahlen
1/2 TL Gewürznelken, gemahlen
1/2 TL Cayennepfeffer
1/2 EL frisch gemahlener schwarzer Pfeffer plus extra (nach Geschmack)

GRILLFLEISCH
1 Schweinelende (675 g)
8 Lammkoteletts (900 g)
8 Hühnerbrusthälften, entbeint (etwa 1,5 kg)
2 TL Salz plus extra (nach Geschmack)

1. Sämtliche Gewürze in einer kleinen Schüssel mischen. Schwein, Lamm und Huhn mit 2 Teelöffeln Salz bestreuen und mit den Gewürzen einreiben. Das Fleisch in eine große Ofenform legen, zudecken und über Nacht kalt stellen.

2. Den Grill vorheizen. Die Schweinelende 30–40 Minuten grillen, bis das Fleischthermometer im Kern 65 °C anzeigt. Die Hühnerbrüste etwa 12 Minuten grillen, bis sie durch sind; dabei einmal wenden. Die Lammkoteletts etwa 7 Minuten blutig-rosa grillen; einmal wenden. Fleisch und Huhn aus dem Grill nehmen.

3. Die Schweinelende quer in 1 cm dicke Scheiben schneiden. Eine Hühnerbrusthälfte, ein Lammkotelett und 2 Scheiben Schweinelende auf jeden Teller geben und servieren.

Ergibt 8 Portionen

Daheim bei Charles Morris Mount

ITALIENISCHE WÜRSTCHEN *mit Paprika und Zwiebeln*

Es gibt so viele Wurst- und Paprikaverkäufer wie Ampeln im Stadtzentrum, und sie sind ein fester Bestandteil auf allen Straßenfesten. Dieses Rezept eines Cousins der Esposito Pork Store-Familie ist ein echter Hit und ausgesprochen einfach zuzubereiten.

900 g süße oder scharfe Finocchiona-Würste
2 rote Paprikaschoten, längs in 0,5 cm breite Streifen geschnitten
2 grüne Paprikaschoten, längs in 0,5 cm breite Streifen geschnitten
2 EL Olivenöl (nach Belieben)
4 Zwiebeln, in dünne Scheiben geschnitten
4 Knoblauchzehen, grobgehackt
Salz und frisch gemahlener schwarzer Pfeffer (nach Geschmack)
4 Hero Rolls (ersatzweise Baguettebrötchen), längs aufgeschnitten

1. Würstchen in einer Pfanne auf mittlerer Stufe braten; etwas Wasser zugeben, damit sie nicht am Boden anhaften. Wenn es verdampft ist, etwa 15 Minuten weiterbraten, dabei häufig wenden, bis sie goldbraun sind. Abtropfen lassen und warm halten.

2. Paprikastreifen im Würstchenfett 5 Minuten auf mittlerer Stufe weich braten. Zwiebeln und Knoblauch zugeben und mit Salz und Pfeffer würzen. Weitere 10–15 Minuten köcheln lassen, bis das Gemüse leicht braun ist. Mit den Würstchen auf den Brötchen servieren.

Ergibt 4 Portionen

John und George hinter der Theke vom Esposito's in Brooklyn

Schweinekoteletts
MIT KNOBLAUCH

June Bobb aus Brooklyn kocht leidenschaftlich. Ihr Tip für dieses köstliche Gericht: »Schließen Sie sämtliche Türen, sonst riechen Ihre Kleider noch tagelang nach Knoblauchschwein. Bei den Guyanern wird dazu selbstgebackenes Brot serviert.«

500 ml Apfelessig
6 dicke Schweinekoteletts, entbeint, pariert, geviertelt
15 dicke Knoblauchzehen
10 kleine, scharfe rote Chillies; wenn sie dicker als eine Pfennigmünze sind, nur 5 Stück verwenden
4 EL getrockneter Thymian
Salz (nach Geschmack)
6 ganze Gewürznelken
2 EL Pflanzenöl

1. Den Essig mit 500 ml Wasser in einer mittelgroßen Schüssel mischen. Das Fleisch mit einer Gabel sorgfältig in der Flüssigkeit baden, dann mit einer Gabel oder Zange herausnehmen und in einen Plastikbehälter mit dichtem Deckel legen. Das Essigwasser aufbewahren.

2. Knoblauch, Chillies und Thymian zusammen in einem Mixer zerkleinern. 250 ml Essigwasser zugeben und einige Sekunden mixen. Die Mischung über das Fleisch gießen. Mit dem restlichen Essigwasser aufgießen, bis das Fleisch vollständig bedeckt ist. Salz und Gewürznelken zugeben und gut umrühren. Den Behälter dicht schließen und 4 Tage kalt stellen.

3. Das Öl in einer großen Pfanne auf mittlerer Stufe erhitzen. Das Fleisch aus der Marinade nehmen und mit einem Küchentuch trockentupfen. Die restliche Marinade aufbewahren. Das Fleisch portionsweise bräunen, etwa 3 Minuten pro Seite. Gebratenes Fleisch beseite stellen, bis alle Stücke fertig sind.

4. 4 Eßlöffel Marinade (vorher die Gewürznelken entfernen) in eine Pfanne geben und auf hoher Stufe in 1–2 Minuten auf die Hälfte reduzieren. Das gesamte Fleisch zugeben und die Marinade absorbieren lassen. Vom Herd nehmen. Heiß servieren.

Ergibt 3 Portionen

David Poisals

SCHWEINEBRATEN MIT MAIS

Creamed Corn (Sahnemais) verleiht diesem herzhaften Schweinebraten Schwung, sagt David Poisal, einer der Meisterköche des Claire Restaurant im Chelsea-Viertel von Manhattan.

1 Schweinelendenbraten (knapp 2 kg), entbeint und zusammengebunden
3 Knoblauchzehen, in Scheibchen geschnitten
3 EL Dijonsenf
Salz und frisch gemahlener schwarzer Pfeffer (nach Geschmack)
500 g Creamed Corn (Mais in Sahnesauce)
1 grüne Paprikaschote, geputzt und gewürfelt
1 Zwiebel, gewürfelt

1. Mit einem kleinen Messer das Fleisch gleichmäßig einschneiden und die Knoblauchscheibchen in die Spalten stecken. Das Fleisch mit Senf einreiben und gut salzen und pfeffern. Zudecken und bei Zimmertemperatur 1 Stunde ruhen lassen.

2. Den Ofen auf 180 °C vorheizen.

3. Das Fleisch in eine schwere Kasserolle legen. Mais, Paprika und Zwiebel zugeben. Mit Salz und Pfeffer bestreuen. Zugedeckt $1^3/_4$ Stunden braten, dabei das Fleisch gelegentlich wenden. Den Deckel abnehmen und etwa 45 Minuten offen weiter braten, bis das Fleischthermometer 75 °C anzeigt.

Ergibt 6 Portionen

Frances'

SCHWEINEBRATEN

Frances Kovar lebt in Staten Island. Sie würzt ihren Schweinebraten mit sehr viel Knoblauch. Durch den Senf bildet sich eine leckere Kruste, die einen köstlich-herben Kontrast zum Fleischgeschmack liefert.

1 Schweinelendenbraten (etwa 1 kg), entbeint
$^1/_2$ TL Salz
$^3/_4$ TL getrockneter Oregano
$^3/_4$ TL getrockneter Thymian
$^1/_4$ TL frisch gemahlener schwarzer Pfeffer
3 Knoblauchzehen, in Scheibchen geschnitten
2 EL Dijonsenf
1 EL Pflanzenöl

1. Den Ofen auf 160 °C vorheizen.

2. Den Braten dünn einschneiden. Salz, Oregano, Thymian und Pfeffer mischen. Knoblauchscheibchen in der Gewürzmischung wenden und in die Bratenspalten stecken. Braten mit der übrigen Gewürzmischung einreiben.

3. Senf und Öl verrühren. Das Fleisch mit der Hälfte der Mischung bestreichen und in einer Viereckpfanne auf den Grillrost stellen. Das Fleischthermometer einstechen und 1 Stunde ohne Deckel braten.

4. Die restliche Senf-Öl-Mischung auf dem Braten verteilen. 1 weitere Stunde braten, bis das Thermometer 75 °C anzeigt.

Ergibt 4 Portionen

FESTIVALS

Straßen- und Kirchenfeste markieren den Lauf der Zeit und den Wechsel der Jahreszeiten. Zu solchen Gelegenheiten blühen die kleinen Städte in der großen erst richtig auf.

Es gibt unzählige Festivals unterschiedlichster Kategorien; insgesamt tanzt New York jährlich auf ungefähr zwölfhundert Straßenfesten. Alle sind eine Mischung aus Kirche und Distrikt mit einem kleinen Beitrag zur Portokasse. Einige sind kulinarisch lohnende Abenteuerreisen, besonders wenn es auf den Winter zugeht und die Feste mehr nach innen verlegt werden, in die Keller der Kirchen oder in die Turnhallen der Schulen.

Überall haben Jahreszeitfeste ihren eigenen, charakteristischen Geruch. Ein Frühlingsfest im pazifischen Nordwesten duftet nach Kirschblüten und Spargel. In der südlichen Atlantikregion wandert der Duft im Sommer von süßen Erbsen über Rosen und Pfirsichen zu Basilikum und Minze. Der bittersüße Geruch von Äpfeln und Wein auf einem Erntedankdinner, begleitet vom Rauch der Kamine, verrät Neuengland. In New York läßt sich der Lauf der Zeit am Geruch nach Fettgebackenem messen.

Der erste Duft eines Straßenblockfests im Frühjahr erfüllt mich mit kindlicher Vorfreude. Ich tanze für polnische »Chrusciki« auf dem **Ukrainian Festival** in der Lower East Side im Mai und stehe später Schlange für eine ähnliche Version auf dem **Czechoslovakian Festival** in Astoria.

Merkwürdigerweise verliert sich der ethnische Touch der Speisen, wenn die Gerüche von

Die Qual der Wahl auf dem Straßenfest Our Lady of Pompeii in der Carmine Street (Greenwich Village)

UKRAINIAN FESTIVAL 7th Street, zwischen Second und Third Avenue, Manhattan. Drittes Wochenende im Mai: Freitag 18–21 Uhr, Samstag 10–22 Uhr, Sonntag 13 Uhr bis Einbruch der Dunkelheit. Fest der Christianisierung des ukrainischen Staates.

Spezialitäten: Piroggen, gefüllter Wirsing (Rezept siehe Seite 294) und Borschtsch (Rezept siehe Seite 60). Kunsthandwerk und Folklore. Sponsoren: St. George's Ukrainian Catholic Church, 33 East 7th Street, Tel. (212) 674-1615.

NINTH AVENUE FAIR Ninth Avenue, zwischen 37th und 57th Street, Manhattan. Mitte Mai. Internationale Küche über 20 Straßenblöcke. Höhepunkte: italienische, griechische (Rezept siehe Seite 358) und thailändische Küche (Rezept siehe Seite 247).

CZECHOSLOVAKIAN FESTIVAL Bohemian Hall, 29-19 24th Avenue, Astoria, Queens. Die beliebteste Spezialität ist gebratene Ente mit Kümmelsamen. Darüber hinaus werden Kielbasa, Schweinelende und andere tschechische und slowakische Spezialitäten geboten. Organisation: Bohemian Hall, Tel. (718) 274-4925.

ST. ANTHONY'S FEAST Sullivan Street, West Houston, Manhattan. Das Fest zu Ehren des Schutzheiligen der St. Anthony's Church dauert zehn Tage (in der Regel 2. Juniwochenende). Es ist stark italienisch geprägt und dem San Gennaro Festival ähnlich, jedoch kleiner und etwas ruhiger. Nähere Informationen bei der St. Anthony's Church unter Tel. (212) 777-2755.

LOWER EAST SIDE JEWISH FESTIVAL East Broadway, zwischen Clinton und Essex Street, Manhattan. An einem Sonntag im Juni, 11–18 Uhr. Koschere Speisen, u. a. Falafel und Calzone. Organisation: Fred Siegel, Educational Alliance Inc., Tel. (212) 475-6200.

PHILIPPINE INDEPENDENCE STREET FAIR 45th Street, zwischen Madison Avenue und Avenue of the Americas, Manhattan. Sonntag zwischen 12. und 16. Juni, nachmittags bis 20 Uhr. Philippinische Gesänge, Tänze und Spezialitäten wie gegrilltes Schwein und Pansit (Rezept siehe Seite 246). Organisation: Nilda Jaynal, Präsidentin des Philippine Independence Day Committee, Tel. (914) 592-8607.

Our Lady of Mt. Carmel Feast East 187th Street, zwischen Cambreleng und Arthur Avenue. 18.–28. Juli, 18–23 Uhr. Italienische Spezialitäten wie Käsesteak und Würstchen mit Paprika (Rezept siehe Seite 307f.), Fahrgeschäfte und Spiele. Organisation: Our Lady of Mt. Carmel Church, 627 East 187th Street, Tel. (212) 295–3770.

Our Lady of Pompeii Feast Carmine und Bleecker Street, zwischen Seventh Avenue und Avenue of the Americas, Manhattan. Beginn an einem Donnerstag im Juli, täglich von 11.00–23.30 Uhr, 11 Tage. Fahrgeschäfte und Buden, italienisches Essen. Organisation: Our Lady of Pompeii Church, 25 Carmine Street, Tel. (212) 989–6805.

Fiesta de Santiago Apostle Church of Our Lady of Guadalupe, 229 West 14th Street, zwischen Seventh Avenue und Ninth Avenue, Manhattan, Tel. (212) 243–5317. An 4 Tagen Ende Juli feiert diese Gemeinde das Fest des spanischen Schutzheiligen, des Apostels Jacobus. Pater Peter bezeichnet sein Fest als »Treffen der Liga der Nationen«.

Zwölf Länder sind in seiner Gemeinde vertreten; Kirchgänger aus Mexico, Ecuador, Peru und viele andere.

Seventh Avenue Street Fair Seventh Avenue, zwischen Prospect Avenue und Ninth Street, Windsor Terrace, Brooklyn. 27. Juli, 9–21 Uhr.

Queens Irish Street Fair Old Rockaway Beach Boulevard, Far Rockaway, Queens. 27.–28. Juli, 10–20 Uhr.

Harlem Week Ort und Zeit ändern sich ständig. In der 139th Street zwischen Lenox und Fifth Avenue und in der 125th Street zwischen Adam Clayton Powell Jr. Boulevard und Fifth Avenue, Manhattan, ist aber meist immer etwas los. Vom ersten Montag bis dritten Sonntag im August. Höhepunkt ist der Harlem Day am letzten Festivaltag. Es ist ein Fest der ethnischen Vielfalt mit Musik, Vorträgen und viel internationaler Küche, unterstützt vom Uptown Chamber of Commerce. Nähere Informationen

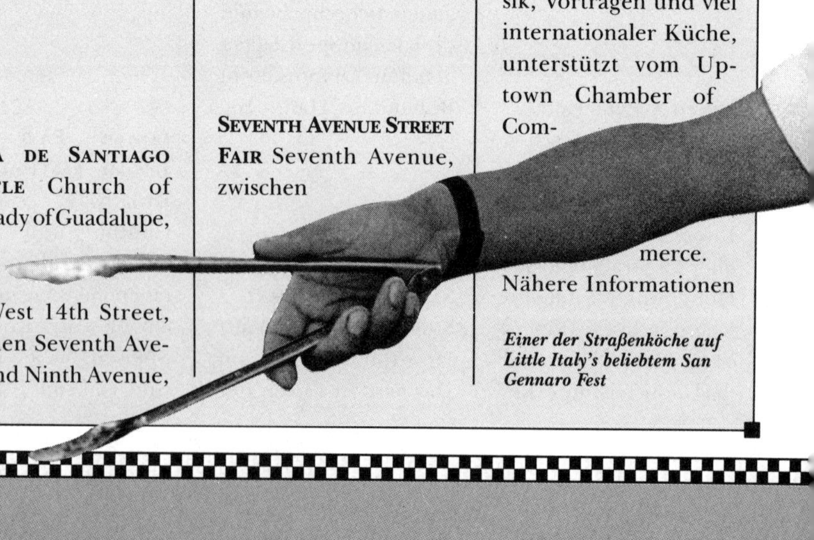

Einer der Straßenköche auf Little Italy's beliebtem San Gennaro Fest

der Ninth Avenue Fair durch mein Küchenfenster dringen: nichts als Fettgebackenes.

Der leise Verdacht, daß die unterschiedlichen Jahreszeiten und Kulturen in New York letztlich zu einer großen gemeinschaftlichen Friteuse verschmolzen sind, erhärtet sich angesichts der *oreillettes* am **Bastille Day** der Little West 12th Street oder einen Monat später bei den *buñuelos* der **Fiesta de Santiago**. Gegen August kann der Fettgeruch der Straßenfeste alles Mögliche verkörpern: triefendes Naß, Elend, nicht gehaltene Versprechen, ausgeraubte Taschen, Schwabbelbäuche, verpaßte Parkmöglichkeiten und anderes.

Im September schließlich riecht es nach *zeppole*, italienischem Fettgebackenem. Der schwere Geruch, der in dicken Schwaden vom **Feast of San Gennaro** aufsteigt, macht mich schwindelig. Ich reagiere auf diesen Geruch in einer Herbstbrise wie andere auf den herbstlichen Geruch gepreßter Weintrauben. Mit dem Ende des Alten beginnt etwas Neues.

Jedes Jahr zieht es mich zum San Gennaro-Fest. Es ist die herbstliche Tagundnachtgleiche des New Yorker Straßenfestkalenders. Mit ihm geht die Zeit des Fettgebackenen zu Ende, beginnt die Saison der Falafel-, Bratwurst- und Satédüfte von weniger frequentierten Festen. Es ist der Vorbote des Dufts gebratener Südstaaten-Hühnchen mit Gemüse, norwegischen Lammkoteletts und schwedischem Kuchen, der die Menschen überall auf die Kirchfeste zieht.

Wie Hexen um den Kessel tanzen die New Yorker gegen das alljährliche, unausweichliche Ritual an. Noch einmal trotzt das San Gennaro-Fest mit girlandenbehangenen Feuertreppen, Glitter, Lichterketten und Neonleuchten den welkenden Blättern. Die Konzertinamusik, die Karneval- oder Rockkonzertstimmung der Menge, alle scheinen wild entschlossen, die Ruhe der kalten Jahreszeit und der geschlossenen Fenster zu vertreiben.

Und wie der Sommer dem Herbst spottet, hockt ein Kommunalpolitiker auf dem Wassertank und trotzt den Versuchen, für 50 Cents pro Wurf abgeschossen zu werden.

Eine Woche später wird der Geruch des Fettgebackenen bereits vom Duft der Lammspieße des jährlichen Bazars auf der Atlantic Avenue verbannt. Anfang Oktober setzt der Duft unzähliger zu Saucen und Aufstrich, Pies und Chips verarbeiteter Apfelsorten auf dem **Big Apple Festival** ein eindeutiges Zeichen: Der Herbst ist da.

Dann durchströmt der stechende Geruch von Bratwurst und Sauerkraut des **Glendale-Myrtle Avenue Oktoberfests** die Straßen. Und in Chinatown vermischt sich am **Ten-Ten Day**, mit dem die Gründung der Volksrepublik China immer noch (inoffiziell) gefeiert wird, der Gestank abgebrannter Wunderkerzen und Kracher mit Ingwer und Soja. Bald darauf steigen die würzigen indischen Düfte des **Festival of Lights** auf. Und schließlich riecht es nach Pop-

STRASSENMÄRKTE

FEAST OF ST. ANTHONY Villa Avenue und Van Cortland Avenue, zwischen 204th und 205th Street, Bedford Park, Bronx. 7.–18. August, 15.00–23.30 Uhr.

ST. STEPHEN'S DAY St. Stephen of Hungary Catholic Church, 414 East 82nd, zwischen York und First Avenue, Manhattan. Sonntags gegen den 20. August. Ungarische Festgerichte wie Chicken paprikás (Rezept siehe Seite 346) und Mohnkuchen. Beginn des Festgottesdienstes um 10.15 Uhr. Essen und Musik ab 13 Uhr. Information und Ansprechpartner: St. Stephen of Hungary, Tel. (212) 861–8500.

FESTA OF ST. ROSALIA Arthur Avenue, von 67th Street bis 75th Street in Brooklyn. 30. August bis 5. September. Unterstützt von der St. Rosalia's Society.

QUEENS ETHNIC FOLK FESTIVAL In der Bohemian Hall, 29–19 24th Avenue, Astoria, Queens, Tel. (718) 264–4925. Am ersten Samstag im September. Musik und Tanz verschiedener Kulturen. Da sich die Bevölkerungsstruktur jährlich ändert, läßt sich kaum sagen, was geboten wird. In den letzten Jahren gab es eine Auswahl nahöstlicher Gerichte wie Falafel (Rezept siehe Seite 10) und Schisch Kebab. Organisation: Ethnic Folk Art Center in Manhattan, Tel. (212) 691–9510.

THE GREAT IRISH FAIR Coney Island, Brooklyn. Zweite Septemberwoche. Musikgruppen, Essen, irische Sportdarbietungen wie Hurling. Organisation: Ancient Order of Hibernians.

Links: Spezialitätenküche auf dem Harlem Festival während der Harlem-Woche Rechts: Straßendekorationen prägen die Stimmung auf dem San Gennaro Fest.

corn, Kebab, Paraffin, Kürbis und billigem Parfum, dem olfaktorischen Hintergrund der Halloween-Parade. Das sind die letzten Brisen der Open-Air-Fast-Food-Küche.

Schon eine Woche später wird in Kellern und Untergeschossen fleißig für »Church Suppers« gekocht. Kate Simon schreibt in *New York Places and Pleasures*: »New York ist, wie Oaxaca oder Neapel, eine einzige große Feststadt; nur wird weniger Werbung für unsere Fiestas gemacht, so daß sie schwieriger zu finden sind, besonders im Winter, wenn sie im Verborgenen stattfinden.«

Church Suppers sind spontane Veranstaltungen, auf denen oft sehr liebevoll zubereitete Gerichte serviert werden. Vorher anrufen lohnt sich. Meist zahlt man einen Kostenbeitrag (5–10 Dollar), und in der Regel wird

PEPSI
SAN GENNARO FESTIVAL
PEPSI
SEPT. 12 Thru SEPT. 22 1991
HOT DOGS
STATEN ISLAND
HOT & SWEET SAUSAGE
COLD DRI
SAUSAGE & PEPPER
CAPPUCCI
CAFFE EXPRES
BEER SOD
LINE
POLICE

erwartet, daß man am Gottesdienst teilnimmt und zum anschließenden Essen eine Schüssel beiträgt.

Ich eröffne die Saison meistens in Harlem auf den Südstaaten-Dinners, wende mich dann zu Thanksgiving den karibischen Gemeinden von Brooklyn zu, und wenn der Frost einsetzt, besuche ich die Hungarian Church in Yorkville.

Kurz nachdem im Rockefeller Center der Baum angezündet wird, gibt es im Lesesaal der Swedish Seaman's Church einen Block weiter das traditionelle würzig-süße Safranbrot mit Butterplätzchen, Kuchen und Kaffee: einfach dasitzen, Plätzchen knabbern, Kaffee schlürfen und in den Büchern blättern, während draußen Schneeflocken an den Fenstern vorbeiwehen, und die winterliche Stimmung genießen.

Später gibt die Norwegian Seaman's Church ein Weihnachtsessen. Letztes Jahr war dies ein gemütliches Treffen, wo an die 70 Gäste einander mit prüfenden Blicken musterten, als wollten sie herausfinden, wieviel von der gemeinsamen Vergangenheit und norwegischen Herkunft New York und ihre ungleiche Gegenwart wohl überleben wird.

Ich schaue in die Zukunft. Das tut man automatisch bei Festen, die ein bestimmtes Datum markieren. Ich denke an die Wasserweihe der St. Nicholas Greek Orthodox Church Mitte Januar und die Hühnersuppe, die den jungen Männern nach ihrem rituellen Bad im Hudson River zum Aufwärmen gereicht wird. Ich denke an Chinese New Year im Februar, Greek Easter in Astoria, den Matzenduft, der in der Pessachzeit die Straßen von Crown Heights erfüllt.

Die schwedische Plätzchenschale reißt mich aus meinen Gedanken. Zwischen süßen Butterplätzchen liegen köstliche Locken Fettgebackenes, mit Puderzucker bestreut. Ihr süßer Duft erinnert an einen Topf Frühlingsblumen, die mitten im Winter blühen.

***Oben links:** Auf Straßenfesten beliebt: Funnel Cakes*
***Oben:** Fremde Küche zieht die New Yorker zum Straßenfest auf Manhattans Park Avenue.*

STRASSENMÄRKTE

ONE WORLD FESTIVAL
35th Street, zwischen First und Second Avenue, Manhattan. Zweite Septemberwoche. Beginn: 12/13 Uhr; Dauer: den ganzen Nachmittag. Viele internationale Angebote: Speisen, Kleidung, Musik, Tanz. Organisation: New York Armenian community und Armenian Cathedral of St. Vartan, Second Avenue, 34th bis 35th Street.

SAN GENNARO
Mulberry Street, von Worth bis East Houston Street, Manhattan. 10 Septembertage, stets so, daß der 19. September in die Zeit fällt. Mit New Yorks beliebtestem Fest wird der neapolitanische Schutzheilige, San Gennaro, Bischof von Benevento, gefeiert. Fahrgeschäfte, Buden und Essen. Gottesdienst in der Most Precious Blood Church, 113 Baxster Street, am 19. September um 18 Uhr. Nähere Informationen beim San Gennaro Festival, Tel. (212) 226–9546.

ATLANTIC ANTIC
Atlantic Avenue, von Flatbush Avenue bis zum East River, Brooklyn. Letzter Sonntag im September, 10–17 Uhr. Seit 1974 erfreut das Atlantic Antic Liebhaber von Küche, Musik und Kultur des Nahen Ostens. Geboten werden u. a. Gerichte wie Baba Ganoush und Falafel. Organisation: Atlantic Avenue Association Local Development Corporation, Tel. (718) 875–8993.

ST. LUCIA DAY
New Yorks schwedische Gemeinde mietet für die Feier des skandinavischen Lichterfests am 13. Dezember einen großen Saal (meist die Salvation Army Hall in der 14th Street). St. Lucia stammte aus Sizilien und trug Kerzen in ihrem Haar. Diese Feier ist inoffizieller Beginn der Weihnachtszeit. Stellen Sie sich darauf ein, Weihnachtslieder mitzusingen und an den Feierlichkeiten teilzunehmen. Traditionell werden an St. Lucia Day Safranbrot (Rezept siehe Seite 108), Ingwerbrot und Kaffee serviert. Nähere Informationen unter Tel. (212) 832-8443.

Links: Der heilige Apostel Jacobus, Leitbild der Fiesta de Santiago Apostle
Oben: Folkloristische Tänze auf dem Ukrainian Festival
Rechts: Auf beiden Festen spielt Essen eine große Rolle.

The Birds

Geflügel

Buffalo ist eine Flügel-Stadt, Houston steht auf Bein, und Boston bevorzugt Brust. Es gibt eine merkwürdige Parallele zwischen dem Flair einer Stadt und ihren bevorzugten Brathähnchenstükken. Wen kann es also verwundern, daß New York das ganze Hähnchen will?

Wer die Hähnchen auf dem Bratspieß im griechischen Stehcafé gesehen hat, die langen Reihen in Soja gebratener Enten und Hühner in den Schaufenstern chinesischer Geschäfte kennt oder beobachten konnte, wie ein Chefkoch ein Poulet liebevoll zum Braten dressiert, hat sicher erkannt, daß New York eine Stadt des ganzen Hähnchens ist. Der Durchreisende ist sich dabei vielleicht nicht der Philosophie bewußt, die für den New Yorker hinter Auswahl und Zubereitung des Federviehs steht.

So mancher Koch läuft rot an vor Zorn, wenn er nur das Wort »freilau-

Probieren Sie Hähnchen Escabèche (Seite 339) nach Art des verstorbenen Meisterkochs Felipe Rojas-Lombardi, hier zu sehen in The Ballroom. Foto: Harold Naideau

fend« hört, andere sinken schier in Ohnmacht, wenn sie etwas anderes als einen »koscheren Hahn« zu Gesicht bekommen. Wie Künstler, die ihr Gemälde verteidigen, gibt es für sie nur »ihr Geflügel«. Sie pinseln ihr Hähnchen mit Gewürzen ein und marinieren es, um Meisterwerke zu schaffen, die in Nobelrestaurants, winzigen Straßenläden, auf Kochkarren oder dem heimischen Tisch enthüllt werden. Die Begeisterung für Hähnchen beschränkt sich nicht auf Profiköche.

GEFLÜGELARTEN UND -PREISE

In dieser Stadt gelten feste, aber unterschiedliche Hähnchenprinzipien. Besonders Brathähnchen ist ein ernstes Thema. Liebhaber verstehen unter einem perfekten Brathähnchen zartes, gut gewürztes Fleisch unter knuspriger Kruste. Doch der Weg dahin ist umstritten.

Französische Köche wie André Soltner, dem das Restaurant Lutèce gehört, zählen eher zur Poussin-Liga. Das etwa 500g leichte Stubenküken, das deutlich mehr kostet als die typischen Brathähnchen, hat einen delikaten, leicht wildähnlichen Geschmack. Es ist daher verständlich, wenn André Soltner zusammenzuckt bei der Vorstellung, die Worte »Knoblauch«, »Rosmarin« oder »Chilipfeffer« würden in der Nähe seiner kleinen Hühnchen auch nur geflüstert werden.

Amerikanische Chefköche wie David Liederman sind frei von solchem Mitgefühl. Liederman steht auf koscheres Hähnchen, das, gesalzen und vorschriftsmäßig dreimal gewaschen, seinen Geschmack durch Aufnahme einer Spur Salz erst richtig entfaltet. Außerdem nimmt er nur 1,1–1,3kg schwere, schon etwas ältere Hähnchen, die von Natur aus intensiver schmecken als Junghühner. Er mariniert sie in einer Kräutermischung und meint: »Je länger sie mariniert werden, um so besser schmecken sie.«

Liedermans Geschmack ist in New York gegenwärtig à la mode. In den späten achtziger Jahren, als das American Institute for Wine and Food vier verschiedene Hähnchenarten testete – koscher, Perdue, Bell & Evans und Freiland –, erhielt das koschere Hähnchen den ersten Rang, Bell & Evans und Perdue den zweiten. Dennoch schwören viele Restaurantköche auf ihre günstigen Freilandhähnchen, die wie das koschere eher mager sind und festes, geschmacksintensives Fleisch haben. Allerdings sind Freiland- und koschere Hähnchen fast dreimal so teuer wie Supermarkt-Hähnchen, und manch einer steht dann ratlos vor dem kostbaren Gefieder.

Das erklärt vielleicht auch, warum sich in New York Intensität der Würzmischung und Marinadedauer umgekehrt proportional zum Hähnchenpreis verhalten.

GEFLÜGEL – WIE EINE UNBERÜHRTE LEINWAND

In Chinatown, wo man Hähnchen schon für ein Viertel des Preises bekommt, den man im Lutèce bezahlt, sind frische, mäßig teure Hähnchen fett und wiegen knapp drei Pfund. Sie werden in einer scharfen Mischung aus Sojasauce, Ingwer und Fünf-Gewürze-Mischung mariniert. Mohammad Rouzi nimmt am liebsten »die billigsten Hähnchen, die ich bekommen kann«. Das Fleisch hat dabei in der Regel einen milden, wenig ausgeprägten Geschmack und stellt für den Koch ein unbeschriebenes Blatt dar.

Daher kann bzw. muß Rouzi sein Hähnchen mit viel Tomate, Zwiebel, Knoblauch und Koriander bestreuen. Die Köche eines der winzigen indischen Restaurants in Jackson Heights (Queens) verwenden als Hilfsmittel bei der Bearbeitung derartiger Hähnchen lieber Joghurt, Essig, Knoblauch, Ingwer und indische Gewürze.

Obwohl die Köche bei Auswahl und Gewürzen unterschiedlich verfahren, sind sie sich beim Braten meist einig. Sie glauben, daß nur ein sehr heißer Ofen und häufiges Begießen die Haut knusprig werden lassen und daß das Hähnchen bei Raumtemperatur leicht abgedeckt noch etwas

Chef André Soltner of Lutèce.

»ziehen« muß, bevor es zerlegt wird. Die meisten sind überrascht, wenn sie von Soltners speziellem Ritus hören: Wenn das Fleischthermometer am Hähnchenschenkel etwa 70 °C erreicht hat, träufelt er einen Teelöffel Wasser in die Pfanne, schließt die Ofentür, dreht die Hitze ab und wartet drei Minuten, bevor er das Hähnchen herausnimmt. »Das macht die Brust zart«, erklärt er.

Die meisten schätzen oder tolerieren immerhin unterschiedliche Bratmethoden. Letztlich wählen die Menschen nicht eine Kultur der Zubereitung, sondern werden in eine hineingeboren, nämlich in die ihrer Mutter. Die Methoden anderer schlechtzumachen, gleicht daher einer Verleumdung ihrer Vergangenheit. Soltner sagt dazu versöhnlich: »Ich kann Hähnchen nur so braten, wie ich es eben brate.«

André Soltners

BRATHÄHNCHEN

2 Stubenküken oder kleine Hähnchen (je ein Pfund), gut abgewaschen und trockengetupft
4 frische Thymianzweige
5 frische Estragonzweige
4 Petersilienzweige
2 kleine Zwiebeln
2 TL Erdnußöl
1 TL Salz
1/2 TL frisch gemahlener schwarzer Pfeffer
60 ml trockener Weißwein
60 ml Hühnerbrühe
2 EL glatte Petersilie, feingehackt
1 EL Butter

1. Jedes Hähnchen mit je 2 Thymian-, Estragon- und Petersilienzweigen und einer Zwiebel füllen, dressieren, die Blätter vom verbleibenden Estragonzweig beiseite legen.

2. Den Backofen auf 230 °C vorheizen.

3. Auf dem Herd inzwischen einen Bräter erhitzen, Erdnußöl zugeben und die Hähnchen rundum anbraten. Mit Salz und Pfeffer bestreuen und in den Ofen schieben. Unter häufigem Übergießen 20–25 Minuten braten, bis die Temperatur in einer Hähnchenkeule 70–80 °C erreicht hat. Vorsichtig auf eine Servierplatte legen und warmstellen.

4. Das Fett aus dem Bräter abgießen. Auf mittlerer Stufe den Wein zugeben und den Bratensatz vom Pfannenboden schaben. Hühnerbrühe, übrige Estragonblätter und gehackte Petersilie zugeben. 2 Minuten aufkochen lassen. Vom Herd nehmen und Butter einrühren. Die Sauce über das Hähnchen gießen und sofort servieren.

Ergibt 2 Portionen

Wir grillen, braten, kochen, rösten sie… Was tun wir ihnen nicht alles an. Doch das macht nichts. Allein in der Einfachheit unserer Nahrung und ihrer Verarbeitung liegt unser Recht, uns als ein Volk gepflegter Esser zu bezeichnen."

– Oscar Tschirky, legendärer Maître des Ritz

FRISCHES GEFLÜGEL

Hähnchen

In **New York** zählen Bell & Evans Chicken und Empire Kosher Chicken zu den verbreiteten Qualitätsmarken. Es gibt aber noch andere Fleischereien, die frische Hühnchen in Spitzenqualität anbieten.

BAYARD STREET MEAT MARKET: 57 Bayard Street, nahe der Elizabeth Street. Tel. (212) 619–6206.

BALDUCCI'S: 424 Sixth Avenue, zwischen 9th und 10th Street. Tel. (212) 673–2600.

BOBO POULTRY: 287 Broome Street, zwischen Eldridge und Allen Street. Tel. (212) 274–0130.

NEVADA MEAT MARKET: 2012 Broadway, zwischen 68th und 69th Street. Tel. (212) 362–0443.

UNION SQUARE GREENMARKET: Mittwochs, freitags und samstags ab 8.00 Uhr am Union Square (vormittags hingehen; Hähnchen finden reißenden Absatz).

WAH CHONG LIVE MEAT MARKET: 248 Bowery, Ecke Stanton Street. Tel. (212) 226–0968.

Wildgeflügel

Im Herbst und Winter werden zahlreiche frische Wildvögel (Tauben, Perlhühner, Wachteln, Enten) angeboten. Neben Hähnchen und Enten in Spitzenqualität führen folgende Fleischereien ein breites Angebot ausgezeichneter Wildvögel:

AKRON PRIME MEATS: 1174 Lexington Avenue, nahe der 80th Street. Tel. (212) 744–1551.

FITZ & SONS: 944 First Avenue, nahe der 52nd Street. Tel. (212) 753–3465.

JEFFERSON MARKET: 455 Sixth Avenue, zwischen 10th und 11th Street. Tel. (212) 675–2277.

Iron Gate Products: 424 West 54th Street, zwischen 9th und 10th Avenue. Tel. (212) 757–2670. Großhandel, der Kleinmengen Wildgeflügel, *Foie gras* und Kaviar an Privat verkauft. Vorher anrufen.

OTTOMANELLI'S MEAT MARKET: 285 Bleecker Street, nahe der Seventh Avenue. Tel. (212) 675–4217.

RAOUL'S BUTCHER SHOP: 179 Prince Street, zwischen Sullivan und Thompson Street. Tel. (212) 674–0708.

Adolfos BRATHÄHNCHEN

Modedesigner Adolfo schwört auf dieses herzhafte Familienrezept.

140 g Rosinen
250 ml kochendheißes Wasser
3 milde oder scharfe Finocchiona-Würste
700 g weißer Kurzkornreis, körnig gekocht
110 g Pinienkerne, geröstet
60 g mit Pimiento gefüllte grüne Oliven, halbiert
60 g grüne Oliven, entsteint, gewürzt, in Scheiben, oder 60 g grüne Oliven, gehackt
Salz und frisch gemahlener Pfeffer (nach Geschmack)
1 EL Olivenöl
1 Brathähnchen (gut 2 kg), gut gewaschen und trockengetupft
2 EL Butter
1 TL Paprikapulver
250 ml Hühnerbrühe (Rezept Seite 47 oder Dosenware)
125 ml halbtrockener Sherry

1. Den Ofen auf 220 °C vorheizen. Die Rosinen in einer kleinen Schale mit dem kochenden Wasser übergießen. Etwa 20 Minuten abkühlen lassen, abgießen und in eine große Schüssel füllen.

2. Die Würstchen in einer Bratpfanne auf mittlerer Stufe leicht braun braten. Vom Herd nehmen und etwa 20 Minuten abkühlen lassen. In etwa 2,5 cm dicke Scheiben schneiden. In die Schüssel zu den Rosinen geben.

3. Reis, Pinienkerne, Oliven, Salz und Pfeffer mit der Rosinen-Würstchen-Mischung verrühren. Mit Olivenöl angießen, gut mischen. Das Hähnchen damit locker füllen. Dressieren. Mit der Butter bestreichen; mit Paprika und Pfeffer bestreuen. 10 Minuten braten.

4. Hühnerbrühe und Sherry sowie den Rest der Füllung zugeben. Temperatur auf 180 °C reduzieren. Das Hähnchen etwa 40 Minuten braten, dabei gelegentlich übergießen. Das Hähnchen ist gar, wenn bei der Garprobe klare Flüssigkeit austritt. Vor dem Tranchieren 10 Minuten ruhen lassen.

Ergibt 4 Portionen

Canal Street-BRATHÄHNCHEN

Die asiatischen Gewürze verleihen diesem einfachen Brathähnchen ein feines Aroma.

80 ml helle Sojasauce
60 ml Erdnußöl
1 EL asiatisches Sesamöl
1 EL trockener Sherry
1 Knoblauchzehe, zerdrückt
1/2 TL Salz
1/2 TL frischer Ingwer, feingerieben
2 TL Fünf-Gewürze-Pulver
1 Hähnchen (1–1,5 kg), gut gewaschen und trockengetupft

Canal Street liegt am nördlichen Rand von Chinatown.

1. In einer flachen Schale, in die das Hähnchen paßt, Sojasauce, Erdnuß- und Sesamöl mit dem Sherry verrühren. Knoblauch, Salz, Ingwer und Fünf-Gewürze-Pulver zugeben. Gut mischen. Das Hähnchen innen und außen damit bestreichen. Zudekken und im Kühlschrank mindestens 2, höchstens 12 Stunden marinieren. Immer wieder mit der Marinade übergießen.

2. Den Ofen auf 200 °C vorheizen.

3. Das Hähnchen in eine Bratpfanne legen. Die Marinade durch ein Sieb streichen; die Flüssigkeit über das Hähnchen träufeln. Unter häufigem Übergießen braten, bis bei der Garprobe am Schenkel klarer Bratensaft austritt (insgesamt etwa 40–50 Minuten). Vor dem Tranchieren 10 Minuten ruhen lassen.

Ergibt 2 Portionen

In einem Schaufenster von Chinatown sieht man oft Geflügel.

HÄHNCHEN
in Sojasauce

Einst war dieses Hähnchen der Renner in Chinatown, und bis heute gilt dieses Gericht als Spezialität, besonders wenn es mit gebratenem Reis und Gurkensalat serviert wird.

1 Sternanis
190 ml Sojasauce
80 g brauner Zucker
60 ml trockener Sherry
1 EL Honig
3 Knoblauchzehen, feingehackt
3 Scheibchen frischer Ingwer, zerdrückt
1 Hähnchen (1,5–2 kg), gut gewaschen und trockengetupft

1. In einem Topf, in dem das Hähnchen genug Platz hat, den Sternanis in 250 ml Wasser zugedeckt 20 Minuten garen.

2. Sojasauce, Zucker, Sherry, Honig, Knoblauch und Ingwer in einer kleinen Schale mischen und in den Topf geben. Zugedeckt aufkochen, danach 5 Minuten garen lassen. Das Hähnchen seitwärts in die Brühe legen und noch einmal aufkochen lassen. Die Temperatur reduzieren und zugedeckt unter häufigem Übergießen etwa 15 Minuten köcheln lassen.

3. Das Hähnchen wenden und weitere 15 Minuten unter häufigen Übergießen köcheln lassen.

4. Noch einmal wenden, diesmal mit der Brust nach oben. Weitere 15 Minuten garen, bis das Hähnchen goldbraun ist. Herausnehmen und abkühlen lassen. Die Flüssigkeit aufkochen lassen und 2 Eßlöffel davon auf jeden Teller geben, bevor das zerteilte Hähnchen serviert wird.

Ergibt 4 Portionen

Tandoori-
HUHN

Kaneez Fatima erschütterte die muslimische Tradition, als sie vor einigen Jahren den Tandoori-Ofen in den Shaheen Palace in

Queens einführte. Diese Tonöfen, in denen Temperaturen bis zu 420 °C herrschen, waren bis dahin Männersache. Außerdem verbietet Purdah, ein alter muslimischer Brauch, Frauen jede öffentliche Tätigkeit. Dies hinderte Kaneez Fatima jedoch nicht daran, schon als Kind Brote für den Tandoori-Ofen zu formen. Später garte sie auch mariniertes Gemüse und Fleisch darin. Heute zählt sie zu den Meistern dieser Kochmethode. Bei diesem Rezept kann das Hähnchen im heimischen Ofen gebraten oder über Holzkohle gegrillt werden.

1 Hähnchen (1,5–2 kg), enthäutet, gewaschen, trockengetupft und geviertelt
1 TL Salz
250 g Joghurt
1 EL frischer Zitronensaft
1 EL destillierter Weißweinessig
2 Knoblauchzehen, cremig zerdrückt
2 TL frischer Ingwer, feingehackt
1 1/2 TL Garam Masala (folgendes Rezept) oder Tandoori-Gewürzmischung
60 ml Olivenöl

1. Die Hähnchenteile mit einem scharfen Messer in Faserrichtung im Abstand von 0,5 cm etwa 1 cm tief einschneiden. Die Schneidflanken mit Salz einreiben. Das Hähnchen in eine Keramikschüssel legen. In einem kleinen Topf Joghurt, Zitronensaft, Essig, Knoblauch, Ingwer und Garam Masala mischen und über das Hähnchen gießen. Mit Klarsichtfolie abdecken und über Nacht im Kühlschrank marinieren, dabei einmal wenden.

2. 1 Stunde vor dem Servieren das Hähnchen aus dem Kühlschrank nehmen und den Ofen auf 260 °C vorheizen. Er muß sehr, sehr heiß sein. Bei einem Gartengrill die Holzkohle anzünden.

3. Das Hähnchen aus der Marinade nehmen. Jedes Teil mit Öl beträufeln. Insgesamt etwa 35–40 Minuten braten, bis bei der Garprobe am Schenkel klarer Saft austritt. Beim Grillen alle vier bis fünf Minuten wenden, bis der austretende Bratensaft beim Einstechen klar ist (etwa 30 Minuten).

Ergibt 2 Portionen

GARAM MASALA

Die indische Gewürzmischung Garam Masala findet man in den meisten Fachgeschäften. Sie ist aber auch zu Hause schnell gemacht.

1 1/2 TL Koriander, gemahlen
1 1/2 TL Kardamom, gemahlen
1 1/2 TL schwarzer Pfeffer, gemahlen
1/4 TL Gewürznelken, gemahlen
1/2 TL Lorbeerblatt, gemahlen

Die Gewürze in einer kleinen Schale gut mischen. In einem verschließbaren Glas kühl lagern.

Ergibt knapp 2 EL

Igors ROSMARIN-HÄHNCHEN

Für den Architekten Igor Jozsa ist Kochen vergleichbar mit Malerei und seinem Metier. »Sie haben viel gemeinsam. Vor einem kulturellen oder historischen Hintergrund möchten Sie etwas erreichen. Durch Inspiration verändern Sie Komponenten, arbeiten mit dem Verfügbaren, bis Sie das Gewünschte erhalten.« Jozsa behauptet, Rosmarin-Hähnchen sei typisch für die Toskana. »In der Toskana wird ein ganz ähnliches Rezept verwendet, man benutzt dabei auch die flache Keramikplatte und einen sehr schweren Deckel, der das Fleisch auf die Platte drückt. Wir können eine schwere gußeiserne Pfanne nehmen und als Gewicht eine etwas kleinere Pfanne.«

Igor Jozsa empfiehlt, das Hähnchen in die Pfanne zu pressen.

6 Knoblauchzehen, zerdrückt
2 EL Rosmarin, frisch oder getrocknet
Saft von 4 Limetten (etwa 125 ml)
125 ml Olivenöl
$^1/_2$ TL Salz
$^1/_4$ TL frisch gemahlener schwarzer Pfeffer
1 Hähnchen (1,5–2 kg), gut gewaschen, trockengetupft und geviertelt
4 Rosmarinzweige, zum Garnieren
1 Limette, geviertelt, zum Garnieren

1. Knoblauch, Rosmarin, Limettensaft, Olivenöl, Salz und Pfeffer mischen. Hähnchenteile in der Marinade wenden und dann unter Klarsichtfolie im Kühlschrank 3 Stunden marinieren, dabei jedes Teil einmal umdrehen.

2. Eine gußeiserne Pfanne erhitzen. Die Hähnchenteile hineinlegen und mit einem schweren Deckel oder einer zweiten Pfanne beschweren. Auf jeder Seite etwa 15 Minuten knusprig braun braten.

3. Das Hähnchen mit Rosmarinzweigen und Limettenvierteln garnieren.

Ergibt 4 Portionen

Lillian Hellmans

KARTOFFELBREI-FÜLLUNG MIT FRÜHLINGSZWIEBELN

Die verstorbene Schriftstellerin stopfte ihre Weihnachtsgans immer mit dieser Füllung, die wie ein Schwamm das Fett aufsaugt.

6 große Kartoffeln, geschält
3 EL Butter
1 EL Schlagsahne
1 EL Salz
1 $^1/_2$ TL frisch gemahlener schwarzer Pfeffer
1 Bund Frühlingszwiebeln, Enden gekürzt, weiße und grüne Teile feingehackt

Die Kartoffeln etwa 30 Minuten weich kochen. Durch eine Kartoffelpresse drücken. Butter, Sahne, Salz und Pfeffer zugeben und gut verrühren. Zuletzt die feingehackten Frühlingszwiebeln untermischen.

Ergibt etwa 800 g Füllung, genug für einen 4–4,5 kg schweren Truthahn

WO IST DER VOGEL?

New Yorks Meisterköche wissen, daß jeder seine Methode für das Braten von Geflügel hat, damit die Haut knusprig und das Fleisch zart und saftig wird. Doch nicht jeder hat eine gute Füllung. Deshalb geben sie hier ihre Rezepte für Geflügel-Füllungen jeder Art preis, vom zarten Täubchen bis zu Kapaun, Fasan und natürlich Truthahn.

Für Sarah Shankmans Füllung benötigt man ihr Maisbrot-Rezept (siehe Seite 107).

Thanksgiving

MAISBROT-»DRESSING«

Sarah Shankman lebt in Greenwich Village und schreibt Krimis. »Im Süden spricht man beim Thanksgiving-Truthahn nicht von Füllung, sondern von Dressing«, erklärt sie. »Es kann als Füllung dienen und der Rest getrennt gegart werden. Am besten aber paßt es als Beilage zu Brathähnchen.«

230 g Finocchiona-Wurst, vorzugsweise mit Fenchelkörnern
Pflanzenöl oder Butter (nach Bedarf)
75 g grüne Paprikaschote, feingehackt
70 g Stangensellerie, feingehackt
50 g Frühlingszwiebeln, feingehackt
1 kleine gelbe Zwiebel, feingehackt
Sarah Shankmans Maisbrot (Seite 107), gebacken und abgekühlt
1 TL Salbeipulver
1 Msp. Cayennepfeffer (oder nach Geschmack)
½ TL frisch gemahlener schwarzer Pfeffer
2 hartgekochte Eier, grobgehackt
2 rohe Eier
300 ml Hühnerbrühe (Rezept Seite 47 oder Dosenware)

1. Den Ofen auf 180 °C vorheizen. Ein Backblech (etwa 20 x 20 cm) dünn mit Öl bestreichen.

2. Die Wurst schälen, in eine gußeiserne Pfanne zerbröckeln und auf mittlerer Stufe etwa 5 Minuten durchbraten. Mit einem Sieblöffel herausheben und das Bratfett in die Pfanne abtropfen lassen. Evtl. einen Teelöffel Öl oder Butter zugeben. Paprika, Sellerie, Frühlingszwiebeln und Zwiebel auf mittlerer Stufe etwa 10 Minuten dünsten.

3. Das Maisbrot in eine große Schüssel fein zerbröseln. Wurst, Gemüse, Salbei, Cayenne- und schwarzen Pfeffer sowie die hartgekochten Eier zugeben und gut mischen. (Bei Bedarf kann das Rezept bis zu diesem Punkt schon am Vortag vorbereitet und im Kühlschrank aufbewahrt werden.)

4. Die rohen Eier verquirlen und mit Hühnerbrühe und Gemüsemischung vermengen. Die Mischung sollte saftig, aber nicht flüssig sein. Locker auf das vorbereitete Backblech verteilen und etwa 40–45 Minuten backen.

Ergibt 8 Portionen

GEFLÜGELFÜLLUNG

Ob man Geflügel nun mit einer »Füllung« oder einem »Dressing« füllt, ist eine Frage regionalen Chauvinismus'. In New York spricht man überwiegend von Füllung, obwohl auch hier die Rezepte sehr unterschiedlich sind. Ein Sonntagsbraten besteht aus Truthahn, Kapaun, Hähnchen, Ente oder Täubchen; gefüllt werden sie nach Südstaaten-Rezept, wie in einem französischen 4-Sterne-Restaurant, oder nach einem alten italienischen Rezept. Die folgenden Rezepte wurden von mehreren New Yorkern zusammengestellt, beschränken sich aber nicht auf den Thanksgiving-Truthahn. Sie eignen sich auch für anderes Geflügel – Kapaun, Ente, Perlhuhn, Hähnchen oder Gans.

Sondiana Bedards

TRUTHAHN-FÜLLUNG

Mary Bedard, von deren Mutter dieses Rezept stammt, erklärt: »Früher schob man die Füllung in einem Stoffbeutel in den Truthahn, damit man sie leichter wieder herausholen konnte.« Auch ohne Truthahn schmeckt diese Füllung ausgezeichnet. Reste kann man zu kleinen Pfannkuchen formen, braten und mit einem pochierten Ei zum Frühstück servieren.

450 g Schweinswürstchen, enthäutet und zerbröckelt
900 g Rinderhackfleisch
2–3 EL Geflügel-Gewürzmischung
1,3 kg Kartoffeln, geschält und geviertelt
8 EL Butter
1 TL Salz (oder nach Geschmack)
1 TL frisch gemahlener schwarzer Pfeffer (oder nach Geschmack)

1. Den Ofen auf 180 °C vorheizen. Eine 3 Liter fassende Ofenform oder Kasserolle einfetten.

2. Die zerbröckelte Wurst etwa 7 Minuten in einer Bratpfanne auf mittlerer Stufe bräunen, dabei größere Stücke mit einem Löffel zerteilen. Das Fett abgießen und die Wurst in eine große Schüssel geben.

3. Das Hackfleisch in der Pfanne auf mittlerer Stufe braten, dabei mit dem Löffel größere Stücke aufbrechen. 2 Teelöffel Gewürzmischung zugeben. Etwa 5 Minuten gut anbraten. Das Fett abgießen und das Rindfleisch zur Wurst geben.

4. Inzwischen die Kartoffeln etwa 20 Minuten in Salzwasser kochen. Abgießen und mit der Butter zerstampfen, zur Fleisch-Wurst-Mischung geben und mit 1–2 Eßlöffeln der Gewürzmischung sowie Salz und Pfeffer abschmecken.

5. Die Füllung in die Ofenform oder Kasserolle geben, zudecken und 30 Minuten backen. Dann ohne Deckel weitere 15 Minuten hellbraun backen.

Ergibt etwa 2,5 kg

Italienische

FEIGEN-SCHINKEN-FÜLLUNG

Feuerwehrmann Sal Vicante hatte an einem Erntedankfest Lust auf Truthahn mit italienischem Akzent. Seither nimmt er für fast jedes Geflügel diese Füllung. »Meine Freunde sind ganz begeistert«, erklärt er.

400 g getrocknete Feigen, harte Stiele entfernt
250 ml Madeira
110 g Prosciutto, feingehackt
125 g Pekannüsse, gehackt
8 EL Butter
1 Zwiebel, feingehackt
60 g glatte Petersilie, feingehackt
140 g Stangensellerie mit Blättern, gehackt
1 EL Salz (nach Geschmack)
1 1/2 TL frisch gemahlener schwarzer Pfeffer
2 TL getrockneter Thymian
1 TL getrockneter Rosmarin
1 TL getrockneter Salbei
1 kg trockenes Brot, 1 cm groß gewürfelt, leicht getoastet
80 ml Hühnerbrühe (Rezept Seite 47 oder Dosenware)

1. Die Feigen in einer Kasserolle 15 Minuten im Madeira garen. Abgießen, die Feigen trockentupfen und grob hacken. Feigen, Prosciutto und Pekannüsse in einer Schüssel beiseite stellen.

2. Die Butter in einer Pfanne auf mittlerer Stufe zerlassen. Die Zwiebel darin etwa 5 Minuten anbraten. Petersilie, Sellerie, Salz, Pfeffer, Thymian, Rosmarin und Salbei zugeben und weitere 5 Minuten mitbraten. Die Mischung in einer großen Schüssel mit Brotwürfeln und Brühe mischen. Die Feigenmischung zugeben und noch einmal gründlich mischen.

3. Nach dem Abkühlen in den Truthahn füllen und braten. Natürlich können Sie auch den Ofen auf 180 °C vorheizen und die Füllung für sich in einer Ofenform 40 Minuten hellbraun backen.

Ergibt etwa 2,5 kg, das genügt als Füllung für einen 10 kg-Truthahn

Reichhaltige FLEISCHFÜLLUNG

Bei dieser Füllung »bleibt einem die Spucke weg«. Paddy O'Hearn, Portier in der Upper Park Avenue, hat das Rezept nachträglich aufgeschrieben, nachdem er Berichten über ein Abendessen gelauscht hatte, das ein Anhänger des berühmten Paul Bocuse in seinem Gebäude gekocht hatte. O'Hearn verwendet die üppige Füllung nur für Truthahn – aus Rücksicht auf seinen hohen Cholesterinspiegel. Sie schmeckt aber ebenso gut zu Kapaun, Taube oder Hähnchen.

In der Park Avenue kann man gute Rezeptideen mithören.

Innereien von Truthahn oder anderem Geflügel
6 dicke Scheiben Frühstücksspeck
250 ml ausgelassenes Hühnerfett (siehe Seite 342)
3 EL Butter
1 Zwiebel, gehackt
2 Selleriestangen, gehackt
1 Knoblauchzehe, feingehackt
125 g Champignons, in Scheiben geschnitten
110 g mageres Rinderhackfleisch
110 g mageres Kalbshackfleisch
1 Paar Finocchiona-Wurst, enthäutet
1 Kalbsniere (knapp 1 kg), gehackt
9 Hühnerlebern (knapp 1 kg), gehackt
500 g Semmelbrösel
1 EL Salz (oder nach Geschmack)
$1\frac{1}{2}$ TL frisch gemahlener schwarzer Pfeffer, oder nach Geschmack
60 g glatte Petersilie, feingehackt
1 TL getrocknete Minze
1 TL getrockneter Thymian
1 TL Piment, gemahlen
1 TL Kreuzkümmel, gemahlen
125 ml Cognac oder anderer Weinbrand
250 ml Hühnerbrühe (Rezept Seite 47 oder Dosenware)
12 Eßkastanien, gekocht, geschält und gehobelt
300 g Pinienkerne, geröstet

1. Die Innereien mit einem Liter kaltem Wasser in einem Topf auf niedriger Stufe erhitzen. 1 Stunde köcheln lassen. Abgießen; dabei die Brühe auffangen. Abkühlen lassen und hacken.

2. Speck, Hühnerfett und Butter in einer Pfanne auf niedriger Stufe 3 Minuten lang erhitzen. Zwiebel, Sellerie und Knoblauch zugeben und weitere 4 Minuten braten. Die Champignons zugeben, gut umrühren und 2 Minuten braten. Hackfleisch und Wurst zugeben und 5 Minuten mitbraten; größere Fleischstücke mit einem Löffel zerteilen. Die Niere 10 Minuten mitgaren. Innereien und Hühnerleber zugeben und unter vorsichtigem Rühren weitere 5 Minuten braten.

3. Die Mischung in eine große Schüssel geben. Semmelbrösel, Salz, Pfeffer, Petersilie, Minze, Thymian, Piment und Kreuzkümmel zugeben und gut mischen. Cognac und Hühnerbrühe zugießen und umrühren. Dann Kastanien und Pinienkerne zugeben. Gut rühren und abschmecken.

4. Nach dem Abkühlen in den Truthahn füllen und braten. Oder den Ofen auf 180 °C vorheizen und die Füllung in einer Ofenform 25 Minuten backen. Dann weitere 15 Minuten offen backen, bis die Kruste hellbraun wird.

Ergibt gut 3 kg, genug zum Füllen eines 12 kg-Truthahns und einer Portion, die getrennt in der Ofenform gebacken wird

Laurie Colwins

BACKHÄHNCHEN

Acht Jahre servierte die Romanautorin Laurie Colwin bei jeder Dinnerparty dieses Hähnchen. Schließlich hätten ihre Gäste jedoch gemeint, es sei genug. Sie meinte dagegen: »Es schmeckt gut und ist einfach zuzubereiten. Die Vorstellung, daß das Hähnchen 2½ Stunden gebacken wird«, sagt sie, »löst bei vielen Leuten Entsetzen aus. Aber dadurch wird es erst so lecker knusprig«. Mit Orzo und Sukis koreanischem Spinat (siehe Seite 132) servieren.

250 g Dijon-Senf
1 große Knoblauchzehe, feingehackt
2 EL frischer oder 1 EL getrockneter Thymian
1 TL frisch gemahlener schwarzer Pfeffer
1 Msp. Zimtpulver
2 magere junge Hähnchen (je 1–1,5 kg), gewaschen, trockengetupft und geviertelt
240 g frische Brotkrumen, leicht gepfeffert und gesalzen
4 EL Butter
1 EL süßes Paprikapulver

1. Den Ofen auf 170 °C vorheizen.

2. Senf, Knoblauch, Thymian, Pfeffer und Zimt in einer Schüssel mischen. Die Hähnchenteile darin, dann in den Brotkrumen wenden und in eine flache Ofenform legen.

3. Auf jedes Teil etwas Butter legen und mit Paprika bestreuen. 2½ Stunden backen.

Ergibt 4–6 Portionen

Die lange Backzeit gibt dem Hähnchen à la Laurie Colwin seinen besonderen Geschmack. Foto: Nancy Crampton

Pikantes

GRILLHÄHNCHEN

Dieses Rezept basiert auf einem Gericht des bekannten Restaurants Delmonico's – es ist lecker, leicht zuzubereiten und hat eine herrlich knusprige Kruste.

4 EL Butter, zimmerwarm
1 EL Dijonsenf
1 EL Apfelessig
½ TL Salz
1 TL süßes Paprikapulver
1 Hähnchen (1,5–2 kg), gut gewaschen, trockengetupft und geviertelt
30 g feine Semmelbrösel

1. Butter, Senf, Essig, Salz und Paprika in einer kleinen Schüssel verrühren. Das Hähnchen außen und unter der Haut (nur leicht anheben) mit der Mischung bestreichen. Zugedeckt 4–6 Stunden kalt stellen.

2. Den Ofen auf 190 °C vorheizen.

3. Die Hähnchenteile mit der Haut nach oben in eine Bratpfanne legen und mit den Semmelbröseln bestreuen. Etwa 40 Minuten backen, bis aus dem Schenkel klarer Bratensaft austritt.

Ergibt 4 Portionen

Amys
GEFÜLLTE HÜHNERBRUST

Bei der Füllung für dieses Rezept können Reste von Lasagne-Füllung verwendet werden. Das gefüllte Hähnchen kann vorgebraten und bis zu einer Stunde warm gehalten werden. Laut seiner Erfinderin Amy Graf schmeckt dieses Gericht auch kalt ausgezeichnet.

3 EL Olivenöl
1 TL Knoblauch, feingehackt
200 g Spinat, aufgetaut, gehackt; vor dem Wiegen gut ausdrücken
1/4 TL grobes Salz plus extra (nach Geschmack)
1 Prise frisch gemahlener schwarzer Pfeffer plus extra (nach Geschmack)
3 EL Butter, zerlassen
1/2 TL süßes Paprikapulver
140 g Ricotta
70 g Schweizer Käse, gerieben
70 g Münsterkäse, gerieben
30 g Parmesan, frisch gerieben
1 Ei, leicht verquirlt
3 EL Kräuter (z. B. Rosmarin, Oregano, Basilikum und Thymian), frisch gehackt
2 Hähnchenbrüste (zusammen etwa 1 kg), aufgeschnitten, aber mit Haut

1. Das Öl in einer Pfanne auf mittlerer Stufe erhitzen. Den Knoblauch 30 Sekunden anbraten, dann Spinat, Salz und Pfeffer zugeben und etwa 3 Minuten garen, bis der Spinat weich ist.

2. Den Ofen auf 190 °C vorheizen. Ein Backblech mit Folie auslegen und beiseite stellen.

3. Butter und Paprika in einer kleinen Schüssel verrühren, mit Salz und Pfeffer abschmecken und beiseite stellen.

4. Den Spinat mit Käse, Ei und Kräutern in einer Schüssel mischen. Die Mischung vorsichtig mit den Fingern unter die Haut der Hähnchenbrüste schieben, mit der Buttermischung übergießen. 30–40 Minuten backen, bis die Haut Blasen wirft und braun wird.

Ergibt 4 Portionen

Bettys
BRATHÄHNCHEN

Betty Ciarrochis ungewöhnliche Variante hat den jährlichen Brathähnchen-Wettbewerb beim Mississippi Picnic im Central Park gewonnen.

8 EL Butter, zimmerwarm
1 Hähnchen (etwa 1,5 kg), gut gewaschen, trockengetupft und in 8 Teile zerlegt
125 ml Milch
2 Eier, leicht verquirlt
2 TL Tabasco
250 g Mehl
1/2 TL Salz
1/2 TL frisch gemahlener schwarzer Pfeffer
250 ml Maisöl

1. Die weiche Butter unter die Haut der Hähnchenteile streichen.

2. Milch, Eier und Tabasco in einer Schüssel verrühren. Mehl, Salz und Pfeffer in einer Papiertüte mischen.

3. Das Öl auf hoher Stufe in einer Pfanne erhitzen. Jedes Hähnchenteil in die Milch-Eier-Mischung tauchen und in der Papiertüte gut schütteln, damit es gründlich mit Mehl überzogen ist. Überschüssiges Mehl abschütteln und die Teile ins heiße Öl legen.

4. Die Hähnchenteile auf mittlerer Stufe langsam etwa 35 Minuten garen, dabei drei- bis viermal wenden, bis sie dunkelbraun und gut durch sind.

Ergibt 2–4 Portionen

LIZ SMITHS FRIED CHICKEN

Die in Texas geborene Gesellschaftskolumnistin erzählt in ihren eigenen Worten:

»Eines der wichtigsten Dinge ist das Hähnchen selbst. Versuchen Sie, bei einem Koscher-Metzger einen »Fryer« zu bekommen. Die meisten Leute wissen gar nicht mehr, daß das ein ganz junges Hähnchen ist. Heute werden Riesenhähnchen verkauft, und aus denen kann kein gutes Brathähnchen werden.

Deshalb haben manche Brathähnchen-Freaks schon aufgegeben und braten nur noch Flügel. Zumindest sieht ein Flügel so aus, als sei er klein genug, um gebraten zu werden.

Das Hähnchen abwaschen, salzen und pfeffern (Salz und Pfeffer sind überaus wichtig für ein gutes Brathähnchen).

Das gesalzene und gepfefferte Hähnchen in einer Papiertüte mit Mehl bestäuben.

Ich fritiere Hähnchen grundsätzlich nicht, aber manche fritierten Hähnchen sind ausgezeichnet, deshalb bin ich nicht grundsätzlich dagegen. Es ist eben nur eine andere Art des Bratens. Sehr wichtig ist, daß das Fett sehr, sehr heiß ist. Es muß etwa 2 cm hoch in der Pfanne stehen.

Die Hähnchenteile dürfen sich nicht berühren. Sie müssen vor dem Wenden auf einer Seite richtig braun sein. Ich prüfe immer wieder den Garzustand, obwohl Puristen meinen, das dürfe man nicht. Wenn es gar aussieht, ist es auch gar. Auf einer Papiertüte läßt sich das Fett am besten abtropfen.

Viele Leute würzen mit Tabasco, Milch, Semmelbröseln und anderen Zutaten. Das tue ich nicht. Dennoch schmecken mir fast alle Brathähnchen – sogar Kentucky Fried Chicken, obwohl ich das in den Südstaaten nie gegessen habe.

Brathähnchen darf innen nicht rosa sein. Und beim Essen müssen Sie Ihren Diätplan einfach mal vergessen.«

Jeder, der Brathähnchen macht, hat sein eigenes Spezialrezept. Die bekannte Kolumnistin Liz Smith gibt ihr Geheimnis preis. Foto: Überlassen von Liz Smith

VERNON: DER »KING OF JERK«

An der East 233rd Street in der Bronx hat jamaikanisches Barbecue nach Jerk-Art weitaus mehr Bedeutung als McDonald's. Allan Vernon ist hier bekannt als »Vernon, der King of Jerk«.

Vernon kam vor nun fast 30 Jahren aus Jamaika nach New York. Er weiß, warum er diesen Titel bekam, denn der »King« wurde er nicht, weil er zwei der besten Jerk-Häuser in der Stadt besaß, sondern weil er ein festes Ziel hatte. »Ich sehe meine Jerk-Sauce in den Lebensmittelregalen des ganzen Landes«, erklärt Vernon.

Wenn seine Landsleute ihn so reden hören, meinen sie, Vernon solle eher Präsident als König werden. Aber seine Geschichte hören sie immer wieder gern. Es begann 1972, als Vernon als Schreiner auf einer Harlemer Baustelle sein Brot verdiente. Er blickte über die Stadt, für die er sich entschieden hatte, und überlegte, was noch fehlte. »Hier fehlt Jerk«, dachte er.

EINE MARKTLÜCKE

In New York gab es längst alle Arten von Texas-, Carolina-, Korea- und Sichuan-Barbecue. Doch bisher hatte niemand Paprika, Kräuter und Gewürze auf jamaikanische Art zu einer richtigen Jerk-Marinade gemischt, die gut zu Rindfleisch, Hähnchen, Schweinefleisch und Fisch paßt. Es hatte sich auch niemand die Mühe gemacht, das Fleisch im Ofen vorzugaren, dann auf Holzkohle zu grillen und so das langsame Garen typischer Jerk-Barbecues, wie sie in Jamaika auf flachen Grillöfen schmoren, nachzuahmen.

Woher das Wort »Jerk« stammt, ist nicht bekannt; vermutlich ist es vom Wort *charqui* herzuleiten, ein Begriff, mit dem die Arawak-Indianer luftgetrocknetes Rindfleisch bezeichnen.

Vernon ließ es sich nicht nehmen, New Yorks Jerk-Lücke zu schließen. 1982 eröffnete er »Vernon's Jerk Paradise«, eine neonbeleuchtete Theke in der 987 East 233rd Street, an der es jamaikanisches Jerk-Barbecue zum Mitnehmen gibt. Es war »die erste Phase des Traums«, berichtet Vernon. »Die Leute sollten wissen, wer man ist und was man kann.«

Seit der Eröffnung kommen die karibischen Anwohner schon bei den ersten Anzeichen von Jerk-Entzug vorbei. Für Leute aus anderen Stadtteilen bedarf ein »Schuß Jerk« schon etwas Planung. Sie sparen sich ihren Appetit auf, hören Reggae-Musik und schauen sich Fotos von zu Hause an, bevor sie in die Bronx fahren. Wenn sie in Duftweite kommen, sind sie schon fast krank vor Heimweh. Der King of Jerk, der wohlmeinende Despot, lindert ihren Schmerz.

MEHR MACHT DEM KÖNIG

Niemand macht Jerk so gut wie Vernon. Als er einen Fuß »im amerikanischen Traum« hatte, mußte es einfach weiter aufwärts gehen. Er eröffnete eine zweite Jerk-Station, ein Liebhaber-Restaurant, das ebenfalls Vernon's Jerk Paradise hieß (in der 252 West 29th Street in Manhattan). Patrick Ewing kam in Begleitung der Hälfte der Knicks vorbei (einer bekannten Basketballmannschaft). Bill Cosby verlangte nach Vernon's Jerk in den Drehpausen für seine Fernsehsendung.

Es ist, als hätte Vernon den unwiderstehlichen Jerk-Nebel über ganz Chelsea verbreitet. Mehr als 2000 Personen haben sich in das Gästebuch eingetragen.

Vernon trägt seine Krone nicht leichtfertig. Er fühlt sich verpflichtet, den wahren Geist des Jerks zu erhalten: »Jerk braucht Zeit«, erklärt er. Es bedarf einiger Erfahrung, um die richtige Mischung von Pepperoni und

Vernon and a plate of his Jerk Style Chicken.

Rauch zu erreichen, die ein Barbecue »scharf und doch geschmeidig macht, ohne daß man Halskratzen bekommt.« Er fühlt sich auch verpflichtet, seine Kunden über die Folgen des Jerk-Essens zu informieren. Auf seiner Speisekarte steht: »Vorsicht, diese Nahrungsmittel machen Sie gierig.«

Schneller als man ein Hähnchen rupfen kann, schloß Vernon einen Vertrag mit einer Spaghetti-Soßen-Fabrik in New Haven. Nun belädt er seinen weißen Dodge-Van einmal im Monat auf dem Bronx Terminal Market mit Pepperoni und frischen Gewürzen und fährt weiter nach New Haven. 1 Stunde später brodelt in den Bottichen der dortigen Fabrik seine tiefbraune Jerk-Sauce.

In den nächsten 12 Stunden pumpt Vernon mehrere hundert Liter davon in Gläser, die in Form und Größe an Mayonnaise-Gläser erinnern. Auf dem Etikett ist ein Bild von ihm, flankiert von zwei Jamaika-Pepperoni. »Ich bin stolz auf meine Sauce. Andere Leute haben herausgefunden, wie man Jamaikas Gewürze richtig mischt. Aber ich stelle als einziger eine Allzweck-Sauce her, ein Dressing, eine Würze.«

Hinter der Bar seines Restaurants in der 29th Street strahlt Vernon die Ruhe eines Mannes aus, der HEINZ sein könnte. Er wurde schon in *Mo Hotta, Mo Betta* abgebildet, einem Newsletter über Chili-Produkte. Seine Sauce wird von Gemüsehändlern in der Bronx, in Brooklyn und Queens geführt und gehört zum Lagerbestand des Manhattaner Nahrungsmittelimperiums Zabar's and Grace's Market Place.

Wenn nicht viel los ist, poliert er die Saucengläser, die an der Bar zum Verkauf stehen; auf einer Seite steht seine Geschichte: »Vernon's Jerk Sauce. Pioniere der Jerk-Küche seit 1982.«

NORAHS BRATHÄHNCHEN

Die folgende Brathähnchen-Philosophie wurde 1942 im *What's Cooking at Columbia* von der Columbia University Press veröffentlicht.

»Das Hähnchen abwaschen, trockentupfen und die Teile salzen. Etwas Pfeffer mit einem Eßlöffel Mehl mischen. Das Hähnchen im Mehl wenden und in eine Bratpfanne legen, in der bereits ein Stück Fett von der Größe einer mittleren Banane zerlassen ist, am besten Speck oder anderes Bratfett; es soll aber nur warm sein. Weniger beliebte Stücke zuerst in die Pfanne legen und zugedeckt auf schwacher Stufe goldbraun braten. Für das Anbraten des ganzen Hähnchens etwa eine halbe Stunde rechnen. Angebratene Stücke in einen Topf legen (Kleinteile ganz unten). Das Fett in der Pfanne mit 380 ml Wasser aufgießen, kurz aufkochen lassen und zu den Hähnchenteilen im Topf geben. Zugedeckt kochen, bis Dampf aufsteigt, dann die Temperatur auf niedrigste Stufe reduzieren. Mindestens eineinhalb Stunden dämpfen (2 Stunden ist nicht zu lang, insbesondere wenn das Hähnchen nicht allzu zart ist). Unter Umständen etwas Wasser zugeben.«

St. Stephen in der ungarischen Kirche *(siehe Seite 346)*

Yvonne »Lola« Bell serviert ihr Hähnchen nach Insel-Art.

BRATHÄHNCHEN

karibisch

Gospelsängerin Yvonne Bell ließ sich von diesem Gericht bei ihrem Fried Chicken Music Video inspirieren. Karibisches Hähnchen wird schichtweise gewürzt. Es ist wichtig, sich genau an die Anweisungen zu halten, meint sie, sonst »harmonieren« die Gewürze nicht.

1 Hähnchen (1,5–2 kg), gut gewaschen, trockengetupft und in 8 Teile zerlegt
Saft von 1 Zitrone
3 Knoblauchzehen, zerdrückt
3 EL süßes Paprikapulver
2 EL frisch gemahlener schwarzer Pfeffer
1 EL plus 1 Prise Cayennepfeffer
2 TL Salz
2 EL dunkle Sojasauce
2 EL Hot Sauce (vorzugsweise Red Devil)
375 g Mehl
500 g festes, kaltes Pflanzenfett (z. B. Palmin)

1. Das Hähnchen in einer großen Schüssel 15–30 Minuten im Zitronensaft marinieren; darauf achten, daß alle Teile gut angefeuchtet sind.

2. Die Hähnchenteile nacheinander mit Knoblauch einreiben, auf ein Brett legen und mit Backpapier bedecken. In einer kleinen Schüssel Paprika, schwarzen Pfeffer, 1 Eßlöffel Cayennepfeffer und Salz verrühren. In einer anderen Schüssel Sojasauce und scharfe Sauce mischen. Die Hähnchenteile in der Gewürzmischung wenden, dann in die Saucenmischung tauchen.

3. Das Mehl und eine Prise Cayennepfeffer in eine feste Papiertüte geben. Je 2 Hähnchenteile darin gut schütteln. Die bemehlten Teile auf Backpapier legen.

4. Das Pflanzenfett in einer Pfanne auf hoher Stufe zerlassen. Wenn eine Prise Mehl darin kurz schäumt, die Hähnchenteile hineinlegen und auf beiden Seiten goldbraun braten, bis beim Anstechen des Schenkels klarer Bratensaft austritt (insgesamt etwa 25 Minuten). Auf Papiertüchern gut abtropfen lassen.

Ergibt 4 Portionen

Vernons

BRATHÄHNCHEN JAMAIKANISCH

Diese scharfe Jamaika-Sauce kann zum Marinieren von Rindersteaks, Goldbrassen, Red Snapper und natürlich Hähnchen verwendet werden. Vernon meint: »Sie können meine Sauce auch wie Ketchup benutzen. Ich kenne einen, der sie sogar für Rührei nimmt.« Gut verschlossen im Kühlschrank aufbewahren.

Mehr über Allan Vernon auf Seite 334 f. Das Rezept zu Vernons Jerk Snapper siehe Seite 397.

JERK-SAUCE
560 g große weiße Zwiebeln, geviertelt
200 g frische jamaikanische Chilischoten (Scotch bonnets), entkernt und geviertelt (siehe Hinweis)
120 g frischer Ingwer, geschält
3 EL Piment, gemahlen
3 EL frische Thymianblätter
3 EL frisch gemahlener schwarzer Pfeffer
250 ml Weißweinessig
250 ml dunkle Sojasauce
1 Hähnchen (2–2,5 kg), gut gewaschen, trockengetupft und in 6 Teile zerlegt

1. Zwiebeln, Chillies und Ingwer im Mixer fein hacken, in eine große Schüssel geben und mit Piment, Thymian, Pfeffer, Essig und Sojasauce mischen.

2. Das Hähnchen in dieser Mischung wenden, zudecken und im Kühlschrank 24 Stunden marinieren; dabei einmal wenden.

3. Den Ofen auf 180 °C vorheizen. Das Fleischthermometer in eines der Schenkelstücke stecken. Eine flache Schale mit kochendem Wasser auf den Ofenboden stellen. Das Hähnchen in einer Pfanne braten, bis es nach etwa 30–45 Minuten zu drei Viertel gar ist; dabei häufig mit der Bratensauce übergießen. Aus dem Ofen nehmen.

4. Den Grill vorheizen.

5. Das Hähnchen noch einmal mit der Jerk-Sauce übergießen. 5 Minuten unter dem Grill oder über sehr heißem Holzkohlenfeuer grillen. Herausnehmen und vor dem Verzehr 15 Minuten ruhen lassen.

Ergibt 6 Portionen

Hinweis: Beim Umgang mit den sehr scharfen Chillies unbedingt Gummihandschuhe tragen, um Hautreizungen zu vermeiden.

Robert Pearsons

GEGRILLTE GEFLÜGELHAPPEN

Robert Pearson beschreibt dieses Gericht als »Nebenprodukt«, da nach dem Grillen eines Hähnchens oft verschiedene Stücke übrigbleiben. Da diese Teile sehr klein sind, absorbieren sie die Sauce gut, und das Gericht läßt sich lange vor dem Essen zubereiten. Als Beilage eignen sich frische Lima-Bohnen und Mais-Limabohnen-Ragout (siehe Seite 136 f.). Mehr über Robert Pearson erfahren Sie auf Seite 261ff.

SAUCE
6 EL Butter
6 EL Pflanzenöl
3 Zwiebeln, feingewürfelt
1 1/2 unbehandelte Zitronen, entsaftet, die Schale aufbewahren
1,5 l Ketchup
380 ml Rotweinessig
125 ml plus 1 EL Worchestersauce
140 g brauner Zucker
1 1/2 TL Cayennepfeffer
2 EL Salz
2 EL Senfpulver

HÄHNCHEN
gut 2 kg Hähnchenteile
1 Zwiebel, geviertelt
2 EL Maisöl
60 ml Apfelessig
1 EL Salz
1 EL frisch gemahlener schwarzer Pfeffer
1 EL Chili-Gewürzmischung

1. Für die Sauce die Butter mit dem Öl in einer Pfanne auf mittlerer Stufe zerlassen. Die Zwiebeln darin leicht andünsten. Alle übrigen Zutaten einrühren und 20 Minuten dünsten. Vom Herd nehmen; die Zitronenschale entfernen. Im Mixer pürieren, wenn die Sauce sehr glatt werden soll. Ergibt etwa 2,5 Liter.

2. Den Gartengrill vorbereiten.

3. In einer großen Schüssel einen Liter Sauce über die Hähnchenteile gießen und gründlich einreiben.

4. Die Hähnchenteile 15 Minuten mit der Haut nach unten grillen. Wenden und weitere 15 Minuten grillen. Wenn die Teile gar sind, auf einer Platte anrichten und so weit abkühlen lassen, daß man sie anfassen kann. Das Fleisch in mundgerechten Stücken von den Knochen lösen; diese wegwerfen (die Haut können Sie aufbewahren, wenn Sie eine sehr kräftige Sauce möchten. Im Augenblick jedoch beiseite stellen).

5. Die Zwiebel im Mixer pürieren. (Wenn Sie die Hähnchenhaut verwenden wollen, zugeben und mitpürieren). Das Öl in einer großen Pfanne auf mittlerer Stufe erhitzen, das Zwiebelpüree zugeben und unter ständigem Rühren aufkochen, bis die Sauce klar wird. Essig, Salz, Pfeffer, Chili-Gewürzmischung und den Rest der Sauce zugeben. Die Hähnchenteile unterrühren und auf niedriger Stufe etwa 30 Minuten köcheln lassen, bis die Sauce etwas eindickt.

Ergibt 4–6 Portionen

Felipes

HÄHNCHEN ESCABÈCHE

Felipe Rojas-Lombardi, der bekannte Chefkoch des Manhattaner Ballroom, stammt eigentlich aus Peru, doch nach 20 Jahren in Amerika bezeichnet er sich selbst als »New Yorker mit Leib und Seele«. Escabèche, das mit Kaninchen, Fisch oder Wild zubereitet werden kann, wurde von den Mauren nach

Südamerika gebracht und von Südamerikanern mit Pfeffer und dem äußerst scharfen Achiote-Öl verfeinert.

1 Hähnchen (1,5–2 kg), gewaschen, trockengetupft und in kleine Happen zerteilt
2½ EL grobes Salz
60 ml Achiote-Öl (Rezept folgt)
12 große Knoblauchzehen, geschält
12 kleine Zwiebeln (etwa 4 cm Durchmesser), geschält, am Wurzelende ein kleines X eingeschnitten
3 frische Serrano-Chilischoten, entkernt und in feine Streifen geschnitten
4 Lorbeerblätter
½ TL Cayennepfeffer
12–15 frische Thymianzweige oder 1 EL getrockneter Thymian
4 Möhren, geschält und in 6 cm lange Stücke geschnitten
1 l Rotweinessig
500 ml trockener Rotwein
4 Selleriestangen, schräg in 1 cm lange Stücke geschnitten
2 rote Paprikaschoten, geputzt und in feine Streifen geschnitten
2 grüne Paprikaschoten, geputzt und in feine Streifen geschnitten

1. Die Hähnchenteile mit 1½ Teelöffel grobem Salz bestreuen.

2. Das Achiote-Öl in einem Tontopf oder einer großen Pfanne erhitzen. Die Hähnchenteile zugeben und auf mittlerer Stufe rundum goldbraun anbraten (4 Minuten pro Seite). Herausnehmen und beiseite stellen.

3. Knoblauch und Zwiebeln mit dem restlichen Achiote-Öl in der Pfanne mischen, auf niedriger Stufe etwa 10 Minuten anbraten, bis die Zwiebeln weich und leicht gebräunt sind. Chillies, Lorbeerblätter, Cayennepfeffer, das restliche Salz, Thymian und Möhren zugeben und 5 Minuten mitbraten. Essig und Rotwein zugeben und aufkochen lassen. Auf schwacher Stufe 15 Minuten ohne Deckel köcheln lassen.

4. Sellerie, rote und grüne Paprika zugeben und weitere 10–15 Minuten garen. Hähnchenteile wieder in den Topf geben. Zudecken, den Topf von der Herdplatte nehmen und auf Zimmertemperatur abkühlen lassen. Direkt im Topf servieren. Falls vorhanden, mit frischen Thymianzweigen garnieren.

Ergibt 4–6 Portionen

Felipe Rojas-Lombardi an der Tapas-Bar des Ballroom
Photo: Harold Naideau

ACHIOTE-ÖL

250 ml Olivenöl oder Pflanzenöl
6 EL Orleansamen (Anattosamen)
1 getrocknete Serrano-Chilischote, zerkrümelt
1 Lorbeerblatt

1. Öl, Orleansamen, Chili und Lorbeerblatt in einer Kasserolle mischen. Bei Zimmertemperatur unter gelegentlichem Rühren 30 Minuten ziehen lassen.

2. Auf niedriger Stufe erhitzen. Das Öl unter Rühren langsam aufkochen lassen. Vom Herd nehmen und abkühlen lassen, dabei hin und wieder rühren.

3. Das Öl durch ein feines Sieb oder mehrere Schichten Gaze streichen. Samen, Lorbeerblatt und Chili entfernen. Das Öl hat jetzt eine helle, rötlich-orange Farbe. Gut verschlossen läßt es sich im Kühlschrank bis zu einem Jahr aufbewahren.

Ergibt 250 ml

Yvonnes ZWIEBEL-HÄHNCHEN

Dieses gut gewürzte Familienrezept von Yvonne Ortiz ist ein beliebter Resteverwerter. Es schmeckt köstlich mit Reis.

250 ml Olivenöl
360 g Zwiebeln, in Scheiben geschnitten
1 Hähnchen (etwa 1,5 kg), gewaschen, trockengetupft und in 8 Teile zerlegt
60 ml destillierter Weißweinessig
10 ganze Pfefferkörner
10 ganze Pimentkörner
2–3 Lorbeerblätter
60 g mit Paprika gefüllte Oliven
Salz und frisch gemahlener schwarzer Pfeffer (nach Geschmack)

1. 60 ml Öl in einer großen Pfanne auf mittlerer Stufe erhitzen. Zwiebelscheiben darin 7 Minuten andünsten, das Hähnchen zugeben und 3 Minuten auf jeder Seite anbräunen.

2. In einer kleinen Schüssel das restliche Öl und den Essig gut verrühren. Mit den übrigen Zutaten unter Rühren in die Pfanne gießen und mit Wasser auffüllen, bis alle Teile bedeckt sind. Etwa 30 Minuten kochen, bis das Hähnchenfleisch am Knochen weiß ist und die Sauce leicht eindickt.

Ergibt 4 Portionen

Philippinisches HÄHNCHEN-ADOBO

Reynaldo Alejandro, der frühere Kurator der großen kulinarischen Sammlung in der New Yorker Public Library, sagt: »Unter Adobo, dem Nationalgericht der Philippinen, versteht man Nahrungsmittel, die in Essig, Knoblauch und Soja gekocht werden. Die Menge der Zutaten sowie die Gewürze sind von Insel zu Insel verschieden.«

8 Hähnchenschenkel
125 ml destillierter Weißweinessig
125 ml helle Sojasauce
3 Lorbeerblätter
½ TL frisch gemahlener schwarzer Pfeffer
4 Knoblauchzehen, feingehackt
1 EL Pflanzenöl

1. In einer Kasserolle Hähnchen, Essig, Sojasauce, Lorbeerblätter, Pfeffer und 2 Teelöffel Knoblauch auf hoher Stufe aufkochen lassen. Dann ohne Deckel 25 Minuten köcheln lassen; mehrfach wenden, bis die Schenkel gar sind.

2. Hähnchenschenkel beiseite stellen. Die Kochflüssigkeit durch ein Sieb streichen und das Fett abschöpfen. Ebenfalls beiseite stellen.

3. Öl und restlichen Knoblauch in der Kasserolle auf hoher Stufe erhitzen. Das Fleisch zugeben und auf beiden Seiten jeweils 3 Minuten goldbraun braten. Die beiseite gestellte Flüssigkeit zugeben. 5–10 Minuten köcheln lassen.

4. Die Schenkel auf einer Platte mit Sauce übergießen und servieren.

Ergibt 4 Portionen

SCHMALZ UND GRIEBEN

Stan Zimmerman hat keine Angst vor den Verfechtern gesunder Ernährung. Sollen sie ruhig New York erstürmen mit Olivenöl, Halbfettbutter und ungefetteten, beschichteten Pfannen! Sie dürfen auch gerne versuchen, die Leute von Sammy's Famous Roumanian Steak House fernzuhalten, das Mr. Zimmerman 1975 in einem Keller in der Lower East Side eröffnete.

»Meine Gäste wissen, was sie tun«, erklärt Mr. Zimmerman. »Wenn sie hier reservieren, buchen sie auch ein Bett im St. Vincent's Hospital.« Bis heute sei aber noch niemand im Speisesaal gestorben, bemerkt er nüchtern.

Aber er gibt doch zu, daß es langfristig Auswirkungen haben könnte, jeden Tag bei Sammy's in der Chrystie Street 157 zu Abend zu essen. »Das Essen ist schwer«, sagt Mr. Zimmerman. »Meine Kellner trainieren bei Jack LaLanne, sonst könnten sie die schweren Teller gar nicht tragen.«

Wenn man die Gabel mit Sammy's gebratenem Kreplach oder Kishka allzu häufig zum Munde führt, kann man sich in der Tat leicht eine Sehnenscheidentzündung holen. Die Krautroulade, etwa so groß wie ein Torpedo, und das rumänische Filetsteak sehen aus wie Mahlzeiten, die Fred Feuerstein in der Steinzeit vertilgte.

Schmalz, ausgelassenes Tierfett, das in den USA meist von Hähnchen stammt, macht viele der Gerichte sehr schwer verdaulich. Einen wesentlichen Anteil haben die Grieben, die knackigen Stückchen, die beim Auslassen ausbraten. Auch wenn ernährungsbewußte Menschen bei diesen Zutaten warnend den Zeigefinger heben, Mr. Zimmerman ist keineswegs bereit, bei seinen Gerichten auf Schmalz zu verzichten.

Für Mr. Zimmerman ist Schmalz dasselbe wie Butter. »Kalt ist Schmalz glatt und seidig, bei Raumtemperatur verhält es sich wie zerlassene Butter«, erklärt er und weist mit dem Kopf hinüber zu den Marmeladengläsern mit dem dicken gelben Fett, die bei Sammy's auf jedem Tisch stehen. »Schmeckt ausgezeichnet auf Brot oder, noch besser, mit Grieben, gehackter Leber, Rettich und einer kleinen, gehackten Zwiebel. Ich nenne das Jüdischen Caesar-Salat, weil ihn die Kellner erst bei Tisch anrichten.«

Mr. Zimmerman behauptet, seine Pro-Schmalz-Theorie hätte viele Anhänger. »Einmal habe ich gesehen, wie ein Tisch mit vier Personen zwei Gläser Schmalz vertilgt hat«, erzählt er. »Ich hatte einen Stammgast, einen Filmstar, der mochte auf gutes Schmalz auch auf Reisen nicht verzichten. Also bat er mich, es ihm nach Hollywood zu schicken. Ich fühlte mich sehr geehrt und habe ihm nichts dafür berechnet.«

Die Angst vor Schmalz-Mangel treibt manche Menschen zu eigenartigem Verhalten. »Eine sehr reiche Dame war bei mir Gast, die versteckte ein Glas Schmalz in ihrer Tausend-Dollar-Handtasche«, erinnert er sich. »Ich fühlte mich auch hier sehr geehrt und ließ ihr das Glas einpacken.«

Schmalz läßt sich leicht herstellen und hält sich gekühlt etwa vier Wochen. Man verwendet es, damit gehackte Leber nicht hart wird, und zum Braten von Latkes, Kishka, Hähnchen, Leber und sogar Steaks.

Aber für Mr. Zimmerman hat Schmalz auch eine nostalgische Note. Und wo steht geschrieben, daß eine kleine Dosis Nostalgie nicht die Gesundheit fördert?

Mr. Zimmerman räumt jedoch ein, daß Schmalz vielleicht nur zu besonderen Gelegenheiten genossen werden sollte, ganz besonders an Feiertagen natürlich.

»Es ist eine Art Diät«, meint er. »Wenn Sie Schmalz gegessen haben, sind Sie so satt, daß sie tagelang nichts mehr essen können.«

Stan Zimmerman bei Sammy's

Schmalz und GRIEBEN

Schmalz eignet sich zum Braten oder mit etwas Salz als Brotaufstrich. Grieben eignen sich zum Garnieren von Kartoffelbrei und Salat oder als Gaumenreizer.

900 g Hähnchenfett und -haut
1 große Zwiebel, gerieben
2 TL Salz

1. Hähnchenhaut in 0,5 cm breite Streifen schneiden. Fett würfeln. Beides in einer Pfanne mit 250 ml Wasser 35–45 Minuten köcheln lassen, bis das Wasser verdunstet ist.

2. Zwiebel zugeben und auf mittlerer Stufe 5 Minuten weiterbraten, bis sie weich und goldbraun und die Hähnchenhaut hellbraun ist.

3. Die Mischung durch ein Sieb streichen. Die Flüssigkeit ist das Schmalz. Zu den festen Teilen, also Haut und Zwiebel, das Salz geben; dies sind die Grieben. Beides läßt sich luftdicht verschlossen im Kühlschrank bis zu vier Wochen aufbewahren.

Ergibt je 500 g Schmalz und Grieben

John Schumachers MARENGO-HÄHNCHEN

Dieses recht scharfe Frikassee hat bei der ersten March of Dimes Gourmet Gala in New York den ersten Preis gewonnen und bleibt auf Partys an der Upper East Side das Lieblingsgericht. Mit Reis servieren.

30 g Mehl
3 EL frischer Estragon, feingehackt, oder 1 EL getrockneter Estragon
Salz und frisch gemahlener schwarzer Pfeffer (nach Geschmack)
1 Hähnchen (knapp 2 kg), gut gewaschen, trockengetupft und in 8 Teile zerlegt
80 ml Olivenöl
80 g Butter
250 ml trockener Weißwein
2 Knoblauchzehen, feingehackt
900 g geschälte Eiertomaten (Dosenware)
110 g Champignons, in feine Scheiben geschnitten
1 EL frische Petersilie, feingehackt

1. Den Ofen auf 180 °C vorheizen.

2. In einer flachen Schale Mehl, Estragon, Salz und Pfeffer mischen. Jedes Hähnchenteil darin wenden und beiseite stellen. Den Rest der Mehlmischung aufbewahren.

3. Butter mit Olivenöl in einer Pfanne auf mittlerer Stufe zerlassen. Das Fett soll heiß sein, aber nicht rauchen. Die Hähnchenteile portionsweise zugeben, nicht zu viele Teile auf einmal. Auf jeder Seite 3 Minuten bräunen. Auf Küchentüchern abtropfen lassen.

4. Überschüssiges Fett abgießen, die restliche Mehlmischung zugeben und mit einem Holzlöffel auf mittlerer Stufe kräftig rühren, bis die Mischung glatt und hellbraun ist. Langsam den Wein einrühren, bis die Mischung eindickt und nach etwa 15 Minuten an der Rückseite eines Löffels hängenbleibt.

5. Die Hähnchenteile in eine Kasserolle geben. Mit der Sauce übergießen, Knoblauch und Tomaten zugeben und umrühren. Ohne Deckel 50 Minuten überbacken.

6. Champignons und Petersilie zugeben, abschmecken und weitere 10 Minuten backen.

Ergibt 4 Portionen

George und Jenifer Lang im Café des Artistes
Photo: Stephen Ellison

HÄHNCHEN-KOHLRABI-
Frikassee

Jenifer und George Lang, die Besitzer des Café des Artistes, haben mit einem altmodischen ungarischen Rezept begonnen, das sich im Laufe der Jahre zu einem herzhaften Frikassee entwickelt hat. Besonders im Winter wird es gern serviert.

KNÖDEL
450 g Hähnchenbrust, entbeint und enthäutet
2 EL frische Dillzweige
1 TL Salz
frisch gemahlener schwarzer Pfeffer (nach Geschmack)
2 Eiweiß
500 g Schlagsahne

FRIKASSEE
110 g Butter
80 g Mehl
1,5 l Hühnerbrühe (Rezept Seite 47 oder andere, selbstgemachte Hühnerbrühe)
500 ml trockener Weißwein
Salz und frisch gemahlener schwarzer Pfeffer (nach Geschmack)
3 junge Kohlrabi, geschält und in 1 cm dicke Scheiben geschnitten
450 g junge Möhren, geschält, oder 450 g große Möhren, geschält und diagonal in 1 cm dicke Scheiben geschnitten
2 Hähnchen (je 1,5 kg), gewaschen, trockengetupft und in 8 Teile zerlegt

3 l Hühnerbrühe (Rezept Seite 47 oder andere, selbstgemachte Hühnerbrühe)
70 g Zucker
Saft von 2 Zitronen

1. Für die Knödel Hähnchenbrust, Dill, Salz und Pfeffer im Mixer etwa 30 Sekunden fein hacken. Eiweiß zugeben und noch einmal mixen. Bei laufendem Mixer langsam die Sahne zugießen, dann die Maschine sofort abstellen. Die Mischung in einer Schüssel zugedeckt mindestens 4 Stunden, am besten über Nacht, kalt stellen.

2. Für das Frikassee die Butter in einem großen Topf auf mittlerer Stufe zerlassen. Das Mehl einrühren und unter ständigem Rühren mit einem Holzlöffel etwa 5 Minuten hellbraun anschwitzen.

3. Hühnerbrühe und Wein zugießen und unter ständigem Rühren aufkochen lassen. Großzügig Salz und Pfeffer zugeben und auf niedriger Stufe 10 Minuten unter gelegentlichem Rühren köcheln lassen.

4. Kohlrabi und Möhren in einem Topf mit kochendem Salzwasser 6 Minuten vorkochen. Abgießen und unter kaltem Wasser abspülen, um ein Weitergaren zu vermeiden.

5. Die zerteilten Hähnchenteile in den großen Topf zugeben und das vorgekochte Gemüse untermischen. Zugedeckt 45 Minuten köcheln lassen.

6. Inzwischen die Knödelmasse aus dem Kühlschrank nehmen. Die 3 l Hühnerbrühe in einem großen Topf auf mittlerer Stufe erst aufkochen, dann leise köcheln lassen. Mit zwei Suppenlöffeln kleine, eiförmige Knödel formen und in die köchelnde Hühnerbrühe geben. Die Temperatur reduzieren; nicht überkochen lassen. Die Knödel etwa 8–10 Minuten kochen. Mit einem Schaumlöffel herausheben, abtropfen lassen und auf ein sauberes Tuch legen.

7. Das Frikassee vom Herd nehmen. Die Knödel zugeben und zudecken.

8. Den Zucker in einer gußeisernen Pfanne erhitzen, bis er karamelisiert und sich goldbraun färbt. Vom Herd nehmen und den Zitronensaft einrühren. Gut 600 ml Hühnerbrühe vom Frikassee abschöpfen, in die Pfanne gießen und auf mittlerer Stufe etwa eine halbe Minute gut einrühren.

9. Überschüssiges Fett vom Frikassee abschöpfen. Die Sauce darüber gießen. Umrühren und vor dem Servieren noch einmal köcheln lassen.

Ergibt 8 Portionen

Espositos

HÜHNERFRIKASSEE

Auf dem Esposito & Sons Pork Store and Meat Market wird Schweine- und Rindfleisch, Hähnchen und Wild zu Preisen von einst verkauft, aber Rezepte gibt es kostenlos. Das nun folgende Eintopfgericht von John Esposito war bei seinen Kunden jahrelang sehr beliebt.

Selbst in kleinen Mengen gibt ungarisches Paprikapulver jedem Gericht eine besondere Note.

60 g Mehl
1 EL Salz
½ TL frisch gemahlener schwarzer Pfeffer
½ TL süßes Paprikapulver
1 Hähnchen (1,5–2 kg), gut gewaschen, trockengetupft und in 8 Teile zerlegt
60 ml Pflanzenöl
1 kleine Zwiebel, in dünne Scheiben geschnitten
1 Selleriestange, feingeschnitten
250 ml trockener Weißwein

1. Mehl, Salz, Pfeffer und Paprika in einer Papiertüte mischen. Die Hähnchenteile zugeben und gut schütteln. Die Hähnchenteile auf Backpapier legen. Den Rest der Mehlmischung aufbewahren.

2. In einer Pfanne (etwa 25 cm Durchmesser) das Öl auf mittlerer Stufe erhitzen. Die Hähnchenteile zugeben und rundum bräunen. Zwiebel, Sellerie und Wein zugeben und aufkochen lassen. Die Temperatur reduzieren, zudecken und etwa 2½ Stunden köcheln lassen.

3. Die Hähnchenteile auf eine Wärmeplatte legen. In einer kleinen Tasse einen Eßlöffel Mehlmischung mit 60 ml Wasser glattrühren. In die Pfanne einrühren und auf mittlerer Stufe unter ständigem Rühren eindicken lassen. Die Sauce über die Hähnchenteile gießen und servieren.

Ergibt 4 Portionen

ARROZ CON POLLO

(Huhn mit Reis)

»Es gibt so viele Rezepte für Arroz con Pollo wie Puertoricaner in Upper Manhattan«, meint Carmen Luisa Reyes. Das folgende Gericht liefert mit einem kleinen Salat als Vorspeise und einem Pudding danach eine ausgewogene, leckere Mahlzeit.

BRÜHE

1,5–2 kg Hähnchenteile (Flügel, Schenkel, Beine, Hals, Rücken und Kleinteile), abgewaschen, trockengetupft, überschüssiges Fett entfernt
1/2 grüne Paprikaschote, geputzt und halbiert
4 Ajieito-Chilischoten
6 Korianderzweige
1 TL Salz

REISMISCHUNG

1 kleine Zwiebel, geviertelt
1/2 grüne Paprikaschote, geputzt und halbiert
4 Ajieito-Chilischoten, unter fließendem Wasser entkernt
3 Knoblauchzehen, geschält
6 Korianderzweige
3 EL Maisöl
250 ml Tomatensauce
800 g weißer Reis, gespült und abgetropft
Salz (nach Geschmack)

1. Für die Brühe Hähnchenteile, Paprika, Chillies und Koriander mit einem Liter kaltem Wasser in einem großen Suppentopf auf hoher Stufe zugedeckt 10 Minuten aufkochen lassen. Das Salz zugeben, die Temperatur reduzieren und weitere 10 Minuten köcheln lassen. Hälse, Kleinteile und Rücken herausnehmen.

2. Für die Reismischung Zwiebel, Paprika, Chillies, Knoblauch und Koriander mit 4 Eßlöffeln Wasser im Mixer glattpürieren. Das Öl in einem großen Topf auf mittlerer Stufe erhitzen. Den Inhalt des Mixers und die Tomatensauce zugeben und aufkochen lassen. Die Temperatur reduzieren und köcheln lassen.

3. Die Hühnerbrühe vom Herd nehmen und durch ein Sieb in einen Topf seihen. Die Hähnchenteile zugeben und umrühren. Den Reis einrühren und die Temperatur erhöhen. Ohne Deckel etwa 15 Minuten kochen, bis der Reis den Großteil der Flüssigkeit absorbiert hat.

4. Den Topf zudecken, die Temperatur reduzieren und nochmals etwa 10 Minuten kochen; dabei gelegentlich umrühren, damit der Reis nicht ansetzt. Nach Geschmack salzen.

Ergibt 4 Portionen

Pearls

HÄHNCHENTOPF

Mrs. Pearl Colton lebt in der Bronx und gibt ihr Rezept nur selten aus der Hand, obwohl sie oft darum gebeten wird. Als sie noch nicht verheiratet war, kochte ihre Mutter dieses Gericht oft für sie und verwendete die restliche Sauce am nächsten Tag für ein Nudelgericht.

8 EL Butter
2 große Zwiebeln, gewürfelt
2 grüne Paprikaschoten, geputzt und gewürfelt
1 Hähnchen (1,5–2 kg), gewaschen, trockengetupft und in 8 Teile zerlegt
1 Knoblauchzehe, feingehackt
500 g Tomatenstückchen (Dosenware)
450 ml Tomatensauce (Dosenware)
2 Lorbeerblätter
1 TL getrockneter Oregano, zerbröselt
1 TL Salz
1/2 TL Selleriesamen
1/4 TL frisch gemahlener schwarzer Pfeffer
125 ml trockener Rotwein

1. Die Butter in einer großen Pfanne auf mittlerer Stufe zerlassen. Die Zwiebeln darin etwa 5 Minuten glasig und die Paprika weich dünsten. Herausnehmen und beiseite stellen. Die Hähnchenteile zugeben und von allen Seiten jeweils 3 Minuten anbräunen.

2. Gemüse und Knoblauch zugeben und eine Minute mitbraten. Tomatenstückchen und -sauce, Lorbeerblätter, Oregano, Salz, Selleriesamen und Pfeffer zugeben und umrühren. Zugedeckt auf niedriger Stufe etwa 35–40 Minuten köcheln lassen, bis die Hähnchenteile gar sind und die Sauce leicht eingedickt ist.

3. Den Wein langsam zugießen und umrühren. 2 Minuten mitkochen und servieren.

Ergibt 4 Portionen

DER VERBRAUCHER MIT KÖPFCHEN

EIN KLEINER TIP

Ausgezeichnete **Paprika**, Nudeln und Knödel finden Sie bei **PAPRIKAS WEISS,** 1546 SECOND AVENUE, ZWISCHEN 80TH UND 81ST STREET, (212) 288–6117 (auch Versand).

Edward Weiss bei Paprikas Weiss

Mrs. Hathansels

PAPRIKA-HUHN

Die Mitglieder des Mother's Club der St. Stephen of Hungary Catholic Church bereiten oft schon samstags das Essen vor, das sonntags nach der Messe serviert wird. Sie kochen meist nur einmal im Monat, manchmal aber sieht man die Frauen auch jede Woche im Untergeschoß der Kirche putzen, schneiden, würfeln, köcheln und braten. Für ihre Mahlzeiten, die sie für weit über hundert Gemeindemitglieder und Gäste servieren, verlangen sie nie mehr als sechs Dollar. Besonders im Winter bildet ihr Sonntagsessen einen beliebten Kontrast zur Manhattaner Brunch-Szene.

Obwohl der Mother's Club immer verschiedene Gerichte serviert, gibt es ein Gericht immer: Paprika-Huhn. Das folgende Rezept stammt von Julia Hedrik, die es im Frühling einmal mit ihren Freundinnen ausprobierte, obwohl es nicht ihr eigenes ist. »Mrs. Hathansel brachte mir bei, wie man Paprika-Huhn kocht«, erzählt sie und meint damit die Vorsitzende des Mother's Club. »Man könnte fast sagen, alle Paprika-Huhn-Rezepte sind von ihrem Grundrezept abgeleitet.«

2 EL Schweineschmalz
1 Hähnchen (1,5–2 kg), abgewaschen, trockengetupft und in 8 Teile zerlegt
Salz und frisch gemahlener schwarzer Pfeffer (nach Geschmack)
1 große weiße Zwiebel, gehackt
1 rote Paprikaschote, geputzt und feingehackt
1/2 frische Tomate, gehackt
2–3 TL süßes Paprikapulver
1 1/2 EL Mehl
250 ml Hühnerbrühe (Rezept Seite 47 oder Dosenware; nach Bedarf auch mehr)
250 g saure Sahne

Der Mother's Club von St. Stephen kocht das Sonntagsessen. Die Einnahmen werden für kirchliche Zwecke verwendet.

1. Das Schweineschmalz in einem großen Topf auf mittlerer Stufe zerlassen. Die Hähnchenteile zugeben, mit Salz und Pfeffer bestreuen und 5 Minuten auf jeder Seite anbräunen. Herausnehmen und beiseite stellen.

2. Zwiebel und Paprika in den Topf geben und auf niedriger Stufe etwa 5 Minuten andünsten. Die Tomate einrühren, 2 Teelöffel Paprikapulver zugeben und auf niedriger Stufe 5 Minuten garen.

3. Das Mehl zugeben und gründlich rühren, bis es goldbraun wird. Die Hühnerbrühe einrühren. Die Hähnchenteile wieder zugeben, zudecken und unter gelegentlichem Rühren köcheln lassen, bis das Fleisch von den Knochen fällt; bei Bedarf Hühnerbrühe nachgießen.

4. Mit extra Salz, Pfeffer und Paprika abschmecken. Die saure Sahne zugeben und gut umrühren. Mit Eiernudeln oder Spätzle servieren.

Ergibt 4 Portionen

Haiti-Hähnchen
IM TOPF

Die Manhattaner Maniküre Nicole Buisson lernte dieses Gericht als Kind von ihrer Mutter in Haiti und kocht es nun für ihre Tochter und ihren Sohn, bevor sie morgens zur Arbeit geht. Dieser Eintopf schmeckt herzhaft, ist ausgiebig und paßt sehr gut zu Reis.

1 Hähnchen (1,5–2 kg), gewaschen, trockengetupft, geviertelt, Ober- und Unterschenkel getrennt
1 l Hühnerbrühe (Rezept Seite 47 oder Dosenware)
1 TL Weißweinessig
1 Zwiebel, in Scheiben geschnitten
4 Knoblauchzehen
½ TL frische Chilischote, feingehackt (oder getrocknete rote Chiliflocken)
½ TL frisch gemahlener schwarzer Pfeffer
½ TL Salz
6 Gewürznelken
1 TL getrockneter Thymian
1 Lorbeerblatt
150 g Brokkoliröschen
150 g Blumenkohlröschen
120 g Möhren, gewürfelt

1. Hähnchenteile, Hühnerbrühe, Essig, Zwiebel, Knoblauch, Chili, schwarzen Pfeffer, Salz, Gewürznelken, Thymian und Lorbeerblatt in einer ofenfesten Kasserolle auf mittlerer Stufe aufkochen lassen. Die Temperatur reduzieren und etwa 15 Minuten köcheln lassen.

2. Den Ofen auf 180 °C vorheizen.

3. 1 Stunde zugedeckt im Ofen backen.

4. Brokkoli, Blumenkohl und Möhren zugeben, zudecken und etwa 20 Minuten garen. Mit extra Salz und Pfeffer abschmecken.

Ergibt 4 Portionen

DER VORMUND DES COUNTRY CAPTAIN

In New York, und ganz besonders in kulinarischen Kreisen, werden Namen schnell zu Markennamen. Mütter weinen vielleicht, aber meistens auf dem Weg zur Bank. Nathan Handwerker z. B. machte seinen Frieden (und ein erhebliches Vermögen), indem er seinen Familiennamen durch »Hot Dog« ersetzte. David Liederman klingt nicht halb so nett wie »David's Cookies«, und »Eli« ist praktisch ein anderes Wort für »Brot« geworden.

Cecily Brownstone müßte eigentlich Cecily Country Captain heißen, doch die frühere Kolumnistin der kulinarischen Welt New Yorks hatte etwas gegen die Benutzung ihres Namens. Andererseits würde es ihr auch nichts ausmachen, als Mutter des Country Captain Chicken bekannt zu werden. Fast vier Jahrzehnte lang hat sie unbeirrt die Geheimnisse dieses Gerichts ausgeplaudert und als Ein-Frau-Konservierungsfabrik für diese besondere Form des Curry Chickens fungiert.

»In den 50er Jahren hörte ich zum ersten Mal vom Country Captain, doch gab es ihn gerüchteweise schon seit dem 18. Jahrhundert«, sagt Miss Brownstone, die seit mehr als fünfzig Jahren in Greenwich Village lebt.

Oh Captain, mein Captain!

Für eine Weile war das Gericht in New York in Mode, geriet jedoch wieder in Vergessenheit. Zeitweise wurden die exotischen Zutaten bewundert, dann wieder die schnelle und einfache Zubereitung. Mit jeder Modewelle des Gerichts entstanden erneut Mißverständnisse im Zusammenhang mit dem Rezept, die laut Miss Brownstone nichts weiter waren als eine Falschdarstellung, eine Art Attentat auf den Country Captain. Sie konnte sich sehr darüber aufregen.

»Da verwendet doch jemand eine Hähnchenbrust, können Sie sich das vorstellen«, ereiferte sie sich. »Ich möchte keine Namen nennen, aber können Sie sich vorstellen, daß jemand tatsächlich Sahne nimmt? Und das nennen sie dann Country Captain! Sehr enttäuschend, wirklich sehr enttäuschend.«

Miss Brownstone hat weiß Gott versucht, die Dinge – und das Rezept – ins rechte Licht zu setzen.

Schon 1960, als sie noch für Associated Press schrieb und die »Stammutter« des kulinarischen Clubs James Beard's in Greenwich Village war, erforschte Miss Brownstone Ursprünge und Herkunft des Country Captain. Damals galt das Gericht noch als Spezialität der Südstaaten, aber Miss Brownstone widerlegte diese Behauptung. Sie recherchierte in Kochbüchern und fand einen ersten Hinweis in Miss Leslie's *New Cookery Book*, das 1857 erschien. Wenige Tage später veröffentlichte Miss Brownstone ihre geschichtlich fundierte Country Captain-Darstellung.

Laut Miss Leslie handelt es sich um »ein ostindisches Gericht und eine sehr einfache Curry-Zubereitung«. Miss Leslie erklärte, daß sich die Bezeichnung »Country Captain« auf einen im Sold der Engländer stehenden Captain der einheimischen Truppen, der sogenannten »country troops«, bezieht. Miss Leslie dachte, daß das Gericht »von einem solchen Offizier bei den Engländern eingeführt wurde«. Diese Hypothese überzeugte Miss Brownstone.

Wild auf dem Fulton Market in früheren Tagen

Ihre bevorzugte Version

Im Laufe der Zeit gefiel Miss Brownstone jedoch Country Captain Chicken von Alexander Filippini, dem Chefkoch des Delmonico zu Beginn des Jahrhunderts, weit besser als nach dem Rezept von Miss Leslie. Filippini briet das Hähnchen mit Pfeffer und Zwiebeln und fügte Mandeln und Rosinen hinzu. Miss Leslie dagegen verwendete Zwiebeln (»gekocht und in Scheiben«) und Curry-Pulver, mit dem Hinweis: »Noch besser wird es, wenn man gleich zu Beginn drei bis vier Eßlöffel feingeriebene Kokosnuß zugibt.«

Es überrascht nicht, daß Miss Brownstone Filippinis Rezept bevorzugt – es schmeckt einfach besser. Sie schickte es an Hunderte von Zeitungen und tat alles, um es auch in vielen Kochbüchern unterzubringen. Wenn sie in einem Restaurant oder Kochbuch falsche Captains findet, stellt sie das richtig. Auf diesem Kreuzzug war der inzwischen verstorbene James Beard ein wichtiger Verbündeter. Er führte das Rezept in seiner Kochschule ein und indoktrinierte auf diese Weise eine ganze Generation Chefköche mit der richtigen Zubereitung des Country Captain. Auch ihre Freundin Irma Rombauer trug ihren Teil zur Sache bei, indem sie das Rezept in *The Joy of Cooking*, dem US-amerikanischen Standardkochbuch, aufnahm.

Trotzdem: Wer den Country Captain kennt, will ihn auch abwandeln.

»Jahrelang ärgerte mich jede Variante«, erzählt Miss Brownstone, fügt aber hinzu, daß sie in letzter Zeit nicht mehr so heftig reagiert. Das Rezept in der 1990er Ausgabe von Fannie Farmer enthält sogar einen Schuß Orangensaft. Früher hätte sie laut aufgeschrien, heute ist sie »älter, als zu erwähnen höflich wäre«, und seufzt nur noch resigniert.

»Man kann sagen, daß ich toleranter geworden bin«, meint sie, fügt jedoch rasch hinzu: »Diese Unklarheiten möchte ich ein für allemal beseitigen. Ich faxe Ihnen gerne das Originalrezept und die Geschichte dieses Gerichts, sobald ich mein Mittagessen beendet habe.«

Cecily Brownstones

HÄHNCHEN À COUNTRY CAPTAIN

Hier also das Rezept von Miss Brownstone, frisch aus dem Fax.

30 g Mehl
1 TL Salz
1/4 TL frisch gemahlener schwarzer Pfeffer
1 Grillhähnchen (1,5–2 kg), abgewaschen, trockengetupft und in 12 Teile zerlegt
4 EL Butter
1 Zwiebel, feingewürfelt
1 grüne Paprikaschote, feingewürfelt
1 Knoblauchzehe, zerdrückt
1 1/2 TL Currypulver
1/2 TL getrockneter Thymian
500 g Tomatenstückchen (Dosenware)
3 EL Korinthen
40 g blanchierte Mandeln, geröstet

1. Mehl, Salz und Pfeffer in einer großen Schüssel mischen. Die Hähnchenteile darin wenden und auf Backpapier legen.

2. Den Ofen auf 180 °C vorheizen.

3. Die Butter in einer ofenfesten Pfanne auf mittlerer Stufe zerlassen. Die Hähnchenteile zugeben und rundum bräunen (3 Minuten pro Seite). Mit einem Schaumlöffel herausnehmen und beiseite stellen.

4. Temperatur reduzieren und Zwiebel, Paprika, Knoblauch, Currypulver, Thymian sowie Tomaten zugeben. Den Bodensatz der Pfanne durch Rühren lösen.

5. Die Hähnchenteile wieder in die Pfanne legen und ohne Deckel 25 Minuten backen. Rosinen zugeben und weitere 5 Minuten backen. Wenn die Sauce zu dick ist, mit 60 ml Wasser verdünnen. Mit Mandeln bestreuen.

Ergibt 4 Portionen

Peter Roses

HÄHNCHEN IN BUTTER

Diese Neuauflage eines Rezepts von Kochbuchautor Peter Rose aus New Netherland ergibt ein sehr delikates Gericht, das am besten mit Salzkartoffeln und Erbsen serviert wird. Das Rezept erschien ursprünglich in Miss Roses Buch *The Sensible Cook*.

1,4 kg Hähnchenteile (Beine, Schenkel und Brust), abgewaschen und trockengetupft
1 Blättchen Muskatblüte oder 1 Prise getrocknete Muskatblüte
1 TL Salz
4 EL Butter
2 EL frische Petersilie, feingehackt
1 EL frischer Zitronensaft
Schale von 1 unbehandelten Zitrone, gerieben
frisch gemahlener schwarzer Pfeffer (nach Geschmack)
125 g Schlagsahne
1 Zitrone, in dünne Scheiben geschnitten, zum Garnieren

1. Hähnchenteile, Muskatblüte und Salz in einem gußeisernen Topf mit kaltem Wasser bedecken und aufkochen lassen. Etwa 15 Minuten nicht ganz gar pochieren.

2. Die Hähnchenteile beiseite stellen. 250 ml Hühnerbrühe für eine andere Gelegenheit aufbewahren. Das Fleisch von den Knochen lösen und in mundgerechte Stücke schneiden.

3. Butter in einer Pfanne auf mittlerer Stufe zerlassen. Petersilie, Zitronensaft, Zitronenschale und Pfeffer zugeben und etwa 15 Minuten köcheln lassen, bis die Sauce eindickt.

4. Die Sahne zugeben und köcheln lassen, bis die Sauce heiß und dick wird; nicht aufkochen lassen. Die Hähnchenteile zugeben und durchwärmen. Mit Zitronenscheiben garnieren.

Ergibt 4 Portionen

HÄHNCHEN

auf Kiever Art

Nach einem Menü mit Hähnchen auf Kiever Art meinte der Pianist Van Cliburn: »Es war besser als alles, was ich je in Rußland gegessen habe!« Das folgende Gericht ist die Abwandlung eines Rezepts, das in dem von Faith Stewart-Gordon und Nika Hazelton herausgegebenen *Russian Tea Room Cookbook* erschien. Auf heißem Reis mit Buttergemüse servieren.

180 g Butter, eisgekühlt
3 ganze Hähnchenbrüste mit Flügeln, abgewaschen, trockengetupft, halbiert, enthäutet und entbeint
3/4 TL Salz
3/4 TL frisch gemahlener schwarzer Pfeffer
3 EL Mehl
2 Eier, verquirlt
60 g feine Semmelbrösel
Pflanzenöl, zum Fritieren

1. Die Butter in 6 gleiche Stücke schneiden. Jedes Stück auf ein Stück Backpapier legen, mit einem gleich großen Papierstück abdecken und mit den Händen zu einer 7 cm langen und 2 cm dicken Rolle formen. 30–40 Minuten ins Tiefkühlfach legen.

2. Die Flügelspitzen und das mittlere Flügelgelenk von jeder aufgeschnittenen Hähnchenbrust abtrennen, so daß nur der kurze Knochen wie ein Griff am Brustfleisch hängenbleibt. Haut und Fleisch von diesem Knochen entfernen. Das Gelenk mit einem scharfen Messer zurechtschneiden. Vorsichtig den Knochen fast ganz von der Brusthälfte trennen; er darf nur noch an einem hauchdünnen Faden aus Muskeln und Sehnen hängen und muß leicht abzutrennen sein. Die Brust mit

Der Russian Tea Room
Foto mit freundlicher Genehmigung des Russian Tea Room

der glatten Seite nach unten auf ein Brett legen und von Fett und Knorpel befreien. Mit einem kleinen, scharfen Messer läßt sich das sogenannte »kleine Filet« aus jeder Brusthälfte herausschneiden. Filet und Brusthälfte mit der glatten Seite nach unten auf Backpapier legen und mit einem gleich großen Stück Papier abdecken, dabei sollen die Knochen und das Verbindungsstück herausragen. Mit der flachen Seite eines Fleischklopfers oder mit einem Nudelholz das Fleisch auf eine Dicke von 0,5 cm schlagen (jede Brusthälfte ist danach etwa 20 cm lang und 12 cm breit, das »Filet« ist etwa 17 cm lang und 5 cm breit). Das Fleisch an den Rändern so dünn wie möglich klopfen; je dünner der Rand, desto besser läßt er sich verschließen, damit die Butter während des Kochens nicht ausläuft. Darauf achten, daß das Fleisch nicht einreißt oder sich der Knochen löst.

3. Brusthälften und Filets vorsichtig vom Papier lösen. Jede Seite gleichmäßig mit reichlich Salz und Pfeffer einreiben. Eine Portion tiefgefrorene Butter in die Mitte jeder Brusthälfte legen, die Breitseite der Länge nach über die Butter falten, dann die zweite Seite und das knochenlose Ende darüber legen. Den Knochen herumdrehen und in die Butter spießen, so daß nur etwa 1 cm der Flügelspitze sichtbar bleibt. Das Filet wie einen Schal um den Knochen wickeln und fest an die Brust drücken. Entscheidend ist, daß die Butter dicht im Fleisch einschlossen ist, um ein Austropfen während des Garens zu verhindern.

4. Jedes Stück rundum in Mehl wenden. Überschüssiges Mehl abklopfen, dann in die verquirlten Eier eintauchen. Überschüssiges Ei abtropfen lassen, dann in den Semmelbröseln wenden. Die Stücke nebeneinander auf eine Platte legen und im Kühlschrank 1–2 Stunden kalt stellen.

5. 7–10 cm Öl in einer großen, schweren Pfanne oder Friteuse auf 180 °C erhitzen. Das Erreichen der Temperatur läßt sich anhand eines Thermometers messen. Man kann aber auch einen kleinen, etwa 2,5 cm großen Würfel Brot ins siedende Öl geben; er muß in knapp einer Minute goldbraun werden. Zwei Stücke ins Öl legen und goldbraun fritieren. Die Fleischstücke dürfen nicht aneinanderstoßen. Mit einer Zange oder zwei Löffeln zweimal umdrehen und nach etwa 5 Minuten herausnehmen (nicht hineinstechen). Auf Küchentüchern abtropfen lassen und auf eine Warmhalteplatte legen. Bei schwacher Hitze (65–80 °C) warm halten, bis alle Stücke fertig sind. Sofort servieren.

Ergibt 6 Portionen

Champagner-HÄHNCHEN

Michael Esposito, seines Zeichens Metzger in der Nähe von Manhattans Hell's Kitchen, rät: »Zum Kochen darf man nie Wein verwenden, den man nicht auch trinken würde!« Da für das Rezept nur knapp 250 ml Champagner benötigt werden, trinkt man den Rest am besten gleich zum Essen. Esposito empfiehlt Reis oder Couscous als Beilage.

60 g Mehl
1/2 TL Salz plus extra (nach Geschmack)
1/4 TL frisch gemahlener schwarzer Pfeffer plus extra (nach Geschmack)
2 ganze, entbeinte Hähnchenbrüste, gewaschen, trockengetupft und halbiert
3 EL Butter, Margarine oder leichtes Öl
Saft 1 Limette
125 ml Champagner
220 g Champignons, in Scheiben geschnitten
1/4 TL Muskatnuß, frisch gerieben

1. In einer flachen Schale Mehl, Salz und Pfeffer mischen. Die Hähnchenbrüste in der Mischung wälzen und auf eine Platte legen.

2. In einer 28 cm großen Pfanne die Butter zerlassen und Hähnchenteile auf jeder Seite 3 Minuten anbraten. Die Hähnchenteile dann auf eine Platte legen.

3. Limettensaft und Champagner in die Pfanne gießen. Den Bodensatz losrühren und auf mittlerer Stufe köcheln lassen, bis der Alkohol verdunstet ist. Champignons und Muskatnuß zugeben. Etwa 5 Minuten weich dünsten und die Sauce auf ein Viertel bis ein Drittel reduzieren.

4. Die Hähnchenteile wieder in die Pfanne geben und auf mittlerer Stufe 5–8 Minuten garen. Mit Salz und Pfeffer abschmecken und servieren.

Ergibt 4 Portionen

Club »21«

HÄHNCHENHACK

Seit seiner Eröffnung gibt es im Club »21« Hähnchenhack. Damals galt das Gericht als Inbegriff des Luxus, verlor im Laufe der Jahre jedoch den vornehmen Beigeschmack, landete als Dosenhackfleisch in den Lebensmittelgeschäften und Theken der Schnellimbisse und geriet schließlich ganz in Vergessenheit. Aber nicht im Club »21«. Bei verschiedenen Anlässen versuchte ein Manager oder Chefkoch, das Gericht wieder salonfähig zu machen oder durch eines zu ersetzen, das mehr den Zeitgeschmack traf. Solche Bemühungen wurden jedoch sofort von den Restaurantbesitzern unterbunden, für die Hähnchenhack als Gericht aus »Großvaters Zeiten« gilt. Es wird auf Toast, Waffeln, mit gebackenen Kartoffeln, auf Wildreis oder in einem Omelett oder einer Crêpe serviert.

Willkommen bei »21«. Foto mit freundlicher Genehmigung des Clubs »21«

BECHAMELSAUCE
500 ml Milch
2 EL Butter
2 EL Mehl
1/4 TL frisch gemahlener weißer Pfeffer
Salz (nach Geschmack)
1 Spritzer Tabasco
1 Spritzer Worchestersauce

HÄHNCHENHACK
125 g Kondensmilch
60 ml trockener Sherry
320 g Hähnchenbrust, gegart und gewürfelt
2 Eigelb

1. Den Ofen auf 150 °C vorheizen.

2. Für die Béchamelsauce die Milch in einem schweren Topf auf mittlerer Stufe erhitzen. Vom Herd nehmen und beiseite stellen.

3. Die Butter in einer ofenfesten Kasserolle auf mittlerer Stufe zerlassen. Das Mehl einrühren und unter ständigem Rühren 2 Minuten aufkochen lassen. Die heiße Milch langsam einrühren und 15 Minuten köcheln lassen, bis die Sauce eindickt. Vom Herd nehmen, mit Pfeffer, Salz, Tabasco und Worchestersauce abschmecken.

4. Zugedeckt in den Ofen schieben und etwa 1 1/2 Stunden backen, bis die Sauce sehr dick und doch locker ist. Durch ein Sieb streichen und abschmecken. Ergibt etwa 250 ml.

5. Für das Hähnchenhack Kondensmilch und Béchamelsauce in einem Topf auf mittlerer Stufe schaumig schlagen. Den Sherry zugeben und gut vermischen. Die Temperatur reduzieren und das Hackfleisch einrühren. Etwa 5 Minuten garen. Abschmecken und die Eigelbe einrühren.

6. Das Hähnchenhack sehr heiß mit den oben erwähnten Beilagen servieren.

Ergibt 4 Portionen

Würziges

PAPRIKA-HUHN

Lebensmittelexpertin Elaine Louie empfiehlt hierzu Reis oder frische Erbsen als Beilage.

SAUCE
1 EL Maisstärke
125 ml Hühnerbrühe (Rezept Seite 47 oder Dosenware)
3 EL Sojasauce
2 EL trockener Sherry
3 EL Weißweinessig
$^1/_2$ TL Zucker

HÄHNCHEN
2 Hähnchenbrüste, enthäutet und entbeint (etwa 800 g), 2,5 cm groß gewürfelt
1 Eiweiß
1 EL trockener Sherry
1 TL Salz
1 EL Maisstärke
60 ml Pflanzenöl
1 Scheibe frischer Ingwer (0,5 cm dick), feingehackt
2 TL getrocknete rote Chiliflocken (oder nach Geschmack)
$1^1/_2$ EL schwarze Bohnensauce

Elaine Louie in ihrer Küche

1. Für die Sauce die Stärke in einer kleinen Schüssel in der Hühnerbrühe auflösen. Sojasauce, Sherry, Essig und Zucker einrühren.

2. Für das Hähnchen Fleisch, Eiweiß, Sherry, Salz und Stärke in einer Schüssel mischen.

3. Das Öl in Wok oder Pfanne erhitzen. Das Hähnchen zugeben und etwa 30 Sekunden braten, bis die Stückchen weiß werden, innen aber noch roh sind. Mit dem Schaumlöffel herausnehmen und beiseite stellen. Ingwer und Chiliflocken zugeben und umrühren. Die Hähnchenstücke wieder zugeben und 2 Minuten mitbraten. Bohnensauce und beiseite gestellte Sauce zugießen und etwa eine Minute rühren, bis die Flüssigkeit eindickt.

Ergibt 4 Portionen

Ser Meouns

KAMBODSCHANISCHER HÄHNCHENSALAT

Dieser exotische Hähnchen-Nudel-Salat ist ein herrlich kühles Sommeressen, kann aber auch durchaus warm serviert werden.

$^1/_2$ Bund Glasnudeln
3 EL Fischsauce (Nuoc Nam)
2 EL Reisessig
1 EL Zucker
2 Knoblauchzehen, feingehackt
280 g Hähnchenfleisch, gekocht und gehackt
200 g Chinakohl, feingehackt
1 Möhre, geschält und feingehackt
1 Gurke, geschält, entkernt und feingehackt
1 kleine Zwiebel, in dünne Scheiben geschnitten
2 EL frische Minzeblätter, feingehackt
2 EL ungesalzene Erdnüsse, gehackt

1. Die Glasnudeln in einem großen Topf mit kochendem Wasser 2 Minuten kochen. Vom Herd nehmen und im heißen Wasser etwa 7 Minuten ziehen lassen. Durch ein Sieb abgießen und beiseite stellen.

2. In einer kleinen Schüssel Fischsauce, Essig, Zucker und Knoblauch mischen.

3. In einer großen Rührschüssel Fleisch, Kohl, Möhre, Gurke, Zwiebel und Glasnudeln mischen, die Essigmischung zugeben und gründlich durchrühren. Die Minze und die Erdnüsse zugeben, noch einmal gut umrühren und servieren.

Ergibt 4–6 Portionen

DUFTENDES HÄHNCHEN

in Pinienkernsauce

Dieses Rezept von der bekannten Köchin und Autorin Julie Sahni ist ein erstaunliches Beispiel für die feinen Geschmacksnuancen indischer Küche. Süß und würzig fließen ineinander und ergeben ein phantastisch duftendes, ausgewogenes Gericht.

70 g Pinienkerne
2 TL Fenchelsamen, gemahlen
2 EL Koriander, gemahlen
1 TL Kardamom, gemahlen
1/2 TL Cayennepfeffer
1 TL Safranfäden, zerdrückt
2 kleine Hähnchen, gewaschen, trockengetupft und halbiert
80 ml leichtes Pflanzenöl
1 Zwiebel, feingehackt
1 EL Knoblauch, feingehackt
2 EL frischer Ingwer, feingehackt
1 Tomate, püriert, oder 5 EL Tomatenmark und gleiche Menge Wasser
1 TL grobes Salz (nach Geschmack)
1 grüne Paprikaschote, geputzt und in 2,5 cm große Stücke geschnitten
1 rote Paprikaschote, geputzt und in 2,5 cm große Stücke geschnitten
2 EL Schlagsahne oder Milch, nach Bedarf auch mehr

Kochbuchautorin Julie Sahni

1. In einem kleinen Topf 3 Eßlöffel Pinienkerne auf mittlerer Stufe 3 Minuten rösten, bis sie hellbraun sind. Vom Herd nehmen, abkühlen lassen und beiseite stellen. Die restlichen Pinienkerne zu Pulver zermahlen.

2. Gemahlene Pinienkerne, Fenchel, Koriander, Kardamom, Cayennepfeffer und Safran in einer Schale verrühren und beiseite stellen.

3. Die Haut der Hähnchen und sichtbares Fett entfernen. Trockentupfen. Einen Eßlöffel Öl in einer Pfanne auf hoher Stufe sehr heiß werden lassen. Die Hähnchen hineinlegen und auf mittlerer Stufe 4 Minuten von allen Seiten anbraten. Beiseite stellen.

4. Übriges Öl und Zwiebel in die Pfanne geben und auf hoher Stufe 4 Minuten unter ständigem Rühren hellbraun anbraten. Knoblauch und Ingwer zugeben, Temperatur reduzieren und 2 Minuten braten. Pinienkern-Mischung einrühren und eine Minute mitbraten. Tomate und Salz zugeben, umrühren und mit 250 ml Wasser aufgießen.

5. Hähnchen zugeben und aufkochen lassen. Bei reduzierter Temperatur zugedeckt 30 Minuten leise köcheln lassen, bis sich die Hähnchen beim Anstechen zart und weich anfühlen; dabei oft übergießen.

6. Paprika zugeben und 5 Minuten weich dünsten. Die Sauce mit 2 Eßlöffel Sahne (oder etwas mehr) verdünnen. Die Hähnchen auf einer vorgewärmten Platte mit den Paprika anrichten und mit den Pinienkernen bestreuen.

Ergibt 4 Portionen

CHURCH SUPPERS

Vor dem Essen noch einmal in der Kirche anrufen, um Zeit und Ort zu bestätigen und sicherzugehen, daß das Essen nicht Gemeindemitgliedern vorbehalten ist. Manche Kirchen veranstalten sogenannte »covered dish dinners«; dabei wird von jedem Gast erwartet, daß er etwas mitbringt; andere verkaufen Essensmarken.

Manhattan

BAPTIST TEMPLE CHURCH: 20 West 116th Street, Tel. (212) 996–0334.
* Sonntagsdinner nach der Messe, von Kirchenleuten beschrieben als »typisches Essen in schwarzen Kirchen«, Brathähnchen und Wirsing. Nicht wöchentlich, vorher anrufen.

ROCKY MT. BAPTIST CHURCH: 37–41 Hillside Avenue, Inwood, Tel. (212) 941–1253.
* Thanksgiving-Dinner: traditionelle afroamerikanische Gerichte
* Sonntagsdinner, 13.00–14.30 Uhr. Übliche Gerichte sind gebratener Fisch, Hähnchen, Shrimps, Salat und Gemüse. Preise: 5–6 Dollar je nach Angebot.

Essenszubereitung für eine Kirchengemeinde oder als Spendenaktion heißt kochen in großen Mengen. Hier helfen die Mitglieder des Mother's Club der St. Stephen of Hungary Church an der 414 East 82nd Street, Tel. (212) 861–8500.

Brooklyn

Bay Ridge United Church: 636 Bay Ridge Parkway. Tel. (718) 836–4978.
* Das Dinner zum 150. Jahrestag war am 11. November 1990.
* Freundschaftsdinner: Schottische Nacht im April oder Mai; italienische Nacht am Freitag nach Columbus Day.

Christ Church of Bay Ridge: 7301 Ridge Boulevard. Tel. (718) 745–3698.
* Fünf Wochen Fastenessen
* Oktoberfest für deutschstämmige Kirchenmitglieder (auch Skandinavier und andere Europäer). Das Fest wird mit deutschen Gerichten und deutscher Musik gefeiert.

Lafayette Avenue Presbyterian Church: 85 South Oxford Street; Tel. (718) 625–7515.
* Gründonnerstag
* Thanksgiving

Eine multikulturelle Kirche in Fort Greene. Zu jedem Dinner gehören traditionelle amerikanische Gerichte sowie Spezialitäten von den Inseln oder den Südstaaten.

Union Church of Bay Ridge: 8101 Ridge Boulevard. Tel. (718) 745–0348.
* Die ethnisch heterogene Gemeinde zeigt sich bei den Fastenessen. Es ist alles vertreten, von Italien bis Skandinavien.

Flatbush Church of the Redeemer: 494 East 23rd Street. Tel. (718) 434–0131.
* Sonntagabends werden oft sogenannte »Potluck-Dinner« organisiert, mit den Gewürzen der karibischen Einwanderer dieses Viertels.

Good Shepherd Lutheran Church: 7420 4th Avenue. Tel. (718) 745-8520.
* Fastenessen, abends in der Osterzeit. Skandinavische, deutsche und osteuropäische Kirchenbesucher teilen ihre Festtagsgerichte.

St. Mary's Episcopal Church: 230 Classon Avenue. Tel. (718) 622– 3262.
* Fastenessen
* Thanksgiving-Dinner mit Truthahn, Yams und Hühnerklein, die Gemeindemitglieder mitbringen.
* Picknicks, Brunches, Benefiz-Dinner das ganze Jahr über.

Vanderveer Park United Methodist Church: East 31st Street and Glenwood Road. Tel. (718) 434–3745.
* Thanksgiving mit dem traditionellen Truthahn, Yams und anderen Spezialitäten aus Westindien.
* Weitere Dinner das Jahr über. Die Gerichte haben einen karibischen Touch.

Gegrillte WACHTELN

Als Sommergericht essen die Brooklyner Computerfreaks Candice Odell und Julian Shapiro am liebsten gegrillte Wachteln.

MARINADE UND WACHTELN
80 ml Olivenöl
2 Knoblauchzehen, zerdrückt
1 Schalotte, feingehackt
3/4 TL Kräuter der Provence
1 EL frischer Zitronensaft
Salz und frisch gemahlener schwarzer Pfeffer (nach Geschmack)
4 Wachteln (à 350 g), in der Mitte halbiert, aufgeklappt und ausgebreitet

DRESSING
3 EL Walnußöl
2 EL Olivenöl
2 EL Sherry-Essig
Salz und frisch gemahler schwarzer Pfeffer, nach Geschmack

BROT UND SALAT
8 Baguette-Scheiben
160 g gemischte Blattsalate (grüner Salat, Rauke, Radicchio), in mundgerechte Stücke zerteilt
2 Endivien, gesäubert und in Streifen geschnitten

Candice Odell und Julian Shapiro mit Sohn Raphael

1. Zum Marinieren der Wachteln alle Zutaten der Marinade einschließlich Pfeffer in einer großen Schüssel mischen. Die Wachteln damit einreiben und 6 Stunden in den Kühlschrank stellen; gelegentlich wenden.

2. Für das Dressing alle Zutaten in einer Schüssel verrühren.

3. Den Gartengrill vorbereiten.

4. Die Wachteln aus der Marinade nehmen und mit der Hautseite nach unten 3 Minuten grillen. Wenden und wieder 3 Minuten grillen. Das Brot in die Marinade tauchen und auf den Grill legen, bis es getoastet ist (etwa eine Minute pro Seite). Wachteln und Toast auf getrennte Teller legen und warm halten.

5. Den Salat mit dem Dressing übergießen und auf 4 Eßteller verteilen. Je eine Wachtel in die Mitte auf den Salat legen und nach Geschmack aufgefangenen Fleischsaft über die Wachteln gießen. Mit je einem Toast auf jeder Seite des Tellers servieren.

Ergibt 4 Portionen

Griechische gefüllte WACHTELN

Auf der Ninth Avenue Food Fair wird dieses Rezept zubereitet und verkauft. Versuchen Sie, frisch angemachten Feta zu bekommen; das Gericht profitiert davon. Der gesamte Alkohol muß verdunsten, sonst übertönt die Säure den feinen Wachtelgeschmack.

Salz und frisch gemahlener schwarzer Pfeffer (nach Geschmack)
8 Wachteln (à 350 g)
250 g frischer griechischer Feta, zerkrümelt
30 g frische Petersilie, feingehackt
2 TL getrockneter Oregano, zerstoßen
4–6 EL Butter, zerlassen
80 ml Retsina (geharzter griechischer Weißwein)
250 ml Hühnerbrühe (Rezept Seite 47 oder Dosenware)

1. Den Ofen auf 230 °C vorheizen.

2. Die Wachteln leicht salzen und pfeffern. In einer kleinen Schüssel Feta, Petersilie, Oregano und noch etwas Pfeffer nach Geschmack verrühren. Die Wachteln mit der Mischung füllen und zunähen.

3. In einer Pfanne 2 Eßlöffel zerlassene Butter auf mittlerer Stufe erhitzen. Die Wachteln darin 5 Minuten von jeder Seite anbraten.

4. Die Wachteln mit der Brustseite nach unten auf einen Rost über einem Backblech legen und 5 Minuten ruhen lassen. Mit der übrigen Butter bestreichen und 15–20 Minuten braten, bis der Bratensaft beim Anstechen des Schenkels klar und die Haut goldbraun ist.

5. Inzwischen die überschüssige Butter aus der verwendeten Pfanne abgießen. Die Pfanne auf hoher Stufe stark erhitzen. Den Wein zugießen und etwa 5 Minuten kochen, bis der Alkohol verdunstet ist und der Wein auf dem Boden eine dünne, glänzende Schicht bildet. Mit Hühnerbrühe aufgießen und die Flüssigkeit etwa 5 Minuten auf die Hälfte reduzieren.

6. Die Wachteln aus dem Ofen nehmen und beiseite stellen. Den Saft, der sich auf dem Backblech gesammelt hat, zur Sauce gießen. Die Fäden von den Wachteln lösen und die gebratenen Vögelchen in der Sauce servieren.

Ergibt 4 Portionen

WACHTELN mit Curry-Couscous-Füllung

Eine der Lieblingsspeisen von Ali Fathalla, dem Chefkoch des Ca'Nova Restaurants. Er lernte dieses Rezept von seinem Vater, paßte es jedoch der heutigen leichteren Ernährungsweise an. Ein Rat: Den Couscous in der ersten Phase nicht ganz durchgaren, denn er kocht mit den Wachteln noch einmal mit, und nichts ist schlimmer als breiiger Couscous.

5 EL Olivenöl
2 Knoblauchzehen, zerdrückt
Salz und frisch gemahlener schwarzer Pfeffer (nach Geschmack)
8 Wachteln (à 350 g), entbeint (siehe Hinweis)
250 ml Hühnerbrühe (Rezept Seite 47 oder Dosenware)
30 g Zwiebeln, gehackt
2 EL Möhren, sehr feingewürfelt
2 EL Zucchini, sehr feingewürfelt
1/2 TL Koriander, gemahlen
1/2 TL Currypulver
1 Prise Safran (nach Belieben)
200 g Couscous
2 EL frische Petersilie, gehackt
1 EL Koriander, gehackt

1. Den Ofen auf 200 °C vorheizen.

2. In einer Schüssel 2 Eßlöffel Olivenöl, die Hälfte des Knoblauchs, 1/2 Teelöffel Salz und 1/4 Teelöffel Pfeffer mischen. Mit dieser Mischung die Wachteln einreiben und mindestens 30 Minuten bei Zimmertemperatur oder mit Deckel über Nacht im Kühlschrank marinieren.

3. Inzwischen die Hühnerbrühe in einem kleinen Topf aufkochen lassen.

4. Gleichzeitig 2 Eßlöffel Olivenöl in einer großen Pfanne auf mittlerer Stufe erhitzen. In das heiße Öl Zwiebel, Möhre, Zucchini und den restlichen Knoblauch geben und etwa 10 Minuten andünsten, bis das Gemüse weich ist. Koriander, Curry und Safran zugeben. Den Couscous einrühren und mit der heißen Hühnerbrühe aufgießen. Zudecken und vom Herd nehmen. 10 Minuten ziehen lassen.

5. Couscous mit einer Gabel zerbröseln. Petersilie und Koriander einrühren. Mit Salz und Pfeffer abschmecken. Abkühlen lassen.

6. Die Wachteln aus der Marinade nehmen. Die Bauchhöhle mit 2 Eßlöffeln der Couscous-Mischung füllen und zunähen. In einer Ofenform 6–8 Minuten braten, bis der Bratensaft beim Anstechen des Schenkels klar bleibt.

Ergibt 4 Portionen

Hinweis: Bitten Sie Ihren Metzger, Ihnen die winzigen Vögel zu entbeinen.

EILEEN MEINT: ENTE GUT, ALLES GUT

Peking-Ente, das klassische Rezept und Ritual aus Chinas Kaiserstadt, muß in seiner kulturellen Bedeutung zwischen Weihnachtsgans und Sabbat-Hähnchen eingeordnet werden. Mit diesem Gericht verbinden sich Emotionen und Symbole aus der langen chinesischen Geschichte. Doch Eileen Yin-Fei Lo, die Peking-Enten-Meisterin wahrscheinlich der westlichen Welt, spricht ganz ohne Sentimentalität über dieses Gericht.

»Faß mein Entchen nicht an«, fauchte sie erst kürzlich ihren Gatten Fred Ferretti an, der ihr beim Ausladen der Lebensmittel aus dem Kofferraum des Familienkombis helfen wollte. »Wenn Du mein Entchen kaputtmachst, mach ich Dich kaputt«, rief sie, die kaum 1,50 groß ist und ihrem Mann gerade bis zur Hüfte reicht. Sie erklärte, daß eine Peking-Ente nur knusprig wird, wenn die Haut unverletzt ist.

Andernfalls »trocknet nämlich die Ente nicht gut«, erläutert sie. In ihrem Buch ist nichts schlimmer als eine feuchte Ente, und Eileen Yin-Fei Lo weiß, wie man dieses Problem vermeidet. Erstens kauft sie immer eine ordentliche Ente mit Kopf und Füßen und wäscht sie unter frischem Wasser: »Es genügen etwa 15 Minuten«, sagt sie, »und schon ist die Ente sauber.«

Abhängen in der Küche

Zweitens tupft sie die Ente sorgfältig trocken und macht aus einem Fleischerfaden von ungefähr 20 cm Länge eine Schlinge, an der sie den Vogel 15 Minuten lang über dem Spülbecken aufhängt.

»Als meine Kinder noch klein waren, ekelten sie sich davor. Doch mitnichten sind es nur die Kinder, die bei diesem Anblick empfindlich reagieren. Am China-Institut, wo Eileen Kochunterricht gibt, fragen auch Erwachsene, warum es denn unbedingt eine Ente mit Kopf und Hals sein müsse.

»Wie sonst könnte man denn die Ente aufhängen?« lacht sie.

Der für sie amüsanteste Teil bei der Zubereitung der Peking-Ente ist aber zweifellos die Benutzung der Fahrradpumpe. Erfüllt von der Vorfreude auf das, was nun geschehen würde, legt sie die Luftpumpe unter die Ente, schiebt das Ventil in den kleinen Einschnitt, den sie am Hals gemacht hat, stellt den winzigen Fuß auf das Pumppedal und beginnt zu treten.

»Ich hoffe, sie wird knusprig, ich hoffe, sie wird knusprig«, sagt sie, während sie pumpt. Die Luft dringt zwischen Haut und Fleisch ein und garantiert, daß die Ente knusprig wird.

Ränder rundum säubern

Nach dem Abhängen hackt sie die ersten zwei Gelenke der Flügel und Füße ab und steckt ein 15 cm langes Eßstäbchen unter der Rückenhaut von Flügel zu Flügel durch die Ente. Dadurch hebt sich die Haut hoch und zieht die Flügel kreuzförmig nach hinten. Vorsichtig hält sie nun die Ente beim Schnabel und brüht sie ab, um die Haut zu spannen. Dann streicht sie eine Mischung aus Essig und Honig darauf und hängt die Ente wieder auf, schaltet den Deckenventilator ein und lächelt, als sich der Vogel im Luftzug zu drehen beginnt.

»Das Wetter kann einem einen bösen Streich spielen«, meint sie, »aber an einem trockenen, luftigen Tag dauert es etwa 10 Stunden, bis die Ente hier getrocknet ist. Am besten sucht man sich einen kühlen Platz aus«, erwidert sie auf die Frage nach der Hygiene. Danach wird die Ente etwa 40 Minuten gebraten und 40 Minuten kalt gestellt. Inzwischen rollt und backt

Mrs. Yin-Fei Lo Pfannkuchen als Beilage. Dabei spricht sie darüber, wie wichtig ein Peking-Enten-Essen heutzutage für einen hektischen Haushalt ist.

»Also, was soll das Ganze?« meint sie. »Sie waschen und pumpen und trocknen eine Nacht vorher, und am nächsten Tag kochen Sie dann.«

Außerdem entwickelt man durch die schwierige Zubereitung der Peking-Ente Selbstvertrauen.

Auf einem Markt in Chinatown mit Eileen Yin-Fei Lo

Eileen Yin-Fei Los

PEKING-ENTE

ENTE

1 Ente (2–2,5 kg) mit Kopf, Flügeln und Füßen
1,75 l kochendes Wasser
3 EL destillierter Weißweinessig
3 EL Malzzucker oder Honig

PFANNKUCHEN

220 g Auszugsmehl, plus 60 g zum Bestäuben
190 ml kochendes Wasser
1 1/2 TL asiatisches Sesamöl
2 EL Pflanzenöl (nach Belieben)

SAUCE

60 ml Hoisin-Sauce
1/2 TL Zucker
1/2 TL asiatisches Sesamöl
1/2 TL Reiswein oder trockener Sherry

ZUM GARNIEREN

12 Frühlingszwiebeln (nur weißer Teil), in 4 cm dicke Stücke geschnitten, die Enden zu Fransen aufgeschnitten

1. Ente innen und außen säubern, Häutchen und Fett entfernen. Gründlich unter kaltem Wasser waschen und abtropfen lassen. Eine Schnur um den Hals der Ente binden und das Ventil einer Luftpumpe in die Halsöffnung schieben. Luft unter die Haut pumpen und so die Haut vom Fleisch lösen.

2. Das Ventil vorsichtig herausziehen. Mit einem Fleischbeil die ersten zwei Gelenke der Flügel und Füße entfernen. Ein Eßstäbchen vorsichtig unter der Rückenhaut von einem Flügel zum anderen schieben, um die Haut vom Körper abzuheben und ein besseres Trocknen zu ermöglichen.

3. Die Ente mit einer Hand halten; mit der anderen 1 Liter kochendes Wasser auf die

Die meisten chinesischen Restaurants müssen einen Tag vorher informiert werden, wenn Sie ein Peking-Enten-Essen ausrichten möchten. Es gibt viele Varianten, und die Qualität ist unterschiedlich. Folgende Restaurants sind recht zuverlässig:

GOLDEN UNICORN: 18 East Broadway, Ecke Catherine Street. Tel. (212) 941–0911.

HUNAN GARDEN: 1 Mott Street. Tel. (212) 732–7270.

SHUN LEE PALACE EAST: 155 East 55th Street, zwischen Lexington und Third Avenue. Tel. (212) 371–8844.

SHUN LEE WEST LINCOLN CENTER: 43 West 65th Street, am Central Park West. Tel. (212) 595–8895.

Eileen Yin-Fei Los Marktbummel führt an Schaufenstern voller Geflügel und Fleisch nach chinesischer Art vorbei.

Haut der Ente schöpfen. Die ganze Außenseite gründlich abbrühen. Die Haut wird durch das Brühen dunkler und spannt sich. Die Ente 30 Minuten aufhängen (an feuchten Tagen etwas länger), damit die Haut trocknen kann.

4. In einem Wok das übrige kochende Wasser zusammen mit Essig und Malzzucker oder Honig aufkochen lassen. Auf die Haut der hängenden Ente löffeln. Sie muß gut durchtränkt werden. 10–12 Stunden trocknen lassen.

5. Für die Pfannkuchen Mehl in eine große Schüssel geben, langsam das kochende Wasser zugeben und mit Eßstäbchen oder einem Kochlöffel nur in eine Richtung umrühren. Hat das Mehl die ganze Wassermenge aufgesogen und ist der Teig nur noch handwarm, diesen auf einem leicht bemehlten Brett 2 Minuten kneten. In einer Plastiktüte 30 Minuten ruhen lassen.

6. Den Teig mit den Händen zu einer 30 cm lange Rolle formen. In 12 gleiche Stücke teilen. Die Arbeitsfläche mit Mehl bestäuben. Jedes Stück mit der Handfläche flachdrücken. Falls der Teig noch klebrig ist, mit Mehl bestreuen. 2 Teile gleichzeitig bearbeiten, dabei die Oberfläche des einen Teils mit etwas Sesamöl bestreichen und das andere flache Stück darauflegen. Einen 17 cm großen Kreis ausstechen.

7. Einen Wok mit etwas Pflanzenöl ausstreichen und auf niedriger Stufe 1 Minute erhitzen. Den Pfannkuchen 1 Minute im Wok backen, bis er Blasen schlägt. Vorsichtig wenden und backen, bis ein paar hellbraune Flekken entstehen. Herausnehmen und mit den Fingern vorsichtig die beiden Schichten trennen. Sie haben jetzt 2 Pfannkuchen, jeder auf der einen Seite leicht gebräunt und auf der anderen noch weiß. Nun die anderen Pfannkuchen in der gleichen Weise backen, aufeinander schichten und mit Alufolie bedecken.

8. Den Ofen 30 Minuten auf 230 °C vorheizen.

9. In der Zwischenzeit in einer kleinen Schüssel Hoisin-Sauce, Zucker, Sesamöl und Reiswein verrühren. Die Sauce beiseite stellen.

10. Eine große Pfanne etwa 4 cm hoch mit Wasser füllen und auf die unterste Ebene des Backofens stellen. Die Ente mit der Brustseite nach unten direkt darüber auf einen Rost legen und 10 Minuten braten. Temperatur auf 210 °C reduzieren, die Ente wenden und noch einmal 10 Minuten braten. Falls sie zu scharf brät, die Temperatur auf 200 °C senken. Weitere 45 Minuten unter häufigem Wenden braten, dabei darauf achten, daß Kopf und Bürzel nicht verbrennen. Die Ente ist fertig, wenn die Haut dunkelbraun und knusprig ist. Herausnehmen und 3 Minuten abkühlen lassen.

11. Haut und Fleisch der Ente muschelförmig abschneiden. 1 Teelöffel Sauce auf der weißen Seite der Pfannkuchen verteilen; 1 Stück Frühlingzwiebel, 2 Fleischstücke und 2 Stücke Haut darauf legen, einrollen und essen.

Ergibt 4–6 Portionen

VERBRAUCHER MIT KÖPFCHEN

PEKING-ENTE AUS DEM GESCHÄFT

Wenn Sie eine frische Peking-Ente mit Kopf und Füßen kaufen möchten, rufen Sie 48 Stunden vorher bei einem dieser Geschäfte an:

UNITED MEAT MARKET: 84 Mulberry Street, zwischen Canal und Bayard Street. Tel. (212) 962–6440

CHEUN HING POULTRY MARKET: 123B Mott Street, nahe Hester Street. Tel. (212) 966–0771

In Chinatown steht Peking-Ente an der Spitze der Hitliste.

Ente MIT NUSSGLASUR

Die Inspiration zu diesem Rezept traf Immobilienmakler Mitchell Mailman beim Dessert. »Ich aß auswärts und bestellte Eis mit einer Sauce, die nach Karamel schmecken sollte. Sie schmeckte zwar anders, aber doch gut. Da dachte ich, eine solche Sauce müßte ausgezeichnet zu Ente passen.«

1 Ente (1,5–2 kg), gewaschen und trockengetupft
8 EL Butter
60 g Pekannüsse (in etwa rosinengroße Stücke gehackt)
60 ml Bourbon
125 ml Ahornsirup

1. Den Ofen auf 190 °C vorheizen.
2. Die Bauchhöhle der Ente gut auswaschen, lose Hautteile und sichtbares Fett entfernen und die Haut mehrfach mit der Gabel anstechen. Die Ente mit der Brustseite nach oben auf einen Rost mit einem Backblech dar-

unter legen und braten. Falls sich während des Bratens Flüssigkeit in der Bauchhöhle sammelt, diese durch Kippen der Ente auf das Backblech abfließen lassen.

3. Inzwischen Butter auf mittlerer Stufe in einem Topf zerlassen. Die Nüsse darin eine Minute hellbraun anbraten (nicht dunkelbraun oder schwarz werden lassen). Die Temperatur reduzieren, Bourbon und Sirup zugeben und unter ständigem Rühren köcheln lassen, bis die Flüssigkeit auf die Hälfte reduziert ist. Vom Herd nehmen und beiseite stellen.

4. Nachdem die Ente etwa 1 Stunde im Ofen war, die Nußsauce durch ein Sieb streichen. Die Nußstückchen getrennt beiseite stellen. Die Haut der Ente mit einem feuchten Tuch bedecken, die Nußglasur auf das Tuch löffeln. Eine weitere Stunde braten und mehrmals Glasur auf das Tuch löffeln, bis nur noch 4 Eßlöffel übrig sind.

5. Wenn die Ente vollständig gar ist (90 °C auf dem Fleischthermometer), den Grill vorheizen.

6. Das Tuch von der Ente nehmen und die Haut mit den Nußstückchen und der verbleibenden Glasur überziehen. Unter dem Grill bei offener Ofentür so lange grillen, bis die Haut die Glasur annimmt. Die Nußstückchen dürfen dabei nicht verbrennen. Die Ente anschließend noch etwa 5–10 Minuten ruhen lassen, dann servieren.

Ergibt 4 Portionen

Joyce Forays

ENTENBRATEN MIT KÜMMEL

Dieses Rezept stammt von Joyces tschechischer Großmutter und ist ein Renner in der Bohemian Hall des Astoria, wo die gelernte Buchhalterin bei tschechischen Festen ihre Kochkunst unter Beweis stellt. Zu Hause serviert sie diese Ente mit tschechischem Sauerkraut und Semmelknödeln.

In der Bohemian Hall des Astoria versorgt Joyce Foray die vielen hungrigen Mäuler mit einer Spezialität der Familie.

1 Ente (etwa 2–2,5 kg), überschüssiges Fett und überschüssige Haut entfernt
1 EL Salz
2 EL Kümmel

1. Die Ente innen und außen gründlich salzen. Zudecken und über Nacht kalt stellen.

2. Den Ofen auf 220 °C vorheizen.

3. Den Boden oder untersten Rost des Ofens mit Aluminiumfolie auslegen. Ein großes Backblech mit Wasser füllen und auf den Boden oder die unterste Schiene stellen. Einen weiteren Rost säubern und auf die mittlere Schiene schieben. Mit einer Gabel die Ente rundum einstechen, gründlich mit Kümmel einreiben und auf den Rost legen. Etwa 2 Stunden unter häufigem Wenden braten, bis der Bratensaft beim Anstechen des Schenkels klar bleibt. Vor dem Tranchieren 5–10 Minuten ruhen lassen.

Ergibt 4 Portionen

Lovies

ROTGEKOCHTE ENTE

Diese lecker gewürzte Ente paßt besonders gut zu Reis und liefert ein gutes Hauptgericht – nach einer klaren Suppe und vor einem leichten Dessert. Die Reste lassen sich mit Pilzen, Bratensaft, Hühnerbrühe, Nudeln und Frühlingszwiebeln wunderbar zu einer Suppe verarbeiten.

1 Ente (etwa 2–2,5 kg), von überschüssigem Fett befreit
250 ml Sojasauce
1 Sternanis
60 g Zucker
2 dünne Scheiben frischer Ingwer
2 Frühlingszwiebeln, in 5 cm lange Stücke geschnitten
16 getrocknete chinesische Pilze, 20 Minuten in warmem Wasser eingeweicht, Stengel entfernt, überschüssiges Wasser aus den Kappen gedrückt

1. Einen großen Topf mit Wasser aufkochen lassen und die Ente 2 Minuten blanchieren. In einem anderen Topf, in den die Ente gut hineinpaßt, 750 ml Wasser, Sojasauce, Sternanis, Zucker, Ingwer und Frühlingszwiebeln mischen, die Ente zugeben und aufkochen lassen. Anschließend zudecken und auf niedriger Stufe 1 Stunde 50 Minuten köcheln, dabei die Ente mehrmals wenden und übergießen, damit sie rundum gleichmäßig rötlich-braun wird.

2. Die Pilze zugeben und weitere 10 Minuten kochen.

3. Ente und Pilze auf eine Fleischplatte legen. Die Ente in kleine Stücke tranchieren oder als Ganzes servieren und das Fleisch mit Eßstäbchen ablösen.

Ergibt 4 Portionen

WILDENTE

nach Jagdhüttenart

Lichtgestalter Howard Brandston und seine Freunde machen einmal im Jahr Urlaub in einer Jagdhütte in Manitoba, Kanada. Jedes Jahr freuen sie sich auf Howards Rezept. Er nimmt Wildente, aber man kann bei längerer Garzeit auch eine Hausente verwenden.

Gut dazu paßt Wildreis.

4 große Wildenten (2–2,5 kg), Rückenknochen und Rippen vom Metzger entfernt
375 ml trockener Rotwein
80 ml Soja-Sauce
60 ml Olivenöl
2 EL Balsamessig
3 EL getrockneter Salbei
3 EL Knoblauchpulver
3 EL getrocknetes Basilikum
2 TL betrocknete rote Chiliflocken
1 TL grobgemahlener schwarzer Pfeffer
1/2 TL getrockneter Estragon
2 Lorbeerblätter, zerbröselt

1. Die teilweise entbeinten Enten halbieren.

2. Alle übrigen Zutaten in einem großen Bräter mischen. Die Enten hineinlegen, zudecken und im Kühlschrank 24–36 Stunden marinieren. Zwischendurch einmal wenden.

3. Den Gartengrill vorbereiten.

4. Die Enten 8–10 Minuten auf jeder Seite grillen.

5. Den Ofen auf 200 °C vorheizen.

6. Die Enten nach dem Grillen auf ein großes Backblech legen und 45–50 Minuten im Ofen braten.

Ergibt 8 Portionen

From River, Sea and the Fulton Market

Aus Fluß, Meer oder vom

FULTON MARKET

Wie ein Hummer aus uralten Zeiten, der am finsteren Meeresgrund sein Territorium verteidigt, trotzt der Fulton Fish Market jedem Angriff und jedem Sturm.

Der Ausbau des South Street Seaports knabberte an seiner rechten Schere; die Peck Slip-Wohnanlagen rissen ein großes Stück aus seiner Seite; Pier 17, der letzte Landesteg der Stadt in Manhattan, kitzelte seine ausgestreckten Fühler. Doch der 170 Jahre alte Fischmarkt am East River verteidigt an fünf Tagen der Woche in den Stunden vor Sonnenaufgang über Lower Manhattan tapfer sein schrumpfendes Areal.

Das Großhandelsvolumen ist in den letzten zehn Jahren um 25 Prozent zurückgegangen, wenn hier auch noch mehr als 90 Millionen Tonnen Fisch jährlich über die Theken gehen.

Boote legen nicht mehr in der

Links: Hummer zum Abendessen im Astoria (Queens)
Oben: Ein hektischer Morgen auf dem Fulton Market

Nähe des Markets an. Die 450 Fischarten, die verkauft werden, kommen mit Lastwagen oder auf dem Luftweg. Und doch hat der Fulton Fish Market noch immer das landesweit größte Handelsvolumen an Meeresfrüchten. Die Geschäfte werden noch heute persönlich ausgehandelt, mit Handschlag besiegelt und bar bezahlt.

3.30 Uhr: Mit vorsichtigen Schritten bewegen sich die Einkäufer durch die Pfützen, die sich unter mit Muscheln und Fisch gefüllten Körben, Säcken und Kisten bilden.

»In Ordnung, der nächste?« Verkäufer schlurfen über den glitschigen Zementboden ihres Stands. Braune Gummistiefel bleiben an niedrigen Sperrholzkisten hängen, in denen winzige, silbrig glänzende Seehechte aus Kanada, silberne Dover-Seezungen, robuste, schlammfarbene Rochen, korallenroter und sehr empfindlicher Rogen neben weißem Alsenfleisch auf den Verkauf warten. Die in den vergangenen 24 Stunden gefangenen Fische glänzen im Licht der Neonröhren und Glühlampen, die von der hohen Decke des hangarähnlichen Gebäudes herabhängen.

»Vorsicht da hinten!« Die Packer und Schieber schreien ihre Warnungen, während der Laster mit seinen 18 Rädern vorsichtig zurücksetzt. Sie ziehen ihre Handwagen durch die Pfützen, über die winzigen Kiesschnecken unter ihren Füßen, durch die Menge der Käufer und Verkäufer. »Achtung, bitte!« Ihre Schreie übertönen das ständige Piepen der Gabelstapler, die kistenweise Meeresfrüchte von den Lastwagen aus New Bedford und Provincetown, aus Elizabeth City (North Carolina) und der Region der Großen Seen abladen – oder die aus Norwegen, Costa Rica, Panama und den Philippinen eingeflogenen Paletten abstellen.

»Aus dem Weg!« Die Arbeiter schleppen breite, 20 kg schwere Leinensäcke mit Kammuscheln und mit Wachspapier ausgelegte Kisten mit fingergroßen rosa Garnelen von den Containern zu den Verkaufsständen und von dort zu den Kleinlastwagen der Käufer.

»3,50 der Kabeljau, 7 der Schwertfisch…«, tönt der Rap der Fulton-Bruderschaft.

»Zu teuer.«

Käufer schütteln den Kopf, wandern von Großhändler zu Großhändler.

»Heute geht nichts«, meint Marvin Paige, Inhaber des Manhattaner Restaurants Claire. »Nichts Interessantes dabei«, erklärt Steve Cohen, Einkäufer für die Grand Central Oyster Bar (knapp 2000 kg Fisch pro Tag).

4.00 Uhr: Käufer vergleichen ihre Notizen.

Schneiden von Fischsteaks

Ab und zu nehmen sie einen Schluck Kaffee aus ihren Styroportassen. Bis jetzt kein Snapper, keine mittelgroßen Schollen, die Boston-Makrelen taugen nichts, und spanische Makrelen gibt es heute nicht. Allseits Kopfschütteln; außerdem sind die Preise zu hoch.

»Schlechtes Wetter«, meint Seymour Samuels, »hat seinen Preis.« Laut Samuels, der seit 1945 Mitbesitzer des Blue Ribbon Fish ist, hat sich der Markt sichtbar verändert. Die Nachfrage ist explosionsartig gestiegen, und doch gibt es weniger inländische Fischereibetriebe. Statt dessen wird der Fisch eingeflogen. »Heute ist Fulton ein Weltmarkt«, erklärt er. Vorsichtig packt er eine Styroporluftfrachtkiste mit kleinen Mittelmeerbarschen aus. »In Portugal nennt man diesen Fisch *robalo*, in Italien *branzini*, in Frankreich *loup des mers*. Hier nennen wir ihn 8,75 Dollar.«

»Sehr schön«, nickt Gilbert Le Coze, der Besitzer des Le Bernardin in Manhattan, was soviel wie ›gekauft‹ bedeutet. Samuels nickt, markiert drei Kistchen. Le Coze zieht einen Umschlag aus der Tasche, notiert etwas. Käufer und Verkäufer schütteln sich gegenseitig die Hand.

Peter Ashkenasy und Marvin Paige diskutieren das Tagesangebot.

4.45 Uhr: Die Packer und Schieber lehnen an ihren Handwagen in der Nähe der Feuer unter dem East River Drive. Sie werfen einige Schiffspaletten, Fischkisten und Wellpappschachteln in die Flammen und wärmen sich daran die Hände und atmen die nach Diesel und Fisch riechende Luft hörbar ein.

Im winzigen Hinterzimmer des Blue Ribbon Fish zählen die Käufer ihre Einkäufe nach und bereiten Listen für die Fahrer vor. »Ich habe den ganzen Seehecht, Engelhai und Red Snapper aufgekauft«, schreit Greg Heller, ein Einzelhändler aus Philadelphia, ins Telephon.

Für Robert Newmann, Mitbesitzer des Rosedale Fish Market, ist der Markt das letzte Stück Zivilisation in dieser Stadt. »Hier kennt jeder jeden, wenn auch nicht unbedingt mit Namen. Wir sind wie eine Familie.«

Grand Central
OYSTER BAR AND RESTAURANT

Im späten 19. Jahrhundert gab es an der Canal Street zahllose Austernbars und -restaurants, in denen riesige Schüsseln mit Muscheln und Austerneintöpfen serviert wurden. Die Oyster Bar and Restaurant im Grand Central Terminal von Manhattan pflegt diese Tradition seit 1913. An der Theke steht eine ganze Armee von Köchen zur Verfügung, um 10–12 verschiedene Arten frischer Austern zu öffnen, in Pfannen zu schwenken und als Austerneintopf bzw. Austerntoast zu servieren. Beide Rezepte wurden aus *The Grand Central Oyster Bar and Restaurant Seafood Cookbook* übernommen und weiterentwickelt.

AUSTERNPFANNE

1 EL Butter
6–8 große Austern, frisch ausgelöst, Flüssigkeit abgegossen und beiseite gestellt
3 EL Muschelsaft aus dem Glas
1 EL Tabasco
1 EL Worchestersauce
1 Prise Gewürzsalz mit Selleriesamen
125 g Schlagsahne
1 Scheibe Weißbrot, getoastet
1 Prise süßes Paprikapulver

1. Butter in einer beschichteten Pfanne auf hoher Stufe zerlassen, dann die Temperatur reduzieren und Austern, die abgegossene Flüssigkeit und 2 Eßlöffel des Muschelsafts aus der Dose zugeben. Etwa 2 Minuten kochen, bis sich die Ränder der Austern leicht nach oben einrollen. Vom Herd nehmen.

2. Tabasco, Worchestersauce, Gewürzsalz und den letzten Eßlöffel Muschelsaft in einem kleinen Topf auf hoher Stufe gründlich verrühren. Schlagsahne einrühren. Die Sauce unter ständigem Rühren aufkochen lassen. Die warmen Austern mit der Kochflüssigkeit zugeben und eine Minute vorsichtig umrühren.

3. Den Toast in eine breite Suppenschüssel legen. Die Austern mit der Sauce über den Toast gießen und mit einer Prise Paprika bestreuen.

Ergibt 1 Portion

The Grand Central Oyster Bar and Restaurant

AUSTERNEINTOPF

1 EL Butter
9 mittelgroße Austern, frisch ausgelöst, Flüssigkeit abgegossen und beiseite gestellt
1 EL Muschelsaft aus dem Glas
1 EL Worchestersauce
125 ml Kondensmilch
½ TL Selleriesalz
¼ TL süßes Paprikapulver

1. ½ Eßlöffel Butter in einer Pfanne auf mittlerer Stufe zerlassen. Austern, Austernflüssigkeit, Muschelsaft, Worchestersauce, Milch und Selleriesalz zugeben, vorsichtig umrühren und aufkochen lassen.

2. Die Austern mit der Sauce in eine vorgewärmte Schüssel geben. Die restliche Butter zugeben und mit Paprika bestreuen.

Ergibt 1 Portion

Überbackene AUSTERN

Aus einem Haushaltsbuch von 1846; jetzt im Archiv der New York Historical Society.

70 g Semmelbrösel
1 1/2 EL frische Petersilie, feingehackt
1/2 TL Muskatnuß, frisch gerieben
1 Msp. Cayennepfeffer
8 EL Butter, in kleine Stückchen geschnitten
4 Dutzend Austern, frisch ausgelöst, Flüssigkeit abgegossen und beiseite gestellt

1. Den Ofen auf 180 °C vorheizen.

2. In einer Schüssel Semmelbrösel, Petersilie, Muskatnuß und Cayennepfeffer mischen.

3. Ein Drittel der Butterstücke auf dem Boden einer runden Kasserolle (25 cm Durchmesser) verteilen. Eine Schicht Austern darüber legen. Mit einem Teil der Semmelbrösel bestreuen. Mit der Hälfte der übrigen Butterstücke belegen; wie zuvor verfahren. Mit einer etwas dickeren Schicht Semmelbrösel und dem Rest Butter abschließen. 10–15 Minuten backen. Mit der Austernflüssigkeit beträufeln.

Ergibt 4 Portionen

OLD NEW YORK

»›Austern! Schöne, herrliche Austern, feine, dicke, salzige Austern.‹ Laut und vernehmlich tönt der Ruf des Händlers, der mit seinem austernbeladenen Handwagen von früh bis spät von Straße zu Straße zieht.

Diese ausgezeichneten und gesunden Schalentiere werden an verschiedenen Plätzen gefangen, aber die meisten und die größten sind am Blue-Point, etwa in der Mitte von Long-Island, auf der Südseite zu finden… Sie werden für 12 Cent bis 2 Dollar je hundert Stück verkauft. Überall in der Stadt findet man Austernstände, an denen Schwarze die besten Austern anbieten. Sie öffnen sie und verkaufen sie roh für ein bis drei Cent das Stück…«

– *Cries of New York*, 1808–1814, Samuel Woods

Um 1840:* The Oyster Man *von Nicolino Calyo, mit freundlicher Genehmigung des Museum of the City of New York

Gilbert Le Cozes

MUSCHEL-EINTOPF

Monsieur Le Coze, der Impresario des Le Bernardin, hat dieses Rezept in seinem Pariser Restaurant kreiert und serviert es heute auch in New York. Die Vielfalt und Frische der Meeresfrüchte sind hier besonders wichtig. Dieses Gericht kann als Vorspeise, aber auch als Hauptgericht serviert werden.

500 g kleine Miesmuscheln
32 junge Venusmuscheln
32 Manila-Muscheln (ersatzweise Venusmuscheln)
12 Kammuscheln in der Schale
12 Austern
220 g Butter, zimmerwarm
2 Knoblauchzehen, feingehackt
2 Schalotten, feingehackt
4 EL frische Petersilie, feingehackt
125 ml trockener Weißwein
12 reife Tomaten, in Stückchen geschnitten, Saft aufgefangen
375 g Schlagsahne
Saft von 1 Zitrone
Salz und frisch gemahlener schwarzer Pfeffer (nach Geschmack)

Gilbert Le Coze mit Schwester Maguy, die Besitzer des Le Bernardin
Photo: Le Bernardin

1. Muscheln unter fließendem Wasser abbürsten und entbarten. Auf Eis oder im Kühlschrank aufbewahren.

2. Den Ofen auf 220 °C vorheizen.

3. Die Butter in einer Schüssel glattrühren. Knoblauch, Schalotten, 2 Eßlöffel Petersilie und den Weißwein zugeben und glattrühren. Beiseite stellen.

4. Tomaten samt Saft im Mixer pürieren und durch ein Sieb streichen, um Kerne und Haut zu entfernen. Das Püree in einem Topf auf mittlerer Stufe langsam aufkochen lassen, dann die Temperatur reduzieren, die Schlagsahne einrühren und 4 Minuten köcheln lassen. Buttermischung zugeben und köcheln lassen.

5. 500 ml Wasser, Kammuscheln, Miesmuscheln, Manila-Muscheln und Venus-Muscheln in einen großen Suppentopf geben. Zudecken und auf mittlerer Stufe etwa 3–5 Minuten dämpfen, bis sich die Schalen leicht öffnen. Vom Herd nehmen. Nicht geöffnete Muscheln wegwerfen.

6. Austern öffnen und in der unteren Schalenhälfte auf ein Backblech legen. 3–4 Minuten im Ofen backen, bis sie gerade durchhitzt sind.

7. Alle Muscheln gleichmäßig auf vier große, tiefe Teller verteilen. Mit Zitronensaft beträufeln und 2 Eßlöffeln Petersilie bestreuen.

8. Die Kochflüssigkeit der Muscheln zur heißen Tomatensauce gießen, nach Geschmack salzen und pfeffern, umrühren und über die Muscheln löffeln.

Ergibt 4 Portionen

Harriets

GEDÄMPFTE MUSCHELN

Harriet Orlando aus Brooklyn serviert zu diesem Gericht Knabbergebäck, Brot oder Nudeln zum Aufsaugen der Sauce. Ihr Rezept ist scharf gewürzt; wenn Sie es milder möchten, nehmen Sie weniger Chili.

6 Knoblauchzehen, gehackt
60 ml Olivenöl
1,4 kg Miesmuscheln, abgebürstet und entbartet
2 EL frische Petersilie, feingehackt
1 TL getrocknete rote Chiliflocken
80 ml trockener Weißwein
4 Pfeffercracker (oder normale Cracker) (nach Geschmack)

Harriet Orlando in ihrem Hof

1. In einem großen Topf den Knoblauch auf mittlerer Stufe 5 Minuten im Olivenöl sautieren. Muscheln, einen Eßlöffel Petersilie, Chiliflocken und Wein zugeben. Mit einem schweren Deckel gut zudecken und auf mittlerer Stufe 3–5 Minuten dämpfen, bis sich die Muscheln öffnen. Die Muscheln aus der Kochflüssigkeit nehmen. Ungeöffnete Muscheln wegwerfen. Kochflüssigkeit durch ein feines Sieb oder Tuch streichen und aufbewahren.

2. Einen Cracker in jeden der 4 Suppenteller legen. Muscheln und Kochflüssigkeit über den Cracker geben. Mit der restlichen Petersilie bestreuen.

Ergibt 4 Portionen

GEDÄMPFTE MUSCHELN

à Horatio Street

Schriftsteller der 20er, 30er und 40er Jahre erzählen oft von Festen in Greenwich Village, bei denen große Schüsseln Muscheln auf den Tisch gestellt wurden. Dieses Rezept aus *The Horatio Street Festival of Foods Cookbook* erinnert an die Geschichten aus dieser Zeit.

8 Baguette-Scheiben
7 EL Olivenöl
40 g Zwiebeln, feingehackt
2 Knoblauchzehen, feingehackt
160 g frische Tomaten, abgezogen und gehackt
250 ml trockener Weißwein
4 Dutzend frische Miesmuscheln, gut gebürstet, entbartet und abgetropft
2 EL frische Petersilie, feingehackt
1 EL frisches Basilikum, feingehackt

1. Den Backofengrill vorheizen.

2. Die Baguettescheiben auf beiden Seiten mit 2 Eßlöffeln Olivenöl bestreichen, im Ofen auf beiden Seiten hellbraun toasten und beiseite stellen.

3. Das restliche Olivenöl in einem großen Topf auf mittlerer Stufe erhitzen. Zwiebeln und Knoblauch unter ständigem Rühren etwa 5 Minuten sautieren. Tomaten und Wein zugeben, die Temperatur erhöhen und die Muscheln zugeben. Zugedeckt 3–5 Minuten dämpfen. Ungeöffnete Muscheln wegwerfen. Mit Petersilie und Basilikum bestreuen. 1–2 Scheiben Baguette in jeden Suppenteller legen, Muscheln und Kochflüssigkeit darüber gießen.

Ergibt 4 Portionen

Jerry Giorgios

GEFÜLLTE MUSCHELN

Der Kriminalbeamte Jerry Giorgio faßte in den späten 70er Jahren den Mörder eines Geigenspielers, dessen Leiche man in einem Luftschacht fand. Seit über 30 Jahren ist er bei der New Yorker Polizei und seit 20 Jahren im Morddezernat. Dieses Rezept hat seine Mutter kreiert, die in Greenwich Village lebt. Giorgio serviert dazu eine Schüssel Fusilli mit der verbleibenden Tomatensauce.

2 Pfund Muscheln, abgebürstet und entbartet
60 ml Olivenöl
2 Knoblauchzehen, geschält
1,5 l Tomatensauce
12 frische Basilikumblätter
1 TL Salz
½ TL frisch gemahlener schwarzer Pfeffer
130 g Semmelbrösel, fein gewürzt
1 Bund frische Petersilie, gehackt
125 g Parmesan, frisch gerieben

1. 125 ml Wasser in einem großen Topf aufkochen lassen. Muscheln zugeben, zudecken und 3–5 Minuten dämpfen. Aus der Kochflüssigkeit nehmen und nicht geöffnete Muscheln wegwerfen. Die Kochflüssigkeit durch ein feines Sieb oder ein Tuch streichen und beiseite stellen. Die Muscheln getrennt kalt stellen.

2. In einer großen Pfanne Olivenöl und Knoblauch auf mittlerer Stufe 5–7 Minuten erhitzen, bis der Knoblauch zu bräunen beginnt. Tomatensauce, Basilikum, Salz und Pfeffer zugeben und offen 30 Minuten köcheln lassen.

3. In einer Schüssel Semmelbrösel, Petersilie und Parmesan mischen. Langsam und tröpfchenweise Muschelsaft unter Rühren zugeben, bis die Mischung die Konsistenz von Hafermehl erreicht. Den restlichen Muschelsaft zur Tomatensauce geben.

4. Mit einem Teelöffel einen Teil der Füllung über die Muschel (in jede Schalenhälfte) geben. Mit einem Faden jede Muschel zubinden. Die gefüllten Muscheln in die Tomatensauce legen, zudecken und 15 Minuten köcheln lassen. Vorsichtig die Fäden entfernen (dabei gut aufpassen, daß keine Fäden in der Sauce bleiben) und in breiten Suppentellern servieren.

Ergibt 6 Portionen

Gage & Tollners

CLAM BELLIES

Auf dem Höhepunkt der New Yorker Austernhaus-Ära wurde 1879 Gage & Tollner in Brooklyn eröffnet – ursprünglich als Austernhaus, doch das Restaurant bot bald Muscheln in 20 Variationen an. Am beliebtesten waren die sogenannten *soft clams*, große Muscheln, die gegrillt oder gebraten serviert werden. Nach der Jahrhundertwende wurden die *soft clams* umbenannt in *clam bellies*. Unter dieser Bezeichnung bestellt man sie dort bis heute.

12 große Muscheln, gut abgebürstet und geöffnet
1 großes Ei, verquirlt
2 EL Milch
1 Spritzer Tabasco
8 EL zerkrümelte Cracker
¼ TL Salz
500 ml Pflanzenöl, zum Fritieren
6 EL Butter, zerlassen, zum Grillen

FRITIERTE MUSCHELN
4 Zitronenspalten

GEGRILLTE MUSCHELN
8 Toastecken (siehe Hinweis)
4 Zitronenspalten
4 Petersilienzweige

1. Das Muschelfleisch aus der Schale lösen. Die Schalen wegwerfen. Ei, Milch und Tabasco in einer Schüssel verrühren. In einer anderen Schüssel Cracker-Krümel und Salz mischen. Jede Muschel zunächst in die Eimischung tauchen, dann in den Bröseln wenden und auf Backpapier beiseite legen. Auf diese Weise alle Muscheln panieren.

2. Für fritierte Muscheln das Öl in einer großen, tiefen Pfanne erhitzen, bis ein Brotwürfel darin heftig Blasen wirft oder das Fritierthermometer 180 °C anzeigt. Die panierten Muscheln mit einem Schaumlöffel vorsichtig in das heiße Öl gleiten lassen, immer nur wenige Muscheln zugleich. 3 Minuten fritieren. Mit dem Schaumlöffel herausheben und auf Küchentüchern abtropfen lassen. Mit Zitronenspalten servieren.

3. Für gegrillte Muscheln den Grill vorheizen.

4. Die Muscheln auf das Grillblech legen, mit zerlassener Butter beträufeln und 3–4 Minuten auf jeder Seite grillen, dabei gelegentlich am Blech rütteln. Auf den mit extra zerlassener Butter bestrichenen Toastecken mit Zitronenspalten und Petersilie servieren.

Ergibt 2 Portionen als Vorspeise

Hinweis: Für die Toastecken die Kruste von 2 Scheiben Weißbrot abschneiden, jede Scheibe diagonal in 4 Dreiecke teilen und mit zerlassener Butter beträufeln.

Singers

GEFÜLLTER HUMMER

Seit wir in Sheepshead Bay leben, essen mein Mann und ich gerne hin und wieder Hummer«, berichtet Joan Singer. »In den Restaurants ist das sündhaft teuer, also kochen wir ihn selbst. Unser Hummer kann unter dem Ofengrill oder auf einem Gartengrill zubereitet werden.«

8 EL Butter, zerlassen
70 g feine Semmelbrösel
110 g Kammuscheln
110 g Shrimps, geschält und den Darm entfernt
1 TL Salz
½ TL frisch gemahlener schwarzer Pfeffer
1 Spritzer Tabasco
1 Hummer (450 g – 900 g), der Länge nach vom Kopf zum Schwanz halbiert, Sandsack und Eingeweide entfernt
4–10 große Salatblätter

1. Den Ofengrill oder Gartengrill vorheizen. Den Grillrost so weit wie möglich von der Hitzequelle entfernt in den Ofen schieben.

2. In einer Schüssel Butter, Brösel, Muscheln, Shrimps, Salz, Pfeffer und Tabasco mischen.

3. Hummer mit dem Rücken nach unten in die Grillpfanne legen. Die Füllung in den Hohlraum löffeln. Bei Benutzung des Ofengrills den Hummer mit der Hälfte der Salatblätter bedecken, damit er nicht verbrennt. 10 Minuten im Ofen oder abgedeckt auf dem Gartengrill garen. Verbrannte Salatblätter durch frische ersetzen und weitere 10 Minuten grillen, bis das Hummerfleisch weiß ist. Salatblätter entfernen und servieren.

Ergibt 2 Portionen

Joan Singer mit ihrem Mann Herb

Anne Rosenzweigs

HUMMER-SANDWICH

Als sie sich in den 80er Jahren einen Namen als brillante Köchin machte, kreierte Anne Rosenzweig diese moderne Version eines alten Rezepts – und es wurde ein Klassiker. Laut Anne Rosenzweig muß man aber die weißen Handschuhe ausziehen, bevor man in ein solches Sandwich beißt: »Mayonnaise und Tomatensaft müssen einem dabei über Kinn und Hände tropfen.«

BRIOCHE
500 g Butter
250 g Zucker
1 EL Salz
750 g Mehl
500 ml Milch
30 g Bäckerhefe oder 1½ Päckchen Trockenhefe
10 große Eier, verquirlt

ZITRONENMAYONNAISE (siehe Hinweis)
2 Eigelb
1½ TL Dijonsenf, zimmerwarm
60 ml Zitronensaft, frisch gepreßt, zimmerwarm
375 ml Soja-Öl
1 EL plus 1 TL Schale von 1 unbehandelten Zitrone, frisch gerieben
Salz und frisch gemahlener schwarzer Pfeffer (nach Geschmack)

ZUM GARNIEREN
40 g knackige Salatblätter, z. B. Frisée oder Eisbergsalat
2 frische, reife Tomaten, in Scheiben geschnitten, gekühlt
16 Scheiben doppeltgeräucherter Speck, knusprig gebraten
450 g Hummerfleisch vom Schwanz, gekocht, kalt, in 1 cm dicke Scheiben geschnitten

1. Für die Brioche Butter, Zucker und Salz in einer Schüssel mischen. Mehl zugeben und rühren, bis der Teig kleinen Erbsen gleicht.

2. Milch in einem Topf leicht erwärmen. Vom Herd nehmen und Hefe einrühren. 5–10 Minuten beiseite stellen, bis Blasen entstehen.

3. Hefe- und Mehlmischung gut verrühren und die Eier zugeben. Den Teig von Hand schlagen, bis er glänzt, sich von den Seiten der Rührschüssel löst und zu einer Kugel zusammenzieht. Etwas Mehl zugeben, wenn der Teig zu klebrig ist. In eine saubere Schüssel füllen, zudecken und an einem warmen Platz 3 Stunden gehen lassen; das Teigvolumen verdoppelt sich.

4. Den Teig kräftig kneten, zudecken und über Nacht kalt stellen; wiederum verdoppelt sich das Teigvolumen.

5. Den Ofen auf 180 °C vorheizen.

6. Den Teig aus der Schüssel nehmen, 15 Minuten weich werden lassen und in 4 gleiche Teile schneiden. Auf einem bemehlten Brett jedes Teil zu einer Zigarre auswalzen, dann zu einer Schnecke ineinander legen und die Ränder mit den Fingern fest aneinanderdrücken. Auf Backpapier etwa 50 Minuten backen. Wenn man auf die flache Seite klopft, muß es hohl klingen. Abkühlen lassen.

7. Für die Zitronenmayonnaise Eigelb, Senf und Zitronensaft so lange in einer Schüssel kräftig verrühren, bis die Sauce dick wird. Das Öl unter ständigem Rühren tropfenweise zugeben, bis die Mayonnaise zu emulgieren beginnt. Erst jetzt darf das Öl in einem dünnen Strom zugegeben werden, bis die Mayonnaise dick wird. Dann die Zitronenschale einrühren, mit Salz und Pfeffer ab-

Anne Rosenzweig in der Küche vor der Geburt ihrer Tochter Lulu

schmecken. Zugedeckt mindestens eine Stunde im Kühlschrank ruhen lassen.

8. Für die Sandwiches jede Brioche der Länge nach in 4 gleiche Scheiben schneiden und kurz toasten. Mayonnaise auf jede Scheibe streichen, ein Salatblatt darauf legen, dann eine Tomatenscheibe, Speck und Hummer und zuletzt wieder eine Scheibe Toast. Den Vorgang zweimal wiederholen, bis ein Dreifachsandwich entsteht.

Ergibt 4 Portionen

Hinweis: Für frische Mayonnaise braucht man rohes Eigelb. Es dürfen wegen Salmonellengefahr nur ganz frische und gekühlte Eier verwendet werden.

GEDÄMPFTER HUMMER

mit Ingwer und Frühlingszwiebeln

Es gibt kaum ein besseres Aroma für Hummer als Ingwer und Frühlingszwiebeln, und man findet kaum ein besseres Rezept als das von Rosanna Wong.

2 EL frischer Ingwer, feingeraspelt oder gehackt
1 EL trockener Weißwein oder Sherry
1 TL asiatisches Sesamöl
1½ TL helle Sojasauce
1 TL Zucker
¼ TL Salz
1 Prise frisch gemahlener weißer Pfeffer
2 Hummer (je etwa 700 g), in kleine Stücke zerhackt
1 Zitrone, in Scheiben geschnitten
3 Frühlingszwiebeln, Enden gekürzt, längs halbiert und in 5 cm lange Stücke geschnitten

1. In einer Schüssel Ingwer, Wein, Öl, Sojasauce, Zucker, Salz und Pfeffer mischen. Die Hummerstücke zugeben, sorgfältig in der Marinade wenden, beiseite stellen und 10 Minuten marinieren.

2. 500 ml Wasser in einem Topf aufkochen lassen. Hummer, Marinade, Zitronenscheiben und die Hälfte der Frühlingszwiebeln zugeben. Zudecken und 10–15 Minuten dämpfen, bis das Hummerfleisch weiß und die Schale rosa ist. Mit dem Rest der Frühlingszwiebeln garnieren.

Ergibt 2 Portionen

SHRIMPS-REIS

kreolisch

Dieses Rezept stammt aus dem Mitte der 50er Jahre geschlossenen Mammy's Restaurant in der Montague Street in Brooklyn. Im *Ford Treasury of Favorite Recipes from Famous Eating Places* findet man eine etwas modernere Version.

2 EL Pflanzenöl
1 Zwiebel, feingehackt
1 grüne Paprikaschote, geputzt und feingehackt
1 Knoblauchzehe
300 g ganze Tomaten (Dosenware)
1 TL Filé-Pulver
Salz und frisch gemahlener schwarzer Pfeffer (nach Geschmack)
70 g feine Semmelbrösel
3 EL Butter, zerlassen
220 g Shrimps, geschält und den Darm entfernt
360 g Langkornreis, gekocht

1. Öl in einer großen Pfanne auf mittlerer Stufe erhitzen. Zwiebeln und Paprika zugeben und 5 Minuten braten, bis die Zwiebeln glasig und die Paprikastücke weich sind. Den Knoblauch eine Minute mitbraten. Tomaten und Filé-Pulver einrühren, mit Salz und Pfeffer abschmecken. Die Temperatur reduzieren, teilweise zudecken und eine Stunde garen.

2. Den Ofen auf 190 °C vorheizen.

3. In einer Schüssel Semmelbrösel und Butter gründlich mischen. Beiseite stellen.

4. Wieder auf mittlerer Stufe Shrimps in die Pfanne geben und etwa 3 Minuten kochen, bis sie sich rosa färben. Vom Herd nehmen.

5. Shrimps und Sauce in eine ofenfeste Zwei-Liter-Kasserolle füllen. Reis einrühren, mit den Semmelbröseln bestreuen. 30 Minuten backen, bis die Brösel leicht gebräunt sind.

Ergibt 4 Portionen

HUMMER-SHRIMPS-
Enchilada

Bob Medina, der für die vielen tausend Akten voller Zeitungsausschnitte, die täglich bei der *New York Times* anfallen, zuständig ist, serviert dieses lateinamerikanische Ragout in einer Mais- oder Weizentortilla.

5 Knoblauchzehen
1 EL Salz
2 Hummerschwänze
1 EL Olivenöl
900 g große Garnelen, geschält und den Darm entfernt
500 g Tomatensauce (Dosenware)
125 ml Ketchup
1 große Zwiebel, gehackt
1/2 grüne Paprikaschote, geputzt und gehackt
10 mit Pimiento gefüllte Oliven
3 Lorbeerblätter
1 EL frische Petersilie, feingehackt
1/2 TL getrockneter Oregano
1/2 TL getrocknete rote Chiliflocken
1/2 TL frisch gemahlener schwarzer Pfeffer
1/2 TL Chili-Gewürzmischung
8 EL trockener Weißwein

1. In einem Mörser den Knoblauch mit dem Salz zerstoßen. Beiseite stellen.

2. 500 ml Wasser aufkochen lassen. Hummerschwänze zugeben und 5 Minuten kochen, bis die Schale hellrot wird. Herausnehmen und 125 ml Kochflüssigkeit aufbewahren.

3. Olivenöl in einer Kasserolle auf mittlerer Stufe erhitzen. Garnelen darin 3–5 Minuten braten, bis sie rosa anlaufen. Herausnehmen und in eine Schüssel geben. Die Knoblauch-Salz-Mischung in die Kasserolle geben und gut umrühren. Tomatensauce und Ketchup zugeben und 2 Minuten köcheln lassen. Zwiebel, Paprika, Oliven, Lorbeerblätter, Petersilie, Oregano, rote Chiliflocken, Pfeffer und Chili-Gewürzmischung zugeben und 2 Minuten köcheln lassen. Hummerwasser und den Wein einrühren, dann 30 Minuten köcheln lassen.

4. Das Hummerfleisch aus der Schale lösen und mit den Garnelen in die Kasserolle geben. 3 Minuten durchwärmen. Mit Brot oder Tortillas in einer großen Schüssel servieren.

Ergibt 6 Portionen

Bob Medina genießt einen schaumigen New Yorker Capuccino.

REISPFANNE
mit Garnelen

Ed Bradley, Moderator bei CBS, verwendet Matouk's Hot Sauce für dieses Rezept. Diese Sauce, eine scharfe Mischung aus Papaya und Peperoni, ist hierzulande leider schwer zu finden.

6 EL Butter
3 Zwiebeln, feingehackt
3 Knoblauchzehen, feingehackt
3 Selleriestangen, feingehackt
3 grüne Paprikaschoten, geputzt und gehackt
2 Jalapeño-Chilischoten, entkernt und feingehackt
Salz und frisch gemahlener schwarzer Pfeffer (nach Geschmack)
4 Tomaten, gewürfelt
3 EL frische Petersilie, feingehackt
1 Lorbeerblatt
3 EL Matouk's Hot Sauce (oder nach Geschmack)
900 g mittelgroße Garnelen, geschält und den Darm entfernt
600–700 g Langkornreis, gekocht, zum Servieren
Zitronenspalten, zum Garnieren

1. 2 Eßlöffel Butter in einem Topf auf mittlerer Stufe zerlassen. Zwiebeln und Knoblauch darin 5 Minuten sautieren, bis die Zwiebeln glasig sind. Sellerie, Paprika und Chillies zugeben. Mit Salz und Pfeffer abschmecken. Unter Rühren 4 Minuten braten, bis das Gemüse etwas weich ist. Tomaten, Petersilie und Lorbeerblatt einrühren. Zugedeckt aufkochen lassen, dann 10 Minuten köcheln lassen.

2. Matouk's Hot Sauce einrühren. Das Lorbeerblatt entfernen. Pfanne beiseite stellen.

3. Den Rest Butter in einer Pfanne auf hoher Stufe zerlassen. Garnelen zugeben und 3 Minuten braten, bis sie rosa anlaufen. Die Tomatenmischung über die Garnelen gießen, gut umrühren und kurz aufkochen lassen. Sofort vom Herd nehmen und mit Reis und Zitronenspalten servieren.

Ergibt 6 Portionen

Ed Bradley's pikante Reispfanne – in weniger als 60 Minuten. Photo: mit freundlicher Genehmigung von CBS

GEBRATENE GARNELEN

mit Frühlingszwiebeln

Elaine Louie empfiehlt, dieses Gericht in zwei Schritten in einem normal großen Wok zu kochen. Ist zuviel im Wok, wird das Essen mehr gedämpft als gebraten. Servieren Sie dazu Reis und Gurkensalat. Dieses Rezept beruht auf der Broschüre *Chinese Home Cooking* von Elaine Louie und Julia Chang Bloch.

2 EL Sojasauce
2 EL Scotch Whisky oder trockener Sherry
2 TL Zucker
4 EL Pflanzenöl
6 Scheiben frischer Ingwer, etwa 0,5 cm dick, leicht zerdrückt
2 Bund Frühlingszwiebeln oder 1 Bund Schnittlauch, Enden gekürzt und in 5 cm lange Stücke geschnitten
900 g mittelgroße Garnelen, gewaschen und trockengetupft
Reis, gekocht, zum Servieren

1. In einer kleinen Schüssel Sojasauce, Whisky und Zucker mischen. Beiseite stellen.

2. In einem Wok 2 Eßlöffel Öl sehr stark erhitzen. 3 Ingwerscheiben zugeben und eine Minute braten. Jeweils die Hälfte der Frühlingszwiebeln, der Garnelen und der Sojasauce zugeben und 3–5 Minuten braten, bis die Garnelen rosa anlaufen. Warm stellen und den Ingwer herausnehmen.

3. Die restlichen 2 Eßlöffel Öl im Wok sehr stark erhitzen. Den Rest von Ingwer, Garnelen, Frühlingszwiebeln und Sojasauce zugeben und unter ständigem Rühren wie zuvor braten. Unter die schon gegarten Garnelen mischen. Mit gekochtem Reis servieren.

Ergibt 4–6 Portionen

PANIERTE GARNELEN

in grüner Creme

Zubin Mehta, der frühere Dirigent der New Yorker Philharmoniker, hält Chillies für so unentbehrlich wie seinen Taktstock. Er ist mit indischem Essen in Bombay groß geworden, und als ihn seine Karriere nach Europa, in den Nahen Osten und die USA führte, stellte er bald fest, daß er sich nur durch drastische Maßnahmen geschmackvolles Essen sichern konnte. Seitdem hat er stets ein kleines Silberkästchen mit Cayenne-Pfeffer, Tabasco und Chillies dabei. »Im Gegensatz zu Jalapeños trocknen diese Sorten viel besser«, erklärt er. Damit läßt sich jedes Gericht im Restaurant nachwürzen oder jederzeit bei Freunden ein Essen improvisieren.

90 g Korianderblätter und zarte Stiele
50 g frische Minzeblätter
50 g frische Kokosraspel
60 ml Zitronensaft, frisch gepreßt
5 Knoblauchzehen
8 frische, scharfe grüne Chilischoten, entstielt
1 EL Zucker
Salz (nach Geschmack)
700 g Riesengarnelen, geschält, mit Schwanzende
Pflanzenöl, zum Braten
2 große Eier, leicht verquirlt
240 g feine getrocknete Brotkrumen

1. Koriander, Minze, Kokosraspel, Zitronensaft, Knoblauch, Chillies, Zucker und Salz in einem Mixer zu einer Creme verarbeiten.

2. Garnelen längs aufschneiden (nicht halbieren) und den Darm entfernen. Sie rollen sich beim Braten nicht ein, wenn man längs einen Zahnstocher durchsteckt. Mit der grünen Creme in eine Schüssel geben und durch Schwenken damit überziehen.

Zubin Mehta – ein Maestro sowohl in der Musik als auch bei der Zubereitung von Chili-Gerichten

3. Das Öl etwa 1 cm hoch in einer großen Pfanne auf mittlerer Stufe erhitzen. Jede Garnele zuerst in das verquirlte Ei, dann in die Brotkrumen tauchen. Ins heiße Öl gleiten lassen, notfalls auch übereinander, und etwa 3 Minuten braten, bis die Brotkrumen sich goldbraun färben. Mehrfach wenden. Auf Küchentüchern abtropfen lassen und servieren.

Ergibt 4 Portionen

GARNELEN

mit Feta

Im alten Paradise Restaurant in der 41th Street stand dieses Gericht ganz oben auf der Hitliste. Das Rezept ist eine Variation aus *Secrets from New York's Best Restaurants* von Earlyne S. Levitas und Lydia Moss.

3 EL Olivenöl
320 g Zwiebeln, gehackt
3 EL frische Petersilie, feingehackt
1 Knoblauchzehe, feingehackt
½ TL Zucker
etwa 700 g frische Eiertomaten, gehackt
250 ml trockener Weißwein, vorzugsweise Retsina
700 g Shrimps, geschält und den Darm entfernt
140 g Fetakäse, zerbröckelt

1. Den Ofen auf 220 °C vorheizen.

2. Das Öl in einer großen Pfanne auf mittlerer Stufe erhitzen. Zwiebeln zugeben und 7 Minuten leicht anbräunen. Petersilie, Knoblauch und Zucker zugeben und umrühren. Tomaten zugeben und etwa 20 Minuten weich kochen, bis die Flüssigkeit verdampft ist.

3. Den Wein zugießen und kochen, bis die Flüssigkeit verdampft ist. Die Shrimps zugeben und eine halbe Minute unter ständigem Rühren braten. Vom Herd nehmen.

4. Shrimps und Sauce in eine Zwei-Liter-Kasserolle geben, mit dem Fetakäse bestreuen und etwa 5 Minuten überbacken, bis der Käse schmilzt.

Ergibt 4 Portionen

Dina Merrills

ROSMARIN-GARNELEN

Dieses einfache Gericht ist bei Gästen sehr beliebt. Reichen Sie dazu Reis oder Salat.

2 Knoblauchzehen, feingehackt
2 EL frischer Rosmarin, feingehackt, oder 1 EL getrockneter Rosmarin
60 ml trockener Weißwein
2 EL Zitronensaft, frisch gepreßt
Salz und frisch gemahlener schwarzer Pfeffer (nach Geschmack)
80 ml Olivenöl
450 g mittelgroße Garnelen in der Schale
2 Zitronen, geviertelt, zum Garnieren
4 Pitabrote, in Dreiecke geschnitten, getoastet, zum Servieren

1. Knoblauch, Rosmarin, Wein, Zitronensaft, Salz und Pfeffer in einer Schüssel mischen.

2. Öl in einer großen Pfanne stark erhitzen. Garnelen zugeben und etwa 3 Minuten unter häufigem Wenden rosa braten. Die Rosmarin-Mischung zugeben, dann die Pfanne vom Herd nehmen.

3. Garnelen und Sauce in eine Auflaufform umfüllen, die so groß ist, daß die Garnelen den Boden in nur einer Schicht bedecken. Über Nacht im Kühlschrank marinieren.

4. Die Garnelen auf einer Platte anrichten, mit Zitronenspalten und Rosmarinzweigen garnieren. Mit getoastetem Pitabrot servieren.

Ergibt 4 Portionen

FERNANDO LARA UND SEINE SEEGEMÄLDE

Fernando Lara macht sich an die Schaufenstergestaltung der Citarella Fish Company in Manhattan wie ein moderner Diego Rivera. Statt des Künstlerkittels trägt er eine schwarze Gummischürze, statt der Baskenmütze eine Schirmmütze, und statt aus Farbe besteht seine Palette aus grauer Scholle und weißen Muscheln, rosa Lachsfilets, orangenen Krabbenmuscheln und schwarzen Miesmuscheln.

Jeden Morgen betrachtet der kleine in Mexico-City geborene Künstler das leere Schaufenster am Broadway 2135 (Ecke 75th Street) mit der Neugier und Angst des Malers vor einer leeren, weißen Leinwand.

Vor seinen Werken bleiben die Passanten stehen. Manche – etwa die große amerikanische Flagge mit Streifen aus Garnelen und Tintenfischen und Sternen aus Tintenfischköpfen – zeigen patriotische Motive. Andere – wie der Lachs mit Sombrero in einer Hängematte – sind seine Antwort auf das Wetter.

Die Dekoration wechselt täglich. In nur sechs Stunden schafft er ein neues, kompliziertes Mosaik, in dessen Vordergrund der Fisch steht und vor dessen Anblick sich der Verkehr staut. Für Lara ist dies eine Vollzeitbeschäftigung.

EISKALTE LEINWAND

Ich komme um 6 Uhr, um meine Leinwand vorzubereiten«, erzählt er und fügt hinzu, daß es schon eine Stunde dauert, bis er 50 Kilo Eis auf die schräge Schaufensterfläche gepackt hat.

Bevor er den ersten Fisch aufträgt, verdeckt er die Scheibe mit Papier. Dann nimmt er eine Holzleiste und vermißt die »Leinwand« genau. Danach markiert er den Mittelpunkt mit einem Zahnstocher.

»Ich muß mich genau nach dem Mittelpunkt richten«, erläutert er und plaziert das Firmenschild in der Mitte. Kritisch prüft er das Arrangement und fügt einen Fächer aus Salatblättern hinzu.

EIN REGELRECHTER VAN GOGH

An einem sehr heißen Tag dachte Mr. Lara neulich über Sonnenblumen nach.

»Ich machte mir Sorgen um das Schaufenster, als ich nach Hause ging«, meinte er. »Da sah ich Sonnenblumen und wußte plötzlich, was ich zu tun hatte.«

Und mit 32 Streifen Seezunge, sorgfältig um den äußeren Rand des Mittelstücks arrangiert, kreierte er ein Sonnenblumenmosaik.

Er brauchte fast eine Stunde, um die Fischfilets in der richtigen Position zu fixieren. Dazu benutzte er Zahnstocher, die er mit dem Griff seines Fischmessers vorsichtig einschlug. Die Farbwirkung der Seezungen verstärkte er durch orangene Krabbenmuscheln, ordnete einen konzentrischen Fächer aus Lachssteaks an und zog mit Hilfe weißer Tintenfischkörper eine weiße Randlinie. Pro Tag verbraucht er etwa 500 Zahnstocher.

Mr. Lara macht sich seine Entscheidungen nicht leicht. Welche Muscheln verstärken den Kontrast zu den Flunderfilets im Zentrum der Blume, die aus New England oder die aus Neuseeland? Wie wäre es mit einem Blatt aus Seegras? Genau diese Art von Sorgen hatte er sich erträumt, als er 1979 nach New York kam.

»Ich arbeitete als Hilfskellner in einem mexikanischen Restaurant auf der anderen Straßenseite und schaute immer auf dieses Schaufenster«, erzählt er. Obwohl er nie Kunst oder Fischerei studiert hatte, war er fasziniert. 1983 kam er seinem Traum schon näher, als er eine Stelle auf einem Fischkutter bekam. Hier konnte er vier Jahre lang sein Medium studieren.

Im Durchschnitt verbraucht er pro Tag für 800 Dollar Fisch. Dieser Fisch wird nie verkauft. Und obwohl John Corbo, der Manager von Citarella, erklärt hat, daß es für Lara »weder finanzielle Grenzen noch ein festes Budget« gibt, gesteht er: »Wir werden schon ein bißchen nervös, wenn er die grauen Seezungen nimmt, die 14 Dollar das Pfund kosten.«

Doch das Geschäft steht hinter der Arbeit seines hauseigenen Künstlers. »Das Schaufenster zeigt, wer wir sind«, erläutert Mr. Corbo. »Dadurch fällt unser Geschäft erst auf.« Kein anderer gestaltet Schaufenster von Fischgeschäften so auffallend wie Mr. Lara.

Von der Aushilfe zum Star

Seine Chance kam eines Tages 1983, als sich sein Vorgänger krank meldete. »Mir war nicht wohl dabei. Schließlich waren wir Freunde.«

Nach der Lara-Premiere gab sein Vorgänger auf. »Er sagte, daß er das Fenster nie gern dekoriert habe und jetzt erkannte, wie viel mir daran gelegen war«, erinnert sich Mr. Lara. »Ich mache dieses Fenster einfach gern, es ist mein Lebensinhalt.«

Bis heute hat Mr. Lara tausende Schaufenster dekoriert und kein einziges Mal ein Dekor wiederholt. Stolz zeigt er die Bilder von seinen Lieblingsdekorationen.

»Es ist schwer, in New York zu arbeiten«, sagte er. Damit meint er, »daß es so viele Künstler gibt, die sich meine Arbeit ansehen.« Mit Stolz weist er darauf hin, daß er Briefe von anderen Künstlern erhält, daß die Busse der Stadtrundfahrten vor seinem Schaufenster stehenbleiben. Doch der Ruhm hat seine Schaffenskraft nicht beeinflußt. »Ich denke an morgen, an andere Schaufenster.«

Kurz nach Mittag löst er das Papier von der Scheibe – mit der Geste eines Künstlers, der sein Werk enthüllt. Er strahlt. Dann nickt er seinem Freund Isidro Lopez, dem Chef von Citarella, zu. Zeit für das Mittagessen.

»Ich koche nie Fisch«, flüstert er. »Ich dekoriere das Fenster.«

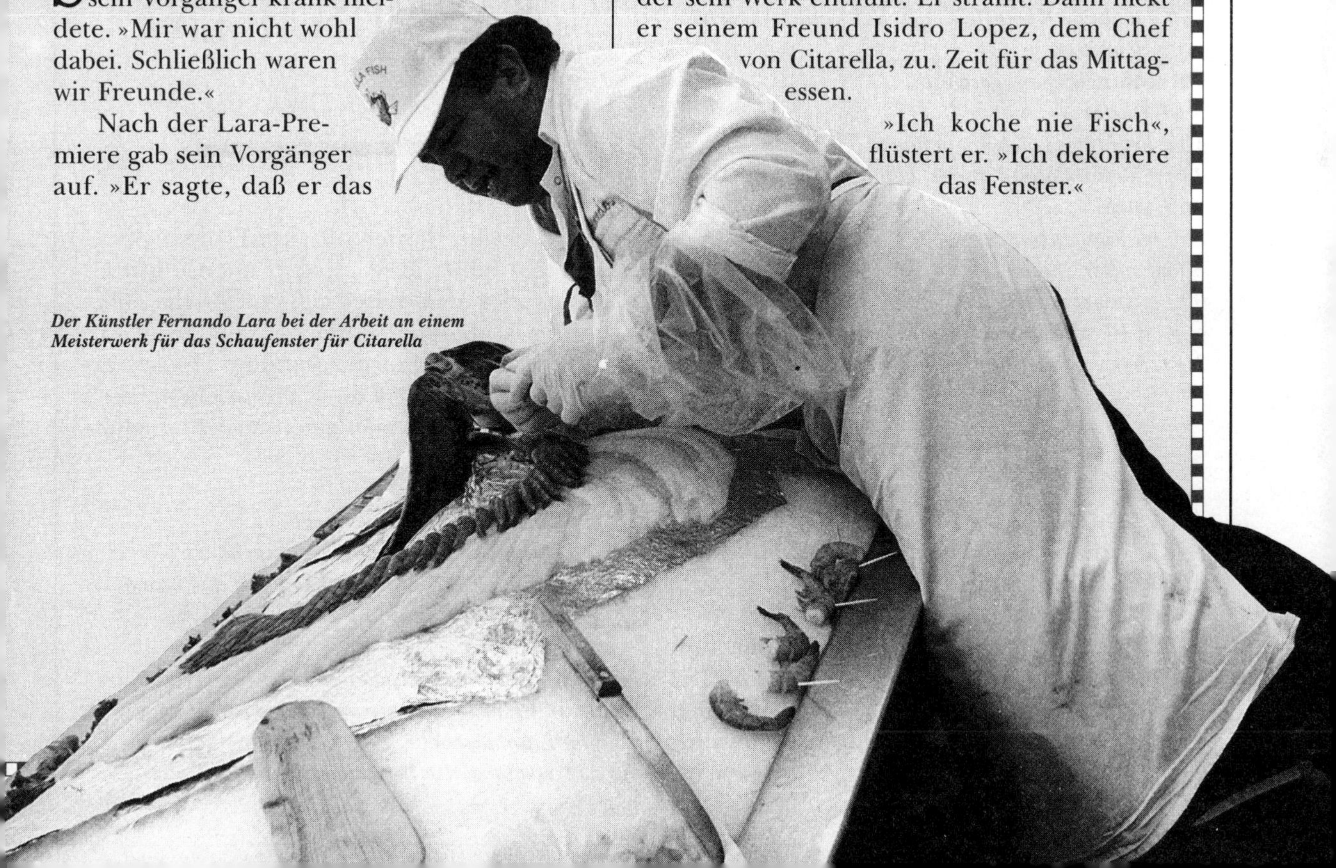

Der Künstler Fernando Lara bei der Arbeit an einem Meisterwerk für das Schaufenster für Citarella

Malachi McCormicks

KAMMUSCHELPASTETE

Malachi McCormicks Rezept kann seine irische Herkunft nicht verleugnen.

Malachi McCormick beschäftigt sich mit dem Buchbinderhandwerk, übersetzt irische Gedichte und schreibt zu Hause auf Staten Island Kochbücher. Bei diesem Rezept ist das mit der Gabel gezogene Muster auf dem Kartoffelbrei ein kulinarisches Markenzeichen der Grünen Insel.

450 g mehlige Kartoffeln, geschält und in Stücke geschnitten
3 Knoblauchzehen, geschält
5 EL Butter
50 g Frühlingszwiebeln, gehackt
450 g kleine Champignons, geputzt
2 EL Mehl
250 ml Kondensmilch
60 ml süßer Sherry
900 g Kammuscheln
etwa 3 EL Milch (nach Bedarf)
2 EL frische Petersilie, gehackt

1. Die Kartoffeln in einem Topf mit kaltem Wasser bedecken und auf hoher Stufe aufkochen lassen. Bei reduzierter Temperatur etwa 30 Minuten garen.

2. Inzwischen $2^1/_2$ Knoblauchzehen fein hacken. In einer schweren Pfanne 3 Eßlöffel Butter zerlassen, den feingehackten Knoblauch zugeben und 2 Minuten anbraten. Frühlingszwiebeln und Champignons zugeben und 3 Minuten weich anbraten. Das Mehl über die Mischung streuen und gründlich rühren. Langsam die Milch eintropfen und unter ständigem Rühren aufkochen lassen. Sherry und Muscheln zugeben und sofort vom Herd nehmen.

3. Den Ofen auf 180 °C vorheizen.

4. Die Kartoffeln vom Herd nehmen und abgießen. Einen Eßlöffel Butter zugeben. Die restliche halbe Knoblauchzehe zerdrücken und zu den Kartoffeln geben. Die Kartoffeln stampfen, bis ein lockerer Brei entsteht. Falls sie zu trocken sind, die restliche Butter und einige Eßlöffel Milch zugeben.

5. Die Muschelmischung in eine 20 cm tiefe Pastetenform gießen, den Kartoffelbrei darüber löffeln und mit einer Gabel gleichmäßig verteilen. Mit den Zinken der Gabel Rillen in die Oberfläche zeichnen. Etwa 20 Minuten backen, bis die Rillen goldbraun sind. Mit Petersilie garnieren und servieren.

Ergibt 6–8 Portionen

KAMMUSCHELN

mit Ingwer und Chili

»Ein Gericht, das ich oft zum Frühstück gemacht habe, das sich aber ebenso gut als Mittag- oder Abendessen eignet. Und die Zubereitung ist denkbar einfach«, sagt Jason Epstein, der Cheflektor des Random House-Verlags. »Wichtig ist, daß die Kammuscheln frisch sind. Dazu serviert man getoastetes Baguette.«

3 EL Erdnußöl
3 Knoblauchzehen, feingehackt
$1^1/_2$ TL Jalapeño-Chilischote, feingehackt
4 Frühlingszwiebeln, den grünen Teil der Länge nach halbiert und in 7 cm lange Stücke geschnitten
3 dünne Scheiben frischer Ingwer
Salz und frisch gemahlener schwarzer Pfeffer
700 g Kammuscheln
2 EL frische glatte Petersilie, gehackt

1. Öl in einer Pfanne auf mittlerer Stufe erhitzen. Knoblauch und Chili darin etwa 30 Sekunden anbraten. Frühlingszwiebeln, Ingwer, Salz und Pfeffer und zum Schluß die Muscheln zugeben. Auf hoher Stufe unter ständigem Rühren etwa 2–3 Minuten braten, bis die Muscheln gar sind. Auf eine vorgewärmte Platte geben und mit der Petersilie bestreuen.

Ergibt 4 Portionen

TINTENFISCH

auf karibische Art

Dieses Gericht von Isidro Lopez, dem Chef der Citarella Fish Company, wird mit Reis und knackigem grünen Salat serviert.

2 EL Olivenöl
1 Knoblauchzehe, feingehackt
1/4 Jalapeño-Chilischote, feingehackt
1 kleine Zwiebel, feingehackt
1 gelbe Paprikaschote, geputzt und gewürfelt
1 rote Paprikaschote, geputzt und gewürfelt
900 g Tintenfisch, gewaschen und gesäubert
2 EL Tomatenmark
250 ml trockener Weißwein
3 EL frische Korianderblätter, feingehackt
Salz und frisch gemahlener schwarzer Pfeffer (nach Geschmack)

1. Öl in einer großen Pfanne auf mittlerer Stufe erhitzen. Knoblauch, Chili und Zwiebel darin etwa 5 Minuten weich anbraten. Paprika zugeben und weitere 3 Minuten braten.

2. Tintenfischmäntel in 1 cm dicke Ringe schneiden. Tentakel und Ringe in die Pfanne geben und 5 Minuten braten. Tomatenmark und Wein einrühren und 5 Minuten garen. Mit Koriander, Salz und Pfeffer abschmecken.

Ergibt 4–6 Portionen

Lidia Bastianichs

ÜBERBACKENER TINTENFISCH

Lidia Bastianich ist in Norditalien aufgewachsen und erinnert sich noch gut an das langweilige Putzen der Tintenfische und die vielen Zubereitungsvarianten. Heute kocht sie dieses einfache Gericht aus ihrem Buch *La Cucina di Lidia* in ihrem italienischen Restaurant Felidia in der East Side von Manhattan.

Lidia Bastianich im Felidia in Manhattan

8 kleine Tintenfische (je 120–170 g), gesäubert
4 Knoblauchzehen, geschält
60 ml Olivenöl
Salz und frisch gemahlener schwarzer Pfeffer, nach Geschmack
60 ml Muschelsaft aus dem Glas
3 EL frische Petersilie, gehackt

1. Den Ofen auf 190 °C vorheizen.

2. Den Tintenfisch in einer Schicht in eine ofenfeste Form geben. Knoblauch, Olivenöl, Salz und Pfeffer zugeben und umrühren. Mit Alufolie abdecken und 20 Minuten backen.

3. Folie entfernen, umrühren und den Muschelsaft zugeben. Offen weitere 10–15 Minuten backen, bis der Tintenfisch weich ist, dabei gelegentlich umrühren. Er ist gar, wenn sich eine Gabel leicht herausziehen läßt.

4. Die Form auf die Herdplatte stellen und die Sauce auf hoher Stufe eindicken. Den Tintenfisch auf eine Servierplatte legen. Die Sauce durch ein Sieb streichen, Petersilie zugeben und über den Tintenfisch löffeln.

Ergibt 4 Portionen

ALSENFANG IM HUDSON RIVER

Die amerikanische Alse gehört zur Familie der Heringe – sicher ein Grund dafür, daß dieser Fisch in New York lange so wenig Anerkennung fand. In den Niederlanden ist Hering ein ganz alltägliches Essen. Von März bis Anfang Mai zieht der Fisch auch in New Amsterdam den Hudson hinauf.

»Im Hudson wurden zahlreiche Fischarten gefangen«, schreibt Lila Perl in *Red Flannel Hash and Shoo-Fly Pie*, »aber Alsen gab es so reichlich, daß sich nur die unteren Schichten nicht schämten, ihn zu essen.«

Gesalzene Alsen aus New Amsterdam »wurden wie gewöhnlicher Salzhering in Holland betrachtet«, schreibt Lila Perl.

SOLDATENFUTTER

Laut einer Ladeliste, die im Besitz der New York Historical Society ist, wurden während der Revolution Tausende von Salzalsenfässern zu den amerikanischen Truppen verschifft. Im *New York Observer* schreiben John und Karen Hess, daß die Alse »von den ersten holländischen Siedlern in New York *Elft*, der elfte Fisch, genannt wurde. Denn jedes Jahr am elften März wurde die erste Alse gefangen und auf einer Holzplanke gegart – eine Methode, die sie von den Indianern gelernt hatten.«

Jedenfalls wurde der Fisch kulinarisch nicht sehr geschätzt. In *Immigrant Voices*, einem 1991 erschienenen Auszug aus den Archiven auf Ellis Island, erinnert sich ein Passagier: »Auf dem Boot gab es etwas zu essen. Sie luden viele Nahrungsmittel ein. Ich spüre noch immer den Heringsgeschmack im Mund.«

Wahrscheinlich prägte der Nachgeschmack die Abneigung gegenüber dem Hudson-Hering, denn der Appetit auf Alsen wuchs erst, als die Bestände abzunehmen begannen.

Mitte des 19. Jahrhunderts gab es in Restaurants erstmals wieder gebackene, gedünstete und fritierte Alsen. Etwas lästig sind die vielen feinen Gräten. Mitte des letzten Jahrhunderts lieferten hauswirtschaftliche Bücher daher Rezepte für »eingelegte Alsen«. Dabei wurden Fischsteaks in Essigwasser eingelegt, wodurch sich die Gräten auflösen. Manche Köche empfahlen auch, den ganzen, ausgenommenen Fisch mit Wein zu übergießen und 20 Stunden bei 120 °C zu backen – ein Verfahren, das die feinen Gräten zum Schmelzen brachte,

Mündung des Moodna in den Hudson. Stich von G. W. Wellstood

wie sie behaupteten. Ich finde die Gräten weich und durchaus eßbar.

Zu Beginn dieses Jahrhunderts war Alsenessen in New York ein beliebtes Ritual. Zeitungsberichten zufolge kam es auf dem Fulton Market zwischen Restaurantbesitzern und Köchen privater Clubs immer wieder zu Handgreiflichkeiten um die rundesten Alsen.

Laut Bob Gabriolson, dessen Familie seit fünf Generationen im Hudson Alsen fängt, nahm damals auch die Zahl der Fische jährlich ab. Heute entspricht die Fangmenge nicht einmal 10 Prozent des Volumens, das vor fünfzig Jahren an Land gebracht wurde.

Im Frühjahr begeistert sich New York für den Alsenfang

Die Alse aus der Familie der Heringe ist zum Kultfisch geworden. Sie ist ein Musterbeispiel für die Perversität des New Yorker Appetits – wir begehren, was wir nur schwer bekommen können.

Sie läßt sich braten und backen, obwohl echte Freaks auf fritierte Alse schwören. Die selige Mildred Cassiday, die im »Sweets« Meeresfrüchte kochte, erzählte mir einmal, daß das Geheimnis des perfekt in der Pfanne fritierten Fisches darin bestehe, ihn vor dem Braten leicht zu blanchieren und abzukühlen. Dadurch werde das Fleisch fester und zerfalle nicht so leicht in der Pfanne. Ihr Verfahren wird auch bei einem Gericht mit Speck und Alsen eingesetzt, das einmal im Century Club serviert wurde. Ebenso verfährt man bei Alsenrogen, der im Harvard Club auf der Karte stand, mit Butter, Zitrone und Kapern (siehe die folgenden Rezepte).

ALSENROGEN

nach Art des Century Clubs

2 Paar Alsenrogen
125 ml Milch, mit einem Schuß Tabasco gewürzt
4 dicke Scheiben Speck ohne Schwarte
60 g Mehl, mit 1/4 TL Salz und 1 Msp. Pfeffer gewürzt
250 ml trockener Weißwein
2 EL Madeira
Saft von 1/4 Zitrone
1 EL Butter, gekühlt
1/4 TL Salz
1 Msp. frisch gemahlener schwarzer Pfeffer

1. In einem flachen Topf so viel Wasser aufkochen lassen, daß der Rogen bedeckt ist. Temperatur auf ein leises Köcheln reduzieren und den Rogen vorsichtig hineingleiten lassen. 5 Minuten zugedeckt beiseite stellen.

2. Die gewürzte Milch in einen flachen Topf gießen. Den Rogen vorsichtig aus dem Wasser heben, in die Milch gleiten lassen und 30 Minuten kalt stellen.

3. Speck in einer großen Pfanne auf mittlerer Stufe braten. Inzwischen den Rogen aus der Milch heben und in dem gewürzten Mehl wälzen. Kurz bevor der Speck knusprig ist, herausnehmen, abtropfen lassen und beiseite stellen. Die Temperatur erhöhen. Wenn das Fett heiß ist, den Rogen in die Pfanne geben und auf jeder Seite etwa 4 Minuten braten.

4. Weißwein und Madeira mischen. Die Hälfte des Fetts abgießen. Die Weinmischung in der Pfanne auf niedriger Stufe 3 Minuten aufkochen lassen; dabei den Bodensatz lösen und umrühren. Vom Herd nehmen, den Zitronensaft zugeben und die Butter mit dem Schneebesen einrühren, um die Sauce einzudicken. Mit Salz und Pfeffer abschmecken, über den Fisch gießen und mit Speckstreifen garnieren.

Ergibt 2 Portionen

ALSENROGEN

nach Art des Harvard Clubs

Der Harvard Club

2 Paar Alsenrogen
250 ml Milch
6 EL Butter
125 g Mehl, mit 1/4 TL Salz und 1 Msp. Pfeffer gewürzt
125 ml trockener Weißwein
Saft von 1 Zitrone
1 EL Kapern, abgetropft
1/4 TL Salz
1 Msp. frisch gemahlener schwarzer Pfeffer
3 EL frische Petersilie, gehackt

1. In einem flachen Topf so viel Wasser aufkochen lassen, daß der Rogen bedeckt ist. Temperatur auf ein leises Köcheln reduzieren und den Rogen vorsichtig hineingleiten lassen. 5 Minuten zugedeckt beiseite stellen.

2. Die Milch in einen flachen Topf, in den der ganze Rogen paßt, gießen. Den Rogen vorsichtig aus dem Wasser heben, in die Milch gleiten lassen und 30 Minuten kalt stellen.

3. 3 Eßlöffel Butter in einer großen Pfanne auf mittlerer Stufe zerlassen. Den Rogen im Mehl wälzen und auf jeder Seite etwa 4 Minuten goldbraun braten. Aus der Pfanne heben und beiseite stellen.

4. Den Weißwein auf mittlerer Stufe in die Pfanne geben. 3 Minuten aufkochen lassen; dabei den Bodensatz lösen und umrühren. Zitronensaft, Kapern, Salz und Pfeffer einrühren. Vom Herd nehmen. Die restliche Butter in dünne Scheiben schneiden und Stück für Stück zusammen mit der Petersilie in die Sauce rühren. Den Rogen damit übergießen.

Ergibt 2 Portionen

Mrs. A. D. Duanes

EINGELEGTE ALSE

In Mrs. A. D. Duanes zwischen 1859 und 1874 geschriebenem Rezeptbuch (heute in der Sammlung der New York Historical Society) findet sich folgendes Rezept für eingelegte Alse:

»Hat man den Fisch unter kaltem Wasser gewaschen, müssen Kopf, Flossen und Schwanz abgeschnitten werden. Dann schneidet man ihn in handgroße Stücke. In einen Steinguttopf streut man eine Handvoll Küchensalz, einen Teelöffel schwarzen Pfeffer, 2 Eßlöffel Pimentkörner und eine ganze Knoblauchzehe. Auf diese erste Schicht kommt der Fisch, dann wieder eine Schicht Salz, Pfeffer usw., dann wieder eine Schicht Fisch, bis die ganze Alse eingelegt ist. Die letzte Schicht wird noch einmal mit Salz, Pfeffer, Piment und Knoblauchzehe bestreut. Nun gießt man Essig darüber, bis der Fisch vollständig bedeckt ist. Zum Verschließen Pergamentpapier mit einer Paste aus Mehl und Wasser am Topfrand festkleben. Um 9.00 Uhr abends in den Ofen stellen und dort bis zum nächsten Abend stehenlassen. Zum Abkühlen in den Keller stellen.«

Das nun folgende Rezept paßt besser in die heutige Zeit, in der Steinguttöpfe rar geworden sind.

1 EL grobes Salz
1 EL frisch gemahlener schwarzer Pfeffer
2 EL Piment, gemahlen
1 EL ganze Gewürznelken
1 Alse (1–1,5 kg), enthäutet, gesäubert, Kopf, Schwanz, Flossen und die dickeren Gräten entfernt
500 ml Apfelessig

1. Den Ofen auf 90 °C vorheizen.

2. In einer kleinen Schüssel Salz, Pfeffer, Piment und Gewürznelken mischen und beiseite stellen. Den Fisch in dicke Steaks zerteilen.

3. Den Boden einer ofenfesten Kasserolle mit der Gewürzmischung bestreuen. Eine Schicht Fisch auflegen, mit der Gewürzmischung bestreuen, erneut eine Schicht Fisch einlegen usw. Auf die letzte Schicht Fisch wieder die Gewürzmischung streuen. Den Essig mit 500 ml Wasser verdünnen und über den Fisch gießen, bis dieser bedeckt ist. Den Topf fest mit einem Deckel verschließen.

4. Die Kasserolle 6 Stunden in den Ofen stellen. Im Kühlschrank abkühlen lassen, dann aus der Marinade nehmen und servieren.

Ergibt 4 Portionen

New Yorker

GEFÜLLTE ALSE AUF DEM BRETT

Dieses Rezept basiert auf dem Notizbuch eines Stewards, erschienen im Jahr 1904 unter dem Titel *The Beginning and Growth of the Hotel und Club Life of New York* (heute in der Sammlung des Museum of the City of New York). Als Beilage eignen sich gekochte neue Kartoffeln.

1 EL Pflanzenöl
1 Alse (etwa 1,8 kg), ausgenommen, aber mit Kopf, Schwanz und Flossen
2 TL Salz
1 TL frisch gemahlener schwarzer Pfeffer
1 TL Muskatnuß, frisch gerieben
2 Lauchstangen
4 EL Butter, zerlassen
1 Zitrone, geviertelt
140 g Semmelbrösel
3 EL frische Petersilie, gehackt
Zitronenspalten, zum Garnieren

1. Als Unterlage Tonziegel (siehe Tip Seite 91), ein Brotbrett oder ein unbehandeltes Eichen- oder Kiefernbrett nehmen. Ein Holzbrett muß vorher eine Stunde in Wasser eingeweicht, dann abgetrocknet und mit Öl eingerieben werden. Auf der mittleren Schiene des Ofens auf 200 °C vorheizen.

2. Den Fisch abspülen. Salz, Pfeffer und Muskatnuß mischen. Mit drei Viertel der Menge den Fisch innen und außen einreiben. Den Rest beiseite stellen.

3. Die Lauchstangen längs halbieren, dann in zwei Stücke schneiden und gründlich spülen. In einem flachen Topf mit kaltem Wasser bedecken und auf mittlerer Stufe 15 Minuten weich kochen. Abtropfen, mit 1 Eßlöffel Butter und dem Saft von 1/4 Zitrone begießen und mit der restlichen Salzmischung bestreuen.

4. Die Ofentemperatur auf 190 °C reduzieren. Den Fisch mit dem Lauch füllen, mit Brotkrumen und Petersilie bestreuen. Den Fisch verschließen und mit dem Rest der zerlassenen Butter und des Zitronensafts übergießen. Auf das Brett legen und etwa 40 Minuten backen, bis der Fisch gar ist. Mit Zitronenspalten garnieren und servieren.

Ergibt 6 Portionen

KRABBENKÜCHLEIN

mit grüner Zwiebelsauce

Dieses Hors d'œuvre-Rezept wurde von François Keller ausgearbeitet und bei der ersten Huldigung von James Beard durch die American Chefs gekocht – ein Ereignis, das im Rockefeller Plaza zugunsten von »Essen auf Rädern« stattfand.

KRABBENKÜCHLEIN
450 g ausgesuchtes Krabbenfleisch in Stücken
50 g Semmelbrösel
1 hartgekochtes Ei, feingehackt
4 EL Zwiebel, feingehackt
4 EL rote Paprikaschote, feingewürfelt
4 EL grüne Paprikaschote, feingewürfelt
2 große Eier, leicht verquirlt
1 1/2 TL Salz
1 TL Senfpulver
1 Msp. Cayennepfeffer
frisch gemahlener schwarzer Pfeffer, nach Geschmack

GRÜNE SAUCE
250 ml Mayonnaise
7 EL Sahne oder Milch
1 hartgekochtes Ei, feingehackt
1/4 TL Tabasco
1 TL Worchestersauce
2 TL Zitronensaft, frisch gepreßt
1/4 TL Senfpulver
3/4 TL Salz
1 Msp. frisch gemahlener schwarzer Pfeffer
1/4 TL Zucker
3 EL Frühlingszwiebeln (weiße und grüne Teile), feingehackt

ZUM SCHLUSS
70 g Semmelbrösel
4–6 EL Butter

1. Für die Krabbenküchlein alle Zutaten mischen, zudecken und etwa 1 1/2 Stunden kalt stellen, bis die Mischung fest geworden ist.

2. Inzwischen alle Zutaten für die grüne Sauce in einer Rührschüssel kräftig verrühren, zudecken und eine Stunde vor dem Servieren kalt stellen.

3. Aus der Krabbenmischung 24 kleine Küchlein oder Kugeln formen. Jedes Küchlein mit Brotkrumen panieren.

4. 4 Eßlöffel Butter in einer großen Pfanne auf mittlerer Stufe zerlassen. Die Krabbenküchlein portionsweise etwa 5 Minuten auf jeder Seite braun braten. Nach Bedarf Butter zugeben, bis alle Küchlein gebraten sind. Mit der grünen Sauce servieren.

Ergibt 24 Krabbenküchlein

SEEZUNGENFILET

nach Diamond Jim

Zitat aus *On the Town in New York from 1776 to the Present* von Michael und Ariane Batterberry: »[Charles] Rector schreckte vor nichts zurück, um einem bevorzugten Gast einen Gefallen zu tun. Er ging sogar soweit, seinen Sohn vom College zu holen und als Küchenlehrling für zwei Jahre nach Paris zu schicken. Diamond Jim Brady weilte nämlich damals in Frankreich und war so begeistert vom Seezungenfilet à la Marguery, daß er keine Ruhe fand, bis dieses Gericht auch in New York für ihn gekocht werden konnte. Rectors Sohn George hatte viele Sommermonate in den väterlichen Spülküchen verbracht, sehnte sich aber danach, einmal kochen zu dürfen. Schließlich gelang es ihm, in die Pariser Hochburg der Haute Cuisine, das Café Marguery, zu gelangen und das Geheimnis zu lüften. Anstatt dem Dieb des Rezepts die Ohren lang zu ziehen, lieh der Chefkoch namens Marguery seinen Nacheiferer für ein Staatsbankett zu Ehren König Oskars von Schweden als Chefkoch an das Palais des

Champs-Elysées aus. Als er nach New York zurückkehrte, holte ihn Brady am Hafen ab. Die dicken kleinen Hände um den zitternden Mund gelegt, brüllte er schon von Kai zur Gangway hinüber: »Hast du das Rezept?«

2 Seezungen (je 450–650 g), filetiert, Gräten, Haut und Kopf aufbewahrt
450 g preisgünstiger Fisch wie Barsch, Brasse oder Hecht, ausgenommen und in kleine Stücke geschnitten
60 g Möhren, in dünne Scheiben geschnitten
1 kleine Lauchstange, längs halbiert, gründlich gespült und gehackt
3 Petersilienzweige
10 schwarze Pfefferkörner
1 kleines Lorbeerblatt
1 Thymianzweig
Salz und frisch gemahlener schwarzer Pfeffer (nach Geschmack)
12 Austern, ausgelöst und pochiert
12 mittelgroße Garnelen, gekocht, geschält und den Darm entfernt
60 ml trockener Weißwein
8 EL Butter
4 Eigelb, verquirlt

1. In einer großen Pfanne oder einem Suppentopf Seezungengräten, -haut und -köpfe mit preiswerten Fischstücken, Möhren, Lauch, Petersilie, Pfefferkörnern, Lorbeerblatt, Thymian und 1,5 l Wasser auf hoher Stufe aufkochen lassen, dann die Temperatur reduzieren und 30–40 Minuten kochen, bis die Flüssigkeit auf etwa 500 ml reduziert ist.

2. Den Ofen auf 160 °C vorheizen.

3. Die Fischbrühe vom Herd nehmen und durch ein feines Sieb gießen. Alle Feststoffe entfernen.

4. Eine mittelgroße Auflaufform mit Butter ausstreichen. Die Seezungenfilets darin mit 250 ml Fischbrühe übergießen. Mit Salz und Pfeffer abschmecken und 15–20 Minuten backen, bis der Fisch gar ist.

5. Aus dem Ofen nehmen und die Filets vorsichtig auf eine vorgewärmte, ofenfeste Platte heben. Mit Austern und Garnelen garnieren. Die Auflaufform beiseite stellen.

Der elegante Financier James Buchanan Brady, »Diamond Jim« genannt. Foto: The Bettmann Archive

6. Den Grill vorheizen.

7. Die restliche Fischbrühe in die Auflaufform gießen und auf niedriger Stufe auf den Herd stellen. Boden und Seiten abkratzen und köcheln lassen, bis die Flüssigkeit auf 3–4 Eßlöffel reduziert ist. Durch ein Sieb in eine Schüssel über einem Wasserbad gießen. Wein und Butter zugeben und über leichtem Wasserdampf unter häufigem Rühren erwärmen, bis die Butter schmilzt. Eigelbe zugeben und 3–5 Minuten rühren, bis die Sauce eindickt.

8. Die Sauce vom Herd nehmen und über Fisch, Austern und Garnelen gießen. 3–5 Minuten grillen, bis der Fisch hellbraun wird.

Ergibt 6 Portionen

Gebratene
SEEZUNGE

Es ist nicht einfach, einen ganzen Fisch zuzubereiten, auch bei größter Vorsicht zerfällt er leicht. Dieser Fisch muß außen knusprig und innen saftig sein, das erreicht man durch sehr heißes Öl. Allerdings sinkt die Temperatur des Öls, wenn der Fisch in die Pfanne gleitet. Deshalb wird der Fisch in zwei Etappen bei genau kontrollierter Temperatur gebraten. Zuerst bildet sich an der Außenseite eine Kruste. Richtig kross wird der Fisch erst in der zweiten Etappe.

FISCH
1 Seezunge (700 g), ausgenommen, der Breite nach halbiert, Kopf entfernt und in Salzwasser gewaschen
1/2 TL Salz
1 TL Sojasauce
1 1/2 TL Maisstärke
1,25 l Pflanzenöl, z. B. Erdnußöl
2 Frühlingszwiebeln (nur weißer Teil), geraspelt

SAUCE
2 EL Pflanzenöl
1 TL frischer Ingwer, feingehackt
2 EL Sojasauce
1/2 TL trockener Sherry
1/2 TL Zucker
1 Prise weißer Pfeffer, feingemahlen
1 Korianderzweig

1. Die Fischteile mit Salz, Sojasauce und dann mit Stärke einreiben.

2. Öl bis etwa 5 cm unter den oberen Rand in einen Wok gießen. Auf 180 °C erhitzen (Rauch steigt auf). Das erste Stück Fisch vorsichtig ins Öl gleiten lassen und 15 Sekunden fritieren. Herausnehmen und auf einen Teller legen. Das Öl wieder auf 180 °C erhitzen und das zweite Stück Fisch 15 Sekunden fritieren. Auf einen Teller legen. Nun das Öl auf 200 °C erhitzen und das erste Stück eine Minute fritieren. Das Öl erneut auf 200 °C erhitzen und das zweite Stück eine Minute fritieren. Der Fisch ist gar, wenn die feinen Gräten so knackig sind, daß man sie mitessen kann. Beide Teile auf einem Teller wie einen ganzen Fisch anordnen und mit den Frühlingszwiebeln bestreuen.

3. Für die Sauce 2 Eßlöffel frisches Öl im Wok auf mittlerer Stufe erhitzen. Ingwer zugeben und etwa 10 Sekunden braten, Öl und Ingwer über die Frühlingszwiebeln gießen.

4. Wieder auf mittlerer Stufe erhitzen und Sojasauce, Sherry, Zucker und Pfeffer zugeben. Aufkochen lassen, vom Herd nehmen und über den Fisch gießen. Mit dem Korianderzweig garnieren.

Ergibt 2 Portionen

An der Canal Street in Chinatown

GEDÜNSTETE SEEZUNGE
mit Bohnensauce

Als Teenager besuchte Eddie Schoenfeld tagsüber die Ethical Culture School in der Upper West Side von Manhattan. Nachts studierte er chinesische Küche und schaffte als einer der wenigen Nichtchinesen in New York den Aufstieg durch die Küchen chinesischer Restaurants, bis er schließlich sogar ein chinesisches Restaurant besaß. Die nächsten beiden Gerichte kocht er für seine Söhne zu Hause in Brooklyn.

Wichtig ist hier die richtige Ausstattung. Man braucht einen 37 cm großen Wok und einen 30 cm großen Dämpfeinsatz.

1 Seezunge (900 g), ausgenommen, den Kopf entfernt
1 EL Sojasauce
1½ EL schwarze Bohnen, mit einem Hackbeil flach geklopft und grobgehackt
1 EL Reiswein
1 TL dunkle Sojasauce
½ TL Zucker
1 Frühlingszwiebel, Ende gekürzt und in 1 cm große Stücke geschnitten
1 schmale Scheibe frischer Ingwer, geschält feingehackt
1 Knoblauchzehe, feingehackt
1 Prise weißer Pfeffer, feingemahlen

1. Den Fisch in leicht gesalzenem Wasser waschen. Abtropfen lassen und trockentupfen. Auf einem Teller, der in den Dämpfeinsatz paßt, beiseite stellen.

2. Für die Sauce alle übrigen Zutaten in einer Schüssel mischen und über den Fisch löffeln.

3. Einen Wok zur Hälfte mit Wasser füllen. Den Dämpfeinsatz darüber stellen. Auf hoher Stufe aufkochen lassen. Den Teller in den Dämpfeinsatz stellen, zudecken und 5–10 Minuten dämpfen, bis das Fischfleisch leicht von der Mittelgräte abzulösen ist.

Ergibt 2 Portionen

St. Lukes

SEEZUNGE IN JOGHURT

Dieses Gericht ist leicht und sättigend. Das Rezept stammt aus dem *St. Luke's Cookbook*, einem kleinen Gemeindekochbuch von den Schülereltern der Privatschule.

900 g Seezungenfilet, abgewaschen und trockengetupft
Salz und frisch gemahlener weißer Pfeffer, nach Geschmack
250 g Naturjoghurt
125 ml Mayonnaise
1 EL Zitronensaft, frisch gepreßt
½ TL Currypulver
3 EL Butter
220 g Champignons, geputzt und in Scheiben geschnitten
220 g kernlose Weintrauben

1. Den Ofen auf 180 °C vorheizen.

2. Den Fisch mit Salz und Pfeffer bestreuen. In einer Schüssel Joghurt, Mayonnaise, Zitronensaft und Currypulver mischen und über eine Seite des Fisches geben. Jedes Filet vom dünnen Ende her aufrollen und mit einem Zahnstocher feststecken (oder mit einem Bindfaden umwickeln). Die Röllchen in eine mittelgroße Auflaufform legen und mit der restlichen Joghurtmischung beträufeln.

3. Die Butter in einer Pfanne auf mittlerer Stufe zerlassen. Die Pilze darin etwa 5 Minuten braten. Die Trauben zugeben und eine Minute unter ständigem Rühren erwärmen. Über den Fisch gießen.

4. Die Form mit Alufolie abdecken und 30 Minuten backen.

Ergibt 4–6 Portionen

Marvins

FISCH MIT LAUCH

Marvin Bogner nennt dies »ein Fischgericht für Leute, die keinen Fisch mögen«. Er beklagt, daß »die meisten Amerikaner glauben, Fisch verbreite immer starken Geruch«. Dieses einfache Gericht wird durch Lauch gemildert – ein Gemüse, das Bogner als »die beste Deckung für jeden Fisch« bezeichnet.

Marvin Bogner beim Einkauf von Zutaten für sein Fischgericht

LAUCH
4 EL Butter
250 g Schlagsahne
250 ml trockener Wermut
Salz und frisch gemahlener schwarzer Pfeffer (nach Geschmack)
4 Lauchstangen, halbiert, gewaschen und in feine Streifen geschnitten

FISCH
250 ml trockener Wermut
2 Selleriestangen mit Blättern, halbiert
2 Möhren, geschält und in Scheiben geschnitten
2 Lorbeerblätter
4 Filets (etwa 900 g) eines festen, weißen Fisches wie Seezunge oder Steinbutt, etwa 1 cm dick
40 g Tomaten, entkernt und gewürfelt
2 EL Butter

1. Für den Lauch in einer Pfanne Butter, Sahne und Wermut erhitzen und dabei glattrühren. Salz und Pfeffer, dann den Lauch zugeben. Auf niedriger Stufe etwa 20 Minuten weich kochen.

2. Inzwischen in einer großen tiefen Pfanne auf mittlerer Stufe 1,5 l Wasser mit Wermut, Sellerie, Möhren und Lorbeerblättern mischen. Aufkochen und auf niedriger Stufe köcheln lassen. Den Fisch zugeben und 3–5 Minuten gar pochieren.

3. In einem kleinen Topf die Tomatenwürfel in der Butter auf mittlerer Stufe etwa 3 Minuten erhitzen.

4. Den Lauch mit der Sauce auf 4 Teller verteilen. Vorsichtig die pochierten Fischfilets in 1 cm schmale Streifen schneiden und auf dem Lauch anrichten. Mit der Tomatensauce übergießen und sofort servieren.

Ergibt 4 Portionen

Portugiesischer

BACALHAU A »PEQUENINA«

Als Maria da Encarnação aus dem portugiesischen Tourist Office noch ein Kind war, kochte das Hausmädchen dieses Gericht für die Feiertage. Jetzt freut sich ihre eigene Familie auf das ursprüngliche Festtagsgericht. Maria kocht es besonders gern am Wochenende vor und serviert es unter der Woche.

Maria da Encarnação in ihrer Küche

700 g Stockfisch (in Salz eingelegter Kabeljau)
1,4 kg Kartoffeln, geschält und in dicke Scheiben geschnitten
Salz (nach Geschmack)
310 ml Olivenöl
2 große Zwiebeln, gewürfelt
3 Knoblauchzehen, zerdrückt
6 Eigelb
frisch gemahlener schwarzer Pfeffer (nach Geschmack)
2 EL frische Petersilie, feingehackt
2 EL frischer Koriander, feingehackt

1. Den Stockfisch 24 Stunden in reichlich kaltem Wasser einweichen. Das Wasser drei- bis viermal wechseln.

2. Den Ofen auf 190 °C vorheizen. Eine tiefe ofenfeste Zwei-Liter-Kasserolle mit Öl ausstreichen.

3. Den Fisch abtropfen lassen und in einer Pfanne mit frischem kalten Wasser bedecken. Aufkochen und bei reduzierter Temperatur etwa 7 Minuten köcheln lassen. Er ist gar, wenn er sich leicht mit einer Gabel zerteilen läßt. Abtropfen lassen und bis auf Handwärme abkühlen lassen. Grob zerlegen.

4. Während der Kabeljau kocht, die Kartoffeln trocknen und mit Salz bestreuen. Eine große Pfanne erhitzen, 250 ml Olivenöl zugeben und die Kartoffeln portionsweise in je 10–15 Minuten goldbraun fritieren. Abtropfen lassen. Das Fritieröl aufbewahren.

5. Die Bratkartoffeln und den gekochten Fisch abwechselnd in die Kasserolle schichten (unterste und oberste Schicht aus Kartoffeln).

6. In einem kleinen Topf das restliche Öl auf mittlerer Stufe erhitzen. Zwiebel und Knoblauch zugeben und etwa 5 Minuten weich dünsten; nicht braun werden lassen. Beiseite stellen.

7. In einer kleinen Schüssel die Eigelbe leicht verquirlen. Langsam und unter ständigem Rühren die Zwiebelmischung und das aufbewahrte Fritieröl zugeben. Mit Salz und Pfeffer abschmecken.

8. Die Sauce über die Fisch-Kartoffel-Schichten gießen und 10–15 Minuten überbacken. Mit Petersilie und Koriander garnieren.

Ergibt 6 Portionen

Bill Thomas'

ROCKEFELLER-THUNFISCH

Bill Thomas, der Präsident der New York City Emerald Society, kocht dieses Gericht für seine Feuerwehrkollegen. Dosenthunfisch läßt sich kaum besser verarbeiten.

450 g frischer Spinat, gründlich gewaschen
220 g Speck, in Scheiben geschnitten
35 g feine getrocknete Brotkrumen
250 g saure Sahne
1 TL Salz
1/2 TL frisch gemahlener schwarzer Pfeffer
Saft von 1 Zitrone
400 g weißfleischiger Thunfisch (Dosenware), abgetropft und zerteilt
4 EL Parmesan, frisch gerieben

1. Den Ofen auf 180 °C vorheizen. Eine ofenfeste Form (etwa 20 x 20 cm) mit Butter ausstreichen.

2. Den Spinat etwa 2 Minuten andünsten, bis er zusammenfällt. Abtropfen lassen und im Mixer pürieren. Beiseite stellen.

3. Den Speck in einer großen Pfanne knusprig braten. Abtropfen lassen und zerbröckeln.

4. In einer Schüssel Spinat, Speck, Brotkrumen, saure Sahne, Salz, Pfeffer, Zitronensaft, Thunfisch und 2 Eßlöffel Parmesan gründlich mischen. Die Mischung in die Auflaufform geben und mit den restlichen zwei Eßlöffeln Parmesan bestreuen. Etwa 20 Minuten überbacken, bis die Brotkrumen hellbraun sind.

Ergibt 6 Portionen

Ser Meouns

AMOK

Für das klassische kambodschanische Gericht Amok eignet sich am besten Fisch mit festem, weißem Fleisch. Ser Meoun empfiehlt Reis dazu. *Mudfish* ist eine andere Bezeichnung für Seebrasse, und Kachai sind schmale, kurze und knotige Wurzeln, die zu Fischgerichten serviert werden.

Ser Meoun bereitet in ihrer New Yorker Küche traditionelle kambodschanische Gerichte zu.

30 g Zitronengras, gehackt
3 Knoblauchzehen
1 EL süßes Paprikapulver
1 TL getrocknete Kachai
1/2 TL Galgant oder frischer Ingwer, feingehackt
1 EL »Mudfish« (ein Gewürz, in asiatischen Geschäften erhältlich; nach Belieben)
250 ml ungesüßte Kokosmilch
1 TL Salz
1 EL Zucker
1 großes Ei
450 g weißes Fischfilet wie Barsch oder Kabeljau, in feine Streifen geschnitten
8 Blätter Bok Choy, Chinakohl oder große Spinatblätter

1. Den Ofen auf 220 °C vorheizen.

2. Zitronengras, Knoblauch, Paprikapulver, Kachai, Galgant, Mudfish, Kokosmilch, Salz, Zucker und Ei in einem Mixer verrühren, bis die Mischung flüssig ist. Die Fischstreifen in eine Schüssel legen, mit der flüssigen Gewürzmischung übergießen und 3 Minuten rühren.

3. Die Kohlblätter spülen. 4 kleine ofenfeste Schälchen mit den Blättern auslegen. Die Fischmischung darauf löffeln. Die Kohlblätter um die Mischung falten und 8–10 Minuten backen.

Ergibt 2 Portionen

Gina Zarrillis

RED SNAPPER MIT COUSCOUS

Die Eingebung zu diesem Gericht kam Gina in Marokko. Die marokkanische Küche ist berühmt für ihr delikates Zusammenspiel von Duft und Geschmack. Die Sauce überlagert die leichten Geschmacksnoten nicht, sondern bietet genau die richtige Ergänzung zum Couscous.

FISCHBRÜHE
700 g preisgünstige Fischteile, auch Gräten und Köpfe
8 EL Möhren, in dünne Scheiben geschnitten
1 kleine Lauchstange, längs gespalten, gespült und gehackt
3 Petersilienzweige
10 schwarze Pfefferkörner
1 kleines Lorbeerblatt
2 frische Thymianzweige

FISCH
2 Red Snapper (je 900 g), ausgenommen und entgrätet, mit Kopf und Schwanz
2 EL Butter
1 Orange, in 8 Scheiben geschnitten
2 frische Rosmarinzweige
60 ml trockener Weißwein
2 Schalotten, geschält und gehackt
Saft von 1 Zitrone
Saft von 1 Orange
1 Prise Safran
Salz und frisch gemahlener weißer Pfeffer

COUSCOUS
450 g vorgekochter Couscous
4 EL Olivenöl
2 TL Kreuzkümmel, gemahlen
1 TL Koriander, gemahlen
1/2 TL Kurkuma
Salz (nach Geschmack)
1 kleine rote Zwiebel, geraspelt
1 rote Paprikaschote, geputzt und gehackt
2 EL Petersilie, feingehackt
2 EL Koriander, grobgehackt

SAFRANSAUCE
250 ml trockener Weißwein
2 TL Safranfäden
4 Schalotten, gehackt
1 rote Paprikaschote, geputzt und gehackt
125 g Schlagsahne
Salz (nach Geschmack)
Saft von 1/2 Zitrone

1. Für die Fischbrühe Fischteile, Möhren, Lauch, Petersilie, Pfefferkörner, Lorbeerblatt und Thymian mit 2,5 l kaltem Wasser auf hoher Stufe aufkochen lassen. Die Temperatur auf leises Köcheln reduzieren und 30 Minuten kochen. Durch ein Sieb streichen, feste Teile entfernen und beiseite stellen.

2. Den Fisch unter kaltem Wasser waschen und trockentupfen. Die Butter in kleine Stücke schneiden und gleichmäßig in den Körperhöhlen der beiden Fische verteilen. Diese dann mit Orangenscheiben und Rosmarin füllen.

3. In einer Auflaufform, in der die Fische liegend genug Platz haben, Wein, Schalotten, Zitronensaft, Orangensaft, Safran, Salz und Pfeffer mischen. Die Fische hineinlegen, zudecken und 30 Minuten marinieren. Dann wenden und weitere 30 Minuten marinieren.

4. Den Ofen auf 120 °C vorheizen.

5. Den Couscous in ein großes Sieb geben und unter fließend kaltem Wasser gründlich anfeuchten. Abtropfen lassen, in eine ofenfeste Form geben und 20 Minuten backen, bis er getrocknet und klumpig geworden ist. Mit Hilfe von 2 Gabeln (oder mit den Händen, wenn die Körner schon abgekühlt sind) alle Brocken und Klumpen zerkrümeln.

6. In einer großen Schüssel 2 Eßlöffel Olivenöl, Kreuzkümmel, Koriander, Kurkuma und Salz mischen. Zwiebel und Paprika zugeben, Petersilie und Koriander einrühren. Dann den Couscous zugeben und sorgfältig mischen. Nach Bedarf abschmecken. Mit dem restlichen Olivenöl beträufeln und beiseite stellen.

7. Für die Safransauce 500 ml Fischbrühe mit Wein, Safran und Schalotten in einem gußeisernen Topf mischen. Aufkochen lassen, dann bei reduzierter Temperatur 10–15 Minuten auf die Hälfte der Flüssigkeit reduzieren. Paprika zugeben. Die Sahne langsam einrühren. Die Temperatur auf ein leises Köcheln reduzieren und die Flüssigkeit erneut auf die Hälfte reduzieren. Salz nach Geschmack zugeben, dann den Zitronensaft. Warm stellen und zudecken.

8. Den Ofen auf 180 °C vorheizen.

9. Die Marinade vom Fisch abgießen, dabei aber Orangenscheiben und Rosmarin in den Fischen lassen. Den Boden der Form mit Fischbrühe bedecken. Mit Folie abdecken und backen, bis der Fisch gar ist, d. h. undurchsichtig weiß (insgesamt etwa 25 Minuten).

10. Inzwischen den Couscous zum Warmhalten in den Ofen stellen.

11. Den Fisch auf eine Platte heben. Die Flüssigkeit aus der Auflaufform durch ein Sieb streichen und zur Sauce geben. Vorsichtig die Filets ablösen und etwa 5 Eßlöffel Couscous darauf löffeln. Die Sauce aufkochen lassen, abschmecken und rings um den Fisch löffeln.

Ergibt 4 Portionen

Die marokkanische Note macht Gina Zarrillis Snapper zur Delikatesse.

Frank Germanotta bietet das perfekte Gericht für ein Essen mit Freunden.

SCHELLFISCH GEBACKEN

mit Äpfeln und Kartoffeln

Frank Germanotta, einer der künstlerischen Gestalter bei Estée Lauder, serviert als Beilage hierzu einen roten Krautsalat. »Dieses leichte Gericht kann im voraus zubereitet werden, so daß die Unterhaltung mit Gästen nicht beeinträchtigt wird.«

4 Kartoffeln, in 0,5 cm dicke Scheiben geschnitten
4 feste Kochäpfel, geschält, entkernt und in etwa 3 mm dicke Scheiben geschnitten
1 EL Schalotten, feingehackt
2 Knoblauchzehen, feingehackt
80 ml Olivenöl
6 Schellfischfilets (à 180–220 g)
250 g grober milder Senf
375 ml trockener Weißwein
frische Petersilie, feingehackt, zum Garnieren

1. Den Ofen auf 180 °C vorheizen.

2. Kartoffeln, Äpfel, Schalotten, Knoblauch und die Hälfte des Olivenöls in einer Ofenform gründlich mischen. Etwa 15 Minuten backen, bis das Gemüse weich ist.

3. Inzwischen die Fischfilets mit dem restlichen Olivenöl und dem Senf einreiben.

4. Die Fischfilets auf die gebratenen Äpfel und Kartoffeln schichten und mit Weißwein übergießen. 10–15 Minuten backen, bis der Fisch gar ist. Mit Petersilie überstreuen.

Ergibt 6 Portionen

Vernons

JERK-SNAPPER

Die jamaikanische Art, Fisch zu grillen, ist besonders in einer heißen Sommernacht reizvoll. Dieses Rezept stammt vom Jerk-König New Yorks. Mehr über Vernon auf Seite 334.

190 ml jamaikanische Jerk-Sauce, hergestellt nach Schritt 1 der Anleitung auf Seite 337 (siehe Hinweis)
1 Zwiebel, grobgehackt
1 frischer Thymianzweig
1 Frühlingszwiebel, gehackt
1 Chilischote (Scotch Bonnet oder Jalapeño), entstielt
250 ml Portwein oder Sherry (nach Belieben)
4 Red Snapper (je 450–700 g), ausgenommen und entgrätet, aber mit Kopf und Schwanz

1. Jerk-Sauce, Zwiebel, Thymian, Frühlingszwiebel, Chilischote, Portwein und 500 ml Wasser mixen. Die Mischung in eine flache Auflaufform gießen. Den Fisch zugeben und 2 Stunden zugedeckt im Kühlschrank marinieren; nach einer Stunde wenden.

2. Den Grill vorheizen.

3. Den Fisch aus der Marinade nehmen und auf ein Fischgitter legen. 5–8 Minuten grillen.

Ergibt 4 Portionen

Hinweis: Die Zutaten für die Jerk-Sauce ergeben mehr Sauce, als Sie benötigen.

Zarelas
FISCH-HACK

Zarela Martinez, die Chefin des mexikanischen Restaurants Zarela, kreierte dieses Gericht, nachdem sie in Tampico etwas Ähnliches gegessen hatte. Servieren Sie es als Vorspeise oder als Hauptgang mit Tortillas oder Reis.

Zarela Martinez kombiniert bei diesem Gericht Chillies und Snapper.

8 EL Butter
6 große Knoblauchzehen, feingehackt
10 Frühlingszwiebeln, Enden gekürzt und feingehackt
3 reife Tomaten, abgezogen und gehackt
2 frische Jalapeño- oder Serrano-Chilischoten, geputzt (nicht entkernt) und feingehackt
1 1/2 TL Zimtpulver
1 TL Kreuzkümmel, gemahlen
1/2 TL Gewürznelken, gemahlen
1/2 TL Salz
1 kg Red Snapper-Filets, quer halbiert, enthäutet, kleine Gräten mit der Pinzette entfernt

1. In einer großen Pfanne 4 Eßlöffel Butter auf mittlerer Stufe zerlassen. Wenn der Schaum zerfällt, die Hälfte des Knoblauchs zugeben, die Temperatur reduzieren und unter ständigem Rühren eine Minute anbraten. Die Frühlingszwiebeln zugeben und auf mittlerer Stufe unter ständigem Rühren ebenfalls eine Minute andünsten. Tomaten, Chillies, Gewürze und Salz zugeben. Weitere 2 Minuten braten, damit sich die Aromen gut verbinden.

2. Die Fischfilets in einer Schicht auf die Tomatenmischung in die Pfanne geben. Die Temperatur reduzieren und etwa eine Minute leicht köcheln lassen, bis das Fischfleisch weiß wird. Die Filets vorsichtig wenden und auf der anderen Seite ebenfalls eine Minute garen. Der Fisch ist noch nicht ganz gar. Die Hitzezufuhr ausschalten und den Fisch in der Sauce abkühlen lassen. Dann mit den Fingern zerteilen.

3. In einer großen Pfanne die 4 Eßlöffel Butter zerlassen. Den übrigen Knoblauch zugeben und 30 Sekunden dünsten. Das Fischhaché zugeben und auf hoher Stufe etwa 3 Minuten durchbraten. Sofort servieren.

Ergibt 6 Portionen

Basilikum-
LACHS

Bianca Jagger hat bei einer March of Dimes Gourmet Gala mit diesem Lachsgericht den ersten Preis gewonnen. Sie serviert am liebsten viel gedünstetes Gemüse oder Reis dazu.

1 ganzen Lachs (etwa 1,3 kg) mit Kopf und Schwanz, ausgenommen und gesäubert
240 g frische Basilikumblätter, grobgehackt
2 EL Olivenöl
70 g Zwiebel, feingeraspelt
Salz und frisch gemahlener schwarzer Pfeffer (nach Geschmack)

1. Die Bauchhöhle des Lachses mit Basilikum füllen. Mit Olivenöl beträufeln und mit Zwiebel, Salz und Pfeffer bestreuen. Den Lachs in Folie wickeln und 2 Stunden im Kühlschrank ruhen lassen.

2. Den Ofen auf 220 °C vorheizen.

3. Den Lachs etwa 35–40 Minuten backen, bis sich das Fleisch schichtweise ablösen läßt, aber noch saftig ist.

Ergibt 4–5 Portionen

Bettis

LACHS MIT ROTER UND GRÜNER SAUCE

Betti Zucker erzählt: »Im Sommer, wenn es reichlich frisches Basilikum gibt, koche ich viel Pesto, denn es hält sich mindestens sechs Monate im Kühlschrank, solange es immer mit Olivenöl bedeckt in einem verschlossenen Glas aufbewahrt wird. *Red magic* nenne ich die Sauce gern, weil sie einfach und vielseitig verwendbar ist.« Man kann sie zu Geflügel, Lamm, Rindfleisch oder Fisch servieren, als Vorspeise auf getoastetem Baguette oder auch als Füllung für ein Omelett.

BASILIKUM-PESTO

30 g frische Basilikumblätter, gewaschen und getrocknet

2–4 EL Olivenöl

ROTE CHILISAUCE

3 EL Olivenöl

340 g gebratene rote Peperoni aus dem Glas, abgetropft, getrocknet und gehackt

2 Knoblauchzehen, feingehackt

800 g ganze Eiertomaten

2 TL frische Thymianblätter, zwischen den Fingern zerdrückt

Salz und frisch gemahlener schwarzer Pfeffer (nach Geschmack)

FISCH

2 Lachsfilets, am besten von der Schwanzseite (insgesamt etwa 1 kg), enthäutet, kleine Gräten mit der Pinzette entfernt

2 EL Olivenöl

¼ TL Salz

½ TL frisch gemahlener weißer Pfeffer

2 Knoblauchzehen, feingehackt

1. Für das Basilikum-Pesto das Basilikum in einen Mixer geben und einschalten. Das Öl tropfenweise zugeben und zu einer dicken, glänzenden Paste verarbeiten. Zwischendurch die Maschine ein- oder zweimal anhalten und die Seitenwände der Schüssel abstreifen. Beiseite stellen und am besten bei Raumtemperatur servieren.

2. Für die Chilisauce Olivenöl in einer großen Pfanne erhitzen. Chillies, Knoblauch und Tomaten zugeben, dabei jede Tomate in der Hand zerquetschen. (Die Flüssigkeit aus der Tomatendose aufbewahren, falls die Sauce zu trocken wird.) Thymian zugeben und unter gelegentlichem Rühren etwa 15–20 Minuten kochen, bis die Flüssigkeit verdampft ist und die Sauce eindickt. Die aufbewahrte Tomatensauce nach Belieben zugeben. Mit Salz und Pfeffer abschmecken. Warm stellen.

3. Inzwischen den Grill vorheizen.

4. Den Lachs kreuzweise in etwa 5 cm breite Stücke schneiden. Ein Backblech mit Alufolie auslegen und mit Olivenöl bestreichen. Die Lachsstücke auf die Folie legen und mit Salz und Pfeffer bestreuen. Etwa 3 Minuten grillen, bis sich das Fischfleisch außen schichtweise leicht ablösen läßt, innen aber noch fast roh ist.

5. Knoblauch in die Chilisauce rühren. Diese um den Lachs gießen und mit Pesto beträufeln.

Für 4 Portionen

Zubereitung saftiger Softshell-Krabben für epikuräische New Yorker, 1889. Mit freundlicher Genehmigung der New York Historical Society

»Es gab eine erstaunliche Geschmacksvielfalt zu kosten, besonders bei Meeresfrüchten. Aber nichts schmeckt besser als eine Softshell-Krabbe aus der Chesapeake Bucht. Am besten schmeckt sie in einem knusprigen Röllchen an einer Straßenecke im Zentrum. Unvergleichliche Austernaufläufe kochten Viktor Yesenky und seine 36 Austernmänner in der Grand Central Oyster Bar. Louis Massans Restaurant in der Fulton Street bot den Kunden fünf verschiedene Arten Alsen, Kabeljauzungen, Störleber, Tintenfischauflauf und Kabeljau- und Lachsbäckchen.

– *Jan Morris*, Manhattan '45

Barbara Scott-Goodmans

LACHSSTEAKS IN VINAIGRETTE

Barbara Scott-Goodman schwört auf dieses einfache gegrillte Lachsgericht. Es schmeckt ausgezeichnet mit Reis und frischen Erbsen.

1 EL Weißweinessig
Saft von 2 Orangen (etwa 250 ml)
Saft von 2 Limetten (etwa 60 ml)
4 Knoblauchzehen, in Scheibchen geschnitten
60 ml Olivenöl
3 EL Korianderblätter, feingehackt
Salz und frisch gemahlener schwarzer Pfeffer (nach Geschmack)
4 Lachssteaks (à 170–230 g)

1. In einer Rührschüssel Essig, Orangen- und Limettensaft mit dem Knoblauch mischen. Olivenöl einrühren, dann Koriander, Salz und Pfeffer zugeben.

2. Lachssteaks in eine flache Schale geben und mit der Vinaigrette übergießen. 30–60 Minuten marinieren, dabei einmal wenden.

3. Den Grill vorheizen.

4. Die Steaks 5–6 Minuten auf jeder Seite grillen. Vor dem Servieren einen Eßlöffel der Vinaigrette über jedes Steak träufeln.

Ergibt 4 Portionen

DAS MENÜ IM WANDEL DER ZEIT

Die alten Speisekarten von New Yorker Restaurants zeugen von Menschen, die es sich leisten konnten, außer Haus zu essen, die ihre eleganten Spuren auf dem Weg in die Moderne hinterlassen haben. Speisekarten der Vergangenheit führen den kulinarischen Kartographen durch Paradiese des Überflusses, treiben ihn hinauf auf die höchsten Berge üppiger Kochkünste und durch die Wüsten kulinarischer Monotonie. Bald erkennt man, daß der Pfad aus einer »Tavern Bill of Fare« aus dem Jahre 1776 bis hin zum heutigen »Le Menu Bistro« eigentlich im Kreise führt.

Die Sammlung von 25 000 historischen Speisekarten in der New York Public Library und die 15 000 alten Speisekarten der New York Historical Society zeigen die Entwicklung der Zutaten, spiegeln die Integration der Immigranten und ihrer Eßgewohnheiten wider und lassen gelegentlich das individuelle Genie aufblitzen – drei Faktoren, die den Geschmack der New Yorker High Society geprägt haben. Doch selbst sie unterliegen einem steten Wandel.

»Der Zyklus reicht von einfach bis kapriziös und wieder zurück«, sagt Reynaldo Alejandro, der Autor von *Classic Menu Design*. Diese Verschiebung erfolgt so rhythmisch wie Ebbe und Flut. In Friedenszeiten, wenn das Geld fließt, bedeutet das auch ein goldenes Zeitalter für die Cuisine. Wenn der Wohlstand abnimmt, bleibt eine Sehnsucht nach der guten alten Zeit.

Ente ist ein typisches Beispiel. In den ältesten Speisekarten New Yorks wird sie gebraten, in Leinen gewickelt und gegart, eine Zube-

The Shakspeare in der Nassau Street (Lower Manhattan) – eines der frühen Gasthäuser

reitungsform, die noch aus den ersten Siedlerzeiten stammte, bis die Räuberbarone die Stadt eroberten und *aiguillettes de canards*, die kleinen Stückchen gebratener Ente, regierten. Dann kam der *Long Island Duckling*, häufig als Entchen à l'orange, immer aber mit knuspriger Haut serviert – und in den späten 70er Jahren die Entenbrust, medium gebraten und zu einem Fächer dünner Scheiben aufgeschnitten.

In den letzten Tagen der Entenbrust mit Preiselbeeren gab es auch Momente des Enten-Carpaccios und der Entenwurst, doch keines dieser Gerichte konnte das Unvermeidliche verhindern. Auf einer jüngeren Speisekarte des Four Seasons wird die Ente wieder ganz mit Äpfeln gebraten. Le Cirque serviert die Ente gekocht. »Wenn es den Menschen gutgeht, nehmen sie sich Zeit für Experimente und neue Genüsse«, meint Sirio Maccioni. »Sind sie mit anderen Dingen beschäftigt, wie heute, bestellen sie eher konservativ.«

Die Siedler New Yorks hatten ganz andere Sorgen, wie sich auch in ihren Speisekarten zeigt. Es gab die Fischarten, die in die örtlichen Gewässer zogen (Makrele, Schellfisch, Stör und Alse), es gab die Austern der New York Bay, Schweinebraten, Kanevasenten und zahlreiche Wildarten der Umgebung. Snert, ein holländisches Fleisch- und Erbsenpüree (siehe Rezept Seite 69), wurde eingeführt, Austerneintopf (siehe Rezept Seite 370) und Schildkrötensuppe tauchten ebenfalls auf den Speisekarten auf. Hammelrücken, Wild oder Rindfleisch

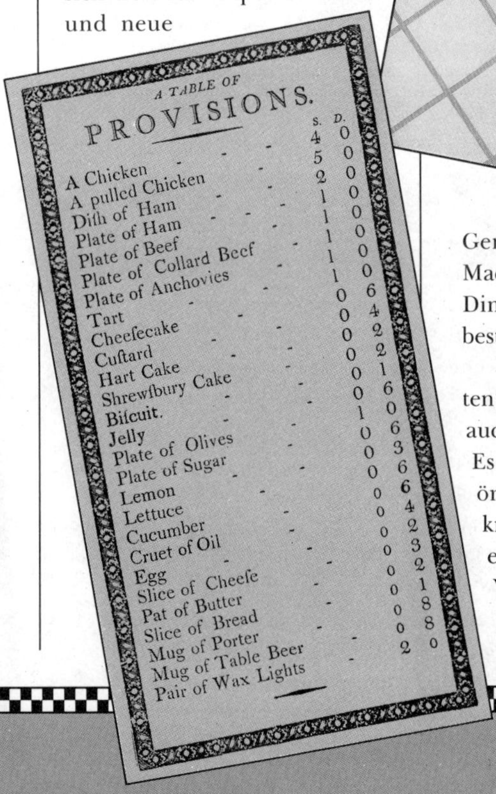

A TABLE OF

PROVISIONS.

	S.	D.
A Chicken	4	0
A pulled Chicken	5	0
Dish of Ham	2	0
Plate of Ham	1	0
Plate of Beef	1	0
Plate of Collard Beef	1	0
Plate of Anchovies	1	0
Tart	1	0
Cheesecake	0	6
Custard	0	4
Hart Cake	0	2
Shrewsbury Cake	0	2
Biscuit.	0	1
Jelly	0	6
Plate of Olives	1	0
Plate of Sugar	0	6
Lemon	0	3
Lettuce	0	6
Cucumber	0	6
Cruet of Oil	0	4
Egg	0	2
Slice of Cheese	0	3
Pat of Butter	0	2
Slice of Bread	0	1
Mug of Porter	0	8
Mug of Table Beer	0	8
Pair of Wax Lights	2	0

***Links:** Eine alte Speisekarte mit Preisen in Shilling und Pence – sogar für die Tischbeleuchtung*
***Oben:** Die heutige Speisekarte von Le Cirque*

wurden gebraten, bis sich das Fleisch vom Knochen löste. Die Gerichte waren billig, konnten für eine größere Gemeinschaft gekocht werden und wurden in Eile verschlungen.

»Fallen Sie nicht auf die Romantik der Anfangszeiten in New York herein«, sagt Michael Batterberry, der mit Ariane Batterberry *On the Town in New York* verfaßt hat. »Es waren harte Zeiten. Die Menschen suchten Bequemlichkeit, nicht die Herausforderung.«

Kulinarisch änderte sich daran bis Mitte des 19. Jahrhunderts wenig. So, wie die Stadt zuwuchs, begann man auch, zum Abendessen auszugehen. New Yorker Speisekarten zeigen, daß immer häufiger in Hotels gegessen wurde. Außerdem servierten sogenannte Short Order Houses günstige Mittagsmenüs für Geschäftsleute, da der Weg von zu Hause zur Arbeit immer länger wurde. Allerdings zeichnet sich auch eine leichte Verschiebung bei den Fleischgerichten ab. Wildgans, Wachtel, Rotwild und Bär machen Schwein, Kapaun und Rindfleisch Platz, Meeresfische treten an die Stelle der Süßwasserarten, doch an der Zubereitung ändert sich nichts. Austern und Schildkröten gibt es noch immer für alle. Die Batterberrys zitieren eine Werbung der »Hatfield Tavern« von 1802: »Mittwoch wird nach bester Art eine Mammutschildkröte gekocht«, heißt

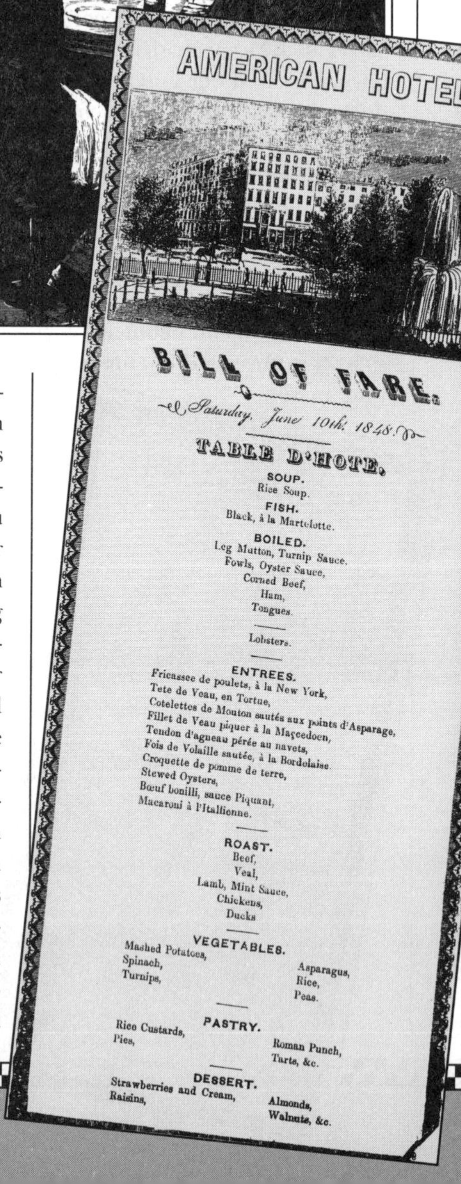

AMERICAN HOTEL

BILL OF FARE.

Saturday, June 10th, 1848.

TABLE D'HOTE.

SOUP.
Rice Soup.

FISH.
Black, à la Martelotte.

BOILED.
Leg Mutton, Turnip Sauce,
Fowls, Oyster Sauce,
Corned Beef,
Ham,
Tongues.

Lobsters.

ENTREES.
Fricassee de poulets, à la New York,
Tete de Veau, en Tortue,
Cotelettes de Mouton sautés aux points d'Asparage,
Fillet de Veau piquer à la Maçcedoen,
Tendon d'agneau pérée au navets,
Fois de Volaille sautée, à la Bordelaise.
Croquette de pomme de terre,
Stewed Oysters,
Bœuf bonilli, sauce Piquant,
Macaroni à l'Itallienne.

ROAST.
Beef,
Veal,
Lamb, Mint Sauce,
Chickens,
Ducks

VEGETABLES.
Mashed Potatoes, Spinach, Turnips,
Asparagus, Rice, Peas.

PASTRY.
Rice Custards, Pies,
Roman Punch, Tarts, &c.

DESSERT.
Strawberries and Cream, Raisins,
Almonds, Walnuts, &c.

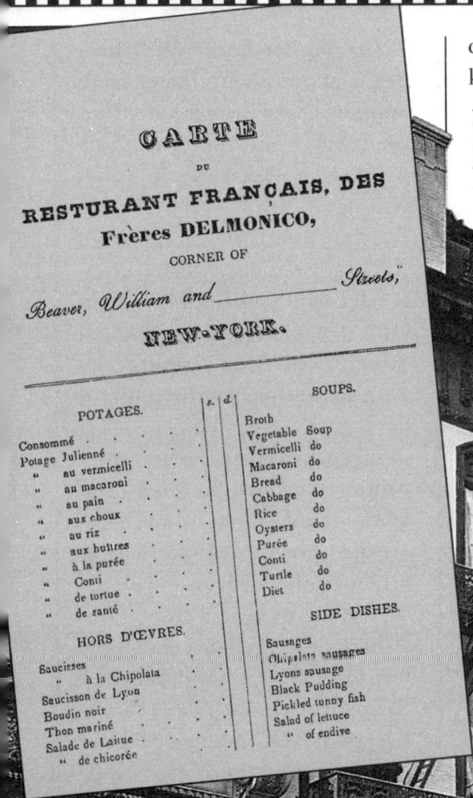

CARTE

DU

RESTURANT FRANÇAIS, DES

Frères DELMONICO,

CORNER OF

Beaver, William and ________ Streets,

NEW-YORK.

POTAGES.	s.	d.	SOUPS.
Consommé			Broth
Potage Julienné			Vegetable Soup
" au vermicelli			Vermicelli do
" au macaroni			Macaroni do
" au pain			Bread do
" aux choux			Cabbage do
" au riz			Rice do
" aux huîtres			Oysters do
" à la purée			Purée do
" Conti			Conti do
" de tortue			Turtle do
" de santé			Diet do
HORS D'ŒVRES.			SIDE DISHES.
Saucieses			Sausages
" à la Chipolata			Chipolata sausages
Saucisson de Lyon			Lyons sausage
Boudin noir			Black Pudding
Thon mariné			Pickled tunny fish
Salade de Laitue			Salad of lettuce
" de chicorée			" of endive

cs dort. »Liebhaber guter Küche kommen auf ihre Kosten.«

Gegenüber: Ein Speisehaus in Manhattan (1888), weit und breit ist keine Frau zu sehen; eine Speisekarte (Mitte des 18. Jahrhunderts). Links und unten: Das herrliche Delmonico's und eine Seite aus seiner berühmten, elfseitigen Speisekarte

Die Archäologin Dr. Nan Rothschild erklärt, daß die Änderungen des lokalen Speiseangebots ein Barometer für die Entwicklung der Stadt sind. Um 1800 war die kleine Hafengemeinde mit viertausend Häusern zu einer Stadt mit 60 000 Häusern angewachsen. Aus archäologischen Grabungen kann man auf Eßgewohnheiten und Ernährung schließen: »Als aus dem Dorf eine Stadt wurde, nahm die Zahl der kleinen Gemüsegärten ab, Jagd und Fischerei gingen ebenfalls zurück, statt dessen zeichnet sich eine Zunahme professioneller Lebensmittellieferanten ab«, erläutert sie. Mitte des Jahrhunderts, als die Stadt schon ein Banken- und Industriezentrum war, hatten die Profis der Gastronomie schon Fuß gefaßt.

Die älteste noch erhaltene Speisekarte von Delmonico's, ein Exponat aus dem Jahre 1838 im Besitz der New York Historical Society, ist elf Seiten lang und auf französisch und englisch geschrieben. Es gibt zwölf Suppen, Rind, Kalb, Hammel, Lamm und Geflügel in Dutzenden unterschiedlichster Varianten und etwa fünfzig verschiedene Zubereitungen für Meeresfrüchte. Ganz New York – zumindest der männliche Teil – strömte herbei und bestellte Menüs mit zwölf Gängen.

Hübsche Ladies dinierten nur in den Speisesälen der Hotels. Dennoch staunte George C. Foster, ein Reporter der *Herald Tribune*, 1848 über die Zahl der in der Stadt eröffneten Restaurants. »Weder in Europa noch in Amerika, in keiner anderen Stadt gibt es etwas Vergleichbares. Es ist der Höhepunkt, der Konsum, die wahre Konzentration des Amerikanismus mit all seiner Aktivität, Ausdauer, Energie und seinem Pragmatismus. In dieser Hinsicht kommt den Speisehäusern New Yorks die Würde einer nationalen Institution zu.« Doch das Delmonico's blieb der Maßstab für luxuriöses Dinieren.

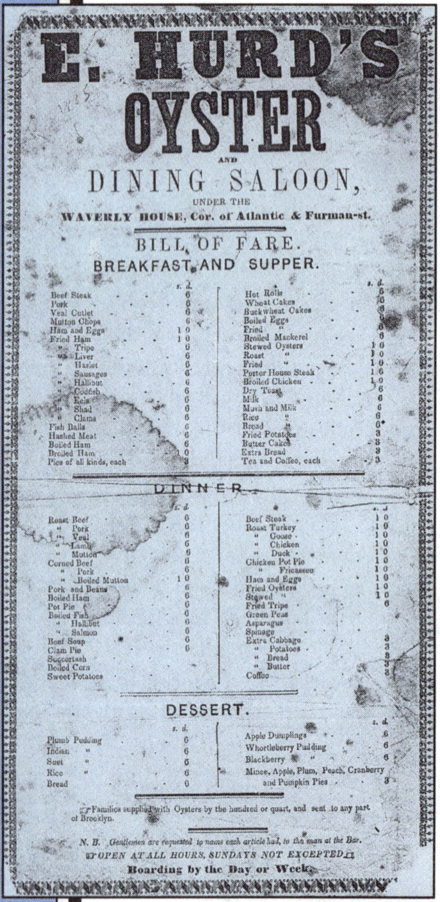

E. HURD'S OYSTER AND DINING SALOON,

UNDER THE

WAVERLY HOUSE, Cor. of Atlantic & Furman-st.

BILL OF FARE.

BREAKFAST AND SUPPER.

	s. d.		s. d.
Beef Steak	6	Hot Rolls	6
Pork	6	Wheat Cakes	6
Veal Cutlet	6	Buckwheat Cakes	6
Mutton Chops	6	Boiled Eggs	6
Ham and Eggs	1 0	Fried "	6
Fried Ham	1 0	Broiled Mackerel	6
" Tripe	6	Stewed Oysters	1 0
" Liver	6	Roast "	1 0
" Harslet	6	Fried "	1 0
" Sausages	6	Porter House Steak	1 6
" Halibut	6	Broiled Chicken	1 0
" Codfish	6	Dry Toast	6
" Eels	6	Milk	6
" Shad	6	Mush and Milk	6
" Clams	6	Rice "	6
Fish Balls	6	Bread "	6
Hashed Meat	6	Fried Potatoes	3
Boiled Ham	6	Butter Cakes	3
Broiled Ham	1 0	Extra Bread	3
Pies of all kinds, each	3	Tea and Coffee, each	3

DINNER.

	s. d.		s. d.
Roast Beef	6	Beef Steak	1 0
" Pork	6	Roast Turkey	1 0
" Veal	6	" Goose	1 0
" Lamb	6	" Chicken	1 0
" Mutton	6	" Duck	1 0
Corned Beef	6	Chicken Pot Pie	1 0
" Pork	6	" Fricassee	1 0
" Boiled Mutton	1 0	Ham and Eggs	1 0
Pork and Beans	6	Fried Oysters	1 0
Boiled Ham	6	Stewed "	1 0
Pot Pie	6	Fried Tripe	6
Boiled Fish	6	Green Peas	
" Halibut	6	Asparagus	
" Salmon	6	Spinage	
Beef Soup	6	Extra Cabbage	3
Clam Pie	6	" Potatoes	3
Succotash		" Bread	3
Boiled Corn		" Butter	3
Sweet Potatoes		Coffee	3

DESSERT.

	s. d.		s. d.
Plumb Pudding	6	Apple Dumplings	6
Indian "	6	Whortleberry Pudding	6
Suet "	6	Blackberry "	6
Rice "	6	Mince, Apple, Plum, Peach, Cranberry and Pumpkin Pies	3
Bread	6		

☞ Families supplied with Oysters by the hundred or quart, and sent to any part of Brooklyn.

N. B. Gentlemen are requested to name each article had, to the man at the Bar.

☞ *OPEN AT ALL HOURS, SUNDAYS NOT EXCEPTED.*

Boarding by the Day or Week.

»Delmonico's wird nachgesagt, die *haute cuisine* in den Vereinigten Staaten eingeführt zu haben«, meint Michel Batterberry. »Auf jeden Fall haben sie den sozio-geschmacklichen Snobismus eingeführt«. In den 50er Jahren des 19. Jahrhunderts, als das Geld recht locker in den Börsen saß, erreichte die künstlerische Gestaltung von Nahrungsmitteln ihren Höhepunkt, etwa bei den *pièces montées*, geschmücktem Zuckerkonfekt. 1885 schrieb Susan Williams in *Savory Suppers and Fashionable Feasts*, daß dreißig Personen drei Tage benötigten, um ein Dinner für 10 Personen im Waldorf zuzubereiten.

Für fast 50 Jahre schlug das kulinarische Pendel nach oben aus, mit gelegentlichen Ausfällen zum Einfachen und Gediegenen hin. Mit dem Bürgerkrieg kamen Nostalgie und konservative Eßgewohnheiten zurück, meint Jean Ashton von der New York Historical Society. »Nun war holländische Küche angesagt.« Einfache Austern-Spelunken an der Canal Street hatten Hochkonjunktur, und erschwingliche Austern-Bars wie Sweets, Gage & Tollner, Keens Chop House und Peter Luger öffneten ihre Pforten. Ihre im Grunde recht einfache Kost wurde hier im Übermaß gereicht. Die erste Karte von Gage & Tollner, die im Besitz des derzeitigen Inhabers des Restaurants ist, bietet sechs Suppen, acht Fischgerichte, Dutzende von Fleischgerichten sowie Austern in über zwanzig Zubereitungsarten an.

Das New York von Diamond Jim Brady war das Zentrum überbordenden Konsums – und ein Ort, der sich dem Exotischen öffnete. »In Zeiten geringeren Wohlstands blieben die Einwanderer mehr oder weniger isoliert in ihren Enklaven«, meint Mrs. Ashton. »In den besseren Jahren kann man dagegen beobachten, wie die Gerichte der unterschiedlichen Ethnien sich assimilieren.«

Noch vor der Eröffnung von Delmonico's ergoß sich eine Welle französischer Einwanderer über New York, die nach der Französischen Revolution ihre Heimat verlassen mußten. Einige eröffneten kleine Bistros oder eine Art Imbißbuden. Die Betuchteren (ausnahmsweise die Mehrheit) gaben glanzvolle Dinnerparties, mit denen auch dem französischen Geschmack Vorschub geleistet wurde. Laut Barry Moreno, dem Bibliothekar auf Ellis Island, dominierten die Franzosen bis in die 1820er Jahre New Yorks katholische Gemeinden. In den folgenden Jahren wurden sie von den Deutschen abgelöst. Trotz ihrer Überzahl blieb die deutsche Küche mehr oder weniger auf die Provinz von »Little Germany« und einige Biergärten beschränkt. Erst im Jahr 1881, mit der Eröffnung von Luchow's, fand die deutsche Kost eine allgemeine Akzeptanz.

Kurz danach tauchten Sauerbraten, Schnitzel und Spätzle

Das umfangreiche Angebot des Oyster Saloon Mitte des 19. Jahrhunderts. Oben: Das Harrison Grey Fiske Dinner 1900 war eine schwere Aufgabe. Unten: Im St. Regis legte man Wert auf Eleganz. Rechts: Französische Einwanderer eröffneten die ersten Bistros.

auf den Hotel-Speisekarten auf. Deutsche Bäcker waren tonangebend in der Stadt.

Um 1860 ließen sich einige der chinesischen Einwanderer, die mit dem Goldrausch nach Kalifornien gekommen waren, auf der Doyers Farm im Stadtteil Bowery nieder. Auch heute noch liegt Chinatown in diesem von Canal, Mulberry und Bowery umgebenen Gebiet. Bis zur Jahrhundertwende kam die chinesische Küche nicht über Chinatown hinaus. Doch um 1890 entdeckten Zeitungsleute aus dem benachbarten Park Row dort die kleinen, billigen Eßlokale, und so kam es, daß 1895 Chow Mein den Aufstieg von Chinatown in die Speisekarte des Waldorf Astoria schaffte. »Diese Art der Eingliederung scheint immer nur dann zu klappen, wenn das Geld locker sitzt«, meint Mr. Alejandro.

In den 80er Jahren des 19. Jahrhunderts kamen laut Mr. Moreno »scharenweise Italiener«. Aber ihr Einfluß entsprach bei weitem nicht ihrer Zahl. Die meisten waren Katholiken, »hatten aber weder die Ausbildung noch das Geld, um die Kirche maßgeblich zu beeinflussen oder Restaurants zu eröffnen.« Die erste Welle italienischer Einwanderer ließ sich in Little Italy im Süden von Greenwich Village nieder, wo sie Würstchen und Paprikaschoten (siehe Rezept Seite 307) verkauften. Um die Jahrhundertwende waren dann die Obststände auf New Yorks Straßen fest in italienischer Hand.

Die Stadt zog auch weiterhin Flüchtlinge an, denen es gelang, ihr Heimatland in einem Mikrokosmos neu entstehen zu lassen. Nach Ende des spanisch-amerikanischen Krieges strömten Flüchtlinge aus der Karibik und vor allem aus Kuba und Puerto Rico in die Stadt. Sie bereicherten den Speiseplan auf New Yorks Straßen und eröffneten kleine Lokale in Spanish Harlem, in denen schmackhafte Gerichte wie Arroz con pollo (siehe Rezept Seite 345) serviert wurden.

Das Gartenhaus war ein deutscher Biergarten in Yorkville.

Pell Street in Chinatown, 1926.

Um 1880, erzählt Mr. Moreno, flohen Tausende jiddisch

sprechender Juden aus Rußland, Polen, Österreich-Ungarn und Rumänien und ließen sich auf der Lower East Side zwischen Bowery und dem Fluß nieder. Michael Batterberry erzählt, daß einige der jüdischen Hausfrauen, die als ausgezeichnete Köchinnen bekannt waren, ihre gute Stube in Speiseräume verwandelten und hausgemachte osteuropäische Küche – Borschtsch (siehe Rezept Seite 60) gekochtes Rindfleisch, Hühnerbrühe (siehe Rezept Seite 47), »gefilte Fisch« (siehe Rezept Seite 40), Hering mit Meerrettichsauce, Mohnkuchen und Strudel – salonfähig machten. Szegediner Gulasch (siehe Rezept Seite 58) und Paprika-Huhn (siehe Rezept Seite 346) tauchten Ende der 90er Jahre in den Menüs auf und waren wohl die ersten osteuropäischen Gerichte, die ihren Weg von den Kaffeehaustischen der Lower East Side auf die weißgedeckten Tische der Restaurants in der City schafften.

Ausländische Gerichte, die in wirtschaftlich guten Jahren von der Prominenz nur mit Herablassung betrachtet werden, finden in weniger fetten Zeiten schnell großen Zuspruch in der breiten Bevölkerung. Nach dem Ersten Weltkrieg und der Prohibition »lag die *haute cuisine* ganz darnieder«, sagt Charles Ranhofer, Chefkoch von Delmonico's. In seinem Kochbuch *The Epicurean* schreibt er, daß weniger Gäste und Einkommensverluste infolge der Prohibition die Küche zu Einschränkungen zwangen und die Menüs einfacher machten. Aus zwölf Gängen wurden zehn – eine Entwicklung, die sich in jeder Rezession wiederholte und schließlich bei den heute üblichen drei Gängen endete. ›Flüsterkneipen‹ wie der Club »21« und Sardi's eröffneten, aber Robert Kreindler, einer der Gründer des Club »21«, beschrieb sie später als Luxus-Restaurants, nicht als Gourmet-Restaurants (siehe die Rezepte auf den Seiten 353 und 292).

Nach dem Wirtschaftsaufschwung boten In-Restaurants altmodische Gerichte aus Frankreich und Amerika an. Teestuben wie die von Kirby Allen schossen wie Pilze aus dem Boden und servierten preiswerte, typisch

Little Italy gegen Ende des 19. Jahrhunderts

amerikanische Hausmannskost. 1922 eröffnete fast unbemerkt das Colony. Seine hervorragende französische und italienische Küche ließen es fünf Jahre lang zu einem Renner werden. Zwar begrenzten restriktive Einwanderungsbestimmungen fast vierzig Jahre lang die Zuwanderung, aber die kleinen Kneipen, die in den Jahren des Wirtschaftsaufschwungs aufgemacht hatten und Immigranten, Bohémiens und Arbeiter zu ihren Gästen zählten, wurden zu Lieblingstreffpunkten der New Yorker Gesellschaft.

Deutsche und ungarische Einwanderer zogen nach Yorkville, und Restaurants mit deutscher, bayrischer und Wiener Küche florierten – so berichtet Henry Marx, der Herausgeber von *Aufbau*, einer deutschsprachigen Zeitung in New York. Die Oktoberrevolution brachte abgesetzte Hoheiten und Herumtreiber nach New York. Ukrainische Cafés eröffneten in der Lower East Side (Rezepte für ukrainische Blini und Kaviar siehe Seite 33, für Piroggen siehe Seite 251). Um 1920 machten die ersten russischen Teestuben auf (Rezept für Hähnchen auf Kiever Art siehe Seite 351). Italienische Restaurants mit rot-weiß karierten Tischtüchern, Lampen aus Chiantiflaschen und neapolitanischer Küche gab es allenthalben.

In Harlem nannte man das Hühnchen *yardbird*, Spaghetti waren als *strings* bekannt, und die erste Pizza New Yorks aus dem Holzkohleofen gab es angeblich bei Patsy's (siehe das Pizza-Rezept Seite 99). Griechische Restaurants waren entlang der Ninth Avenue zu finden. Die Atmosphäre am Pier 88, wo die Ozeanriesen aus Frankreich festmachten, war auch auf der West 48th Street zu spüren, wo kleine Bistros für 50 Cent zum Mittagessen Zwiebelsuppe, Froschschenkel und geschmortes Rindfleisch servierten. New York, so schreiben die Batterberrys, wurde zu einem Kaleidoskop – eine Stadt, in der man vielleicht alt wird, seine Gewohnheiten aber nie ablegt. »New York war der einzige Ort auf der Welt, der für Ossobucco, Ratatouille, schwedische Pfannkuchen, russische Babka, Paella, Wiener Schnitzel und Mazza gleichermaßen bekannt war.«

Um 1939, in einer von Frieden und Wohlstand geprägten

Oben: Im Inneren des einst so beliebten Luchow's an der 14th Street
Rechts: Ein Menü im Club »21«

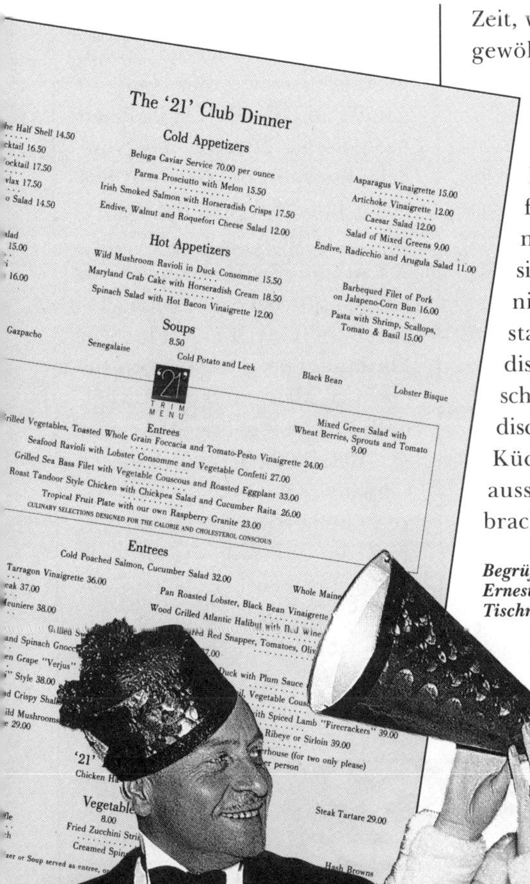

Zeit, war der Appetit auf außergewöhnliches Essen wieder da, und das breite Angebot internationaler Küche gehörte längst zum Alltag. Diana Ashleys Restaurantführer *Where to dine in '39* nennt insgesamt 24 französische, 12 deutsche, 11 italienische und 5 spanische Restaurants sowie je 4 schwedische, russische und chinesische, einige armenische, ostindische, englische und jüdische Küchen. Anläßlich der Weltausstellung im gleichen Jahr brachte der französische Pavillon 80 Köche in die Stadt, von denen viele wie Pierre Franey zwei Jahre später zurückkehrten, um im Le Pavillon zu arbeiten.

»New York ist auf den Geschmack gekommen«, sagt Pierre Franey. »Jetzt können sie sich beste französische Küche leisten.« Das Luxusrestaurant erfand einen Stil, der sich in seinen Gerichten noch immer zeigt. Le Pavillon übernahm auch internationale Gerichte und entwickelte sie – seinem guten Namen getreu – weiter; russische Lachskulebiaka und griechische Mous-

Begrüßung im Club »21« für Bühnenstar Ernest Truex, seine Frau und seinen Tischnachbarn Alex Clark (1936)

saka waren zwei der beliebtesten Speisen auf der Karte. Wieder brachen gute Zeiten für die Eßkultur an, und dies setzte sich bis in die 60er Jahre fort.

Abgesehen von Filet Wellington blieben die Gerichte auf der Speisekarte des Pavillon unverändert. Aber der gediegene Service des Restaurants machte rasch Schule und wurde schon bald von anderen schicken New Yorker Restaurants übernommen. An allen Tischen wurde tranchiert und flambiert. Allenthalben wurde Caesar-Salat bestellt (siehe Rezept Seite 171). Chinesen, die vor dem kommunistischen Regime aus ihrer Heimat geflohen waren, eröffneten im quirligen New York der Nachkriegszeit gleich neben den herkömmlichen kantonesischen Küchen Schanghai-, Hunan- und Peking-Restaurants. Japanische Lokale schossen wie Pilze aus dem Boden. Das Pendel der Eßkultur schwenkte zu Beginn des Vietnamkriegs wieder nach rechts aus, wie eine »Krankheit, die sich in den reaktionären britischen Pubs ausbreitet«, erläutert Mr. Batterberry.

Historisch gesehen könnte man die kulinarische Flaute der 60er und 70er Jahre eher als kurzes Intermezzo interpretieren. Als die Wirtschaft erneut anzog, gewann auch die Eßkultur wieder an Bedeutung. Neue norditalienische Gerichte brachten Leben in die italienische Restaurantszene der Stadt und sorgten für etwas höhere Rechnungen. Auf den Speisekarten der französischen Restaurants wurden Béchamel- und legierte Saucen von geklärter Butter verdrängt. Restaurants wie das Quilted Giraffe und das Hubert's leiteten das goldene Zeitalter der Nouvelle cuisine ein. Sie und ihre Nachahmer bereiteten die Speisen am liebsten nach japanischer Art zu und waren fasziniert von den feurig-scharfen Geschmacksnoten, die durch eine Flut von Einwanderern aus Pakistan, Indochina, Afrika und der Karibik nach New York gebracht wurden.

Bei der Zubereitung dieser Gerichte, z. B. der allgegenwärtigen Entenbrust mit Himbeeren, griff die Nouvelle cuisine auf Altbekanntes zurück. *An American Place* beschreibt 1982 einen Salat mit »wildaromatischem Blattgemüse, Kresse, Gewürzen und Blüten«. »Im New Amsterdam des 17. Jahrhunderts«, so Peter Rose in seinem Buch *The Sensible*

Cook, »reichte man aromatische Salate, mit frischen Kräutern verfeinert und mit blauem Borretsch und orangenen Blüten verführerisch verziert, häufig vor dem Hauptgericht«.

Noch bevor die Wall Street 1987 erzitterte, setzte erneut eine konservative Phase ein. Ausgehend von den Regeln der Nouvelle cuisine waren die Stars der New Yorker Restaurantszene nun verrückt nach allem typisch Amerikanischen.

Es gab zwar keine holländische Küche im eigentlichen Sinn, aber Maiskuchen im American Place. Auch Gage & Tollner (siehe das Rezept für Gage & Tollners berühmtes Muschelgericht auf Seite 374) und der Club »21« erwachten zu neuem Leben.

Moderne Versionen der billigen Eßlokale der 20er und 30er Jahre erlebten eine Renaissance als Bistro und Trattoria. Einige der indisch-chinesischen Einwanderer eröffneten Thai-Restaurants, andere Suppenküchen, in denen Brühe und Nudeln in großen Töpfen für 3 Dollar pro Mahlzeit angeboten wurden (siehe Rezept Seite 49). Jamaikanische Verkäufer boten ihr geschnetzeltes Hähnchen-, Schweine- und Rindfleisch nicht länger auf Karren oder an Fast-Food-Ständen feil, sondern in bestuhlten Restaurants. Afghanische Einwanderer zogen mit ihren Ständen von der Straße in kleine Lokale.

Die meisten Speisekarten der besten Restaurants in der City sind heute nahezu identisch. Selbst sonst innovative Köche setzen lieber auf die sichere Karte, zumindest solange kein Umschwung in Sicht ist. Kenner der Szene überrascht das nicht.

»Wie ein alter Trinker an der Bar wiederholen sich auch New Yorker Restaurants immer wieder«, meint Mr. Batterberry. Er äußert sich fast philosophisch über die Zukunft der Eßkultur: »Ein Land, das erst Carter, dann Reagan und dann Bush wählt, unterliegt auch im kulinarischen Bereich manischen Stimmungswechseln.« Will man hinter dem gegenwärtigen Küchentrend ein logisch-historisches Muster erkennen, wird dieser Trend ein lang ersehntes Ziel erreichen:

»Es gibt gute Gründe zu glauben, daß ich bald wieder eine gebratene Kanevasente probieren darf.«

Gegenüber. All-U-Kan-Eat – stand 1910 an einem Imbißstand. Unten: Heutiger Imbißwagen

A Little Something Sweet

SÜSSE
Sachen

Wer in Brooklyn aufgewachsen ist, als Brooklyn noch der Nabel der Welt war, kennt keinen süßeren Namen als Ebinger's. Kein anderes Wort läßt sein Herz höher schlagen, läßt ihm das Wasser im Munde zusammenlaufen.

Blackout Cake! Othello! Zitronenkuchen! Crumb Buns! Dahinter kann sich Proust mit seinen Madeleines verstecken. Gebt den Brooklynern etwas von Ebinger's. Die Familienbäckerei eröffnete 1898 in der Flatbush Avenue und wurde bald zu einer Kette mit 54 Geschäften. Die verschwenderische Qualität und Reichhaltigkeit ihrer 200 nach deutscher Art gebackenen Kuchen ließ die Bäckerei zum wahren Wallfahrtsort werden.

Als Ebinger's 1972 schließen mußte, war das nicht nur das Ende einer Ära. Es war auch der Verlust einer gewissen Unschuld.

Der Brooklyner Bäcker Lou Guerra versuchte 1982, den Namen und die Originalrezepte in seiner kleinen Bäkkerei am Fort Hamilton Parkway wieder auferstehen zu lassen. Zunächst hatte er allerdings mit erheblichen finanziellen Schwierigkeiten zu kämpfen, bis ein gewisser John Edwards das

Links: John Edwards und sein beliebter Blackout-Cake
Kleines Foto: Der weniger beliebte LKW von Ebinger's

Geschäft 1989 aufkaufte und eine eigene Kampagne startete, um Ebinger's wieder berühmt zu machen. In aller Ruhe begann er, Ebinger's Konditoreiwaren kommerziell herzustellen, in Schachteln zu verpacken und an Supermärkte zu liefern.

ES KANN NICHT SEIN, WAS NICHT SEIN DARF

Als sie zum ersten Mal auftauchten, weckte der Anblick der bekannten Schachtel, der *Box*, große Hoffnungen. »Ahh,« raunt die heute fast sechzigjährige Marion Lindner, die neben Ebinger's in der Flatbush Avenue aufwuchs, »meine Jugend.«

»DAS ist ein Kuchen,« freut sich David Frischt, der in der Nähe von Ebinger's in der Bedford Avenue aufwuchs. »Gott sei Dank gibt es wenigstens noch diesen Kuchen.«

Aber können Kuchen, die von Hand mit einer Haltbarkeit von 24 Stunden hergestellt wurden, überhaupt mit Massenprodukten verglichen werden, die eine Woche lang frisch bleiben?

Für Feinschmecker kann das wohl nur eine Scherzfrage sein. Aber wer an Ebinger's glaubt, weiß, daß mehr dahintersteckt. Das erneute Comeback der Marke könnte ein Sieg der Qualität über die Masse werden. Es könnte sich aber auch um einen weiteren Trick des altbekannten ›Verweigern und Verlangen‹ handeln.

Wer einst an den Inhalt der Box glaubte, wird auch weiter daran glauben wollen. »Dies sind nicht die Ebinger's-Kuchen, mit denen ich groß geworden bin,« versichert Mr. Edwards. »Ich wollte ein kommerzielles Produkt herstellen, das dem Geschmack von damals nahekommt. Erst dann kann ich eine Gourmet-Linie auf den Markt bringen und die richtigen Kuchen aus der guten alten Zeit backen.«

Aber die Reaktion auf die Box zeigte sich mancherorts von diesem Dementi und allen vernünftigen Geschäftsplänen unbeeindruckt.

»Es ist wie eine frühkindliche Erinnerung«, erklärte Rechtsanwalt Dan Kaplan, der Ebinger's in der Avenue M kannte. »Man müßte mich schon einsperren, um mich von den Boxes fernzuhalten.«

Und er ist nicht der einzige. »Sie kommen herein und zeigen schon darauf und zappeln dabei herum,« berichtet Louis Colon, Manager des Sloan Supermarkts in der Ninth Avenue 255 in Manhattan. »Zuerst konnten wir gar nicht genug von diesem Kuchen in die Regale bringen.«

»Es ist nicht einfach nur Kuchen!« freut sich Mr. Kaplan. »Es ist ein *way of life. The Boxes*! Die Läden! Man hätte vom Fußboden essen können! Und erst die Mädchen bei Ebinger's!«

ALLERDINGS IST EINE GEWISSE REIFE VONNÖTEN

Dr. Annie Hauck-Lawson, Mitte dreißig und Lehrbeauftragte für Ernährungswissenschaften am Brooklyn College, wuchs in Brooklyns Park Slope nahe der Ebinger's-Filiale in der 7th Avenue auf. Sie erzählte, daß das Durchschnittsalter der Ebinger's-

Mädchen bei 80 lag, daß sie aber einen Kuchen schneller schneiden und einpacken konnten als jede Zwanzigjährige. Die »Boxes«, so schwärmte sie weiter, »die so hübsch mit dem rotweiß gestreiften Band zugeschnürt wurden!«

Dr. Hauck-Lawson kommt zu der Schlußfolgerung, daß »ein buntes Völkergemisch für den Stadtteil kennzeichnend und Ebinger's einfach ein Teil davon war. Jeder konnte in eine Filiale gehen und einen herrlichen Kuchen kaufen. Da konnte man nichts falsch machen.«

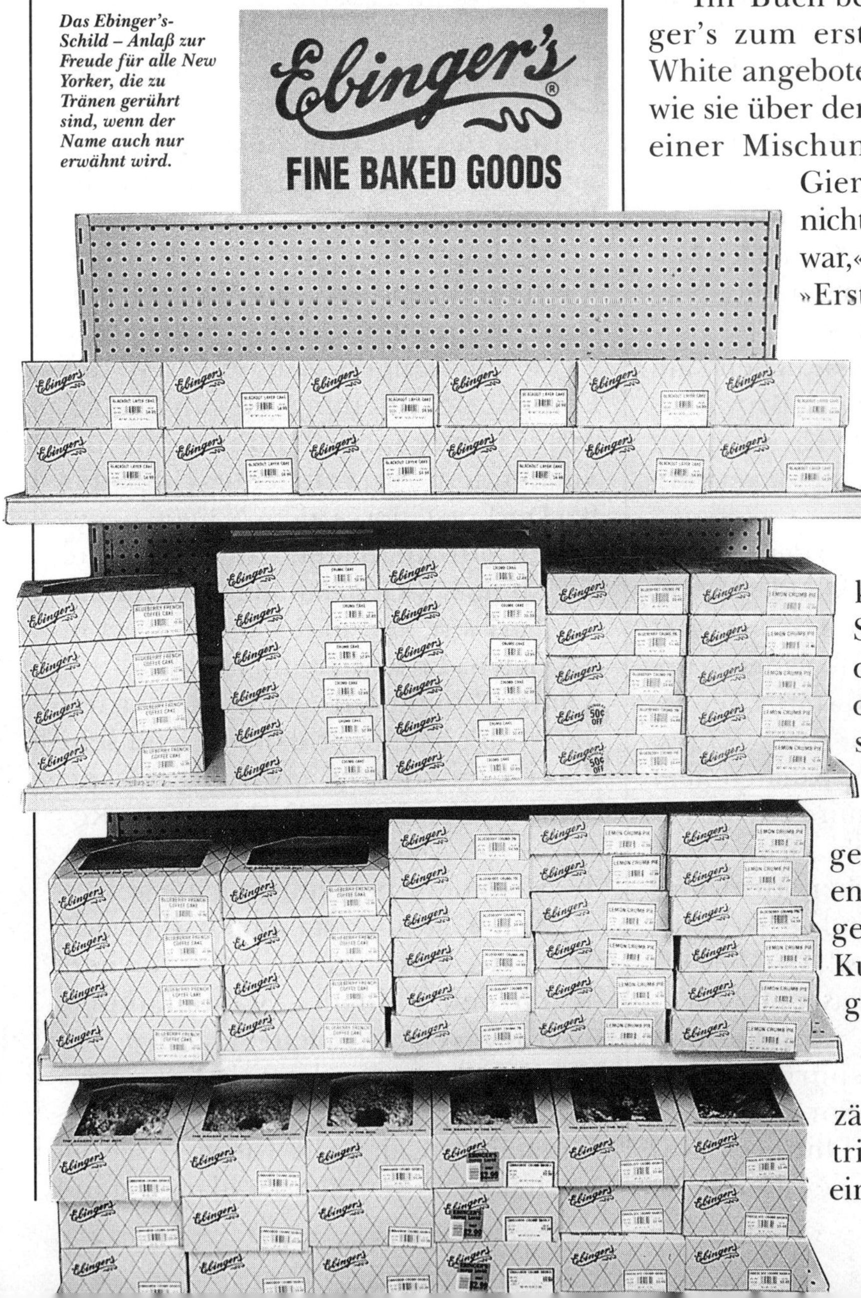

Das Ebinger's-Schild – Anlaß zur Freude für alle New Yorker, die zu Tränen gerührt sind, wenn der Name auch nur erwähnt wird.

Die leicht erreichbaren Filialen und die verschwenderische Qualität ließen »die Bäckerei zur Legende werden«, sagt Lyn Stallworth, Mitautorin des *Brooklyn Cookbook*.

Ihr Buch beschreibt, wie bei Ebinger's zum ersten Mal ein Elizabeth White angeboten wurde. »Bei der Art, wie sie über den Kuchen sprachen, mit einer Mischung aus Ehrfurcht und Gier, wußte ich, daß das nicht einfach nur ein Kuchen war,« erinnert sich Mrs. White. »Erst als ich zum ersten Mal den Blackout-Kuchen probieren durfte, verstand ich das.«

Das *Brooklyn Cookbook* schildert auch die Stimmung, die nach dem Ebinger's-Konkurs herrschte. Leonard S. Elman, ein Bewohner des Viertels, beschreibt das so: »Die Brooklyner sind der einhelligen Meinung, daß ihr Leben ärmer wurde, als Ebinger's für immer die Türen schloß.« Wie viele Ebinger's-Fans hatte auch er Kuchenvorräte für ein ganzes Jahr in der Tiefkühltruhe gehortet.

Wenn er ihn aß, so erzählt er, fühlte er sich, als trinke er die letzte Flasche eines 1926er Laffite.

EIN GLAUBE GEHT VERLOREN

Es war, als hätte man den Glauben verloren. »Mein Leben fand ein Ende, als Ebinger's schloß,« erzählt Physiker Dick Forman.

Er und viele andere Stammkunden ergriffen persönlich die Initiative, um ihrem Lieblingskuchen zu neuem Aufschwung zu verhelfen. Der Blackout-Cake, ein Kuchen mit drei durch Schokoladenpudding voneinander getrennten Schichten, Schokoguß und Schokostreuseln, war ein Heiliger Gral.

Mr. Forman trug zusammen, was er über den Kuchen in Erfahrung bringen konnte, fragte auch Gourmet-Magazine und Backexperten um Rat. »Niemand konnte mir helfen.«

Dem echten Ebinger's-Kuchen kam ich am nächsten, als ich die Brownies-Backmischung von Betty Crocker, mit der Schokolade von Hersheys, verwendete.«

Noch ein alter Bekannter in New York – Fox's U-Bet-Syrup mit Schokoladengeschmack

»Statt der Hershey Schokolade nimmt man Fox's U-Bet Schokoladensirup und statt zwei Eiern nur eines. Der Kuchen liegt dann geschmacklich etwa zwischen Brownies und Blackout-Cake.« Aber etwas fehlte noch.

Mr. Forman spürte einen Sprößling der Ebingers auf, der ihm sagte, daß sein Vater für den Kuchen einen besonders aufbereiteten Kakao verwendete. Mr. Forman meinte, nicht genug Sachverstand für die Einzelheiten der Kakaozubereitung zu haben, und gab deshalb sein Blackout-Rezept an die Autorin der *Cake Bible*, Rose Levy Beranbaum, weiter.

EXPERTENMEINUNG

Dutzende haben sich an mich gewandt und um Hilfe bei der Zubereitung des Blackout-Cakes gebeten«, sagt Mrs. Beranbaum. »Ich kenne die Lösung auch nicht.«

Mr. Kaplan berichtet, daß sich in dem Kuchen außerdem »eine Epoche mit einer bestimmten Qualität verband«.

In der langen Zeit, die seit der Ebinger's-Schließung vergangen ist, gab es immer wieder Hoffnung für die Suchenden. So versuchte 1982 der Bäcker Lou Guerra, dem Namen neues Leben einzuhauchen, und eröffnete ein Ebinger's-Geschäft am Fort Hamilton Parkway und in der 63rd Street in Brooklyn. Er hatte entdeckt, daß »der Name Ebinger's frei benutzt werden darf«, so erzählte er damals. Und sein Vater Guy Guerra, ebenfalls Bäcker, behauptete, daß er die Ebinger's-Rezepte von Arthur Ebinger, dem Sohn des Gründers, bekommen hätte.

Woher sie auch stammten, die nach diesen Rezepten gebackenen Kuchen ließen den Ebinger's-Stammkunden die Knie weich werden. »Echtheit unbestritten«, titelte die *New York Times* 1982. Lou Guerra berichtete einem Journalisten, daß die Kunden schon um halb acht morgens Schlange standen. »So, wie die Leute Kuchen kaufen, könnte man denken, daß sie die letzten zehn Jahre auf Diät waren«, stellte er fest.

LEBENSVERLÄNGERNDE MASSNAHMEN

Trotz aller Nostalgie war es unmöglich, die 24stündige Haltbarkeit der Ebinger's-Kuchen mit dem modernen Leben in Einklang zu bringen. Als Mr. Edwards die Bäckerei übernahm, paßte er die Rezepte an und eroberte die Supermärkte. »Die Rezepte wurden nur verändert, um die Kuchen haltbarer zu machen«, erklärte er.

»Die Box! Bei A & P!«, wunderte sich Mr. Kaplan. »Versucht man etwa, meine Kindheit zu verkaufen?« Trotzdem fühlt er sich zur Box hingezogen. Allerdings hatte er bis jetzt noch nicht den Mut, die neuen Kuchen zu kosten.

Manny Krantz hingegen konnte es überhaupt nicht erwarten. Der pensionierte Schneider wurde vor kurzem beim langen Anstehen an der Supermarktkasse derart nervös, daß er, obwohl er eigentlich von Kopf bis Fuß Gentleman ist, der Versuchung der Box in seinem Einkaufswagen erlag und ihren Inhalt einfach mit den Fingern verzehrte.

»Es ist nicht ganz dasselbe,« sagte er. Aber seine Erinnerung wurde sofort von dem Wunsch überwältigt, einfach daran zu glauben. Er wollte eher an sich selbst zweifeln als am Inhalt der Box und korrigiert sich schnell. »Natürlich bin ich selbst auch nicht mehr derselbe wie früher.«

BLACKOUT CAKE

ganz aus Schokolade

Dieses Rezept entstand für den heimischen Herd aus drei anderen Rezepten verschiedener Ebinger's-Kuchen. Eine Jury aus zwölf Ebinger's-Kunden testete das Rezept – sowie elf weitere Varianten – auf Geschmack, Gehalt und Nostalgie.

TEIG
50 g ungesüßtes Kakaopulver
2 EL kochendes Wasser
50 g Blockschokolade, gehackt
190 ml Milch
250 g weiche Butter
500 g Zucker
4 große Eier, getrennt
10 Tropfen Vanillearoma
500 g Mehl
1 TL Backpulver
1 TL Natron
1 TL Salz

FÜLLUNG (siehe Hinweis)
1 EL plus 1 3/4 TL ungesüßtes Kakaopulver
500 ml kochendes Wasser
210 g Zucker
30 g Halbbitterschokolade, gehackt
2 EL Maisstärke, aufgelöst in 1 EL kaltem Wasser
1/4 TL Salz
5 Tropfen Vanillearoma
2 EL Butter

GUSS
350 g nicht zu süße Schokolade, gehackt
12 EL Butter
125 ml heißes Wasser
1 EL heller Maissirup
5 Tropfen Vanillearoma

1. Den Ofen auf 190 °C vorheizen. 2 Springformen (20 cm Durchmesser) einfetten und leicht bemehlen.

2. Für den Teig das Kakaopulver in einer kleinen Schüssel mit dem kochenden Wasser glattrühren.

3. Die Schokolade auf mittlerer Stufe in einem Topf unter ständigem Rühren in der Milch etwa 3 Minuten auflösen. Vom Herd nehmen. Ein wenig warme Schokoladenmilch zum Aufwärmen mit der Kakaomasse verrühren, dann die Kakaomischung mit der Milchmischung verrühren. Den Topf auf mittlerer Stufe erneut auf den Herd stellen. Etwa 1 Minute rühren. Vom Herd nehmen, damit die Masse abkühlen kann.

4. Die Butter mit dem Zucker in einer Schüssel schaumig schlagen. Die Eigelbe einzeln, dann das Vanillearoma zugeben. Langsam die Schokoladenmischung einrühren.

5. Mehl, Backpulver, Natron und Salz mischen. Die Mischung mit einem Spachtel langsam unter die Schokoladenmischung heben, bis alles gut miteinander vermischt ist.

6. In einer anderen Schüssel Eiweiß zu Schnee schlagen. Den Eischnee mit einem Plastikspachtel vorsichtig unter den Teig heben. Den Teig auf die Springformen verteilen. 45 Minuten backen, bis bei der Garprobe aus der Mitte des Kuchens am Holzstäbchen kein Teig mehr haftet. Den Kuchen in der Form auf einem Kuchengitter etwa 15 Minuten abkühlen lassen, dann aus der Form nehmen und kalt stellen.

7. Inzwischen für die Füllung Kakao auf niedriger Stufe in einer Kasserolle in kochendem Wasser auflösen. Zucker und Schokolade einrühren. Aufgelöste Maisstärke und Salz zugeben und alles unter ständigem Rühren aufkochen lassen. 1 Minute weiterkochen lassen. Vom Herd nehmen und Vanille und Butter unterschlagen. Die Masse in eine Schüssel füllen und im Kühlschrank abgedeckt abkühlen lassen.

8. Für den Guß die Schokolade unter Rühren im Wasserbad schmelzen, wobei das Wasser aber nicht sieden darf. Aus dem Bad nehmen und eßlöffelweise die Butter zugeben. Falls erforderlich, die Mischung erneut ins Wasserbad stellen, um die Butter vollständig zu zerlassen.

9. Das heiße Wasser auf einmal einrühren. Glattrühren. Maissirup und Vanillearoma unterziehen. Etwa 15 Minuten kalt stellen.

10. Jeden Kuchen einmal mit einem scharfen Messer waagerecht halbieren, so daß 4 Hälften entstehen. Eine Hälfte zur Seite, eine andere auf einen runden Kuchenteller legen. Ein Drittel der Füllung großzügig darauf verteilen. Die dritte Hälfte darauf legen und wieder mit Füllung bestreichen. Nun die vierte Hälfte auf die Füllung legen. Die Ober- und Seitenflächen des Kuchens mit dem Guß überziehen. 10 Minuten kalt stellen.

11. Die beiseite gelegte Hälfte zu Krümeln verarbeiten. Den verbliebenen Guß auf dem Kuchen verteilen. Großzügig mit den Krümeln bestreuen. Den Kuchen innerhalb von 24 Stunden servieren. Kühl lagern.

Ergibt 8–10 Portionen

Hinweis: Beachten Sie, daß die oben genannten Zutaten eine recht flüssige Füllung ergeben, die den 12 Jurymitgliedern am besten gefiel. Falls Sie eine festere Konsistenz wünschen, fügen Sie zusätzlich noch 1–2 Teelöffel Maisstärke hinzu.

SCHOKOLADENSOUFFLÉ-
Kuchen

David Waltuck, Chefkoch des »Chanterelle«, empfiehlt die dunkle Zartbitterschokolade Guanaja 70% von Valrhona. Ersatzweise können Sie aber auch Schokolade von Lindt und Tobler nehmen.

450 g Zartbitter- oder Halbbitterschokolade, in Stücke gebrochen
250 g Butter
9 große Eier, getrennt
200 g Zucker
ungesüßtes Kakaopulver, zum Bestäuben
Puderzucker, zum Bestäuben

1. Den Ofen auf 150 °C vorheizen. Eine kleine Springform mit Backpapier auslegen. Das Papier leicht einfetten und mit Mehl bestäuben.

2. Schokolade und Butter im leicht siedenden Wasserbad schmelzen. Die Zutaten unter Rühren mischen. Zum Abkühlen beiseite stellen.

3. Eigelbe und Zucker in einer Schüssel mischen. Einen Teelöffel Zucker zurückbehalten. Die Zutaten schnell zu einer lockeren Masse schlagen, die beim Herausziehen der Mixerstäbe Schleifen bildet.

4. In einer anderen Schüssel das Eiweiß mit dem zurückbehaltenen Teelöffel Zucker mischen und steif schlagen. Ein Drittel der Schokoladenmasse in einer Schüssel unter ein Drittel der Eigelbmischung ziehen. Nun ein Drittel des Eischnees unterheben. Diesen Vorgang noch zweimal wiederholen, bis alle Zutaten vermischt sind.

5. Den Teig in die vorbereitete Form füllen. 30 Minuten backen, bis die Kuchenmitte gerade noch weich ist. 3 Stunden bei Zimmertemperatur abkühlen lassen. Die Springform noch nicht entfernen, da der Kuchen sonst zerfällt.

6. Den Ring der Springform entfernen und den Kuchen mit Kakaopulver, Puderzucker, dann wieder mit Kakaopulver und noch einmal mit Puderzucker bestäuben. Zudecken und über Nacht kalt stellen. Den Kuchen jedoch zimmerwarm servieren. Zuvor erneut mit Kakaopulver und Puderzucker bestäuben.

Ergibt 8–10 Portionen

Sally Deitz'
SCHOKOLADENKUCHEN

Sally Deitz erzählt, daß ein Freund dieses Rezept von einer österreichischen Komtesse erhalten hat. »Es wird ohne Mehl zubereitet und bekommt jedesmal Bombenkritiken.«

Verwenden Sie für Sally Deitz' schweren Mousse-Kuchen nur feinste Schokolade.

TEIG
230 g Halbbitterschokolade, kleingehackt
8 große Eier, getrennt
2 EL Zucker
5 Tropfen Vanillearoma

BELAG (siehe Hinweis)
230 g Halbbitterschokolade, kleingehackt
8 große Eier, getrennt
2 EL Zucker
5 Tropfen Vanillearoma

1. Den Ofen auf 180 °C vorheizen. Eine Springform (22 cm Durchmesser) einfetten und mit Zucker bestäuben.

2. Für den Teig die Schokolade in heißem, nicht siedendem Wasserbad schmelzen.

3. Eiweiß, Zucker und Vanillearoma in einer Rührschüssel mischen, nicht allzu steif schlagen.

4. Eigelbe zu einer dicken Masse verrühren. Die geschmolzene Schokolade zugeben und mischen. Den Eischnee unterziehen.

5. Den Teig in die vorbereitete Springform füllen. 12–15 Minuten backen, bis die Kuchenmitte bei leichtem Rütteln der Form gerade fest wird. Zum Abkühlen auf ein Kuchengitter stellen, bis der Kuchen einfällt.

6. Für den Belag die Schritte 2, 3 und 4 wiederholen. Die rohe Schokoladenmousse auf der gebackenen Mousse in der Springform verteilen. Mindestens 12 Stunden kühlen. Mit Schlagsahne servieren.

Ergibt 16–20 Portionen

Hinweis: Der Belag enthält rohes Eigelb; deshalb nur frische, gut gekühlte Eier verwenden.

DER VERBRAUCHER MIT KÖPFCHEN

FEINSTE SCHOKOLADEN VON ...

LARRY BURDICK stellt vorzügliche Trüffel und Schokolade für eine Reihe New Yorker Restaurants, aber auch auf Anfrage her. **Tel. (212) 996–2149**.

DEAN & DELUCA: 560 Broadway, Ecke Prince Street. Tel. (212) 431–1691. Die Espresso-Bar im Paramount Hotel (235 West 46th Street. Tel. (212) 869–6890) bietet eine reichhaltige Auswahl Manon-Schokolade.

ECONOMY CANDY: 131 Essex Street, Ecke Rivington Street. Tel. (212) 254–1531. Gute Süßwaren und Bonbons aus alter Zeit sowie preiswerte Trockenfrüchte und nicht ganz so feine Schokolade.

FRASER MORRIS: 931 Madison Avenue, Ecke 74th Street. Tel. (212) 988–6700 und 1264 Third Avenue, zwischen 72nd und 73rd Street. Tel. (212) 288–7717. Feine Süßwaren und riesige, in Schokolade getauchte Erdbeeren. Hohe Preise, aber auch hohe Qualität.

LE CHOCOLATIER MANON: Tel. (212) 995–9490. Erfragen Sie das momentane Angebot telephonisch (Buttercremetorte, Pralinen und Trüffel; eine verwirrende Fülle eleganter Schokoladenwaren).

LI-LAC CHOCOLATES: 120 Christopher Street, zwischen Bleecker und Hudson Street. Tel. (212) 242–7374. Hochwertige Schokoladen der guten, alten Zeit in nostalgischen Formen wie der Freiheitsstatue und den Wolkenkratzern der Stadt.

PLUMBRIDGE CONFECTIONS: 30 East 67th Street, zwischen Madison und Park Avenue. Tel. (212) 744–6640. Feine Schokoladen, gewürzte Mokkanüsse und kandierte Zitrusfruchtspalten, die fast süchtig machen.

TEUSCHER CHOCOLATES OF SWITZERLAND: 25 East 61st Street, Ecke Madison Avenue. Tel. (212) 751–8462, und 620 Fifth Avenue, zwischen 49th and 50th Street. Tel. (212) 246–4416. Hervorragende Schokoladen; die Champagnertrüffel sind legendär.

Unwiderstehliches in den Auslagen von Teuscher's

Miss Miltons

SCHOKOLADEN-PIE

Mehr als 30 Jahre lang verwöhnte das Serendipity in der 225 East 60th Street die Schleckermäuler. Diese Pie soll sogar Marylin Monroe begeistert haben, die sie sich manchmal an ihre Drehorte nachschicken ließ.

125 g Butter, zimmerwarm
125 g Zucker
3 große Eier, getrennt
60 g Mehl
60 g ungesüßte Schokolade, geschmolzen und abgekühlt
5 Tropfen Vanillearoma
40 g Erdbeeren (Dosenware)
250 g Schlagsahne, steifgeschlagen

1. Den Ofen auf 160 °C vorheizen. Eine Backform (20 cm Durchmesser) einfetten und mit Mehl bestäuben.

2. Butter und Zucker in einer Rührschüssel von Hand oder mit dem Mixer schaumig schlagen. Die Eigelbe zur Butter-Zucker-Mischung geben. Mehl, Schokolade und Vanillearoma zugeben. Alles gut durchrühren.

3. In einer anderen Schüssel das Eiweiß nur leicht steif schlagen. Unter den Teig heben.

4. Etwa ein Viertel des Teigs gleichmäßig auf dem Boden der Form verteilen. Die Dosenfrüchte auflegen; dabei den Rand freilassen. Mit dem restlichen Teig bedecken.

5. Die Pie etwa 30 Minuten backen, bis sich die Oberfläche weich anfühlt. Nicht zu lange im Ofen lassen. Zum Abkühlen auf ein Kuchengitter stellen. Mit Schlagsahne servieren.

Ergibt 6 Portionen

Das Riesenrad auf Coney Island – noch immer ein beliebtes Ziel

Coney Island

FUDGE

Dieser Kuchen weckt Kindheitserinnerungen an die herrlichen Sommer auf Coney Island, an Karussell und Riesenrad.

250 ml Kondensmilch
110 g Halbbitterschokolade, kleingehackt
500 g Zucker
1/2 TL Salz
2 EL Butter
5 Tropfen Vanillearoma
225 g Walnüsse oder Pekannüsse, gehackt

1. Kondensmilch, Schokolade und Zucker in einem Topf auf niedriger Stufe unter ständigem Rühren erwärmen, bis die Schokolade geschmolzen und die Mischung glatt ist. Salz zugeben und aufkochen lassen. Die Temperatur reduzieren und ohne Rühren köcheln lassen, bis die Masse breiig wird.

2. Vom Herd nehmen, Butter und Vanillearoma zugeben (nicht rühren) und lauwarm werden lassen. Die Masse mit einem Holzlöffel schaumig schlagen. Nüsse zugeben und mischen. Den Teig in eine gefettete Backform (20 x 20 cm) füllen und im Kühlschrank stocken lassen. In kleine Vierecke schneiden.

Ergibt 10 Portionen

Regina CAKE

Die Historikerin Meryle Evans erzählte: »Reginas Cake war über drei Generationen der Lieblingskuchen für besondere Anlässe; Regina war die Köchin meiner Großmutter. Er ist nach einem bewährten Rezept sehr schnell gebacken. Die Füllung ist ungewöhnlich, denn sie wird mit Mokka- und Matzenmehl zubereitet.«

TEIG
250 g Butter oder Margarine, zimmerwarm
500 g Zucker
4 große Eier
375 g Mehl
1 EL Backpulver
1/2 TL Salz
250 ml Milch
5 Tropfen Vanillearoma

FÜLLUNG
125 g Butter, zimmerwarm
150 g Puderzucker
125 g Matzenmehl oder Mandeln, feingehackt
1 großes Ei
3–4 EL starker Kaffee

GUSS
100 g ungesüßtes Kakaopulver
300 g Puderzucker
190 ml starker, schwarzer Kaffee
3 EL Butter
5 Tropfen Vanillearoma
3 Tropfen Mandelaroma
90 g Kokosraspel (nach Belieben)

1. Den Ofen auf 180 °C vorheizen. Drei runde Kuchenformen (22 cm Durchmesser) gut einfetten und mit Mehl bestäuben.

Meryle Evans' Kuchen mit Schokoladenguß schmeckt immer.

2. Für den Teig die Butter in einer Rührschüssel schaumig schlagen. Nach und nach den Zucker zugeben, bis die Masse leicht und schaumig ist. Die Eier einzeln unterschlagen.

3. Mehl, Backpulver und Salz mischen. Die Mischung abwechselnd mit der Milch zur Butter-Zucker-Masse geben. Gut mischen, zuletzt das Vanillearoma unterrühren.

4. Den Teig auf die drei Kuchenformen verteilen. 25–30 Minuten backen, bis bei der Garprobe in der Kuchenmitte kein Teig mehr am Stäbchen haftet. In der Form auf einem Kuchengitter 5 Minuten abkühlen lassen. Die Form entfernen. Mit Füllung und Guß erst beginnen, wenn der Kuchen abgekühlt ist.

5. Für die Füllung Butter und Zucker in einer Rührschüssel schaumig schlagen. Matzenmehl und Eier zugeben, den Kaffee zugießen und gut verrühren. Die Füllung sieht vielleicht zunächst wie geronnen aus, gelingt aber dennoch, wenn sie abgedeckt kalt gestellt wird.

6. Für den Guß Kakao und Zucker in einem mittelgroßen Topf mischen. Kaffee und Butter zugeben und unter ständigem Rühren auf niedriger Stufe etwa 10 Minuten erwärmen, bis die Masse glatt und dick wird. Vom Herd nehmen. Vanille- und Mandelaroma zugeben.

7. Eine Teigplatte auf einen Servierteller legen. Die Hälfte der Füllung auftragen, mit der nächsten Teigplatte bedecken und den Rest der Füllung darauf verteilen. Mit der dritten Teigplatte abdecken und rundum mit dem noch warmen Guß bestreichen. Falls der Guß zu schnell fest geworden ist, erneut auf den Herd stellen und unter Rühren auf niedriger Stufe noch einmal kurz aufwärmen. Je nach Geschmack mit Kokosraspeln bestreuen.

Ergibt 8–10 Portionen

Estelle Parsons

WALNUSS-TORTE

Dieser reichhaltige, feine Kuchen gewann auf einer Gourmet Gala in New York den ersten Preis – und zu Recht!

TEIG
350 g Walnüsse, feingemahlen
190 g Zucker
7 Eiweiß

FÜLLUNG
125 g plus 1 EL Zucker
3 Eigelb
3 EL starker, schwarzer Kaffee, zimmerwarm
60 g Walnüsse, grobgehackt
Puderzucker, zum Bestäuben

1. Den Ofen auf 200 °C vorheizen. Drei runde Kuchenformen (22 cm Durchmesser) einfetten und mit Mehl bestäuben.

2. Für den Teig Walnüsse und Zucker in einer großen Schüssel mischen. Das Eiweiß in einer anderen Schüssel zu Schnee schlagen und unter die Walnußmischung heben. Den Teig gleichmäßig auf die Kuchenformen verteilen. Etwa 15 Minuten backen, bis der Kuchen oben goldbraun zu werden beginnt. Auf einem Kuchengitter abkühlen lassen.

3. Für die Füllung 125 g Zucker, Eigelbe und Kaffee in einem Topf auf niedriger Stufe erhitzen. 10 Minuten rühren, bis die Masse eindickt. Die Eiercreme darf nicht kochen. Durch ein Sieb streichen. Mit Frischhaltefolie abdekken und langsam abkühlen lassen.

4. In einer kleinen Schüssel die gehackten Walnüsse mit dem restlichen Zucker mischen. Unter die Füllung heben.

5. Eine Teigplatte auf einen Servierteller legen. Mit der Hälfte der Füllung bestreichen. Die zweite Platte darauf legen und mit dem Rest der Füllung bestreichen. Mit der dritten Teigplatte abdecken und mit Puderzucker bestreuen.

Ergibt 6–8 Portionen

Selma Frishlings

PESSACH-NUSSKUCHEN

Heute ist Selma Frishling eine pensionierte Lehrerin, aber als sie noch ein Kind war, gab es einmal im Jahr Pessachkuchen, und sie konnte es kaum erwarten. »Meine Mutter war sehr geduldig. Ich durfte bei der Zubereitung mitmachen. Wir aßen ihn so, wie er aus dem Ofen kam, ohne Füllung oder Guß, und dazu tranken wir Tee.«

12 große Eier, getrennt
330 g Zucker
Saft und geriebene Schale von
3 unbehandelten Zitronen
125 g Matzenmehl
450 g Walnüsse, gemahlen
1 TL Zimtpulver

1. Den Ofen auf 180 °C vorheizen. Eine Kuchenform (etwa 22 x 33 cm) einfetten.

2. Die Eigelbe in einer großen Rührschüssel schaumig schlagen, Zucker, Zitronensaft und -schale zugeben. Schlagen, bis die Masse dick und schaumig wird.

3. Das Eiweiß in einer zweiten Schüssel nicht allzu steif schlagen, mit einem Plastikspatel unter die Eigelbmischung heben. Matzenmehl, gemahlene Walnüsse und Zimt vermengen und untermischen.

4. Den Teig in die vorbereitete Form füllen. 50–60 Minuten backen, bis er goldbraun und fest ist.

Ergibt 8–10 Portionen

VERBRAUCHER MIT KÖPFCHEN

EIN SEHR BELIEBTER KUCHEN

Schauspieler arbeiten als Kellner, Tänzer, geben Aerobic-Unterricht, und manch ein Künstler kreiert Kuchenskulpturen in New York City – keine einfachen Schichttorten mit Blumengarnierung und anderen Zuckergußverzierungen, sondern perfekte Nachbildungen der Central Station oder der Freiheitsstatue. Sie malen das Portrait des Ehrengastes auf einen Kuchen für 50 Personen, bilden Körperteile oder eine Büste der geliebten Katze nach. Wenn Sie nach einem solchen Highlight suchen, wenden Sie sich an einen der kreativsten Zuckerbäcker der Stadt:

OLIVE ALPERT: 9511 Shore Road, Brooklyn, NY 11209. Tel. (718) 833–3092.

ELLEN BAUMWOLL, BIJOUX-DOUX: 304 Mulberry Street, New York, NY 10012. Tel. (212) 226–0948.

MARGARET BRAUN: 94 Greenwich Avenue, New York, NY 10013. Tel. (212) 929–1582.

RICK ELLIS: One University Place, Apt. 20C, New York, NY 10003. Tel. (212) 228-3624.

CHERYL KLEINMAN, CHERYL KLEINMAN CAKES: 32 Downing Street, Apt. 3D, New York, NY 10014. Tel. (212) 242–6195.

ANDREA LANZI, SANT AMBROEUS: 1000 Madison Avenue, New York, NY 10021. Tel. (212) 570–2211.

PATTI PAGE, BAKED IDEAS: 450 Broadway, New York, NY 10013. Tel. (212) 925–9097.

COLETTE PETERS: 327 West 11th Street, New York, NY 10014. Tel. (212) 366–6530.

CLIFF SIMON, CAKES BY CLIFF: 529 East 6th Street, New York, NY 10009. Tel. (212) 777–9253.

Cheryl Kleinman von Cheryl Kleinman Cakes

Seija Goldstein mit Tochter Jennie

Tante Olgas

KARDAMOM-KUCHEN

Die traditionelle Kaffeetafel in Finnland bietet eine köstliche Reihe hausgebackener Süßwaren, die zu einer Tasse Kaffee kredenzt werden, berichtet Seija Goldstein. Ihre Tante Olga, die in Finnland lebt, zeigte ihr, wie man diesen Kuchen backt.

feine Semmelbrösel
2 große Eier
250 g Zucker
1 1/4 TL Kardamom, gemahlen
1 1/4 TL Backpulver
1 Prise Salz
160 g Mehl
250 g Schlagsahne
Puderzucker, zum Bestäuben

1. Den Ofen auf 180 °C vorheizen. Eine Kastenform (20 x 10 cm) einfetten und mit den Semmelbröseln ausstreuen.

2. Eier und Zucker in einer Rührschüssel schaumig schlagen.

3. Kardamom, Backpulver, Salz und Mehl mischen. Abwechselnd die Mehlmischung und die Sahne zur Ei-Zucker-Masse geben und gründlich vermengen. Den Teig in die vorbereitete Form füllen. 50–60 Minuten backen, bis bei der Garprobe kein Teig mehr am Holzstäbchen klebt. Auf einem Kuchengitter abkühlen lassen. Aus der Form nehmen und mit Puderzucker bestäuben.

Ergibt 6–8 Portionen

Evelyns

SANDTORTE

Evelyn Levin wuchs in Queens auf. Ihre deutsche Mutter zeigte ihr, wie man diesen köstlichen Kuchen backt.

125 g Butter, zimmerwarm
250 g Zucker
1 TL Zitronenschale, gerieben
2 große Eier
190 g Mehl
1 1/2 TL Backpulver
125 ml Orangensaft, frisch gepreßt

1. Den Ofen auf 180 °C vorheizen. Eine Kastenform (20 x 10 cm) einfetten.

2. In einer Schüssel Butter und Zucker schaumig schlagen. Zitronenschale und Eier zugeben und gut mischen.

3. In einer weiteren Schüssel Backpulver und Mehl mischen. Abwechselnd 6 Eßlöffel der Mehlmischung und 3 Eßlöffel Orangensaft zur Buttermasse geben und zwischen den einzelnen Zugaben gut rühren, bis alles zugegeben und der Teig glatt ist. Den Teig in die Kastenform füllen. 40–50 Minuten backen. Auf einem Kuchengitter abkühlen lassen. Dieser Kuchen schmeckt am besten, wenn er mindestens einen Tag vor dem Verzehr gebacken wird.

Ergibt 6–8 Portionen

George Washingtons MÖHRENKUCHEN

Dieser Kuchen wurde zur Feier des Abzugs der britischen Truppen am 25. November 1783 in der Fraunces Tavern gereicht. Einer der Gäste war George Washington, und ihm zu Ehren erhielt der Kuchen diesen Namen. Das Rezept wurde in veränderter Form dem *13 Colonies Cookbook* von Mary Donovan, Amy Hatrack u. a. entnommen.

250 g Mehl
1 EL Zimtpulver
2 TL Natron
1 TL Salz
190 ml Maisöl
500 g Zucker
4 große Eier, verquirlt
350 g Möhren, feingerieben
1 TL Puderzucker

1. Den Ofen auf 180 °C vorheizen. Eine Springform (22 cm Durchmesser) oder eine Napfkuchenform großzügig mit Öl einfetten.

Fraunces Tavern (1889). Mit freundlicher Genehmigung der New York Public Library Picture Collection

2. In einer mittelgroßen Schüssel Mehl, Zimt, Natron und Salz gründlich mischen und beiseite stellen.

3. In einer großen Schüssel Öl, Zucker, Eier und Möhren gut mischen. Die Mehlmischung zugeben und zu einem glatten Teig verrühren. In die vorbereitete Form füllen und 1 Stunde backen, bis sich der Kuchen feucht, aber fest anfühlt. Abkühlen lassen, aus der Form nehmen und mit Puderzucker bestäuben.

Ergibt 8–10 Portionen

CRANBERRY-NUSS-Kuchen

Marilyn Froim aus Brooklyn mag an diesem Rezept vor allem »die köstliche Mischung verschiedener Aromen«. Den Kuchen ißt ihre Familie gerne um Thanksgiving, wenn es Cranberries in Hülle und Fülle gibt.

125 g Butter oder Margarine, zimmerwarm
250 g Zucker
2 große Eier
5 Tropfen Mandelaroma
250 g Mehl
1 TL Backpulver
1 TL Natron
1/2 TL Salz
250 g Naturjoghurt oder saure Sahne
100 g Walnüsse, in Stücke gebrochen
250 g Cranberrysauce mit ganzen Früchten, am besten selbstgemacht

1. Den Ofen auf 180 °C vorheizen. Eine Napfkuchenform (25 cm Durchmesser) einfetten.

2. In einer großen Schüssel Butter und Zucker gründlich verrühren. Eier und Mandelaroma zugeben und gut durcharbeiten.

3. Mehl, Backpulver, Natron und Salz mischen und abwechselnd mit dem Joghurt zur Butter-Zucker-Masse geben. Die Hälfte der Walnußstücke einrühren.

4. Die Hälfte des Teigs gleichmäßig auf dem Boden der Form verteilen. Die Hälfte der Cranberrysauce gleichmäßig auftragen. Löffelweise den restlichen Teig nun auf der Sauce, darauf die restliche Sauce und die Nüsse verteilen.

5. 50–55 Minuten backen, bis bei der Garprobe kein Teig mehr am Stäbchen haftenbleibt. Auf einem Kuchengitter 5 Minuten abkühlen lassen. Aus der Form nehmen und ganz abkühlen lassen.

Ergibt 8–10 Portionen

Doris Hoskings

TOMATENSUPPEN-KUCHEN

Dieser Kuchen hat wie Möhren- oder Kürbiskuchen eine feuchte Konsistenz und einen delikaten, etwas herben Geschmack. Nur die wenigsten erraten die Zutat. Reste können bis zu einer Woche aufgehoben werden.

125 g festes, kaltes Pflanzenfett (z. B. Palmin)
250 g Zucker
1 großes Ei
300 ml Tomatensuppe
250 g Mehl
1 1/2 TL Backpulver
1 TL Zimtpulver
1 TL Muskatnuß, frisch gerieben
1/2 TL Gewürznelken, gemahlen
1 Prise Salz
60 g Walnüsse, gehackt
90 g Rosinen (nach Belieben)
Puderzucker, zum Bestäuben

1. Den Ofen auf 180 °C vorheizen. Eine Napfkuchenform leicht einfetten.

2. Backfett in einer großen Schüssel schaumig schlagen. Zucker und Eier zugeben und zu einer glatten Masse verrühren. Suppe einrühren, dann alle trockenen Zutaten zugeben und zu einem glatten Teig verrühren. In die Form füllen und 40–45 Minuten backen. Garprobe machen.

3. Aus dem Ofen nehmen und in der Form abkühlen lassen. Aus der Form nehmen und mit Puderzucker bestäuben.

Ergibt 8–10 Portionen

BRAUNER-ZUCKER-

Kuchen

Elizabeth Benjamin bekam dieses Rezept von ihrer Tante Phil. Sie serviert den Kuchen zu allen Tageszeiten.

4 große Eier
450 g brauner Zucker
8 Tropfen Vanillearoma
220 g Mehl, gesiebt
100 g Datteln, gehackt
1 Prise Salz

1. Den Ofen auf 180 °C vorheizen.

2. Eier und Zucker im heißen, aber nicht kochenden Wasserbad unter häufigem Rühren etwa 20 Minuten erhitzen, bis die Masse dickflüssig vom Löffel tropft.

3. Vanillearoma, Mehl, Datteln und Salz zugeben. In eine ungefettete Backform (33 x 23 cm) füllen. 20 Minuten backen, bis in der Kuchenmitte kein Teig mehr am Holzstäbchen haftenbleibt. In der Form abkühlen lassen. Zum Servieren in Vierecke schneiden.

Ergibt 6–8 Portionen

AUF DEM GIPFEL DES MÖHRENKUCHENBERGS

Renee Allen Mancino, die Inhaberin von Carrot Top Pastries, backt vielleicht den besten Möhrenkuchen der Welt.

In knapp 10 Jahren konnte sie ihr am heimischen Herd entstandenes Unternehmen zu einer Großbäckerei und zwei Cafés ausbauen. Sie zaubert Kuchen für ein Dutzend der besten Restaurants und ausgesuchte Delikatessenläden in Manhattan, aber auch für Stevie Wonder, Erzbischof Desmond Tutu, Richard Pryor und andere Berühmtheiten.

Anfangs stand für den Transport der Lieferungen nur ein Einkaufswagen zur Verfügung; heute fährt sie einen BMW. Sie ist selbst von ihrem Erfolg beeindruckt, betrachtet ihn aber nicht als persönlichen Verdienst, sondern sieht sich als typisches Produkt des »amerikanischen Traums«.

»Ich bin eine Provinzlerin in der großen Stadt«, erzählt sie uns. Sie wuchs in Cleveland auf und zog 1970 nach New York. Manche Leute aus Ohio werden einfach mit dem Mut geboren, von zu Hause fort- und ihren eigenen Weg zu gehen. Heute ist sie Mitte vierzig, und ihre Selbstfindung war stets eng mit Möhrenkuchen und gewissen Charaktereigenschaften verbunden. »Ich mußte mir alles schwer erarbeiten, aber wenn ich etwas begriffen habe, merke ich es mir für immer«, erklärt sie.

FRÜH ÜBT SICH ...

Ihre Lehrzeit begann schon in der Jugend. »Ich benahm mich wirklich schlecht«, erzählt sie. »Meine Mutter und Großmutter, zwei brave, gottesfürchtige Damen, brachten mir das Backen bei, um mich von der Straße fernzuhalten.«

Ihre Mühe wurde nicht gleich belohnt. Mit 15 kam Renee Allen für ein Jahr in die Besserungsanstalt, weil sie unerlaubt dem Unterricht ferngeblieben war. »Ich verließ diese Schule mit einem guten Zeugnis und wollte Medizin studieren«, erinnert sie sich. Bei der Beerdigung ihrer Großmutter entdeckte sie dann ihr besonderes Interesse: nämlich an Gerichtsmedizin.

Sie zog nach New York, studierte Medizin, trat den Black Muslims bei, heiratete unglücklich, bekam ein Baby und wurde Witwe. Nach dem Tode ihres Mannes mußte sie allein für sich und ihr Kind sorgen. Sie begann, Möhrenkuchen zu backen.

Ihre ersten Versuche schickte sie gratis an einen Black Muslim-Anhänger im Gefängnis. Ihr Talent sprach sich schnell herum. Ein Jahr später backte sie jede Woche 1200 Kuchen. »Die Häftlinge durften mittwochs telefonieren«, erzählt sie, »ich bekam ständig neue Aufträge.«

Und sie machte sich an die Arbeit. »Ich nahm meine 38er und meinen Einkaufswagen, kaufte die notwendigen Zutaten bei Pathmark, ging nach Hause und fing zu backen an.« Die Kuchen wurden samstags von Familien abgeholt, die Angehörige im Gefängnis besuchten.

Der Sonntag war dem Lernen gewidmet. 1977 schaffte sie die Aufnahmeprüfung der Medizinischen Fakultät der Columbia University. Den Sommer verbrachte sie mit Backen, um ihr Studium und den Unterricht ihrer Tochter zu finanzieren. Zwei Tage vor Beginn ihres Studiums hatte sie einen schweren Autounfall. Ihr Erinnerungsvermögen hat sich davon nie wieder vollständig erholt.

»Ich hatte alles vergessen. An die Medizinische Fakultät war nicht mehr zu denken. Ich wußte nicht einmal mehr meinen Namen.«

Sie erinnerte sich allerdings an ihre Tochter. Und allmählich kamen auch andere Erinnerungen zurück: »Ein paar chemische Formeln und wie man Möhrenkuchen backt.«

Sie nahm die Gefängnis-Bäckerei wieder auf, belieferte jetzt aber auch Restaurants und Delikatessenläden.

Manchmal gibt es doch ein Happy-End

1980 heiratete sie den Polizisten Robert Mancino. Auf Streife fand er eines Tages den geeigneten Laden am Broadway (Ecke 214th Street). Um auch am anderen Ende Manhattans ausliefern zu können, bauten sie einen Pritschenwagen zu einer fahrbaren Bäckerei um und fuhren zwei Jahre lang täglich zur Wall Street. Vor etwa 15 Jahren eröffneten sie ein zweites Café und eine Bäckerei am Broadway.

Mrs. Mancino hat viel über Möhren gelernt – kanadische Möhren etwa sind zu bitter, kalifornische Möhren eignen sich am besten. Werden sie zu früh geraspelt, ist der Kuchen nicht feucht genug, und mit pflanzlichem Öl geht er besser auf als mit Butter.

Sie hat aber auch viel über sich selbst gelernt. »Man sagt ja, daß Gott Kinder und Narren beschützt. Ich gehöre dazu.«

Nach 17 Jahren als Muslimin ist sie wieder zum Christentum übergetreten. Ihre Tochter hat den Abschluß am College geschafft, und ihr Gatte hat ein neues Zuhause gebaut, in dem auch eine *Boa constrictor* namens Cleo Patrick wohnt. Mrs. Mancino hat mehr Aufträge, als sie annehmen kann.

Eines Nachmittags, als sie im gelbbraunen Overall mit Pumps, einer kurzen Perlenkette und einer Seemannsmütze auf dem Kopf gerade voller Zorn die Frontseite ihres Ladens neu streicht, um die Schmierereien von ein paar Unbelehrbaren zu entfernen, tritt sie zwei Schritte zurück und freut sich über die 2,70 m lange, orange fluoreszierende Möhre über dem Eingang. Dann wirft sie einen Blick auf die Riverdale Leichenhalle auf der anderen Straßenseite, lächelt zufrieden und meint: »Ich fühle mich hier wirklich wohl.«

Renee Mancino vor ihrem Carrot Top Pastries

Möhren- KUCHEN

Ein vorzüglicher Möhrenkuchen von Renee Mancino.

Im Carrot Top ist Möhrenkuchen der Renner, aber der heiße Apfelkuchen ist auch nicht zu verachten.

TEIG
250 ml Pflanzenöl
500 g Zucker
500 g Möhren, frisch gerieben (etwa 7 Stück)
125 g Walnüsse, grobgehackt
250 g Mehl
1 EL Backpulver
1 TL Zimtpulver
1 TL Muskatnuß, frisch gerieben
½ TL Salz
4 große Eier

GUSS
4 EL Butter, zimmerwarm
60 g festes, kaltes Pflanzenfett (z. B. Palmin)
120 g Frischkäse, zimmerwarm
2 EL Milch
15 Tropfen Vanillearoma
230 g Puderzucker

1. Den Ofen auf 180 °C vorheizen. Eine Backform (28 x 22 cm) einölen.

2. Für den Teig Öl, Zucker, Möhren, Walnüsse, Mehl, Backpulver, Zimt, Muskatnuß und Salz in einer großen Schüssel gut durchrühren. Die Eier unterrühren. Den Teig in die vorbereitete Form füllen. 45 Minuten backen, bis die Oberfläche auf Druck leicht nachgibt. In der Form auf einem Kuchengitter abkühlen lassen.

3. Für den Guß Butter, Pflanzenfett und Frischkäse in einer mittelgroßen Schüssel cremig schlagen. Milch, Vanillearoma und Puderzucker zugeben und zu einem glatten Teig verarbeiten. Den Guß erst auftragen, wenn der Kuchen abgekühlt ist.

Ergibt 8–10 Portionen

Ray Krafts ÜBERRASCHUNGS-TORTE MIT SAUERKRAUT

Auch Sauerkraut gibt einem Kuchen Feuchtigkeit und ein geheimnisvolles Aroma. Dieses Rezept beruht auf der von Linda Gillies herausgegebenen *Culinary Collection from the Metropolitan Museum of Art*.

TEIG
125 g Butter, zimmerwarm
375 g Zucker
3 große Eier
5 Tropfen Vanillearoma
250 g Mehl
1 TL Backpulver
1 TL Natron
½ TL Salz
110 g ungesüßtes Kakaopulver
200 g Sauerkraut (frisch oder im Beutel, keine Dosenware), gut gewaschen, abgetropft und feingeschnitten

GLASUR
120 g Halbbitterschokolade, gehackt
60 g ungesüßte Schokolade, gehackt

4 EL Butter
125 g saure Sahne
5 Tropfen Vanillearoma
1/4 TL Salz
310 g Puderzucker, gesiebt

1. Für den Teig den Ofen auf 180 °C vorheizen, eine Bundform einfetten und mit Mehl bestäuben.

2. Butter und Zucker in einer großen Schüssel schaumig schlagen. Die Eier einzeln unterrühren, dann das Vanillearoma zugeben.

3. Mehl, Backpulver, Natron, Salz und Kakao durchsieben. Die trockenen Zutaten und 250 ml Wasser abwechselnd langsam zu der cremigen Mischung geben. Das Sauerkraut unterheben. In die vorbereitete Form füllen und 35–40 Minuten backen.

4. In der Form ganz abkühlen lassen.

5. Für die Glasur beide Schokoladensorten und die Butter im Wasserbad schmelzen. Vom Herd nehmen. Saure Sahne, Vanillearoma und Salz unterrühren. Den Puderzucker langsam zugeben und so lange schlagen, bis die Masse gut streichbar ist.

6. Erst nach vollständigem Abkühlen die Form entfernen und den Kuchen glasieren.

Ergibt 8–10 Portionen

KÄSEKUCHEN

mit Mokka-Aroma

Diesen reichhaltigen Kuchen backt Kochbuchautorin Kate Slate in ihrer Wohnung in der Upper West Side.

BODEN
250 g dünne Schokoladenkekse
60 g Zucker
1 TL Zimtpulver

Schokoladenkekse und Espresso geben Kate Slates Teig einen leichten Mokkageschmack.

1 EL plus 1 TL Instant-Espressopulver
1 Prise Salz
6 EL Butter, zerlassen

FÜLLUNG
675 g Frischkäse
160 g Zucker
2 TL Instant-Espressopulver
1/2 TL Salz
3 große Eier
750 g saure Sahne
1 1/2 EL Kahlua oder brauner Rum
5 Tropfen Vanillearoma
2 EL Butter, zerlassen

1. Den Ofen auf 180 °C vorheizen, eine Springform (22 cm Durchmesser) einfetten.

2. Für den Teig die Schokoladenkekse in der Küchenmaschine oder mit dem Mixer zu feinen Krümeln zermahlen. Zucker, Zimt,

Espressopulver und Salz zugeben. In eine Schüssel geben, die Butter zugießen und mit einer Gabel mischen, bis die Krümel gut angefeuchtet sind. Die Mischung gleichmäßig auf dem Boden der Form verteilen und vorsichtig andrücken. Den Rand nicht vergessen.

3. Für die Füllung Frischkäse, Zucker, Espressopulver, Salz und Eier in der Küchenmaschine zu einem glatten Teig verarbeiten. Darauf achten, daß nichts an den Wänden haftenbleibt. Saure Sahne, Kahlua bzw. Rum, Vanillearoma und Butter untermischen.

4. Die Füllung in die Form gießen. Auf der mittleren Schiene 45 Minuten backen.

5. Den Herd ausschalten, die Ofentür etwas öffnen und den Kuchen 1 Stunde im Ofen abkühlen lassen.

6. Auf einem Kuchengitter auf Zimmertemperatur abkühlen lassen. Abdecken und mindestens 8 Stunden vor dem Servieren kalt stellen.

Ergibt 10–12 Portionen

KÄSEKUCHEN

auf New Yorker Art

125 g plus 3 EL Mehl
500 g Zucker
2 1/2 TL unbehandelte Zitronenschale, gerieben
4 Tropfen Vanillearoma
3 Eigelb
125 g Butter, zimmerwarm
1100 g Frischkäse, zimmerwarm
1 1/2 TL unbehandelte Orangenschale, gerieben
5 Eier
60 g Schlagsahne

1. 125 g Mehl, 125 g Zucker und 1 Teelöffel Zitronenschale in einer Schüssel mischen. Eine Mulde hineindrücken. Ein Eigelb, die Butter und 2 Tropfen Vanillearoma zugeben. Mit einer Gabel durcharbeiten. Falls erforderlich, bis zu 2 Teelöffel Wasser zugeben, so daß sich die Masse gut kneten läßt. Eine Teigkugel formen, in Frischhaltefolie wickeln und in den Kühlschrank stellen. 1 Stunde ruhen lassen.

2. Den Ofen auf 200 °C vorheizen. Boden und Rand einer Springform (23 cm Durchmesser) mit Butter einfetten.

3. Frischkäse, den restlichen Zucker, 3 Eßlöffel Mehl, 1 1/2 Teelöffel Zitronenschale sowie die gesamte Orangenschale in einer Rührschüssel gut mischen. Die 5 ganzen Eier, die restlichen 2 Eigelb und 2 Tropfen Vanillearoma einrühren, dann die Schlagsahne unterziehen. Gut durchrühren.

4. Ein Drittel des gekühlten Teigs auf einer bemehlten Arbeitsfläche ausrollen (der Teig ist feucht und zerfällt leicht). Mit den Händen stückweise gleichmäßig am Formboden andrücken. Es macht nichts, wenn der Boden so aussieht, als könne er jederzeit auseinanderbrechen. 15 Minuten goldbraun backen und

An der Theke bei Junior's ist der Käsekuchen der absolute Renner (siehe Rezept gegenüber).

in der Form auf einem Kuchengitter abkühlen lassen.

5. Den restlichen Teig stückweise ausrollen und damit den Rand der Springform auskleiden. Keine Löcher im Teig lassen. Die Kanten glattstreichen.

6. Die Ofentemperatur auf 290 °C erhöhen. Die Frischkäsemischung auf den Teig füllen. 12–15 Minuten backen. Die Temperatur auf 100 °C reduzieren und eine weitere Stunde backen. Den Ofen ausschalten und bei weit geöffneter Ofentür 30 Minuten abkühlen lassen.

Ergibt 8–10 Portionen

Juniors
KÄSEKUCHEN

20 g Vollkorncracker, zerkrümelt
210 g Zucker
3 EL Maisstärke, gesiebt
850 g Frischkäse, zimmerwarm
1 großes Ei
125 g Schlagsahne
4 Tropfen Vanillearoma

1. Den Ofen auf 180 °C vorheizen, Boden und Rand einer Springform (20 cm Durchmesser) gut einfetten. Die Cracker-Krümel dünn auf den Boden der Springform streuen. In den Kühlschrank stellen.

2. Zucker und Stärke in einer großen Schüssel mischen. Den Frischkäse unterschlagen, dann das Ei. Die Schlagsahne langsam und unter ständigem Rühren tropfenweise zugeben. Das Vanillearoma zugeben und gut mischen. Mischung in der vorbereiteten Form 40–45 Minuten goldbraun backen. In der Form auf einem Kuchengitter 3 Stunden kühlen.

Ergibt 8–10 Portionen

Sarah Challinor Smiths
KÄSEKUCHEN

BODEN
120 g Vollkorncracker, zerkrümelt
80 g Zucker
125 g Butter, zerlassen

FÜLLUNG
675 g Frischkäse, zimmerwarm
125 g Zucker
4 große Eier
1 Msp. Salz
8 Tropfen Vanillearoma

BELAG
500 g saure Sahne
60 g Zucker
5 Tropfen Vanillearoma

1. Den Ofen auf 180 °C vorheizen. Boden und Rand einer Springform (22 cm Durchmesser) einfetten.

2. Für den Boden die Cracker-Krümel, Zucker und Butter in einer Schüssel mischen. In die vorbereitete Form drücken und 5 Minuten kalt stellen.

3. Für die Füllung Frischkäse, Zucker, Eier, Salz und Vanillearoma in der Küchenmaschine oder mit dem Rührgerät zu einer glatten Masse verarbeiten. Auf den gekühlten Teig geben. Etwa 50–60 Minuten goldbraun backen. In der Form auf einem Kuchengitter etwas abkühlen lassen. Den Ofen noch nicht abschalten.

4. Inzwischen für den Belag saure Sahne, Zucker und Vanille verrühren, auf dem erkalteten Kuchen verteilen und nochmals etwa 15 Minuten backen. Mit Frischhaltefolie abdecken und vor dem Servieren über Nacht kalt stellen.

Ergibt 6–8 Portionen

NEW YORKER KÄSEKUCHEN

New York hat weder das Steak noch den Käsekuchen erfunden. Aber solche Details konnten die New Yorker noch nie in ihrem Elan bremsen.

Es interessiert sie einfach nicht, daß frischer Käsekuchen in Europa schon seit 1440 gebacken wurde. Als Karin Hess ihre Faksimile-Ausgabe von *The Virginia Housewife* durchblätterte (einem Kochbuch von Mary Randolph aus dem Jahr 1824), fand sie Rezepte für Zitronenkäsekuchen und Käsekuchenpudding, die schon aus dem Jahr 1736 stammten. Damals aß man in New Amsterdam süßen holländischen Kümmelkuchen oder Pfannkuchen aus Kürbis und Maismehl.

Doch die New Yorker winken da nur ab und behaupten, das sei einfach noch kein richtiger Käsekuchen gewesen, weil es den New Yorker Käsekuchen noch nicht gab. So erklärt sich auch die Bezeichnung ›New Yorker Käsekuchen‹. Wie besitzergreifend diese Stadt nur ist!

Was wir unter ›Käsekuchen‹ verstehen

Was den New Yorker Käsekuchen angeht, so ergriff die Stadt zunächst Besitz von einem Kuchen, der nach osteuropäischer Art mit Quark oder Frischkäse zubereitet wurde. (Bitte erzählen Sie das niemandem, der in der Bronx in der Nähe der Arthur Avenue oder in Bensonhurst in Brooklyn aufgewachsen ist, wo Käsekuchen nach italienischer Art mit Ricotta hergestellt wird. Das Rezept dazu folgt.)

Die ersten Versionen lagen bestimmt schwer im Magen, denn in *Bronx Primitive*, ihren Memoiren über eine Kindheit in der Bronx, erinnert sich Kate Simon an den ›zementartigen Käsekuchen‹, den ihre Mutter immer freitags aus dem Ofen holte. Dennoch fand dieses Rezept seinen Weg in die Restaurants. Um 1940 war Käsekuchen der häufigste Nachtisch bei Lindy's, jenem sagenumwobenen Restaurant im Theaterviertel, das Schauspieler jeden Abend stürmten, um noch ein Dessert zu essen.

Der Rummel, der um den Käsekuchen von Lindy's gemacht wurde, ist wahrscheinlich nicht der einzige Grund, weshalb man bei Lindy's auch heute noch an Käsekuchen denkt. In solchen Häusern wie Simon's oder Lindy's erlebte der osteuropäische Kuchen eine beispiellose

Möchte das Schild im Schaufenster uns etwa sagen, daß Kinder nichts zahlen? – Dann guten Appetit!

Leichtigkeit. Lindy's Käsekuchenrezept (siehe Seite 434) erschien in mehreren Kochbüchern.

Cookies gegen Vollkorn-Cracker

Albert Dunayer, dessen Bäckerei in New Jersey Dutzende von Käsekuchen nach privaten Rezepten herstellt (darunter auch Lindy's Rezept), behauptet, daß der legendäre Kuchen, wie anfangs alle New Yorker Käsekuchen, einen dicken Boden aus Plätzchenkrümeln hatte, nicht diesen hauchdünnen Boden aus Vollkornkekskrümeln.

»Die Leute wollten diesen schweren Plätzchenboden nicht«, meint der Besitzer von A & D Cheesecake in East Brunswick (New Jersey). »Ich konnte diese Verschwendung nicht länger dulden.« Seine Kreation entstammt der New Yorker Käsekuchentradition: eine verfeinerte Variante von Junior's Käsekuchen mit einem Boden aus Vollkornkrümeln (siehe Seite 435).

Da sich an einem guten Käsekuchenrezept nicht viel ändern läßt, werden Nuancen heftig diskutiert. Der Name »Junior's« stammt z. B. von einem Delikatessengeschäft, das 1929 in der Flatbush Avenue eröffnet wurde. Dessen weicher Kuchen mit einem Boden aus Vollkorn-Krümeln hat seine Anhänger: Walter Rosen, Sohn des »Junior«-Begründers, bestellt jede Woche 4 Tonnen Frischkäse, um seine Kunden zufriedenzustellen.

Neben »Linda's Käsekuchen«, seiner eigenen Kreation, stellt Mr. Dunayer jeden Tag Kuchen für private Kunden her und sagt, daß leichte Aromen wie Kirschen oder Ananas den dominanten Fruchtbelag von einst ersetzt haben. Andere behaupten, daß diese winzige Abweichung keine eigene Kreation rechtfertigen könne und daß sie lediglich eine Verbesserung der früheren und weit subtileren Aromen sei, die es schon zu Mary Randolphs Zeiten gab.

»Vanille! Man braucht nur einen Hauch Vanille, und die Schwiegereltern samt Familie kündigen ihren Besuch just für den Tag an, an dem Sie diesen Kuchen backen wollen«, behauptet Sarah Challinor Smith aus Manhattan. Sie gibt zu, daß ihr mit saurer Sahne überzogener Käsekuchen eigentlich nicht von hier stammt, sondern »von einer Freundin aus Boston. Aber ich habe ihn schon so oft gebakken, daß ich ihn wohl als meinen Käsekuchen bezeichnen darf.«

Auf der anderen Seite der Stadt bereitet Kate Slate ihren Käsekuchen mit Mokka. »Es kann sein, daß ich von einem Zeitungsrezept inspiriert wurde«, sagt sie geheimnisvoll über ihr Rezept.

Für manche ist Ricotta als Zutat ein Unding. »Bei Käsekuchen denkt man an etwas Weiches«, ereifert sich Mrs. Smith. Aber wahrscheinlich erschauderten auch die, die früher Böden aus Plätzchenkrümeln backten, als Vollkorn-Cracker-Böden aufkamen. Für die meisten Italiener hier ist der Ricotta-Kuchen besser als der mit Frischkäse, und viele sagen ihm eine große Zukunft voraus.

»Ricotta hat diesen süßen, milchigen Geschmack«, meint der Designer Scott Bromley aus Manhattan, der während einer Ausstellung in Mailand zum Ricotta-Käsekuchen konvertierte. Er weist darauf hin, daß sich der traditionelle italienische Osterkuchen aus Ricotta und Trockenbeeren längst durchgesetzt hat und seit fast 2000 Jahren nachgemacht wird – und tatsächlich stehen die Leute vor den Bäkkereien in Brooklyn und Queens wegen dieses Kuchens Schlange.

Wie dem auch sei, »die New Yorker versuchen ständig, alles zu verbessern«, fährt er fort, »besonders ihr Image.«

Welches Schicksal erwartet wohl den Ricotta-Käsekuchen mit Plätzchenboden? Warten wir es ab.

Scott Bromleys
RICOTTA-KUCHEN

BODEN
280 g Mehl
125 g Zucker
1 Msp. Salz
125 g Butter, gekühlt und in kleine Stücke geschnitten
1 großes Ei
1 großes Eigelb
2 TL unbehandelte Zitronenschale, gerieben
80 ml Eiswasser

FÜLLUNG
450 g frischer Ricotta
125 g Zucker
1 EL Mehl
4 große Eier, getrennt
60 g Schlagsahne
60 g saure Sahne
5 Tropfen Vanillearoma
2 EL Marsala
1/4 TL Salz

1. Für den Boden Mehl, Zucker und Salz in einer Schüssel mischen. Die Butter mit einer Gabel oder dem Mixer einarbeiten. Die Masse darf ruhig wie grobes Mehl aussehen. Das ganze Ei und das Eigelb sowie die Zitronenschale zugeben. Das Eiswasser teelöffelweise beimengen, bis sich die Masse zu einer festen Kugel formen läßt. Auf einer leicht bemehlten Arbeitsfläche zu einem glatten Teig verkneten. In Frischhaltefolie wickeln und kalt stellen. Währenddessen die Füllung vorbereiten.

2. Den Ofen auf 180 °C vorheizen. Eine flache Obstkuchenform (24 cm Durchmesser) einfetten.

3. Für die Füllung den Ricotta in der Küchenmaschine geschmeidigrühren. Zucker und Mehl zugeben und glattrühren. Eigelb, Schlagsahne, saure Sahne, Vanillearoma, Marsala und Salz mit einem Holzlöffel einrühren.

4. Eiweiß in einer separaten Schüssel zu Schnee schlagen und unter den Teig heben.

5. Den Teig auf einer leicht bemehlten Arbeitsfläche etwa 0,5 cm dick ausrollen. In die Form geben. Die Füllung darauf verteilen. 50–60 Minuten goldbraun backen. Den Ofen ausschalten und den Kuchen bei geöffneter Ofentür noch 30 Minuten im Ofen stehenlassen.

Ergibt 8–10 Portionen

Cathys
WEIZENKORN-PIE

Gästen, die gerne süße Desserts mögen, wird diese gehaltvolle Pie gut schmecken.

WEIZENKÖRNER
110 g ungeschrotete Weizenkörner
250 ml Milch
2 EL Butter
250 g Zucker
1/4 TL Zimtpulver
1/4 TL unbehandelte Zitronenschale, gerieben

BODEN
220 g Mehl
125 g Zucker
1/2 TL Backpulver
1 Prise Salz
1 Prise Zimtpulver
125 g Butter, gekühlt und in kleine Stücke geschnitten
2 Eigelb
60 ml Marsala, Rum oder trockener Sherry, gekühlt

BELAG
450 g Ricotta
3 große Eier
50 g Zitronat, gehackt (nach Belieben)
Puderzucker, zum Bestäuben (nach Belieben)

1. Die Weizenkörner 48 Stunden in reichlich kaltem Wasser einweichen; das Wasser täglich wechseln. Gut abtropfen lassen.

2. Die Weizenkörner in 1 Liter Wasser 15 Minuten weich kochen. Abtropfen lassen und in eine saubere Kasserolle geben. Milch, Butter, Zucker, Zimt und Zitronenschale zugeben und aufkochen lassen. Auf niedriger Stufe 1 Stunde köcheln lassen, bis die gesamte Milch aufgesogen ist.

3. Den Ofen auf 170 °C vorheizen. Eine Springform (26 cm Durchmesser) mit Butter einfetten.

4. Inzwischen für den Boden Mehl, Zucker, Backpulver, Salz und Zimt durch ein Sieb streichen. Die Butter im Mixer oder mit zwei Gabeln grob einarbeiten. Die Eigelbe zugeben und gründlich einrühren. Langsam den Wein zugießen, bis der Teig krümelig aussieht.

5. Den Teig zusammendrücken und eine Kugel formen. Zwischen zwei Lagen Backpapier zu einer runden Teigplatte von 30 cm Durchmesser ausrollen und in die vorbereitete Form drücken. Die Teigreste ausrollen und in Streifen schneiden. Die Pie 10 Minuten vorbacken, dann abkühlen lassen.

6. Für den Belag Ricotta in einer Schüssel geschmeidigschlagen. Die Eier einzeln und nach Belieben das Zitronat zugeben. In die Weizenkornmischung einrühren. Den Belag auf den Pieboden geben und mit den Teigstreifen gitterförmig belegen. 50 Minuten backen, bis bei der Garprobe kein Teig mehr am Stäbchen haftenbleibt. Nach Belieben mit Puderzucker bestäuben.

Ergibt 6–8 Portionen

Beth Polazzos

KARAMEL-KEKSE

Beth Polazzos Karamel-Brownies stehen auf der Bestsellerliste der Gäste eindeutig an erster Stelle.

Beth Polazzo mit einem Teller frischer Brownies

60 g Mehl
1 TL Backpulver
½ TL Salz
4 EL festes, kaltes Pflanzenfett (z. B. Palmin)
170 g brauner Zucker
1 großes Ei
3 Tropfen Vanillearoma
60 g Walnüsse, gehackt
60 g Halbbitterschokolade, geraspelt

1. Den Ofen auf 180 °C vorheizen. Eine Backform (20 x 20 cm) mit Butter einfetten und leicht mit Mehl bestäuben.

2. Mehl, Backpulver und Salz in einer Rührschüssel mischen und beiseite stellen.

3. Fett auf mittlerer Stufe in einer Kasserolle zerlassen. Zucker einrühren, vom Herd nehmen und 5 Minuten abkühlen lassen.

4. Das Ei schnell einrühren. Die Mehlmischung einrühren. Nacheinander unter ständigem Rühren Vanillearoma, Walnüsse und Schokoladenraspel zugeben. Die Masse in der Backform verteilen und 25 Minuten backen.

5. Den noch warmen Kuchen in 16 Stücke schneiden.

Ergibt 16 Brownies

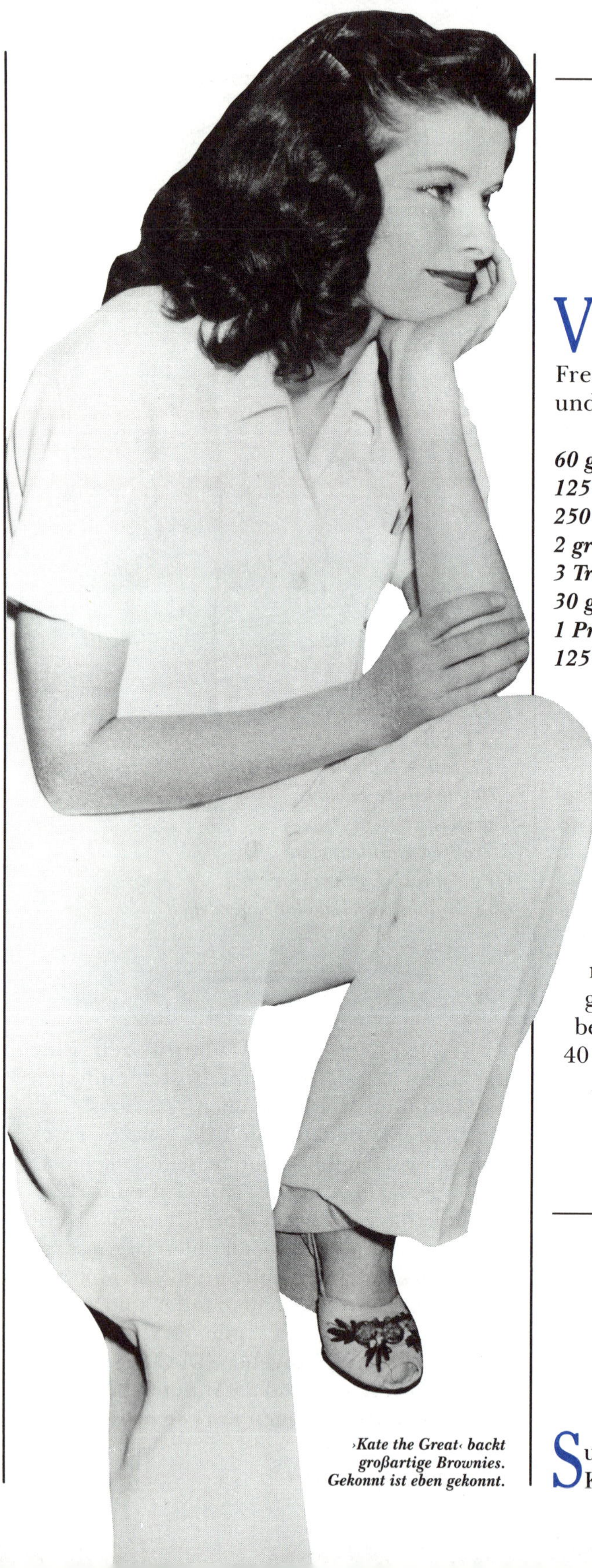

›Kate the Great‹ backt großartige Brownies. Gekonnt ist eben gekonnt.

Katharine Hepburns

BROWNIES

Vor fast 30 Jahren bekam die Klatschkolumnistin Liz Smith das Brownie-Rezept ihrer Freundin Katharine Hepburn in die Finger und veröffentlichte es in der *New York Post*.

60 g ungesüßte Schokolade
125 g Butter
250 g Zucker
2 große Eier, leicht verquirlt
3 Tropfen Vanillearoma
30 g Mehl
1 Prise Salz
125 g Walnüsse, grobgehackt

1. Den Ofen auf 160 °C vorheizen. Eine Backform (20 x 20 cm) mit Butter einfetten und bemehlen.

2. Schokolade und Butter auf niedriger Stufe in einem Topf zerlassen. Vom Herd nehmen und den Zucker unterrühren. Eier und Vanillearoma zugeben und glattrühren. Mehl, Salz und Nüsse zugeben. Glattrühren, in die Backform füllen und 40 Minuten backen.

Ergibt 16 Brownies

Susan Mulcahys

HELLO DOLLYS

Susan bekam das Rezept für diese leckeren Kuchenriegel von ihrer Mutter Jean.

125 g Butter
125 g Krümel aus Honig-Vollkorn-Keksen
120 g gesüßte Kokosraspel
100 g Schokolade, geraspelt
125 g Walnüsse oder Pekannüsse, gehackt
400 ml Kondensmilch, gesüßt

1. Den Ofen auf 180 °C vorheizen.

2. Die Butter zerlassen und auf den Boden einer Backform (20 x 20 cm) geben. Die Krümel auf der Butter verteilen. Kokosraspel, geraspelte Schokolade, Nüsse nacheinander darüber streuen. Über alle Zutaten Milch gießen. Die geschichteten Zutaten nicht vermischen.

3. 30–35 Minuten backen, bis bei der Garprobe in der Mitte nichts am Stäbchen haftenbleibt. In der Form abkühlen lassen. In 5 cm große Quadrate schneiden, 1–2 Tage vor dem Servieren in Frischhaltefolie kalt stellen. Die Dollys lassen sich gut einfrieren.

Ergibt 16 Stücke

Robert Weinsteins

KUCHENRIEGEL »VOR DIÄTBEGINN«

Diese Kuchenriegel sind so nahrhaft, daß Sie zuerst nur Stückchen reichen sollten. Ihre Gäste verlangen bestimmt nach mehr.

340 g Frischkäse, zimmerwarm
500 g Zucker
4 große Eier
125 g Mehl
5 Tropfen Vanillearoma
90 g ungesüßte Schokolade, geschmolzen und abgekühlt
125 g Walnüsse, grobgehackt
100 g Milchschokolade, geraspelt

1. Den Ofen auf 170 °C vorheizen. Eine Kuchenform (22 x 22 cm) mit Butter einfetten.

2. Frischkäse und Zucker in einer großen Schüssel schaumig schlagen. Die Eier einzeln unterrühren. Mehl und Vanillearoma zugeben. Ein Drittel der Masse in eine kleine Schüssel füllen und beiseite stellen.

3. Die geschmolzene Schokolade in die große Schüssel geben und gut mischen. Den Teig in die Form füllen. Anschließend den Inhalt der kleinen Schüssel über die Schokoladenschicht geben und mit Walnüssen und geraspelter Schokolade bestreuen. 1 Stunde backen.

Ergibt 18 Riegel

Zabars

SCHWARZ-WEISS-COOKIES

Schwarz-Weiß-Cookies findet man in fast jedem New Yorker Delikatessengeschäft. Zabars Version dieser Kekse erinnert mit ihrem leichten Zitronenduft an die runden Kekse, die jeweils zur Hälfte in Schokolade und in Zuckerguß getaucht sind.

COOKIES
440 g Zucker
250 g Butter, zimmerwarm
4 große Eier
250 ml Milch
3 Tropfen Vanillearoma
2 Tropfen Zitronenaroma
300 g Auszugsmehl
1 TL Backpulver
1/2 TL Salz

GUSS
620 g Puderzucker
80–125 ml kochendes Wasser
30 Halbbitterschokolade

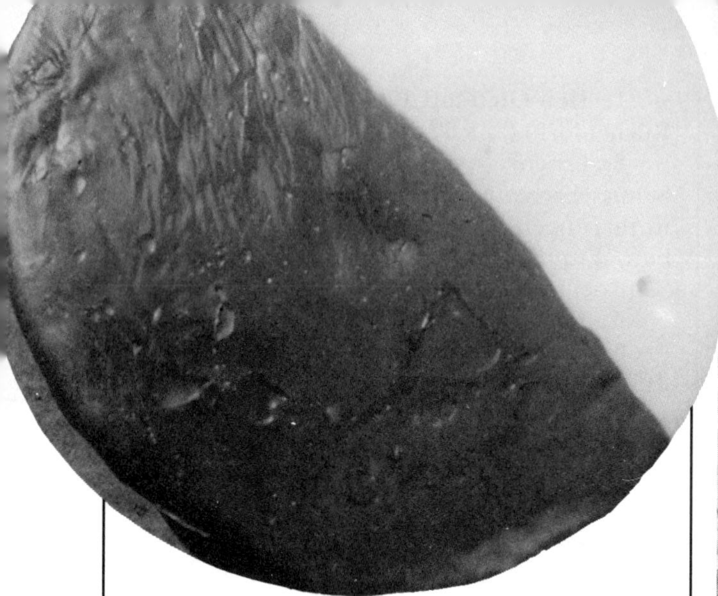

Das traditionelle Riesen-Schwarz-Weiß-Cookie

1. Den Ofen auf 190 °C vorheizen. Zwei Backbleche mit Butter einfetten und beiseite stellen.

2. Für die Cookies Zucker und Butter in einer Rührschüssel mit dem Rührgerät oder von Hand schaumig schlagen. Eier, Milch, Vanille- und Zitronenaroma zugeben. Zu einem geschmeidigen Teig verrühren.

3. Mehl, Backpulver und Salz in einer mittelgroßen Schüssel gut verrühren, portionsweise die trockenen Zutaten mit der Eier-Milch-Masse vermischen. Mit einem Suppenlöffel Teighäufchen im Abstand von 5 cm auf das vorbereitete Backblech geben. 20–30 Minuten backen, bis der Rand der Kekse braun wird. Völlig auskühlen lassen.

4. Für den Guß den Puderzucker in einer großen Schüssel unter ständigem Rühren nach und nach mit dem kochenden Wasser zu einer dicklichen Masse schlagen.

5. Die Hälfte des Gusses mit der Schokolade im Wasserbad erhitzen, bis die Schokolade geschmolzen und der Guß geschmeidig ist. Vom Herd nehmen. Die Cookies mit einem Pinsel auf einer Hälfte mit Schokolade, auf der anderen mit Zuckerguß bestreichen.

Ergibt 24 Cookies

Probieren Sie die pistaziengefüllten Leckereien bei Poseidon in der Ninth Avenue.

EINIGE DER BESTEN KONDITOREIEN

Vor 60 Jahren, als Alexander M. Selinger seine erste Konditorei in New York eröffnete, gab es an jeder Ecke gute Zuckerbäcker. »Die Kuchen wurden von Hand hergestellt, eine wahre Kunst.« Im Laufe der Jahre erlebte Mr. Selinger, der Inhaber der Eclair Bakeries, wie seine Mitbewerber nach und nach verschwanden. »Ich habe einige der Konditoren bei mir angestellt, doch unserer Kunst drohte das Aussterben.« Heute gibt es nur noch eine Handvoll traditioneller Konditoreien, die ihre Kuchen selbst backen und gerne auch Sonderaufträge annehmen.

ALBA: 7001 18th Avenue (Queens). Tel. (718) 232–2122. Die beste italienische Konditorei der Stadt. Handgefüllte Cannoli können hier bestellt werden; Zuppa Inglese und Cassata Siciliana – ein Biskuitkuchen aus Ricotta und Zitrone mit Zartbitterglasur – sind immer einen Besuch wert. Auch die traditionellen Feiertagskuchen werden hier hergestellt.

BONTÉ PATISSERIE: 1316 Third Avenue, zwischen 75th und 76th Street. Tel. (212) 535–2360. Eine französische Confiserie mit den wohl besten Obsttörtchen der Stadt.

COLETTE FRENCH PASTRY: 1136 Third Avenue, zwischen 66th und 67th Street. Tel. (221) 988–2605. Kuchen und Tarte à la française mit Cremefüllung und eine außergewöhnliche Kastanienbavaroise.

DUMAS PATISSERIE: 1330 Lexington Avenue, zwischen 88th und 89th Street. Tel. (212) 369–3900. Sehr gute Tartes und Croissants neben Blätterteiggebäck zum Mitnehmen und Sorbet nach französischer Art.

ECLAIR: 141 West 72nd Street, zwischen Columbus und Broadway. Tel. (212) 873–7700; Grand Central Terminal, Untergeschoß. Tel. (212) 684–8877; im Basement von Macy's, Herald Square. Tel. (212) 564–7166; 984 54th Street, Ecke First Avenue. Tel. (212) 759–5355. Eine traditionelle Konditorei mit über 200 Kuchensorten, leicht osteuropäisch angehaucht, aber an den amerikanischen Geschmack angepaßt. Ein süße Reise in die Vergangenheit.

LUNG MOON BAKERY: 83 Mulberry Street, Ecke Canal Street. Tel. (212) 349–4945. Der beste chinesische ›Moon‹-Kuchen, die besten Kokos-Buns und Eiercremetorten in Chinatown.

RIGO HUNGARIAN VIENNESE PASTRY: 318 East 78th Street, zwischen First und Second Avenue. Tel. (212) 988–0052. Wiener Süßspeisen wie Strudel und Schokoladen-Kastanien-Herzen.

SANT AMBROEUS: 1000 Madison Avenue, zwischen 77th und 78th Street. Tel. (212) 570–2211. Exquisite (und ziemlich überteuerte) italienische Kuchen.

WILLIAM GREENBERG: 1377 Third Avenue, zwischen 78th und 79th Street. Tel. (212) 861–1340; 1100 Madison Avenue, zwischen 82nd und 83rd Street. Tel. (212) 744–0304. Preiswerte Pies, Fruchtcrisps, Brownies, Schnecken (siehe Rezept Seite 448) und Cookies, die ihr Geld wert sind.

Tante Hettys

MOHNCOOKIES

Diese zarten, leicht süß-nussigen Cookies schmecken besonders zu einer Tasse Kaffee oder Tee oder einem Glas Dessertwein. Auch zu Eiscreme passen sie gut.

440 g Mehl
2¼ TL Backpulver
etwa 70 g Mohnsamen
190 g Butter oder Margarine, zimmerwarm
250 g Zucker
3 große Eier
10 Tropfen Vanillearoma

1. Den Ofen auf 180 °C vorheizen. Zwei Backbleche leicht mit Butter einfetten.

2. Mehl, Backpulver und Mohn in einer Schüssel mischen und beiseite stellen.

3. Butter und Zucker in einer Rührschüssel mit dem Mixer schaumig schlagen. Eier und Vanillearoma zugeben und auf niedriger Stufe geschmeidig schlagen.

4. Noch während der Mixer läuft, die trokkenen Zutaten nach und nach zugeben. Den Teig von den Seitenwänden der Rührschüssel in die Mitte streichen und eine weitere Minute gründlich vermengen.

5. Aus dem Teig teelöffelweise kleine, 1 cm dicke Bällchen formen. Die Teighäufchen auf das vorbereitete Backblech setzen und mit der nassen Handfläche zu 0,5 cm dicken Talern flachdrücken.

6. 20 Minuten goldbraun backen, auf ein Kuchengitter legen und abkühlen lassen. Luftdicht verpackt bleiben die Cookies mindestens 2 Wochen frisch.

Ergibt 7–8 Dutzend Cookies

Zoë Morsettes

HAFER-MAKRONEN

Zoë Morsette aus Long Island meint: »Dies sind meine Lieblingscookies. Meine norwegisch-amerikanische Mutter brachte sie aus Minnesota mit in den Osten Amerikas. Ich glaube, sie hat das Rezept in einem Kochbuch der Lutheraner in Duluth gefunden.«

250 g Zucker
170 g brauner Zucker
250 g Pflanzenfett (z. B. Palmin), zerlassen
2 große Eier, verquirlt
90 g gesüßte Kokosraspel
5 Tropfen Vanillearoma
1 TL Natron
½ TL Salz
125 g Mehl
360 g Haferflocken

Die Makronen von Zoe Morsette stammen wahrscheinlich aus Norwegen.

1. Den Ofen auf 190 °C vorheizen. Zwei Backbleche mit Butter einfetten.

2. Beide Zuckersorten, das zerlassene Fett und die Eier in einer großen Schüssel mischen. Kokosraspel und Vanillearoma einrühren.

3. Natron, Salz und Mehl in einer anderen Schüssel mischen. Zur Zucker-Ei-Mischung geben. Tassenweise die Haferflocken zugeben; kräftig rühren, bis die Masse sehr fest ist. Den Teig teelöffelweise im Abstand von 5 cm auf das vorbereitete Backblech setzen. 12–14 Minuten hellbraun backen.

Ergibt 72 Makronen

Großmutter Netties
MOND-COOKIES

Diese einfachen Cookies nach einem Rezept von Eric Asimovs Großmutter schmekken wunderbar zu einer Tasse Kaffee oder als Nachtisch.

250 g Zucker
375 g Mehl
2 TL Backpulver
1 Prise Salz
2 große Eier
125 ml Pflanzenöl
2 TL unbehandelte Zitronenschale, gerieben
70 g Mohnsamen

1. Den Ofen auf 180 °C vorheizen. Zwei Backbleche mit Butter einfetten.

2. Zucker, Mehl, Backpulver und Salz in einer großen Schüssel mischen. In die Mitte eine Mulde drücken und Eier, Öl, Zitronenschale, Mohn und 125 ml Wasser zugeben. Glattrühren und aus dem Teig zwei Kugeln formen.

3. Die Teigkugeln jeweils auf einer bemehlten Arbeitsfläche etwa 1 cm dick ausrollen. Mit einem bemehlten Glasrand Cookies ausstechen und im Abstand von 5 cm auf die Backbleche setzen. Die Teigreste zu einer Kugel formen und ebenso verarbeiten. 15 Minuten braun backen.

Ergibt etwa 24 Cookies

Davids Cookies aus guter Butter sind frisch, aromatisch und nicht zu übersehen.

Leckere
KARAMEL-SCHOKOLADEN-KEKSE

›Cookie King‹ David Leidermann behauptet, seine Cookies seien »leicht zu machen und zergehen auf der Zunge. Der feine Karamelgeschmack entwickelt sich beim Backen.«

250 g Butter, zimmerwarm
170 g brauner Zucker
1/2 TL Salz
3 Tropfen Vanillearoma
1 großes Ei
220 g ungebleichtes Mehl
230 g Halbbitterschokolade, grobgehackt

1. Den Ofen auf 180 °C vorheizen. Ein Backblech gut mit Butter einfetten.

2. Butter, Zucker, Salz, Vanillearoma und das Ei in einer großen Schüssel mit dem Mixer oder von Hand zu einem glatten Teig verarbeiten. Mehl und Schokolade zugeben und rühren, bis das Mehl gründlich eingearbeitet ist.

3. Mit einem Teelöffel kleine Teighäufchen im Abstand von 5 cm auf das vorbereitete Backblech setzen, etwa 6–8 Minuten backen, bis die Ränder hellbraun sind. Vom Blech nehmen und auf einem Kuchengitter abkühlen lassen.

Ergibt 20 Cookies

Starr Niegos RUGELACH

Mrs. Niegos Ur-Ur-Großmutter bekam dieses Rezept von einer Nachbarin, Mrs. Korngut, die im selben Haus an der Second Avenue, Ecke 13th Street lebte.

TEIG
250 g Butter, gekühlt
230 g Frischkäse, gekühlt
2 EL Zucker
250 g Mehl, gesiebt
2 Eigelb
5 Tropfen Vanillearoma

FÜLLUNG
90 g Aprikosenmarmelade
90 g Himbeermarmelade
Saft von 1/2 Zitrone
60 g Walnüsse, feingehackt
150 g Rosinen

1. Für den Teig Butter, Frischkäse, Zucker und Mehl mit den Fingerspitzen in einer Rührschüssel mischen.

2. Eigelbe und Vanillearoma in einer anderen Schüssel mischen. Zur Mehlmischung geben und zu einem glattem Teig verarbeiten. Den Teig zu einer Kugel formen, in Frischhaltefolie wickeln und über Nacht kalt stellen.

3. Den Ofen auf 220 °C vorheizen. Zwei Backbleche mit Butter einfetten und kalt stellen.

4. Für die Füllung Aprikosen- und Himbeermarmelade mit Zitronensaft verrühren. Den Teig auf einer bemehlten Arbeitsfläche 0,5 cm dick rechteckig ausrollen. Das Rechteck in drei Streifen und jeden Streifen in 12 etwa 10 cm große Dreiecke schneiden.

5. Die Dreiecke mit der Marmeladenmischung bestreichen. Jeweils mit gehackten Nüssen und ein paar Rosinen bestreuen. Jedes Dreieck von der Grundlinie her aufrollen und zu einem Halbmond formen. Mit der Spitze nach unten im Abstand von 5 cm auf das vorbereitete Backblech setzen. 10–15 Minuten hellbraun backen.

Ergibt etwa 36 Cookies

Gertrude Greenbergs SCHNECKEN

William Greenbergs Tante Gertrude zeigte ihm, wie man diese Schnecken macht. Er verkauft sie bis heute in den nach ihm benannten Läden.

SCHNECKEN
3 Päckchen Trockenhefe
125 ml lauwarmes Wasser (etwa 40–43 °C)
375 g leicht gesalzene Butter, zimmerwarm
125 g Zucker
3 Eigelb
1 1/2 TL destillierter Weißweinessig
250 g saure Sahne
690 g Mehl

FÜLLUNG
125 g Butter, zimmerwarm
170 g brauner Zucker
120 g Pekannüsse
1 EL Zimtpulver
340 g saftige, schwarze Rosinen

1 TL Zimtpulver, zum Bestäuben

1. Für die Schnecken die Hefe im lauwarmen Wasser auflösen und beiseite stellen.

2. Butter und Zucker in einer großen Schüssel verrühren. Die Eigelbe zugeben, Essig und saure Sahne untermischen. Die aufgelöste Hefe und dann das Mehl zugeben und gründlich einarbeiten. Die Masse sollte schwer, aber nicht klebrig sein. Den Teig auf einer bemehlten Arbeitsfläche 10 Minuten durchkneten, dann teilen und aus jeder Hälfte eine Kugel formen. 6 Stunden bis 3 Tage kalt stellen.

3. Den Ofen auf 220 °C vorheizen. 24 Muffinförmchen leicht einfetten.

4. Für die Füllung die Butter und die Hälfte des braunen Zuckers in einer Rührschüssel mischen. In jede Muffinform 1 Teelöffel der Mischung und je 2 Pekannüsse geben.

5. Den Teig aus dem Kühlschrank nehmen. Jede Hälfte auf einer bemehl-

Hätte doch nur jeder eine Greenberg-Bäckerei in der Nähe!

ten Arbeitsfläche zu einem 0,5 cm dicken Rechteck (45 x 25 cm) ausrollen.

6. Jede Teigplatte mit dem restlichen braunen Zucker, Zimt und Rosinen bestreuen, wie eine Biskuitrolle aufrollen und in etwa 4 cm dicke Scheiben schneiden (jede Teigrolle sollte 12 Scheiben ergeben).

7. Jede Scheibe mit einer der spiralförmigen Seiten nach oben in eine Muffinform legen. 20 Minuten braun backen. Kurz abkühlen lassen, dann vorsichtig aus der Form lösen. Darauf achten, daß sich der Belag mit den Schnecken löst. Mit etwas extra Zimt bestäuben und zimmerwarm servieren.

Ergibt 24 Schnecken

Le Cirques

CRÊME BRÛLÉE

1982 begann Sirio Maccioni von einer Crême brûlée zu träumen. Bei einem Essen wurde eine *crema* mit Guß aus karamelisiertem Zucker serviert – so dick, daß man der Creme mit einem kleinen Hammer zu Leibe rücken mußte. Maccioni dachte an eine Variante mit dünnerer Karamelkruste. Dieses Rezept wird nun im ganzen Land imitiert.

Sirio Maccioni vom Le Cirque

1 kg Schlagsahne
1 Vanilleschote, längs aufgeschnitten
1 Prise Salz
8 große Eigelb
220 g Zucker
8 EL brauner Zucker

1. Den Ofen auf 150 °C vorheizen. 8 Auflaufförmchen (200 ml) in eine Pfanne setzen.

2. Sahne, Vanilleschote und Salz in einer Kasserolle auf schwacher Stufe unter Rühren 5 Minuten erwärmen.

3. Eigelb und weißen Zucker in einer großen Schüssel mischen, heiße Sahne zugießen und vorsichtig einrühren. Die Eimasse in einen Krug geben und die Bläschen abschöpfen.

4. Die Auflaufförmchen bis zum Rand mit der Eimasse füllen. Die Pfanne in den Ofen stellen und vorsichtig warmes Wasser bis zur halben Höhe der Förmchen zugießen. Die Pfanne lose mit Alufolie zudecken. 1 1/4 Stunden backen, bis die Masse stockt.

5. Die Auflaufförmchen aus dem Wasserbad nehmen und abkühlen lassen. Einzeln abdecken und 3 Stunden bis 2 Tage im Kühlschrank kalt stellen.

6. Vor dem Servieren den Grill vorheizen.

7. Die Auflaufförmchen abdecken und auf ein Backblech setzen. Auf jedes Förmchen einen Eßlöffel braunen Zucker geben und gleichmäßig auf der Eimasse verteilen. Um den Zukker zu karamelisieren, die Masse 30 Sekunden bis 2 Minuten im Ofen grillen.

Ergibt 8 Portionen

Lisa Chernicks

MEXIKANISCHER FLAN

Als sie Sommer 1988 als Köchin bei Benny's Burritos arbeitete, lernte Lisa Chernick diesen Flan zuzubereiten. Sie mag ihn vor allem an heißen Sommertagen. »Das Geheimnis«, offenbart sie uns, »besteht darin, die Milch einzukochen, bis man sie wirklich nicht mehr rühren kann. Ich war geduldig, habe mit 1,5 l begonnen und einen schön cremigen Flan erhalten.«

VANILLE-ZUCKER
1 Vanilleschote
310 g Zucker

FLAN
1 l Vollmilch
3 ganze Eier
4 Eigelb
1 Prise Salz

Vor Benny's Burritos

1. Für den Vanillezucker die Vanilleschote in einem Krug oder einer Flasche ganz mit Zucker bedecken; notfalls etwas biegen, so daß sie ganz in den Zucker eingetaucht ist. Zudekken und mindestens 1 Woche vor der Verarbeitung lagern.

2. Für den Flan die Vanilleschote herausnehmen und längs durchschneiden. Die Milch mit beiden Hälften in einer Kasserolle auf mittlerer Stufe aufkochen lassen. Die Temperatur reduzieren, unter gelegentlichem Rühren köcheln lassen und die Milch so in etwa 40 Minuten auf 750 ml einkochen. Anschließend vom Herd nehmen und auf Zimmertemperatur abkühlen lassen.

3. In der Zwischenzeit 190 ml Wasser mit 190 g Vanillezucker in einer kleinen Kasserolle auf mittlerer Stufe aufkochen lassen. Die Temperatur reduzieren und den Sirup 10–15 Minuten tief goldbraun werden lassen. Vom Herd nehmen, schnell in eine flache Backform (25 x 15 cm) füllen und so schwenken, daß die Seitenwände und der Boden ganz mit dem karamelisierten Zucker bedeckt sind. (Topflappen benutzen und vor allem nie die noch frische Karamelmischung probieren – sie ist so heiß wie Lava!) Die Form beiseite stellen.

4. Den Ofen auf 160 °C vorheizen.

5. Eier, Eigelbe, restlichen Vanillezucker und Salz in einer mittelgroßen Schüssel verrühren. Die lauwarme Milch unter ständigem Schlagen kontinuierlich durch einen Filter in die Eimischung gießen (an dieser Stelle braucht man Hilfe; eine zweite Person muß entweder den Filter halten oder die Mischung aufschlagen – beides ist allein fast nicht zu schaffen).

6. Setzen Sie die flache Backform mit dem Karamelguß in eine Bratpfanne, die im Durchmesser mindestens 5 cm größer ist als die Form. Die Flan-Mischung in die karamelüberzogene Backform gießen. Lauwarmes Wasser vorsichtig bis zur halben Höhe der flachen Backform in die Pfanne gießen. Mit Alufolie abdecken und vorsichtig in den Ofen stellen. Darauf achten, daß kein Wasser in die Flanform spritzt. 50 Minuten backen.

7. Die Folie abnehmen und 10 Minuten weiterbacken, bis an einem in den Flan gestochenen Messer keine Eimasse mehr haften bleibt und sich der Flan auf Fingerdruck fest anfühlt. Auf Zimmertemperatur abkühlen lassen, abdecken und in den Kühlschrank stellen.

Ergibt 12 Portionen

Malvinas

KAFFEE-MAKRONEN-CREME

Malvina C. Kinard hat ein ausgezeichnetes Gedächtnis. »Dieses Rezept habe ich noch aus meiner Kindheit in Montgomery, Alabama – das ist 80 Jahre her.« Es bietet eine gute Abwechslung zu den traditionellen Pessachgerichten mit Makronen.

$1\frac{1}{2}$ EL geschmacksneutrale Gelatine
60 ml kaltes Wasser
500 ml starker, heißer Kaffee
80 g Zucker
3 Tropfen Mandelaroma
375 g Schlagsahne
70 g Makronen, zerkrümelt

1. Die Gelatine in einer Schüssel im Wasser auflösen. Heißen Kaffee, Zucker und Mandelaroma zugeben und rühren, bis Zucker und Gelatine aufgelöst sind. Zudecken und im Kühlschrank 1 – 1½ Stunden stocken lassen.

2. Inzwischen die Sahne steif schlagen, zudecken und kalt stellen.

3. Wenn die Kaffeemischung zu stocken beginnt, aus dem Kühlschrank nehmen und geschlagene Sahne und Makronenkrümel unterheben. In 6 oder 7 Dessertschälchen oder Weingläser füllen und etwa 6 Stunden in den Kühlschrank stellen.

Ergibt 6 – 7 Portionen

Früher gingen in New York Kinder von Tür zu Tür und verkauften Kirschen, so steht es in Samuel Woods zuerst 1808 veröffentlichtem Buch *Cries of New York* (zweite Ausgabe 1814). Zur Untermalung der Szene gibt es folgendes Gedicht:

»The children are quite blithe
and merry,
When summer brings the
crimson cherry.
This season kindly then imparts
Its maydukes and its sweet
ox-herats,
With common black,
and red ones too,
And various kinds
of lovely hue,
How anxious then
each Youth and maid
Survey the fruit, so
well display'd;
And, while they are
thus caried round,
They long to stop,
and buy a pound.
While their kind
friends, their
wishes meet,
And give them much
desired treat.«

Schokoladen-FONDUE

Marketing macht erfinderisch und brachte manch tolles Gericht in New York hervor. Beverly Allen von Allen Associates kam beim Brainstorming für eine Werbekampagne zu Schweizer Produkten auf die Idee, das traditionelle Fondue mit Toblerone-Schokolade aufzubessern. Im Chalet Suisse konnte Schokoladenfondue am 4. Juli 1964 erstmals serviert werden. Es wurde über Nacht zur Sensation. Wer es nicht ganz so süß mag, nimmt einfach Zartbitter-Schokolade.

FONDUE
300 g Toblerone (etwa 3 Riegel), in Dreiecke zerteilt
125 g Schlagsahne
2 EL Kirschwasser, Cognac, Cointreau, Rum oder ein anderer Likör oder Weinbrand

ZUM EINTAUCHEN
Biskuitkuchen, in 2,5 cm-Stücke geschnitten
Löffelbiskuits, in 2,5 cm-Stücke geschnitten
Profiteroles, in 2,5 cm-Stücke geschnitten
Orangen- oder Mandarinenscheiben
Erdbeeren
Ananasstückchen
Bananenstückchen
oder nach Geschmack alles, was dazu paßt

1. Schokolade, Sahne und Likör in einer Kasserolle oder einem Fonduetopf mischen. Schokolade auf niedriger Stufe unter Rühren schmelzen und die Mischung glattrühren.

2. Mischung sehr warm halten, am besten in einem Fonduetopf über kleiner Flamme. Die Kuchenstückchen oder das Obst aufspießen und in die Schokoladensoße tauchen. Sofort essen.

Ergibt 6 Portionen

FOX'S U-BET-SIRUP MIT SCHOKOGESCHMACK

Fox's U-Bet-Sirup mit Schokoladengeschmack wurde zwischen 1910 und 1920 in einem Keller von Brownsville (Brooklyn) erfunden. »Ich kann mich nicht mehr erinnern, wann genau das war«, meint David Fox, der das Unternehmen in der dritten Generation führt. Er weiß auch nicht mehr, wessen Bild auf dem gelb-roten Etikett der gläsernen Sirupflaschen des Unternehmens prangt, aber er dichtet auch nichts hinzu. »Wir haben Rezept und Verpackung einfach so gelassen, wie sie immer waren.«

Wie der Sirup zu seinem Namen kam, weiß er aber noch genau. Sein Großvater Herman Fox wollte in den 20er Jahren nach Öl bohren und verließ seine Heimat. Er kam zwar ohne Öl, dafür aber mit einem neuen Ausdruck zurück. Die Jungs, die mit ihm beim Ölbohren ihr Glück gesucht hatten, sagten ständig *You bet* im Sinne von »Und ob!« Mit diesem Ausruf auf dem Etikett traf Fox auf Anhieb ins Schwarze.

Der Sirup ist heute in allen größeren Städten erhältlich. Seine Schokoladenfarbe (»eigentlich ist ja das Brooklyner Wasser die geheime Zutat«) machte ihn zur unabdingbaren und unveränderbaren Zutat einer jeden Egg Cream – eines Getränks ohne Eier und ohne Sahne, das an die typischen Imbiß- und Getränkebuden erinnert, die einst an jeder Straßenecke New Yorks zu finden waren.

Heute ist Egg Cream wieder en vogue. Und ihre genaue Zusammensetzung bildet auch heute wieder reichlich Gesprächsstoff bei Tisch. Begeisterte Liebhaber sind sich einig, daß man für den Schaum die kräftige Sprühvorrichtung alter Seltzerflaschen braucht. Und wie Mel Brooks, der aus Egg Cream einen Kult gemacht hat, behauptet: »Ohne Fox's U-Bet-Sirup geht es einfach nicht, mit jedem anderen Sirup wird die Egg Cream entweder zu bitter oder zu mild.«

David Fox's

KLASSISCHE BROOKLYN EGG CREAM

250 ml Milch
60 ml Selters
2 EL Fox's U-Bet-Sirup mit Schokoladengeschmack

Die Milch in ein eisgekühltes Glas mit 350 ml Fassungsvermögen geben. Selters hineinsprühen, bis weißer Schaum die Glasoberkante erreicht. Den Sirup zugeben und kräftig schlagen.

Ergibt 1 Portion

David Fox und New Yorks U-Bet-Sirup mit Schokoladengeschmack. Was wäre eine Eiercreme ohne diesen Sirup!

Schrafft's

HEISSE SCHOKOLADENSAUCE

Schon bald nach der Eröffnung der ersten Schrafft's-Eisdiele 1906 entwickelte sich das Konzept zu einer Kette mit 39 Familienrestaurants. Die Originalrezepte für heiße Fondants und Karamelsaucen sind erstklassig.

1 EL ungesüßtes Kakaopulver
250 g Zucker
190 g Schlagsahne
90 g Maissirup
2 EL Butter
60 g ungesüßte Schokolade, gehackt
5 Tropfen Vanillearoma
1 Prise Salz
einige Tropfen Malzessig

1. Kakao, Zucker und 50 ml Schlagsahne in einer mittelgroßen Kasserolle glattrühren. Maissirup, Butter, Schokolade und die restliche Sahne einrühren und auf mittlerer Stufe langsam aufkochen lassen; dabei nicht rühren. Noch etwa 3 Minuten kochen, bis das Zuckerthermometer 110 °C anzeigt.

2. Vom Herd nehmen und Vanillearoma, Salz und Essig unterrühren. Die Masse wird beim Abkühlen, besonders wenn man sie über Eis gießt, etwas dickflüssig.

Ergibt 375 ml

Schrafft's

KARAMELSAUCE

Die andere Lieblingssauce bei Schrafft's.

170 g brauner Zucker
180 g Maissirup
6 EL Butter
1 Msp. Salz
125 g Schlagsahne
3 Tropfen Vanillearoma

1. Zucker, Maissirup, Butter und Salz in einer mittelgroßen Kasserolle unter ständigem Rühren auf mittlerer Stufe aufkochen lassen. 1 Minute kochen.

2. Den Herd abschalten und Sahne und Vanillearoma einrühren. Die Karamelsauce kann heiß, warm oder kalt serviert werden. Zum Aufwärmen auf niedriger Stufe kurz durchrühren. Wenn sie beim Aufbewahren etwas absetzt, genügt es, sie erneut aufzurühren.

Ergibt 440 ml

Schrafft's am Broadway um 1920.
Mit freundlicher Genehmigung von Schrafft's

Mit frischen Kirschen gelingt ein Clafoutis am besten.

Katherines
CLAFOUTIS

Auf den Wochenmärkten kann man Ende Juni schon ein halbes Dutzend verschiedener Kirschsorten kaufen. Katherine Alford, Lehrerin an der Peter Kump New York Cooking School, meint, daß es für Kirschen keine bessere Verwendung gibt als einen Clafoutis. Sie können aber auch andere Früchte verwenden.

450 g schwarze Kirschen, entsteint (tiefgefroren oder Dosenware, gut abgetropft)
60 ml Kirschwasser oder Cognac
190 g Zucker
80 g Mehl
250 ml Milch
3 große Eier
10 Tropfen Vanillearoma
1 Msp. Salz
Puderzucker, zum Bestäuben

1. Die Kirschen in Kirschwasser und 60 g Zucker 1 Stunde ziehen lassen.

2. Den Ofen auf 220 °C vorheizen. Eine Pie-Form (20–22 cm Durchmesser) mit Butter einfetten.

3. Mehl in eine Schüssel geben. In die Mitte eine Mulde drücken und beiseite stellen.

4. Die Früchte abtropfen lassen. Die Flüssigkeit im Mixer mit dem restlichen Zucker, Milch, Eiern, Vanillearoma und Salz gründlich vermengen. Die Mischung in die Mehlmulde geben und vorsichtig glattrühren.

5. Die Früchte gleichmäßig auf dem Boden der Form verteilen. Den Teig über die Früchte gießen. 5 Minuten backen, dann die Temperatur auf 180 °C reduzieren und 45–50 Minuten backen, bis der Clafoutis goldbraun und aufgegangen ist; an einem in die Mitte gestochenen Messer sollte nichts haften bleiben. Auf einem Kuchengitter abkühlen lassen.

6. Zum Servieren sollte der Clafoutis warm, aber nicht mehr heiß sein. Beim Abkühlen sinkt der Kuchen leicht ein. Vor dem Servieren mit Puderzucker bestäuben.

Ergibt 6–8 Portionen

VARIATIONEN:

Mit Äpfeln: 550 g geschälte, entkernte Äpfel in 0,5 cm dicke Scheiben schneiden. In 6 Eßlöffeln Butter braun anbraten, dann in 60 ml dunklem Rum, Cognac oder Calvados mit einer Prise Zimt und 80 g Zucker 30 Minuten ziehen lassen. Dann weiter nach Rezept vorgehen.

Mit Birnen: 550 g geschälte, entkernte Birnen in Scheiben schneiden. In 4 Eßlöffeln Butter goldbraun anbraten, dann in 60 ml Rot- oder Weißwein, Kirschwasser oder Cognac und 80 g Zucker ziehen lassen. 60 g gemahlene Mandeln und 5 Tropfen Mandelaroma nach Geschmack zugeben. Das Vanillearoma weglassen. Anschließend weiter nach Rezept vorgehen.

Altmodische
APFELKNÖDEL

Bei der New York Historical Society fanden wir in einem Haushaltsbuch von 1827 das folgende, handgeschriebene Rezept:

»Ein paar saure Äpfel schälen, das Kerngehäuse entfernen. Einen Teig herstellen und Stücke ausrollen, in die die Äpfel eingewickelt werden können. Die Äpfel mit Teig umhüllen. Ein Tuch mit Mehl bestäuben und die Äpfel einzeln darin einwickeln, dann kochen, bis sie weich sind. Anschließend in eine Kasserolle mit kaltem Wasser legen, damit sich das Tuch vom Teig löst. Mit Sirup, Zucker und Zimt oder Vanillesauce servieren. Man kann die Knödel in einer tiefen, halb mit Wasser gefüllten Kasserolle im Ofen backen. So werden die Knödel an der Unterseite gedünstet und bekommen zugleich eine knusprige Oberseite. Gebackene Knödel müssen nicht in Tücher gewickelt werden. Die Knödelkruste kann aus Schmalz oder Butter sein. Biskuitteig ist auch möglich, aber der beste Teig wird aus gekochten Kartoffeln hergestellt. Diese stampfen, etwas Salz zugeben und so lange Mehl einkneten, bis der Teig so fest wie Brotteig ist.«

Hier eine schmackhafte Weiterentwicklung des alten Rezepts:

450 g Kartoffeln, geschält und gewürfelt
120 ml Sirup
125 g Zucker
1 EL Zimtpulver
2 Äpfel (Granny Smith), halbiert und entkernt
125 g Mehl
1 großes Eigelb
1 Prise Salz
3 EL Butter

1. Die Kartoffeln in einem großen Topf mit kaltem Wasser auf mittlerer Stufe 20 Minuten weich kochen. Vom Herd nehmen, abgießen und auf Zimmertemperatur abkühlen lassen.

2. Inzwischen den Sirup mit 250 ml Wasser in einer kleinen Kasserolle erwärmen und glattrühren. Vom Herd nehmen.

3. Den Ofen auf 180 °C vorheizen.

4. Zucker und Zimt in einer kleinen Schüssel mischen. Die Apfelhälften darin wälzen, so daß sie gleichmäßig bedeckt sind. Den restlichen Zucker – es bleibt relativ viel übrig – aufbewahren. Die Äpfel mit der Schnittfläche nach unten in eine Backform (20 x 20 cm) setzen. Mit der Sirupmischung übergießen.

5. Die Kartoffeln mit einer Kartoffelpresse oder einem Kartoffelstampfer zu einer geschmeidigen Masse zerstampfen. Mehl, Eigelb und Salz zugeben und einarbeiten, bis der Teig fest ist. Von der Zimt-Zucker-Mischung 2 Eßlöffel abnehmen, den Rest zum Kartoffelteig geben. 5 Minuten auf einer bemehlten Arbeitsfläche kneten. Falls der Teig klebrig ist, noch etwas Mehl zugeben. Den Teig ausrollen (etwa 1 cm dick), so daß er die Äpfel gerade bedeckt. Auf die Äpfel legen und mit der restlichen Zimt-Zucker-Mischung bestreuen. Die Butter in Flocken auf den Teig setzen. Etwa 50 Minuten goldbraun backen.

Ergibt 4 Portionen

Dennys
SOUFFLÉ

Dr. Denton Cox, der sein vorzügliches Soufflé über Jahrzehnte weiterentwickelt hat, behauptet: »Wenn man die Oberseite des Soufflés vor dem Backen mit Puderzucker bestreut, erhält man eine hauchdünne, makronenähnliche Kruste.«

5 große Eier, getrennt
330 g feiner Zucker
3 Tropfen Vanillearoma
80 ml Bénédictine
4 große Eiweiß
1/4 TL Salz
Puderzucker, zum Bestäuben

Denton Cox' Soufflé ist der krönende Abschluß für ein besonderes Menü.

1. Den Ofen auf 190 °C vorheizen. Eine Zwei-Liter-Souffléform mit einem hohen Kragen aus Alufolie umwickeln; diesen mit Bindfaden befestigen. Die Form und die Innenseite der Alufolie mit Butter einfetten. Eingefettete Teile mit Puderzucker bestäuben.

2. Die Eigelbe mit der Hälfte des Zuckers in einer Schüssel verschlagen, bis die Masse hellgelb aussieht und ganz glatt ist. Vanillearoma und Bénédictine zugeben.

3. In einer Schüssel das gesamte Eiweiß mit dem Salz zu Schnee schlagen. Nach und nach den restlichen Zucker zugeben und den Schnee sehr steif schlagen. Mit einem Viertel der Eischneemasse die Eigelbmischung auflokkern. Dann die Eigelbmischung ganz vorsichtig unter den restlichen Eischnee heben.

4. Den Teig in die Form geben und die Oberseite mit Puderzucker bestäuben. 25–30 Minuten backen, bis die Oberfläche goldbraun ist. Das Soufflé sollte in der Mitte noch fast flüssig sein. Sofort servieren.

Ergibt 6 Portionen

Kibbys

FEIGENPUDDING

Dieses Familienrezept bildet den perfekten Abschluß für ein besonderes Wintermenü.

250 g getrocknete Feigen, kleingeschnitten
3 große Eier, getrennt
190 g Zucker
90 g Walnüsse, gehackt
30 g Mehl
1 TL Backpulver
Schlagsahne, zum Servieren

1. Den Ofen auf 180 °C vorheizen. Eine Backform (20 x 20 cm) einfetten.

2. Die Feigen in einer Schüssel mit heißem Wasser bedecken. 1 Stunde einweichen.

3. Das Eiweiß mit 60 g Zucker mischen, aber nicht zu steif schlagen.

4. In einer anderen Schüssel die Eigelbe mit 60 g Zucker mischen und zu einer dickschaumigen Masse verrühren. Feigen gut abtropfen lassen und mit den Nüssen zur Eigelbmischung geben.

5. Mehl, Backpulver und den restlichen Zucker in einer vierten Schüssel mischen.

6. Den Eischnee unter die Eigelbmasse heben. Die Mehlmischung unterziehen. In die vorbereitete Form geben und 30–40 Minuten goldbraun backen. Nach 20 Minuten Backzeit prüfen, ob die Oberseite nicht zu schnell braun wird. In diesem Fall für die letzten 10–15 Minuten mit Alufolie bedecken. Warm mit Schlagsahne servieren.

Ergibt 8 Portionen

»Ein schwarzer Mann, der einen Karren schiebt, ruft laut: ›Buttermilch!‹ Er verkauft den Viertelliter für drei Cents. Buttermilch ist ein bekömmliches Getränk; mit Weißbrot oder Weizenmehl dazu, gekocht und mit Zucker oder Sirup gesüßt, stellt sie eine angenehme Mahlzeit dar. Die gute Hausfrau läßt alles mit saurer Milch gerinnen und bereitet bei kleiner Flamme einen Quark zu. Mit etwas Butter, Salz und manchmal Salbei wird daraus ein sogenannter Weißkäse. In Bällchenform wird diese bekömmliche Mahlzeit verkauft.«

– *Cries of New York*, 1808–1814, Samuel Woods

Karen Bradleys
FRISCHES FRUCHTEIS

Dieses leichte Dessert kann allein oder zu frischen Erdbeeren serviert werden, sagt Mrs. Bradley, die Personalleiterin der New Yorker Universität. Da die verwendeten Früchte das ganze Jahr über zu kaufen sind, denkt man bei diesem Dessert schon im Februar an den herrlichen August...

Saft von 3 Orangen
Saft von 3 Zitronen
3 Bananen
500 g Zucker
500 ml kaltes Wasser

1. Orangensaft, Zitronensaft und Bananen in einer Rührschüssel mischen, dabei die Bananen zerdrücken. Mit Zucker und kaltem Wasser verrühren. Die Mischung in 3 Eiswürfelbehälter füllen und im Tiefkühlfach 1 Stunde halbfest gefrieren lassen.

2. Den Eiswürfelbehälter aus dem Tiefkühlfach nehmen. Die Eismischung im Mixer glattrühren, dann nochmals in den Eiswürfelbehälter geben und noch 1 Stunde tiefkühlen.

Ergibt 6–8 Portionen

Karen Bradleys leicht-fruchtiges Eis – ein erfrischendes Dessert

Noonas
GRANITA DI CAFFE

Emma Capasso bereitete diese erfrischende Granita zu, als ihre Familie noch in der Bronx lebte. Eine wunderbare Improvisation für alle, die keine Eismaschine zur Verfügung haben.

2 EL Zucker
1 EL Sambuca oder Anisette
500 ml Espresso, frisch aufgebrüht und heiß
Schlagsahne, zum Servieren

1. Zucker, Likör und heißen Espresso gründlich verrühren, bis der Zucker aufgelöst ist. Im Kühlschrank kalt stellen.

2. Die abgekühlte Masse in eine flache Form füllen und 2 Stunden ins Tiefkühlfach stellen. Alle 8–10 Minuten umrühren, um die Eiskristalle zu zerstoßen. Wenn die Mischung wie gestoßenes Eis aussieht, in Parfaitgläser füllen, mit einem Schlag Sahne garnieren und servieren.

Ergibt 4-6 Portionen

Mousse
D'HIVER

Diese Mousse aus weißer Schokolade wurde von Ruth Morrison Ende der 70er Jahre bei einer Werbekampagne für weiße Schokolade erfunden.

170 g weiße Toblerone, in kleine Stücke gebrochen
80 ml Milch
¼ TL frischer Zitronensaft
2 Eiweiß
250 g Schlagsahne

1. Die Schokolade im köchelnden Wasserbad schmelzen, dabei gelegentlich rühren. Den Topf vom Herd nehmen, die Milch unterschlagen und alles auf Zimmertemperatur abkühlen lassen.

2. Zitronensaft und Eiweiß in einer großen Schüssel steif schlagen. Den Eischnee vorsichtig unter die abgekühlte Schokoladenmasse heben.

3. Die Sahne steif schlagen und unter die Schokoladenmischung heben. Die Mousse auf 4 Gläser verteilen. Abdecken und bis zum Servieren mindestens 2 Stunden kalt stellen. Je nach Geschmack mit Schlagsahne, kandierten Kirschhälften oder Eiswaffeln verzieren.

Ergibt 4 Portionen

Izetta Leonards

BROTPUDDING

Izetta Leonard aus Brooklyn empfiehlt zu diesem Brotpudding Eis. Reste lassen sich jederzeit in der Mikrowelle aufwärmen.

250 ml Milch
1 großes Ei
250 g Zucker
250 g Rosinen
2 reife Bananen, zerdrückt
180 g Mehl
2 EL Zimtpulver
½ TL Muskatnuß, frisch gerieben
80 g altbackenes Brot, entrindet und zerkleinert

Wenn die Bananen gut und reif und die Brotwürfel richtig trocken sind, ist es Zeit für Izetta Leonards Brotpudding.

1. Den Ofen auf 180 °C vorheizen, eine 20 x 20 cm große Backform einfetten.

2. In einer kleinen Schüssel Milch, Ei, Zucker, Rosinen und Bananen verrühren.

3. In einer großen Schüssel Mehl, Zimt, Muskatnuß und Brotstücke vermengen, die flüssigen Zutaten zugießen und gründlich mischen.

4. Die Masse in die vorbereitete Form füllen und etwa 45 Minuten backen, bis an einem in die Mitte gestochenen Stäbchen nichts mehr haften bleibt. Warm servieren.

Ergibt 8 Portionen

Ruths

NUDELPUDDING

Ruth Weinstein erinnert sich gern daran, wie ihre Mutter den Nudelpudding für Gäste zubereitet. Sie serviert ihn als Beilage oder Nachtisch das ganze Jahr über. »Nudelpudding gehört zu den bei Kindern besonders beliebten Gerichten. Er ist schnell gemacht und gelingt immer.«

450 g Eiernudeln
450 g Frischkäse
450 g Hüttenkäse
250 g Zucker
5 große Eier, leicht verquirlt
500 g saure Sahne
1/4 TL Salz
250 ml Milch
170 g helle Rosinen
5 Tropfen Vanillearoma
125 g Butter
1/4 TL Zimtpulver

1. Den Ofen auf 180 °C vorheizen.

2. Die Nudeln nach Verpackungsanweisung bißfest kochen. Abgießen.

3. In einer großen Schüssel Nudeln, Käse, Zucker, Eier, saure Sahne, Salz, Milch, Rosinen und Vanillearoma verrühren.

4. Die Butter in einer großen Backform (40 x 30 x 5 cm) im Ofen zerlassen.

5. Die Form aus dem Ofen nehmen, mit der Nudelmasse füllen und mit Zimt bestreuen. Etwa eine Stunde goldbraun backen. Vor dem Schneiden in der Form gut abkühlen lassen.

Ergibt mindestens 12 Portionen

Ruth Epsteins

NESSELRODE-PUDDING ODER -PIE

In den ersten Kochbüchern, die es in New York gab, werden Nesselrode Desserts fast so häufig erwähnt wie New Yorker heute einen Becher Häagen-Dazs essen. Ruth Epstein aus Manhattan entwickelte dieses Rezept, das den für die Zubereitung nötigen Zeitaufwand auf alle Fälle wert ist.

1 EL Gelatine
3 EL dunkler Rum
1 EL kaltes Wasser
375 g Schlagsahne
125 ml Milch
1 Prise Salz
60 g plus 2 EL Zucker
2 Eier, getrennt
500 ml Nesselrode, abgetropft (siehe Hinweis)
für eine Pie: 1 Kuchenboden von 23 cm Durchmesser (Teigzutaten und Schritte 1–3 nach Rezept Seite 465)
30 g Halbbitterschokolade, geraspelt, zum Garnieren

1. Die Gelatine in Rum und kaltem Wasser auflösen und beiseite stellen.

2. In einem Topf Schlagsahne und Milch kochen. Vom Herd nehmen und etwas abkühlen lassen.

3. Salz, 2 EL Zucker und die Eigelbe verrühren. Gleichmäßig unter ständigem Rühren Milch und Sahne zugießen. Die Mischung im Wasserbad über leicht siedendem Wasser unter ständigem Rühren erhitzen, bis sie nach etwa 10 Minuten stockt. Auf keinen Fall aufkochen lassen. Vom Wasserbad nehmen und die Gelatinemischung einrühren. Beiseite stellen.

4. In einer Schüssel Eiweiß und den restlichen Zucker zu Eischnee schlagen. Nesselrode unterheben, dann mit der Gelatinemischung verrühren. 5 Minuten abgedeckt kalt stellen.

5. Die Masse auf den Kuchenboden oder in 8 Parfaitgläser füllen und im Tiefkühlfach fest werden lassen. Mit Schokoraspeln verzieren.

Ergibt 8 Portionen

Hinweis: Wenn Sie Nesselrode selbst machen wollen, die folgenden Zutaten mischen und 4 Tage bis 2 Wochen marinieren.

160 ml Marsala, erwärmt
110 g helle Rosinen
110 g getrocknete Korinthen
3 EL kandierte rote Kirschen, feingehackt
3 EL Orangeat, feingehackt
3 EL Zitronat, feingehackt
100 g Eßkastanien, feingehackt

Hannah Davis'

APFELAUFLAUF

Hannah Davis wird oft »die erste Witwe der Revolution« genannt, denn sie war die Ehefrau von Captain Isaac Davis, dem Büchsenmacher in Acton, Massachusetts, der den Oberbefehl über die Acton Minutemen führte. Am 19. April 1775 wurde er durch den ersten Schuß eines Rotrocks in Concord niedergestreckt. Mrs. Norden, seine Urenkelin, machte dieses Rezept bekannt.

FÜLLUNG
900 g Äpfel (Granny Smith), etwa 8 Stück
125 g Zucker
1 TL Zimtpulver
1 TL Muskatnuß, frisch gerieben
1 TL Gewürznelken, gemahlen

TEIG
70 g Mehl
60 g Zucker
3 EL Butter
5 Tropfen Vanillearoma
2 EL Puderzucker, zum Garnieren (nach Belieben)

1. Den Ofen auf 180 °C vorheizen.

2. Für die Füllung in einer großen Schüssel Äpfel, Zucker und Gewürze verrühren, bis die Äpfel gut überzogen sind. Die Masse in eine 22 cm große Kuchenform oder eine runde Kasserolle füllen. Beiseite stellen.

3. Für den Teig in einer mittelgroßen Schüssel Mehl, Zucker, Butter und Vanillearoma mit den Fingern mischen und in Krümeln auf die Apfelfüllung streuen. Auf der mittleren Schiene etwa 1 Stunde goldbraun backen. Anschließend nach Belieben mit Puderzucker bestreuen.

Ergibt 6–8 Portionen

Elias Shammas'

BACKÄPFEL AUF ORIENTALISCHE ART

Diese Backäpfel wecken Erinnerungen an die Lieblingsspeisen unserer Kindheit, obwohl sie mit Nüssen und Korinthen schon eher eine Variante für Erwachsene darstellen. Bei diesem Nachtisch kann man in einer Winternacht so richtig die Seele baumeln lassen.

New Yorker Äpfel für ein Gericht aus dem Nahen Osten

5 EL Butter, zerlassen
60 g Zucker
90 g Honig
70 g Pistazien
80 g Pinienkerne
60 g Walnüsse, gehackt
90 g Korinthen
½ TL Gewürznelken, gemahlen
½ TL Zimtpulver
1½ TL Rosenwasser
6 mittelgroße bis große Äpfel (Golden Delicious), entkernt
Vanille-Eis oder Schlagsahne, zum Servieren

Elias Shammas serviert seine Backäpfel immer warm.

1. Den Ofen auf 180 °C vorheizen und eine Backform (20 cm Durchmesser) einfetten.

2. 4 EL Butter mit Zucker und Honig zu einer Creme rühren. Alle Nüsse, Korinthen, Gewürznelken, Zimt und Rosenwasser zugeben und gründlich einarbeiten.

3. Jeden Apfel mit der Nußmischung füllen und mit dem Stielende nach unten in die Backform setzen. Die Haut der Äpfel mit der restlichen Butter einreiben und eventuell übriggebliebene Nußmischung darüber streuen.

4. 25–30 Minuten backen. Warm mit Vanille-Eis oder Schlagsahne servieren.

Ergibt 6 Portionen

Martin Jacobs

APFEL-PFANNKUCHEN

Martin Jacob serviert seine gigantischen Apfelpfannkuchen als Dessert, aber auch zum Frühstück, denn sie wärmen die Seele zu jeder Tageszeit.

2 große Eier, getrennt
1½ TL Zucker
1 Prise Salz
2 EL Butter
60 g plus 2 EL Apfelmus, warm
Zimtpulver, zum Bestreuen
2 EL saure Sahne

1. In einer Schüssel Eiweiß zu Schnee schlagen. Den Zucker zugeben und noch einmal kurz schlagen.

2. In einer anderen Schüssel Eigelbe mit dem Salz verrühren. Den Eischnee vorsichtig unterziehen.

3. Die Butter in einer Pfanne auf mittlerer Stufe zerlassen. Die Eimischung zugeben und eine Minute braten, bis die Unterseite hellbraun ist. Die Pfannkuchen wenden, 60 g Apfelmus auf einer Hälfte verteilen und etwa 30 Sekunden braten, bis die zweite Seite ebenfalls hellbraun ist. Wie ein Omelett umschlagen und weitere 30 Sekunden braten.

4. Den Pfannkuchen auf einen Teller gleiten lassen, das restliche Apfelmus darauf verteilen. Mit etwas Zimt bestreuen und mit saurer Sahne verzieren.

Ergibt 1 Portion

The Algonquin's

BERÜHMTE APFEL-PIE

Der berühmte Runde Tisch hatte eine Schwäche für Apple-Pie – wie alle, die die Lobby dieses Hotels häufig aufsuchten. Die folgende Variante wurde jahrzehntelang serviert und entspricht einem abgewandelten Rezept aus *Feeding the Lions: An Algonquin Cookbook* von Frank Case.

TEIG
250 g Mehl
1 EL Zucker
1 TL Salz
125 Butter, tiefgefroren und in kleine Stücke geschnitten
125 g festes, kaltes Pflanzenfett (z. B. Palmin)
125 ml Eiswasser

FÜLLUNG
8 Äpfel, in dünne Scheiben geschnitten
1 EL unbehandelte Zitronenschale, gerieben
160 g Zucker
1 TL Zimtpulver
1 Msp. Muskatnuß, frisch gerieben
3 EL Butter, in Flocken
Zucker und Mehl, zum Bestreuen

Die Lobby des Algonquin. Mit freundlicher Genehmigung des Algonquin

1. Für den Boden Mehl, Zucker und Salz mischen. Mit zwei Gabeln Butter und Pflanzenfett in das Mehlgemisch schneiden, bis die Mischung kleinen Erbsen gleicht. So wenig Eiswasser wie möglich in kleinen Mengen zugeben, bis der Teig zu einer Kugel geformt werden kann. Aus der Schüssel nehmen, zwei Kugeln formen, in Frischhaltefolie wickeln und 30 Minuten kalt stellen.

2. Den Ofen auf 230 °C erhitzen.

3. Eine Kugel zu einem 32 cm großen und 0,5 cm dicken Kreis ausrollen. In eine Pie-Form (22 cm Durchmesser) legen und zurechtschneiden, dabei 1 cm über den Rand stehen lassen.

4. Die Apfelscheiben auf den Teig legen. Mit der Zitronenschale bestreuen. Zucker, Zimt und Muskat verrühren und auf die Äpfel streuen. 2 Eßlöffel Butter auf den Äpfeln verteilen.

5. Die zweite Teigkugel in gleicher Weise ausrollen, an mehreren Stellen mit Gabelzinken perforieren. Auf die Apfelscheiben legen, zurechtschneiden und an den Rändern festdrücken.

6. Die restliche Butter darauf verteilen. Dünn mit Zucker und Mehl bestreuen. 15 Minuten backen, dann die Temperatur auf 180 °C reduzieren und weitere 30 Minuten goldbraun backen. Kann warm oder kalt serviert werden.

Ergibt 6–8 Portionen

Kays TARTE TATIN

Kay LeRoy hat dieses Rezept immer wieder verändert, bis sie endlich zufrieden war. Man muß eine ofenfeste Form verwenden, denn die Tarte wird bei sehr hohen Temperaturen gebacken. Am besten gelingt sie in einer gußeisernen Form.

TEIG
250 g Mehl
1 TL Salz
125 festes, kaltes Pflanzenfett (z. B. Palmin)
5–7 EL Eiswasser

FÜLLUNG
190 g plus 2 EL Butter, zimmerwarm
310 g Zucker
3 EL brauner Zucker
6 große Äpfel (Red Delicious), geschält und entkernt
Schlagsahne, zum Servieren

1. Den Ofen auf 220 °C vorheizen.

2. Für den Boden: Mehl und Salz zweimal in eine gekühlte Schüssel sieben. Das Fett untermischen, bis die Mischung aussieht wie grobes Mehl. Das Eiswasser eßlöffelweise zufügen, bis sich die Masse zu einer Kugel formen läßt; nicht kneten. Mit Frischhaltefolie abdecken und 1 Stunde kalt stellen. Den Teig auf einem leicht bemehlten Brett 3 mm dick ausrollen.

3. Für die Füllung in einer ofenfesten Form 190 g Butter, 60 g Zucker und 1 Eßlöffel braunen Zucker gründlich verrühren. Die Mischung auf dem Boden und an den Seiten der Form verteilen, besonders der Boden muß mit einer dicken Schicht bedeckt sein.

4. Die Äpfel in 0,5 cm dicke Scheiben schneiden und gleichmäßig in die Form schichten, überlappend wie Rosenblätter. Die Apfelschicht sollte den Rand der Form erreichen.

5. Die restlichen zwei Eßlöffel Butter mit dem braunen Zucker zerlassen. Über die Äpfel träufeln. Mit Teig bedecken. Zurechtschneiden und fest an den Rand der Form andrükken. In der Mitte ein kleines Loch anbringen, damit der Dampf entweichen kann.

6. Wenn der Teig nach etwa 30 Minuten hellbraun ist, aus dem Ofen nehmen und die Temperatur auf 240 °C erhöhen. Die Form mit Alufolie zudecken, wieder in den Ofen stellen und etwa 45–60 Minuten backen, bis der Saft rund um die Äpfel eine bernsteinfarbene Tönung angenommen hat.

7. Die Tarte aus dem Ofen nehmen und 5 Minuten auf einem Kuchengitter abkühlen lassen. Einen großen Teller über die Form legen, wenden und die Tarte aus der Form gleiten lassen.

8. In einem Topf langsam den restlichen Zucker auf niedriger Stufe und unter gelegentlichem Rühren schmelzen. Wenn er eine dunkle Färbung annimmt, vom Herd nehmen. Den karamelisierten Zucker mit einer hölzernen Gabel oder einem Holzspatel auf die Oberfläche der Tarte träufeln. Warm mit Schlagsahne servieren.

Ergibt 6–8 Portionen

Sally Darrs

APFEL-TARTE

Als Sally Darr noch die winzige Bastion französischer Küche in West 13th Street, das La Tulipe, führte, entwickelte sie als selbsternannte Chefköchin dieses Rezept – eine ausgewogene Mischung aus Teig und Äpfeln, die bald zum beliebtesten Nachtisch wurde. Mit Vanille-Eis oder Schlagsahne servieren.

BODEN
125 g Mehl
1 EL Zucker
1 Prise Salz
125 g Butter, tiefgefroren und in dünne Scheiben geschnitten
3–4 EL Eiswasser

FÜLLUNG UND GUSS
7 Äpfel (Golden Delicious)
80 g Zucker
125 g Butter, in dünne Scheiben geschnitten
90 g Aprikosenmarmelade
1 EL dunkler Rum

1. Für den Boden Mehl, Zucker und Salz mischen. Die Butter zugeben und mit zwei Gabeln gründlich durcharbeiten, bis die Mischung kleinen Kügelchen gleicht. Nur so viel Eiswasser zugeben, daß sich der Teig zu einer Kugel formen läßt.

2. Den Teig auf einem leicht bemehlten Brett mit dem Handballen zu einem 15 x 10 cm großen Viereck formen. Das untere Drittel nach oben und das obere Drittel nach unten falten, wie man einen Brief faltet. Den Teig nun um 90 Grad drehen und erneut in gleicher Weise falten. Wieder zu einem 15 x 10 cm großen Viereck ausrollen und erneut falten. Mit Frischhaltefolie abdecken und eine Stunde kalt stellen.

3. Den Teig aus dem Kühlschrank nehmen und 10 Minuten warm werden lassen, damit er sich gut kneten läßt. Zu einem 30 cm großen Kreis ausrollen, in eine etwa 26 cm große Tarte-Form mit abnehmbarem Boden legen. Leicht andrücken und mit einer Gabel kleine Löcher in den Boden stechen. Mit Frischhaltefolie zudecken und 1 Stunde kalt stellen.

4. Den Ofen auf 220 °C vorheizen.

5. Für die Füllung und den Guß den Teig aus dem Kühlschrank nehmen. Die Äpfel schälen, entkernen und halbieren, mit der flachen Seite nach unten in dünne Scheiben schneiden und diese in konzentrischen Kreisen auf den Teig legen; dabei zeigt die Außenseite zum Mittelpunkt der Backform, der jedoch frei bleibt und erst mit der letzten Apfelhälfte (etwa 6 Scheiben) belegt wird. Die Äpfel mit dem Zucker bestreuen und mit den Butterflöckchen verzieren. Etwa eine Stunde backen, dann ist der Teig braun und die Äpfel sind leicht karamelisiert.

6. Die Tarte aus dem Ofen nehmen und vorsichtig den Formrand ablösen, dann zum Abkühlen auf ein Kuchengitter gleiten lassen.

7. In einem Topf Aprikosenmarmelade und Rum erhitzen, bis nach 5 Minuten eine glatte Masse entsteht. Diese Glasur durch ein feines Sieb streichen und auf der Tarte verstreichen.

Ergibt 8 Portionen

Warme

BANANEN-TARTE

Nancy Hiller liebt Bananen und hat immer mindestens 10–20 Stück vorrätig. Der folgende Nachtisch ist eine Kombination von Bananen und anderen Dingen, die sie mag: Macadamia-Nüsse, Schokolade und süßer, weicher Teig. Im Union Square Cafe ist diese Tarte zum Markenzeichen geworden.

BODEN
250 g Butter, tiefgefroren
125 g Zucker
5 Tropfen Vanillearoma
1 großes Ei
1 großes Eigelb
250 g Mehl

MACADAMIA-KRUSTE
60 g ungesalzene Macademia-Nüsse
125 g Zucker
1 EL plus 1 TL Maissirup
2 EL ungesalzene Butter, in kleine Stückchen geschnitten

SCHOKOLADENSAUCE
110 g Halbbitterschokolade, gehackt
60 g Schlagsahne

ZUM SERVIEREN
6–8 sehr reife Bananen
2 EL Rohzucker
6 Kugeln bestes Vanille-Eis

1. Für den Teig die Butter schaumig schlagen. Den Zucker zugeben und locker schlagen. Vanillearoma, Ei und Eigelb nacheinander unterrühren; dabei die Schüsselränder immer wieder abkratzen. Nicht zu lange rühren. Langsam das Mehl zugeben und rühren, bis sich der Teig von der Schüssel löst und zu einer großen Kugel wird. Aus der Schüssel nehmen, mit Frischhaltefolie abdecken und mindestens 2 Stunden, am besten über Nacht, kalt stellen.

2. Den Ofen auf 180 °C vorheizen.

3. Für die Kruste die Nüsse auf einem Backblech etwa 10 Minuten hellbraun rösten. Herausnehmen und abkühlen lassen, dann grob zerstoßen. Ein Backblech leicht einfetten und beiseite stellen.

4. In einem kleinen Topf Zucker und Maissirup mit 1 Eßlöffel Wasser verrühren. Auf niedriger Stufe erhitzen, bis das Zuckerthermometer 45 °C zeigt. Die Butter zugeben und unter Rühren zerlassen. Weitere 15 Minuten erhitzen, bis das Zuckerthermometer 155 °C zeigt. Vom Herd nehmen. Die Nüsse einrühren und die Mischung in einer dünnen Schicht auf dem eingefetteten Backblech verteilen. Abkühlen und aushärten lassen, dann grob zerstoßen.

5. Den Ofen auf 150 °C vorheizen.

6. Den Teig aus dem Kühlschrank nehmen. 30 Minuten bei Zimmertemperatur stehen lassen. Auf einem bemehlten Brett etwa 0,5 cm dick ausrollen. Eine Tarte-Form mit 23 cm Durchmesser auf den Teig legen und mit einem kleinen Messer die Kreisform ausschneiden. Den Teig in die Form legen und leicht andrücken; die Seiten frei lassen. Hellbraun backen und auf einem Kuchengitter abkühlen lassen.

7. Inzwischen für die Schokoladensauce Schokolade und Schlagsahne im köchelnden Wasserbad verrühren, bis die Schokolade geschmolzen ist und cremig wird. Aus dem Wasserbad nehmen. Falls die Masse zu dick ist, ein paar Tropfen Wasser zugeben. Zudecken und warm halten.

8. Den Grill vorheizen.

9. Die Bananen schälen und diagonal in 0,5 cm dicke Scheiben schneiden. Diese überlappend in konzentrischen Kreisen auf den Teig schichten und ihn so vollständig bedecken. Großzügig mit Rohzucker bestreuen. 3–5 Minuten grillen, bis der Zucker karamelisiert.

10. Die Tarte aus der Form nehmen und auf eine Servierplatte heben, jedes Stück mit 1 Eßlöffel Schokoladensauce und 1 Eiskugel garnieren und mit der Macademia-Kruste bestreuen.

Ergibt 6 Portionen

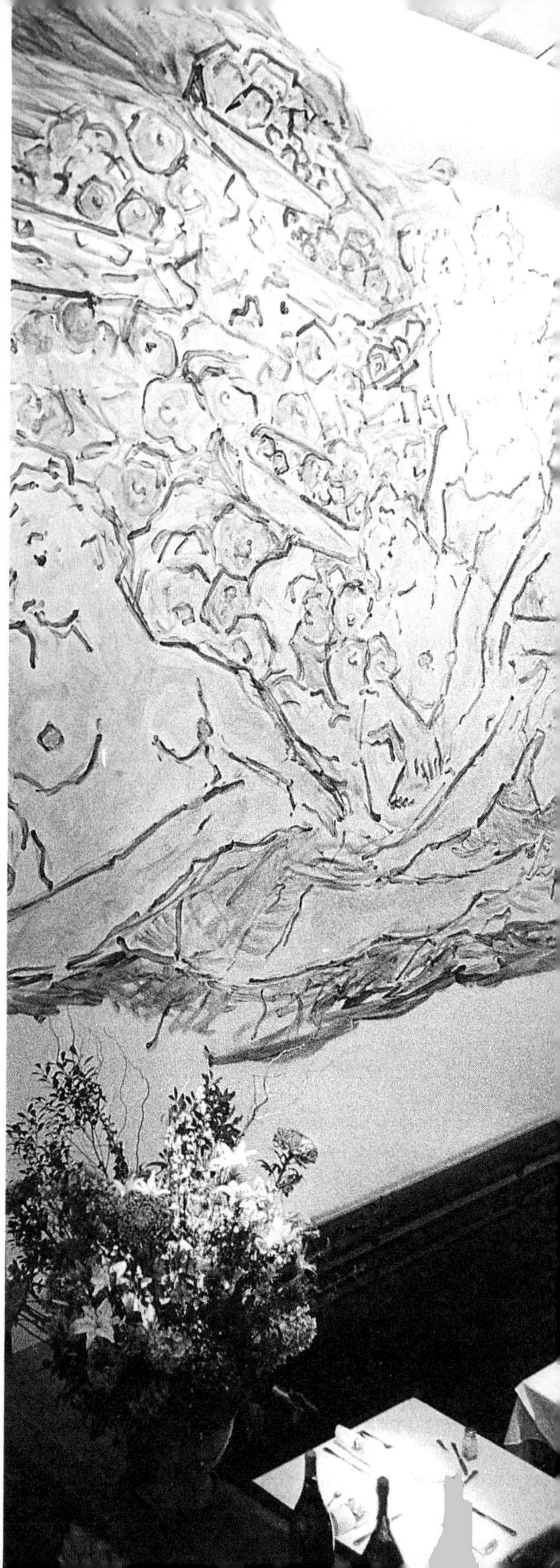

Die Wandmalerei im Union Square Cafe

William Kontos'

BANANENCREME-PIE

In den griechischen Restaurants und Coffee Shops stehen immer drehbare Kuchentheken, in denen unglaublich hohe Torten wie auf Wolken zu schweben scheinen. Diese Bananencreme-Pie stammt aus Queens.

William Kontos zeigt uns stolz seine Bananencreme-Pie.

BODEN
250 g Mehl
1 TL Zucker
$^1/_4$ TL Salz
125 g plus 2 EL Butter, tiefgefroren und in kleine Stücke geschnitten
etwa 125 ml Eiswasser

BANANENCREME
1 kg Schlagsahne
2 TL Puderzucker
2 Päckchen geschmacksneutrale Gelatine
125 ml lauwarme Milch
2 Eier, leicht verquirlt
20 Tropfen Bananenaroma
2 Bananen

BELAG
500 g Schlagsahne
40 g Puderzucker
5 Tropfen Vanillearoma

1. Den Ofen auf 180 °C vorheizen.

2. Für den Boden Mehl, Zucker und Salz mischen. Mit 2 Gabeln oder einem Teigmischer die Butter einarbeiten, bis die Masse wie grobes Mehl aussieht. Schluckweise nur so viel Eiswasser zugeben, daß sich die Masse von der Schüssel löst und eine Kugel bildet.

3. Den Teig auf einem bemehlten Brett durchkneten. Zu einem etwa 27 cm großen Kreis ausrollen und in eine 24 cm große Pie-Form legen. Mit einer Gabel mehrmals anstechen und die Ränder festdrücken. Backpapier auf den Teig legen und mit trockenen Bohnen beschweren. Etwa 30 Minuten goldbraun backen. Aus dem Ofen nehmen und Backpapier und Bohnen entfernen. Kalt stellen.

4. Für die Bananencreme Schlagsahne und Puderzucker verrühren und beiseite stellen.

5. Die Gelatine in 1 Eßlöffel Wasser auflösen. Die Milch einrühren und bis zur vollständigen Auflösung ständig rühren. Die Eier einrühren, dann Schlagsahnemischung und Bananenaroma zugeben.

6. Die Bananen schälen und in Scheiben schneiden. Den Boden dicht damit belegen. Die Creme-Mischung darüber gießen.

7. Für den Belag Sahne und Puderzucker in einer großen Schüssel schlagen. Das Vanillearoma zugeben. Steif schlagen. Auf den Kuchen löffeln und 4 Stunden im Kühlschrank steif werden lassen.

Ergibt 6–8 Portionen

Palm Room's

KARAMEL-PIE

Diese seidenweiche Pie beruht auf einem Rezept, das ursprünglich in *Where to Dine in '39* von Diana Ashley erschien.

PIE
30 g Maisstärke
2 EL Butter
185 g brauner Zucker
2 große Eier, getrennt
125 ml Roggenwhiskey
2 EL Puderzucker
1 vorgebackener Boden von 23 cm Durchmesser (siehe Zutaten und Schritte 1–3 auf Seite 465)

WHISKEYSAUCE
1 EL Maisstärke
2 EL Zucker
1 TL Muskatnuß, frisch gerieben
1 EL Butter
310 ml kochendes Wasser
1 Eigelb, verquirlt
60 ml Roggenwhiskey

1. Den Ofen auf 180 °C vorheizen.

2. Für die Füllung die Maisstärke mit 375 ml Wasser im Wasserbad verrühren. Butter und Zucker zugeben. Die Eigelbe schlagen und gründlich einrühren. 15 Minuten über leicht siedendem Wasser unter häufigem Rühren kochen, bis die Masse dickflüssig vom Löffel tropft. Aus dem Bad nehmen und etwa 5 Minuten abkühlen lassen.

3. Den Whiskey einrühren. Die Füllung auf dem vorgebackenen Boden verteilen. Beiseite stellen.

4. Das Eiweiß in einer großen Schüssel mit dem Puderzucker steif schlagen. Löffelweise auf der Füllung verteilen; diese sollte vollständig bis an den Rand bedeckt sein. Etwa 20–30 Minuten backen, bis die Meringue braun wird.

5. Währenddessen für die Whiskeysauce in einem kleinen Topf die Maisstärke mit 80 ml Wasser verrühren. Aufkochen lassen und glattrühren. Zucker, Muskatnuß und Butter gründlich einrühren. Das kochende Wasser zugeben und auf niedriger Stufe unter ständigem Rühren etwa 10 Minuten eindicken. Vom Herd nehmen, Eigelb und Whiskey zugeben und gründlich verrühren. Mit der Pie servieren.

Ergibt 6–8 Portionen

Rhodas

ZITRONEN-MERINGUE-PIE

Bei diesem Rezept braucht man nicht so viel Zucker wie bei anderen Zitronen-Meringue-Pies«, sagt Mrs. Rhoda Harris. Sie macht diese sonnige Zitronen-Meringue-Pie mit ausgesprochen knusprigem Boden für ihre Familie zu besonderen Anlässen wie Ostern, aber man kann den leckeren Butterboden auch wunderbar für die Bananencreme-Pie verwenden.

FÜLLUNG
190 g Zucker
380 ml kaltes Wasser
80 ml Zitronensaft, frisch gepreßt
Schale von 1 unbehandelten Zitrone, gerieben
30 g Maisstärke
1 EL Butter
1 Prise Salz
2 große Eigelb
1 vorgebackener Boden von 23 cm Durchmesser (siehe Zutaten und Schritte 1–3 auf Seite 465)

MERINGUE
2 große Eiweiß
80 g Zucker
1 Prise Weinsteinpulver

1. Den Ofen auf 180 °C vorheizen.

2. Für die Füllung Zucker, kaltes Wasser, Zitronensaft, Zitronenschale, Maisstärke, Butter und Salz in einem Topf auf mittlerer Stufe verrühren. Aufkochen lassen und 2–3 Minuten rühren, bis die Masse eindickt und zäh vom Löffel tropft. Vom Herd nehmen.

3. Die Eigelbe in einer großen Schüssel schaumig rühren. Unter Rühren die heiße Mischung zugeben. Ein paar Minuten abkühlen lassen, dann auf dem vorgebackenen, angewärmten Boden verteilen und beiseite stellen.

4. Für die Meringue das Eiweiß schaumig schlagen. Langsam Zucker und Weinsteinpulver zugeben, dabei weiter steif schlagen. Die Meringue sorgfältig bis zum Rand der Pie verteilen. 20–30 Minuten goldbraun backen. Vor dem Servieren abkühlen lassen.

Ergibt 6–8 Portionen

Pat Rileys
MOKKA-PIE

Wie alle Meringue-Pies darf man auch die folgende nicht an einem regnerischen, feuchten Tag zubereiten, da dann das Eiweiß in sich zusammenfällt, die Meringue »schwitzt« und unappetitlich und gummiweich wird.

BODEN
3 große Eiweiß
1/4 TL Weinsteinpulver
1 Prise Salz
190 g Zucker
60 g Pekan- oder Walnüsse, gehackt (nach Belieben)

FÜLLUNG
170 g Halbbitterschokolade
170 g Bitterschokolade
1 EL Instant-Kaffee
60 ml kochendes Wasser
310 g Schlagsahne
5 Tropfen Vanillearoma

Pat Rileys Pie hat einen Boden mit Nußmeringue.

1. Den Ofen auf 135 °C vorheizen. Eine Pieform (24 cm Durchmesser) einfetten.

2. Für den Boden das Eiweiß in einer großen Schüssel nicht ganz steif schlagen. Weinsteinpulver und Salz zugeben und langsam Zucker und Nüsse einrühren. Zwei Drittel der Masse auf dem Boden der Backform verteilen, den Rest in kleinen Häufchen am Rand verteilen. Etwa 1 Stunde backen, bis die Meringue knusprig und hellbraun ist. Aus dem Ofen nehmen und auf einem Kuchengitter abkühlen lassen. Vor Zugluft schützen.

3. Für die Füllung die Schokolade im heißen Wasserbad schmelzen. Das Kaffeepulver im kochenden Wasser auflösen. In die Schokoladenmasse rühren. Aus dem Wasserbad nehmen und 15 Minuten abkühlen lassen.

4. Die Schlagsahne mit dem Vanillearoma steif schlagen. Die Schokoladenmasse unterheben. Auf dem Boden verteilen, dann im Kühlschrank wenigstens 3 Stunden kalt stellen, bis sich die Masse verfestigt hat.

Ergibt 6–8 Portionen

Frances'

KARTOFFEL-PIE

Frances Thomas Someum aus Jamaica gehört ein Imbiß in Brooklyn. Das folgende, ungewöhnliche Dessert wird aus Süßkartoffeln hergestellt.

6 große Süßkartoffeln
250 g Butter
3 große Eier, verquirlt
180 g brauner Zucker
5 Tropfen Vanillearoma
5 Tropfen Zitronenaroma (oder 1 TL unbehandelte Zitronenschale, feingerieben) und 1 EL unbehandelte Orangenschale feingerieben
1 EL Zimtpulver
1 TL Muskatnuß, frisch gerieben
50 g gesüßte Kokosraspel
1 Prise Salz
170 ml Kondensmilch
3 ungebackene Kuchenböden von 23 cm Durchmesser (Zutaten und Schritte 1–3 bis zum Festdrücken des Randes nach Rezept Seite 465)

1. Den Ofen auf 190 °C vorheizen.

2. Die Süßkartoffeln in einem großen Topf mit kaltem Wasser aufstellen und 15 Minuten weich kochen. Abgießen, abkühlen lassen und schälen. Zu Brei stampfen oder durch eine Kartoffelpresse drücken.

3. Den Kartoffelbrei mit Butter, Eiern, braunem Zucker, Vanillearoma, Zitronenaroma, Gewürzen, Kokosraspel, Salz und Kondensmilch gründlich vermischen.

4. Die Masse auf die 3 Kuchenböden verteilen. 40–45 Minuten backen, bis die Mitte fest ist und eine goldbraune Farbe annimmt.

Ergibt 3 Pies zu je 6–8 Portionen

The Pink Teacup in Greenwich Village.

OLD NEW YORK

»Süßkartoffeln, Carolina-Kartoffeln, hier gibt es süße Carolinas«, schreit der Straßenverkäufer in New York. Samuel Woods beschreibt in seinem Buch *The Cries of New York 1808– 1814*, wie Kartoffeln in der ganzen Stadt für 75–150 Cents pro Scheffel verkauft wurden. »Kartoffeln, Rüben und ähnliches wurden in Scheffeln gemessen. An vielen Straßenecken und Plätzen sitzen die sogenannten *huxter women* und verkaufen gekochte Kartoffeln und Rüben«, berichtet er.

The Pink Teacup's

SÜSSKARTOFFEL-PIE

900 g Süßkartoffeln, geschält
125 g Butter, zimmerwarm
1 TL Zimtpulver
1/4 TL Ingwer, gemahlen
1/4 TL Muskatnuß, frisch gerieben
1/2 TL Salz
180 g brauner Zucker
2 EL Zucker
3 große Eier, getrennt
125 ml Orangensaft, frisch gepreßt
1 EL unbehandelte Orangenschale, gerieben
125 ml Kondensmilch
1 ungebackener Boden von 23 cm Durchmesser (Zutaten und Schritte 1–3 bis zum Festdrücken des Randes nach Rezept Seite 465)
Schlagsahne, zum Servieren (nach Belieben)

1. Den Ofen auf 230 °C vorheizen.

2. Die Süßkartoffeln in reichlich kaltem Wasser aufsetzen und auf mittlerer Stufe 15 Minuten weich kochen. Abgießen.

3. Die Kartoffeln in einer großen Schüssel zerstampfen. Butter, Zimt, Ingwer, Muskatnuß, Salz und Zucker zugeben und gründlich verrühren. Die Eigelbe hellgelb schlagen und zusammen mit Orangensaft, Orangenschale und Kondensmilch zur Kartoffelmasse geben. Gut einarbeiten.

4. Das Eiweiß steif schlagen und unter die Füllung heben. Diese auf dem Boden verteilen und 10 Minuten backen, dann die Temperatur auf 180 °C senken und weitere 30 Minuten backen, bis die Füllung Blasen wirft und in der Mitte fest wird. Auf einem Kuchengitter abkühlen lassen und nach Belieben mit Schlagsahne servieren.

Ergibt 6–8 Portionen

ADRESSEN

Die meisten der in diesem Buch verwendeten Zutaten findet man in größeren Supermärkten oder aber in Delikatessenläden. Die Zutaten für Gerichte einzelner Einwanderergruppen finden Sie zudem jeweils bei griechischen, türkischen chinesischen, italienischen, spanischen, libanesischen etc. Lebensmittelhändlern.

Sollten Sie dennoch das eine oder andere ausgefallenere Lebensmittel nicht finden, können Sie sich aber auch an folgende Adressen wenden.

US-Lebensmittel

A. J.'s US Shop Bedow & Grothe GbR
Am Eiken 2
58849 Herscheid
Tel.: 02357 – 90 33 58
Fax: 02357 – 90 33 59

American Store & Deli
Kastanienplatz 3
44143 Dortmund
Tel.: 0231 – 531 16 87
Fax: 0231 – 53 116 87
Link: http://www.hajocom.com/americanstore

C. M. C. Taste America GmbH
Elbestr. 40
45478 Mülheim a.d. Ruhr
Tel.: 0208 – 58 85 30

North American Stores
Siedlerstr. 42
85614 Kirchseeon
Tel.: 08091 – 31 17
Fax: 08091 – 49 27

Mail Order

The Grocery Store, American & British Foods
Corneliusstr. 3
40215 Düsseldorf
Tel.: 0277–385 85 01
Fax: 0211–385 85 02

U. S. Agricultural Trade Office
Alsterufer 27/28
20354 Hamburg
Tel.: 040–414 60 70
Fax: 040–414 60 72 0

USA-Direkt. Der Online US-Supermarkt im Internet
Link: http://www.cetus.net/usa-direkt/bestell.html
Fax: 069–25 57 71 91
Order-Fax direkt in den USA: 001–813–354 24 44
Versand von US-Lebensmitteln

Direkt Versand Hunter & Hilsberg GmbH
Postfach 37 01 06
D-14131 Berlin
Tel.: 030–84 70 84 84
+1 (315) 278 36 60 (USA)
http://www.hunterhilsberg.com
Versand von US-Lebensmitteln

DanEl Feinkost bietet koschere Spezialitäten auf der Webseite von **haGalil onLine,** dem größten jüdischen Online-Magazin Europas.
Link: http://www.hagalil.com/koscher/koscher-0.htm

Linke Seite (v. l. n. r.): Gläser mit Früchten und Nüssen bei Angelica's; Focaccia von Balducci's; Kaviar von der Caviarteria; Angebotstafel von Barney Greengrass. Rechte Seite: Eine große Auswahl bei Economy Candy (Adressen siehe folgende Seite)

Einkaufsadressen in New York

Angelica Herb & Spice
147 1st Avenue New York, NY. Tel. (212) 677–1549
Kräuter, Gewürze und Heilpflanzen

Balducci's
424 Avenue Of The Americas, New York, NY. Tel. (212) 673–2600
Italienische Lebensmittel

Caviarteria
310 W Broadway, New York, NY. Tel. (212) 925–5515
Räucherfisch, Kaviar, Leberpasteten, frische Trüffel

Barney Greengrass Inc
541 Amsterdam Ave New York, NY. Tel. (212) 724–4707
Räucherfisch, Delikatessen nach alten Rezepten

Economy Candy Market
108 Rivington Street, New York, NY. Tel. (212) 254–1531
Kandierte Früchte, Trockenfrüchte, Nüsse, Pasten

Ideal Cheese Shop
1205 2nd Avenue, New York, NY. Tel. (212) 688–7579
Link: http://www.idealcheese.com/

Katz's Delicatessen
205 Houston Street
New York, NY 10002.
Tel. (212) 254–2246
Über 50 Jahre lang hatte Katz's mit dem Spruch »Schick deinem Jungen in der Armee eine Salami« geworben. Außerdem hervorragende Pastrami, Corned Beef und Gefilte Fisch.

Lobel & Sons
1096 Madison Avenue
New York, NY 10028.
Tel. (212) 737–1372
Einer der besten Fleischmärkte der Stadt. Berühmt sind seine scharfen Wyoming Hamburgers.

Manganaro's Hero Boy
492 Ninth Avenue
New York, NY 10018.
Tel. (212) 947–7325
Italienische Spezialitäten, Käse, Wurst und Brot

Todaro Brothers
555 2nd Avenue New York, NY. Tel. (212) 532–0633
Italienische Lebensmittel wie Öl und Käse

Union Square Greenmarket
17th & Broadway
New York, NY 10003.
Tel. (212) 477–3220
Montags, mittwochs, freitags und samstags geöffnet.

Zabar's & Co 2245
Broadway New York, NY.
Tel. (212) 787–2000
Küchenzubehör, eine große Auswahl an Lebensmitteln, insbesondere exotische Zutaten, die ansonsten schwer erhältlich sind.

Linke Seite (v. l. n. r.): Ein Schild bei Katz's; eine Auswahl von Manganaros Olivenölen; Edward Weiss bei Paprikas Weiss Rechte Seite: Schaufenster von Spice & Sweet Mahal; Fisch bei Todaro Brothers; Käse bei Zabar's

LITERATUR

Adams, Charlotte: *The Four Seasons Cookbook*. New York: Crescent Books, 1971

Adamsons, Helen Lyon: *Grandmother in the Kitchen: A Cook's Tour of American Household Recipes from the Early 1800s to the Late 1890s*. New York: Crown, 1965

Alejandro, Reynaldo: *Classic Menu Design: From the Collection of The New York Public Library*. Glen Cove, New York: PBC International, Inc., 1988

Ashley, Diana: *Where to Dine in '39*. New York: Crown, 1939

Baron, Stanley: *Brewed in America*. Boston: Little, Brown & Co. Inc., 1962

Bastianich, Lydia und Jay Jacobs: *La Cucina di Lidia*. New York: Doubleday, 1990

Batterberry, Michael und Ariane: *On the Town in New York from 1776 to the Present*. New York: Charles Scribner's Sons, 1973

Beck, Bruce: *The Official Fulton Fish Market Cookbook*. New York: E. P. Dutton, 1989

Blot, Pierre: *The Handbook of Practical Cookery for Ladies and Professional Cooks*. New York: D. Appleton and Co., 1867

ders.: *How to Eat and How to Cook It*. New York, D. Appleton and Co., 1863

Bodkin, B. A.: *New York City Folklore*. New York: Random House Inc., 1956

Boorstin, Daniel J.: *The Americans: The Colonial Experience*. New York: Random House Inc., 1958

Botsford, Harry: *New York's One Hundred Best Restaurants*. Portland, Maine: Bond Wheelright, 1955

Braunstein, Susan I. und Jenna Weissman Joselit (Hrsg.): *Getting Confortable in New York: The American Jewish Home, 1880–1950*. New York: The Jewish Museum, 1990

Brody, Iles: *The Colony: Portrait of a Restaurant and Its Famous Recipes*. New York: Greenberg, 1945

The Calhoun School: *The Educated Palate*. New York: The Calhoun School Parents Association, 1988

Case, Frank: *Feeding the Lions: An Algonquin Cookbook*. New York: The Greystone Press, 1942

Chantiles, Vilma Liacouras: *The Ethnic Food Market Guide and Cookbook*. New York: Dodd, Mead, 1984

Chapell, George S.: *The Restaurants of New York*. New York: Greenberg, 1925

Charles Street Association Cookbook. New York: Charles Street Association, 1976

Claiborne, Craig: *The New York Times International Cookbook*. New York: Harper & Row, 1971

Dana, Robert W.: *Where to Eat in New York*. New York: Current Books, 1948

Dell'Orto, Seline: *The Manganaro Italian Family Cookbook*. Dallas: Taylor, 1989

Diat, Louis: *Cooking à la Ritz*. Philadelphia: J. B. Lippincott Co., 1941

Dickson, Paul: *The Great American Ice Cream Book*. New York: Atheneum, 1973

Donovan, Mary, Hatrack, Amy und Francis Shull: *The Thirteen Colonies Cookbook*. New York: Praeger, 1975

Editors of American Heritage: *The American Heritage Cookbook and Illustrated History of American Eating and*

Drinking. New York: American Heritage Publishing Company, 1964

Federal Writers'Project of the Works Progress Administration. *New York Panorama*. New York: Pantheon, 1984

Flexner, Stuart Berg: *Listening to America*. New York: Simon & Schuster, 1982

Frigand, Lisa: *The Ninth Avenue International Cookbook and Shopping Guide*. New York: Richard Bassini Associates, 1976

Gillies, Linda (Hrsg.): *A Culinary Collection from The Metropolitan Museum of Art*. New York: The Metropolitan Museum of Art, 1973

The Grand Central Oyster Bar & Restaurant Seafood Cookbook. New York: Crown, 1977

Greene, Gael: *Bite*. New York: W. W. Norton & Co., 1971

Hamilton, Dr. Alexander: *Hamilton's Itinerarium*. W. K. Bixby, printer, 1907

Hooker, Richard J.: *Food and Drink in America*. Indianapolis: Bobbs-Merrill, 1981

The Horatio Street Festival of Foods Cookbook. New York: The Horatio Street Association, 1978

The Hotel and Restaurant Management Department of New York City Technical College: *The City Tech Cookbook*. Olathe, Kansas: Cookbook Publishers Inc., 1988

Jacobs, Jay: *New York à la Carte*. New York: McGraw Hill, 1978

James, Rian: *Dining in New York*. New York: John Day Co., 1930

Jones, Evan: *American Food: The Gastronomic Story*. New York: Random House Inc., 1974

Kalm, Peter: *Peter Kalm's Travels into North America*. New York: Wilson-Erickson Inc., 1937

Kennedy, Nancy (Hrsg.): *Ford Treasury of Favorite Recipes from Famous Eating Places*. New York: Golden Press, 1959

Kirkland, Alexander: *Rector's Naughty 90's Cookbook*. Garden City, New York: Doubleday, 1949

Langdon, Philip: *Orange Roofs and Golden Arches*. New York: Alfred Knopf, 1986

Leeds, Mark: *Ethnic New York*. Lincolnwood, Illinois: Passport Books, 1992

Levitas, Earlyne S. und Lydia Moss: *Secrets from New York's Best Restaurants*. Atlanta: Secrets, 1975

Lo, Eileen Yin-Fei: *The Chinese Banquet Cookbook*. New York: Crown, 1985

dies.: *The Dim Sum Book. Classic Recipes from the Chinese Teahouse*. New York: Crown, 1982

Louie, Elaine und Julia Chang Bloch: *Chinese Home Cooking*. Washington, D. C.: Organisation of Chinese American Women, 1985

Lukins, Sheila: *USA-Kochbuch*. Köln: Könemann Verlagsgesellschaft mbH, 1998

Macall, Lawton: *Knife and Fork in New York*. New York: Robert M. McBride and Company, 1948

Macoy, Robert: *The Centennial Guide to New York City and Its Environs*. New York: Nathan Cohen Books, 1975

Mariani, John F.: *The Dictionary of American Food and Drink*. New York: Ticknor and Fields, 1983

McAllister, Ward: *Society As I Have Found It*. New York: Cassell, 1890

Middleton, Scudder: *Dining, Wining and Dancing in New York*. New York: Dodge, 1938

Mitchell, Jan: *Luchow's German Cookbook*. Garden City, New York: Doubleday, 1952

Moritz, Mrs. C. F. und Miss Adele Kahn: *The Twentieth Century Cookbook*. New York: G. W. Dillingham Co., 1898

Perl, Lila: *Red-Flannel Hash and Shoo-Fly Pie: American Regional Foods and Festivals*. Cleveland: World Publishing Company, 1965

Ranhofer, Charles: *The Epicurean*. New York: C. Ranhofer, 1900

Rector, George: *Dining in New York with Rector*. New York: Prentice Hall, 1939

Rimmer, Leopold: *History of Old New York and the House of Delmonico's*. 1898

Root, Waverly und Richard de Rochemont: *Eating in America: A History*. New York: Ecco Press, 1976

Rose, Peter (Hrsg. u. Übers.): *The Sensible Cook: Dutch Foodways in the Old and the New World*. Syracuse, New York: Syracuse University Press, 1989

Ross, George: *Tips on Tables*. New York: Covici, Friede, 1934

Rothschild, Nan A.: *New York City Neighborhoods: The 18th Century*. San Diego: Academic Press, 1990

Sala, George Augustus: *America Revisited*. London: Vizetelly and Co., 1883

Sardi, Vincent jr.: *Curtain Up at Sardi's*. New York: Random House Inc., 1957

Sax, Irene: *Cook's Marketplace New York*. San Francisco: 101 Productions, 1984

Simon, Kate: *Bronx Primitive*. New York: Harper & Row, 1982

ders.: *Fifth Avenue: A Very Social History*. New York: Harcourt Brace Jovanovich, Inc., 1978

Sineno, John: *The Firefighter's Cookbook*. New York: Vintage Books, 1986

Slomon, Evelyne: *The Pizza Book*. New York: Times Books, 1984

Stallworth, Lyn und Rod Kennedy jr.: *The Brooklyn Cookbook*. New York: Alfred Knopf, Inc., 1991

Stern, Michael und Jane: *American Gourmet*. New York: Harper Collins, 1991

Stewards Manual 1904. New York: Stewards Association of New York City, 1904

Stewart-Gordon, Faith und Nika Hazelton: *The Russian Tea Room Coobook*. New York: Putnam, 1981

St. Luke's Cook Book. New York: St. Luke's School, 1975

Stokes, I. N. Phelps: *The Iconography of Manhattan Island*. New York: Robert H. Dodd, 1915

Thomas, Lately: *Delmonico's, A Century of Splendor*. Boston: Houghton Mifflin, 1967

Thorne, John: *Down East Chowder*. Boston: Jackdaw Press, 1982

Weiss, Edward und Ruth Buchan: *The Paprikas Weiss Hungarian Cookbook*. New York: Gramercy Publishing Company, 1979

What's Cooking at Columbia. New York: Columbia University Press, 1942

Where and How to Dine in New York. New York: Lewis, Scribners'& Co., 1903

Williams, Susan: *Savory Suppers and Fashionable Feasts*. New York: Pantheon, 1985

Wilson, Charles Morrow: *Empire in Green and Gold: The Story of the Banana Trade*. New York: Henry Holt and Co., 1947

Winkler, Max: *The Longchamps Cookbook*. New York: Harper & Brothers, 1954

Woods, Samuel: *Cries of New York, Reprint of Samuel Woods'ed. of 1808 with additional cries from his later ed. of 1814*. New York: Harbor Press, 1931

Worden, Helen: *The Real New York*. Indianapolis: Bobbs-Merrill, 1932

Wright, Mabel Osgood: *My New York*. New York: Macmillan, 1930

BILDNACHWEIS

Festivals
Seite 317: St. James – mit freundlicher Genehmigung von Larry Murphy; Tänzer – mit freundlicher Genehmigung der Ukrainischen Katholischen Kirche St. Georg

Eine Chronologie wichtiger kulinarischer Ereignisse in New York
Seite 191: Peter Minuit – The Bettmann Archive. Seiten 192–193: Old Brewery – The Bettmann Archive; Austernstand – mit freundlicher Genehmigung des Museum of the City of New York. Seiten 194–195: Tom Carvel – mit freundlicher Genehmigung von Carvel Ice Cream Bakery; Eishörnchen – mit freundlicher Genehmigung von The New York Public Library Picture Collection; tropische Früchte – mit freundlicher Genehmigung von The New York Public Library Picture Collection. Seiten 198–199: Speisesaal – mit freundlicher Genehmigung von The New York Public Library Picture Collection; Modern School of Cookery – UPI/Bettmann. Seiten 200–201: Studenten – UPI/Bettmann; A & P menus – mit freundlicher Genehmigung von A & P. Seiten 202–203: Nathan's – mit freundlicher Genehmigung von Nathan's. Seiten 204–205: Fischstände und Dr. Kennion – mit freundlicher Genehmigung von The New York Public Library Picture Collection; »Automat« – The Bettman Archive. Seiten 206–207: Kaugummiautomat – Sheilah Scully und the Postermat; J. H. Kellog – mit freundlicher Genehmigung von Kellogg Co. Seiten 208–209: Waldorf Astoria – mit freundlicher Genehmigung von The New York Public Library Picture Collection. Seiten 210–211: Goya – mit freundlicher Genehmigung von Goya Foods, Inc.; Unisphere – UPI/Bettmann Newsphotos; Familie Brent – mit freundlicher Genehmigung von Florida Photographic Collection

Das Menü im Wandel der Zeit
Seiten 402–403: Shakspeare – The Bettmann Archive; alte Speisekarte – mit freundlicher Genehmigung von The New York Historical Society; Speisekarte von Le Cirque – mit freundlicher Genehmigung von Le Cirque. Seiten 404–405: Hotel-Speisekarte – mit freundlicher Genehmigung von The New York Public Library; Hotel Delmonico – UPI/Betmann. Seite 407: Harrison Grey Fiske Dinner – mit freundlicher Genehmigung von The Byron Collection, Museum of the City of New York; St. Regis – mit freundlicher Genehmigung von The New York Public Library Picture Collection. Seiten 408–409: Pell Street und das Gartenhaus – The Bettmann Archive. Seiten 410–411: Luchow's und Ernest Truex – UPI/Bettmann; Club »21« – mit freundlicher Genehmigung von The »21« Club. Seite 412: All-U-Kan – The Bettmann Archive

REGISTER

B

C

D

E

F

G

I

J

K

L

O

P

Q

R

S

T

U

V

W

X

Y

Z

DIE PERSONEN AUF DEN UMSCHLAGFOTOS

Umschlagvorderseite:
Oben: Renee Mancino (Seite 430)
Mitte: Sirio Maccioni (Seite 226)
Unten: Vera Mallis (Seite 291)

Umschlagrückseite:
Oben: Murray Trachtenberg, Generaldirektor des Carnegie Deli
Mitte: Vernons Brathähnchen Jamaikanisch (Seite 337)
Unten: Molly O'Neill
Buchrücken: Nipa Kitpanichvises (Seite 257)

Fotos Umschlaginnenseiten
(nach Nummerierung)

1 Dorothy Cann, Direktorin des French Culinary Institute und Studenten (Seite 125)
2 Beth Polazzo mit (v. l. n. r.) Ehemann David, Sohn Matt (Hund Norton) und Freund Adam Stofsky (Seite 439)
3 George Howell, Eigentümer von Havana Dry Beverages (Seite 36)
4 Jean-Georges Vongerichten, Chef des Jo-Jo (Seite 185)
5 Steve Goldfinger (Seite 61)
6 Cheryl Kleinman von Cheryl Kleinman Cakes (Seite 426)
7 Daisann McLane (Seite 137)
8 Faina Merzylak (Seite 251)
9 Barbara Scott-Goodman (Seite 68) mit Töchtern Alexandra (l.) und Isabelle (m.)
10 Allan Vernon, der »King of Jerk« (Seite 334)
11 Thomas Verdillo, Eigentümer von Tommaso's (Seite 144)
12 Francesco Antonucci, Chef des Remi (Seite 256)
13 Loretta Butler (Seite 64)
14 Frances Edelman vom Polish Tearoom mit Ehemann Harry (Seite 259)
15 Jacques Williams (Seite 16)
16 Izetta Leonard (Seite 457)
17 Andrea Girard (Seite 30)
18 Andrea Hellrigl, Chef des Palios (Seite 102)
19 Yvonne »Lola« Bell (Seite 336)
20 Margot Mustich (m.) mit Tochter Emma und Schwiegermutter Catherine DiStasio (Seite 27)
21 Millie Chan (Seite 11)